Karl Ringhoffer

Ein Dezennium preussischer Orientpolitik zur Zeit des Zaren

Nikolaus

1821-1830

Karl Ringhoffer

Ein Dezennium preussischer Orientpolitik zur Zeit des Zaren Nikolaus
1821-1830

ISBN/EAN: 9783743630123

Hergestellt in Europa, USA, Kanada, Australien, Japan

Cover: Foto ©ninafisch / pixelio.de

Weitere Bücher finden Sie auf **www.hansebooks.com**

Ein Dezennium preußischer Orientpolitik zur Zeit des Zaren Nikolaus (1821—1830).

Beiträge zur Geschichte der auswärtigen Beziehungen Preußens unter dem Ministerium des

Grafen Christian Günther von Bernstorff.

Mit zahlreichen Akten-Beilagen aus dem K. Geheimen Staats-Archiv zu Berlin.

Von

Karl Ringhoffer,
Dr. phil.

Berlin und Leipzig,
Verlag von Friedrich Luckhardt.
1897.

Vorrede.

Der vorliegende Band, das Resultat jahrelanger Arbeit, behandelt einen wichtigen Teil der preußischen Politik zur Zeit der ersten Regierungsjahre Kaiser Alexanders I. von Rußland und der letzten Regierungsjahre seines Nachfolgers, Kaiser Nikolaus. Noch immer ist das alte Vorurteil weit verbreitet, daß dem preußischen Staate während der zwanziger Jahre unseres Jahrhunderts die kräftige Initiative bei der Führung der auswärtigen Angelegenheiten gefehlt habe. Dies Märchen hat trotz zahlreicher Berichtigungen in den letzten Dezennien ein zähes Leben behalten. Blieb doch auch bei der wohlwollendsten Beurteilung an dem Berliner Kabinet der Verdacht haften, nach den Stürmen der napoleonischen Zeit und dem Aufschwung der Befreiungskriege auf dem Gebiete der auswärtigen Politik den von anderen Mächten — bald von Oesterreich, bald von Rußland — gegebenen Direktiven jahrelang gefolgt zu sein. Neuere Untersuchungen haben dann etwas mehr Licht in jene Beziehungen Preußens zu Oesterreich geworfen. Man erhielt Einblick in die wahren Vorgänge und erfuhr, daß Preußens Zurückhaltung auf den dem Wiener Kongresse folgenden großen Versammlungen der Fürsten und Staatsmänner, vor allem zu Troppau und Laibach, nicht ein Produkt der Schwäche, sondern des Entschlusses war, für Oesterreichs italienische Händel weder einen Mann noch einen Thaler zu opfern. Weniger Klarheit herrscht heute noch über das Verhältnis der preußischen auswärtigen Politik zu Rußland in jener Periode. Man glaubt, daß Preußen, nachdem es der österreichischen Beeinflussung glücklich entronnen, sich der russischen in höherem Grade ergeben habe. Gerade aber bei der orientalischen Frage läßt sich der Nachweis führen, wie fern sich auch in jener Zeit das preußische

Kabinet von jeder einseitigen Parteinahme für einen jener beiden Genossen der großen Allianz gehalten, und wie sehr es gerade damals bestrebt gewesen, jede Verschiebung der europäischen Machtverhältnisse, die dem Friedensinteresse Europas hätte gefährlich werden können, durch seine Dazwischenkunft zu verhindern. Weder Nesselrode, dem Leiter der russischen Politik, noch dem Fürsten Metternich, der sich seit dem Wiener Kongresse in Selbstüberschätzung als das Oberhaupt der europäischen Diplomatie betrachtete, gelang es, Preußen von seiner Marschlinie abzudrängen. Das Band der „großen Allianz" ward dabei Preußen nicht zur Fessel, sondern zu einem Mittel zur Wahrung seiner Interessen. Mit Fug und Recht darf also bei der Betrachtung jener Jahre von einer preußischen Orientpolitik gesprochen werden. Sie wurde, das wird durch zahllose Zeugnisse belegt — genau in demselben Geiste geführt, in dem sie Fürst Bismarck und bis zu dieser Stunde seine Nachfolger im Amte geleitet haben. Der Altreichskanzler konnte hier an die bewährten Traditionen der Vergangenheit anknüpfen. Freilich liegt der heutigen deutschen Weltpolitik die orientalische Frage näher als dem damaligen Preußen. Ein oberflächlicher Beobachter begreift vielleicht noch heute nicht, warum sich damals dieser Staat bei seiner den Angelegenheiten des Süd-Ostens entrückten Lage jenen der griechischen Erhebung von 1821 folgenden Verwicklungen gegenüber nicht völlig gleichgültig verhalten. Daß eine solche Passivität nicht beobachtet wurde, daß Preußen auf dem Boden der Neutralität eine bedeutsame politische Aktion damals im Orient zu entfalten verstanden, ist das beste Zeugnis für die Weite des politischen Gesichtskreises der damaligen preußischen Staatsleuter. Denn wie damals der Aufstand der Hellenen den Anbruch einer neuen Zeit bedeutete, so ist noch heute die Türkei der Wetterwinkel unseres Weltteiles, der Ausgangspunkt politischer Stürme.

Das Buch bringt zum großen Teil völlig neues Material. Da wo Bekanntes miterzählt wurde, geschah es, um auch für das größere Publikum das Milieu zu kennzeichnen, innerhalb dessen sich die Thätigkeit der preußischen Diplomatie bei der Behandlung der orientalischen Angelegenheit bewegte. Alle Einzelheiten über die preußische Politik sind den Akten des K. Geh. Staats-Archives zu Berlin entnommen. Das Werk gruppirt sich um die Person des Grafen Christian Günther von Bernstorff. Wie schon der Titel sagt, ist es hier nicht auf eine

Biographie dieses Staatsmanns abgesehen, der dem nach Dänemark verschlagenen Zweige des bekannten deutschen Adelsgeschlechtes entstammend, nach längerer Thätigkeit im dänischen Staatsdienst auf Empfehlung Blüchers und Hardenbergs 1818 von Friedrich Wilhelm III. zum preußischen Minister des Auswärtigen ernannt wurde. Nur das Verhältnis Bernstorffs zur preußischen Orientpolitik, also der erfolgreichste Teil seiner politischen Arbeit, soll in diesen Zeilen zur Darstellung gelangen. Da dabei auch seine politischen Mitarbeiter zu ihrem Rechte kommen müssen, so war Gelegenheit gegeben, das persönliche Element in reichem Maße zur Geltung kommen zu lassen. Beispielsweise treten die Gestalten der preußischen Gesandten in den Hauptstädten der Großmächte, besonders Friedrich von Schöler und Heinrich von Bülow scharf hervor. Die dem Werke beigegebenen preußischen Depeschen jener Tage, die hier entweder vollständig oder in ihren wichtigsten Bestandteilen zum erstenmale veröffentlicht werden und von größtem historischen Werte sind, geben überhaupt ein treues Bild der Weltpolitik und der hervorragenden politischen Persönlichkeiten jener Zeit, darunter Kaiser Alexander I., Kaiser Nikolaus, Nesselrode, Kapodistrias, Metternich, Canning, Wellington und viele andere. Allerdings sind bei der Auswahl jene Aktenstücke, welche sich auf das Verhältnis Preußens zu Rußland beziehen, in erster Linie berücksichtigt worden. Zu bemerken ist noch, daß in dem den Krieg von 1828 und 1829 behandelnden Teile des Werkes nicht etwa Schilderungen des Feldzuges gegeben, sondern nur die Eindrücke der preußischen Vertreter auf dem Kriegsschauplatze und die Rückwirkung ihrer Berichte auf die Entschließungen der preußischen Regierung dargestellt werden sollen.

In Oesterreich geboren, aber dem deutschen Reiche nach Erziehung, Ueberzeugung und Staatsbürgerschaft angehörig, war es mir eine Herzensfreude die Verdienste der preußischen Politik auf dem Gebiete der orientalischen Frage während jener Periode an der Hand der Thatsachen in das rechte Licht zu stellen. Zum Schlusse erlaube ich mir, den Herren des Geh. K. Staatsarchives, vor allem Herrn Geh. Archivrat Dr. Friedländer und Herrn Archivrat Dr. Baillen für die überaus große Liebenswürdigkeit, mit der sie meinen Studien auf dem K. Staatsarchive entgegengekommen meinen aufrichtigen Dank zu sagen.

Berlin, 20. Nov. 1896.

Karl Ringhoffer.

Erstes Kapitel.

Der Laibacher Kongreß und die griechische Erhebung von 1821. — Einigkeit Rußlands, Oesterreichs und Preußens. — Rußlands wachsende Sympathien für die Griechen. — Bernstorff und sein System der auswärtigen Politik. — Bernstorffs Verhältniß zur griechischen Frage. — Kapodistrias' steigender Einfluß am russischen Hofe. — Der Zar. — Kriegsstimmung in Rußland. — Das russische Ultimatum. — Rußlands Bewerbungen um Preußen. — Antwort des Berliner Kabinets. — Das preußisch-russische Protokoll.

Es war ein bedeutsamer Moment, als die Kunde von der Erhebung des Griechenvolkes zugleich mit der gegen türkische Barbarei protestirenden Proklamation Alexander Ypsilantis die Staatsmänner des Laibacher Kongresses erreichte. Die tief in den Erörterungen über die spanischen und italienischen Angelegenheiten steckende diplomatische Welt, wurde durch diese Nachrichten um so unliebsamer überrascht, als sie trotz der hochgesteigerten Revolutionsfurcht sich gerade von jener Seite her keines Unheils versehen. Noch wenige Jahre vorher hatte man in der guten Gesellschaft des Wiener Kongresses die Bestrebungen der Hätärie, der Philomusen, als eine gänzlich ungefährliche Spielerei mit Wohlwollen betrachtet und unterstützt. Von hochgestellten Herren und Damen war damals ein förmlicher Wetteifer entwickelt worden, den goldenen oder ehernen Ring als Zeichen der Mitgliedschaft anzulegen. Jetzt wo der ganze Ernst der Lage an jedes Gemüth herantrat, beeilten sich jene Kreise von den Hellenen abzurücken, deren „verbrecherisches Beispiel" nach ihrer Schilderung alle Mächte des Bösen entfesseln und ganz Europa in die furchtbarsten Wirren stürzen konnte. Im Gegensatze zu jenen fest am Bestehenden hängenden Elementen bedachten die freiheitlich gesinnten Elemente aller Länder den Aufstand der Griechen mit ihren wärmsten Sympathien. Namentlich in Deutschland, das durch tausend Fäden sich mit der altgriechischen Kultur verbunden fühlte, erscholl ein Ruf des Entzückens über das gleichsam aus dem Schutt der Vergangenheit wieder ans Tageslicht gestiegene Hellas. Die Feinde der heiligen Allianz vor allen frohlockten, weil jetzt der Erisapfel zwischen deren Theilnehmer geworfen und mit der Aussicht auf den nahen Zerfall des Bundes auch die Hoffnung auf eine neue politische Entwickelung im Innern der Staaten eingezogen sei.

Wider Erwarten aber schienen zunächst sich alle diese Prophezeiungen nicht erfüllen zu wollen. Als Kaiser Alexander feierlich versicherte, mit den Empörern keine Gemeinschaft eingehen zu wollen und zum Beweis für die Wahrheit seiner Betenerungen die Anschauungen Metternichs über die Griechen für die seinen erklärte, konnte an der Fortdauer der heiligen Allianz und der bisherigen politischen Zustände kaum noch gezweifelt werden. Da auch Preußen keine Lust zeigte, diese Harmonie zu stören und den Bund zu gefährden, in dem Europa nach den Schrecknissen der napoleonischen Tage die Ruhe wieder gefunden, so durfte Metternich von seinen Anhängern wieder einmal als Sieger gefeiert werden. Er und Gentz jubelten förmlich über die „korrekte" Haltung des Zaren. „In mir", schrieb damals Gentz vom Kongresse, „herrscht kein anderes Gefühl mehr als das des uns erwartenden vollkommenen Sieges: nicht über Neapel allein, sondern über den Feind im Großen. Als ich heute die Antwort des Kaisers an Ypsilanti las — ein unsterbliches Aktenstück, das ganze Millionen von elenden Vermuthungen und Besorgnissen zu Boden schlägt, sagte ich mir in tiefster Rührung: Gott streitet für und mit uns! Das Ganze was hier geschieht, ist ein Wunder — —" Doch nur für eine ganz kurze Frist konnte die unnatürliche Einigung der beiden Antipoden im Orient, Oesterreich und Rußland, dauern. Allgemeinen Theorien zu Liebe hatte Alexander in der ersten Erregung das russisch-nationale Interesse verläugnen können. Aber sobald er dem fascinirenden Einfluß der Persönlichkeit Metternichs wieder entrückt war, begann er sofort den Einflüsterungen von Kapodistrias Gehör zu schenken, des thatkräftigen und gewandten Anwalts der Hellenen am russischen Hofe. Obwohl von den griechischen Patrioten bereits zum Oberhaupt der Aufständischen auserschen, wußte er doch den Kaiser in geschickter Weise über seine Empfindungen zu täuschen und sich als Vertreter russisch-patriotischer Gesinnungen hinzustellen. Nach kurzer Zeit schon sollte ein völliger Umschwung in der russischen Orientpolitik ans Licht des Tages treten.

Noch ehe die Nachricht von der Niederlage des Heeres Ypsilantis nach Petersburg gelangt war, hatte sich die russische Regierung bereits entschlossen, mit der der hellenischen Bewegung bisher gegenüber bewahrten Passivität zu brechen. Und zwar wandte sich Rußland mit der Ankündigung seiner Sinnesänderung zuerst nach Preußen, weil es dort, wo ein großer Teil der Bevölkerung mit den unglücklichen Griechen sympathisirte, von vornherein auf größeres Verständnis rechnen konnte. In einer Depesche Nesselrodes an Alopeus vom 21. Juni 1821 wurde darauf hingewiesen, daß der Kaiser sich mit seinen Verbündeten über die griechische Frage näher auseinandersetzen müsse, weil Europa die Vernichtung eines christlichen Volkes unmöglich zugeben könne. Rußland — so schrieb der kaiserlich russische Staatskanzler — stelle den Alliirten seine Armee als Werkzeug zur Durchführung einer Intervention zur Verfügung, nicht etwa mit dem Hintergedanken, die russischen Grenzen zu erweitern, sondern das gefährdete europäische Gleichgewicht aufrecht zu erhalten. Keineswegs aber werde der Zar einen solchen Schritt ohne die Zustimmung seiner Verbündeten thun. Zum Schluß richtete Nesselrode an die preußische Regierung die Bitte, ihm ihre Auffassung von der Lage im Orient mitzuteilen.

So traten denn die Gegensätze der Interessen zwischen Oesterreich und Rußland im Orient, die durch die Ereignisse der letzten Jahre in den Hintergrund gedrängt worden waren, wieder deutlich hervor. Das hohe militärische Ansehen, das sich Preußen in den Befreiungskriegen errungen, brachte es jetzt in die Lage, von zwei Seiten her als Bundesgenosse verlangt zu werden. Politische Dilettanten hätten, um eine Isolirung Preußens zu vermeiden, wahrscheinlich keinen andern Ausweg gefunden, als sich für einen der beiden Bewerber bedingungslos zu entscheiden. Die Wahl wäre freilich eine sehr schwere gewesen. Denn einerseits verknüpften starke Bande die beiden deutschen Mächte in ihrer Stellung dem Auslande gegenüber, andererseits mußte die enge Familienverbindung zwischen den Herrscherhäusern Preußens und Rußlands eine beständige Versuchung für den preußischen Staat bilden, sich durch einzelne Zugeständnisse in der orientalischen Frage die Freundschaft des östlichen Nachbarn und damit eine sichere Grundlage zur Erkämpfung der Suprematie in Deutschland zu erwerben. Unter allen Umständen aber hätte die einmal getroffene Entscheidung zu einem blutigen Zusammenstoße führen und schließlich sämmtliche Großmächte gegen einander unter die Waffen rufen müssen.

Als ein besonderes Glück muß es deshalb bezeichnet werden, daß in jener Zeit in Berlin die auswärtige Politik ein Staatsmann leitete, welcher ein wirkliches Verständnis für die verantwortungsreiche Mission Preußens, die ausgleichende und versöhnende Macht zwischen Rußland und Oesterreich zu bilden, besaß. Die Thätigkeit, welche Graf Christian Günther von Bernstorff in jahrelanger und — trotz heftiger Krankheitsfälle — unermüdlicher Arbeit während der Balkanwirren entwickelte, ist geradezu, wie der Verlauf der Ereignisse beweist, als das Vorbild der weisen, von großen Gesichtspunkten ausgehenden Orientpolitik Deutschlands in unseren Tagen anzusehen. Wenn diese Thätigkeit im Wesentlichen bis heute nicht zur verdienten Anerkennung gekommen ist, so liegt das vor allem an dem Umstande, daß Bernstorffs vornehme, echt aristokratische Natur vor der Berührung mit der öffentlichen Meinung förmlich zurückschauderte und sich lieber in der Sphäre diplomatischen Halbdunkels hielt. Diese Scheu — den Vorwurf wird man Bernstorff nicht ersparen können — wurde dem Ansehen Preußens allerdings in mancher Hinsicht schädlich. Grade für diesen Staat wäre es von allergrößtem Vorteil gewesen, wenn Bernstorff von seiner und der preußischen Diplomatie aufopfernder Arbeit während des russisch-türkischen Konfliktes mehr, als es geschehen, den Schleier gezogen hätte. Lediglich der Initiative des Königs ist es zu danken, wenn einiges davon in jener Zeit an die Oeffentlichkeit gedrungen. Vielleicht hing diese Zurückhaltung des Ministers des Auswärtigen mit dem Gefühl zusammen, eigentlich in Preußen nur ein Fremder zu sein. Denn Bernstorff war ja aus dänischen Diensten durch eine seltsame Verkettung von Umständen in das einflußreiche preußische Amt gekommen. „Der treue dänische Unterthan, der mit enthusiastischer Liebe seinem Könige ergeben war" — schreibt die Gattin Bernstorffs in ihren Aufzeichnungen — „sah sich durch dessen Willen in einen fremdem Dienst versetzt, vom schwärmerisch geliebten Vaterlande losgerissen und hinausgeschleudert auf das stürmische Meer einer fremden Politik, auf dem schon manches Schifflein geschleudert war". Es ist bezeichnend für das seltsame Verhältnis, in das so viele deutsche Adelsfamilien zu ihrem einstigen Vaterland geraten waren, daß dieser in geistiger Hinsicht echt deutsche Mann als Ausländer gelten mußte. Der alte Blücher hatte jedenfalls eine bessere Einsicht in den wahren Stand der Dinge, als er Hardenberg den Grafen von Bernstorff zum Minister der auswärtigen Angelegenheiten vorschlug. Trotz dieser Scheu, auf das freie Forum hinauszutreten, verliert die Arbeit des „fremdländischen" Staatsmannes nichts von ihrem hohen Werte. Wir werden ihm vielleicht seiner Selbstlosigkeit willen im Stillen sogar noch höhere Achtung zollen müssen. Das Urtheil, das später Varnhagen von Ense in seinen Tagebüchern über Bernstorff fällte, zeigt, daß einem freilich sehr kleinen Kreise seine Vorzüge nicht unbekannt geblieben waren, wenn auch die große Allgemeinheit von ihnen nichts wußte. „Es geht", schreibt Varnhagen, „Herrn W. wie es zuletzt, als er weniger in der Gunst war, dem Grafen Bernstorff ging, man spricht ihm grade die Eigenschaften ab, die er entschieden hat, oder man schlägt sie weit unter dem an, was sie wirklich sind". Gewiß stand auch der neue Minister des Auswärtigen wie so viele der deutschen Staatsmänner jener Tage zunächst im Banne der hochkonservativen Weltanschauung, als deren hervorragendster Vertreter der österreichische Staatskanzler in ganz Europa galt, mit jedem Jahre aber suchte er sich mehr von den Wiener Einflüssen zu emanzipiren und seine eigene Bahn im stolzem Selbstgefühl zu gehen. Daß der Weltfriede unter den damaligen Verhältnissen auf dem engen Bunde Oesterreichs, Rußlands und Preußens beruhte, war allerdings seine feste Ueberzeugung, wohl aber wußte er scharf zwischen dem eigentlichen Oesterreich und den besonderen Wünschen Metternichs zu unterscheiden. Der stille Antagonismus beider blieb auch Andern nicht verborgen. „Aeußerlich" — so heißt es ja in den bereits erwähnten Aufzeichnungen der Gräfin Bernstorff*) — „stand Metternich zwar gut mit meinem Manne, doch war dem Listigen die unbeugsame Festigkeit im Verfechten der preußischen Würde und Selbstständigkeit während Bernstorffs ganzer Amtsführung unbequem". So eifrig der letztere auch im Laufe der Ereignisse immer wieder das System der großen Allianz verfocht, so wünschte er es doch — wie eine nähere Betrachtung des Zusammenhangs der Ereignisse zeigt — so auszugestalten, daß Preußen der ausgleichende und vermittelnde Theil zwischen den beiden Mächten bleiben sollte, ohne in der freien Bewegung wesentlich gehemmt zu sein. Schon vor dem Troppauer Kongresse widerstand Bernstorff deshalb Metternichs Verlangen, als dieser, beunruhigt über die Thatenlust des Zaren, den Abschluß eines geheimen Bündnisses der deutschen Mächte mit der Spitze gegen Rußland wünschte. „Wir müssen",

---

*) II. S. 58.

schrieb Bernstorff an Ancillon schon am 16. April 1810, „Rußland gegenüber durchaus aufrichtig bleiben, und wollen wir ihm weder ein Unrecht verbergen, noch ein Unrecht zu gestehen haben. Unsere Freundschaft mit Oesterreich kann nie zu eng und nie zu stark werden, aber sie muß vollkommen frei und ein reines Vertrauensverhältniß bleiben. Der Vorteil, den wir uns davon versprechen, würde vernichtet werden durch den ersten geschriebenen Buchstaben, der uns einer förmlichen und bestimmten Verpflichtung unterwürfe." Das hier ausgesprochene Prinzip wurde von Friedrich Wilhelm III. und seinem Minister zum Heile Europas auch während der folgenden Jahre getreulich eingehalten. Während Italien und Spanien von dem Sturmwind der Revolution durchtobt wurden, Frankreich in dem Ringen der liberalen und reaktionären Parteien seine Kräfte zersplitterte, bildete der preußische Staat eine Macht des Beharrens, um die sich die Anhänger einer friedlichen Entwickelung immer von neuem sammeln konnten.

Schon die Teilnahme an dem zu Beginn der griechischen Erhebung an die kleinen Höfe ergangenen Rundschreiben Oesterreichs, Rußlands und Preußens, welches die Anzeige enthielt, daß die drei Mächte die griechische Revolution von demselben Standpunkte aus wie die italienischen Wirren betrachteten, war Bernstorff in gewissem Sinne abgezwungen worden. Schien ihm doch mit diesem Zugeständnis die Grenze vorsichtiger Zurückhaltung bereits überschritten. Nur um das zwischen Oesterreich und Rußland erzielte Einvernehmen nicht wieder zu zerstören, hatte er seine Ueberzeugung zum Opfer gebracht. Bernstorffs damalige Bedenken sollten durch den bald darauf eintretenden jähen Umschwung in der russischen Orientpolitik eine nachträgliche Bestätigung erhalten. Jetzt trat mit der neuen Forderung des Petersburger Kabinets an Preußen die Versuchung heran, die Traditionen der Allianz zu verläugnen und den russischen Anschauungen auf Kosten Oesterreichs zum Siege zu verhelfen. Auf Bernstorffs und Hardenbergs Ersuchen*) entschloß sich der König, die russische Anfrage in

---

*) Hardenberg an den König, 22. Juni 1821 (Geheimes Staats-Archiv): Privatschreiben: Wenn der Zar, schrieb Hardenberg, die ganze Angelegenheit immer vom europäischen Standpunkt betrachte, so sei dies eine sehr beruhigende und tröstliche Erscheinung. Denn er treffe in diesem Punkte mit Preußen zusammen, das nichts als das Interesse Europas wolle. Der preußische Staat halte an der Kooperation mit seinen Alliirten fest. Freilich könnte man sich nicht verhehlen, wie das ganze

jener halb zurückhaltenden, halb entgegenkommenden Weise beantworten zu lassen, die fortan in allen Aeußerungen Preußens über diese Angelegenheit wiederkehren sollte. In seiner Erwiderung an Alopeus kündigte Bernstorff den festen Entschluß des Monarchen an, angesichts der Kriegsgefahr Alles dazu beizutragen, um das Auseinanderfallen der großen Allianz zu verhüten und die Ursache aller Zwietracht, die griechische Frage, deren sich die europäischen Revolutionäre bereits bemächtigt hatten, durch gemeinsame Vorkehrungen der fünf großen Mächte zu beseitigen. Diese Gemeinsamkeit betonte Bernstorff ganz besonders, weil er ohne die Theilnahme Englands und Frankreichs einen Ausweg aus der verfahrenen Angelegenheit für ganz unmöglich hielt. Preußen — so argumentirte er — stehe zwar der orientalischen Frage gänzlich neutral gegenüber,*) sei aber bereit, den angegebenen Gründen und den Ideen des bei den italienischen Wirren erprobten Systems zu Liebe seinen Gesandten sich in allen Schritten der Alliirten in Konstantinopel beteiligen zu lassen. Denn wenn auch der preußische Staat der Natur seiner Stellung nach nicht die Initiative in dieser Angelegenheit ergreifen könne, so werde er doch, sobald der Zar ausdrücklich die Mitwirkung des Berliner Hofes wünsche, gern bei der Pforte und bei England als Vermittler dienen.

Nicht leichten Herzens hatte sich das Berliner Kabinet entschlossen, seine diplomatische Mitarbeit bei der Pazifikation Griechenlands in Aussicht zu stellen. Nur zu wohl war Bernstorff sich bewußt, daß Preußen auf der betretenen Bahn leicht weiter als ratsam geführt werden könne. Dazu kamen für ihn anfangs noch gewisse anerzogene politische Anschauungen in Betracht, die im Streit mit den Empfindungen

---

System der großen Allianz durch die Entwickelung des Augenblicks sehr bedroht sei, um so mehr, als in dieser Frage Handelsinteressen und politische Gegensätze bei den einzelnen Mächten mit jedem Tage mehr in den Vordergrund treten müßten. Deshalb sei es dringend notwendig, einem Kriege vorzubeugen, der zur allgemeinen Verheerung und Schädigung Europas führen müsse. Preußen als die unbeteiligtste der Mächte könne dabei jedoch nicht die Initiative ergreifen, ja nicht einmal einzelne Vorschläge machen. Verlange dagegen der Zar ausdrücklich Preußens Mitwirkung, so werde es gern bei der Pforte und bei England als Vermittler auftreten.

*) Bernstorff an Alopeus, den 12. Juli 1821. (Geh. St. A). „La Prusse n'est arrêtée par aucune considération de cette nature. Elle ne voit son intérêt que dans l'intérêt de tous et ne cherche son salut que dans ce que reclame la sureté générale de l'Europe."

seines Herzens lagen. „Die Greuelscenen", heißt es in den erwähnten Aufzeichnungen seiner Gattin, „die sich in Konstantinopel abspielten, die Ermordung des Patriarchen und der zahllosen Griechen, die als Opfer der Revolution fielen, zerrissen sein Herz, doch konnten ihn diese Gefühle nicht mit seiner Empörung aussöhnen, die als solche unter allen Umständen ein Verbrechen war und blieb. Nach seiner genauen Kenntniß der Verhältnisse auf beiden Seiten glaubte er auch sich davon überzeugt halten zu müssen, daß das türkische Joch durchaus nicht schwer auf den Griechen laste, daß sie ihrem Charakter und der Lage ihres Landes nach gar nicht dazu geeignet seien, eine selbstständige Nation zu bilden." Solche Ansichten über das Wesen der türkischen Macht konnten freilich nicht auf die Dauer vor den Thatsachen Stand halten. Sowohl mit dem Könige, der diese Ideen geteilt, als mit Bernstorff sollte später eine Umwandlung vor sich gehen, die sie sogar zu Befürwortern der griechischen Selbstständigkeit machte. Damals war man in Berlin noch nicht so weit, wenn gleich schon in jenem ersten Stadium der Verwicklung der Gedanke sich Geltung verschaffte, daß man ein christliches Volk nicht wehrlos seinen Würgern preisgeben dürfe. Dieser Stimmung gab auch die bekannte Denkschrift Ancillons Ausdruck, welche eine Einmischung ganz Europas zu Gunsten der Griechen verlangte. Keinesfalls würde der Verfasser dieses Aktenstückes bei seiner strengmonarchischen Gesinnung so unverhohlen mit jener Forderung hervorgetreten sein, wenn er nicht das christliche Mitgefühl des Trägers der preußischen Krone hätte in Rechnung ziehen können. Freilich hatte Ancillon vergessen, daß aus jener Denkschrift mit Leichtigkeit Folgerungen zu ziehen waren, die der vermittelnden Thätigkeit Preußens innerhalb der Allianz von vornherein Hindernisse in den Weg legen mußten. Bei dem von Tag zu Tage stärker werdenden Antagonismus Oesterreichs und Rußlands schien es nicht ausgeschlossen, daß es der Vermittler mit beiden Reichen verdarb. Hatte Rußland die wohlverklausulirte Antwort Preußens auf die Antwort Nesselrodes schon mit einer leichten Verstimmung entgegengenommen, so brachte es jetzt das Elaborat Ancillons dahin, Oesterreich zu verletzen. Metternich, der dem Verlangen des russischen Kabinets nach gemeinsamen Schritten zu Gunsten der Griechen entschlossenen Widerstand entgegengesetzt, ließ seiner schlechten Laune über den „unbegreiflichen Schritt" Preußens freien Lauf. Seine Verstimmung gründete sich namentlich darauf, daß Kapodistrias öffentlich bereits einen engeren Bund Preußens und Rußlands aus jenem Aktenstück sich herausgedeutet hatte. Um den Riß nicht größer werden zu lassen, entschloß sich Bernstorff, den Eindruck der Denkschrift Ancillons abzuschwächen. Er ließ sich hierbei in einer Zirculardepesche an die württembergische und bairische Gesandtschaft die griechenfreundliche Gesinnungen der süddeutschen Höfe, vor allem die Geldsammlungen zu Gunsten Griechenlands zu rügen. Der Erfolg Metternichs blieb jedoch nur ein scheinbarer. Denn die von ihm verbreitete Ansicht, als ob Preußen mit dieser Depesche die Anschauungen Oesterreichs adoptirt habe, erwies sich nur zu bald als falsch.

Bernstorffs Abläugnung, deren Inhalt sich gegen den Mißbrauch des Philhellenismus richten sollte, hatte den politischen Nebenzweck, Preußens unabhängige Stellung vor aller Welt darzulegen. Gewiß durfte diese Aeußerung als eine an das russische Kabinet gerichtete Warnung aufgefaßt werden, den Bogen in der orientalischen Frage nicht zu straff zu spannen, aber von einer neuen rein austrophilen Politik konnte, wie der weitere Verlauf der Angelegenheit bewies, durchaus keine Rede sein. Der Wunsch des Königs wie Bernstorffs ging, wie bereits angedeutet, nur dahin, Oesterreichs und Rußlands Machtsphären im Orient so weit als möglich im Status quo zu erhalten. Nicht weniger schnell als Metternich hatte auch Preußen die Gefahren erkannt, die sich aus einer übermäßigen Zunahme des russischen Einflußes auf der Balkanhalbinsel ergeben mußten. Aber wenn gleich es die Besorgnisse Oesterreichs vor einer Umklammerung durch den russischen Koloß vom Süden her wohl zu würdigen wußte, so konnte es doch unmöglich mit den von Metternich befürworteten Ideen über die orientalische Frage übereinstimmen. Dies System mußte ja — abgesehen von allen andern Erwägungen, dem russischen Kabinet alle Trümpfe in die Hand drücken. Denn indem der kaiserlich österreichische Staatskanzler die aufstrebenden Völkerschaften auf dem Gebiete der europäischen Türkei in dem Banne des geistigen Todes festzuhalten suchte, schob er Rußland die dankbare Rolle eines Vorkämpfers für nationale Freiheit und Selbstständigkeit zu.

Daß man sich in Petersburg mit weitaussehenden Plänen trug, darüber konnte nach den Meldungen Schölers, des Vertreters Preußens an der Newa, kein Irrtum möglich sein. Bereits im Juli 1821 fühlte er sich veranlaßt an Bernstorff zu schreiben, man scheine allen politischen Wetterzeichen nach am russischen Hofe entschlossen zu sein, die türkische Herrschaft nicht länger in Europa zu dulden und bereite deshalb eine Auseinandersetzung mit den übrigen Alliirten über die Folgen eines mutmaßlichen Zusammenstoßes mit der Pforte vor. Dazu stimmte auch die Aeußerung, welche Nesselrode in einem unbewachten Momente gegen Lebzeltern hatte fallen lassen: das türkische Reich hänge nur durch die griechische Nation mit dem übrigen Europa zusammen — sobald daher der Diwan diese Nation auf das grausamste zu vernichten suche, besitze er keine Existenzberechtigung mehr.

Wären dem preußischen Hofe aber noch Zweifel über den Wechsel der Gesinnung in den leitenden russischen Kreisen geblieben, so hätte ihn die Offenheit, mit der Kapodistrias und Nesselrode in Unterredungen mit dem preußischen Vertreter ihre Karten aufdeckten, — den Schleier von den Augen nehmen müssen. Aus den Ideen namentlich, die Kapodistrias Schöler gegenüber entwickelte, sprach bereits das gesteigerte Selbstbewußtsein Rußlands, dem die westliche Diplomatie fortan auf allen ihren Wegen begegnen sollte. Ein Krieg, meinte der schlaue Grieche, sei nur dann zu vermeiden, wenn die Großmächte durch ein möglichst übereinstimmendes Handeln die Pforte zu überzeugen suchten, wie sehr die Erfüllung der russischen Wünsche im Interesse Europas liege. Für Rußland, so folgerte er, bestehe die Gefahr, „daß die Bestandteile mehr und mehr zerrieben würden, auf welche die Präponderanz Rußlands über die Pforte im Vergleiche zu den anderen Mächten sich gründe". Aber wenn auch von den Großmächten nicht Opfer zur Erhaltung des russischen Einflusses auf der Balkanhalbinsel verlangt werden könnten, so müsse Europa sich doch hüten, an dem durch lange Kriegs- und Friedensarbeit errungenen Uebergewicht Rußlands in jenen Gegenden zu rütteln. Denn in diesem Falle werde mit höchster Wahrscheinlichkeit die Rücksichtnahme des Zaren auf die große Allianz ein Ende haben. Die Präponderanz Rußlands sah Kapodistrias in der russischen Protektion des Levantehandels, innerhalb dessen tausende von Schiffen der verschiedensten Nationen sich der russischen Flagge bedienten. Vor allem behauptete er, daß die Griechen, die den ganzen Handelsverkehr in der Türkei an sich gerissen, in Rußland ihren natürlichen Beschützer sehen müßten, ganz zu geschweigen von der engen Glaubensgemeinschaft mit dem russischen Volke. Diese Ausführungen begleitete Kapodistrias mit Klagen über die Treulosigkeit und Grausamkeit der Pforte, die den von Wenigen angezettelten griechischen Aufstand absichtlich vergrößere, um dann die

Freunde Rußlands in ihrem Gebiete mit einem Anscheine von Recht vernichten zu können. Offenbar wollte der vielgewandte Hellene die Mitglieder der alten Allianz nur zum Scheine gegen die Pforte mobil machen, damit er dann alle Einwände des Zaren gegen den Krieg mit dem Hinweis auf die Einmütigkeit Europas aus dem Felde schlagen könne. Schöler warnte Bernstorff eindringlich vor diesen Intrigen, „deren Urheber gar kein günstiges Resultat gemeinsamer Verhandlungen, sondern nur die Durchführung seiner eigenen destruktiven Pläne wünsche".

Bald sollten die Folgen der geheimen Minirarbeit ans Tageslicht treten. Immer schwüler und unheimlicher wurde die politische Atmosphäre. Die abschlägige Antwort der Pforte auf das russische Ultimatum, die Abreise Stroganoffs von Konstantinopel, der der Ueberbringer des letzteren gewesen, und die darauf folgenden Greuelthaten der Türken gegen die christliche Bevölkerung — das Alles drängte förmlich auf eine Entscheidung mit den Waffen hin. Dazu kam, daß die Volksstimmung in Rußland dem Kriege im höchsten Maße günstig war. Man empfand von den Wogen der Kriegslust getragen im russischen Publikum gradezu helle Freude über jeden neuen Beweis der unveränderlichen Halsstarrigkeit der Pforte. Die meiste Sorge aber machte dem über die Vorgänge in Petersburg wohlunterrichteten Kabinet der unberechenbare und zu plötzlichen Entschlüssen geneigte Charakter Kaiser Alexanders. Am liebsten würde er damals, wie Schöler berichtete, auf Grund einer förmlichen Autorisation seiner Verbündeten der Pforte den Krieg erklärt und ganz allein, die gesammelte Macht Rußlands hinter sich, dem osmanischen Reiche den Todesstoß versetzt haben. Denn nichts wünschte er sehnlicher als den Ruhm, diese That allein davonzutragen. Aber auch eine Aktion Rußlands im Widerspruche mit dem Willen Oesterreichs wurde vom Zaren bereits in Rechnung gezogen. Freilich zögerte er noch, die große Allianz, die er einst mit begründet und die ihm lieb und wert geworden war — zu zerstören. Soviel aber stand — auf Grund der Beobachtungen des preußischen Vertreters — fest, daß der Kaiser die Rücksicht auf den Bund nicht bis zur Verläugnung seiner gegen die Türkei gerichteten Pläne treiben wollte. Die Zerrüttung aller politischen Verhältnisse im Bereiche der Balkanhalbinsel arbeiteten der kaiserlichen Politik in die Hände. Hätte doch, wie die Dinge lagen, selbst Oesterreich, die türkenfreundlichste der Mächte, sich nicht mit einer rückhaltslosen Vertheidigung der Pforte hervor wagen dürfen. Der Kaiser konnte vielmehr mit Sicherheit bei der Mannigfaltigkeit der in Frage kommenden Interessen auf den Zwiespalt im Lager seiner Gegner zählen. Trotz seines Vertrauens aber auf die Fähigkeiten der russischen Diplomatie und die Stärke seiner Streitkräfte hegte Alexander doch den Wunsch, bei dem kommenden Konflikt einen ganz zuverlässigen Bundesgenossen sich in Preußen zu sichern, mit dessen Hülfe er einer Welt in Waffen Widerstand leisten zu können glaubte. Bereits am 21. September 1821 mußte daher das Petersburger Kabinet unter nochmaliger Darlegung der gemäßigten Inventionen des Zaren an Bernstorff die Frage stellen, welche Haltung Preußen im Falle eines offenen Bruches zwischen Rußland und der Pforte einzunehmen gedenke. Die Anfrage geschah unter besonderer Betonung des Umstandes, daß der Kaiser eine Antwort über diesen Punkt mit Ungeduld erwarte.

Bernstorff wußte diesem Drängen gegenüber in geschickter Weise standzuhalten. Indem er der Freude des Königs über die Erklärungen des Zaren Ausdruck gab, warnte er doch ernstlich vor jeder Störung des europäischen Friedens. Daß Humanität und Religion für die Sache der Griechen sprächen, bestritt er in seiner Antwort an Nesselrode keineswegs, wohl aber meinte er, daß die Wünsche der Hellenen erfüllt und kriegerische Ereignisse vermieden werden könnten, wenn man von der Pforte kategorisch die Wiederherstellung der alten Verträge und aller jener Freiheiten und Rechte verlange die die Griechen „auf Anregung europäischer Verschwörer" für ungewisse Hoffnungen hingegeben hätten. Mit Rücksicht auf den Zaren betonte Bernstorff den internationalen Charakter der Bewegung besonders stark und zwar um so lieber, als er selbst damals eine Stärkung der revolutionären Elemente Europas durch jene Erhebung fürchtete. In erster Linie freilich hoffte er durch den Hinweis auf den von den Liberalen gegen die Türken gepredigten Kreuzzug den Kaiser vor übereilten Schritten zu bewahren*). Um den Kern der Anfrage Rußlands aber, ob der Zar im Falle eines Krieges Preußens als seinen Bundesgenossen betrachten dürfe, ging Bernstorff sorgfältig herum. Indem er nämlich der

---

*) Bernstorff an Alopeus. Berlin, 10. October 1821 (Geh. St.-A.). L'Allemagne se présente sous ce rapport un tableau dont la sombre couleur doit frapper même les yeux les plus prévenus. La croisade contre les Turcs s'y prêche partout par des individus connus pour être du nombre des conjurés les plus ardents contre l'ordre public et les anciennes institutions politiques!

russischen Regierung zum ersten mal zu verstehen gab, daß der preußische Staat von allen Großmächten am wenigsten bei der orientalischen Frage in Mitleidenschaft gezogen sei, erneuerte er im wesentlichen nur das frühere Anerbieten Preußens, unter bestimmten Umständen durch seine Intervention den Ausgleich der bestehenden Gegensätze fördern zu helfen*) — freilich in schärferer und präziserer Weise. Jedenfalls muß es als bemerkenswert bezeichnet werden, daß hier — also acht Jahre vor dem Frieden von Adrianopel bereits von dem Leiter der auswärtigen preußischen Politik die Dazwischenkunft Preußens als letztes rettendes Mittel proklamirt wurde — eine Thatsache, die geeignet ist, auf die Einheit und Folgerichtigkeit dieser Politik ein helles Licht zu werfen.

Wenn Bernstorff geglaubt hatte durch den Hinweis auf den international liberalen Ursprung der griechischen Bewegung einen tieferen Eindruck auf den Zaren zu machen, so sah er sich zunächst in dieser Erwartung getäuscht. In einer Unterredung mit Schöler im November suchte der Kaiser selbst die Annahme zu widerlegen, als ob durch solche Ursachen die große Allianz gefährdet werden könne. Wenn der griechische Aufstand, sagte der Monarch, wirklich ein Werk der Demagogie sei, so müßten die Alliirten sich um so fester an das von den ehrlichen und lautersten Absichten geleitete Rußland anschließen. Das sei wenigstens der einzige Weg, der durch die Gegenminen Englands und Frankreichs etwas gelockerte Solidarität der Allianz wieder herzustellen. Einen Krieg hielt Alexander I. für um so weniger gefährlich, als er, wie er nochmals beteuerte, keine Eroberungen, sondern nur sein gutes Recht wolle.**) Ja er meinte, daß bei der den Griechen überaus günstigen Stimmung Europas ein solcher Krieg

---

*) Bernstorff an Alopeus. Berlin, 10. Oktober 1821 (Geh. St.-A.). „Elle (la Prusse) s'estimeroit heureuse de pouvoir, au cas qu'une rupture devint inévitable, faire encore servir son intervention à conduire la guerre promptement au but désiré, à en adoucir autant que possible les effets et à obtenir à cette fin de la Porte les réparations et les sûretées que la Russie demande".

**) Zu Schöler sagte der Kaiser, er könne gar nicht fassen, wie man zwischen seinen Worten und den Erklärungen seines Kabinets habe Widersprüche herausfinden können. Um jeden Argwohn zu beseitigen, fuhr er fort, sei er gern bereit, seinen Alliirten eine schriftliche Erklärung des Inhalts zukommen zu lassen, daß, wenn er sich am Ende doch genötigt sehen sollte, den Krieg allein zu unternehmen, er weder einen Zuwachs an Land noch eine Erweiterung der russischen Machtsphäre zu erringen wünsche.

geradezu populär werden und den Regierungen, die sich Rußland anschlössen, zum Vorteil gereichen müsse. Im Besitz dieser Ueberzeugung war der Kaiser nicht geneigt, die seinen Bestrebungen entgegenstehenden Schwierigkeiten allzu hoch anzuschlagen, zumal er sich auf das Argument stützte, es sei die Küste von Bosporus bis an die Meerenge von Gibraltar groß genug, um alle Interessenten zufrieden zu stellen. Schölers scharfer Verstand erkannte auf Grund dieser Erörterungen sofort, welche große Selbsttäuschung — und zwar in doppelter Hinsicht — bei dem Kaiser vorwaltete. Namentlich wollte ihm als größter Irrtum die Vorstellung erscheinen, als ob Rußland bereits einen zu großen Umfang erlangt und deshalb jede Neigung verloren habe, seine Grenzen durch einen Krieg zu erweitern. Die Mitteilungen des Zaren deuteten nach seiner Ansicht darauf hin, daß für Rußland bei dem Kriege gegen die Pforte noch andere versteckte Ziele in Betracht kamen. Ohne die Erklärungen des Kaisers kritisiren zu wollen, bat er Bernstorff, doch nicht allzuviel auf die Versicherung uneigennützigen Handelns zu geben, weil, wie er treffend bemerkte, „die Bedingnisse, die jeder Krieg durch sich selbst für den Fall eines Friedenschlusses herbeiführen könne, doch niemals vorauszusehen sein." Hatte nicht Rußland schon vor 1806 einen ungeheuren Länderumfang besessen und nichtsdestoweniger Bialystock, Finnland, einen Teil der Moldau und das Königreich Polen mit sich vereinigt? Warum sollte es jetzt plötzlich diesen Expansionsdrang verleugnen. Schöler konnte aus den erhaltenen Eindrücken nur den einen Schluß ziehen, daß der Zar sich mehr und mehr in dem Vorsatz bestärke, den Krieg allein zu unternehmen, wenn ein solcher Schritt nur nicht in direktem Widerspruch mit den Wünschen der alten Alliirten Rußlands geschehen müsse.

Es lag also klar am Tage — Kaiser Alexander hielt einerseits noch immer an den Ideen fest, mit Hülfe deren die heilige Allianz gegründet worden war, rückte aber andererseits doch dem Standpunkt der nationalen Kriegsapostel in bedenklicher Weise näher. Es empfahl sich deshalb für Preußen, wenn es nicht allmählig seines Einflusses in Petersburg beraubt werden wollte, ein Verfahren den beständig wiederkehrenden russischen Forderungen gegenüber einzuschlagen, welches zwischen Entgegenkommen und Versagen geschickt die rechte Mitte hielt. Dies Mittel wandte Bernstorff zunächst bei den Verhandlungen an, welche Rußland bald nach dem Mißlingen des ersten Ultimatums mit seinen Verbündeten über ein neues an die Pforte zu richtendes Ultimatum eröffnete. Die Forderungen des ersteren sollten darin den Umständen entsprechend modifizirt werden. Aber auch für den Fall einer abermaligen Weigerung des Sultans hatte Rußland seine Vorschläge schon in der Tasche. In diesem Falle würden die Alliirten dem Sultan zu erklären gehabt haben, daß sie entschlossen seien, die Gerechtigkeit der russischen Sache anzuerkennen und der Türkei jede Unterstützung zu entziehen. Zu gleicher Zeit sollten sie mit dem Abbruch der diplomatischen Beziehungen drohen.

Bernstorff fühlte wohl heraus, daß eine unbedingte Ablehnung der russischen Vorschläge durch die übrigen Mächte sehr unangenehme Erörterungen mit Rußland herbeiführen, das Ansehen der europäischen Großstaaten in Konstantinopel schädigen und den Feinden des Friedens am russischen Hofe neue Waffen in die Hände geben müsse.*) Andererseits verhehlte er sich nicht die Unerfüllbarkeit der Bedingungen für England und Oesterreich. Was Preußen billig erschien, brauchte deshalb noch lange nicht für die an der orientalischen Angelegenheit am stärksten interessirten Staaten annehmbar zu sein. Um der Meinung dieser Höfe nicht vorzugreifen, knüpfte er in seiner Antwort das Zugeständnis des Beitrittes zu dem russischen Antrage an die Zustimmung aller alliirten Mächte. Aber auch im einzelnen erhob er Bedenken. So billigte er die Erklärung, welche Rußland der Pforte abverlangen wollte, wohl der Form und dem Ausdruck nach, wünschte aber — es ist dies in mancher Hinsicht erwähnenswert — der türkischen Regierung „die Freiheit zu lassen, welche einer selbstständigen Macht unter allen Umständen zustehe." Der Anregung Rußlands über diese Angelegenheit ein Protokoll abzuschlagen, stellte Bernstorff ebenfalls prinzipiell keinen Widerspruch entgegen. Er weigerte sich jedoch dem Protokolle die Fassung eines förmlichen Vertrages geben zu lassen, weil nach seiner Ansicht der Begriff des Vertrages der auf der Grundlage offenen und unbedingten Vertrauens ruhenden Verbindung der großen Allianz widersprach. Auch widersetzte er sich der russischen Zumutung, daß Preußen sich im Protokoll verpflichten solle, eine Garantie für das bevorstehende Abkommen zwischen Rußland und der Pforte im Verein mit den übrigen Alliirten zu übernehmen. Es lag Bernstorff viel daran, wie er an Schöler schrieb, durch eine

---

*) Bernstorffs Immediatbericht an den König vom 10. März 1822 (Geh. St.-A.).

solche Garantie nicht die Stellung verrücken zu lassen, welche der preußischen Monarchie durch ihre äußeren und inneren Verhältnisse angewiesen sei.*)

So kam auf Grund eines Kompromisses das Protokoll vom 14. März 1822 zwischen Rußland und Preußen zu Stande. Die Bestimmungen dieser Vereinbarung erschienen im Wesentlichen mit jenen Forderungen identisch, welche von Metternich im November des letzten Jahres der Pforte vergeblich vorgelegt worden waren. Allerdings hatten sich die letzteren nur als eine entsprechende Umgestaltung des ersten russischen Ultimatums dargestellt. Desgleichen ward in dem Protokoll der russischen Regierung unter den von Bernstorff vorgeschlagenen Bedingungen die diplomatische Unterstützung Preußens in den Verhandlungen mit der Pforte zugesagt.

Die Thatsache, daß Rußland sich dazu herbeiließ, über den weiteren Gang seiner Orientpolitik mit den Alliirten zu verhandeln, anstatt, wie es die Petersburger Kriegspartei wünschte, sofort zum Schwerte zu greifen, erfüllte Bernstorff mit großer Genugthuung. Mit Recht bezeichnete er die Nachgiebigkeit, die der russische Staat bei dieser Gelegenheit bewiesen, „als einen entscheidenden Wendepunkt in der großen orientalischen Angelegenheit." Das Protokoll erschien ihm selbst als eine „eventuelle in ihrem Gegenstande und ihrer Wirkung unverfängliche und von den Beschlüssen der Mitalliirten abhängig gemachte Verbindlichkeit", während Rußland gehofft hatte, Preußen bei dieser Gelegenheit mit starken Banden an sich zu ketten.**) Seine Freude war um so größer, als Preußen zu diesem Erfolge der Friedenspolitik beigetragen hatte, ohne sich selbst in irgend eine Art moralischer Abhängigkeit von Rußland begeben zu haben. Der erste Versuch, den preußischen Staat zu umgarnen, konnte als gescheitert gelten. Die hier mit Erfolg betretene Bahn sollte vom Berliner Hofe nicht wieder im weiteren Verlauf der orientalischen Angelegenheit verlassen werden. Denn nur auf diesem Wege bot sich die Möglichkeit, Preußen die Freiheit seines Handelns zum Heile des ganzen Weltteils zu erhalten.

---

*) Bernstorff an Schöler. Berlin, 15. März 1822 (Geh. St.-A).
**) Bernstorff an Krusemark. Berlin, 17. März 1822 (Geh. St.-A.): „er (Alopeus) hat kein Hehl, daß es von Seiten Rußlands auf eine förmliche Garantie-Akte abgesehen war".

Zweites Kapitel.

Die Ursachen der plötzlichen friedlichen Stimmung Rußlands. — England und
Oesterreich. — Tatitscheffs Sendung nach Wien. — Kaiser Alexanders Nach-
giebigkeit und der Triumph der russischen Friedenspartei. — Der Kongreß von
Verona. — Londonderrys Tod. — Cannings Orientpolitik. — Kaiser Alexanders
Vorschlag an Preußen zur Teilnahme an den Berathungen der Großmächte. —
Die Petersburger Konferenzen und ihre Folgen. — Kaiser Alexanders Tod.

Bernstorff wäre der letzte gewesen, Preußen allein den Ruhm
zuzuschreiben, den Anstoß zu der letzten friedlichen Wendung gegeben
zu haben. Nicht ungehört waren bei dem Zaren die Mahnungen
seines Bruders Konstantin verhallt, daß im Falle eines russisch-
türkischen Krieges die Polen sich gegen die Russen in Waffen erheben
und dadurch die Situation zu Gunsten der Pforte verändern würden.
Auch hatten dem Kaiser die beiden am meisten an dem Bestand der
Türkei interessirten Staaten goldene Brücken zur Rückkehr in die
Ideenwelt der heiligen Allianz gebaut. Londonderry sowohl wie
Metternich wendeten sich mit allen Künsten der Ueberredung an das
leichtbewegliche Gemüt des Zaren. Namentlich der österreichische
Staatskanzler schien ein Muster der Friedfertigkeit geworden zu sein.
Wäre es freilich nach Metternichs Wünschen gegangen, so hätte
Europa seine Kräfte nicht zur Ueberwindung türkischer Halsstarrigkeit,
sondern zur Niederwerfung der verhaßten Griechen verwenden müssen.
Aber die finanzielle und militärische Schwäche zwang ihn, den Ver-
söhnlichen zu spielen. Zudem hielt er Kaiser Alexander blos für
verstimmt, weil Europa sich nicht dazu bequemte, Rußland die Führer-
rolle bei dem Kreuzzuge gegen die Türkei zu übertragen. In der
Ueberzeugung von der Richtigkeit dieser Anschauung mußte Metternich

durch die plötzliche Sinnesänderung des Zaren bestärkt werden. Auch hatte es fast den Anschein, als ob Rußland ihm bei seinen Bestrebungen selbst in die Hände arbeite. Zu Anfang März schon begab sich Tatitscheff, ein Anhänger der russischen Friedenspartei im Auftrage des Zaren nach Wien, um dort neue Verhandlungen anzuknüpfen. Bekanntlich erwies sich Metternich diesen Erörterungen dem russischen Unterhändler gegenüber als Meister. Indem er den vier Forderungen Tatitscheffs, die auf den Abbruch der diplomatischen Beziehungen der Mächte zu der Pforte und auf die Gründung eines halbsouveränen Griechenlands nach dem Muster Serbiens hinausliefen, anfangs entgegenkam, verfolgte er den Plan: durch Scheinkonzessionen Rußlands Groll zu beschwichtigen, und dann als Dank für sein Einlenken vom russischen Kaiser die Entlassung des Grafen Kapodistrias zu verlangen. Wenn auch jene ersten Beratungen durch die Rückkehr Tatitscheffs nach Petersburg bald unterbrochen wurden, so durfte Metternich sich doch rühmen, die Zeit von der Ankunft des russischen Sendboten bis zu dessen Abreise auf das trefflichste benutzt zu haben.

Niemandem war die Mission Tatitscheffs gelegener als Bernstorff gekommen, weil er als unbefangener Beobachter daraus sehr beruhigende Schlußfolgerungen zu ziehen vermochte. Wie viel oder wie wenig Rußland in Wien erreichte, kam für ihn zunächst weniger in Betracht, als die Thatsache, daß die Sache des Friedens vorläufig gerettet war. Nach seiner gegen Schöler geäußerten Ueberzeugung hätten die Alliirten dem Zaren schon längst die Hände bieten sollen, um ihn von der „schroffen und schlüpfrigen Höhe herabzuziehen, von der er mit gutem Anstand weder vorwärts noch rückwärts zu kommen gewußt".*) Die Hintergedanken Metternichs bei den Wiener Verhandlungen blieben ihm freilich nicht verborgen, aber er hatte um so weniger Anlaß, sich darüber zu erregen, als Tatitscheff selbst an dem Intrigenspiel teilgenommen. Beispielsweise bestand nach Bernstorffs Ermittelungen der Bericht, welchen Tatitscheff an Kaiser Alexander über den „Erfolg" seiner Mission eingesandt, aus einem offiziellen und einem vertraulichen Teile, von denen der letztere Nesselrode selbst ein Geheimnis geblieben war. Dieser vertrauliche Teil hatte die Rücksicht auf den Weltfrieden und auf die große Allianz stärker betont als das Interesse Rußlands an einer Auseinandersetzung mit der Pforte. Bernstorff folgerte, daß

---

*) Bernstorff an Schöler. Berlin, den 29. Mai 1822 (Geh. St.-A.).

dies lediglich deshalb geschehen sei, um dem Zaren den Uebergang von der bisherigen Schroffheit gegen die Pforte zu größerer Nachgiebigkeit zu erleichtern und ihn so zur Allianz zurückzuleiten, „noch ehe es dem russischen Kabinet gelingen konnte, dem Kaiser unwiderruflich entscheidende Beschlüsse aufzudrängen".

In der That lagen derartige versteckte Motive dem Vorgehen der Petersburger Friedenspartei zu Grunde. Es gelang ihr im Juni desselben Jahres, die nochmalige Absendung Tatitscheffs nach Wien zu erzwingen, um die abgebrochenen Verhandlungen fortzusetzen und zum guten Ende zu führen. Zur Grundlage sollte er dabei jene Vorschläge Metternichs nehmen, die er bei seiner Abreise von Wien in Gestalt der bekannten „Denkschrift über die Pazifikation des Orients" mit auf den Weg erhalten. Wie geringfügig die Resultate der Thätigkeit Tatitscheffs waren, ist allgemein bekannt. Allerdings gelang es Rußland, bei der Pforte die Annahme seiner ursprünglichen Forderungen durchzusetzen, weil England und Oesterreich diese unter der Aegide Metternichs jetzt energisch befürworteten. Schade nur, daß diese Forderungen hinter den Ereignissen auf dem griechischen Kriegsschauplatze zurückgeblieben waren und den eigentlichen Wünschen Rußlands nicht mehr entsprachen. Als dann Kaiser Alexander noch einen fünften Punkt, demzufolge auch die Pazifikation Griechenlands vertragmäßig geordnet werden sollte, hinzufügte, weigerte sich die Pforte, darauf einzugehen und stellte das Verlangen, mit Rußland lediglich auf Grund des alten Programms zu verhandeln. Auf diese Weise rückte Kaiser Alexander nicht einen einzigen Schritt vorwärts, obwohl selbst Metternich die englische Regierung bewogen, auch diese fünfte Forderung Rußlands zu bewilligen. Freilich hatte der österreichische Staatskanzler dabei nur bezweckt, die Entscheidung über die griechische Frage vor ein europäisches Forum unter österreichischer Leitung zu ziehen.

So schien trotz aller Mäßigung des offiziellen Rußlands doch wieder nur der Appell an die Waffen übrig zu bleiben. Wider Erwarten aber wich der Zar auch diesmal vor der Entscheidung zurück. Der Triumph der russischen Friedenspartei war ein vollständiger. Als bestimmende Faktoren wirkten bei dieser Gelegenheit auf sein Gemüt zunächst die geradezu unheimliche Furcht vor einer großen, von einer internationalen Verschwörerbande angestifteten Revolution und in zweiter Linie der Wunsch, bei dem bevorstehenden Konflikte Frankreichs und Spaniens als mächtiges Mitglied der alten Allianz wieder ein-

mal in die Geschicke Westeuropas einzugreifen. Der diplomatische
Verkehr mit der Pforte wurde wieder hergestellt, ohne daß dieselbe
die verlangten Konzessionen gemacht hatte.

Dies negative Ergebnis langwieriger diplomatischer Verhandlungen,
welches einer Niederlage der russischen Orientpolitik verzweifelt ähnlich
sah, brachte, wie Bernstorff mit Freuden bemerkte, wenigstens in dem
Verhältnisse Rußlands zu Preußen keine nachteiligen Folgen hervor.
Hier schien vielmehr die alte Herzlichkeit des Verkehrs der beiden
Monarchen kein Mißverständnis aufkommen lassen zu wollen. Kaiser
Alexander selbst trug Schöler auf, dem König für die Bereitwilligkeit,
mit der dieser sich zu der gewünschten Erklärung herbeigelassen, seinen
wärmsten Dank auszusprechen. Nach den eigenen Worten des Zaren
hatte sich in allen Fällen der Uebereinstimmung der großen Mächte
das Verhältnis zwischen Rußland und Preußen als das intimste
erwiesen. In einem Briefe an den König sprach er die Hoffnung auf
eine Waffenbrüderschaft Preußens und Rußlands für den Fall eines
dereinstigen Zusammenstoßes Rußlands und der Pforte aus. Dieser
Wunsch, welcher in den einzelnen Stadien der orientalischen Frage
noch öfters wiederkehren sollte, erklärte freilich zum guten Teil die
Fülle der Liebenswürdigkeiten, mit denen das offizielle Rußland
Preußen damals überschüttete: Man ließ sich diese Freundschafts=
versicherungen in Berlin ruhig gefallen, ohne sich dadurch nur um
Haaresbreite von dem als richtig erkannten Standpunkt der Neutralität
und Unparteilichkeit abdrängen zu lassen. Vorläufig war allerdings
Preußen in dieser Hinsicht vor jeder Versuchung gesichert, weil die
auswärtige Politik Rußlands bis auf Weiteres nach Westen abgelenkt
wurde. Durch die Macht der Verhältnisse wieder in den Bannkreis der
großen Allianz gezogen, trat Kaiser Alexander mit wesentlich veränderten
Anschauungen über die orientalischen Angelegenheiten in den Kongreß
von Verona ein. Die griechische Frage mußte bekanntlich schon des=
halb auf eine Zeitlang in den Hintergrund gedrängt werden, weil die
spanischen Wirren die ganze Aufmerksamkeit der europäischen Diplomatie
beschäftigten. In Frankreich verhallten die Hilferufe des mit der ge=
mäßigten Partei seines Landes zerfallenen Königs Ferdinand nicht
ungehört. Denn ungeachtet der Mahnungen Villéles predigte dort
die Presse des Ultras immer leidenschaftlicher den Kampf gegen die
Revolution in Spanien. Die Reden und Brandschriften dieser Fana=
tiker flößten der etwas altersschwach gewordenen großen Allianz neues

Leben ein. Der „Kreuzzug" gegen Spanien wurde beschlossen. Der schnelle Erfolg der Franzosen und die Wiedereinsetzung des Königs schienen den vollen Sieg der Metternichschen Ideen zu bedeuten. Da erlitt die europäische Machtstellung des österreichischen Staatskanzlers plötzlich eine unerwartete Erschütterung. Durch den Selbstmord Londonderrys, des bisherigen Leiters der auswärtigen englischen Politik, wurde ihm eine seiner sichersten Stützen entzogen. Der Eintritt Cannings in die englische Regierung bedeutete gewissermaßen das Signal zum Niedergange der Metternichschen Periode. Eine nationale Politik, die bei der Verfolgung hart realer Interessen sich genötigt sah, das Freiheitsstreben der europäischen Völker zu unterstützen, begann sofort die bisherige hochkonservative Richtung in der englischen Politik zu verdrängen. Schon der zähe Widerstand, den Wellington in seinem Auftrage zu Verona den Wünschen Rußlands entgegensetzte, bewies deutlich, welcher neue Geist in England zur Herrschaft gelangt war. Die bald darauf folgende Erklärung Cannings zu Gunsten der südamerikanischen Republiken brachte die Tendenz Großbritanniens, die Handelsherrschaft in allen Weltteilen an sich zu reißen, zur vollen Geltung. Nun schickte der englische Staatsmann sich an, auch in die orientalische Frage einzugreifen und den Philhellenismus für seine weitaussehenden Pläne zu benutzen. Mit sicherem Blick hatte er erkannt, daß die griechische Erhebung die Zukunft für sich habe, und daß es deshalb für England vorteilhafter sei, das frisch aufstrebende Hellenenvolk sich zu verpflichten, als es in die Machtsphäre von Rußland oder eines anderen europäischen Staates geraten zu lassen. An eine gänzliche Losreißung Griechenlands von der Türkei dachte er dabei keineswegs. In der Rolle eines suzeränen Staates sollte Griechenland sich nur einer gewissen Selbstverwaltung erfreuen. Bereits im Februar 1823 versuchte Canning einen drohenderen Ton gegen die Türkei anzuschlagen und ihr begreiflich zu machen, daß sie auf die Freundschaft Englands verzichten müsse, wenn sie den berechtigten Ansprüchen des griechischen Volkes nicht Rechnung trage. Als bald darauf die Anerkennung der griechischen Blokade seitens des englischen Kabinets folgte, stand innerhalb der europäischen Diplomatie die Meinung fest, daß England gleichsam mit Sack und Pack und fliegenden Fahnen ins Lager der Griechenfreunde übergegangen sei.

Die schroffe Wendung in der englischen Politik konnte ihres Eindrucks auf das Gemüt des Zaren nicht verfehlen. Er begann zu fürchten, daß das britische Kabinet Rußland bei den Griechen überbieten wolle. Schon öfters während der letzten Monate hatte sich der Kaiser in seinen Unterhaltungen mit dem preußischen Gesandten bitter beklagt, daß Rußland trotz aller seiner Nachgiebigkeit durch England um die Früchte seiner Erfolge betrogen werden solle. Sogar seine Gesundheit wurde unter dem Einfluß dieser Verstimmungen erschüttert. Trotzdem wünschte Alexander, noch einen letzten Versuch zur Verständigung zu machen. Er unternahm es, bei der Zusammenkunft mit dem Herrscher Oesterreichs zu Czernowitz im October d. J. 1823 dem Fürsten Metternich gemeinsame Konferenzen der Vertreter der großen Mächte zu Petersburg vorzuschlagen. Dieselben sollten nach dem Wunsche des Monarchen über einen gemeinsamen Schritt der fünf Großstaaten bei der Pforte und über die Pazifikation Griechenlands beschließen. Trotz seiner türkenfreundlichen Gesinnung ging Metternich diesmal auf den Vorschlag ein, freilich in der Absicht, die Erörterung künstlich in die Länge zu ziehen und dann im Sande verlaufen zu lassen. Obwohl Alexander I. diesen Plan durchschauen mochte, trug er sich doch mit der Hoffnung, die List Metternichs zu Schanden zu machen und die Verbündeten, wenn sie einmal an der Newa versammelt, von Fall zu Fall weiter nach seiner Seite hinüberzuziehen. Er ließ deshalb bald darauf Einladungen an die einzelnen Kabinette ergehen.

Welche Pläne für die Zukunft der Türkei und Griechenlands damals von Rußland gehegt wurden, davon gab das von der französischen Diplomatie indiskret veröffentlichte russische Memorandum Kunde. Dasselbe lief bekanntlich darauf hinaus, aus dem griechischen Territorium einzelne unter der Suzeränetät des Sultans stehende und diesem tributpflichtige Staaten nach dem Muster der Donaufürstentümer zu schaffen. Dergleichen unfertige, von inneren Zwistigkeiten erfüllte Gebilde konnten ja jederzeit Rußland einen trefflichen Vorwand liefern, sich je nach Laune und Bequemlichkeit in die Verhältnisse des Orients einzumengen. Indem die russische Politik einen Mittelweg zwischen den Forderungen der Pforte und den Wünschen der Griechen einzuschlagen suchte, diente sie in der That dem russischen Staatsvorteil am besten.

Auch Preußen war das russische Memoire durch Nesselrode übermittelt worden. Der kaiserlich russische Staatskanzler hatte bei der Ueberreichung seine zuversichtliche Hoffnung auf die Beteiligung Preußens bei den Petersburger Konferenzen aussprechen lassen. Friedrich

Wilhelm III. und Bernstorff waren sich sofort darüber einig, daß dem
Zaren diese Konzession gemacht werden müsse, wenn man ihn nicht
zwingen wolle, andere politische Kombinationen aufzusuchen. Schon
längst wurde ja von der nationalrussischen Partei einem russisch-
französischen Bündnisse an Stelle der heiligen Allianz der Vorzug
gegeben. Bereits zur Zeit des Veroneser Kongresses hatte die preußische
Diplomatie Symptome der Annäherung dieser beiden Staaten bemerkt.
„Es giebt", schrieb Schöler damals an Bernstorff, „eine auf Rußlands
Politik mächtig einwirkende, seit der Restauration in Frankreich un-
unterbrochen bemerkbar gewordene, aller Wahrscheinlichkeit nach schon
in Tilsit und Erfurt begründete Ansicht, die unter gewissen Verhältnissen ein sehr eigenartiges Resultat hervorbringen könnte. Es
ist dies die feste Meinung, daß Rußlands Sicherheit und zum Teil
selbst die Erhaltung seiner Präponderanz auf dem Kontinent vor allem
erfordern, sich mit Frankreich oder vielmehr — bei den verschiedenen
Parteien, in welche das Land wahrscheinlich noch auf lange Zeit geteilt bleiben wird — stets mit der dort herrschenden Partei in gutem
Vernehmen zu erhalten." Schöler beklagte damals die unkluge Politik
Oesterreichs, welche eine Annäherung Frankreichs an Rußland eher
beschleunige als verhindere. Angesichts der spanischen Intervention
warf er sogar die Frage auf, ob man wirklich glaube, Frankreich als
Werkzeug zum Kampf für die monarchische Idee verwenden zu können,
ein Land, das von den im Interesse aller gefaßten Beschlüssen sofort
abspringe, sobald sein nationaler Vorteil oder seine allerdings oft
gedemütigte Nationaleitelkeit in Frage käme. Mit scharfen Worten
geißelte er den Egoismus Oesterreichs, das trotz aller schönen Redensarten über das Wohl Europas rein österreichische Interessen verfolge
und auch jetzt wieder, weil es ihm unmöglich sei, ein eigenes Heer aufzustellen, fremde Streitkräfte für seine Pläne benutzen wolle.

Die Mahnungen Schölers, welche sich mit den Anschauungen
Bernstorffs im Wesentlichen deckten, waren in der Heimath nicht ungehört verhallt. Bekanntlich hatte Preußen auf dem Kongresse die
Teilnahme an dem französischen „Kreuzzuge" gegen Spanien mit
Bestimmtheit abgelehnt, seine moralische Teilnahme aber dem Zaren
nicht versagen können. Preußen besaß durchaus keinen Grund, sich
mit dem Kaiser zu verfeinden und sich einen mächtigen Gegner an
der Ostgrenze zu schaffen. Jedenfalls fürchtete die preußische Diplomatie unliebsame Ueberraschungen von jener Seite her. Dafür

mag die Thatsache zeugen, daß, als im April 1823 Rußland durch
die Gewalt der Umstände zu einer Verringerung seiner Armee genötigt
wurde, man in den leitenden preußischen Kreisen diese Wendung als
eine Erleichterung empfand. Mit großer Spannung hatte man noch
kurz vorher die Ansammlung von Massen russischer Truppen an der
östlichen Grenze Preußens verfolgt und athmete daher förmlich auf,
als die schlechte Ernte diese Schaaren wieder auseinanderscheuchte.
„Die Reduktion der russischen Armee", schrieb Schöler damals an
das Kabinet, „ist doch in jedem Falle ein zu großer Gewinn, als daß
man sie, wegen der Vermehrung an Keckheit in den Unternehmungen
der revolutionären Faktion, die eine Folge davon sein könnte, meiner
Ueberzeugung nach bedauern darf!" Der preußische Vertreter an der
Newa hatte ohnehin die Nichtigkeit des revolutionären Gespenstes
längst durchschaut und wagte sogar — im Zeitalter Metternichs eine
unerhörte Ketzerei — die Schilderung von einer „zur Konsistenz eines
wirklichen Gouvernements ausgebildeten, revolutionären, geradezu nach
dem Umsturze aller Ordnung strebenden Faktion, für deren Zwecke
Könige und demagogische Zeitungsschreiber mit Jakobinern, Radikalen
und Deskamidados nach übereinstimmendem Plane handeln," als eine
Uebertreibung des österreichischen Staatskanzlers zu verspotten. Immer
wieder betonte er, daß Preußen Rußland gegenüber, unbeirrt durch
alle anderen Rücksichten nur eine Realpolitik betreiben dürfe.*)

Auf die Anfrage Nesselrodes antwortete Bernstorff, daß Preußen
die Konferenz beschicken werde, wenn es auch die Vorschläge des russischen
Memoires, denen es aus Rücksichten der Religion und Menschlichkeit
im übrigen volle Gerechtigkeit widerfahren lasse, nur bedingt unter=
stützen könne.**) Das Zustandekommen der Beratungen schien durch
diesen Entschluß Preußens gesichert zu sein, ein Ergebnis, das in
Petersburg auf das dankbarste empfunden wurde. So traten denn am
17. Juni 1824 die Bevollmächtigten der Großstaaten zu den Peters=
burger Konferenzen zusammen. Die ersten Sitzungen schon zeigten deutlich,
daß über die russischen Anträge zwar im Prinzip Uebereinstimmung
herrschte, daß sich aber Niemand dazu verstehen wollte, sie verwirklichen
zu helfen. Im Grunde hatte man es zunächst nur mit einem Vor=
spiel der Versammlung zu thun, da die Beratungen in Folge der Reise

---

*) Schöler an Bernstorff. Petersburg, 27. Febr. (11. März) 1823.
Bernstorff an Schöler. Berlin, 2. März 1824 (Geh. St.=A.).

des Zaren nach dem Süden bald wieder vertagt werden mußten. Da stellte unerwarteterweise England im letzten Momente der Konferenz Hindernisse in den Weg. Beunruhigt durch die Pläne des russischen Memoires, dessen Echtheit er aus politischen Gründen öffentlich bezweifelte, verweigerte Canning jede Beteiligung Englands an einer auf die Pazifikation Griechenlands gerichteten europäischen Vereinbarung. Diese Absage berührte in Petersburg auf das peinlichste. Doch entschloß man sich dort sofort im Notfall ohne England die Beratungen abzuhalten. In der That gingen Preußen, Frankreich und Oesterreich auf diese Idee ein. Die furchtbaren Scenen auf dem Kriegsschauplatze, mit ihren Greuelthaten gegen die christliche Bevölkerung drängten ja förmlich zu einem Eingreifen Europas. Im Februar trafen die Abgesandten wieder zusammen. In der Zwischenzeit hatte die Gereiztheit Rußlands gegen England so zugenommen, daß sich Bernstorff im Interesse des Friedens und des ruhigen Verlaufs der Beratungen genötigt sah, für das britische Kabinet einzutreten.*) Küster mußte es versuchen, das Fernbleiben Englands von der Konferenz in Petersburg zu entschuldigen und es so darzustellen, als liege Cannings Entschluß nichts als die Absicht zu Grunde, Popularität bei den englischen Türkenfreunden und den Philhellenen zu erwerben. Küster entledigte sich seines Auftrages mit Gewandtheit, indem er in einer Erörterung mit Nesselrode der Hoffnung Ausdruck gab, daß Canning angesichts des einmütig kundgegebenen Willens der andern Großmächte mit Rußland gemeinsam zu verhandeln, wohl noch nachträglich die Zulassung Englands zu der Konferenz beantragen würde. Diese Beschwichtigung hatte den gewünschten Erfolg. Rußland vermied es fortan, sich in weitere gereizte Auseinandersetzungen mit dem britischen Ministerium einzulassen, und die Beratungen konnten ungestört ihren Fortgang nehmen.

Von den drei an der Newa vertretenen Staaten war Frankreich den Bestrebungen Griechenlands am günstigsten gestimmt. Schon im Januar hatte sich Damas, der nach der Thronbesteigung Karls X. das Ministerium des Auswärtigen übernommen, nach Berlin gewandt, um in der griechischen Frage Anschluß an Preußen zu suchen und, wie er an Bernstorff schrieb, mit oder ohne England, Hand in Hand mit der preußischen Regierung die Sache des Friedens und der

---

*) Bernstorff an Küster. Berlin, 10. Februar 1825 (Geh. St.-A.).

Humanität zu vertreten.*) Er betonte dabei, daß der von Rußland vorgelegte Plan von keiner Macht ohne namhafte Aenderungen angenommen werden könne, wenn Frankreich auch Kaiser Alexander gern die Initiative bei Vorschlägen zur Durchführung der Konferenzbeschlüsse lassen wollte. Bernstorff täuschte sich durchaus nicht über die eigentlichen Motive des französischen Kabinets, das nicht allein von der öffentlichen Meinung Frankreichs, sondern auch von der Sucht, im Südosten und Osten neuen Einfluß zu gewinnen, vorwärts getrieben wurde. Aber er wußte wohl, daß ohne die energische Mitarbeit der französischen Nation der Erfolg der Beratungen von vornherein in Frage stand. Ohne sich auf spezielle Abmachungen einzulassen, einigte er sich doch im Allgemeinen mit Frankreich über eine gemeinsame Linie des Verhaltens. Beide Staaten wünschten Rußlands berechtigten Wünschen entgegenzukommen, so weit dies mit den Interessen der andern an den Geschicken der Türkei interessirten Reiche, zu denen Frankreich sich selbst zählte, vereinbar war. Natürlicher Weise mußte Preußen als der am wenigsten beteiligten Macht in der hohen Versammlung bei den meisten vermittelnden Vorschlägen die Führerrolle von selbst zufallen.

Die erste Frage, welche die Konferenz nach dem Wiederzusammentreten beschäftigte, war die des Waffenstillstandes. Bernstorff brachte im Prinzip den darauf gerichteten Wünschen Wohlwollen entgegen, erkannte aber sofort, wie gefährlich es sei, mit einem solchen Antrage eine Drohung gegen die Pforte zu verbinden. Konnte ein solcher Schritt nicht gerade den Krieg hervorrufen, den man durch die Verhandlungen vermeiden wollte? Gleich zu Beginn erinnerte Küster, der Bevollmächtigte Preußens auf der Konferenz, an den Stolz und Starrsinn der Pforte und machte den versammelten Vertretern den Vorschlag, dem Verlangen des Waffenstillstandes eine Unterhandlung mit den Türken vorhergehen zu lassen, die die freundschaftliche Intervention der Alliirten zum Zwecke haben sollte.**) Ein Recht auf die Intervention wollte es nicht anerkennen. Bei der Verteidigung dieses Vorschlages vertrat Küster den Gedanken, daß eine während des Krieges begonnene Unterhandlung keineswegs ohne Erfolg zu sein brauche, mit geschichtlichen Beispielen, unter anderem mit der Erinnerung an den westphälischen Frieden. Allerdings

---

*) Damas an Bernstorff. Paris, 31. Januar 1825 (Geh. St.-A.).

**) „Observations du plénipotentiaire de Prusse lues à la conférence du 1. mars (17. Febr.) 1825. (Geh. St.-A.).

verwarf die preußische Regierung prinzipiell nicht das Mittel der Drohungen. Sie war von dem Nutzen einer kräftigen Sprache wirklich überzeugt — nur sollte dieselbe nicht vor der Zeit angewendet werden.

Die Bemühungen Preußens auf der Konferenz: zugleich den begründeten Ansprüchen des Zarenreiches und den Wünschen Westeuropas gerecht zu werden, wurde durch die Winkelzüge der russischen Diplomatie freilich sehr erschwert. Der Haltung der westeuropäischen Vertreter gegenüber machte die russische Politik bei den Beratungen den Eindruck eines Orientalen, der mit tausend Listen zum Ziele zu gelangen sucht. Allerdings hatte die russische Diplomatie die Entschuldigung für sich, daß sie mit der Hinterhaltigkeit Metternichs rechnen mußte. In den von Nesselrode von Zeit zu Zeit in Gegenwart der Gesandten vorgelesenen Resumées über die Arbeiten der Versammlung ward das Resultat einzelner Beschlüsse nur zu oft mit slavischer Gewandtheit gleichsam durch eine Hinterthür wegeskamotirt, bis der einmütige Protest der Westeuropäer die alte Lesart wieder herstellte. So wünschte Nesselrode beispielsweise das Resultat der vierten Konferenz so darzustellen, als ob die Bevollmächtigten beschlossen hätten, unverzüglich die Drohungsmittel anzuwenden, sobald die türkische Regierung den Waffenstillstand zurückgewiesen. In Wirklichkeit war von der Mehrheit der anwesenden Diplomaten bestimmt worden, diese Drohungsmittel dann erst anzuwenden, wenn die Pforte die Intervention der Mächte überhaupt zurückgewiesen haben sollte. Ferner hatte Nesselrode in dasselbe Resumé die wahrheitswidrige Behauptung hineingebracht, der Zar sei von den Bevollmächtigten aufgefordert worden, im Namen der Allianz einen Agenten nach Griechenland zu senden, während man von jener Seite gerade ein kollektives Auftreten verlangt hatte. Diese beiden Beispiele sprechen zu deutlich, als daß sie noch einer weiteren Erläuterung bedürften. Sie seien nur deshalb erwähnt, weil derartige Zwischenfälle zu den alltäglichen Ereignissen der Konferenz gehörten. Die Absicht Rußlands, auf diese Weise Metternich bei den Verhandlungen entgegenzuarbeiten, wurde dadurch jedenfalls am wenigsten erreicht.

Gleich am Anfange der Sitzungen hatte das „Aperçu du cabinet de Russie sur la marche à suivre dans les affaires du Levant", welches Nesselrode im Namen Rußlands vorgelegt, den ungünstigsten Eindruck auf die Bevollmächtigten gemacht, weil es als Basis für die

Intervention der Alliirten die Erzwingung des Waffenstillstandes annehmen wollte. Nach der Meinung der übrigen Diplomaten mußte der allgemeine Krieg dadurch geradezu provozirt werden. Vor der einmütigen Verurteilung dieses Schriftstückes wich Nesselrode zurück. Aus dem Eifer aber, mit dem der kaiserlich russische Staatskanzler sich bei dieser Gelegenheit entschuldigte, zog Küster den Schluß, daß Kaiser Alexander vorläufig noch nicht an die Waffen appellire, sondern versuchen wolle, seinen Zweck mit Hülfe der Alliirten zu erreichen. Dafür sprachen auch noch andere Momente. In seinen Unterhaltungen mit La Ferronnays, dem französischen Vertreter, hob der Zar die Mäßigung hervor, die er im Widerspruch mit der türkenfeindlichen Stimmung seiner Unterthanen gezeigt. Mit großer Energie wies er jeden kriegerischen Gedanken zurück, obgleich er sich die Macht zusprach, wenn es ihm beliebe nach Konstantinopel zu marschiren und der Pforte, die ihm so viel Anlaß zur Klage gebe, Gesetze zu diktiren. Wohl aber sei ihm, so sagte er, sehr viel daran gelegen, endlich dem Gemetzel im Orient ein Ziel zu setzen und die Beruhigung Griechenlands zur Thatsache werden zu lassen. Küster zweifelte nicht an der Aufrichtigkeit dieser Worte des Monarchen, die ihm sofort zu Ohren gekommen waren. Wenn er auch wußte, daß der Kaiser die Ansichten und Stimmungen der starken russischen Kriegspartei nie ganz außer Acht lassen konnte, so glaubte er doch, daß Alexander selbstständig genug sei, um sich nicht zu einer ihm widerstrebenden Entschließung zwingen zu lassen. Auch das russische Aperçü schien ihm nur zur Beschwichtigung der Nationalen bestimmt zu sein. Nur in einem bestimmten Falle hielt er den Krieg Rußlands gegen die Pforte für unausbleiblich. „Eine bewaffnete gemeinschaftliche Dazwischenkunft der Alliirten", schrieb er nach Berlin, „oder die einseitige Ausführung der Pazifikation des Orients mit dem Schwerte im Auftrage und Namen der Allianz, ist der einzige nicht friedliche Weg, welchen bei der dermaligen Lage der Dinge Rußland zur Beendigung der orientalischen Angelegenheit gern, vielleicht sogar von allen Wegen am liebsten beträte. Eine solche Lösung der Frage würde alle Vorteile mit sich führen, welche Rußland durch einen einseitigen Krieg erlangen könnte und dabei von keinem der Nachteile begleitet sein, welche jener haben müßte, sie würde für Rußland voraussichtlich nur glänzend und ruhmvoll ausfallen können."*)

---

*) Küster an den König, den 6. (18.) März 1825, Petersburg (Geh. St.-A.).

Grade das Aperçü betrachtete Müster als Beweis, daß die Möglichkeit eines solchen Ausgangs vom Kaiser schon seit langem ins Auge gefaßt worden sei, ja daß sie in der damaligen Situation von ihm als bester Ausweg angesehen werde.

Mitten in diese Erwägungen der Diplomaten fiel der bekannte Fechterstreich Metternichs. Die Eröffnung Lebzelterns, des österreichischen Bevollmächtigten, Oesterreich ziehe die volle Unabhängigkeit Griechenlands der Suzeränetät vor, war für die russischen Regierungsvertreter eine ungeheure Ueberraschung. Nesselrode erklärte das Auskunftsmittel für um so gefährlicher, als es die Alliirten in Widerspruche mit allen von ihnen bisher öffentlich bekannten Grundsätzen bringe, ja vielleicht in die Zwangslage versetze, das von ihnen verpönte Beispiel Englands nachzuahmen. Die übrigen Bevollmächtigten suchten dieser energischen Kundgebung Rußlands gegenüber zu laviren. Der Unabhängigkeitserklärung durfte man sich nach ihrer Meinung allerdings nur mit der größten Vorsicht bedienen. Ja, sie wünschten dies Unterhandlungsmittel mit dem Schleier des tiefsten Geheimnisses zu umgeben und es nur bei ganz dringender Veranlassung in Konstantinopel anzuwenden. Vor allem sollte es sämmtlichen nach Griechenland zu entsendeten Agenten gänzlich verborgen bleiben. Immerhin gestanden sie Oesterreich zu, daß die Unabhängigkeitserklärung, wenn auch eine der stärksten Waffen, doch dem Abbruch des diplomatischen Verkehrs mit der Pforte vorzuziehen sei.

Die Differenzen zwischen den Vertretern Westeuropas und der russischen Regierung konnten England nur gelegen kommen. Wenn man trotzdem in London die Verhandlungen mit scheelen Blicken verfolgte, so geschah es, weil Europa sich „unterstanden", über eine so wichtige Frage ohne Mitwirkung Großbritanniens zu beschließen. Dabei durfte sich das englische Kabinet nicht einmal über Zurückweisung beklagen, weil es ja von Anfang an der Beteiligung Englands an den Konferenzen schroff entgegengetreten war. Der englische Vertreter in Petersburg hatte unter diesen Verhältnissen eine recht unangenehme Stellung. Da ihm der Inhalt der Verhandlungen verheimlicht werden sollte, konnte er nur auf Umwegen etwas von den Vorgängen erfahren. Sehr bald erkannte Canning die Unhaltbarkeit dieses Zustandes. Er versuchte deshalb — wie später noch gezeigt werden soll — zunächst Rußland durch ein festes Auftreten in der Zuversicht auf einen glücklichen Ausgang der Konferenzen ohne England zu beirren, um so die Bahn zu Sonderverhandlungen zwischen beiden Staaten frei zu bekommen. La Ferronnays durchschaute allein von allen Bevollmächtigten den wahren Sachverhalt. Er war der festen Ueberzeugung, daß Rußland von seinem bisherigen Kurs plötzlich abschwenken und „nachdem es sich versichert, wieviel und was es von den Alliirten für seine Wünsche hinsichtlich Griechenlands erwarten könne, vielleicht an den Versuch denken werde, sich mit England wegen der orientalischen Angelegenheit allein zu verständigen", ohne sich um die Alliirten viel zu kümmern. Die ganze Art, wie La Ferronnays Küster diese Meinung anvertraute, und die ungewöhnliche Zurückhaltung, welche er stets beobachtete, wenn in den Konferenzen von dem Verhältnis Rußlands die Rede war, bewies, daß er schwerwiegende Gründe für seine Ansicht haben müsse. Freilich sollte erst zu Ende des Jahres 1825 durch die Verhandlungen Cannings und Lievens seine Voraussage bestätigt werden.

Zunächst hatte die englische Minirarbeit doch bereits den Erfolg, den Gang der Konferenz in unerwarteter Weise zu beeinflussen, wenn auch im ersten Augenblick die westeuropäischen Bevollmächtigten den Zusammenhang nicht zu erraten vermochten. Nach einer der achten Konferenz folgenden mehrtägigen Unterbrechung führte Nesselrode über das orientalische Problem eine völlig veränderte Sprache. Nicht nur, daß er an dem Erfolg der früher von ihm so warm befürworteteten Intervention ganz zu verzweifeln schien, erklärte er jetzt auch die Erlangung eines Waffenstillstandes, die ihm bisher so leicht erschienen, für äußerst unwahrscheinlich. Selbst die Absendung von Agenten, welche die Bevollmächtigten nur auf sein Betreiben gebilligt hatten, fand er mit einem Male bedenklich. Zum Erstaunen der Vertreter der Mächte stellte er auf der Konferenz den Antrag, vorläufig von allen Unterhandlungen bei der Pforte abzusehen und die Ausführung sämmtlicher Verabredung des Konferenzprotokolls vom 13. März so lange hinauszuschieben, bis man sich „über die Maßregeln geeinigt haben würde, die für den Fall der Ablehnung der Pazifikationsanträge durch die Pforte in Kraft treten sollten". Es bereitete Nesselrode rechte Verlegenheit, Gründe für diese Sinnesänderung anzugeben, wenn er sich auch die Miene gab, die letztere auf alle die Einwendungen zurückzuführen, welche die drei Bevollmächtigten gegen das russische Aperçü erhoben hatten.

In der allgemeinen Verblüffung fand der preußische Vertreter erfreulicherweise zuerst den Mut zu einer männlichen Erwiderung: Wenn Kaiser Alexander, so führte er aus, die zur Pazifikation Griechenlands nötigen Schritte ausgesetzt sehen wolle, so könne der preußische Hof gegen einen solchen Schritt allerdings nichts einwenden, wohl aber müsse er dagegen Verwahrung einlegen, als ob die Abgesandten Frankreichs, Preußens und Oesterreichs irgend welchen Grund zu dieser Wendung gegeben hätten. Küster wies nach, wie grade er selbst seiner Instruktion gemäß ohne Ausnahme allen Beschlüssen zugestimmt habe, die die Aussicht auf Herstellung der Ruhe in Griechenland geboten hätten. Auch diese Entgegnung vermochte nicht Nesselrode von seiner Vorliebe für krumme Wege abzubringen. Er suchte jetzt die drei Bevollmächtigten zu veranlassen, ihre Höfe zur Einleitung besonderer Verhandlungen bei der Pforte über die griechische Sache zu bewegen — Verhandlungen, bei denen Rußland zunächst nicht beteiligt sein sollte. An dem Widerspruche Küsters gegen solche „itio in partes" scheiterte auch dieser Plan, die Verantwortlichkeit von Rußlands Schultern auf die anderen zu wälzen. Einstimmig beharrten Küster, La Ferronnays und Lebzeltern darauf, gemäß dem Protokoll vom 1.(13.) März die vertraulichen Einleitungsverhandlungen mit der Pforte nun gemeinsam vorzunehmen. Nesselrode konnte sich jedoch nicht entschließen, auf das einmütige Verlangen eine bestimmte Antwort zu geben. Einige Tage später fiel endlich einiges Licht auf die Ursache der schwankenden Haltung Rußlands. Sobald Stratford Canning den Plan der Bevollmächtigten erfahren, dem britischen Kabinet Vorstellungen über das Fernbleiben Englands von der Konferenz zu machen, hatte er diese vermeintliche Herausforderung in Gegenwart Nesselrodes mit der Drohung beantwortet: England werde unmöglich ruhiger Zuschauer bleiben können, wenn die Konferenz eigenmächtig in die griechische Angelegenheit eingreifen sollte.*) Zwangsmaßregeln den Konferenzmächte in einem Kriege, den Rußland wegen seiner „unmittelbaren Privatinteressen" mit der Pforte führe, seien eben etwas ganz Anderes als die kriegerische Einmischung in Spanien und Italien. Dieser Zwischenfall beeinflußte in bedenklicher Weise die ganze politische Situation. Lebzeltern benutzte sofort die neue Lage, um mit grellen Farben die aus der Schwenkung der englischen Politik sich ergebenden Gefahren

---

*) Küster an den König. Petersburg, den 3. (15.) April 1825. Bericht über die zehnte und elfte Konferenz (Geh. St.-A.).

auszumalen und sich dabei mit Emphase auf die Argumente Stratford
Cannings zu berufen. Die ganzen Verhandlungen drohten angesichts
der allgemeinen Zerfahrenheit zu scheitern. Endlich versuchte Nessel=
rode wieder in das alte Fahrwasser einzulenken. Indem er jetzt den
britischen Protest als eben so bedeutungslos hinstellte wie den, welchen
England zu Beginn des französisch=spanischen Krieges erhoben habe,
behauptete er, nicht begreifen zu können, warum England und das
übrige Europa davon berührt werden solle, wenn ein halbes Armee=
korps über die Donau marschire. Er erinnerte daran, daß auch
Kapodistrias in Troppau stets den Krieg als unausbleiblich für ganz
Europa hingestellt habe, für den Fall, daß ein österreichischer Soldat
die neapolitanische Grenze überschreiten sollte, und daß dieser Krieg
doch niemals eingetreten sei.

In dieser schroffen Weise traten die einzelnen Meinungen auf
der Konferenz einander gegenüber. Nesselrodes Gereiztheit, die sich
bei der Besprechung von General Guilleminots Thätigkeit in Kon=
stantinopel, auch einmal schroff gegen La Ferronnays kehrte, gab
Küster viel zu denken. Die russische Diplomatie war, wie er Bern=
storff auseinandersetzte, ziemlich unvorbereitet in die Beratungen
hineingegangen, ohne im Stande zu sein, die Unterhandlung in allen
ihren möglichen Stadien zu übersehen. Erst allmählig schien sie der
großen Schwierigkeiten inne geworden zu sein. Der russische Hof hatte
die griechische Frage für eine europäische erklärt und daraus großen
Vorteil gezogen. Im stillen aber mußte er erwartet haben, bei den
verabredeten Maßregeln doch die erste und ausschlaggebende Rolle zu
spielen. Der beständig wiederkehrende Versuch, die griechische An=
gelegenheit mit der italienischen und spanischen in eine Reihe zu stellen,
sowie das Gesammtverhalten der russischen Diplomatie ließen darüber
keinen Zweifel übrig. Diese Rechnung war offenbar zu Schanden
geworden. Denn der bisherige Gang der Verhandlungen machte eher
den Eindruck, als ob bei den Vorbereitungen zur Intervention weit
eher Frankreich oder Oesterreich die Führerschaft zufallen könne. Die
bei oberflächlicher Beobachtung so auffallende Unsicherheit Nesselrodes
fand dadurch leicht ihre Erklärung. An den guten Willen Oesterreichs,
eine bewaffnete Intervention zu unterstützen, glaubte Rußland über=
haupt nicht mehr. Grade auf Oesterreich war es gemünzt gewesen,
wenn Nesselrode ausdrücklich die Notwendigkeit hervorgehoben hatte,
sich noch vor der Intervention über die Folgen klar zu werden, die

man einem ablehnenden Bescheid der Pforte geben wolle. Der Zorn der Russen gegen die österreichische Politik trat bei einzelnen Anlässen besonders heftiger hervor. So wurde namentlich Lebzelterns Anspielung auf die Unterstützung, welche die revolutionäre Partei in ganz Europa durch einen Konflikt der Großmächte mit der Pforte erhalten müsse, von Nesselrode in schroffer Weise zurückgewiesen. Der kaiserliche Staatssekretär meinte, es scheine fast, als ob man Rußland den Vorwurf mache, die Jakobiner der gesammten Welt in seinen Schutz zu nehmen, während doch Kaiser Alexander durch sein Benehmen bewiesen habe, wie verhaßt ihm diese ganze Partei sei. Lebzeltern kostete es Mühe, den Aufgeregten durch die Versicherung, Rußland mit seinen Anspielungen gar nicht gemeint zu haben, zu beschwichtigen. Kein Zweifel — diese beständigen Rededuelle zwischen Lobzeltern und Nesselrode zeigten, daß die Konferenzen den Gegensatz zwischen Rußland und Oesterreich nur verschärft hatten. Ein Kompromiß galt nahezu als ausgeschlossen, da der eine der beiden Kaiserhöfe von der Notwendigkeit, den Frieden um jeden Preis zu erhalten und die Pforte mit Drohungen zu verschonen, durchdrungen war, der andere die bewaffnete Dazwischenkunft der Alliirten verlangte, wenn er auch am liebsten allein als Mandatar Europas die Pforte zum Gehorsam gezwungen hätte. Niemand, und wenn er mit Engelszungen geredet hätte, wäre im Stande gewesen, Licht und Ordnung in dies Chaos zu bringen. Mochte Küster den Weisungen Bernstorffs gemäß Lebzeltern so eindringlich vorstellen, daß man unmöglich vom Zaren verlangen könne, die ganze Verwicklung überhaupt nur auf friedlichem Wege zu schlichten — bei dem festen Entschluß Oesterreichs, den Türken die Niederwerfung der Griechen zu ermöglichen, mußten alle diese Worte in den Wind gesprochen sein.

Es verlohnt sich, an dieser Stelle noch einmal die drei Momente zu rekapituliren, welche im Verlaufe der Konferenz sich als entscheidend für die Konstellation erwiesen hatten. Zunächst gab sich in der durchaus unsichern Haltung Nesselrodes der mächtige Einfluß der russischen Kriegspartei auf die Entschließungen des Petersburger Kabinets kund. Mit Recht durfte Küster nach Hause berichten, daß Nesselrode zuweilen Vorschläge zu verteidigen hatte, „deren wahren Grund er nicht wohl eingestehen konnte" und zu deren Durchführung er sich deshalb solcher Sätze bedienen mußte, von deren Unhaltbarkeit er innerlich selbst überzeugt war. Die einzige Genugthuung, die der kaiserliche

Staatssekretär genossen, war — dies ist das zweite charakteristische Moment der Konferenz — die Freude über jene Anzeichen einer Annäherung Frankreichs an Rußland, die auch Küster im Laufe der Verhandlungen wahrgenommen.*) Indem die französische Regierung vor der Eventualität eines Krieges nicht zurückschreckte, ja sogar die Mitwirkung Frankreichs bei einer Intervention in Aussicht stellte, näherte sie sich in der That dem russischen Standpunkt ein gutes Stück. Mit Befriedigung bemerkte Nesselrode diese Schwenkung. Trotzalledem fiel bald darauf wieder in den Freudenbecher Rußlands ein bitterer Tropfen, weil La Ferronnays in dem Bestreben, zunächst alle friedlichen Mittel zu versuchen, sich später in vielen einzelnen Punkten doch wieder an England anschloß. Als drittes Moment endlich muß der unerwartete Einfluß, den England auf den Gang des Kongresses gewonnen, genannt werden.

In seinem Immediatbericht an den König über das Ergebnis gestand Bernstorff die Fruchtlosigkeit der bisherigen Verhandlungen ausdrücklich ein.*) Ebenso klagte er über die Schwierigkeiten, die sich der vermittelnden Politik Preußens entgegenstellten. Denn so viel stand fest, daß Preußen, wenn es ein Eingreifen zu Gunsten der Griechen überhaupt zugab, schon durch diese Thatsache mehr Rußland als Oesterreich bevorzugte. Und doch fühlte Bernstorff die Notwendigkeit, „jeden Anstoß, jede Veranlassung zur Empfindlichkeit" und jeden Vorwurf der Parteilichkeit nach Möglichkeit zu vermeiden. „Ich habe", schrieb er dem König, „demnach geglaubt, mich ohne ein zu scharfes Eingehen in die zwischen Oesterreich und Rußland obwaltenden Streitpunkte, größtenteils und folgerecht auf die von Ew. Königl. Majestät bereits früher ausgesprochenen Ansichten beziehen zu müssen, zugleich aber es für nötig gehalten, mit Oesterreich einerseits die unberechenbaren Gefahren eines neuen Krieges im Orient, mit Rußland anderseits die Notwendigkeit, auf alle Fälle gefaßt zu sein, um die beschlossene Dazwischenkunft der Alliirten mit Kraft und Würde durchführen zu können, anzuerkennen. Es schien mir angezeigt, dadurch den Versuch machen zu müssen, die

---

*) Bernstorffs Immediatbericht an den König. 15. Juni 1825.
**) Küster an den König. Petersburg, 3. (15.) April 1825. Die Instruktionen des französischen Botschafters lauteten: „Nous sommes franchement disposés à seconder les vues de la Russie pour pacifier la Grèce. Nous irons à cet égard très loin, car nous ne reculons pas même devant l'idée de lui porter notre appui moral et s'il le faut des secours effectifs". Allerdings werden in den Nachsätzen dazu einige Einschränkungen vorgenommen. (Geh. St.-A.)

sich gegenüberstehenden Ansichten der beiden Höfe soweit auszugleichen, als die inneren, in der That fast als unlösbar anzusehenden Schwierigkeiten es nur irgend gestatten können". Der König, welchen die Besorgnis erfaßt hatte, daß die Konferenz mit dem „bellum omnium contra omnes" enden könne, warf Bernstorff gegenüber die Frage auf, ob es sich für Preußen nicht empfehlen dürfte, den Antrag auf Vertagung der Intervention bis zu einem geeigneteren Zeitpunkt zu stellen. Ein solcher mußte nach seiner Ansicht dann sofort eintreten, wenn einer der auf der Balkanhalbinsel kämpfenden Parteien, den Griechen oder den Türken, der Sieg zugefallen war. Der Monarch wünschte sogar Metternich von dieser seiner Auffassung in Kenntnis setzen zu lassen. Bernstorff konnte nicht umhin, dem Könige von einem solchen Schritte abzuraten. In seiner Entgegnung machte er geltend, daß ein förmlicher Antrag Preußens auf Vertagung der Intervention beim russischen Hofe unzweifelhaft Anstoß erregen müsse. Andererseits schien ihm eine schnelle Pazifikation Griechenlands nicht nur dem Interesse des europäischen Friedens, sondern auch den Empfindungen der Humanität zu entsprechen. Er berief sich dabei auf die mit jedem Jahr hervortretende Neigung der meisten Höfe, dem Blutvergießen ein Ende zu machen. Zu einer Vertagung der Intervention konnte, wie Bernstorff ausdrücklich betonte, Kaiser Alexander, ganz abgesehen von seinen Prinzipien, um so weniger seine Zustimmung geben, als ein Eingreifen, wenn die Griechen erst wirklich von der Gefahr der Vernichtung bedroht wurden, ohnehin zu spät kommen mußte. Endlich einigten sich Bernstorff und sein Gebieter auch über diese Differenz der Auffassung. Das russische Kabinet sollte lediglich aufgefordert werden, „noch einmal und ehe ein geeigneter Schritt geschehe, in ernstliche Ueberlegung zu ziehen, auf welcher Seite die größere Gefahr liege, und ob die Notwendigkeit eines Einschreitens wirklich so dringend sei, daß solche nicht noch ausgesetzt werden könne, bis eine entscheidendere Wirkung eingetreten sei?" Ferner wurde Rußland der Wunsch des preußischen Hofes mitgeteilt, eine Verständigung der übrigen Alliirten herbeizuführen, was bei weiterer Halsstarrigkeit der Pforte oder für den Fall einer Fortsetzung des Krieges durch die Griechen zu geschehen habe. Befürchtete doch Friedrich Wilhelm III., daß, wenn in solchem Falle nichts geschehe, das Ansehen der Großmächte im ganzen Orient geschädigt werde.

Schon bald darauf zeigte es sich, wie weise die Vorsicht Bern-

storffs bei dieser Gelegenheit gewesen war. Sagte doch Nesselrode
jedem, der es hören wollte, rund heraus, daß Rußland sich in keinem
Falle den Weg zur Intervention verrennen lassen wollte. In bitteren
Worten beschwerte er sich über die Indolenz, mit der man den Wider=
spruch der Pforte gegen den Willen Europas sich habe gefallen lassen,
und stellte in erregter Weise für Rußland die Unmöglichkeit fest, mit
der Türkei in dem bisherigen ungeregelten Verhältnisse weiter zu
leben. Inmitten aller dieser Schwierigkeiten war es für die Beteiligten
eine förmliche Erleichterung, als die Beratungen unter allgemeiner
Zustimmung bis auf weiteres geschlossen wurden. „Es schrumpfte, wie
ein späterer Geschichtsschreiber sagt, „das ganze Ergebnis der Konferenz
zusammen zu einer vertraulichen Einladung an die Pforte, aus freien
Stücken die Intervention der Mächte zuzulassen, was von dieser fast
verächtlich zurückgewiesen wurde". Der Versuch, ganz Europa um die
Fahne Rußlands zu sammeln, mußte als gescheitert gelten.

Während der kaiserlich russische Staatskanzler für Oesterreich
nur tadelnde Bemerkungen hatte, weil er wie er sagte zwar den Krieg
vermeiden aber nichts thun wolle, um ihn entbehrlich zu machen,
spendete er dem Verhalten Preußens warme Anerkennung*). Ver=
gessen darf man freilich auch diesmal nicht, welchen schonenden Er=
wägungen Preußen diese russischen Freundschaftsversicherungen verdankte.
Zum drittenmal im Laufe der letzten Jahre war die Stimmung in
Petersburg wieder plötzlich umgeschlagen. In der wechselnden Baro=
meterskala: „Krieg", „Frieden" schien diesmal wieder die Stufe: „Krieg"
erreicht zu sein. Nach den Meldungen Küsters wurde die Volksstimmung
wieder im Sinne eines Befreiungskrieges zu Gunsten des glaubens=
verwandten Griechenvolkes bearbeitet. Die Kriegsrüstung war zum
guten Teil vollendet und das nötige Geld, dank der noch unberührten
letzten englischen Anleihe, vorhanden. Die Stellung der einzelnen
Mächte für den Fall eines russisch=türkischen Krieges hatte das russische
Kabinet sorgfältig in Erwägung gezogen. Die Gefahr eines Ein=
greifens Oesterreichs wurde von ihm nur gering angeschlagen, ja es
schien sogar Nesselrode eine gewisse Genugthuung zu bereiten, Metter=
nich bei dieser Gelegenheit einmal brüskiren zu können. Von Frank=

---

*) Küster an den König. Petersburg, 27. November (9. December). Einige
tadelnde Worte hatte er sogar über Frankreich fallen lassen, nahm sie aber dann
wieder zurück. Frankreich sei, sagte er: „hors la Prusse la seule puissance qui
ne se soit montrée hostile".

reich aber meinte man in den leitenden russischen Kreisen nach den
Erfahrungen der Petersburger Konferenzen nichts mehr zu fürchten
zu haben. Freilich ging man in der Vertrauensseligkeit in diesem
Punkte etwas zu weit. Denn die französische Regierung war ent=
schlossen, vor dem blutigen Waffenspiel noch einmal allen ihren Ein=
fluß zum Zwecke einer friedlichen Verständigung anzuwenden. Was
endlich England anlangte, so hatten in Petersburg die Ansichten über
Canning in letzter Zeit eine gewisse Wandlung erfahren. Durch manche
Anzeichen wurde nämlich in Rußland mehr und mehr die Hoffnung
entfacht, mit der englischen Regierung noch zu einer Vereinbarung
gelangen zu können. Aber selbst den ungünstigsten Fall angenommen,
so blieb es doch noch sehr fraglich, ob das britische Reich überhaupt
seine ganze Kraft zur Verteidigung der Türkei einsetzen konnte, da
die Vielseitigkeit seiner Handelsinteressen, die noch zuletzt zu einer
englischen Intervention in Portugal geführt hatte, einer solchen Kon=
zentration auf einen Punkt, schwere Hindernisse in den Weg legte.

Angesichts der erneuten Kriegsgefahr setzten die Freunde des
Friedens wieder einmal ihre Hoffnungen auf den Einfluß Preußens
am russischen Hofe. In der That schickte sich der Berliner Hof bereits
an, alle Elemente, die ein Interesse daran hatten, den Krieg hinaus=
zuschieben, um sein Banner zu schaaren. „Frankreich", schrieb damals
Bernstorff an Küster, „stellt sich ganz auf dieselbe Linie, welche wir
uns vorgezeichnet haben, und auf welcher unverrückt fortzurücken wir
uns heute mehr als je veranlaßt finden. Wir müssen zwar auch jetzt
noch nicht minder lebhaft als früher wünschen, in möglichster Ueber=
einstimmung mit dem österreichischen Hofe zu reden und zu handeln,
allein wir dürfen hoffen, daß dieser Hof es selbst mehr und mehr
inne geworden ist, daß grade in Beziehung auf die Gefahr, welche er
für jeden Preis abwenden zu müssen glaubt, ein billiges und zweck=
mäßig bedingtes Entgegenkommen minder bedenklich als eine zu
schneidende Zurückweisung der jenseitigen Anträge ist."*)

Grade in dem Momente aber, wo die preußische Diplomatie in
Wien, Paris und Petersburg ihren Einfluß im Sinne einer friedlichen
Lösung einzusetzen begann, traf in Berlin die Kunde von einem Er=
eignis ein, das alle bisherigen politischen Berechnungen über den
Haufen warf. Nach einem wechselreichen Leben hatte Kaiser Alexan-

---

*) Bernstorff an Küster. Berlin, 25. Oktober 1825 (Geh. St.=A.).

der I. seine Seele ausgehaucht. Jedem ernsten Politiker war bei dieser Nachricht zu Mute, als sei gleichsam der schützende Damm hinweggerissen worden, der so lange die tosende Flut zurückzudrängen im Stande gewesen. Der mächtigen Hand dieses Monarchen allein war es gelungen, der stärker und stärker anschwellenden russischen Kriegspartei Halt zu gebieten. Und doch täuschte sich alle Welt, wenn sie glaubte, daß dieser Fürst bei längerem Leben sich auch in Zukunft als Hort des Friedens bewährt haben würde. Denn selbst ihn hatte angesichts der Schwierigkeiten, welche sich unter der steten Nachhülfe Metternichs überall der russischen Orientpolitik entgegenthürmten, in den letzten Monaten seiner Herrschaft die Verbitterung übermannt. Wie Schöler in Erfahrung gebracht, sollte der Zar sich kurz vor seinem Tode dahin entschieden haben, bei dem nächsten neuen Hindernis ohne weitere Erörterung mit den Alliirten den Krieg zu erklären und seine Sache allein mit dem Schwerte auszufechten. Damit war auch bei ihm der geistige Uebertritt zur russischen Nationalpartei vollzogen und seinem Erben in Folge dessen die Möglichkeit geboten, sich auf sein heiliges Vermächtnis bei einer kriegerischen Politik zu berufen. Wie aber würde der neue Zar — so fragte man sich besorgt — einer solchen Verlockung widerstehen, in einer Zeit, wo ganz Rußland von dem Rufe „zu den Waffen" widerhallte. Vor der öffentlichen Meinung Europas brauchte er dabei um so weniger zu bangen, als diese fast überall ein Eingreifen Rußlands als selbstverständlich annahm. Durch seinen Heldenkampf gegen überlegene Gewalten hatte das Griechenvolk sich die Sympathien der gebildeten Welt errungen, ja selbst, wie bereits gezeigt, Terrain an solchen Fürstenhöfen gewonnen, die sonst jeder Volkserhebung grundsätzlich abgeneigt waren. Namentlich in Deutschland predigten Männer aus allen Schichten der Gesellschaft die Befreiung der Griechen. Wilhelm Müller sang seine hellenischen Freiheitslieder und Alt und Jung wetteiferten, ihr Scherflein für die gute Sache beizutragen. Und überall lauschte man begeistert den Worten Lord Byrons, der sich in seinem „Schwanengesange" wünschte, im Kampf für das von Barbarei bedrückte Volk zu sterben. In zwei große Parteien schien sich Mittel- und West-Europa zu teilen. Auf der einen Seite Metternich, der dem Nationalitätsprinzip den Tod geschworen, umringt von den Reaktionären jener Länder, auf der andern die Kämpfer für die aufstrebenden Mächte der Zeit, mochten sie nun aus solchen bestehen, die einem Ausgleich der Gegensätze das Wort redeten oder aus extremen Freiheitsaposteln. Nur mit Genugthuung — noch einmal sei es gesagt — kann es von allen Freunden der Kultur und Humanität begrüßt werden, daß Preußen sich nicht in das Lager derer stellte, die den Griechen die Rückkehr unter das türkische Joch wünschten, sondern auch in den folgenden Jahren stets bereit war, die griechenfreundlichen Schritte der einzelnen Mächte zu unterstützen, freilich soweit dies mit den Rücksichten auf seine Stellung vereinbar erschien. Traten doch bei den Entschlüssen des Berliner Hofes Erwägungen der großen Politik in den Vordergrund, für welche die Griechenbegeisterung der Menge weder Sinn noch Verständnis besaß. Auch dafür werden heute alle Deutschen Preußen Dank wissen müssen. Denn es lag offenbar die Gefahr vor, daß durch Rußland unter geschickter Benutzung der griechischen Frage das europäische Gleichgewicht verschoben, Oesterreich bei Seite gedrängt, und die russische Machtsphäre über die ganze Türkei ausgedehnt wurde. Man wird es deshalb verstehen können, wenn die preußische Politik unter Bernstorffs Leitung unablässig bemüht war, die Schalen des österreichischen und des russischen Einflusses sorgfältig gegeneinander abzuwägen.

Drittes Kapitel.

Wirren in Rußland. — Der Aufstand der Dekabristen und die russische Bevölkerung. — Oesterreich und die Thronfolge in Rußland. — Kaiser Nikolaus. — Preußen und die große Allianz. — Annäherung Rußlands und Englands. — Wellington in Berlin. — Der Zar und die griechischen Revolutionäre. — Das erste russische Ultimatum. — Bernstorff und Canning. — Umstimmung Frankreichs, Englands und Oesterreichs durch Preußen. — Die Unterhandlungen von Ackermann. — Metternichs Intrigen. — Der Fall Missolunghis. — Das zweite russische Ultimatum.

Die Wirren, denen das russische Reich unmittelbar nach dem Tode Kaiser Alexanders anheim fiel, schienen den Prophezeiungen Metternichs zunächst recht geben zu wollen. Jetzt konnte der österreichische Staatskanzler triumphirend verkünden, daß er rechtzeitig davor gewarnt, auch nur mit einem Schritte die Bahn der heiligen Allianz zu verlassen, weil man den Mächten der Revolution nicht den kleinen Finger reichen dürfe, ohne fürchten zu müssen, ihnen mit Haut und Haar zu verfallen. Alle Hoffnungen jedoch auf eine nachhaltige Schwächung der russischen auswärtigen Politik, welche er und sein großer Gegner Canning an das Ableben des Zaren geknüpft hatten, sollten bald eine gründliche Enttäuschung erfahren. Allerdings ließ der bekannte der Thronbesteigung von Nikolaus vorangehende Aufstand der Dekabristen Europa einen Blick in den Abgrund thun, der sich inmitten des geistigen Lebens Rußlands aufgethan hatte. Noch aber war der Moment nicht gekommen, wo Verschwörerelemente der russischen Herrschermacht ernstlich gefährlich werden konnten. Nach kurzer Frist schon lagerte wieder tiefe Ruhe über dem Zarenreiche. Der scheinbar unvermeidliche Zwist der kaiserlichen Brüder um die Krone, auf den Metternich ein ganzes politisches Kartenhaus aufgebaut hatte,

erwies sich bald als eine Chimäre, während die Empörung vom
neuen Zaren nach einem Moment des Schwankens mit furcht=
barer Energie niedergeschlagen wurde. In den unteren Schichten
des Volkes, besaß die Bewegung überhaupt keinen Boden. Aber
auch die Führer des Aufstandes bildeten keine geschlossene, zielbewußte
Schaar, da einzelne der Verschwörer der aristokratischen, andere
der demokratischen Regierungsform den Vorzug gaben, noch andere,
unter Betonung ihrer direkten Verwandtschaft mit dem Hause Rurik,
Gelüste auf den Thron an den Tag legten. Bestand doch nach den
Ermittelungen des preußischen Gesandten unter der letzteren Gruppe
der Plan, die ganze kaiserliche Familie durch Mord zu beseitigen.*)
Trotz der gerechten Entrüstung, mit der Schöler diese Vorgänge be=
urtheilte, mußte er zugestehen, daß mit wenig Ausnahmen die Teil=
nehmer der Verbindung keineswegs „wie in andern Ländern durch
die Hoffnung sich zu bereichern oder emporzuschwingen" zu ihrem
Thun bewogen worden waren, sondern die meisten vielmehr alle
„Vorzüge und Vorteile ihrer Geburt" ihrer politischen Ziele halber
aufs Spiel gesetzt hatten. Sehr bald erkannte der preußische Gesandte
mit klarem Blicke, wie sehr die Reformen Peters des Großen der
Entwickelung des russischen Volkes vorausgeeilt waren, und mit welch
ungebrochener Kraft die Barbarei vergangener Tage unter dem west=
europäischen Firniß fortbestand. Als echter Aristokrat suchte er aller=
dings den schwersten Fehler der letzten russischen Regierungen in der
russischen genau besehen: auf demokratischen Prinzipien fußenden
Rangordnung, die jedes „Geburts=Ansehen" vernichtete. Der russische
Adel, unter dem Schöler mit einem Scheine von Recht „die russische
Nation" verstand, weil sich die große Masse des Volkes allein aus
willenlosen Hörigen zusammensetzte, war es, der revoltirte. Denn er fühlte
sich, sobald er einen Vergleich zwischen seinem Einfluß und dem Einfluß
der Aristokratie in anderen europäischen Ländern zog, durch die russische
Autokratie mit ihrer Beamtenhierarchie zurückgesetzt. Auch wurde im
Lager dieser Unzufriedenen gegen die beständige Begünstigung von
Ausländern bei der Besetzung hoher Aemter und Würdestellen gemurrt.
Eine wirklich loyale und anhängliche Gesinnung für die kaiserliche
Familie war also bei der nationalen Aristokratie nicht zu finden, wie
auch die Dynastie ihrerseits kein Vertrauen zu diesen Kreisen der oberen

---

*) Schöler an den König, 10. (22.) Januar 1826 (Geh. St.=A.). Siehe auch:
Schöler an den König, 31. Januar 1826 (Geh. St.=A.).

Gesellschaft hegte. Von Liebe zum russischen Kaiserhause konnte nur
bei den breiten Massen des Volkes, das aber nach der Reichsverfassung
gar nicht für voll angesehen wurde, die Rede sein. Selbst in jenen Schichten
aber hatte man sich gewöhnt, den Zarenmord nicht als etwas gradezu
Unerhörtes zu beurteilen — angesichts so vieler Gräuelthaten in der
russischen Geschichte. Die Religion vermochte schon deshalb kein heil=
sames Gegengewicht gegen derartige Regungen der Volksseele zu bilden,
weil sie sich in Rußland zu leerem Formelkram verflüchtigte. Auch
das Wirken der westeuropäischen Bibelgesellschaften schuf mehr Unheil
als Nutzen. Denn da der richtige Unterricht über den Geist, in dem
man die Bibel lesen sollte, gänzlich fehlte, so holte sich der Einzelne
meist falsche und verschrobene Anschauungen aus der heiligen Schrift
heraus. Ebenso wenig Einfluß aber wie der Geistliche auf die Ge=
müter seiner Gemeinde, besaß der Lehrer — ein Lehrertum nach
westeuropäischer Art existirte freilich gar nicht — auf den Geist der
heranwachsenden Jugend. Es ist lehrreich und interessant — nicht zuletzt
im Hinblick auf die orientalische Verwickelung diesen Ausführungen
Schölers über die socialen und politischen Zustände des damaligen
Rußlands zu folgen. Denn die hier geschilderte Zerfahrenheit und
Unzufriedenheit nötigte die Staatslenker an der Newa, den Sinn des
Volkes in der auswärtigen Politik zu beschäftigen, wobei sich ein
energisches Auftreten gegen die Pforte zu Gunsten der bedrängten
Glaubensgenossen der Balkanländer als ganz besonders wirksam empfahl.
Auch die Seelenverfassung des Kaisers schien der Heilung durch ein
Radikalmittel zu bedürfen. Die Meuterei seines eigenen Heeres hatte
auf Nikolaus einen geradezu erschütternden Eindruck gemacht. Er
teilte Schöler bei dessen Antritts=Audienz in tiefernster Stimmung
mit, daß er schon als Brigadier den bösen Geist in dem Offizierskorps
des kaiserlichen Leibregiments bemerkt und zur Anzeige gebracht.
Kaiser Alexander aber habe dergleichen von seinen Truppen nicht
glauben wollen. „Alles, was ich" seit acht Jahren", fuhr der Zar
traurig fort, „als nahestehender Beobachter gesehen und seit wenig
Wochen in meinem jetzigen Verhältnis erfahren habe, überzeugt mich,
daß Ich und Meines Gleichen auf dieser Erde auf kein Glück rechnen
dürfen, außer demjenigen, welcher Mir" — hier wandte sich der Kaiser
gegen die Thür, durch welche die Kaiserin, ihn allein glaubend, kurz
vorher hereingesehen hatte — „von der Seite beschieden ist".

Obwohl es zunächst noch ungewiß war, in welcher Weise sich der

Wille des jungen Zaren in der auswärtigen Politik offenbaren würde, stand doch das Eine gleich von Anfang an so ziemlich fest, daß die bitteren Empfindungen gegen Oesterreich, mit denen Alexander I. ins Jenseits hinübergegangen, auf den neuen Gebieter sich vererbt hatten, ebenso wie die Meinung „von der Wertlosigkeit der großen Allianz". Diese Voreingenommenheit sollte durch einige merkwürdige Vorfälle, die sich schon vor der Thronbesteigung abgespielt, neue Nahrung erhalten. Graf Lebzeltern, der Vertreter Oesterreichs in Petersburg, hatte in der Zeit vom Sommer 1824 bis 1825 im Kreise jener Leute, die später als Verschwörer entlarvt wurden, verkehrt, deren Anschauungen in sich aufgenommen und nach Wien in einer Weise berichtet, als ob die ganze russische Armee von diesem Geiste beeinflußt sei.*) Kaiser Alexander sollte von diesen Berichten gehört und sich in Folge dessen mit einer solchen Abneigung gegen Lebzeltern erfüllt haben, daß dieser im Sommer 1825 nahe daran gewesen, seinen Posten zu verlassen. Eine unglückliche Verkettung von Thatsachen aber brachte diesen Entschluß nicht zur Ausführung. Lebzeltern fuhr fort, Metternich ein einseitiges und deshalb unwahres Bild des politischen Lebens in Rußland zu entwerfen und nahm dabei sogar in unzweideutiger Weise gleich nach dem Tode Alexanders für den Großfürsten Konstantin Partei, weil er als Oesterreicher „dem Schwiegersohn des Königs von Preußen den russischen Kaiserthron nicht gönnte". Er war sogar so unvorsichtig, in diesem Sinne abgefaßte Berichte der russischen Post zu übergeben, die fast alle Briefe aus politischen Gründen im geheimen zu öffnen pflegte. Auf diese Weise hoffte er sich bei dem künftigen Kaiser Konstantin einen Stein im Brette zu verschaffen. In Wien glaubte man natürlich, daß Lebzeltern die siegende Partei in Rußland vertrete und antwortete daher genau in demselben Sinne. Graf Bombelles wurde mit Glückwünschen, Plänen und Anträgen zu engerer Verbindung beider Kaiserhöfe nach Warschau gesandt. Als dann Nikolaus ohne besondere Schwierigkeiten und unter Zustimmung Konstantins in den Besitz der Herrschaft gelangte, fiel der österreichische Staatskanzler aus allen

---

*) Schölers vertraulicher Bericht an den König. Petersburg, 8. (20.) März 1826 (Geh. St.-A.). Als Schwager Trubetzkoys, mit dem er im Sommer 1824 und 1825 das Landhaus des Grafen Nawal bewohnt, sei er fast täglich „mit einem Kreise zum Hochverrat und zum Fürstenmord Verschworener" zusammengekommen. Beispielsweise habe Nesselrode einen der Haupträdelsführer, den Kapitän Kornilowitsch am Tische Lebzelterns kennen gelernt.

Himmeln. Der neue Zar aber gewöhnte sich seit jenen Tagen, jeden Schritt der österreichischen Politik mit dem äußersten Mißtrauen zu betrachten. Hatte er doch schon bald nach seinem Regierungsantritt die versöhnlich gefärbten Erlasse des österreichischen Staatskanzlers an den Internuntius mit der Wendung kritisirt: man kenne die Gewohnheit des österreichischen Kabinets, doppelte Depeschen zu schreiben. „Ich werde", sagte Nikolaus bei derselben Gelegenheit mit unverkennbarer Anspielung auf den Widerwillen seines verstorbenen Bruders gegen Oesterreich, „Meine Erklärung, der Politik meines verstorbenen Bruders zu folgen, pünktlich erfüllen, d. h. aber von dem Punkte in derselben ausgehen, wo er stand, als er die Welt verließ, nicht sie von vorne anfangen". Der Monarch hielt sich in allen Stücken für den Willensvollstrecker Alexanders. Immer wieder kam er auf den Gedanken zurück, daß sein Bruder entschlossen gewesen sei, das Schwert gegen die Pforte zu ziehen, und schon im Sommer 1825 angesichts der „Intrigen" Metternichs den Fortbestand der großen Allianz bezweifelt habe. Nach allen diesen Beobachtungen glaubte Schöler die Behauptung aufstellen zu können: lieber noch als den Türken würde der Kaiser Oesterreich den Krieg erklären, wenn auch die Pforte das nächste Opfer sein werde.

Der Berliner Hof, dem Nikolaus seine politische Herzensmeinung durchaus nicht verhehlte, sah mit Unruhe die Eventualität vor Augen, daß von einem Hauptvertreter der großen Allianz in das System dieses Bündnisses Bresche gelegt wurde. Nicht aus phantastischer Vorliebe für jene große Vereinigung — es wird später noch ersichtlich werden, wie nüchtern Bernstorff über das Wesen der letzteren dachte —, sondern aus Gründen realpolitischer Art glaubte die preußische Regierung auf der Erhaltung des Vertrages bestehen zu müssen. Von einem bestimmten Standpunkt aus gesehen, hatte Preußen allerdings ein großes Interesse daran, vorläufig die Allianz aufrecht zu erhalten, innerhalb deren es bisher zwischen Oesterreich und Rußland das vermittelnde Element gebildet. Fiel die Vereinigung auseinander, ohne daß der preußische Staat in einem neuen Sonderbündnisse eine andere politische Basis für die Zukunft gefunden, so brach zunächst das Chaos rücksichtslos verfochtener Einzelinteressen über ihn und Europa herein. Aber selbst, wenn Preußen sich, um einen Ersatz für das Verlorene zu finden, entschieden auf die Seite Oesterreichs oder auf die Seite Rußlands gestellt hätte, wären die Vorteile der früheren politischen Konstellation nicht wieder zu erlangen gewesen. Jedoch alle Befürchtungen des Berliner Kabinets sollten durch die große Kunde von der Annäherung der beiden gewaltigen Gegner Rußland und England überboten werden. Jedermann gedachte plötzlich der zur Zeit der Petersburger Konferenzen von La Ferronnays ausgesprochenen Prophezeiung. Waren doch die ersten einleitenden Schritte zu einer Verständigung über die Wirren auf der Balkanhalbinsel schon in Gesprächen zwischen Lieven und Canning zu Ende des Jahres 1825 erfolgt. Jetzt ging der zweite Akt des politischen Dramas in Scene. In der Meinung, daß der neue Zar nicht davon abzuhalten sein werde, der Pforte den Meister zu zeigen, stellte sich der englische Premierminister mit kühner Initiative an Rußlands Seite, um mäßigend auf die nächsten Unternehmungen des nordischen Nebenbuhlers einwirken zu können. Im Auftrage des englischen Kabinets ging der Herzog von Wellington nach Petersburg, mit der Weisung, dort Verhandlungen über eine neue Regelung der griechischen Frage einzuleiten. Als die erste Meldung von dieser Wendung in Berlin anlangte, sahen der König sowohl wie Bernstorff die Lage zunächst in düsterer Beleuchtung. Sie konnten nicht anders glauben, als daß nun die letzte Stunde der Allianz geschlagen habe. Mehr aus Pflichtgefühl, als in der Hoffnung, die Situation zu ändern, ließ Bernstorff durch Ancillon die Bitte an die englische Regierung richten, an den konservativen Prinzipien der heiligen Allianz festzuhalten, die — wie es hier hieß — nichts geringeres als die allgemeine Gerechtigkeit und Sicherheit, die Schonung aller wohlerworbenen Rechte und den schrittweisen und gesetzlichen Fortschritt des öffentlichen Lebens bisher gefördert habe.*) Um die Sorgen des preußischen Kabinets einigermaßen zu zerstreuen, begab sich Wellington vor seiner Fahrt nach Petersburg noch auf einige Tage nach Berlin. Von seiner Beliebtheit bei dem Könige und dem Zauber seiner Persönlichkeit unterstützt, gelang ihm in der That das schwere Werk, der preußischen Regierung wieder einiges Vertrauen auf die Zukunft einzuflößen. Er wußte in geschickter Weise den neuesten Schritt Englands als eine Koalition ad hoc darzustellen, die an der bisherigen Ordnung Europas nichts ändern wolle. „Meine vertraulichen Unterredungen mit Wellington", konnte Bernstorff bald darauf an Maltzahn schreiben,**) „haben mir um so schätzbarere Resultate geliefert, als sie mir die Ueberzeugung

---

*) Ancillon an Maltzahn in London. Berlin, 27. Januar 1826 (Geh. St.-A.).
**) Bernstorff an Maltzahn. Berlin, 20. Februar 1826 (Geh. St.-A.).

gegeben haben, daß die englische Regierung die Gefahr, welche uns von
Osten droht, nicht verkennt und zur Abwendung derselben soweit mitzu=
wirken bereit ist, als die Natur ihrer eigentümlichen Verhältnisse und die
allgemeinen Grundsätze der Politik ihr nur irgend gestatten können".

In diesem Momente der Spannung, als alle Welt von den
Lippen des Zaren das Losungswort für ein kräftiges Eintreten zu
Gunsten der Griechen erwartete, ereignete sich jener seltsame Zwischen=
fall, welcher bekanntlich alle Kombinationen der Diplomatie zu durch=
kreuzen drohte. Im völligen Widerspruch mit der bisherigen phil=
hellenischen Haltung der russischen Politik that Nikolaus in seiner
Unterredung mit Wellington die Aeußerung, daß er die Griechen als
„Revolutionäre" verabscheue. Die Erschütterung, deren das Gemüt
des Kaisers während der Episode der letzten Militärverschwörung aus=
gesetzt gewesen, schien bei ihm den Sieg über langjährige Traditionen
der russischen Staatskunst zur Folge gehabt zu haben. Alle Welt hatte
den Eindruck, als ob Metternich in dem jungen Monarchen doch noch
einen gelehrigen Schüler erhalten werde. Die Verblüffung Wellingtons
und Nesselrodes, der Jubel Lebzelterns und das Erstaunen der übrigen
Diplomaten hielten aber nicht lange an. Schöler war unter den ersten,
die schnell ihre Besinnung wiederfanden. Indem er Bernstorff bat,
die Worte des Kaisers nicht so buchstäblich zu nehmen, stellte er die
Annahme der englischen Vorschläge trotz alledem als sehr wahrscheinlich
hin. Denn er zweifelte doch auf Grund mannigfacher Thatsachen ganz
entschieden an der Wahrheit der zur Schau getragenen Gleichgültigkeit
des Monarchen gegen das Schicksal Griechenlands. Die Kriegsgefahr
blieb seiner Meinung nach ebenso drohend wie vorher, weil, wie er
sagte, die Frage nur scheinbar auf ein neues Terrain übertragen sei.*)
Auch in den russischen Regierungskreisen erholte man sich sehr schnell
von dem ersten Schrecken. Man schrieb jetzt dort die Aeußerung des
Monarchen einer augenblicklichen Laune und der Unerfahrenheit in den
Einzelheiten der Orientpolitik zu. Obwohl Schöler die Berechtigung
dieser Abschwächungen zugab, so entging seinem Scharfblicke doch nicht,
daß das Wort des Kaisers in einer bestimmten Richtung weiter wirken
und dort bedeutsame Folgen zeitigen mußte. Denn wenn Nikolaus
bei derselben Gelegenheit es als einen der Hauptpunkte seines neuen
Programms bezeichnet hatte, in erster Linie die unmittelbaren Interessen

---

*) Schölers Bericht an den König No. 21. Petersburg, 28. Febr. (12. März) 1826.
(Geh. St. A.).

Rußlands bei der Pforte zur Geltung zu bringen, so stand diese Ansicht durchaus im Einklang mit den Wünschen der allenthalben den Krieg predigenden russischen Nationalpartei. Traten die Tendenzen der letzteren aber in den Vordergrund, dann mußten in dem beginnenden Kampfe über kurz oder lang die Griechen doch wieder ein wichtiger Faktor bei den Berechnungen der moskowitischen Staatskunst werden. Vorteilhafte Ergebnisse für das System der großen Allianz seien freilich, so schrieb der preußische Gesandte, bei einem Kriege nicht zu erwarten, in den Rußland sich, ohne Rücksicht auf seine alten Bundesgenossen zu nehmen, kopfüber hineinzustürzen suche. Auf einen solchen Ausgang steuerten auch offenbar Canning mit Hülfe der Mission Wellingtons hin.

Die Prophezeiungen Schölers sollten, wenigstens soweit sie die Pforte betrafen, sofort in Erfüllung gehen. Das Ultimatum vom 17. März, in welchem Nikolaus dem türkischen Widersacher gleichsam die Schwertspitze auf die Brust setzte, beleuchtete wie mit einem Blitzstrahl das Dunkel, in welches für einen großen Teil Europas die Willensmeinung des neuen Herrschers gehüllt war. Auch der Aufmarsch einer starken russischen Armee an der türkischen Grenze ließ über den Ernst der Lage keinen Zweifel mehr zu. Schölers Andeutungen hatten den preußischen Hof auf eine solche Lösung bereits hinlänglich vorbereitet, so daß man in Berlin über den Widerspruch zwischen den ersten feierlichen Erklärungen des Kaisers und seinen neuesten Entschließungen nicht in Erstaunen zu geraten brauchte. Der preußische Vertreter hatte recht — die russische Orientpolitik blieb dieselbe wie früher und setzte aus Gründen der Opportunität nur eine andere Maske auf. Hatte Kaiser Alexander besonderen Nachdruck auf die griechische Frage gelegt, um seine Alliirten mit deren Hülfe zu Werkzeugen seiner Pläne zu machen, so wollte Nikolaus anscheinend nur seine Sonderbeschwerden gegen die Türkei durchfechten, ohne der Griechen zu gedenken. In Wirklichkeit aber verfuhr der neue Herrscher, wie Schöler hervorhob, ganz im Sinne Alexanders, wenn er den Diwan zu einer bestimmten Entscheidung drängte. Denn fiel diese ablehnend aus, so war schon das Zusammenziehen einer russischen Armee an der Grenze eine starke Diversion zu Gunsten der Griechen. Stellte sich dagegen im andern Falle nach der Befriedigung der russischen Wünsche das freundliche Verhältnis zwischen der Pforte und Rußland wieder her — dann erhielt die russische Regierung den alten Einfluß in Konstantinopel zurück und

damit die Macht, für die Griechen auf indirektem Wege etwas thun zu
können. Grade der Entschluß Englands, auf die Seite Rußlands zu treten,
hatte merkwürdiger Weise nach Schölers Meinung den Kaiser zu
seinem schroffen Vorgehen gedrängt und ihn vermocht, andere Differenz=
punkte als die griechische Frage herauszusuchen. Denn da das britische
Kabinet die griechische Sache zum Kardinalpunkt seiner Vermittelung
gemacht, so konnte ein Erfolg auf diesem Gebiete England allen
Ruhm und alle Ehre zuwenden. Welche Rolle, so fragte Schöler,
würde der russische Gesandte in der Türkei gespielt haben, wenn er
gewissermaßen nur auf das Fürwort Englands wieder vor dem Diwan
hätte erscheinen können, statt nach der Annahme des Ultimatums durch
die Pforte sich als Bote einer siegreichen Macht vorzustellen. In der
Position aber, die es jetzt errungen, besaß Rußland die Chance, auch
die Leitung der griechischen Frage wieder in seine Hand zu bekommen.
Anders schien die englische Regierung über das neue Verhältnis zu
denken. Trotz ihres Mißtrauens gegen Rußland setzte sie unverdrossen
ihre Protokollverhandlungen fort. Unaufhaltsam wurde Canning durch
die Erwägung vorwärts getrieben, daß jeder Schritt, der in dieser
Angelegenheit nach rückwärts gethan werde, eine diplomatische Nieder=
lage Englands nach sich ziehen werde. Den allarmirenden Gerüchten
freilich, welche über die Protokollvereinigung in Europa verbreitet
wurden, mußte — darüber bestand in London kein Zweifel mehr —
noch energischer als bisher entgegen getreten werden. Namentlich lag
Canning daran, den günstigen Eindruck, den Wellington in Berlin
erzielt, nicht wieder verwischen zu lassen. In einer Unterredung mit
Schöler suchte Wellington während seines Aufenthaltes in Petersburg
noch einmal darzulegen, warum die Allianz durch die englisch=russische
Uebereinkunft nicht gesprengt zu werden brauche. Rußlands Ver=
hältnis zur Pforte erschien in dieser Darstellung, die sich auf die
Wiener Kongreßakte berief, als ein außer der Allianz liegender und
dieser völlig fremder Gegenstand. Durfte man Wellington glauben,
so setzte Kaiser Nikolaus nur die Politik fort, welche Kaiser Alexander
unter Zustimmung seiner hohen Verbündeten begonnen hatte.*) Der
preußische Gesandte ließ sich dadurch jedoch nicht in seiner Meinung
wankend machen, daß die Tage der großen Allianz gezählt seien und
daß das Abkommen diesem Bunde „selbst das bisher gefristete Schein=

---

*) Schölers Bericht an den König No. 30. Petersburg, 23. März (4. April)
1826 (Geh. St.=A.).

dasein kosten würde".*) Darin wurde er nur bestärkt, als dann der
Inhalt des Protokolls vom 4. April 1826 ihm vor Augen kam. Er
blieb dabei, den wesentlichen Teil des Erfolges in dieser Sache auf
Seiten Rußlands zu sehen. Denn wenn auch, so schrieb er nach
Berlin, der Zar Wellington die Zusicherung erteilt habe, gegebenen
Falls nichts erobern zu wollen — „allerdings mit der Hinzufügung
in „Europa", weil er nicht wissen könne, ob er auch in „Asien" ein
solches Versprechen halten könne", so sei Rußland, was die Land=
vergrößerungsfrage anlange — doch nur durch mündliche, keineswegs
durch schriftliche Zusicherungen gebunden.

Ob man nun in der neuesten Wendung einen Sieg der russischen
Politik über die englische, oder der englischen über die russische er=
blicken mochte — die Thatsache, daß das Zarenreich mit der Tradition
der großen Allianz gebrochen, ließ sich nicht mehr aus der Welt schaffen.
Wenn auch Rußland vorgab, nichts anderes als eine schnelle und gründ=
liche Erledigung seiner besonderen Anliegen bei der Pforte zu erstreben, so
konnte es doch nicht läugnen, über die griechische Frage Vereinbarungen
getroffen zu haben, trotz des deutlich ausgesprochenen Wunsches seiner
Alliirten, diese Angelegenheit gemeinsam zu behandeln. Als das An=
stößigste aber erschien jene Bestimmung des Abkommens, derzufolge
die Garantie der Mächte für den neuen Vertrag als feststehend be=
trachtet, ihre Zustimmung unbedenklich als sicher vorausgesetzt wurde.
Der Wunsch Rußlands und Englands sollte also vollständig genügen,
Griechenland zu einem halbsouveränen Staat unter griechischer Ober=
hoheit zu machen. Preußen konnte sich wohl, wie Bernstorff etwas
ironisch bemerkte, „über das Formlose" an diesem politischen Akt
trösten, weil es ihm lediglich auf die Sache ankam. Anders aber lag
es bei den übrigen Mächten. Konnte Oesterreich, dessen Hoffnungen
auf eine Lösung der griechischen Frage in seinem Sinne aufs schwerste
geschädigt waren, sich ruhig in das neue Verhältnis finden? Und
wie stand es mit Frankreich? Durfte die französische Nation es gelassen
mit ansehen, wie England auf Grund seiner neuen philhellenischen
Politik eine neue feste Position im Mittelmeer gewann. Vermochten
die französischen Minister wirklich den Kammern einen Vertrag zu
empfehlen, der gänzlich ohne die Mitwirkung Frankreichs abgeschlossen
war? So hatte das englisch=russische Abkommen allenthalben neue

---

*) Schölers Bericht an den König Nr. 32. Petersburg, 25. März (6. April)
1826 (Geh. St.=A.).

Schwierigkeiten geschaffen und gleichsam einen Keil in das Gefüge des Bundes getrieben.

Vorläufig bemühten sich die leitenden Petersburger Kreise, durch ihre Erklärungen das Protokoll von jedem Verdacht zu reinigen. Ostentativ beteuerte Nikolaus dem Prinzen Wilhelm, durch diesen Vertrag England an die griechische Sache, an Rußland und damit auch an die große Allianz gekettet zu haben.*) Freilich ein ganz reines Gewissen schien man in Petersburg speziell Preußen gegenüber doch nicht zu besitzen. Denn man teilte dem preußischen Gesandten erst ganz spät den Inhalt des Vertrags mit, während die Gesandten Frankreichs und Oesterreichs von demselben schon bald nach dem Abschlusse in Kenntnis gesetzt worden waren.**) Das hinderte allerdings nicht, daß das Berliner Kabinet durch Schöler längst alles Wissenswerte über diese Angelegenheit erfahren hatte. In einer Unterredung mit Nesselrode versagte sich Schöler bei aller höflichen Würdigung der Vorzüge des Vertrages die Bemerkung nicht, wie er „doch ganz eigentlich die Empfindung verspüre und nicht zu unterdrücken vermöge, welche bei Erleidung eines nicht verdienten Unrechts und beim Fehlschlagen wohlbegründeter Erwartungen rege zu werden pflege".***) Nesselrode meinte dagegen, Preußen habe während der ganzen Angelegenheit die russische Politik so freundschaftlich und gerecht beurteilt, daß der Inhalt des Abkommens unmöglich einen unangenehmen Eindruck in Berlin hervorbringen könne. Auch die Besorgnis, als ob man von französischer Seite her einen energischen Widerstand gegen das Protokoll zu befürchten habe, suchte der kaiserlich russische Staatskanzler zu zerstreuen, denn er rühmte sich, durch die Grundsätze, welche von ihm für die Behandlung der Orientfrage in den letzten Verhandlungen mit England festgestellt worden seien, die Furcht Frankreichs vor einem überwiegenden Einflusse Englands im Mittelmeer beseitigt zu haben.

---

*) Schöler an Bernstorff. Petersburg, 27. März (28. April) 1826 (Geh. St.-A.).
**) Schöler an den König. Petersburg, den 30. März (11. April) 1826. (Geh. St.-A.). Schöler hatte von La Ferronnays alle Details bereits erfahren, ehe er die offizielle Mitteilung erhielt. Angeblich fürchtete man in Petersburg, der Herzog könne es übelnehmen, auf seiner Rückreise in Berlin auf Einzelheiten des Vertrags hin angesprochen zu werden. Schöler meinte, ein solches Vorgehen verdiene, daß man in Berlin dem Herzog es deutlich zu verstehen gebe, wie jederman sein Geheimnis kenne.
***) Schölers Bericht an den König. Petersburg, den 13. (27.) April 1826. (Geh. St.-A.).

Auch von Oesterreich erwartete er, daß es die Vorteile des Protokolls allmählich besser würdigen und die kleine Kränkung der Eigenliebe verschmerzen werde.

Eine seltsame Ironie wollte es, daß Rußland, während es Preußen über die späte Mitteilung des Vertrages zu trösten hatte, von England beschuldigt wurde, den Inhalt der Abmachungen zu früh der Welt offenbart zu haben. Die Schnelligkeit, mit der alle Details des Vertrags in Paris bekannt geworden, mußte allerdings etwas auffällig erscheinen. Der englische Gesandte sprach, wie Werther berichtete, Damas sein Erstaunen aus über die Eile, die Rußland gehabt, den Schleier von dem Geheimnis wegzuziehen. Er wollte sich auch kaum zufrieden geben, als das französische Ministerium erwiderte, grade diese Freimütigkeit sei notwendig gewesen, um das Mißtrauen Europas so schnell als möglich zu zerstreuen. England hätte das Abkommen gern noch eine Zeitlang verborgen, um gleichsam mehrere Eisen im Feuer zu behalten. Die Beschleunigung der Veröffentlichung mußte schon deshalb als ein Meisterstreich der russischen Regierung gelten, weil dadurch der Gegensatz zwischen Oesterreich und England sofort bedeutend verschärft wurde. Nachdem man in London den erhaltenen Schlag verwunden, hielt man es für geraten, um so deutlicher Farbe zu bekennen. In welcher entschiedenen Weise man dies that, sollte der Berliner Hof einige Monate später bei dem preußisch-englischen Schriftwechsel über die Bedeutung des Protokolls erfahren. Bernstorff wünschte, um den gegen die Allianz gerichteten Stoß zu pariren, in seiner Auseinandersetzung mit dem britischen Kabinet daran festzuhalten, daß die neueste Wendung in der griechischen Frage doch nur dem System entspreche, welches seit drei oder vier Jahren von den verbündeten Mächten angenommen und besonders von Preußen empfohlen worden sei. Diesen Gedanken fühlte sich Canning veranlaßt zurückzuweisen. Es lag im Sinne seiner ganzen Politik, den Glauben zu zerstören, als ob die große Allianz irgendwie noch ein bemerkenswertes Dasein friste. Am wenigsten aber wollte er die Meinung aufkommen lassen, daß das englisch-russische Protokoll in dieser oder jener Weise in den Rahmen des bisherigen europäischen Systems einzufügen sei. In einer Depesche an Lord Clainwilliam in Berlin setzte er ausführlich auseinander, worin das englisch-russische Protokoll von den zur Herstellung des Friedens im Orient gemachten Vorschlägen sich unterscheide. Er nannte jene Vorschläge „die Anmaßung eines Rechtes in die Angelegenheiten anderer Nationen, kraft einer den Verbündeten innewohnenden Befugnis zur Oberaufsicht und und Kontrole, eingreifen zu dürfen" — ein Anspruch, welchen England in der Theorie nie gut geheißen, den es vielmehr seit den Kongressen von Laibach und Verona energisch bestritten und abgelehnt habe. Hier aber handle es sich um ganz etwas Anderes. Sei doch England selbst von der griechischen Regierung ersucht worden, gleichsam als Mandatar Griechenlands bei der Pforte vermittelnd einzuschreiten. Er leitete also die unmittelbare Befugnis zum Einschreiten nicht aus einem von einer Macht oder einem Komplex von Mächten eigenmächtig beanspruchten Rechte: beiden kriegsführenden Parteien Vorschriften zu erteilen, her, sondern aus dem Antrage der einen in Mitleidenschaft gezogenen Partei.

Bernstorff war Realpolitiker genug, um nicht mit England über die hier entwickelten Grundsätze rechten zu wollen. In seiner Entgegnung bestritt er behauptet zu haben, daß England sich zur Teilnahme an Plänen habe bestimmen lassen, die es selbst früher verworfen, sprach vielmehr mit feiner Ironie dem englischen Ministerium seine Freude darüber aus, daß die Umstände es jetzt dem britischen Reiche erlaubten, an der Herstellung des Friedens zwischen Griechenland und der Pforte mitzuarbeiten.*) Diese versöhnliche Antwort war Bernstorff freilich schwer gefallen. Indessen trug der Wunsch, in der damaligen Situation jeden Keim zu internationalen Zwistigkeiten schon im Entstehen zu ersticken, über seine Bedenken den Sieg davon.

In der That verbot schon die in Folge des russischen Ultimatums eingetretene politische Spannung in Europa die Hingabe an eine kleinliche Politik des Schmollens. In London hatte die neue Freundschaft für Rußland in Folge dieses Schrittes Rußlands plötzlich wieder einem Mißtrauen gegen Uebergriffe der russischen Regierung Platz gemacht. Auch in Paris konnte man sich über diese „eigenmächtige Handlung" des Kaisers nicht beruhigen. Damas nannte in Gegenwart Werthers das Ultimatum gradezu eine Niederlage der Allianz und eine Ermutigung der Revolutionäre aller Länder, ja er hielt sogar den Sturz des französischen Kabinets nicht für ausgeschlossen, falls es sich bestätigen solle, daß Rußland die orientalische Frage ohne Rücksicht auf den Willen Frankreichs erledigen wolle. Noch ärger tobte man in Wien. Nur in Berlin behielt man ruhig Blut. Auf Bern=

---

*) Bernstorff an Lottum. Berlin, 8. Oktober 1826 (Geh. St.-A.).

storffs Befürworten erkannte der Berliner Hof die Forderungen des
Ultimatums als begründet an. Zugleich gab er England und Frank=
reich den Rat, das Recht Rußlands zur selbstständigen Vertretung
seiner Beschwerden anzuerkennen. Endlich suchte Preußen Metternich
zu bewegen, der Pforte durch den Internuntius einen Wink zum
Nachgeben erteilen zu lassen. Der österreichische Staatskanzler hörte
bereitwilliger als sonst auf die Mahnung, weil er sich damals noch
immer mit der Hoffnung trug, durch Freundlichkeit und Nachgiebigkeit
den jungen Kaiser zu entwaffnen. Auch in Paris vermochte Werther,
sobald sich dort die erste Erregung einigermaßen gelegt hatte, mit
seinen Vorstellungen durchzudringen. Was Canning anbelangte, hatte
er um so weniger Grund, die Dinge auf die Spitze zu treiben, als
ihm durchaus nichts daran gelegen sein konnte, die von ihm als Erfolg
der britischen Politik bezeichnete Protokollvereinbarung wieder in Frage
zu stellen. Die Mahnung Preußens fand deshalb bei ihm ein
offenes Ohr. Schon nach kurzer Frist drangen nach Berlin von allen
Seiten die Nachrichten über einen vollständigen Umschwung der An=
schauungen an den einzelnen Höfen. Die praktische Erwägung, daß
es besser sei, das Recht Rußlands auf Selbsthülfe anzuerkennen, als
Kaiser Nikolaus in eine Zwangslage zu versetzen, hatte gesiegt. An=
gesichts der unerwarteten Einmütigkeit sämmtlicher Großmächte fügte
sich die Pforte in das Unvermeidliche. Am 30. April erklärte sie
ihre Zustimmung zu den drei Forderungen des Ultimatums, freilich
mit dem Hintergedanken, die neuen Verhandlungen, welche zu Acker=
mann angeknüpft werden sollten, so lange hinzuziehen, bis eine vor=
teilhaftere Konstellation eingetreten sein würde. So freudig Bern=
storff die vorläufige Beseitigung des Konfliktes begrüßte, so täuschte
er sich doch nicht darüber, daß dies Interim unmöglich lange von
Bestand sein konnte. Ueber kurz oder lang, das wußte er wohl,
mußten die Fehler der österreichischen Politik Rußland wieder in die
Schranken rufen. Mit Unmut hatte er auch bemerkt, daß Metter=
nich die ihre volle Unabhängigkeit behauptende Politik Preußens
durch Intrigen gegen seine Person zu durchkreuzen hoffte. War
doch von dem österreichischen Staatskanzler dem preußischen Gesandten
Haßfeld in Wien zu verstehen gegeben worden, daß die Hofburg ihn
gern an die Stelle des jetzigen preußischen Ministers der auswärtigen
Angelegenheiten treten sehen würde.*) Peinlicher noch als diese

*) Aufzeichnungen der Gräfin Elise von Bernstorff II. S. 58.

persönliche Angelegenheit berührte Bernstorff, wie er Schöler schrieb, die von Metternich betriebene Ausnützung der bewährten preußischen Bundesgesinnung. Er beschwerte sich darüber, daß Oesterreich seit dem Kongresse von Aachen diesen Fehler gegen Preußen nur zu häufig begangen habe. Jetzt aber, fügte er hinzu, gefährde Metternich den Bestand der Allianz von neuem dadurch, daß er die Nachgiebigkeit der Pforte allein dem österreichischen Einflusse zuschreibe und den Sturz Cannings grade in dem Augenblicke betreibe, wo dieser Staatsmann sich mit Kaiser Nikolaus auf den besten Fuß gesetzt. Unmöglich könne man von Preußen allein immer Opfer zur Aufrechterhaltung des großen Bundes verlangen.

Während die Beratungen zu Ackermann sich mühsam weiterschleppten, erfolgte nach heldenmütiger Vertheidigung der Fall Missolunghis, welcher wegen der damit verknüpften Greuelthaten in ganz Europa eine ungeheure Aufregung hervorrief. Alle Welt beklagte das Schicksal der wackeren Streiter. Mit Nachdruck verlangte das Philhellenenthum Englands ein Einschreiten von der britischen Regierung. Canning wandte sich diesmal an Frankreich, wo seit dem russischen Ultimatum eine gewisse Disposition zur Annäherung an England vorhanden war. Lord Granville erhielt den Auftrag, sich in Paris nach den noch verfügbaren maritimen Streitkräften Frankreichs im Mittelmeer zu erkundigen und eine gemeinsame Intervention zur See anzuregen. Damas gab eine entgegenkommende Antwort, freilich mit der bissigen Bemerkung, daß England durch seine in letzter Zeit so oft bekundete Abneigung gegen ein vereintes Eingreifen der Großmächte in die Geschicke Griechenlands selbst die Verschleppung der griechischen Frage verschuldet habe. Im Uebrigen machte er das Zugeständnis, gegebenen Falls die zweiundzwanzig Kriegsschiffe Frankreichs im Mittelmeer zu dem gewünschten Zwecke zur Verfügung zu stellen. Mit Freuden glaubte Damas auch aus den Aeußerungen Granvilles zu vernehmen, daß Canning einer gemeinsamen Erörterung der griechischen Frage durch die fünf Mächte nicht mehr prinzipiell ablehnend gegenüberstehe. Gehörte doch eine Verständigung Frankreichs, Englands, Rußlands, Preußens und Oesterreichs zur Pazifikation Griechenlands zu den Lieblingsideen des französischen Ministers. Damas legte besonders auf die Mitarbeit Preußens großen Wert. Er ersuchte deshalb Werther, von den zwischen Frankreich und England gepflogenen Unterhandlungen in Berlin Mitteilung zu machen und zugleich an

Bernstorff die Frage zu richten, ob man die günstige Stimmung des britischen Kabinets nicht dazu benutzen könne, um doch noch zu einer europäischen Vereinbarung über die Zukunft Griechenlands zu gelangen. Gemeinsame Vorstellungen Frankreichs und Preußens in Petersburg hielt der französische Staatsmann für sehr geeignet, einem solchen „Arrangement" den Weg zu bahnen.*)

Die Nachricht Werthers über diesen Ideenaustausch des englischen Gesandten mit der französischen Regierung wurde in Preußen beifällig aufgenommen. Nach der Meinung Bernstorffs legte dies Ereignis Zeugnis dafür ab, daß England die Schwierigkeit, diese Angelegenheit allein mit Rußland zu regeln, bereits erkannt habe. Die neueste Wendung berührte in Berlin um so angenehmer, als man dort mittlerweile zur Ueberzeugung gelangt war, die Ziele, die man sich bei der Orientpolitik gesteckt, „vielleicht mit England, niemals aber ohne England erlangen zu können."**) Auf die besonderen Wünsche aber des französischen Ministers des Aeußern vermochte Bernstorff nur zum Teil einzugehen. Er war — woraus er in seiner Antwort an die französische Regierung keinen Hehl machte — überzeugt, daß gemeinsame Vorstellungen Frankreichs und Preußens in der russischen Hauptstadt eher Mißtrauen erwecken als Gutes stiften konnten. Auch wollte er die Hoffnung nicht aufgeben, daß England und Rußland früher oder später durch die Gewalt der Umstände gezwungen werden würden, selbst wieder eine europäische Regelung der griechischen Frage vorzuschlagen. Dagegen zeigte er sich bereit, allein im Namen Preußens für die Sache des bedrohten Hellenenvolkes an der Newa ein gutes Wort einzulegen. Nur wünschte er sich dafür den günstigen Zeitpunkt erst auszusuchen. In der That richtete Bernstorff erst einige Monate später — zur Zeit, als bereits günstige Nachrichten über den mutmaßlichen Ausgang der Verhandlungen von Ackermann angelangt waren, eine Anfrage über die griechische Sache an das russische Kabinet. Durch

---

*) Werthers Bericht an den König, Nr. 27. Paris, 30. Mai 1826 (Geh. St.-A.). Damas habe zu ihm gesagt, er hege die Hoffnung, daß es den einmütigen Vorstellungen Preußens und Frankreichs gelingen werde, sich in Petersburg Gehör zu verschaffen.

**) Ancillon an Werther. Berlin, 30. Mai 1826 (Geh. St.-A.). „On doit se féliciter de voir l'Angleterre suivre la ligne que les Alliés s'étoient tracé depuis longtemps et marcher dans le même sens qu'eux pour le but important qu'on atteindra peut-être peu avec elle, mais que certainement on n'auroit pas atteint sans elle."

Schöler erkundigte er sich bei Nesselrode, ob für den Fall, daß die Pforte sich den speziellen Forderungen Rußlands fügen sollte, das Protokoll vom 4. April ganz fruchtlos für die Griechen bleiben würde.*) Nesselrode gab keine runde, klare Antwort, sondern erwiderte diplomatisch, das werde zum großen Teil davon abhängen, wie weit Preußen Oesterreich von dem Entschlusse, den Bestrebungen der Griechen erbitterten Widerstand entgegenzusetzen, abbringen könne. Es schien, als schwebe über dem Schicksal des griechischen Volkes ein böser Stern. Auch die Verhandlungen über die Flottenintervention zwischen Frankreich und England waren mittlerweile nicht von der Stelle gerückt. Damas hatte sich eben überzeugen müssen, daß Canning nur Zeit für seine selbstsüchtigen Zwecke gewinnen wolle und zwar gern Frankreichs Flotte für seine Ziele benützen, aber allen Einfluß in Konstantinopel für England allein zu erringen wünsche.**)

Das Interesse für die griechische Frage wurde zunächst durch einen neuen energischen Vorstoß Rußlands gegen die Pforte abgelenkt. Kaiser Nikolaus stellte entschlossen die Pforte vor ein neues Ultimatum, um die Unterhandlungen von Ackermann mit einem Schlage zu beenden. Der 7. Oktober war der Pforte als letzte Frist für die Annahme der russischen Bedingungen gestellt worden. Mit großer Erregung vernahm die europäische Diplomatie den Inhalt der Forderungen. Das russische Kabinet hatte unter der Bezeichnung „Ausgleichung der Grenze" auch die Abtretung der Donau-Insel bei Galacz mit einbegriffen und, statt die besetzt gehaltenen Festungen auf dem östlichen Ufer des schwarzen Meeres, wie man früher gehofft hatte, den Türken herauszugeben, noch die im Jahre 1812 ihnen wieder eingeräumten Festungen Anapa und Sudschukkale zurückbegehrt. Schöler machte jedoch Bernstorff darauf aufmerksam, daß Rußland den größten Teil jener befestigten Orte überhaupt nicht herausgeben könne, ohne sich moralisch zu schädigen, weil sie seit zwanzig Jahren im russischen Besitze und für die Länder des Kaukasus von der größten Wichtigkeit seien. Auch die Donau-Insel bei Galacz betrachtete er eigentlich nicht als eine neue Forderung, weil sie schon früher Gegenstand von Unterhandlungen zwischen den beiden Staaten gewesen war. Welchen Rechtstitel Rußland aber auf die Abtretung Anapas vorschützen wollte, konnte sich Schöler allerdings nicht erklären. Als erfahrener Diplomat mußte

*) Schölers Bericht an den König Nr. 63. Petersburg, 12. (24.) Juli 1826.
**) Werthers Bericht an den König Nr. 29. Paris, 21. Juni 1826.

er übrigens zugestehen, daß für Rußland die Rechtsfrage hier recht wenig bedeute, daß dies Reich sich vielmehr durch den Besitz der Insel „die mittägliche Grenze von Bessarabien und die Schifffahrt aus der Donau ins schwarze Meer sichern wolle", während es durch Anapa und Sudschukale „das ganze östliche Littorale des schwarzen Meeres" beherrschen könne. Nikolaus spannte — so meinte er — den Bogen nur so straff, um auf der einen Seite den Anforderungen der russischen Kriegspartei, die sich beständig auf die letzten Entschlüsse Kaiser Alexanders berief, zu genügen, andererseits mit einem Schlage reinen Tisch zu machen und für Rußland eine Ruhepause für die so notwendige Arbeit der inneren Reformen zu gewinnen.

Gewiß konnte ein unbefangener Beobachter zweifeln, ob die Türkei auch diesmal Selbstbeherrschung genug besitzen würde, sich dem Willen des Zaren zu unterwerfen. Denn in Momenten leidenschaftlicher Erregung pflegte die Pforte, wie die Erfahrung lehrte, alle nüchternen politischen Erwägungen in den Wind zu schlagen. Diesmal aber stand die Sache anders. Denn mit der Niedermetzlung der Janitscharen hatte Sultan Mahmud sich zwar zum unumschränkten Herren seines Reiches gemacht, dafür aber sich selbst für den Augenblick gleichsam das scharfe Schwert aus der Hand geschlagen, das so lange zur Vertheidigung der osmanischen Macht geschwungen worden war. Schnell und unvermittelt, wie es gestellt worden, erfolgte deshalb auch die Annahme des Ultimatums. Alle Freunde des Friedens in Europa athmeten auf. Bernstorff, der an so schnelle Nachgiebigkeit nicht geglaubt, empfing erstaunt und überrascht die Kunde von der neuen Wendung.*) Ueber zahlreiche Bedenken und Befürchtungen für die Zukunft, die sich auch ihm und der gesammten preußischen Diplomatie im Hinblick auf einzelne Bestimmungen des Vertrags aufdrängen mochten, suchte er der großen Gesichtspunkte wegen für den Moment hinwegzusehen. Deshalb tadelte er auch, daß Oesterreich seinen Aerger über den Vertrag von Ackermann so offen zur Schau trug. „Nirgend mehr", schrieb Bernstorff an Schöler, „als in Wien hatte man den friedlichen Ausgang der jetzt überstandenen Krisis gewünscht und nach allen Kräften, ja selbst durch Mittel, welche künftige neue Erschwerungen zu veranlassen geeignet sein konnten, herbeizuführen gestrebt. Allein

---

*) Noch kurz vorher hatte er an Schöler geschrieben, das österreichische Kabinet vertraue noch immer auf einen friedlichen Ausgang mit einer Zuversicht, bei der wohl der Wunsch der Vater des Gedankens sei.

kaum ist das heiß ersehnte Ziel erreicht, als sich schon die Besorgnis ausspricht, daß ein so willkürlich aufgedrungener, so gebieterisch vorgeschriebener Vertrag keine Gewähr für die Dauer des dadurch errungenen Friedens leisten könne". Dies Gebahren Metternichs mußte in Petersburg im höchsten Grade verstimmend wirken. Um so angenehmer berührte dafür am russischen Hofe das Schreiben Friedrich Wilhelms III., welches den Ausgang der Unterhandlungen von Ackermann mit warmen Worten begrüßte. Unmittelbar nachdem die Pforte ihr Haupt vor dem Machtgebote des neuen Herrschers gebeugt, ward man sich in den Kreisen der westmächtlichen Diplomatie bewußt, den eigentlichen Stein des Anstoßes, die griechische Frage, nicht beseitigt zu haben. Ein einziges unvorhergesehenes Ereignis auf dem Kriegsschauplatze konnte die Fackel der Zwietracht von neuem entzünden. Nach wie vor stand man vor der Alternative, entweder die Hellenen erbarmungslos niedermetzeln zu lassen oder durch ein selbst in bester Absicht unternommenes Eingreifen die Interessen der einzelnen Mächte gegeneinander auf den Plan zu rufen. Aber immerhin war auf längere Zeit ein Aufschub erreicht und ein folgenschwerer Konflikt vermieden worden. Und dafür mußte das nach langen Kriegsjahren nach Frieden lechzende Europa dankbar sein.

Viertes Kapitel.

Cannings Reise nach Paris. — Erste Schritte zur Annäherung Englands, Frankreichs und Rußlands. — Bernstorff und seine Auffassung der Allianz. — Frankreichs und Rußlands Anträge und das preußische Kabinet. — Englands Abneigung gegen die Teilnahme der beiden Großmächte am Traktate. — Die preußische Erklärung und Rußland. — Kundgebungen in der Presse auf Wunsch des Königs. — Preußen nimmt an der diplomatischen Aktion in Konstantinopel teil.

Die auf dem Gebiete der europäischen Politik seit der Annahme des russischen Ultimatums eingetretene Windstille wurde zuerst durch die Reise Cannings nach Paris wieder unterbrochen. Der leitende englische Staatsmann war zu der Ueberzeugung gekommen, daß England die dilatorische Art, mit der es Frankreich behandelt, nur Schaden gebracht. Er wünschte jetzt mit diesem Staate zu einer festen Vereinbarung zu gelangen. Traten England, Frankreich und Rußland zu einem ad hoc geschaffenen Bunde zusammen, so konnte er in dem französischen Kabinet eine Stütze gegen etwaige Uebergriffe Rußlands gewinnen. Er eilte deshalb nach der französischen Hauptstadt, um das Eisen zu schmieden, so lange es warm war. Werther sprach ihn gleich nach der Annahme des letzten russischen Ultimatums. Canning äußerte offen sein Bedauern über die schnelle Lösung des russisch-türkischen Konflikts, weil England, wie er andeutete, im Kriegsfalle mit der griechischen Frage wahrscheinlich weiter als jetzt gekommen sein würde. Ueber den eigentlichen Zweck seiner Reise hüllte er sich jedoch bei dieser Gelegenheit in völliges Schweigen. Bald aber konnte Damas Werther im größten Vertrauen mitteilen, daß Canning ihm das Projekt zu einer neuen Vereinbarung vorgelesen, welche er den drei Regierungen vorschlagen wolle.*) Die Ideen desselben sollten durchweg

---

*) Werthers Bericht an den König: Nr. 45. Paris, 27. Oktober 1826 (Geh. St.-A.).

im Einklange mit dem Inhalt des Protokolls vom 4. April stehen.
Damas bezweifelte allerdings von vornherein, daß Canning mit seinen
Argumenten bei der Pforte großes Glück haben werde. Auch schien
ihm die von England vorgeschlagene Drohung mit der Abberufung
der Gesandten der fünf Mächte, wenn auch erwägungswert, doch
unter mannigfachen Gesichtspunkten bedenklich. Aber er wußte, daß
Canning einen großen Wert auf die Lösung der griechischen Frage
lege, und daß man wohl oder übel mit dem neuen vertrauten Ver=
hältnis zwischen London und Petersburg werde rechnen müssen. Damas
sah es deshalb als seine Pflicht an, auf die Ideen des englischen
Ministers — soweit es irgend mit dem Interesse Frankreichs vereinbar —
einzugehen. Immerhin wollte er noch einen letzten Versuch machen,
um die Vereinigung der fünf Mächte wiederherzustellen. Schon nach
den ersten Unterredungen mit Canning sagte er zu Werther, daß
Preußen sich die unauslöschliche Dankbarkeit der französischen Nation
erwerben werde, wenn es in letzter Stunde die Aufgabe übernehmen
wolle, Oesterreich einer gemeinsamen Regelung der griechischen Sache
geneigt zu machen. Es schwebte Damas dabei ein Abkommen zwischen
der Pforte und den Griechen vor, das geeignet sein sollte, dem schwer
geprüften Volke eine gewisse Sicherheit gegen weitere Ausschreitungen
türkischer Barbarei zu geben, ohne dem Sultan die Souveränität über
jene Lande zu rauben. In ähnlichem Sinne sprach Villèle selbst. Das
von Canning im Laufe des Gespräches hingeworfene Wort von einer
Quintupelallianz galt diesem Minister als ein beachtenswertes Zeichen
der Annäherung Englands an die Alliirten. Auch bestärkte ihn in derselben
Hoffnung die weitere Bemerkung des britischen Premiers, daß die im
Archipelagus befindlichen Kriegsschiffe im Verein mit einer weiteren
Flottenverstärkung genügen würden, den Widerstand der Pforte zu
brechen.

Bernstorff erkannte sofort, daß Canning mit seinen dem fran=
zösischen Kabinet unterbreiteten Ideen alles andere bezweckte, als einer
Vereinigung sämtlicher Großstaaten zuzusteuern. Aber — so schrieb
er an Werther — selbst wenn man den entgegengesetzten Fall wirklich
annehmen wolle, so sei es doch unmöglich, daß es Canning gelingen
könne, „die alliirten Mächte des Kontinents zu einer kräftigen Unter=
stützung der Maßregeln zusammenzufassen, welche er ihnen einseitig
und unvorbereitet und in so auffallendem Widerspruche mit seinen
früheren Ansichten und Behauptungen" vorschlagen wolle. Ueber die

Rolle, die Rußland bei der neuesten Wendung spielte, war Bernstorff nicht ganz im Klaren. Schöler gegenüber gestand er ein, nicht zu wissen, ob die russische Regierung ihre bisherige Abneigung gegen eine Einmischung zu Gunsten der Griechen wirklich ablegen, oder ob sie durch eine Hinterthür — indem sie sich bei dem englischen Kabinet mit der Lauheit der übrigen Alliirten entschuldige — der Lösung der Frage entrinnen wolle. Im letzteren Falle wäre Frankreich mit seinen Vorschlägen nur der vorgeschobene Strohmann gewesen. Im erstern Falle aber mußte — da auf einen Beitritt Oesterreichs schwerlich zu rechnen war — aus den von Damas begonnenen Verhandlungen entweder eine Tripelallianz Rußlands, Englands und Frankreichs oder ein Vierbund mit Einschluß Preußens hervorgehen. Das Endresultat blieb unter allen Umständen die öffentliche Auflösung der großen Allianz und damit eine vollständige Verschiebung der bisherigen Machtverhältnisse Europas. Nesselrode hatte zwar erst kürzlich die Anhänglichkeit Rußlands an die Allianz mit Emphase in Berlin betonen lassen, allein der preußische Staatsmann traute dem Frieden nicht. „Ich lege", schrieb Bernstorff an Schöler, „Erklärungen und Bekenntnissen, wie solche in der Depesche des Herrn Grafen von Nesselrode vorliegen, keinen höheren Wert bei, als dieselben ihrer Natur nach haben können. Wie sich Rußland für die Zukunft in der Allianz zu stellen gedenkt und von welchen Bedingungen es abhängt, ob und in wie weit seine Mitwirkung zu den Zwecken derselben thätig und kräftig bleiben werden, liegt uns, wie mich dünkt, schon ziemlich klar vor Augen." Trotz dieser skeptischen Beurteilung hielt Bernstorff an seiner Anschauung fest, daß die Zeit zur Auflösung der Allianz noch nicht gekommen sei. In den Zwecken, welche die Kontrahenten des Bündnisses einst proklamirt hatten: „Enttäuschung aller eigennützigen Selbstsucht, Unterordnung jedes besonderen einseitigen Interesses zu Gunsten höherer gemeinschaftlicher Ziele, Unverletzbarkeit jedes anerkannten oder vertragsmäßigen Besitzstandes" — so lauteten seine Worte — schienen ihm Ideale aufgestellt zu sein, die dem „Geiste der christlichen Religion, der Milde und Gerechtigkeit" entsprachen und deshalb wert waren, als Leitsterne in der europäischen Politik betrachtet zu werden. Aber in erster Linie sprach der — bereits an anderer Stelle gewürdigte — Gedanke gegen eine vorzeitige Trennung, daß die Isolirung des Berliner Hofes unter den obwaltenden Umständen sowohl schwere Gefahren für Preußen selbst wie für den Frieden Europas im

Gefolge haben mußten. Sollte gerade in dem Momente, wo die bevorstehende Neuordnung auf der Balkanhalbinsel die an der orientalischen Frage interessirten Mächte auf den Plan rief, Preußens vermittelnde Thätigkeit unmöglich gemacht werden? Nichts wäre verhängnisvoller gewesen. Die Politik Metternichs flatterte — von den entgegengesetztesten Motiven getrieben — hin und her, hier einen diplomatischen Vorstoß gegen Rußland versuchend, dort sich dem ungestümen Verlangen der Moskowiter beugend. Bei dieser Haltlosigkeit war es sehr begreiflich, wenn der österreichische Staat von den russischen Chauvinisten bereits von der Liste der einem Vormarsche auf Konstantinopel im Wege stehenden Hindernisse gestrichen wurde. Folgte aber der junge Zar den von jener Seite her ertönenden Sirenenrufen, dann mußten vor dem alten Byzanz alle Interessengegensätze furchtbar aneinander stoßen.

„Daß die Auflösung (der Allianz) herannahe", schrieb Bernstorff in jenen Tagen an Schöler, „daß man für äußere Sicherheit auf andere Gewähr Bedacht zu nehmen habe, daß es von Jahr zu Jahr mehr gelte, auf eigenen Füßen zu stehen, das wird sich sicher niemand mehr verhehlen, allein, darin liegt kein Grund, noch bestehende Rechte und noch unverlorene Vorteile freiwillig aufzugeben. Wir glauben vielmehr, daß Pflicht und Interesse sich vereinigen, uns zu gebieten, an einer Allianz, der wir Freiheit, Ruhm und Macht verdanken, festzuhalten, bis sie auch in ihrer äußeren Form zusammensinkt und in ihrem letzten Schattendasein verschwindet."*) Diese Worte geben klar und deutlich die innerste Herzensmeinung Bernstorffs über das Wesen der Allianz wieder. Die gesunde und klare Realpolitik, welche sich in ihnen wiederspiegelt, dürfte alle Redensarten von reaktionären Liebhabereien und mystischen Ideen, von denen sich Preußen als Mitglied der heiligen Allianz damals habe leiten lassen, ein für allemal verstummen lassen. Von der Anschauung ausgehend, daß in diesem kritischen Augenblicke auch der leiseste Schein vermieden werden müsse, als ob das große Bündnis sich binnen kurzem in eine Reihe von Sondervereinigungen auflösen werde, stellte Bernstorff das Prinzip auf, daß Preußen an keiner vertragsmäßigen Abmachung über die orientalische Angelegenheit sich beteiligen sollte, von der Oesterreich ausgeschlossen sei oder sich ausschließen wolle. Diesen Gesichtspunkt brachte er jetzt dem

---

*) Bernstorff an Schöler. Berlin, 22. November 1826 (Geh. St.-A.).

französischen Kabinet gegenüber zur Anwendung, als dieses sich an=
schickte, jenen ersten von Werther gemeldeten Andeutungen Thaten
folgen zu lassen. Zu Beginn Dezember teilte nämlich der Graf von
St. Priest der preußischen Regierung eine Kopie der Antwort des
französischen Hofes auf die russisch=englischen Anträge mit und gab
dabei zunächst nur andeutungsweise den Wunsch Frankreichs kund,
das Protokoll vom 4. April in einer gemeinsamen Beratung zu
Paris in einen Vertrag der fünf Mächte zu verwandeln. Auch den
Gedanken, daß Preußen auch ohne Oesterreich der geplanten Vereini=
gung im Notfall beitreten könne, brachte er schon damals zur Sprache.
Der Zustimmung Rußlands hatte sich Damas bereits versichert:
„Rücksichten besonderer Art", so lauteten Bernstorffs Worte darüber
in einem Immediatbericht an den König, „treten gegen Oesterreich ein.
Diese Macht hat so viele, so wichtige und so zarte Berührungen mit
dem türkischen Reiche, daß der ihrerseits zu fassende Beschluß von
ebenso großer Wichtigkeit, als unverkennbarer Schwierigkeit ist. Wollten
nun Preußen und Frankreich sich den zwischen Rußland und England
getroffenen Verabredungen unbedingt anschließen, so würde der öster=
reichische Hof leicht in die Verlegenheit kommen können, sich entweder
zu — seinen Interessen zuwiderlaufenden — Maßregeln fortgerissen zu
sehen oder sich von aller Teilnahme an dem Vermittelungsgeschäft
lossagen und sich dadurch auf die unangenehmste und für das System
der Allianz nachteiligste Weise isoliren zu müssen. Eine solche Lage
scheint freundschaftliche Berücksichtigung zu verdienen".*)

Diesen Anschauungen gemäß sprach also Bernstorff in seiner
Antwort zwar seine Zustimmung zu den Zielen der Protokoll=Vereinb=
barung im Prinzip aus, schob aber wiederum die Bedingung der Ein=
mütigkeit der Fünf in den Vordergrund. Diese Erklärung hatte
mit den Spiegelfechtereien einer veralteten Kabinetspolitik nichts gemein.
Es unterliegt keinem Zweifel — sowohl dem Könige als Bernstorff
wäre es hochwillkommen gewesen, unter der genannten Voraussetzung
in die Reihe der Vertragsstaaten einzutreten. Zahlreiche Aeußerungen
Bernstorffs namentlich machen jeden Irrtum darüber unmöglich, daß
es seinen Neigungen entsprochen hätte, den Willen des geeinten Europa
der Pforte gegenüber zu stellen. Aber die „Staatsraison" zwang ihn,
sobald diese Bedingung nicht erfüllt wurde, das ablehnende Wort aus=

---

*) Bernstorffs Immediatbericht an den König vom 21. Dezember 1826

zuſprechen. Natürlich gab er ſich keinen Augenblick der Illuſion hin, als ob Preußen durch ſeine Abſage den Beitritt des franzöſiſchen Staates zu den Petersburger Abmachungen werde verhindern können.

Der erſte Sturm war abgeſchlagen, aber auch einer zweiten Ver=
ſuchung gegenüber blieb Bernſtorff feſt. Im März drang Damas noch einmal in das preußiſche Kabinet, es möge ſeinen Einfluß in Wien aufbieten, um Oeſterreich an der Seite der anderen Mächte feſt=
zuhalten, ſelbſt auf die Gefahr hin, daß Metternich nicht allen vor=
geſchlagenen Maßregeln beiſtimmen ſollte. Er ſetzte hinzu, Frankreich werde keinen Vertrag mit England und Rußland unterzeichnen, ohne ihn vorher dem Berliner Hofe mitgeteilt zu haben.*) Zugleich wandte er ſich an Bernſtorff nochmals mit der Bitte, die Beteiligung Oeſterreichs wenigſtens nicht zur „conditio sine qua non" für den Beitritt Preußens zu machen. Wenn der preußiſche Geſandte in London ermächtigt werde, ſich durch eine Erklärung im weſentlichen auf den Boden der von den drei Mächten geplanten Vereinbarung zu ſtellen, werde Oeſterreich von ſelbſt andere Saiten aufziehen, um nicht iſolirt zu werden. Das ſei der ſicherſte Weg, um zu der Ein=
mütigkeit aller fünf Mächte zu gelangen.**) Bernſtorff erwiderte, daß er unter Zuſtimmung des Königs alles aufbieten werde, um Oeſterreich zu einer Teilnahme an den gewünſchten Beratungen zu veranlaſſen, daß aber, im Falle dieſer Verſuch mißglücken ſollte, der Entſchluß Preußens unerſchütterlich feſtſtehe. Indem er alle Fehler

---

*) Werthers Bericht an den König Nr. 13. Paris, 27. März 1827. Damas erklärte Werther: „que le moyen le plus probable d'obtenir l'unanimité des cinq cours dans cette grande question serait celui de ne pas faire de cette unanimité une condition sine qua non, mais de se déclarer prêt a signer le traité en question avec la presque totalité des cours alliés." —

**) Bernſtorff an Werther. Berlin, 7. April 1827 (Geh. St.=A.). „Le Gouvernement français nous presse ne pas laisser dépendre des resolutions de l'Autriche notre accession au traité, qui se négocie à Londres. C'est là une demande que nous ne saurions remplir sans nous mettre en con-
tradiction avec nous mêmes et sans agir contre conscience. Mes dernières, dépêches ont dû vous faire pressentir, monsieur, qu'à cet égard le parti du Roi, notre Auguste maitre est invariablement pris. Cette résolution de Sa Mté. tient à aucune prévention particulière, à aucune considération de pure convenance, ni à aucun engagement pris envers l'Au-
triche, mais à la conviction intime que dans la situation actuelle de l'Europe le plus grand des maux seroit un traité qui — — présenteroit l'Alliance comme essentiellement inutilée."

Metternichs offen zugab, bezeichnete er es doch vom preußischen Standpunkt aus als politisch falsch, Oesterreich in eine Zwangslage zu bringen, in der ihm nur der Austritt aus der Allianz als rettender Ausweg übrig bleibe.

Von denselben Grundsätzen ließ sich Bernstorff bei der Beantwortung der auf ein ähnliches Ziel hinausgehenden Vorschläge leiten, welche Nesselrode im Einverständnis mit Frankreich an den Berliner Hof richtete. Allerdings legte der kaiserlich russische Staatskanzler kein besonderes Gewicht auf das von Damas besonders betonte Verlangen, daß Preußen Oesterreich umstimmen solle. Vielmehr stellte er an den preußischen Staat das Ansinnen, entweder seinen sofortigen Beitritt zu dem geplanten Traktat anzumelden, oder doch durch eine öffentliche Erklärung seine Geneigtheit zum Abschluß einer europäischen Vereinbarung kund zu thun. Zum mindesten sollte Preußen versprechen, die Maßregeln, die man in London zur Ausführung des Protokolls beschließen würde, gemeinsam mit den Vertragsmächten auszuführen.*) Rußland ging von der Annahme aus, daß, wenn erst alle übrigen Großmächte ihre Bereitwilligkeit zur Mitwirkung erklärt haben würden, Oesterreich dann der öffentlichen Meinung „mit Fug und Recht als Störer des guten Einvernehmens Europas" bezeichnet werden könne. In seinen Erörterungen mit Bernstorff beteuerte der Vertreter Rußlands, daß Kaiser Nikolaus die Zustimmung Preußens wenigstens zu dem zweiten Teil des russischen Vorschlags als einen ganz besonderen Beweis der persönlichen Freundschaft des Königs betrachten werde. Bei dieser Gelegenheit überreichte Alopeus als Zeichen des großen Vertrauens des Zaren eine Kopie der an Ribeaupierre nach Konstantinopel ergangenen Instruktionen. Rußland wollte, wie es hier hieß, nur seine christlichen Brüder im Südosten schützen und seine Handelsinteressen im schwarzen Meere und in der Levante vor drohenden Gefahren bewahren. Die Bürgschaft aber dafür sei nur in der zur russischen Staatsmaxime gewordenen freien Durchfahrt durch den Bosporus zu finden. Alle Gerüchte von weiteren Eroberungsplänen müßten schon aus dem Grunde als hinfällig bezeichnet werden, weil Rußland sichere Häfen am schwarzen Meere und feste Plätze zur Wahrung seines südlichen Handelsverkehrs bereits zur Genüge besitze, jeden neuen Länderzuwachs also als eine Last ansehen würde. — Es ist leicht abzusehen,

---

*) Alopeus an Bernstorff (Note). Berlin, 6. Februar 1827 (Geh. St.-A.).

worauf die russische Regierung mit dieser offiziellen Darstellung hinsteuerte. Natürlich bestand der eigentliche Zweck der ganzen Auseinandersetzung darin, den russischen Plänen einen möglichst harmlosen Charakter beizulegen. In Wirklichkeit standen die Dinge ganz anders. Denn seit dem Frieden von Ackermann hatten die russischen Chauvinisten bedeutend an Boden gewonnen. „Im Norden, so sagen die Männer der Kriegspartei", berichtete Schöler, „bestehe die freie Ausfuhr zur See nur auf eine sehr beschränkte Weise, da ein paar englische Schiffe im Sunde oder wohl gar vor Kronstadt dieselbe aufs vollständigste unterbrechen könnten. So sei es in jeder Beziehung unmöglich geworden, noch jetzt Peters des Großen Absicht durchzuführen, den Sund und die Belte zu beherrschen, wovon in seinen hinterlassenen Papieren unwiderlegliche Beweise vorhanden sein sollen. Früher oder später würde daher Rußland dahin zu gelangen trachten müssen, das débouché des schwarzen Meeres auf eine solche Weise zu beherrschen, daß ihm dasselbe von Niemand streitig gemacht werden könne". Noch andere sonderbare Schwärmer gab es, welche in den Verhandlungen der westlichen Mächte mit Rußland über die Orientfrage nur die geheime Absicht witterten, den russischen Staat mit der Pforte in Kollision zu bringen, um seine Kraft und seinen Einfluß im europäischen Konzert zu lähmen. Nicht genug konnte Schöler das Treiben dieser beiden Richtungen geißeln, die sich in dem Streben brüderlich zusammenfanden, die öffentliche Meinung Rußlands gegen den Westen aufzuwiegeln. Es befanden sich darunter Männer, die dem Kaiser nahe standen, und deren Meinung folglich leicht Einfluß auf den Gang der russischen Politik zu erlangen vermochte. Diese Winke genügten, um das Berliner Kabinet gegen die den russischen Vorschlägen beigefügte Begründung recht skeptisch zu stimmen. Freilich mußte noch eine andere Beobachtung des preußischen Gesandten in Rechnung gezogen werden. Schöler hatte unter dem Zwang einer inneren Beklemmung die Frage aufgeworfen, ob es sich denn angesichts der am russischen Hofe beständig zunehmenden Animosität gegen Preußen wirklich empfehle, Rußlands Forderungen von vornherein abzuweisen. Er war mit Bernstorff darin einig, daß mit den Prinzipien der großen Allianz nur die einmütige Teilnahme aller ihrer Mitglieder an dem Vertrage vereinbar sei. Trotzdem konnte er sich des Zweifels nicht erwehren, ob „das allein neutrale Preußen" diesem Zwecke eher gerecht werde, wenn es eine Erklärung im Sinne Oesterreichs abgäbe, das doch die vertragsfeindliche Macht „par excellence" sei oder — wenn es sich von vornherein auf die Seite der drei Staaten stelle, die bereits so deutlich ihren Wunsch, nötigenfalls auch den Vertrag allein abzuschließen, kund gethan hätten. Nach seiner Ueberzeugung blieb für Preußen der letzte Weg der günstigere.*) Denn selbst für den Fall, daß Frankreich wirklich an die Seite Oesterreichs und Preußens trat, schien ihm der Gewinn für die große Allianz nur ein illusorischer zu sein.

Aehnlich wie Schöler dachte Bülow, der damals grade auf der Fahrt nach England begriffen war, um Maltzahn auf seinem Posten in London abzulösen. Auch er sah bereits im Geiste die Gefahr einer Isolirung Preußens näher rücken und ließ nach Berlin den mahnenden Ruf ergehen, sich nicht von Metternich umgarnen zu lassen. Er vertrat den Satz mit großem Eifer, daß nichts sicherer zur Einigung der fünf Mächte — und zur Erhaltung der Ruhe im Orient führen würde, als wenn man Oesterreich die Ueberzeugung beibringe, „daß Preußen äußersten Falles lieber mit Rußland und Frankreich" zusammen aus Werk gehen, als sich an der Seite Oesterreichs zur Passivität verurteilen lassen wolle.**) Nur auf diese Weise, so führte er aus, könne man Metternich zwingen, jene unselige Politik des Zuwartens und Hinhaltens aufzugeben, mit der er nun schon seit Jahren sich einer wirklichen Lösung der schwebenden Frage entgegengestemmt habe.

Preußen stand hier vor einer wichtigen Entscheidung, die vielleicht je nach der Aufnahme, die sie in Rußland fand, für den weiteren Bestand der großen Allianz und die ganze politische Konstellation von verhängnisvollen Folgen sein konnte Ehe die Würfel gefallen waren, führte Bernstorff dem Könige noch einmal in großen Zügen den bisherigen Gang der Orientpolitik vor Augen. Nach seiner Ansicht hatte der preußische Staat durch seine früheren Kundgebungen den Weg auch für die nächste Zukunft vorgezeichnet. Es konnte sich deshalb für den König weniger darum handeln, einen neuen Beschluß zu fassen, als von „einem längst gefaßten und nach allen Seiten hin offen ausgesprochenen Beschluß in dem entscheidenden und längst vorhergesehenen

---

*) Eigenhändiges Schreiben Schölers an Bernstorff. Petersburg, 21. Februar 1827 (Geh. St.-A.).

*) Eigenhändiges Schreiben Bülows an Bernstorff. Paris, 13. April 1827 (Geh. St.-A).

Augenblicke" abzuweichen.*) Preußen hatte, wie Bernstorff behauptete, sich an der Orientpolitik nur als Mitglied der großen Allianz und in der ausgesprochenen Absicht, dieselbe zu erhalten, beteiligt. Wenn aber schon die Protokollvereinbarung Englands und Rußlands als Schwächung des Bundes aufgefaßt worden war, um wie viel mehr, meinte er, müsse der Hinzutritt Preußens zu dem gewünschten Traktate schlimme Folgen erzeugen. „Die Folgen", schrieb er in dieser Stimmung in seinem Immediatbericht an den König, „müßten in der That um so bedeutender erscheinen, als ein solcher vierseitiger Vertrag Oesterreich in den Augen der Welt als aus der Allianz ausgestoßen oder ausgeschieden und gewissermaßen als den offenen oder heimlichen Bundesgenossen der ottomanischen Pforte hinstellen würde". Dagegen vermochte er in der „Vereinigung der drei Hauptmächte zu gewissen maritimen Maßregeln in der Levante" noch nicht eine Sprengung der Allianz zu erblicken — wenigstens schien es ihm im Interesse des Bundes nützlich, der Sache diesen Charakter beizulegen.

Kein Zweifel — Bernstorffs Entschluß wurde zum großen Teil dadurch bestimmt, daß er jede Hoffnung verloren hatte, auf Oesterreich durch Preußens Beispiel zu wirken. Aber auch die Haltung Englands hatte dazu beigetragen. Immer deutlicher war ja in letzter Zeit die Absicht Cannings hervorgetreten, die beiden deutschen Großstaaten von den Verhandlungen auszuschließen und ihnen höchstens den nachträglichen Beitritt zu einem von anderen Mächten beschlossenen Traktate zu gestatten. Es schien aber jedenfalls würdiger zu sein, den Verhandlungen gänzlich fern zu bleiben, als sich im letzteren Falle als „quantité négligeable" behandeln zu lassen. Freilich verhehlte sich Bernstorff nach den bisher gemachten Erfahrungen nicht, daß der russische Hof die Weigerung Preußens wiederum als eine Kränkung auffassen könne. Wenn er deshalb auch dem Könige raten mußte, Rußland eine ganz ähnliche Antwort wie die an Frankreich erteilte zu geben, so wünschte er doch den Zaren durch eine Erklärung zu beruhigen. In dieser Kundgebung sollte der preußische Staat versprechen, alle die aus den gemeinsamen Beratungen in London hervorgehenden Schritte, welche den Intentionen des Königs entsprechen würden, kräftig zu unterstützen. Durch diese Konzession hoffte Bernstorff das Mißtrauen in Petersburg hinwegzuräumen und Kaiser Nikolaus vor

---

*) Immediatbericht Bernstorffs an den König. Berlin, 10. Juni 1827 (Geh. St.-A.).

unüberlegten Handlungen zu bewahren. Denn die Schnelligkeit, mit
der der Zar mit dem Ultimatum gegen die Pforte vorgegangen,
deutete darauf hin, daß der Monarch impulsiven Eindrücken zu=
gänglich sei. Aus diesen Gründen bestand der König, der sonst mit
Bernstorffs Vorschlägen vollständig übereinstimmte, darauf, in der
Erklärung den freilich nicht ganz unbedenklichen Zusatz anzubringen,
daß Rußland auch in Zukunft Preußen „auf keiner andern Linie als
auf der seinigen" finden werde. Dieser Passus aber konnte sich — richtig
verstanden — nur auf die innere Uebereinstimmung in der griechischen
Angelegenheit beziehen. War doch bereits in mehreren Kundgebungen
des Königs die Zustimmung zu den Beweggründen des Kaisers so
offen und rückhaltslos ausgesprochen worden, wie sich nach einem
Worte Bernstorffs schwerlich einer der anderen alliirten Monarchen
trotz aller förmlichen Verabredungen" hätte dazu verstehen wollen.
Aus jenen Worten irgend eine Aenderung der preußischen Orientpolitik
folgern zu wollen, wäre gänzlich falsch. Denn grade die Motive,
welche das Berliner Kabinet bei dieser Gelegenheit gegen die Teil=
nahme Preußens am Traktate ins Treffen führte, beweisen am besten,
wie wenig man in Berlin dazu neigte, den alten Standpunkt zu verlassen.
Für diese Auffassung mag auch das Zeugnis Schölers sprechen. Er
tadelte (der Entwurf zur Erklärung war ihm während seines Aufent=
haltes in Berlin mitgeteilt worden) die allzugroße Rücksicht, die
Bernstorff in dieser Kundgebung auf den österreichischen Hof genommen.
Namentlich schien ihm die Behauptung taktisch verfehlt zu sein, daß
der Beitritt Preußens keinen Einfluß auf Oesterreich gehabt haben
würde, weil dieser Satz in Petersburg gradezu als Axiom galt. Er
trat deshalb dafür ein, die Berufung auf Oesterreich ganz aus dem
Spiele zu lassen, damit Preußen — im Falle die Hofburg sich nach=
träglich doch noch zum Beitritt entschließen sollte — nicht isolirt und
den Vorwürfen Rußlands preisgegeben dazustehen brauche.

In der ganzen Angelegenheit war Bernstorff der Sieger geblieben.
Unter Ablehnung der Vorschläge Rußlands gab Preußen die von ihm
gewünschte Erklärung ab. Doch vermochte sich der König schließlich
nicht der Besorgnis zu entschlagen, daß im großen europäischen
Publikum die Meinung aufkommen könne, als ob „durch das Zurück=
treten Preußens und Oesterreichs die Allianz ernstlich gefährdet sei."*)

---

*) Kabinetschreiben (Albrecht) an Bernstorff. Potsdam, 14. Juni 1827
(Geh. St.=A.).

Er verlangte deshalb zur Richtigstellung solchen Irrtums Kundgebungen in der Presse, eine im alten Preußen nur höchst selten angewandte Maßregel. Auch jetzt bezeichnete es Bernstorff als inopportun, den Traktat öffentlich zu erwähnen, so lange derselbe noch ein Geheimnis der unterhandelnden Mächte sei. Der Monarch bestand jedoch auf seinen Willen, weil er kein Mittel, das irgendwie zur Beruhigung Rußlands dienen konnte, unversucht lassen wollte. Um nicht den geringsten Zweifel in Petersburg über seine Absicht bestehen zu lassen, richtete er selbst noch ein Schreiben an den Zaren, in welchem er sich in eingehender Weise über die eigentliche Bedeutung der preußischen Erklärung ausließ.

Der Beschluß des Berliner Kabinets wird der abfälligen Kritik eines Teiles der späteren Geschichtsschreibung zum Trotze der beste Ausweg aus den Schwierigkeiten der Lage genannt werden dürfen.*) Allerdings hätte bei einer Teilnahme Preußens am Traktate die deutsche Nation die Genugthuung gehabt, bei der Entscheidung über die große europäische Frage nicht gänzlich unvertreten zu sein. Es ist aber die Frage, ob der preußische Staat als die an der orientalischen Angelegenheit am wenigsten beteiligte Macht dabei die Rolle gespielt haben würde, die er seiner Stellung im Rate der Völker gemäß beanspruchen durfte. Zu den Petersburger Konferenzen hatte Preußen leichteren Herzens gehen können, weil diese unter der Aegide der großen Allianz erfolgt waren. In London aber stand zu erwarten, daß Rußland und England, durch das Band besonderer Abmachungen geeint, den Verhandlungen ihren Willen aufzudrücken suchten. Auch auf Frankreich konnte kaum gerechnet werden, weil dieses Land sich von vornherein entschlossen zeigte, den Wünschen der neuen Vereinigung, als deren drittes Glied es sich bereits betrachtete, entgegenzukommen. Welchen Standpunkt Preußen auch auf dem Kongresse vertrat — es mußte stets vor der Alternative stehen, entweder als Parteigänger Rußlands, oder als Freund Oesterreichs bei einem der alten Bundesgenossen verdächtigt zu werden. Endlich galt es noch die Eventualität ins Auge zu fassen, daß Preußen Zwangsmaßregeln mitbeschloß, zu deren Durchführung es im Wesentlichen maritimer Streitkräfte bedurfte. Dann hätte wohl wieder einmal das einst so seetüchtige Norddeutschland, das durch die Ungunst des Geschickes seiner Seemacht beraubt worden

---

* Siehe beispielsweise Mendelssohn-Bartholdys tadelnde Worte in seiner „Geschichte Griechenlands". 1. Teil, S. 415—416.

war, den Spott der fremden, mit einem Walde von Masten prunkenden Nationen herausgefordert. Man wird, von diesen Anschauungen ausgehend, den dem Könige von Bernstorff erteilten Rate nur völlig beistimmen können, aber auch dem Monarchen ein Wort der Anerkennung nicht versagen, der seine persönlichen Beziehungen zum russischen Kaiserhause im entscheidenden Momente von den Pflichten seines Herrscheramtes sorgfältig zu trennen wußte.

Daß Preußen den Leiden der Griechen nicht teilnahmslos gegenüberstehen wollte, bewies es schon vor der Ablehnung der französischen und russischen Vorschläge in den ersten Monaten desselben Jahres. Auf Grund wiederholter feierlicher Erklärungen*) des Königs, etwas für die Sache der Hellenen thun zu wollen, war Bernstorff eifrig bemüht gewesen, einen diplomatischen Vorstoß in dieser Richtung zu machen. Nachdem er sich vergebens bemüht, Metternich den Anschauungen der dem Abschluß eines Traktates geneigten Mächte günstig zu stimmen, bewog er den Monarchen, Preußen sofort an einer den Maßnahmen der drei Mächte parallel laufenden Aktion in Konstantinopel teilnehmen zu lassen. Der ersten Aufforderung Minczialys und Stratford Cannings, die englischen Anträge bei der Pforte zu unterstützen, leistete allerdings der preußische Gesandte — und zwar im Verein mit dem französischen Botschafter und dem österreichischen Internuntius — keine Folge — eine Unterlassung, die Bernstorff aufrichtig bedauerte, wenn er auch in Anbetracht der Unzeitigkeit und Zweckwidrigkeit des damaligen englischen Vorschlags Miltitz daraus keinen Vorwurf machen wollte. Die Zurückhaltung des preußischen Vertreters sollte jedoch mit Ribeaupierres Ankunft in Konstantinopel ein Ende nehmen. Nachdem der russische Abgesandte sich mit Stratford Canning dahin geeinigt, der Pforte die

---

*) Preußische Note vom 4. Januar 1827 an Alopeus (Geh. St.-A.). — „Il y a longtemps en effet, que le roi s'est convaincu, que la politique de l'Europe ne sauroit se proposer un but ni plus noble, ni plus salutaire, que celui de mettre un terme à la lutte sanglante qui désole depuis cinq ans l'Orient. La Majesté ne s'est jamais dissimulé que cette lutte qui menait une population chrétienne a une destruction totale et qui crée et repand tous les jours de nouveaux éléments de trouble et d'anarchie ne pourroit se prolonger sans froisser les intérêts les plus essentiels, sans menacer la tranquillité des états voisines et sans compromettre finalement la paix de l'Europe. Concourir a l'oeuvre de la pacification de la Grèce serait donc concourir a l'accomplissement d'une tâche, que S. Majesté feroit gloire de partager."

Petersburger Protokollvereinigung vom 4. April vorzutragen, ließen Preußen, Oesterreich und Frankreich angesichts des günstigen Eindrucks, den Ribeaupierres Auftreten auf sie gemacht, ihre Bedenken fallen und beschlossen, diese Eröffnung durch ihre Vorstellungen zu unterstützen, desgleichen das damit verbundene Ersuchen um einen Waffenstillstand. Am kräftigsten war dabei die Note des preußischen Gesandten gewesen. Einen Erfolg konnte dies gemeinsame Vorgehen freilich nicht haben, so lange die Pforte im Geheimen durch Oesterreich in ihrer Hartnäckigkeit bestärkt wurde. Aber das Berliner Kabinet betrachtete jenen Schritt immerhin als nützlich. Denn er durfte gewissermaßen als ein Gegenbeweis gegen die in gewissen Kreisen Petersburgs vorherrschende Meinung „von dem bösen Willen der Alliirten" gelten. Nur wenn Preußen das vollste Vertrauen am Zarenhofe entgegengebracht wurde, konnte es diesem Staate gelingen, der Spannung zwischen den beiden ihm am nächsten stehenden Bundesgenossen entgegenzuarbeiten und so der Aufgabe gerecht zu werden, die es sich angesichts der Wirren auf der Balkanhalbinsel von vornherein gesetzt hatte.

Fünftes Kapitel.

Verstimmungen in Paris, Petersburg und London über die Ablehnung der französisch-russischen Vorschläge. — Küster. — Der Traktat der drei Mächte. — Cannings Tod und das Berliner Kabinet. — Metternichs Hoffnungen auf Preußen. — Navarino. — Bernstorff und die Anträge Metternichs. — Oesterreichische Zustände. — Russische und österreichische Partei in Berlin. — Ausgleichende Politik des Königs. — Haß des russischen Chauvinismus gegen Preußen. — Sendung des Prinzen Wilhelm nach Petersburg. — Ein österreichisch-russisches Bündnis? — Kundgebungen des Berliner Hofes über die preußische Orientpolitik.

———

Nach der Ablehnung der französischen und russischen Anträge hatte Preußen alle Hände voll zu thun, um die Verstimmung über diesen Beschluß in Paris, Petersburg und London zu beseitigen. Merkwürdiger Weise trug ja auch die englische Regierung eine gewisse Empfindlichkeit zur Schau, obwohl sie vorher, wie erwähnt, im Geheimen gegen den Beitritt der deutschen Großmächte zum Traktate agitirt hatte. So wurde Bülow jetzt in London für einen Feind des Vertrages erklärt, während er grade den Beitritt Preußens in dringenden Zuschriften an das Ministerium und Friedrich Wilhelm III. befürwortet und, für den Fall einer ablehnenden Haltung Preußens, die vollständige Isolirung des Berliner Hofes prophezeit hatte.*) Für seinen agitatorischen Eifer nach dieser Richtung hin war ihm von Bernstorff sogar eine Zurechtweisung erteilt worden. Bülow handelte indessen im guten Glauben. Wollte er doch nicht in Oesterreich die Meinung aufkommen lassen, daß Preußen ein gefügiges Werkzeug der Wiener Politik geworden sei. Auch fürchtete er, es möchten sich Frankreich, England und Rußland mehr und mehr ge-

---

*) Bülow an Bernstorff. London, 28. Juni 1827. Eigenhändiges Schreiben (Geh. St.-A.).

wöhnen, die wichtigsten Angelegenheiten ohne den Berliner Hof zu entscheiden.

Zunächst äußerte der englische Kabinetchef gegen Bülow sein lebhaftes Bedauern über den unerwarteten Beschluß Preußens.*) Er beschuldigte die leitenden preußischen Kreise, das Interesse ihres Staates bei dieser Angelegenheit geradezu verkannt zu haben. Bülow bestritt das auf das entschiedenste. Er nannte es völlig gleichgültig, ob Preußen sich zustimmend oder ablehnend verhalte, zumal es ja doch in keinem Falle mehr thun würde, als es jetzt zu thun entschlossen sei. Ja, er stellte die Behauptung auf, daß der preußische Staat in der jetzigen unabhängigen Lage viel mehr zu Gunsten der Traktatmächte zu thun vermöge, als in der Rolle eines Teilnehmers am Vertrage. Canning hatte dieser Ansicht nichts Wesentliches entgegenzustellen. Er begnügte sich daher mit der Erwiderung, Preußen würde einen viel größeren Einfluß in Konstantinopel haben können, wenn es Herrn von Miltitz von dort unter irgend einem Vorwand entfernen und durch einen anderen Gesandten, der den Bemühungen Englands, Frankreichs und Rußlands nicht gerade entgegenarbeite, ersetzen wolle.**) Die Frage über die Stellung des Herrn von Miltitz in der türkischen Hauptstadt wurde hier zum ersten Male von englischer Seite aufgeworfen. Wie ein ins Wasser geworfener Stein sollte diese Anregung bald weitere Wellenkreise ziehen.

Trotz der bedauernden Worte Cannings zweifelte Bülow, ob die Absage Preußens dem englischen Staatsmann wirklich so unwillkommen gewesen sei. Im Geiste sah er bereits „Englands rücksichtslose Staatskunst" neue Triumphe feiern. Aber er unterwarf sich gehorsam den Weisungen Bernstorffs, eingedenk der alten Wahrheit, daß die auswärtige Politik eines großen Staates Schiffbruch leiden müsse, wenn sie nicht unbedingt auf ihre Vertreter im Auslande zählen könne.

---

*) Canning war gereizt, weil ihm aus Berlin Nachrichten zugekommen waren, nach denen man sich dort über ihn sehr abfällig geäußert haben sollte. Bülow mahnte, in dieser Richtung ganz besondere Vorsicht zu üben. (Eigenhändiges Schreiben Bülows an Bernstorff. 29. Juni 1827, London) (Geh. St.=A.).

**) Bülow an Bernstorff. 29. Juni 1827. „Herr von Miltitz habe, fügte er (Canning) hinzu, zur Zeit des Lord Strangford gute Dienste geleistet, seitdem aber die Ansichten der meisten Kabinette sich verändert, sei Herr von Miltitz stets der alten ultratürkischen Bahn gefolgt. Er schriebe nach wie vor in diesem Sinne hier an Lord Strangford, und er liefere der Zeitung von Smyrna, welche den Ansichten der Alliirten entgegen sei, die meisten verdächtigen Artikel." (Geh. St.=A.).

Schwerer als gegen England die letzten Beschlüsse Preußens zu vertheidigen, war die Aufgabe, Rußland von der Stichhaltigkeit dieser Maßregel zu überzeugen.*) Bernstorff hatte sich aber bereits davon entwöhnt, die mißvergnügten Gesichter in Petersburg allzu tragisch zu nehmen. Gleich von vornherein ermahnte er Küster, sich davor zu hüten, „Aengstlichkeit oder Besorgnis an den Tag zu legen", empfahl ihm vielmehr, bestrebt zu sein, seinen Worten den Ausdruck größter Ruhe und des zuversichtlichsten Vertrauens zu geben.**) Gewiß bedurfte Preußen Rußland gegenüber keine Beschönigung seines Thuns. „Wie wenig es auch in unserer Art liegt", schrieb er an Küster, „eine Handlungsweise geltend machen zu wollen, bei der uns vorzugsweise nur die reinste Ueberzeugung geleitet hat, so dürfen wir doch getrost behaupten, daß wir von Seiten Rußlands eher Aeußerungen der Erkenntlichkeit als der Unzufriedenheit erwarten müssen, und es ist unser Wunsch, daß nicht zu bald es zu laut an den Tag komme, wie viel besser wir es mit dieser Macht meinen, als die neuen Vertragsgenossen derselben, welche es nur zu wenig Hehl haben, wie ihr Zweck vorzüglich nur darauf gerichtet ist, der Willkür und dem Ehrgeize der russischen Regierung Schranken zu setzen und derselben die ungeteilte Entscheidung und Ordnung der Angelegenheiten des Orients streitig zu machen." Den meisten Wert legte Bernstorff darauf, daß das Gerücht durch Küster dementirt werde, als ob Preußens Absage mit einem dem österreichischen Hofe gemachten Versprechen zusammenhänge. Man litt in Rußland während dieser Jahre gleichsam an einem politischen Wechselfieber, da bald Freundschaft für Preußen, bald Mißtrauen gegen österreichisch-preußische Machenschaften dort die Oberhand gewann.

---

*) Bernstorff an Küster. Berlin, 20. Juni 1827 (Geh. St.-A.). Die Erklärung Preußens war von Küster mit sehr warmen Worten begleitet worden nach folgender Anweisung Bernstorffs: „Le Roi notre auguste maître ne croit pas avoir a justifier les motifs qui dans cette importante circonstance ont déterminé ses résolutions. Ils sont aussi purs et clairs que dans toute cette affaire. La marche de La Majesté a été simple, franche et uniforme Mais cela n'empêche pas que notre auguste Souverain n'éprouve un regret véritable et même très pénible de ce qu'il n'a pu conserver la faculté de lier sa marche et son attitude jusque dans les apparences et les formes à celle du monarque, son premier allié, avec qui S. Mté. aime à se croire des principes, des intérêts et des vues parfaitement identiques".

**) Bernstorff an Küster. 20. Juni 1827 (deutsch) (Geh. St.-A.).

Zeit der Anwesenheit Haßfelds in Wien kehrte der Argwohn gegen das Berliner Kabinet häufiger als sonst in Petersburg*) wieder. So hatten auch jetzt Geberdenspäher und Geschichtenträger gute Tage. Bernstorff zögerte nicht, dem Spinngewebe der Verleumdung kräftig zu Leibe zu gehen. Mit überzeugenden Worten hob er den Unterschied in dem Verhalten Oesterreichs und Preußens hervor. Er berief sich darauf, daß Oesterreich der innersten Natur des Vertrages selbst widerstrebt habe, während Preußens Bedenken gegen den Beitritt nur an die Form geknüpft worden sei, die in diesem außerordentlichen Falle „einschneidendere Wichtigkeit" als der Inhalt des Vertrags selbst besitze. Es erschien ihm daher unfaßbar, wie man von einer Unterordnung Preußens unter den Willen Metternichs fabeln konnte. „Man hat sich vollkommen geirrt", schrieb er an Küster, „wenn man uns in dem Verdachte gehabt hat, daß wir dem österreichischen Hofe irgend ein Versprechen erteilt, oder unseren Beitritt zu dem unterhandelten Vertrage, diesem Hofe zu gefallen, von dem seinigen abhängig gemacht hätten. Wenn wir diesen Beitritt an die Bedingung der Einhelligkeit unter den Alliirten knüpften, so gingen wir dabei von höheren und allgemeineren Beweggründen aus, und ohne uns zu fragen, auf welchem Wege diese Einhelligkeit zu bewirken oder von welcher Seite her Widerstand dagegen zu besorgen sei."

Schon bald nach dieser Auslassung konnte Küster aus Petersburg melden, daß die Stimmung für Preußen wieder freundlicher werde — ein Erfolg seiner Bemühungen, an den er von Anfang an nicht gezweifelt hatte. Beobachtete er doch hier in der Petersburger diplomatischen Welt deutlich genug, welche widerstreitenden Interessen die einzelnen Mächte in der orientalischen Frage bewegen und wie wenig zuverlässig die Bundesgenossenschaft war, die sie Rußland darboten. Beispielsweise gestand ihm La Ferronnays offen ein: nur die Erwägung, daß Rußland und England bei ihrer gemeinschaftlichen Einmischung in den griechisch-türkischen Kampf weiter geführt werden könnten, als sie beabsichtigt, habe Frankreich dazu angetrieben, sich den Beiden zu nähern und sich an der Herstellung der Ordnung in Griechenland zu beteiligen „ungeachtet der voraussichtliche Erfolg dem Interesse Frankreichs kaum entsprechen werde".**) Denn es sei klar, so

---

*) Haßfelds Intimität mit Metternich bildete eine unerschöpfliche Quelle von Mißverständnissen.

**) Bericht Küsters an den König Nr. 36. Petersburg, 8. (20.) Juni 1827 (Geh. St.-A.). Frankreich, sagte La Ferronnays, besorge, daß England und Ruß-

war der Gedankengang des französischen Staatsmannes gewesen, daß Englands Einfluß in dem befreiten oder geretteten Griechenland und mithin im mittelländischen Meere immer mehr gesteigert, dagegen die Verbindungen Frankreichs mit Egypten durch diese englischen Erfolge für immer vernichtet werden müßten. Dergleichen Beobachtungen erwiesen sich als geeignet, Küster in der Ueberzeugung zu bestärken, daß Rußland an Frankreich und England viel zu wenig Rückhalt habe, um es wagen zu können, die dargebotene Hand Preußens zurückzustoßen. In der That suchte man in Petersburg sich den Grimm über die ablehnende Haltung des Berliner Hofes möglichst wenig merken zu lassen. Anfangs hatte zwar Alopeus gegen Bernstorff einen etwas gereizten Ton angeschlagen, aber schon bald darauf wieder zur Friedensschalmei gegriffen. Als dann Küster die russische Regierung der Bereitwilligkeit Preußens versicherte, alle auf die Herstellung des Friedens gerichteten diplomatischen Schritte der drei Mächte kräftig zu unterstützen, gab man sich in Petersburg den Schein, über die Gesinnungen des westlichen Nachbarn völlig beruhigt zu sein. Zwar wußte auch jetzt noch Nesselrode manches an der Erklärung des Berliner Hofes, namentlich an den Ansichten Bernstorffs über das Wesen der großen Allianz auszusetzen.*) In Wirklichkeit aber war dies nur ein taktisches Manöver, weil es ihm darauf ankam, Bernstorff die Rolle des sich Rechtfertigenden zuzuschieben und ihm dadurch neuen Anlaß zu geben, das Anerbieten des Königs in Thaten umzusetzen. Denn trotz dieser kleinen Ausstellungen vergaß Nesselrode dabei nicht, die Teilnahme Friedrich Wilhelms III. für das Geschick der Griechen zu rühmen, um seinen Aeußerungen jede Spitze gegen den König zu nehmen. In gleichen Lobeserhebungen erging sich ein Schreiben, welches Kaiser Nikolaus in jenen Tagen an Friedrich Wilhelm III. richtete. So sehr der Zar in diesem Schreiben das Fernbleiben Preußens vom Traktate beklagte, so kargte er doch nicht mit seinem Danke für die Zusage, die diplomatischen Schritte der Tripel-Allianz auch in Zukunft soweit als möglich unterstützen zu wollen. Da man von Berlin aus in gleichem Tone geantwortet und dem Versprechen des Monarchen gemäß an Miltitz sofort die ent-

---

land dahin kommen könnten, „ihrer damaligen Erklärungen uneingedenk, Territorial-Vergrößerungen nicht zu verschmähen, und daß Rußland die Moldau und Wallachei, England Griechenland für sich nehmen würden".

*) Nesselrode an Alopeus. Petersburg, 15. Juli 1827 (Geh. St.-A.).

sprechenden Instruktionen gerichtet hatte, schien der Fortdauer des alten
freundschaftlichen Verhältnisses zwischen den beiden Staaten nichts mehr
im Wege zu stehen.*) Freilich bezog sich dies nur auf den offiziellen
Verkehr zwischen den beiden Höfen. Mit dem Lager der russischen
Chauvinisten hatte es Preußen durch seine letzten Entschlüsse für alle
Zeiten verdorben.

Das eine wenigstens durfte die russische Regierung sich rühmen
durch ihre Bemühungen in Berlin erreicht zu haben, daß die moralische
Unterstützung der Bestrebungen Rußlands zu gunsten der Griechen
von Seite Preußens über allen Zweifel sicher gestellt worden war.
Die Voraussetzung für dies Wohlwollen blieb natürlich immer der
Verzicht des Zarenreiches auf alle anderen als die durch Kaiser Nikolaus
feierlich proklamirten Ziele. Hielt sich aber Rußland streng innerhalb
jener selbstgezogenen Grenzen, so brauchte es auch fortan nicht mit der
Befürchtung zu rechnen, dem vereinten Widerstand der beiden deutschen
Großmächte bei jedem neuen Schritt auf diesem gefährlichen Gebiete
zu begegnen. Nach Westen hin gedeckt ging die russische Diplomatie
um so eifriger an die Arbeit, wenigstens mit Frankreich und England
zum Abschluß zu gelangen und so auf Umwegen vielleicht doch die
heiß ersehnte Isolirung Oesterreichs zu erreichen. Eile that not, wenn
der nominelle Zweck des Traktats, etwas Entscheidendes zu Gunsten
der Griechen zu thun, noch erreicht werden sollte. Denn in Griechenland wütete Ibrahim Pascha, der von seinem Stiefvater Mehemed Ali,
dem Vicekönig von Egypten, auf das Hilfegesuch des Sultans seit dem
Juli 1824 gegen die Hellenen gesandt worden war, wie der „Schnitter
Tod". Morea machte bereits den Eindruck der Verödung, da die ge-
fangenen Griechen in ganzen Schaaren auf egyptischen Transportschiffen
nach Afrika gebracht worden waren. Nach dem Scheitern der Operationen
des Generals Church und der Erstürmung der Akropolis schien den
erbarmungslosen Siegern kein Halt mehr geboten werden zu können.
Alle diese Thatsachen beschleunigten das Zustandekommen der Vereinigung
der drei Mächte, welche am 6. Juli 1827 ins Leben trat. Der wich-
tigste Punkt derselben war bekanntlich, daß Rußland, England und
Frankreich der Pforte ihre Vermittelung zur Beilegung des Kampfes anbieten und zugleich einen Waffenstillstand vorschlagen, eventuell erzwingen
sollten. Obwohl alle Welt einen günstigen Verlauf der Verhandlungen
vermutet, erregte doch die unmittelbar nach dem Abschlusse erfolgte

*) Bernstorff an Miltitz. Berlin, 24. Juni 1827 (Geh. St.-A.).

Veröffentlichung des Vertrages in der Presse Befremden und Aufsehen. Denn ein solcher Vorgang widersprach direkt den diplomatischen Gepflogenheiten. Wer der Urheber dieser Indiskretion gewesen, konnte im ersten Augenblick nicht festgestellt werden. Der Verdacht aber lenkte sich nach dem allgemeinen Urteil auf Canning. Und in der That hatte dieser Staatsmann die Nachricht in die englischen Zeitungen gebracht, um Rußland sofort vor aller Welt für die Bestimmungen des Abkommens zu verpflichten. Anfangs glaubte man in Petersburg an Hintergedanken Englands und zeigte sich verletzt. Schon bald darauf aber wußte die russische Regierung der Sache die beste Seite abzugewinnen, weil sie der Meinung sich zuneigte, daß die Pforte aus dieser Kunde den Ernst der Lage heraushören und sich entweder für sofortiges Nachgeben oder für den Krieg entscheiden werde.*) Auch der letzteren Eventualität sah Nesselrode mit Ruhe entgegen. Was nun den Traktat selbst betraf, so litt er in seinen wichtigsten Bestimmungen an Halbheit und Unklarheit. Beispielsweise schien die autonome Verwaltung, die man den Griechen unter der Oberhoheit des Sultans zuerkennen wollte — weit entfernt, eine wirkliche Lösung der Frage zu bedeuten — nur allzu geeignet zu sein, die Handhabe zu neuen Auseinandersetzungen und Konflikten zu bieten. Auch waren die Zwangsmittel, mit denen man die Pforte bedrohte, für den Fall, daß sie die Vorschläge über die Intervention der Mächte und über den Waffenstillstand nicht annehmen sollte, zu unbestimmter Art, um einen tiefen Eindruck auf die Türken zu machen.

Grade zu der Zeit, als die Geschwader Englands, Frankreichs und Rußlands im Mittelmeere sich zu einer mächtigen Armada vereinigt hatten, um weitere Truppensendungen aus Egypten zu verhindern und gegebenen Falls den Bestimmungen des Londoner Vertrages den nötigen Nachdruck zu verleihen, starb Canning auf der Höhe seiner Macht. Der Eindruck in ganz Europa war ein ungeheurer — im Lager der Griechenfreunde sowohl wie der Anhänger Metternichs. Interessant ist es, dabei die Stellung der einzelnen Höfe zu beobachten. Gänzlich objektiv urteilte man in Berlin. So wenig Sympathie Bernstorff für Canning besessen, so hatte er doch anerkannt, daß dieser kraftvolle und vielgewandte Geist die Macht besessen, das diplomatische Spiel, das er begonnen, zu Ende zu führen und das Wirrsal der

---

*) Küsters Bericht an den König Nr. 48. Petersburg, 5. (17.) August 1827 (Geh. St.-A.).

politischen Lage zu lichten. Der leidenschaftlichen Polemik Metternichs und seiner Anhänger gegen den englischen Staatsmann war Bernstorff ohnehin nur bedingt beigetreten. Allerdings hatte er zu der Zeit, als die Kunde der russisch-englischen Protokollvereinigung nach Berlin gedrungen, durch Küster Nesselrode gewarnt, sich von Canning nicht auf gefährliche Wege leiten zu lassen, angesichts der Erklärungen des Zaren und des kaiserlich russischen Staatskanzlers aber seinen Widerstand aufgegeben. Damals verwahrte sich der Zar in einer Unterredung mit dem preußischen Vertreter ausdrücklich gegen den Vorwurf, daß Rußland das alte Verhältnis zu den Mächten der heiligen Allianz selbst zerstören wolle: vielmehr behauptete er, England durch das Protokoll verhindert zu haben, seine Bundesgenossen zu schädigen. Nach diesen Erfahrungen fand sich Bernstorff als praktischer Staatsmann mehr und mehr darein, die neue Vereinbarung der beiden einstigen Nebenbuhler fortan zur Grundlage aller seiner politischen Berechnungen zu machen. Mit der Zeit gewöhnte er sich sogar daran, in der auf Grund des Vertrages ausgeübten Kontrole Englands über das Zarenreich eine wohlthätige Fessel für den russischen Expansionsdrang zu erblicken. Dieser Auffassung blieb er auch bei dem Tode Cannings getreu. Obwohl Bernstorff im Momente des Eintreffens der Nachricht seines körperlichen Leidens wegen fern von Berlin weilte, wies er doch Ancillon sofort an, allen Einfluß Preußens in London aufzubieten, um England auf der bisherigen Linie der Politik zu erhalten. Ancillon entledigte sich dieses Auftrages streng in Bernstorffs Sinne, ohne sich diesmal durch seine eigenen hochkonservativen Prinzipien beeinflussen zu lassen. Merkwürdig wie selbst dieser Anhänger des Alten nun dem toten Canning in seiner Weise seine Achtung bezeugen mußte. Er betrachtete das Ableben dieses Mannes, wie er Bülow*) nach London schrieb, als ein Unglück, weil er Canning allein für fähig gehalten habe, die Geister, die er gerufen, wieder zu bannen, und weil er fürchte, daß noch radikalere Elemente ihm in der Herrschaft Englands folgen könnten. Weder Lord Goderich noch Peel, deren Namen sich jetzt

---

*) Ancillon an Bülow. Berlin, 17. August 1827 (Geh. St.-A.). „La mort de Mr. Canning est un événement aussi important qu'inattendu. Quelque mal que ce ministre ait fait à l'Europe, et qu'il ait légué à l'avenir, cette mort peut être un malheur selon les circonstances qui la suivront, et les principes de ceux qui hériteront de son pouvoir. — Si les whigs restent au pouvoir, ou si l'on devoit même leur confier le timon des affaires, on

in aller Munde befanden, sah er als geeignete Nachfolger Cannings
an. Diese Urteile preußischer Diplomaten sind um so bemerkenswerter,
wenn man die politische Stellung, die der englische Staatsmann in
den letzten Jahren vor seinem Tode eingenommen, sich noch einmal
vor Augen führt. Denn das Streben Cannings war darauf aus=
gegangen, nicht nur den Bau der großen Allianz umzustürzen, sondern
vor allem das politische und handelspolitische Uebergewicht Englands
in der alten und neuen Welt zu begründen. Als erster Markstein
auf diesem Wege darf die erwähnte Erklärung zu gunsten der süd=
amerikanischen Staaten angesehen werden, als zweiter sein eifriges
Bemühen, Frankreich aus seinen wichtigsten Positionen, zunächst aus
Spanien, herauszudrängen. Seit Ende 1826 lagen englische Truppen
in Portugal. Nicht eher sollten sie Oporto und Lissabon verlassen,
als bis die Franzosen von Kadix und Lissabon abgezogen waren.
Auch in Westindien hatte Canning Frankreich entgegengearbeitet. Und
wie hier so betrat er auf allen Gebieten der Politik neue, ungewohnte
Bahnen. Seine weitausgreifenden Pläne, deren geheimste Motive er
durch seine bekannte Rede mit dem Gleichnisse vom Schlauche des
Aeolus enthüllt, bedeuteten in vieler Hinsicht eine Revolution für das
europäische Staatensystem. Wenn trotzdem Bernstorff die Unentbehr=
lichkeit dieses Mannes unter den damaligen Verhältnissen offen an=
erkannte, so muß das als eine Objektivität der politischen Auffassung
aufgefaßt werden, die ohne Zweifel die größte Anerkennung verdient.
Zugleich zeigt dieser Vorgang, wie wenig es mit dem so oft gegen
Bernstorff erhobenen Vorwurfe, ein gehorsamer Anhänger der Welt=
anschauung Metternichs zu sein, auf sich hatte.

 Am schwersten vermochte man sich in Petersburg in die jählings
verwandelte Situation zu schicken. Küster konnte in seinen Berichten
nach Hause gar nicht genug schildern, wie schmerzlich die Todesnach=
richt die leitenden Kreise Rußlands berührte. Gerade jetzt, so schrieb
er an Bernstorff, wo die orientalische Verwickelung vor einer Krisis
stehe und wo auch die Dinge auf der pyrenäischen Halbinsel zur Ent=

---

pourroit être dans le cas de regretter un homme qui s'était servi d'eux
pour arriver à son but, qui vouloit les employer comme instrument de ses
vues, qui pouvoit sans doute s'être trompé dans son calcul et recevoir la
loi de ceux a qui il vouloit la faire, mais qui seul aussi auroit pu les
contenir et les retenir dans leur violence et leur impétuosité. Leur
marche pourroit être encore plus fougeuse et plus funeste que la sienne."

scheidung drängten, sei das Verschwinden des englischen Staatsmanns der Auffassung der russischen Regierung zufolge ein Ereignis von unberechenbarer Tragweite. In der That konnte jetzt eine Veränderung in der englischen Politik Rußland alle so mühsam errungenen Vorteile kosten. Während Cannings Ministerschaft war der Verlauf der orientalischen Angelegenheit ein überraschend günstiger gewesen. Namentlich mußte die Flottendemonstration der drei Mächte im Archipel dem Ansehen des russischen Namens großen Vorschub leisten, weil England und Frankreich dabei in den Augen der christlichen Völkerschaften der Balkanhalbinsel als Vasallen des weißen Zaren sich präsentirten. Auch der bisherige Widerstand der Pforte schien den Plänen des russischen Kabinets durchaus nicht unwillkommen gewesen zu sein. Hatte man in Petersburg damit doch den neuen Verbündeten handgreiflich beweisen können, daß solchem Trotze gegenüber einzig und allein die Gewalt am Platze sei. Sollte, so fragte man sich jetzt, an der Newa diese günstige Konjunktur wirklich durch Cannings Tod in Frage gestellt werden? Sollte die englische Politik wirklich in die Bahnen Londonderrys zurücklenken?

Im Gegensatz zu der gedrückten Stimmung der russischen Politiker und der französischen Diplomatie zeigte Metternich eine heitre Miene. Nach seiner Meinung mußten die Mitglieder der Tripelallianz sehr bald einsehen, sich gegen die Grundsätze der konservativen Weltanschauung vergangen zu haben und dann sich reumütig wieder dem Wiener Einflusse unterwerfen. Bis kurz vor dem Tode Cannings war die Stellung Oesterreichs eine sehr isolirte gewesen. Den Vorschlag Bernstorffs einer Vereinbarung der fünf Mächte*) hatte der österreichische Staatskanzler zwar zurückgewiesen, dafür aber mit seinen eigenen Vorschlägen, denen zufolge der Sultan der „natürliche Alliirte" der einschreitenden Großstaaten geworden wäre, kein Glück gehabt. Seinen Vertretern war sowohl von Canning, wie von Frankreich und Rußland zu verstehen gegeben worden, daß man nicht mehr denselben Wert wie früher auf die Mitwirkung Oesterreichs legen könne. Diese Isolirung schien jetzt wie mit einem Schlage verschwunden zu sein, wenn man seinen Worten glauben wollte. Wie er nach der Weigerung Preußens von einem neuen preußisch-österreichischen Sonderbund geträumt**), so jetzt nach der Beseitigung des verhaßten Gegners von

---

*) Bernstorffs Immediatbericht an den König v. 29. März 1820. (Geh. St.-A.).
**) Maltzahns Bericht an den König. Nr. 2. Wien, 10. Juni 1827. (Geh. St.-A.).

einer österreichischen Hegemonie. Als sicherstes Mittel dieselbe herzustellen schwebte ihm folgende Doppelaktion vor. Es galt zunächst Frankreich allmählig von Rußland abzuziehen und sich zu gleicher Zeit mit Hilfe geschickt geführter Verhandlungen des Beistandes Preußens zu versichern. Zu dem ersteren Ziel führte ein langer und mühsamer Weg, das zweite hoffte er leichter und schneller zu erreichen. „Ich werde dem Könige", schrieb er damals an Wittgenstein „bei meinem Besuche (in Teplitz) mehrere ganz eigene Aufschlüsse geben. Wenn auch ohne Rücksicht auf ein Ereigniß (der Tod Cannings), welches wie ein Meteorstein vom Himmel fällt, meine Zusammenkunft mit S. M. den höchsten Wert in meinen Augen hat, so trägt der letztere Umstand dennoch dazu bei, sie als ein großes Gut hinzustellen. Die beiden Höfe haben ihre Stellung mitten im Sturme zu behaupten gewußt; sie sind heute von Gott berufen, der Sammelpunkt der verlorenen Schafe zu werden. Denn obgleich der Hirt viel von einem Wolfe an sich hatte, so war er doch der Führer der Herde, welche sich sehr bald teils zerstreuen, teils im inneren Kampfe unterliegen wird". Am 21. August traf er in Teplitz ein, um Friedrich Wilhelm III. seine Ideen über die Lage zu unterbreiten. Schon bald nach seiner Ankunft berichtete er sehr befriedigt über die Resultate seiner Unterredungen mit dem Monarchen. Er glaubte, oder redete sich wenigstens ein es zu glauben, den König ganz von den österreichischen Ideen über die Orientpolitik erfüllt gefunden zu haben. Aber wenn er nach Wien meldete, wie das „eifrigste Bestreben des Königs dahin gehe, die Spannung, welche sich zwischen Oesterreich und Rußland ergeben, zu lösen", mußte er damit doch indirekt zugestehen, daß der König, statt willenlos im Fahrwasser Oesterreichs zu segeln, sich den Standpunkt eines unparteiischen Vermittlers zu wahren suchte.*) „Insonderheit", schrieb Metternich damals an Kaiser Franz, „sieht er (der König) über die Verhältnisse des russischen Kaisers sehr hell. Kein Vorurteil findet hier statt und ich konnte nichts sagen, was er nicht in vollstem Maße bereits selbst gefühlt hätte. Sein eifrigstes Bestreben geht dahin, die Spannung, welche sich zwischen uns und Rußland ergeben hat zu lösen. Ich habe ihn in dieser Beziehung selbst so hoch gesteigert gefunden, daß ich ihn bitten mußte, sich keine Mühe in einer Sache zu

---

*) Anm.: Metternichs Zusammenkunft mit König Friedrich Wilhelm III. in Teplitz. Aus Metternichs nachgelassenen Papieren. 4. Bd. S. 374 (Wien 1861).

geben, in der dem Laufe der Dinge nicht vorgegriffen werden kann. Es ist — erfreulich, den Fürsten, welcher in seinem Urteile vor Gott und der Welt ganz unparteiisch steht, so gestimmt zu sehen, und der Einfluß, den der preußische Hof ganz natürlich auf den russischen ausüben muß, wird nicht ohne einigen Nutzen sein". Im wesentlichen ist in diesen Worten das Streben des Monarchen richtig gekenn=
zeichnet. Alles aber, was Metternich darüber hinaus aus den Worten des Königs heraus zu interpretiren suchte, war von ihm künstlich hinein gelegt worden. Der weitere Verlauf der orientalischen Ver=
wickelung sollte ihm klar und deutlich zeigen, daß Preußen durchaus keine Neigung besaß, die Rolle eines Satelliten Oesterreichs zu spielen. Zunächst wurden alle Berechnungen des österreichischen Staatskanzlers durch die unvermutete Veränderung der politischen Konstellation auf der Balkanhalbinsel durchkreuzt. Allzu lange hatte sich die Pforte im Vertrauen auf die Freundschaft Oesterreichs in eine trügerische Sicher=
heit gewiegt und noch im August dem Kollektivschritte der Mächte, an dem sich Miltitz beteiligt, störrischen Trotz entgegengesetzt. Jetzt weckte sie ein furchtbarer Schicksalsschlag unsanft aus ihren Träumen auf. Während sie auf Metternichs Rat die Aussöhnungskomödie mit dem griechischen Patriarchen spielte und den Amnestieerlaß für die von diesem kirchlichen Würdenträger vertretenen fünf griechischen Provinzen unterzeichnete, drang die Schreckenskunde nach Stambul von der Schlacht bei Navarino, in der aller Voraussicht der Kabinette zum Trotz die Flotte des Egypters von den Geschwadern der drei Ver=
bündeten vernichtet wurde. Ungeheuerer Jubel erscholl im Lager der Griechenfreunde, indeß die Anhänger Metternichs in Sack und Asche trauerten. Die politische Situation erschien seit Cannings Tod zum zweiten Male gänzlich verwandelt. Der glänzende Waffenerfolg wurde vor allem in Petersburg und Paris freudig begrüßt. Geradezu er=
schrocken aber war man in London, wo unter dem Uebergangs=
ministerium Goderich allmählich wieder weite Kreise eine türkenfeind=
liche Stimmung ergriffen hatte. Lottum meldete nach Berlin, wie der größte Teil der Bevölkerung es bitter beklage, daß England die Flotte seines alten guten Freundes, des Sultans, habe zerstören helfen. Ohne Widerspruch hörte man deshalb an der Themse die Klagen Esterhazys an, der jene Seeschlacht und ihre voraussichtlichen Folgen in seinem Eifer mit der Teilung Polens verglich. Dudley äußerte im Gespräche mit Lottum offen seine Hoffnungen auf eine gemeinsame

Beeinflussung der Situation durch die Höfe Oesterreichs und Preußens.*) In einem Gespräche mit Esterházy aber gab der britische Staatsmann offen zu, daß England nicht nur eine zahlreiche christliche Bevölkerung zu schützen habe, sondern auch ein großes Interesse besitze, ein übermäßiges Anwachsen der russischen Macht zu verhindern.

Nachdem sich der erste Mißmut Metternichs über die Schlacht von Navarino gelegt, nahm er mit neuem Eifer seine Bewerbung um Preußen auf. In einer umfangreichen Denkschrift enthüllte er Bernstorff seine Pläne. In der Darstellung dieses Aufsatzes gruppirte sich Europa jetzt in zwei große Lager — auf der einen Seite die Staaten der Tripel-Allianz, auf der andern Oesterreich und Preußen, die, wie er schrieb, dazu berufen seien, das Gleichgewicht Europas aufrecht zu erhalten. Er wünschte, daß diese beiden Mächte sich einigen und eine einheitliche Sprache führen sollten.**) Nach seiner Schilde-

---

*) Postscriptum zu Bericht Nr. 63. Lottum an den König. London, 27. Nov. 1827. Dudley habe gesagt: England wolle nicht, daß der Umsturz der Pforte, wohl aber das Ziel des Traktats erreicht werde. Deshalb sei er der Meinung: „que les cabinets de Berlin et de Vienne feroient très bien — et qu'il falloit même les conjurer — d'employer tous leurs moyens pour engager la Porte à céder aux représentations des puissances signataires".

**) Ebenso Metternich an Werner. Wien, 16. Nov. 1827. (Geh. St.-A.). „une juste attitude expectative est la seule qui puisse convenir, dans ce moment de crise, aux deux cours. Elles devront ne point l'étendre jusqu'à s'imposer le silence; que les explications de la Prusse soient franches envers la Russie; nous suivrons une ligne conforme envers l'Angleterre, et il sera peut-être réservé aux deux Monarques de faire par suite d'une juste distribution des rôles le bien, que sans leur entente intime aucune puissance n'auroit le pouvoir d'opérer isolément". Siehe auch Metternich an Werner (vertraulich). Wien, 27. Nov. 1827. (Geh. St.-A.). — — „nous devons reconnaître que deux masses sont en une opposition directe: les trois Coalisés et la Porte Ottomane; à côté de ces masses, se trouvent encore placées deux Puissances du premier ordre (l'Autriche et la Prusse) dont l'attitude est intacte, et qui, par cela même, sont appelées à porter un heureux poids dans la balance du bien". — — Ce qui nous semble nécessaire c'est que les deux Cours de Vienne et de Berlin s'entendant dans leur marche commune". — — „Si le Cabinet prussien est d'accord avec ces points de vue, il sera utile, que les deux cours règlent leur langage en conséquence. Il ne peut encore être question entr'elles que de celui-ci; — tout ce qui ressembleroit à de l'action seroit, à notre avis, conçu à pure perte, et le temps qui porte toujours les solutions les plus utiles, devra nous indiquer les moment où cette dernière pourroit devoir être comprise en considération. En portant le contenu de la présente dépêche à la connaissance de Mr. le

rung war die Aufgabe, die Ruhe und Ordnung in Griechenland herzustellen, jetzt in die zweite Linie gerückt. Vor allem wollte er ein Fortschreiten der militärischen Aktion der Tripel-Allianz verhindern. Er riet deshalb streng, an der Annahme festzuhalten, daß ein wirklicher Kriegszustand zwischen der Pforte einerseits und Frankreich, England und Rußland andererseits noch nicht bestehe. Das thatsächliche Eingreifen des Berliner und Wiener Hofes in den Gang der Ereignisse sollte erst dann eintreten, wenn der Augenblick es gebieterisch fordern würde. Eine Verschiedenheit der Rollen für Oesterreich und Preußen schlug Metternich nur insofern vor, als er Preußen zumutete, sich mit seinen Vorstellungen besonders an Rußland zu wenden, während er selbst in erster Linie sein Glück bei England und Frankreich versuchen wollte. Allerdings wünschte er, daß Preußen an diese Aufgabe nur auf Umwegen und zwar unter Anwendung der größten Vorsicht herangehen sollte. Mit kühler Zurückhaltung*) nahm Bernstorff die Anträge des österreichischen Staatskanzlers auf, deren Durchführung die Preisgabe aller in der orientalischen Verwickelung von Preußen bisher befolgten Grundsätze zur Voraussetzung hatte.**) Schon auf die ersten

---

Comte de Bernstorff, vous prierez ce Ministre de bien vouloir, dans le plus bref délai possible, éclairer mes pensées par la franche communication des siennes". —

*) Auszug aus einer zweiten Depesche Metternichs an Werner ebenfalls vom 27. Nov. 1827. Wien. (Geh. St.-A.). „Je partage en tout point la conviction que vous a si clairement exprimée Mr. le Cte. de Bernstorff sur la nullité dont seroient des démarches positives et directes de la part du cabinet prussien envers celui de Russie. Aussi avez vous saisi parfaitement le sens de nos dernières paroles sur une distribution de rôles entre les deux Cours, en assurant S. E. que des démarches pareilles ne sauroient entrer dans nos vues". Metternich suchte sofort nach dem schlechten Empfang, den seine Vorschläge bei Bernstorff gefunden — seiner bekannten Manier gemäß — wieder etwas einzulenken.

**) Maltzahn an den König. Wien, 26. Nov. 1827. (Geh. St.-A.). Gerade als Maltzahn bei Metternich weilte, kam eine Depesche an, die ihm von dem kaiserlichen Staatskanzler sofort vorgelesen wurde. Sie enthielt ein Referat über Aeußerungen Bernstorffs, die dieser gegen Werner über die politische Situation gethan haben sollte. Maltzahn schreibt darüber: „Monsieur le Chancelier de Cour et d'Etat en parut très satisfait et sans rien objecter aux observations de Monsieur le Comte de Bernstorff sur les difficultés qu'il y avoit pour le Cabinet de Berlin d'influer sur les déterminations de la cour de St. Pétersbourg au sujet des affaires de l'Orient, tandis que celle-ci évitoit de s'ouvrir vis à vis de lui sur cette question, il me répéta, que selon lui

Andeutungen aus Wien hin gab er Metternich in energischer Weise
zu verstehen, wie gänzlich aussichtslos es für Preußen sein würde, den
Petersburger Hof auf diesem Gebiete beeinflussen zu wollen, besonders
so lange Nikolaus es vermeide, sich selbst in dieser Angelegenheit nach
Berlin zu wenden. An diesem Entschlusse hielt Bernstorff um so
zäher fest, als er aus der Erklärung über die Schlacht von Navarino,
welche Alopeus im Namen der russischen Regierung abgab, sofort er=
kannte, daß der Zar zum äußersten entschlossen sei und deshalb ge=
schont werden müsse. Einen Ausweg aus der verfahrenen Situation
schien ihm allein folgendes Verfahren zu bieten. Es galt jetzt Nikolaus
einfach beim Wort zu nehmen und seine Zusage, keinen Ländererwerb
anzustreben, laut vor aller Welt zu betonen. Auf diese Weise allein
— indem an sein Ehrgefühl appellirt wurde — vermochte Rußland
in den Schranken der Mäßigung erhalten zu werden. Bei diesem
Programm allein war für Preußen Aussicht vorhanden, die Absichten
Metternichs zu durchkreuzen und der österreichischen Scylla zu ent=
gehen, ohne der russischen Charybdis zu verfallen. Maltzahn mußte
deshalb in Wien die Orientpolitik des Zaren gegen alle Verdächtigungen
in Schutz nehmen und allmählich Metternich mit den von Rußland
gestellten wichtigsten Bedingungen bekannt machen.*) Diese Be=
dingungen umfaßten erstens die vollständige Wiederherstellung der Ver=
träge, zweitens die Pazifikation Griechenlands nach den Grundlagen
des Petersburger Protokolls, wenn auch mit einigen Ermäßigungen
der an die Pforte zu stellenden Forderungen, endlich neue Erleichte=
rungen und Sicherheiten für die russische Schiffahrt. Um seinen Er=
mahnungen mehr Nachdruck zu geben, machte Bernstorff Metternich
auf die hochgradige Gereiztheit der leitenden russischen Kreise gegen
Oesterreich aufmerksam, ja er beschwor ihn geradezu, dem Zaren nichts
zuzumuten, was dessen Verstimmung noch vermehren könne. Er berief
sich bei diesen Versöhnungsversuchen ausdrücklich auf die kundgegebenen
Wünsche Friedrich Wilhelms III.**) Um Metternich von der Illusion

les rôles ne sauroient être mieux distribués entre les Cours de Berlin et
de Vienne qu'il l'avoit proposé, que cependant Mr. de Bernstorff avoit
parfaitement raison de penser que dans les essais qu'elles auroient à faire
respectivement a St. Pétersbourg et a Londres il falloit qu'elles marchassent
de front". Die letztere Bernstorff zugeschriebene Aeußerung ist unrichtig. Werner
ließ seiner Phantasie oft die Zügel schießen.

*) Bernstorff an Maltzahn. Berlin, 2. Dez. 1827. (Geh. St.=A.).
**) Immediatbericht Bernstorffs an den König. 1. Dez. 1827. (Geh. St.=A.).

zu heilen, als ob Oesterreich bei seiner jetzigen Politik einen Rückhalt in Berlin finden könne, ließ er ihm vorstellen, wie schwierig, ja nahezu unmöglich es für Preußen sei, sich mit Oesterreich auf einer Linie zu halten. „Unter solchen Umständen" — so lauten seine vertraulich an Maltzahn gerichteten Worte, „würde ein vereintes Zusammenwirken, ein gemeinschaftliches Auftreten Preußens und Oesterreichs, wie der Fürst von Metternich es sich gerne zu denken scheint, seitdem die Umstände und die Furcht ganz isolirt zu stehen, ihn gewaltsam an uns herangedrängt haben, uns so schwierig als bedenklich erscheinen müssen, auch wenn unsere ganze Stellung und die Natur unserer Verhältnisse gegen die andern Mächte uns nicht jedes thätige Eingreifen in einen nicht mehr zu hemmenden Gang der Begebenheiten untersagten.*) Bernstorff lehnte es, wie er ausdrücklich betonte, ein= für allemal ab, den Zwecken der Traktatmächte durch Vorstellungen und Anträge entgegenzutreten, die aller Erwartung nach aussichtslos bleiben mußten, und zu denen der preußische Staat in den Augen jener Mächte gar kein Recht besaß. An diesem festen Entschlusse scheiterten alle Versuche Metternichs, Preußen zu der Orientpolitik Oesterreichs zu bekehren. Auch die später erfolgten Bemühungen Trauttmannsdorffs in Berlin vermochten kein anderes Resultat zuwege zu bringen.

Dieser Ausgang war der den thatsächlichen Verhältnissen einzig entsprechende. Selbst in unseren Tagen, wo die Beziehungen der beiden Mächte fest geordnet und die Grenzen ihres Wirkungskreises fest abgesteckt sind, liegt eine einheitliche gemeinsame Behandlung der Angelegenheiten der Balkanhalbinsel kaum im Bereiche der Möglichkeit. Umsoweniger konnte dies damals der Fall sein, wo man Preußen in

---

*) Bernstorff an Maltzahn. Berlin, den 2. Dez. 1827 (vertraulich). (Geh. St.=A.). Man wolle den österreichischen Hof nicht zurückstoßen, da Preußen auf das freundschaftliche Verhältnis zu demselben hohen Wert lege: „Wenn von Seiten desselben erst wirklich unzulässige Anträge an uns ergehen, dann wird es uns nicht an guten Gründen fehlen, um denselben so weit auszuweichen, als unsere ganz er= schiedene Stellung es erfordert". Bernstorff beklagt sich dann über Werner: er halte denselben keineswegs „von jeder Regung der Eitelkeit und des Ehrgeizes frei". Ob gleich wohlgesinnt und umsichtig, widerstehe er nicht „der Verführung sich in seinen Berichterstattungen etwas mehr Wichtigkeit und seinen Meldungen etwas mehr Wert beizulegen, als es sich mit streng diplomatischer Genauigkeit verträgt". Auch rügt er Werners Gewohnheit, Bernstorff in den Berichten „redend einzuführen, und mir dann Worte, Wendungen und Ausführungen in den Mund zu legen, zu welchen ich mich in den meisten Fällen schwerlich bekennen würde".

Wien noch als den lästigen Nebenbuhler betrachtete und behandelte. Das Eingehen auf Oesterreichs Projekte würde eben nichts anderes bedeutet haben, als sich mit Rußland zu überwerfen, ohne einen verläßlichen Bundesgenossen dafür einzutauschen. „Was Preußen betrifft", schrieb einige Monate später Kanitz unter dem Beifall Bernstorffs, „so scheint es außer Zweifel, daß, um irgend einen reellen Nutzen stiften zu können, wir uns in diesem Kampfe völlig neutral halten und uns beschränken müssen, den Frieden zu wollen, ohne mitzustreiten, wer den Ruhm davon trage, ihn gemacht zu haben: denn diese Frage mag für Oesterreich noch so wichtig sein, sei es nun um reeller Vorteile oder der Meinung wegen, daß die Schicksale Europas von Wien aus regiert werden müssen, für Preußen dürfte sie vorläufig ziemlich gleichgültig sein. Uns ganz und unbedingt der Intervention anschließen, hieße nicht viel mehr als ganz vom Schauplatz abtreten und jeder Mitwirkung entsagen: mit Oesterreich gleichen Schritt gehen, hieße alle die Manöver mitmachen, die bis jetzt immer wieder auf den alten Punkt geführt haben, wo sie anfingen. Sich in jenem Kampf neutral halten, heißt hingegen den Weg gehen, den der Wiener Hof ebenfalls zu gehen behauptet."*) Aber selbst wenn Bernstorff von vornherein mehr als es in Wirklichkeit der Fall, den Wünschen Metternichs günstig gestimmt gewesen wäre, würden ihn die Berichte Maltzahns aus Wien haben stutzig machen müssen. Jener nüchterne und scharfblickende Beobachter hatte sich durch die von Erzherzogen und Ministern in der Hofburg zur Schau getragenen Begeisterung für ein österreichisch-preußisches Bündnis nicht beirren lassen.**) Wahrheitsgetreu schilderte er die politische und wirtschaftliche Misere des alten Kaiserstaates. Nach seinen

---

*) Kanitz an Bernstorff. Eigenhändiger Bericht. Pera, 28. März 1828. (Geh. St.-A.). Bernstorff schrieb ihm auf diese Auslassung: „Es gereicht mir zur besonderen Genugthuung Ihnen sagen zu können, daß ich den Gang, welchen Sie sich in rein politischer Hinsicht nach Maßgabe der gegenwärtigen Umstände und in Rücksicht der der Königl. Gesandtschaft früher erteilten Instruktion vorgezeichnet haben, durchaus billigen muß".

**) Maltzahns Bericht an den König. Nr. 59. Wien, 11. Dez. 1827. (Geh. St.-A.). „on ne cesse de me répéter que les liens de plus en plus resserrés qui unissent les Cours de Berlin et de Vienne, sont la seule ancre de salut. Les Archiducs, les Ministres, Monsieur le Prince de Metternich et les personnes qui jouissent de sa confiance, ont grand soin de saisir toutes les occasions qui peuvent se présenter pour s'exprimer dans ce sens, non seulement envers moi, mais aussi envers d'autres personnes".

sorgfältigen Ermittelungen lagen vor allem die militärischen Verhältnisse sehr im Argen. Obwohl die Armee auf dem Papier 192 000 Mann betrug, waren in Wirklichkeit nur das schwache Korps, welches in der Lombardei kantonnirte und siebzehn Grenzbataillone auf dem Kriegsfuß. Sobald man in Wien mit dem naheliegenden Gedanken hervortrat, ein einfaches Observationskorps an der türkisch-österreichischen Grenze und ein anderes an der Ostgrenze aufzustellen, ergab sich sofort das Resultat, daß eine solche Kraftanstrengung nur um den Preis von höchst zweifelhaften, für die Staatsfinanzen geradezu verhängnisvollen Geldoperationen ermöglicht werden konnte. Aber auch das Bild Metternichs selbst erhielt durch die Schilderungen Maltzahns ein gänzlich verändertes Ansehen. Während er in den Berichten des Fürsten Hatzfeld gleichsam als der ehrwürdige Hüter und uneigennützige Verfechter der konservativen Weltanschauung erschienen war, zeigte ihn der Vertreter Preußens als den gewandten machiavellistischen Politiker, der unter dem Deckmantel wohllautender Phrasen in rücksichtsloser und skrupelloser Weise seine besonderen Zwecke verfolgte. Wenn auch Bernstorff der verherrlichenden Darstellung Hatzfelds gegenüber stets sein nüchternes Urteil sich bewahrt hatte, so war es für ihn doch von ganz besonderer Bedeutung, seine längst gehegten Zweifel und Bedenken hinsichtlich der Metternichschen Politik durch einen so scharfen Beobachter bestätigt zu finden. Im allgemeinen vollzog sich damals am Berliner Hofe bei zahlreichen Vertretern des Adels und der Beamtenwelt ein Umschwung im russenfreundlichen Sinne. Allerdings blieb noch immer ein stattliches Kontingent, zu dem auch Ancillon gehörte, der Fahne Metternichs treu. Aber auch unter den Russophilen gab es verschiedene Nüancen. So wäre es natürlich gänzlich falsch, Männer wie Motz, Eichhorn und deren Gesinnungsgenossen als „russisch gesinnt" zu bezeichnen. Sie kamen den russischen Bestrebungen diesmal nur entgegen, weil diese bei der griechischen Frage ihren Ideen von einer freieren und vernünftigeren Ausgestaltung des europäischen Staatensystems direkt oder indirekt Vorschub leisteten. Auch suchten sie durch ihr Eintreten für Rußland ihre Abneigung gegen Metternichs Politik zu dokumentiren. Die Stellung dieser Gruppe wurde wesentlich durch die für die Sache der Griechen lebhaft Partei nehmende öffentliche Meinung verstärkt. Pflegte doch selbst der dem Moskowitertum und seinem Absolutismus so feindlich gegenüberstehende deutsche Liberalismus jeden Erfolg der russischen Truppen gegen die Türken als einen Erfolg der Freiheit zu begrüßen, wie es

aus den Memoirenwerken und der Tagesliteratur jener Zeit deutlich
zu ersehen ist. Dagegen bildete sich schon damals bei einem Teil der
am alten und hergebrachten Hängenden, namentlich in einzelnen Kreisen
der Feudalen, die Tendenz aus, nur für Rußland als den Hort der
hochkonservativen Weltanschauung einzutreten. Diesen Politikern ge-
sellten sich in erster Linie jene Elemente zu, deren altpreußischer Gesinnung eine Rücksichtnahme auf Oesterreich der Tradition des Staates
zu widersprechen schien. Da jene Elemente recht zahlreich waren, so
lag bei der zweideutigen und unsicheren Politik Metternichs immerhin die Gefahr vor, daß das Gewicht des russischen Einflusses am
Berliner Hofe durch dieselben in bedeutender Weise verstärkt und die
Bestrebungen Bernstorffs von vornherein durchkreuzt würden. Unter
einem weniger objektiv und vorurteilsfrei denkenden Monarchen, als
Friedrich Wilhelm III. es war, hätte damals vielleicht ein Abschwenken
Preußens nach der russischen Seite zur Thatsache werden können, ohne
daß eine zwingende Notwendigkeit bereits vorgelegen hätte. In einem
bestimmten Falle war es ja nicht unmöglich, daß Preußen sich wider
Willen veranlaßt sehen konnte, bei einem ausbrechenden Weltkriege
ganz auf die Seite Rußlands zu treten, falls es nämlich England
unter vollständiger Abkehr von der Canningschen Politik gelungen
wäre, Frankreich und Oesterreich ganz zu sich herüberzuziehen und dadurch eine vollständige Verschiebung der europäischen Machtverhältnisse herbeizuführen.*) Nichts aber mußte dem Berliner
Hofe unwillkommener sein als eine solche Wendung. Der König
würde es nach seinen eigenen Worten als ein Unglück angesehen

---

*) Mit dieser Eventualität rechnet — aber nur wie mit einer Zukunfts-
phantasie — auch eine Denkschrift aus dem April des Jahres 1828, die sich
in den Akten des königl. Geh. Staats-Archives vorfindet. Gerade aber eine solche
Zwangslage für Preußen zu verhüten, war man in Berlin fest entschlossen. Man
bemühte sich deshalb, um jeden Preis ein solches Bündnis zu verhüten und namentlich
auch ein Abschwenken Frankreichs, was später bei Besprechung des Ministeriums
Polignac gezeigt werden soll, zu verhindern. Wie sehr man aber in den maßgebenden
Kreisen des Berliner Hofes im Grunde dem Gedanken einer militärischen Unterstützung
Rußlands abhold war, zeigt die Thatsache, daß bis in alle Phasen des Feldzuges von
1829 hinein, alle Bitten Rußlands um die Zusicherung einer solchen Unterstützung
gänzlich unberücksichtigt blieben. Das Streben des Königs ginge nur dahin, zur
Aufrechterhaltung des Friedens diejenigen Wünsche Rußlands in der orientalischen
Frage die mit dem Gesamtinteresse Europas vereinbar waren zu erfüllen. In
welcher Weise er und Bernstorff dies zu verwirklichen suchten, zeigt die preußische
Politik klar und deutlich in den Verhandlungen bis zur preußischen Intervention.

haben, wenn das Wiener Kabinet mit den verbündeten Höfen ganz zerfallen wäre. Er wünschte deshalb, daß Preußen gleichsam eine Brücke zwischen den beiden, durch eine tiefe geistige Kluft getrennten alten Verbündeten schlagen solle. Die Aufgabe war freilich damals schwerer als je. Das bewies der fanatische Haß, mit dem in ganz Rußland bereits einige Monate nach den loyalen Erklärungen des Berliner Hofes gegen Preußen gehetzt wurde. Der Vorwurf, mit Oesterreich geheime Abmachungen gegen Rußland getroffen zu haben, wollte nicht zur Ruhe kommen. Es ging diesem verleumberischen Gerücht wie der Hydra, der für einen abgeschlagenen Kopf sofort ein neuer wuchs. Abermals sah sich Bernstorff genötigt, den geheimen Minirern das Terrain abzugraben. Durch Schöler ließ er Nesselrode darauf aufmerksam machen, daß Preußen zwar durchaus keinen Grund habe, „sein altes freundschaftliches Verhältnis mit Oesterreich aufzugeben", daß es aber die Annahme, als ob „in Bezug auf die Krisis im Orient irgend ein geheimes Einverständnis zwischen den beiden Höfen bestehe", als einen Irrtum bezeichnen müsse.*) Um jeden Zweifel zu beseitigen, ging jetzt im Auftrage des Königs Prinz Wilhelm nach Petersburg, mit der ausdrücklichen Weisung, die bisher in der Orientfrage befolgten Grundsätze des Berliner Hofes vor dem Zaren zu vertreten. Bernstorff selbst hatte den Prinzen in alle Einzelheiten der Sachlage eingeführt. „Sie werden mit mir fühlen", schrieb er an Schöler, „wie hochwichtig es ist, daß des Prinzen königliche Hoheit sich zu St. Petersburg über politische Angelegenheiten nicht anders als in dem klaren und reinen Sinne unseres Höchsten Hofes ausspreche. Ich habe mir zu meinem Zwecke eine Pflicht daraus gemacht, den Prinzen von der gegenwärtigen Lage der Sachen, der Natur der zwischen beiden Höfen obwaltenden Verhältnisse und der Stellung Preußens gegen jede der beteiligten Mächte genau zu unterrichten, und so darf ich auch Ew. — ersuchen, Seine Königliche Hoheit von der weiteren Entwickelung der Hauptangelegenheiten in fortgesetzter Kenntnis halten und höchstdero Aufmerksamkeit auf diejenigen Ansichten und Gesichtspunkte lenken zu wollen, welche dem Prinzen als die seines Königlichen Vaters bezeichnet worden sind".**) Der Besuch des Prinzen kam gerade zur rechten Zeit, um einzelne Mißverständnisse zu beseitigen und um der gegen Oesterreich, Preußen und alle Welt an der Newa vorherrschenden Verstimmung entgegenzuwirken. Es waren Gerüchte

---

*) Bernstorff an Schöler. Berlin, 21. Dez. 1827. (Geh. St.-A.).
**) ebenda —

nach Petersburg gedrungen, daß Preußen ein Heer an der Ostgrenze zusammenziehe, angeblich um im Falle eines Krieges einer Erhebung aller Polen begegnen zu können. Namentlich erregten Nachrichten über Pferdeaushebungen, die durch die Landräte im Großherzogtum Posen veranlaßt sein sollten, das größte Aufsehen. Kaiser Nikolaus wandte sich sogar mit dem Ersuchen um Aufklärung darüber an den gerade damals im Auftrage des Königs in Petersburg weilenden Major von Thun, allerdings unter den wärmsten Freundschaftsversicherungen für Friedrich Wilhelm III. Nikolaus ging dabei soweit, zuzugeben, daß derartige Maßregeln vom preußischen Standpunkt aus verständlich sein würden, da ja „den Polen doch nicht zu trauen sei". Major von Thun und Schöler gaben sich alle nur erdenkliche Mühe, sowohl den Zaren als Nesselrode von der Grundlosigkeit dieser Gerüchte, die sie auf Vorbereitungen des preußischen Heeres für die Manöver zurück= führten, zu überzeugen.*) Trotzdem ließ sich der Kaiser erst durch die von Prinz Wilhelm abgegebenen strikten Erklärungen darüber beruhigen, daß Preußen in der „griechischen Sache" keine Schwenkung vornehmen wolle. „Die bestimmten Zusicherungen", so ward dem König von Schöler gemeldet, „welche Se. Königliche Hoheit von Eurer Majestät dem Kaiser zu überbringen hatte, die Erläuterungen, die Höchstdieselben über manches zu geben vermochten, und eine fast gleichzeitig eintreffende Depesche des Grafen Alopeus, die — gerade wie sie ist — der voll= ständigste Beleg zu des Prinzen Aeußerungen werden mußte, haben diese kleinen Nebel am Horizont des Kaiserlichen Kabinets verschwinden und folglich mit der Ankunft Sr. Königlichen Hoheit einen erfreulichen Umschlag in dem ganzen auf Griechenlands Angelegenheit Bezug

---

*) Ueber die Ansprache des Kaisers Nikolaus an den Major von Thun, siehe: Denkschrift Schölers. Beilage Nr. 1 zu Nr. I. Petersburg, d. 13. (25.) Dez. 1827. (Geh. St.=A.). Ueber die Beruhigungsversuche Schölers heißt es ebenda: „Ich glaubte unter solchen Umständen diesen Punkt, wenn auch nur konfidentiell gegen den Grafen Nesselrode zur Sprache zu bringen und sowohl meine Ueberzeugung, daß das ganze Gerücht durchaus grundlos sei, als die Versicherung äußern zu müssen, daß nur völlig ununterrichtete Personen bei uns jene Besorgnis fassen könnten, die Regierung aber und alle, die es zu beurteilen verständen, Rußlands Streit= kräfte hinreichend hielten, gleichzeitig die Pforte zu bekriegen und die Polen im Zaum zu halten". Schöler gab zu verstehen, daß das Gerücht vielleicht von Oester= reich ausgegangen sein könnte, „um in dem Augenblick, wo es seine Zurüstungen zu machen für nötig hält, eine ähnliche Absicht bei Preußen wahrscheinlich zu machen".

habenden Verhältnisse für uns eintreten lassen."*) In der That
war es einzig und allein dem Prinzen, welcher in seinem Auftreten
das Gefühl für die Würde Preußens mit dem feinsten politischen Takt
und der größten persönlichen Liebenswürdigkeit zu vereinen verstanden,
gelungen, das erregte Gemüt des Zaren einigermaßen zu beruhigen.
Die erwähnte, von Alopeus an das russische Kabinet gesandte Depesche,
mochte ja zur Erleichterung dieser Mission manches beigetragen haben.
Aber ohne die Anwesenheit des Prinzen in Petersburg würde manche
ihrer Wendungen eher geeignet gewesen sein, die Verstimmung am
russischen Hofe neu anzufachen, statt sie zu beseitigen. Denn Alopeus
konnte bei der Abfassung dieses Aktenstückes sein Mißvergnügen,
Preußen bei seiner selbständigen Haltung verharren zu sehen, nicht
verbergen. Obwohl er nämlich versicherte, daß der preußische Staat
sich auf keinerlei Rüstungen einlassen werde**), ohne vorher Rücksprache
mit Rußland genommen zu haben, unterließ er doch nicht die bissige
Bemerkung, daß man in Berlin zu dieser Reserve hauptsächlich durch
das „Gefühl der Dankbarkeit für die im Jahre 1813 erhaltene Mitwirkung zur Herstellung der Monarchie" bewogen worden sei. Nach
seiner Darstellung war Preußen infolge der Nichtunterzeichnung des
Londoner Traktates in die Reihe der Mächte zweiten Ranges hinab-
gestiegen. Trotzdem wollte er — gütig wie immer — dieser Monarchie
immer noch eine einflußreiche und wichtige Rolle für den Kriegsfall
zu gestehen. Seine Betrachtungen gipfelten in dem Satze: Preußen,
im Besitze der besten Armee der Welt, habe es in seiner Gewalt, die
größte Rolle in Deutschland zu spielen, ziehe es aber merkwürdigerweise vor, mit Oesterreich Hand in Hand zu gehen. Hier blickt der
mephistophelische Pferdefuß deutlich genug hervor. Der Verdächtigung

---

*) Schöler an den König. Nr. I. Petersburg, 5. (17.) Jan. 1828. Eine
Hauptquelle der Gerüchte war die Nachricht von der Zusammenziehung eines
Truppenkorps in Schlesien. „S. K. Hoheit konnten die Versicherung abgeben, daß
hieran nicht gedacht sei".

**) Schöler an den König. Beilage Nr. 2 zu Nr. I. Petersburg, 5. (17.) Jan.
1828. (Geh. St.-A.). Das Gerücht über Preußens Rüstungen habe Alopeus geschrieben, sei aus „der Bestimmung des 5. und 6. Armeekorps zum nächsten Herbst-
manöver erwachsen", vor allem dadurch, daß man in Preußen die Landwehr an
den Manövern teilnehmen lassen wolle und die Ambition habe diese Mannschaften
zu gleicher Vollkommenheit wie die Linientruppen zu bringen. Im übrigen sei
nach der Ansicht von Alopeus Berlin ein Klatschnest, wo alle Neuigkeiten, nachdem
sie eine Reihe von „Koterien durchlaufen", in Altweibergeschwätz endeten." —

sollte eben durch eine Hinterthüre wieder Eingang verschafft werden. Die Depesche ist daher eher geeignet, das Verdienst des Prinzen Wilhelm um die Beilegung der Zwistigkeiten zu erhöhen als zu vermindern.

Die eigentliche Quelle der Verstimmung Rußlands gegen Preußen blieb freilich nach wie vor unerschöpflich. Das echte Moskowitertum konnte sich durchaus nicht von dem alten Wahn trennen, daß Preußen trotzalledem noch die Rolle des wackeren Haudegen übernehmen müsse, das vom Geschick dazu bestimmt sei, im Augenblick der höchsten Gefahr gewappnet an Rußlands Seite zu treten und Not und Gefahr mit ihm zu teilen. Der Entschluß des preußischen Staates, dem Traktate nicht beitreten zu wollen, wurde nach wie vor von jenen extremen, dem „Westen" bitter feindlichen Elementen an der Newa als Sakrilegium betrachtet. Und doch hatte Preußen, wie Schöler sehr treffend bemerkte, nichts gethan, als seine Freiheit als gleichberechtigter Faktor innerhalb der großen Allianz öffentlich festgestellt, im Gegensatz zu der Zeit der Kongresse, wo es gewissermaßen als Macht zweiten Ranges bezeichnet worden war, ohne gegen die Unwahrheit einer solchen Behauptung zu protestiren.*) Denn es mußte doch mehr dem Zufall zugeschrieben werden, wenn Preußen bisher so oft Rußland beigestimmt und sich dem gemeinschaftlichen Beschlusse der Alliirten angeschlossen hatte. Das war — so behauptete Schöler — nur geschehen, weil die Angelegenheiten, um die es sich damals gehandelt, die Interessen Preußens wenig oder gar nicht berührt hatten. Er riet deshalb, sich in Berlin weder von Rücksichten auf Oesterreich noch auf Rußland fortan bestimmen zu lassen, sondern einzig und allein die Würde und die Interessen Preußens, sowie die Grundsätze der Gerechtigkeit und Billigkeit als Richtschnur zu nehmen. Freilich wünschte er, daß das

---

*) Beilage Nr. 2 zu Bericht Schölers an den König: Nr. I. Petersburg, 5.(17.) Jan. 1828. Zur Zeit der Kongresse sei in den nicht zur allgemeinen Mitteilung bestimmte Depeschen nicht einmal Preußens Name genannt worden. Preußen habe als „der Schwächste in der Allianz" eine Nebenrolle gespielt. „Alles Reden ändert es nicht, daß jetzt, wo die Staaten von Europa ihre Militärmacht sämtlich nach einem gleichen Maßstab bilden, Preußens materielle Kräfte zu der der andern wie 2 zu 5 und wie 1 zu 4 sich stellen". Auch die preußische diplomatische Vertretung in Petersburg habe unter diesem Verhältnis gelitten. Während der langen Zeit bis zum Londoner Traktat „kostete es dem preußischen Gesandten in Petersburg Mühe au courant der Verhandlungen zu bleiben, die Preußen nicht besonders betrafen, anstatt, daß gegenwärtig über alle Angelegenheiten, besonders über die griechische ihm die Mitteilungen zugehen." —

russische Selbstgefühl dabei soweit als irgend möglich geschont werden
solle. Bereits im Dezember bat er Bernstorff alles zu vermeiden, was
Kaiser Nikolaus als eine Uebereinstimmung Preußens und Oesterreichs
in der griechischen Angelegenheit deuten könne. Ihm selbst waren
durch die beständigen Versuche des österreichischen Vertreters, sich an
die preußische Gesandtschaft heranzudrängen, viele unangenehme Er=
fahrungen zuteil geworden.*) Dem Plane des Berliner Hofes, unter
diesen Umständen die Versöhnung zwischen Wien und Petersburg zu
betreiben, vermochte er nur bedingt zuzustimmen. Ein solches Werk,
schrieb er, könne nur ganz allmählig und unter den größten Kautelen
verwirklicht werden. Preußen müsse peinlich alles vermeiden, was den
Glauben erzeugen könne, als ob es sich unberufen in diese Dinge ein=
mischen wolle. Im andern Falle würden die seit der Ankunft des
Prinzen Wilhelm zwischen den Höfen von Berlin und Petersburg
wieder hergestellten freundschaftlichen Beziehungen sofort wieder dem
Mißtrauen weichen, das jedem, welcher in der russischen Hauptstadt
für Oesterreich eine Lanze einlege, entgegengebracht werde.

Trotz dieser Bemängelungen mußte auch Schöler zugestehen, daß
die Haltung Preußens während der Krisis der letzten Monate sich als
klar, fest und konsequent erwiesen. Selbst die unaufhörlich wieder=
kehrenden Nachrichten von einer vollständigen Schwenkung der öster=
reichischen Politik hatte das Berliner Kabinet nicht aus der Fassung
bringen können. Unter den belastenden Momenten, die Maltzahn gegen
die Wiener Politik ins Feld geführt, befand sich ja auch die von
einzelnen Persönlichkeiten der Hofburg lebhaft befürwortete Sonder=
verständigung Oesterreichs und Rußlands. In solchem Falle, so hofften
die Feinde des Berliner Hofes, würde Preußen, weil von Oesterreich
beim Zaren überboten, die Rolle eines Düpirten gespielt und eine be=
trächtliche Machteinbuße erlitten haben. Bernstorffs Geist beschäftigte
diese Eventualität eine Zeitlang lebhaft. Nach sorgfältigen Nach=
forschungen, die er durch Schöler in Petersburg anstellen ließ, mußte
er sich jedoch überzeugen, daß man es vorläufig mit leeren Gerüchten
zu thun habe. Von Metternich war nach alter Gewohnheit mit großen
Worten wieder einmal nur ein müßiges Spiel getrieben worden.
Freilich, nur Sorge für den Frieden Europas, nicht bange Furcht um

---

*) Beilage Nr. 2 zu Schölers Bericht an den König: Nr. I. Petersburg,
5.(17.) Jan. 1828. (Geh. St.=A.).

die eigene Existenz hatte man am preußischen Hofe bis zum Eintreffen der aufklärenden Nachrichten empfunden. Wenn Bernstorff auch die Folgen eines Bündnisses zwischen Oesterreich und Rußland in ihrer Tragweite abzuschätzen vermochte, so hielt er doch Preußen für stark genug, allen kommenden Gefahren trotzen zu können. „Unberührt von den vielfältigenden beengenden Rücksichten, welche den österreichischen Hof mit Verlegenheiten und Besorgnissen aller Art umstricken" — so lauteten seine markigen Worte an Schöler — „frei und unbefangen in allen unseren Verhältnissen, dürfen wir uns der Notwendigkeit überhoben sehen, Verabredungen oder Maßregeln für eine Zukunft zu treffen, der wir zwar nicht ohne Sorge für die allgemeine Ruhe Europas, aber in bezug auf uns selbst, ruhig und furchtlos entgegensehen." *)

So fest und sicher Bernstorff den schwebenden Fragen gegenüber Stellung genommen, so entschlossen er die Selbständigkeit Preußens im europäischen Staatensystem gewahrt, so verdroß es doch den König, daß die öffentliche Meinung niemals der redlichen Thätigkeit seines Kabinets auf dem Gebiete der auswärtigen Politik, vor allem nicht der Rolle, die Preußen während der einzelnen Phasen der orientalischen Frage gespielt, auch nur mit einem einzigen Worte gedachte. Da er den Staat Friedrichs des Großen nicht als Aschenbrödel im Rate der Völker erscheinen lassen wollte, beauftragte er Bernstorff, die Verdienste, die sich der Berliner Hof auf diesem Gebiete erworben, in der Presse in das rechte Licht setzen zu lassen. Nur wünschte der König, durch den Mund der Zeitungen sich weit bestimmter und energischer zu erklären, als es sein, nach der Weise der älteren Diplomatie stets vor der Oeffentlichkeit zurückscheuender Minister, es für nötig und ratsam erachtete. Freilich lag kein prinzipieller Gegensatz vor. Bernstorff fürchtete nur, Frankreich, England und Rußland neuen Anlaß zu Angriffen auf die österreichische Orientpolitik zu geben, wenn er das Verfahren der Traktatmächte in der Presse verteidigte.**) Der König, welcher diese Besorgnisse als übertrieben ansah, wies jedoch kurzerhand alle von Bernstorff vorgeschlagenen Abschwächungen seiner Willens-

---

*) Bernstorff an Schöler. Berlin, 21. Dez. 1827. (Geh. St.-A.).
**) Immediatbericht Bernstorffs an den König. Berlin, 4. Jan. 1828. (Geh. St.-A.). Die Situation, äußerte sich Bernstorff hier, stehe so, daß Preußen „um auf keiner Seite anzustoßen, sich weder auf Oesterreichs Kosten rechtfertigen, noch auch die Rechtfertigung Oesterreichs gegen jene drei Mächte übernehmen darf".

meinung zurück. „Es kann nicht die Absicht sein" — so lautete der Hauptpunkt der königlichen Kabinetsordre — „dem Publikum eine beruhigende Darstellung der jetzigen Lage der Dinge zu geben, die ohnehin in einem so verwickelten Momente schwer zu vertreten sein würde, sondern ich wünsche vor allem, daß das Publikum mit einiger Ausführlichkeit erfahre, welchen Anteil Preußen in Konstantinopel an der Erreichung des von den alliirten Mächten beabsichtigten Ziels und dadurch an der Erhaltung des Friedens genommen hat. Hierzu gehört hauptsächlich, daß der von meinem Gesandten seit dem Abschlusse des Traktats vom 6. Juli zu verschiedenen Zeiten bei der Pforte eingereichten Noten und Vorstellungen erwähnt werde." Schließlich einigten sich der König und Bernstorff dahin, die dem Dolmetscher der preußischen Gesandtschaft zu Konstantinopel am 17. August 1827 erteilte Instruktion im vollen Wortlaut mit einigen einleitenden Bemerkungen zu veröffentlichen. Denn durch dieselbe war Miltitz angewiesen worden, der Pforte die ihr bei weiterer Unbotmäßigkeit drohende Gefahr vor Augen zu führen und sie auf den Weg der Verständigung mit den Traktatmächten zu weisen. Der günstige Eindruck, welchen diese Publikation in Preußen und im übrigen Deutschland hervorrief, veranlaßte den König, auf dem bei dieser Gelegenheit betretenen Wege weiter zu gehen. Der Monarch wünschte nun auch den drei Höfen über die Thätigkeit, die Miltitz in Konstantinopel seit dem Beginn der ganzen Entwickelung entfaltet, Mitteilungen auf Grund authentischer Quellen zu geben, damit, wie er sagte, sich in Europa nicht die Meinung verbreite, daß Miltitz sich bei jenem nunmehr bekannt gewordenen Versuche beruhigt habe. Dazu schlug er vor, eine der Hauptdepeschen dieses Diplomaten in vollem Wortlaut mitzuteilen.*) Dagegen aber erhob Bernstorff sofort — und diesmal mit gutem Grunde — ehrerbietigen aber festen Widerspruch. Schon längst schien

---

*) Kabinetschreiben (Albrecht an Bernstorff, 19. Jan. 1828). Zu diesem Zwecke wollte der König die Depesche Nr. 106 des Herrn v. Miltitz den Höfen von Frankreich, England und Rußland mitteilen lassen „mit Weglassung einzelner Stellen und Ausdrücke". Mit Rücksicht auf die Besorgnis des Königs, man könne glauben, als ob Miltitz sich bei diesen einen Versuch beruhigt hätte, bemerkt Albrecht: „S. M. hätten dies bis zum Eingange dieser verspäteten Depesche selbst geglaubt und könnten daher annehmen, daß eine solche Meinung auch bei den genannten Höfen entstanden wäre und zwar um so mehr, als in den öffentlichen Blättern zu Petersburg, Paris und London von Preußens Benehmen in Konstantinopel seit geraumer Zeit gar nicht die Rede sei". (Geh. St.=A.).

ihm Herr von Miltitz nicht ein ganz zuverlässiger Gewährsmann zu sein. Während sich im Dezember der österreichische Staatskanzler bei Maltzahn beschwert hatte, daß Miltitz in den „auf die Herstellung des Friedens gerichteten" Bemühungen des Herrn von Ottenfels nur Manöver erblicke, um die Pforte zu weiterem Zögern zu veranlassen, war von Damas in Paris in einer Unterredung mit Werther die Beschuldigung erhoben worden, daß Miltitz ganz im Sinne des Internuntius die Pforte zum Ausharren bewege und sich dabei auf Instruktionen von Berlin berufe.*) Die volle Wahrheit freilich blieb den leitenden preußischen Kreisen auch damals noch verborgen. Soviel aber hatte Bernstorff doch schon bemerkt, daß Miltitz sich bei der Abfassung seiner Berichte „nicht immer eine streng historische Genauigkeit zur Pflicht zu machen" suchte, vielmehr sich „Ausschmückungen entstellen der Art" seinen Darstellungen hinzuzufügen erlaubte.**) Er fürchtete, es möchten die drei Höfe, wenn sie den Bericht von Miltitz mit den Berichten ihrer Gesandten verglichen, ihr Mißtrauen gegen Miltitz auf Preußen übertragen. Seinem Wunsche gemäß beschränkte man sich deshalb darauf, den Inhalt der vom Könige vorgeschlagenen Depesche in London, Paris und Petersburg mündlich mitteilen zu lassen.

Die hier mitgeteilte Episode ist schon deshalb interessant, weil sie in charakteristischer Weise zeigt, wie die Grundgedanken der preußischen auswärtigen Politik — abgesehen von kleinen Differenzen — völlig unberührt von Meinungsverschiedenheiten blieben. Dieser steten Uebereinstimmung des Monarchen und Bernstorffs, welche bei jeder Krisis in erfreulicher Weise zu Tage trat, war es zu danken, wenn allen Wechselfällen der orientalischen Angelegenheit zum Trotze der bisherige Kurs unverändert eingehalten werden konnte.***)

---

*) Werthers Bericht an den König. Nr. 64. Paris, 19. Dez. 1827. (Geh. St.-A.).

**) Bernstorff an Albrecht. Berlin, 20. Jan. (Antwort): er würde, schreibt Bernstorff, gegen die Mitteilung der Hauptdepesche kein Bedenken tragen, wenn Miltitz „ein eben so treuer und zuverlässiger Berichterstatter wäre, als er ein fähiger und gewandter Diplomat ist". (Geh. St.-A.).

***) Bernstorff an Albrecht. Berlin, 26. Dez. 1827. (Geh. St.-A.). „Mein ganzes Streben ist unablässig dahin gerichtet auf dieses Verhältnis (Oesterreichs zu Rußland) versöhnend und ausgleichend zu wirken. Allein diese Aufgabe ist um so schwieriger, als unverkennbar auf beiden Seiten viel Unrecht und Mißverständnis obwaltet. Dem österreichischen Hofe wird sehr oft als Wirkungen eines bösen Willens und einer tiefen Verschlagenheit ausgelegt, was nur die Frucht einer immer steigenden Verlegenheit ist.

Sechstes Kapitel.

Preußen im Prinzip für das Recht Rußlands auf Selbsthilfe. — Wellington und Bülow. — Englische Bündnisphantasien. — Bernstorff und die Idee einer völlig neuen Vereinbarung der fünf Mächte. — Scheitern des Planes in Petersburg. — Neue Werbungen Rußlands um Preußen. — Bernstorffs Ablehnung der russischen Vorschläge. — Die preußische Zirkulardepesche vom April 1828 und ihre Aufnahme in Rußland. — Schöler sucht über die Tragweite der russischen Pläne zu beruhigen. — Sein Bericht über die russische Armee. — Die russische Kriegserklärung. — Miltitz und Canitz. — Preußische Vertreter im Feldlager.

Die blinde Wut der Pforte über die Niederlage von Navarino drohte den Auflösungsprozeß des osmanischen Reiches zu beschleunigen. Immer gespannter war ihr Verhältnis zu den Vertretern der drei Mächte in Konstantinopel geworden. Selbst die Freundschaft Oesterreichs stand bei dem Beherrscher aller Gläubigen tief im Kurse. Als die Gesandten endlich ihre Pässe forderten, wurden ihnen dieselben von dem schwer gereizten Sultan versagt. Erst am 8. September konnten Guilleminot und Stratford Canning die von kriegerischer Aufregung erfüllte Hauptstadt verlassen und die Fahrt nach Korfu antreten. Bald darauf folgte ihm Ribeaupierre nach. In Paris stand man diesem Ereignis mit sehr gemischten Empfindungen gegenüber. Anfangs hatte man sich dort einen großen Erfolg von dem Abbruch der diplomatischen Beziehungen versprochen und war nun sehr erstaunt, als diese Maßregel sich als ein Schlag ins Wasser darstellte.*) Trotzdem blieb man entschlossen, die Konsequenzen des Geschehenen mit Energie zu ziehen. Was England anlangte, so zeigte dort die öffentliche

---

*) Werthers Bedenken gegen jenen Schritt hatte Damas eifrig zu widerlegen gesucht.

Meinung eine noch größere Unsicherheit. Ein Artikel der „Times", welcher der Pforte mit einer Blokade zur See drohte, fand bereits bei einem großen Teile des Publikums eine eifrige Gegnerschaft. Lottum, der damals in Abwesenheit Bülows Preußen in London vertrat, bemühte sich, Bernstorff diese Thatsache als das erste Symptom einer Wandlung der öffentlichen Meinung Englands darzustellen. Er grollte, weil das englische Kabinet noch immer in den Fußtapfen Cannings weiter wandelte. Aergerlich schrieb er darüber an Bernstorff: es komme im Leben oft vor, daß einer, um sich nicht lächerlich zu machen, trotzig bei Handlungen beharre, die er im Stillen bereits mißbillige. Ueberhaupt wollte er in der damaligen Politik Frankreichs und Englands nichts als ein geradezu selbstmörderisches Handeln erblicken, während ihm die russische, die nach seiner Ansicht unter dem Deckmantel der Religion und Humanität nur hart reale Zwecke verfolgte, weit verständlicher erschien. So sehr Lottum auch beklagte, daß nicht einmal mehr der Name Preußens in den Londoner diplomatischen Kreisen genannt werde, so glaubte er doch, daß man in Berlin gut daran gethan habe, sich nicht an diesem politischen Wirrwarr zu beteiligen. Angesichts des Verfalls der großen Allianz, schrieb er, sei es für Preußen am vorteilhaftesten, statt sich damit abzumühen einen ins Wanken gekommenen Bau zu stützen, sich auf eine kräftige Vertretung seiner eigenen Interessen zu beschränken.

Freilich — welchen Standpunkt man auch bei der Betrachtung der Krisis einnehmen mochte — die Aussichten für die Erhaltung des Weltfriedens blieben seit der Katastrophe von Navarino die trübsten. Das war es auch gewesen, was den Unmut Bernstorffs bei der ersten Nachricht von jener Schlacht verschuldet hatte. Seine damalige Mißstimmung konnte unmöglich mit der der fanatischen Griechenfeinde identifizirt werden. Er hatte nur den Kampf ohne vorausgegangene Kriegserklärung getadelt, dies Zwitterding von „Krieg und Frieden", das den Beginn einer neuen Epoche der Barbarei zu bedeuten schien.*)

---

*) Bernstorff an Lottum. Berlin, 3. Nov. 1827. (Geh. St. A.) „L'Empereur de Russie n'abandonnera la partie dans aucun cas, et il paroit fermement resolu d'obtenir son but a tout prix". Das müsse, meint Bernstorff, dazu führen, die Integrität der Pforte zu gefährden. „C'est ce que l'Angleterre et la France craignent et doivent craindre par dessus tout, et ce qu'elles tâcheront d'éviter par de nouveaux sacrifices. La France fera toujours à cet égard ce que fera l'Angleterre, ni plus ni moins".

Nicht so ungünstig wie über das Ereignis urteilte er über die Abreise der Gesandten, weil bei diesem Schritt wenigstens die Eintracht der Traktatmächte vor der Welt gewahrt blieb. Denn wenn der Kaiser von Rußland jetzt von seinen Verbündeten im Stiche gelassen worden wäre, hätten die Schwerter sofort aus der Scheide fahren müssen. Gewiß barg auch ein weiteres gemeinsames Vorgehen der drei Staaten so manche Gefahr in sich. Durch die Notwendigkeit zu immer neuen Zwangsmitteln greifen zu müssen, um den Trotz der Pforte zu brechen, konnten sehr leicht eben jene Katastrophen herbeigeführt werden, die man durch den Traktat hatte vermeiden wollen. Auch galt die Möglichkeit nicht als ausgeschlossen, daß Rußland seine neuen Alliirten nur als Vorspann benutzen wollte, um Zeit für die Ausführung seiner weiteren Pläne zu gewinnen.*) Aber die beiden letztgenannten Eventualitäten ließen doch die Hoffnung auf eine Verständigung offen — wenigstens wurde dadurch eine Frist zu weiteren Verhandlungen gewonnen. Immerhin war es für das Berliner Kabinet, das die Erhaltung der großen Allianz auf sein Banner geschrieben, eine schwere Aufgabe, die Bestrebungen des neuen Dreibundes zu unterstützen, aber der Versuch mußte gemacht werden, wenn Preußen die Ziele, die es sich gesteckt, erreichen sollte. „Wir wollen", so lauteten Bernstorffs schöne an Schöler gerichtete Worte, „daß das vor Navarino vergossene Blut nach dem Zwecke der zu gunsten Griechenlands bewaffneten Mächte, nicht umsonst, nicht ohne dauernde Frucht für die in dem unseligen Insurrektionskriege so vielfach gefolterte Menschheit geflossen sei".

Im ersten Augenblick freilich ließ es sich so an, als ob die Arbeit, die Preußen mit diesem Programm auf sich genommen, gleich von vornherein scheitern sollte. Wurde doch Bernstorff, nachdem über den künftigen Kurs der englischen Politik einige Wochen lang völlige Unklarheit geherrscht hatte, durch Lottum von dem bevorstehenden Rücktritt Lord Goderichs und von den günstigen Aussichten Wellingtons auf

---

*) Bernstorff an Maltzahn. Berlin, 26. Nov. 1827. (Geh. St.-A.). Der Zar könne einen doppelten Weg einschlagen: sei es, daß er sofort den Krieg begönne, oder: „soit qu'il fasse encore une tentative pour entrainer l'Angleterre et la France à des mesures communes et tellement rigoureuses qu'elles ne laisseroient plus à la Porte que le choix entre une guerre, qui la menaceroit jusqu'à son existence, et la nécessité de se courber sous une loi aussi dure qu'humiliante".

die Ministerpräsidentschaft in Kenntnis gesetzt. Der eiserne Herzog galt als der populärste Mann Großbritanniens und wenn er sich auch bis jetzt — solange die Whigs die Oberhand besaßen — geweigert hatte, in das Kabinet einzutreten, so konnte doch an seiner Berufung unter den vorliegenden Umständen nicht mehr gezweifelt werden. Mit einer gewissen Beklemmung beobachtete Bernstorff diese Vorgänge. „Ich brauche Ihnen nicht zu sagen", schrieb er an Bülow, „welches Interesse wir an das unerwartete Ereignis des Austritts des Lords Goderich aus dem Ministerium knüpfen. Wir müssen darin mehr als eine bloße Verwaltungskrisis sehen. Denn sollten die Schwierigkeiten der äußeren Verhältnisse auch keinen Anteil an dem Entschlusse dieses Ministers gehabt haben, so muß eine Rückwirkung desselben auf diese Verhältnisse doch als unvermeidlich erscheinen, und es fehlt der gegenwärtigen Verwickelung der politischen Angelegenheiten Europas nur, daß die Auflösung der Ministerien in England und Frankreich in dem Augenblicke stattfinde, wo die Vertreter beider Nationen sich zu vereinigen im Begriffe stehen."*) Ein Ministerium Wellington durfte nicht anders als ein förmlicher Systemwechsel in der auswärtigen Politik und als eine Feindseligkeit gegen Rußland aufgefaßt werden. Wenn es jetzt noch gelang in Frankreich, wo die Opposition gegen das Ministerium Villèle immer heftiger wurde, Polignac ans Ruder zu bringen, so wurde allem Anschein nach ein schwerer Konflikt internationaler Art unvermeidlich. Je mehr die Anschauungen dieses französischen Staatsmanns über die orientalische Frage mit denen Wellingtons sich deckten, desto sicherer konnte eine gemeinsame Fronde Englands und Frankreichs gegen die russische Politik in Aussicht gestellt werden.**) Freilich hatte ein Kabinet der Reaktion in Frankreich schon deshalb keine Aussicht auf lange Dauer, weil Villèle nur durch einen Bund der äußersten Linken und der äußersten Rechten zu stürzen war, und eine solche Vereinigung zwar siegen, jedoch keine einheitliche Regierung zu bilden vermochte. Aber auch ein kurzer Systemwechsel konnte böses bringen. Um so freudiger war Bernstorff überrascht, als zunächst weder in Paris noch in London sich die pessimistischen Erwartungen erfüllten. Was Frankreich anlangte, so erlag zwar Villèle

---

*) Bernstorff an Bülow. Berlin, 28. Dez. 1827. (Geh. St.-A.).
**) Ueber Polignac spricht sich Bernstorff in seinem gesamten Schriftwechsel mit Werther sehr ungünstig aus.

den vereinigten Anstrengungen seiner Feinde, aber statt eines Ultra wurde Martignac am 4. Januar 1828 mit der Bildung des Kabinets betraut. Den Anschauungen der Gemäßigten verblieb noch einmal der Sieg. Das neue Ministerium vermochte anfangs durchaus nicht den Beifall des Publikums zu gewinnen. Auch in der europäischen Diplomatie wurde es zuerst mit skeptischer Miene betrachtet. Am nüchternsten urteilte Bernstorff. Obwohl auch er im ersten Moment diese Ministerkombination als eine Niederlage der französischen Krone ansehen zu müssen glaubte*), sprach er doch schon bald darauf mit Vertrauen namentlich von den Talenten La Ferronays, des neuen Ministers des Auswärtigen. Und er hatte sich nicht getäuscht. Bereits die ersten Aeußerungen dieses Mannes gaben beruhigenden Aufschluß über das Festhalten Frankreichs an dem in der Orientfrage bisher eingeschlagenen Kurse. La Ferronnays erblickte, genau wie Bernstorff es that, in der konsequenten Fortsetzung der Traktatspolitik den einzigen Ausweg aus den Gefahren der Lage. Dem Plane zufolge, den er in großen Umrissen Werther enthüllte, wünschte er zunächst in London einen ferneren Zusammenschluß der drei Mächte und für den Notfall Zwangsmittel gegen die Pforte vorzuschlagen.**) Das gerade in jenem kritischen Momente vom Sultan publizirte, in heftiger Sprache abgefaßte Manifest wurde von ihm nicht nur als eine Kriegserklärung gegen Rußland, sondern gegen die Traktatsmächte überhaupt aufgefaßt. Er bezeichnete es sogar als notwendig, daß Rußland von England und Frankreich das Recht zugestanden werde an die Donau vorzurücken, allerdings unter der ausdrücklichen Voraussetzung, daß Kaiser Nikolaus, sobald der Vertrag von Ackermann erfüllt und Griechenland beruhigt sei, ohne Landerwerb aus dem Kampfe heimkehre. Um aber den Zaren auf der Balkanhalbinsel nicht in voller Freiheit schalten und walten zu lassen, bemühte er sich, England zu einer gemeinsamen Aktion mit Frankreich in den griechischen Gewässern zu bewegen, die mit der Besetzung Moreas durch ein Expeditionskorps der beiden Staaten enden sollte. Charakteristisch für den Geist des neuen Kabinets blieb es jedenfalls, daß der Minister des Auswärtigen so hohen Wert auf die Teilnahme Preußens an den Beratungen der drei Mächte

---

*) Bernstorff an Werther. Berlin, 14. Jan. 1828. (Geh. St.-A.). („comme une défaite du trône").

**) Werther an den König. Paris, 12. Jan. 1828. (Geh. St.-A.).

legte. Trotz aller fehlgeschlagenen früheren Versuche schreckte er nicht davor zurück, gleich nach der Uebernahme seines Portefeuilles Preußen durch Werther nochmals zum nachträglichen Beitritt zum Traktate auffordern zu lassen. Getreu seiner ursprünglichen Beurteilung dieser Angelegenheit erwiderte Bernstorff, daß Preußen auf seinen alten Bedingungen bestehen müsse, daß es sich aber gern der Aufgabe unterziehen wolle, noch einmal in Wien anzufragen, ob man jetzt zu einer Verständigung bereit sei.*) La Ferronnays wandte sich darauf nach London und Petersburg, um die von Bernstorff gestellten Forderungen zu erfüllen. Besondere Hoffnungen setzte er dabei auf Wellington, der jetzt die Zügel der Regierung wirklich ergriffen, und dessen Beziehungen zu Metternich als vortreffliche galten. Dem Herzoge kam dieses Ansinnen durchaus nicht unwillkommen. Denn der Jubel, mit dem alle Russenfeinde in und außerhalb Englands seine Ernennung zum Chef des englischen Kabinets begrüßten, und der dadurch verstärkt wurde, daß Esterházy, Wellingtons persönlicher Freund, eine Miene des Triumphes zur Schau trug und sich so gebärdete, als ob er den Vertrag über ein englisch-österreichisches Schutz- und Trutzbündnis bereits in der Tasche trüge, begann den Herzog selbst zu beunruhigen.**) Es lag ja durchaus nicht in seinem Plane, Rußland von vornherein gegen England in Harnisch zu bringen. Während der Kabinetsbildung bemühte er sich deshalb nach Kräften, vor ganz Europa Zeugnis für seine versöhnliche Gesinnung abzulegen und — in der richtigen Erkenntnis, daß ein reines Parteiregiment in Zeitläuften wie

---

*) Bernstorff an Bülow. Berlin, 21. Febr. 1828. (Geh. St.-A.). „Es sind uns von Frankreich wiederholte Aufforderungen zu einer Anschließung an die Sache der drei Mächte zugegangen, welche wir als der Form und der Zeit nach als gleich unzulässig haben zurückweisen müssen. Denn sollen Anträge dieser Art wirksam sein, so müssen sie (wie hier an Preußen) nicht einseitig, sondern von den drei Mächten gemeinschaftlich gemacht werden und will man auf Preußen rechnen, so muß man sich zuvörderst oder doch gleichzeitig Oesterreichs zu versichern suchen, nicht aber dessen Beitritt durch den Preußens erzwingen wollen".

**) Bernstorff an Maltzahn in Wien, 21. Jan. 1828. (Geh. St.-A.). — „le Duc de Wellington passe pour être à la tête des ennemis du traité trilatéral. — — Nous ne saurions nous dissimuler, qu'au point où les choses en sont venues, la suspension des obligations, que le traité impose à l'Angleterre, pourroit provoquer la guerre encore plus promptement et plus sûrement que ne le feroit la poursuite des mesures destinées à en assurer l'exécution".

den damaligen nahezu unmöglich sei — eine Koalitionsregierung von
gemäßigten Whigs und gemäßigten Tories zu bilden.*) Neben Dudley,
der zum Verharren auf seinem Posten ermuntert wurde, saßen unter
anderm auch Huskisson**), Peel, Aberdeen und Palmerston in dem
neuen Kabinet, eine Auslese von Männern, die in allen einsichtsvollen
politischen Kreisen mit Genugthuung betrachtet wurde. So wenig
Wellington im Anfange den meisten Vorschlägen La Ferronnays —
besonders dem Plane, Rußland das Recht des Einrückens in die Donaufürstentümer zuzugestehen — geneigt war, so sehr brachte er der Idee
eines nachträglichen Beitrittes Preußens und Oesterreichs — unter bestimmten Vorbehalten auch der einer neuen Verständigung der fünf
Staaten Wohlwollen entgegen. Darüber hatte Bülow, der das
seit längerer Zeit von der englischen Diplomatie gegen Preußen beobachtete beleidigende Schweigen durch eine energische Erklärung durch-
brochen, sehr bald Klarheit erhalten; allerdings nicht durch Wellington
selbst. Denn dieser, der in seiner berechneten Zurückhaltung vorläufig
zu verharren wünschte, sprach nur in ziemlich allgemeinen Rede-
wendungen den Wunsch aus, daß das Berliner Kabinet Rußland durch
einige Worte über die Absichten der englischen Regierung beruhigen
möge***), wobei er andeutete, daß das Interesse an der Erhaltung des
Friedens ihn zu diesem Schritt veranlasse. Bülow konnte dem Herzog
nur dasselbe erwidern, was er bereits Esterházy†), der über denselben

*) Bülow an den König. London, 28. Jan. 1828. Nr. 16. (Geh. St.-A.).
„Le Duc de Wellington a adopté l'expédient de laisser condamner le traité
en principe, mais de soutenir la nécessité de l'observer religieusement
comme il se trouve une fois conclu". Dadurch sei die Kabinetsbildung erleichtert. — Siehe auch: Bernstorff an Maltzahn. Berlin, 28. Jan. 1828. (Geh. St.-A.)
„In der That scheint der Herzog von Wellington selbst zu dem Gefühle gelangt zu
sein, daß ein schroffer Uebergang von einem System zu dem andern leicht würde
am Fasse den Boden ausschlagen und das Uebel unheilbar machen können".

**) Bernstorff an Bülow. Berlin, 4. Febr. 1828. (Geh. St.-A.). „Hus-
kisson nous garantit le maintien d'un système, auquel se rattachent pour
nous des intérêts matériels d'une importance majeure".

***) Bülows Bericht an den König. Nr. 7. London, 11. Jan. 1828. (Geh.
St.-A.). „C'est pour prévenir des mesures qui pourroient compromettre
la paix générale que le Duc de Wellington a pensé s'adresser au
Cabinet de Votre Majesté afin de réclamer ses bons offices
auprès de la Cour de St. Pétersbourg".

†) Diese Anfrage Esterházys geschah im Auftrage Wellingtons. Auch unter
dem früheren Ministerium hatte Esterházy versucht, in die englische Politik einzu-

Plan vorher mit ihm gesprochen, entgegnet hatte. Eine solche Aktion, sagte er, könne nur dann Erfolg haben, wenn der Herzog klar und deutlich seine Absicht kundgebe, den Londoner Traktat aufrecht zu erhalten. Ja, er bezeichnete ein solches Wort als das erste Pfand einer guten Gesinnung — ein Pfand, welches der Zar von England mit Recht erwarten dürfe. Wellington ging jedoch auf eine Diskussion über jenen Punkt nicht näher ein. Offenherziger als er zeigte sich Dudley. In einer Auseinandersetzung mit Bülow stellte er an diesen freimütig die Frage, ob nicht zunächst Preußen, später auch Oesterreich, dem Traktate beitreten möchte. Der preußische Gesandte antwortete sehr vorsichtig im Sinne der Intentionen Bernstorffs. Obwohl ihn insgeheim die Furcht quälte, daß man in London den Hintergedanken hege, Preußen Rußland zu entfremden und dem Zaren dadurch den Entschluß zum Kriege zu erschweren*), wollte er sich doch gegen die Ideen Wellingtons keineswegs gänzlich ablehnend verhalten. Dudleys Aeußerungen wurden am Berliner Hofe mit der hohen Beachtung aufgenommen, die diesem Staatsmann seit seinem Amtsantritt dort entgegengebracht worden war. Sein Bleiben in der Regierung hatte ja wesentlich dazu beigetragen, den König und Bernstorff über die nächste Zukunft der englischen Politik zu beruhigen. Gemäß der an Frankreich ergangenen Antwort mußte auch Bülow in London sich im Prinzip für die Beteiligung an einer Vereinbarung Englands, Rußlands, Frankreichs, Oesterreichs und Preußens erklären. Doch war er angewiesen, sich solange im Hintergrunde zu halten, bis weitere Eröffnungen der britischen Minister erfolgt sein würden. Den Zaren zu beruhigen zeigte sich das preußische Kabinet bereit. Es verlangte

---

greifen, allerdings im zersetzenden Sinne. Siehe hierüber Bülows Bericht an den König. Nr. 7. London, 11. Jan. 1828. "La crise ministerielle pourrait bien avoir accélérée par le Prince Esterházy, qui avait conjuré le Prince de Metternich d'abandonner la cause du Duc de Brunswic et de tout faire pour plaire au roi d'Angleterre dans un moment où son ministère ne battait plus que d'une aile".

*) Bülows Bericht an den König. No. 7. London, 11. Jan. 1828. (Geh. St.-A.). Bülow spricht hier seine Besorgnis aus. "que d'ailleurs la démarche du Duc de Wellington pourrait bien avoir aussi pour but de détacher la Prusse des intérêts de la Russie. Car je sais, que le Roi d'Angleterre a dit, que pourvu que la Prusse et l'Autriche restassent amies la Russie serait bien dans le cas de céder et d'éviter la guerre". Esterházy, bemerkt Bülow dazu, habe diese Möglichkeit zugegeben.

aber als Vorbedingung schon damals von England das Zugeständnis, daß der Zar das Recht besitze, von der Türkei Genugthuung für Rußlands Sonderbeschwerden zu verlangen.*) Bald darauf erhielt Bülow von Wellington selbst die Bestätigung, daß Dudleys Aeußerungen wirklich dem Wunsche des gesamten britischen Kabinets entsprochen hatten. Auch gegen ein ganz neues Uebereinkommen Frankreichs, Englands, Rußlands, Preußens und Oesterreichs hatte der Herzog, wie er versicherte, nichts einzuwenden, ja er wollte selbst, wie er sagte, dem Zaren darüber Vorschläge machen. Bülow sah, wie er Bernstorff meldete, in diesem Entgegenkommen Wellingtons nur einen neuen Beweis für die Verlegenheiten, in die England hineingeraten. Ueberhaupt schien der Herzog sehr zahm geworden zu sein — selbst den Hattischerif des Sultans betrachtete er noch als keinen genügenden Grund zur Kriegserklärung. Um sich indessen nicht das Ansehen zu geben, als ob er vor Rußland bedingungslos das Feld räume, versuchte Wellington es jetzt mit Drohungen. So benutzte er die Erörterungen mit Bülow, um Rußland auf dem Umwege über Berlin eine kleine Lektion erteilen zu lassen. Obwohl er eifrig beteuerte, für seine Person noch dieselben Gesinnungen wie bei dem Abschlusse des Traktats von 1826 zu hegen, ließ er doch an Bernstorff die Bitte richten, den Zaren vor jeder vorschnellen Besetzung der Donaufürstentümer auf das eindringlichste zu warnen.**) Er gab dabei deutlich zu verstehen, daß alle Differenzen, die etwa nachträglich noch zwischen der Pforte und Rußland auf Grund des Ackermannschen Vertrages entstehen sollten, von England nicht mehr als rein russische Angelegenheiten angesehen werden könnten. Die versteckte Feindseligkeit in diesen Worten wurde allerdings durch das Versprechen abgeschwächt, von Kaiser Nikolaus nichts verlangen zu wollen, was Rußland nicht mit Ehren zu gewähren vermöge.

Indem Wellington die Frage des russischen Einmarsches in die Moldau und Wallachei geflissentlich in den Vordergrund schob, folgte

---

*) Bernstorff an Bülow. Berlin, 4. Febr. 1828. (Geh. St.-A.) „vous avez très bien fait, Mr. de faire sentir d'avance, que s'il pouvait être question de réclamer nôtre intervention auprès de l'Empereur de Russie, nous ne pourrions l'accorder que sur une base, que ce Souverain est incontestablement en droit d'envisager et de réclamer comme aussi légitime qu'indispensable".

**) Bülow an Bernstorff. London, 4. Febr. 1828. (chiffrirt). (Geh. St.-A.)

er unzweifelhaft den Einflüsterungen Esterházys, welcher — eifrig bemüht, Oesterreich vor der unbequemen Nachbarschaft Rußlands in den Donaulanden zu bewahren — dem Herzog die Meinung auszureden versucht hatte, als ob das Festhalten Englands an dieser Forderung den Ausbruch des Krieges beschleunigen müsse. Wellington wußte nicht, daß Esterházys Meinung selbst von erfahrenen österreichischen Diplomaten nicht geteilt wurde. So sagte Herr von Neumann, der Untergebene Esterházys, ganz offen zu Bülow, er begreife nicht, auf welche Weise Wellington Rußland verhindern wolle, auf der Basis des Traktats von Ackermann jetzt schon der Pforte den Krieg zu erklären, ohne selbst die Waffen gegen den nordischen Koloß zu ergreifen. Ein Teil der englischen, öffentlichen Meinung nahm auch einen Zusammenstoß Englands und Rußlands schon als feststehend an. Gerüchte und Mutmaßungen phantastischer Art schwirrten im Lande umher. Von angesehenen Persönlichkeiten wurde Bülow eingehend davon unterrichtet, wie nach der Auffassung der englischen Regierungspolitiker die Situation sich darstelle. Man glaubte in jenen Kreisen steif und fest, daß im Kriegsfalle Oesterreich an der Seite Englands — Preußen dagegen an der Seite Rußlands und Frankreichs zu finden sein würde. Der preußische Vertreter in London galt als Befürworter dieser Kombination, wie er überhaupt von den Engländern beständig als fanatischer Russenfreund hingestellt wurde. Endlich sah sich Bülow genötigt, diesen Phantasien kraftvoll entgegenzutreten und in bündigster Weise Zeugnis für die friedlichen Absichten Preußens abzulegen — ein Schritt, den er um so lieber that, als seiner Auffassung nach die Stimme des Berliner Hofes in der englischen Hauptstadt nicht genügend Gehör gefunden hatte.

Angesichts dieser kriegerischen Stimmung der öffentlichen Meinung Englands beeilte sich Bernstorff, Wellington die Zusicherung zu geben, daß Preußen nicht nur in Petersburg, sondern auch in Wien, im Sinne eines Kompromisses wirken werde. Bei der Einlösung dieses Versprechens trat Bernstorff für die von ihm seit längerer Zeit gehegte Idee einer völlig neuen vertragsmäßigen Abmachung der fünf Großmächte auf das kräftigste ein. „Die Unruhen im Osten Europas", schrieb er an Schöler in einer für die zur Mitteilung an die russische Regierung bestimmten Depesche, „haben uns seit beinahe sieben Jahren in steter Ungewißheit und Besorgnis erhalten. Durch die Abbrechung der Unterhandlungen in Konstantinopel ist ein ent-

scheidendes Geschick eingetreten. Jetzt muß der Knoten gelöst
oder zerhauen werden! Denn es muß vorausgesetzt werden,
daß die durch den Londoner Vertrag verbundenen Mächte ihren
Zweck unter keiner Bedingung aufgeben. Sie sind strenge gegen
einander verpflichtet und ihre Ehre ist vor den Augen Europas für
die Erreichung dieses Zweckes verpfändet. Der Krieg liegt aber weder
in den Wünschen noch in der Absicht der beteiligten Mächte. Man
darf sich also fragen, ob es wirklich kein anderes minder gefahr=
volles, minder kostspieliges Mittel giebt, zu dem gewünschten Ziele zu
gelangen. Sollte es nicht möglich sein, dieses Mittel in dem erneuten
Versuche zu finden, den Knoten durch die vereinte Kraft der Gesamt=
glieder der alten europäischen Allianz zu lösen? Würde man nicht
hoffen dürfen, endlich über die Verblendung und den Eigensinn der
Pforte zu siegen, wenn ihr die ungeteilte Allianz in alter Einheit
ihren festen Willen erklärte und ihr nur die Wahl zwischen unbedingter
Nachgiebigkeit und offenem Bruche mit allem ließe? Die drei koali=
sirten Mächte haben Oesterreich vorgeworfen, ihrem Zwecke entgegen=
zuwirken. Jemehr dies möchte der Fall gewesen, jemehr die Pforte im
Vertrauen auf Oesterreichs Freundschaft und Verwendung möchte in
falsche Sicherheit gewiegt und in ihrer Verstockung bestärkt worden sein,
einen desto tiefern und entscheidenderen Eindruck auf dieselbe würde
man sich von einer Anschließung Oesterreichs an die Schritte und die
Sprache der drei Mächte versprechen dürfen. Aber wird Oesterreich
sich zu dieser Anschließung verstehen wollen? Dafür läßt sich freilich
nicht einstehen, und vielleicht würde es uns für diese Voraussetzung
schlechten Dank wissen. Manche Umstände dürften uns jedoch hoffen
lassen, daß der Versuch nicht fruchtlos bleiben würde. Seitdem der
Wiener Hof die Teilnahme an dem Vertrage vom 6. Juli verweigerte,
hat sich die Lage der Dinge völlig verändert. Den Schlüssel zu dem
ganzen oft so widersprechend scheinenden Benehmen dieses Hofes in
Bezug auf die orientalische Angelegenheit ist in seiner Furcht vor dem
Eintritt, in seinem Wunsche der Fernhaltung der jetzt gegenwärtigen
Krisis zu suchen. Nun diese Krisis wirklich mit allen ihren lang=
gefürchteten Gefahren und Verlegenheiten da ist, möchte dieselbe in dem
Vorschlage einer Anschließung vielleicht eher einen willkommenen Aus=
weg als eine lästige Zumutung sehen. Die Sache hat sich überdem
dahin entwickelt, daß jetzt weniger von einer vermittelnden Einschreitung,
gegen deren Prinzip Oesterreich sich erklärte, als von einer peremptorisch

vorzulegenden Alternative, wie Oesterreich selbst sie vor dem Abschluß des Londoner Vertrags vorschlug, die Rede sein kann."

Es bedeutete in der That ein kleines Kunststück, unter den damaligen Verhältnissen zwischen dem österreichischen und russischen Standpunkte zu vermitteln, ohne beiden Parteien verdächtig zu werden. Der lang aufgespeicherte Groll gegen die Wiener Politik durchkreuzte in Petersburg schon beim ersten Anlaufe den Vorschlag Preußens auf eine neue Uebereinkunft mit Einschluß Oesterreichs. Zum Glück hatte Bernstorff die Vorsicht gebraucht, gleich von vornherein gegen den Verdacht protestiren zu lassen, als ob der Vorschlag gleichsam unter Zustimmung und im Auftrage Oesterreichs eingebracht worden sei. Auch Prinz Wilhelm, dessen Mission an der Newa noch immer nicht beendet war, wurde vom Könige veranlaßt, dem Zaren in diesem Sinne Mitteilungen zu machen. Allein das Mißtrauen schien unüberwindlich zu sein. Schon auf Schölers erste Benachrichtigung hin sagte Nesselrode es frei heraus, daß Rußland zwar im Prinzip dem ganzen Projekt sympathisch gegenüberstehe, aber bei alledem sich überzeugt habe, wie „ein blos scheinbares Eingehen und Anschließen dem Interesse Rußlands sowie jenem von allen gewünschten Zwecke nur schädlich werden könne". Die Depesche endlich, durch die Alopeus vom russischen Kabinet mit der Beantwortung des preußischen Vorschlages beauftragt wurde, kam einer unter den freundschaftlichsten Wendungen verhüllten Ablehnung gleich.*) Argwöhnisch warf Rußland hier die Frage auf, ob Oesterreich nicht etwa wieder die geplante diplomatische Mitwirkung als Handhabe benutzen wolle, um der Tripelallianz Steine in den Weg zu werfen. Bei dieser Gelegenheit konnte es sich Nesselrode nicht versagen, die nun schon einige Mal gescheiterten Versuche zu erneuern.**)

---

*) Depesche Nesselrodes an Alopeus. Petersburg 9. (23.) Febr. 1828. (Geh. St.-A.). Schöler hatte in eine Abschrift dieser Depesche, die zur Mitteilung für den Prinzen Wilhelm bestimmt war, Einsicht nehmen dürfen. Er war daher in der Lage, dem Berliner Hofe eine Kopie derselben noch vor der Ankunft des Originals mitteilen zu können. (Schölers Bericht an den König: Nr. III. Petersburg, 9. (21.) Febr. 1828). (Geh. St.-A.).

**) Er berief sich bei seinem Werben um Preußen auf ein Schreiben des Zaren vom Februar. In diesem Briefe sprach der Zar die Hoffnung aus, daß alls Rußland sich selbst Recht mit den Waffen verschaffen müsse, Preußen ihm militärische Hilfe zuteil werden lassen möge. — (Schreiben des Zaren Nikolaus an Friedrich Wilhelm III. Petersburg, 28. Febr. 1828. (Geh. St.-A.).

Nicht nur der alte Ladenhüter, die Forderung eines nachträglichen Beitrittes Preußens zum Traktate kehrte hier wieder, sondern auch die Bitte, daß das preußische Kabinet dem Zaren die Zusicherung erteilen möge, im Falle eines europäischen Konfliktes offen auf die Seite Rußlands zu treten.*) Auch jetzt stand in Berlin die Ablehnung dieser Zumutungen fest. Aber ebenso wie früher, suchte Bernstorff nach Beschwichtigungsmitteln für die russische Empfindlichkeit. Diesmal fand er sie in der Bewilligung der gewünschten Kundgebung zu gunsten des russischen Rechtsstandpunkts. Auch Schöler befürwortete auf das dringendste die Abgabe einer solchen Erklärung, natürlich mit den nötigen Einschränkungen. Gerade dies Zugeständnis bot ja nach seiner Meinung die Möglichkeit, in einer durchaus nicht verletzenden Weise den Grundsatz auszusprechen, daß ein Abweichen Rußlands vom Wege der Mäßigung „Preußen zu einer ganz entgegengesetzten Politik bestimmen könne." Allerdings lag in einem derartigen Zusatz eine gewisse Drohung — ein Nachteil, der aber durch andere Vorteile wieder wettgemacht wurde. Einerseits wurde ja dadurch die unabhängige Stellung des Berliner Kabinets vor aller Welt erwiesen, andererseits mußte schon die bloße Andeutung, daß Preußen für Rußlands Recht Partei ergreifen wolle, in Petersburg als ein Erfolg empfunden werden. Der König stimmte der Erklärung zu, wich jedoch auch diesmal in einzelnen untergeordneten Punkten von der Meinung Bernstorffs ab. In der zur Abgabe bestimmten Zirkulardepesche wollte er im Namen Preußens auch einige positive Vorschläge machen lassen, die das mehr „negative" Programm Bernstorffs, wie er sagte, entsprechend ergänzen sollten. So wünschte er lebhaft, den drei Traktatmächten den Weg zu einer letzten gemeinsamen Aktion bei der Pforte zu zeigen, um den vorzeitigen Zerfall der Koalition zu verhindern.**) Auch sollte sein Kabinet dabei die Teilnahme Preußens in Aussicht stellen. Der König gab sich sogar der Hoffnung hin, daß Oesterreich für dieses eine Mal eine Beteiligung des Internuntius bei diesem Schritte zulassen werde. Bernstorff sah den ganzen Plan als gefährlich an. Sofort suchte er Einwendungen zu erheben. Er bat den König zu bedenken, daß Preußen und Oesterreich über den Gang der Londoner Konferenzen nur höchst dürftige und einseitige Mitteilungen erhalten

---

*) Bernstorff an Schöler. Berlin, 2. April 1828. (Geh. St.-A.)
**) Kabinetschreiben (Witzleben) an Bernstorff. Potsdam, 8. April 1828. (Geh. St.-A.).

hatten und deshalb von den Staaten der Tripelallianz weder als berufen angesehen werden möchten, Vorschläge zu machen, noch die Zweckmäßigkeit einzelner Maßregeln zu beurteilen. Ueberdies seien die Schwierigkeiten, schrieb er in seinem Immediatbericht an den König, bei einem solchen Schritte allzugroß — England wolle nicht über den Londoner Traktat hinaus, Rußland aber wünsche in seinem besondern Verhältnis zur Pforte sich nichts von seinen beiden Alliirten vorschreiben zu lassen: sobald nun Preußen sich in diese Situation einmische, müsse es notwendigerweise beide Parteien verletzen.*) Bernstorff knüpfte an diesen Einwand die Bitte, der König möge, falls er auf seinem Willen bestehen sollte, die Aufforderung in der Form eines Wunsches aussprechen lassen. Längere Zeit beharrte indes Friedrich Wilhelm III. auf seiner Meinung, bis ihn endlich Bernstorff durch folgende Motivirung umzustimmen wußte. Mit einer direkten Aufforderung, so führte er aus, werde Preußen auf zwei Seiten Anstoß erregen.**) Denn es gebe damit einerseits zu, „daß England und Frankreich der Pforte unter gewissen Voraussetzungen den Krieg zu erklären haben würden, und daß dagegen die russische Armee die Donau nicht ohne die Zustimmung beider Mächte überschreiten dürfe". Nicht mit Unrecht erwartete Bernstorff von einem solchen Vorgehen Verstimmungen in den beteiligten Hauptstädten und sogar direkte unangenehme Folgen für Preußen. Dieser freimütigen Darlegung gegenüber gab der König seinen Widerstand auf, so daß die Depesche im großen und ganzen im Sinne Bernstorffs, wenn auch auf Grund eines Kompromisses redigirt, an die europäischen Höfe abgehen konnte.***) Die Wichtigkeit der Krise, hieß es darin, nötige den König, seine Ansicht über die Sachlage seinen Alliirten mitzuteilen. Angesichts des Hattischerifs, der die Christen aller Nationen der Rache der Moslim preisgeben wolle, vernehme der Monarch ohne Ueberraschung den Entschluß des Kaisers von Rußland, sich mit den Waffen Genugthuung zu holen und sein gutes Recht, das man nicht angreifen könne, zu vertreten. Trotzdem beklage man in Berlin, daß ein solcher Schritt

---

*) Immediatbericht Bernstorffs an den König. Berlin, 8. April 1828. (Geh. St.-A.).

**) Bernstorffs Antwort an den König. 10. April 1828. (Geh. St.-A.).

***) Preußische Zirkulardepesche vom 10. April 1828. (Geh. St.-A.). Ging zuerst an die Höfe von Petersburg, Wien, Paris und London und erst am 30. Mai an die kleineren Höfe ab.

Rußlands notwendig geworden sei, weil er für Europa unabsehbare
Folgen nach sich ziehen könne. Je weniger Preußen sich der Besorg=
nis darüber zu entschlagen vermöge, umsomehr Wert lege es auf das
vom Zaren so feierlich gegebene Versprechen, in keinem Stadium der
kriegerischen Verwicklung gegen die Verpflichtungen des Londoner Trak=
tates zu verstoßen. Nur in dem engen Zusammenhalt beider Ziele —
fuhr die Depesche fort — der Pazifikation Griechenlands und der
Aufrechterhaltung der Verträge zwischen Rußland und der Pforte sehe
der König das letzte und einzige Mittel, die den allgemeinen Frieden
gefährdenden Schwierigkeiten zu beheben. Wenn Rußland diese beiden,
zwar getrennten, aber nicht entgegengesetzten Fragen verbinden wolle
und auf dem Boden der bestehenden Abmachungen verharre, so schaffe
es sich und den andern Mächten eine weit größere Sicherheit, als wenn
es sich selbst überlassen, auf eigene Faust den Kampf auszufechten
suche. Ein möglichst enger Zusammenschluß der Traktatmächte könne
deshalb nur als wünschenswert bezeichnet werden, damit die Pforte,
sei es durch eine letzte Mahnung oder durch andere gemeinsame Maß=
regeln, über den ganzen Ernst der Lage aufgeklärt werde. Was
Preußen anlange, lautete es am Schluß der Depesche, so werde es,
ohne die Freiheit seines Handelns aufzugeben, stets alle Bestrebungen
unterstützen, die den Frieden Europas, die Interessen seiner Bundes=
genossen und die Sache der Humanität und Gerechtigkeit zu fördern
geeignet seien. Auch diesmal erläuterte der König den Inhalt der
Zirkulardepesche durch ein Schreiben im versöhnlichsten Sinne. Es
war eine glückliche Fügung, daß durch diese persönliche Verständigung
der Herrscher Mißverständnisse verhütet, und die am politischen Hori=
zonte aufsteigenden Wolken verscheucht werden konnten. Ohne diese
regelmäßig wiederkehrende Intervention Friedrich Wilhelms III. würde
das System der auswärtigen Politik Bernstorffs der kräftigsten und
zuverlässigsten Stütze entbehrt haben. Für Bernstorff kam die Hilfe
des Monarchen um so willkommener, als er bei den so häufig wieder=
kehrenden Anfällen seines Leidens — gerade damals stand er wieder
unter den Einwirkungen eines solchen — oft das Gefühl hatte, den
Schwierigkeiten der Lage physisch nicht gewachsen zu sein.

Damit sich bei diesem Vorgange alles wie bei früheren Gelegen=
heiten wiederhole, stellte sich auch nach der anfänglichen Zornesmiene
sehr bald wieder bei der russischen Diplomatie das versöhnende Lächeln
ein. Wie bei der ersten preußischen Erklärung suchte man jetzt aus

der Zirkulardepesche möglichst viel Kapital für die russische Orient=
politik zu schlagen. Auch die Gesinnungen, die der Brief des Königs
an den Zaren hatte an den Tag treten lassen, wurden mit Emphase
gepriesen. Man wollte aus diesem Schreiben eine nachträgliche, wenn
auch verdeckte Zusage militärischer Hilfe für den äußersten Fall heraus=
lesen. Was die Zirkulardepesche insbesondere anlangte, so erhielt sie
Nesselrodes uneingeschränktes Lob. Seiner Versicherung zufolge hätte
selbst Rußland nicht seinen eigenen Standpunkt mit mehr Klarheit,
Freimütigkeit und Verständnis vertreten können, als es hier geschehen
sei. Ja, er verstieg sich zu der Bitte, daß Preußen in allen Stadien
der orientalischen Verwickelung in demselben Geiste bei den andern
Mächten, namentlich bei England, seinen Einfluß ausüben möge.*)
Sei doch, so äußerte er, das vom Berliner Hofe befürwortete praktische
Zusammenwirken der Traktatmächte so lange unmöglich, als nicht von
befreundeter Seite eine Umstimmung Englands zuwege gebracht sei.

Unbeirrt durch die Lobeserhebungen des offiziellen Rußland wie
durch den sich im Hintergrunde deutlich vernehmbar machenden Ingrimm
des russischen Chauvinismus ging Bernstorff seinen geraden Weg weiter.
Er war sich klar darüber, daß jedes andere Verfahren, als das mit
Hilfe der preußischen Zirkulardepesche eingeschlagene, die Situation nur
verschlimmert haben würde. Am meisten beruhigte ihn, daß auch
Schöler, der treffliche Kenner der russischen Verhältnisse, seine Meinung
teilte. Es empfehle sich, schrieb Schöler nach Berlin, den berechtigten
Wünschen Rußlands soweit als billig entgegenzukommen, um dann den
unberechtigten um so energischeren Widerstand leisten zu können. Seine
Theorie lief deshalb darauf hinaus, Rußland nicht gleich von Anfang
an in den Arm zu fallen, sondern es lieber innerhalb gewisser Grenzen
sein orientalisches Abenteuer bestehen zu lassen. „Nichts ist wahrer
und der Natur der Sache entsprechender", schrieb er, „als die Be=
hauptung in der Depesche Fürst Liewens vom 25. Dezember (26. Januar),
daß — die Freiheit des Handels im schwarzen Meere einmal gesichert —
für Rußland kein bequemerer Nachbar als die Pforte sein könne, und
wen außer dieser, könnte man in der That als Beherrscher des Bospo=
rus sich denken, der für Rußland weniger gefährlich sein könnte!
Selbst aber diesen Punkt besitzen und verteidigen zu wollen, würde

---

*) Copie d'une dépêche du vicechancelier Comte de Nesselrode au
Comte d'Alopeus, en date de St. Pétersbourg, 17. avril 1828. (Geh. St.=A.).

8*

für Rußland, ohne Ausnahme, die Schwierigkeiten und Aufopferungen, die mit dem Besitze aller seiner ferngelegenen Provinzen verbunden und in dem persischen Kriege wieder so sichtbar hervorgetreten sind, in einem ungleich höheren Grade nach sich ziehen. Offenbar handelt es sich eigentlich in der ganzen Sache nur um Rußlands Einfluß in Konstantinopel, der für diese Macht so wichtig ist, daß sie denselben nicht aufgeben darf, ihr aber von England und Oesterreich ohne die mindeste Gefährdung ihrer wirklichen Interessen zugestanden werden könnte. Nur Mißtrauen ohne Grund bei Oesterreich und die Anmaßung von England, am Bosporus das große Wort allein zu führen, können diese Mächte dazu verleiten, Rußland in eben gedachtem Punkte hinderlich zu sein." Aber nicht nur aus diesen Gründen allein warnte Schöler vor unnützen Konflikten mit dem russischen Reiche. Man sollte sich, so bat er, nicht gegen Zukunftspläne ereifern, die — wenn sie überhaupt existirten — Rußland auszuführen gar nicht die Kraft besäße. Rußlands Erfolge gegen das persische Reich, mit dem es nach den Siegen von Paskewitsch soeben einen vorteilhaften Frieden geschlossen, galten in Schölers Augen nur wenig. Denn hier in der europäischen Türkei konnte man nicht wie in Asien mit fünfzehntausend Mann unermeßliche Reiche erobern. Nach seiner Meinung vermochte Rußland „auch nicht einen Fuß breit" Landes von den Trümmern der Pforte zu behaupten, den ihm das übrige Europa nicht zugestehen wollte. Zur Bekräftigung seiner Worte übersandte er dem Berliner Kabinet eine Uebersicht über die russische Armee, welche von preußischen Offizieren in Rußland selbst nach den besten Quellen hergestellt war. Nach derselben betrug die ganze zum ersten Angriff und als Reserve gegen die Pforte zu richtende Kraft inklusive der Garden kaum 130 000 Mann. „Der Ueberrest, die königlich polnische Armee eingeschlossen" — bemerkte er hierzu — „ist kaum 220 000 Mann stark und durch Englands und Oesterreichs ungewisses Benehmen, durch der Polen Unzuverlässigkeit und durch die Notwendigkeit, die neue Aushebung auszubilden, schon gegenwärtig, da wo er steht, festgehalten. Käme aber noch eine offene Erklärung, wie sie allen Verhältnissen angemessen gedacht werden kann, von Preußen hinzu, so würde von diesem Ueberreste, selbst nicht die kleinste Fraktion zu dem Zweck: sich auf Kosten der Pforte zu vergrößern, mißbraucht werden können. Erwägt man — auch ohne die Menge von nicht militärischen Gründen in Betrachtung zu ziehen, die bei Rußland gegen den Krieg obwalten —

nur dieses Verhältnis seiner Streitkräfte genau, so können in der That keine gefährlichen Absichten von Kaiser Nikolaus befürchtet werden. Weit eher noch könnten seine Freunde aus diesem Verhältnis Ursache zur Besorglichkeit wegen der in beiden Fällen gleich mißlichen Alternative — schöpfen, in welche ungegründete Eifersucht und Mißtrauen der andern Mächte diesen Monarchen gesetzt haben. Denn es sind — bei aller Ueberlegenheit der russischen Kriegskunde über die Türken — doch Unglücksfälle, Krankheiten u. s. w. denkbar, wodurch viel Menschen und eine ganze Campagne verloren gehen können. Wie schwierig aber dann die Notwendigkeit, von Abo bis zur Donau die Grenze schützen zu müssen, eine kräftige Fortsetzung des Krieges gegen die Pforte machen würde, ist einleuchtend."

Für wirklich gefährlich hielt Schöler jedoch die russische Armee auf dem europäischen Kriegsschauplatze. Denn dieselbe Macht, die auf weite Fernen, in uncivilisirten Gegenden, ihre Kräfte verzetteln mußte, konnte bei einem Vorstoß in die benachbarten kultivirten Lande des Westens eine furchtbare Energie entfalten. Namentlich Oesterreich erschien ihm von der Seite der galizischen Grenze her ernstlich bedroht, wenn er auch nicht verkannte, wie leicht ein österreichisches Heer die russische Operationslinie bei einem russisch=türkischen Kriege zu gefährden vermochte. Ebenso prophezeite er dem englischen Handel für den Fall eines Zusammenstoßes mit Rußland die schwersten Nachteile. Als das einzige Mittel aber, alle diese Eventualitäten zu vermeiden, empfahl er nach wie vor die unparteiische Dazwischenkunft Preußens, als eines Staates, auf den Oesterreich und England sowenig als Rußland eifersüchtig sein könnten. Nur wünschte er, daß der König von vornherein die Grenze bezeichnen möge, bis zu der er in der Unterstützung russischer Forderungen zu gehen entschlossen sei.*)

Erörterungen, wie die vorliegenden, erschienen um so dringlicher, als man sich mittlerweile in Petersburg entschlossen hatte, in das Wirrsal der orientalischen Angelegenheiten mit dem Schwerte Ordnung zu bringen. So sehr Nikolaus zum Kriege gedrängt, so wünschte er doch den Vorwurf noch einmal von sich weit wegzuweisen, als ob er einen allgemeinen Umsturz des Bestehenden in der auswärtigen Politik erstrebe. In seinen Gesprächen mit dem preußischen

---

*) Schölers Bericht an den König. No. VI. Petersburg, 30. März (11. April) 1828. (Geh. St.=A.).

Gesandten verwahrte er sich gegen den Skeptizismus, den man seinen Erklärungen entgegenbringe, während es doch seine Ueberzeugung sei, daß es dem Interesse Rußlands widerspreche, sich auf Kosten der Pforte zu vergrößern, oder gar einen Zusammenbruch des türkischen Reiches herbeizuführen. Aber selbst für diesen Fall wollte der Monarch dem übrigen Europa kein Recht zur Besorgnis zugestehen.*) Denn — so argumentirte er — da England und Frankreich keine Ansprüche auf die Trümmer der Pforte machen wollte, Oesterreich der Freund des Sultans sei und Rußland keinen Ländererwerb erstrebe, so müsse es doch für die Großmächte gar nicht so schwierig sein, auf einem Kongresse oder auf andere Weise zu einer Verständigung zu gelangen. Allerdings, so fügte der Kaiser in derselben Unterredung hinzu, sei es für Europa recht dienlich zu wissen, „daß Rußland sich vergrößern könne, wenn es wolle" — es wolle aber nicht!

Bald darauf schon war der Rubikon überschritten. Zu Ende April ging das russische Heer über den Pruth, des Winkes seines Gebieters zum Angriff auf die Türkei gewärtig. Trotz aller beschwichtigenden Versicherungen des offiziellen Rußlands sah man in ganz Europa mit mühsam verhaltener Erregung den kommenden Ereignissen entgegen. Bernstorff, der bis zum letzten Momente die Hoffnung auf eine Verständigung nicht aufgeben wollte, richtete gleichsam noch in zwölfter Stunde — an den preußischen Vertreter in Konstantinopel die Mahnung, die Pforte einen Blick in den „Abgrund" thun zu lassen, der sich vor ihr öffne und sie über die Unzulänglichkeit der ihr zu Gebote stehenden Verteidigungsmittel aufzuklären. Am goldenen Horn war inzwischen bei der preußischen Gesandtschaft eine bedeutsame Veränderung vor sich gegangen. Miltitz hatte seinen Posten räumen müssen, weil genaue Ermittelungen ergaben, daß dieser Diplomat sich den Bestechungskünsten Metternichs nicht als unzugänglich erwiesen. Die Anklagen Metternichs gegen ihn besaßen nur den Wert von Scheinangriffen, dazu bestimmt, jeden Verdacht von dem unglücklichen Manne abzulenken. Seine Stelle wurde interimistisch von Herrn von Kanitz eingenommen**), auf dessen Treue und Zuverlässigkeit man sich in

---

*) Schölers Bericht an den König. No. VIII. Petersburg, 24. April (6. Mai) 1828. (Geh. St.-A.).

**) Die Ablösung des Herrn v. Miltitz geschah so plötzlich und so im Geheimen, daß man hinter der Reise des Herrn v. Kanitz, der seinen Weg über Wien nahm, eine geheime politische Mission witterte.

Berlin unbedingt verlassen konnte. So redlich indessen der neue Gesandte bemüht war, den Wünschen seines Hofes nachzukommen, so wußte er doch ebensowenig wie die meisten Mitglieder der westmächtlichen Diplomatie diejenigen Mittel anzuwenden, die allein Eindruck auf die Pforte machen konnten. Der Mangel an historisch-politischer Einsicht und völkerpsychologischer Beobachtung brachte es mit sich, daß man die türkischen Gewalthaber beständig nach europäischer, nicht nach echt orientalischer Weise behandelte. Erst die Sendung Müfflings sollte später zeigen, wie ganz anders, als man in der christlichen Kulturwelt annahm, sich im Geiste des Beherrschers aller Gläubigen die Welt malte. Wirkliche Kenntnis von den Zuständen im Serail besaß nur die russische Diplomatie, weil sie aus Erfahrung wußte, daß der Orientale blos für die Sprache der Gewalt Verständnis besitzt. Aus allen diesen Gründen konnte die an die Pforte gerichtete ernste, aber in „abendländischer Weise" abgefaßte Mahnung des Herrn von Kanitz nur taube Ohren finden. So nahm denn das Verhängnis seinen Lauf. Allenthalben glaubte man an einen schnellen Sieg der Russen. Auch in Berlin rechnete man mit dieser Möglichkeit und zwar nicht leichten Herzens. Denn, wenn es auch mit einer vollständigen Zertrümmerung der Türkei noch gute Wege hatte, so mußte über lang oder kurz im Falle großer russischer Erfolge doch an Rußland die Versuchung herantreten, die Fesseln der gegebenen Zusagen abzuwerfen, den Besiegten die härtesten Friedensbedingungen abzupressen und Europa damit vor ein „fait accompli" zu stellen. Bernstorff hatte diese Eventualität bereits ins Auge gefaßt. Er riet deshalb dem Könige, ins russische Kriegslager einen erfahrenen preußischen Diplomaten zu senden, dem die Fähigkeit zugetraut werden konnte, zur rechten Stunde die Wünsche Preußens energisch zur Geltung zu bringen. Am liebsten hätte er Schöler, der bei dem Zaren in hohem Ansehen stand, mit dieser schwierigen Mission beauftragt. Dieser aber mußte gerade damals in die Heimat zurückkehren, wo er Heilung für ein quälendes Leiden suchte. Deshalb ging Küster, den Schöler selbst als den für diese Aufgabe Geeignetsten bezeichnet hatte, ins russische Hauptquartier. Vom Könige wurde ihm hierzu der Charakter eines aktiven Offiziers verliehen. Ursprünglich sollten nur Militärbevollmächtigte der einzelnen Großstaaten dem Kaiser ins Lager folgen. Da jedoch Frankreich und England erfahrene Diplomaten unter dem Deckmantel militärischer Chargen für dies Amt ernannten, so war auch für Preußen die Möglichkeit ge-

geben, sich in zweckentsprechender Weise von Sachkundigen vertreten zu
lassen. Neben Küster befanden sich allerdings auch rein militärische
Abgesandte Preußens im Lager, darunter Generalmajor Graf von
Nostitz. Dieser mußte dort infolge eines von höchster Stelle ge=
äußerten Wunsches erscheinen. Kaiser Nikolaus selbst hatte den nach
Berlin heimkehrenden Prinzen Wilhelm darum gebeten. Mit Nostitz
kam Rittmeister Molière vom Generalstabe des Gardekorps, der selt=
samer Weise — ebenfalls infolge eines Wunsches des Kaisers — dem
Namen und der Form nach der preußischen Gesandtschaft am russischen
Hofe zugeteilt wurde, in Wirklichkeit aber nur dem Grafen Nostitz
unterstand. Er wisse, schrieb Bernstorff darüber an Küster, es sich
nicht recht klar zu machen, warum der Diplomat habe mit einem mili=
tärischen, der Militär mit einem diplomatischen Charakter bekleidet
werden müssen. Doch warum sollte Preußen, so meinte er gelassen,
in solchen Kleinigkeiten den Wünschen des mit ihm befreundeten
Monarchen nicht Rechnung tragen. Die vom Grafen von Nostitz für
Küster überbrachte politische Instruktion war eine durchaus klare und
einfache. Preußens Verhältnis zu Rußland bedürfe, so hieß es, hier
keiner Veränderung, weil es sich bereits „in der befriedigendsten Weise
entwickelt" und gestaltet habe. „Alle unsere Wünsche", schrieb er,
„sind auf den glücklichsten Erfolg der Unternehmung des Kaisers von
Rußland gerichtet, nicht nur in Rücksicht der diesem Monarchen von
seiten des Königs gewidmeten freundschaftlichen Teilnahme, sondern
auch, weil wir durch die Fortschritte seiner Waffen dem Ziele der
gegenwärtigen Entwickelung schneller entgegengeführt zu werden hoffen
dürfen, und weil wir das feste Vertrauen zu Seiner kaiserlichen Majestät
hegen, daß es Ihnen mit der Versicherung ernst ist, die zu erringenden
Siege unter keiner Voraussetzung mißbrauchen zu wollen. Wie wenig
wir indessen die Aufrichtigkeit jener Versicherung in Zweifel ziehen,
so verhehlen wir uns doch keineswegs, daß die Gewalt der Umstände
solche wird auf eine bedenkliche Probe stellen können, und daß nicht
viel dazu gehören wird, um die schon nahe drohende, für den Augen=
blick glücklich abgewandte Krisis in dem Verhältnis zwischen Rußland
und England wieder in ihrer ganzen Schärfe hervortreten zu lassen."

Siebentes Kapitel.

Geringe Fortschritte der Russen im Felde. — Differenzen zwischen den Traktatmächten über die Besetzung der Moldau und Wallachei. — Bernstorff unterstützt Frankreichs Vorschläge in London. — Wirkung der preußischen Zirkulardepesche auf das englische Kabinet. — Bülow dringt auf die Wiederaufnahme der Londoner Konferenzen. — Entgegenkommen des Zaren gegen England. — Nachgiebigkeit Wellingtons aus Furcht vor einer französisch-russischen Verständigung. — Eintracht des französischen und des preußischen Kabinets. — Die Franzosen in Morea. — Neue Anstrengungen der Russen. — Kriegstüchtigkeit der Türken. — Elend im russischen Heere.

———

Trotz aller Siegesprophezeiungen der russischen Chauvinisten konnte zunächst von einem schnellen und entschiedenen Vormarsch der Russen auf Konstantinopel nicht die Rede sein. Der Krieg hatte zwar begonnen, aber er wurde lange Zeit so matt geführt, als ob die beiden streitenden Teile, so schien es wenigstens der westmächtlichen Diplomatie — noch auf das Eintreten eines diplomatischen Ereignisses warteten. Auch der merkwürdige Vorfall, daß bei der Belagerung von Brahilow durch die Russen das Feuer der türkischen Besatzung sofort verstummte, so bald Kaiser Nikolaus persönlich sich den Belagerungsarbeiten näherte, wurde in diesem Sinne lebhaft kommentirt. Die geringen Fortschritte der russischen Armee blieben um so unverständlicher, als die Berichte aus Rußland durchgängig den Eifer der russischen Kriegsvorbereitungen gepriesen hatten. War doch damals Diebitsch dabei thätig gewesen, der Mann, welcher einst berufen sein sollte, die Ehre der russischen Waffen im Kampfe gegen die Türken wieder herzustellen. Diebitsch durfte sich rühmen, die Grundsteine zu einer neuen militärischen Organisation an Stelle der alten schwerfälligen, den Zeitverhältnissen nicht mehr entsprechenden gelegt zu haben.

Aber nicht nur bei der Landarmee, sondern auch auf dem Gebiete der Marine war eine fieberhafte Thätigkeit entfaltet worden. Zehn neue große Kriegsschiffe ersten Ranges, darunter vier Linienschiffe, legten Zeugnis von dem ernsten Streben des Zaren ab, Rußland auch zur See stark gegen alle Angriffe zu machen. Endlich hatten die dem „Westen" feindlichen russischen Chauvinisten, unter deren Führern sich Leute wie Kotschubey, Speransky, Tschernitscheff und Stroganoff befanden, alles aufgeboten, um den Krieg bei den Massen des russischen Volkes populär zu machen. Das Mißverhältnis zwischen dem Eifer der oberen Kreise und den geringfügigen Resultaten zu Beginn des Feldzugs kann seine Erklärung nur darin finden, daß in Rußland bis auf den heutigen Tage meist dem Eifer von oben her der passive Widerstand von unten her entgegengesetzt, und auf diese Weise jede Reform von vorn herein gehemmt wird. Auch stellten — wie mit Recht eingewendet werden kann, die unwegsamen Gegenden der Balkanhalbinsel an die ausführenden Beamten ganz andere Erfordernisse, als es auf einem westeuropäischen Kriegsschauplatz geschehen wäre. Wem dieser Zusammenhang nicht von Anfang an bekannt gewesen, dem mußte die russische Passivität anfangs um so unbegreiflicher erscheinen, als die Türken zunächst gar keine Miene machten, sich ihrem gewohnten Schlendrian zu entreißen. Mit Erstaunen bemerkte Küster schon bald nach seiner Ankunft, wie wenige Verteidigungsmaßregeln die Pforte getroffen. Die ganze auf beiden Seiten des Balkans konzentrirte Masse der türkischen Armee schätzte er auf etwa 70 000 Mann, die in Schumla befindlichen Truppen auf im ganzen 20 000. Man hatte in Konstantinopel nicht einen plötzlichen Uebergang der Russen über die Donau erwartet, daher nur die Donaufestungen mit allem Nötigen versehen und in den zwischen dem Strome und dem Balkan liegenden Landstrichen an militärischen Zurüstungen so gut wie nichts geschaffen. Küster, der wie alle Welt von der eigentlichen Widerstandsfähigkeit der Türken so gut wie keine Ahnung hatte, wollte deshalb den Krieg damals schon als halb und halb beendet ansehen. Auch Kanitz, welcher infolge seines kurzen Aufenthaltes in der türkischen Hauptstadt, noch kein rechtes Urteil über die Verhältnisse besaß, hielt den Feldzug für die Pforte bereits verloren. Er beschwor Bernstorff unter dem Hinweis auf eine sich vorbereitende Katastrophe lediglich die europäische Seite der Frage ins Auge zu fassen. Die griechische Frage schien ihm bereits abgethan — nur in zweiter Linie sollte sie überhaupt noch in

Betracht kommen. „Ich glaube es aussprechen zu müssen", schrieb er an Bernstorff, „daß der Zeitpunkt vielleicht sehr nahe ist, wo nicht sowohl mehr von der Pazifikation Griechenlands, als von der Stellung die Rede sein kann, die Preußen in einer europäischen Angelegenheit zu nehmen gedenkt, Dinge, durch welche es weit näher berührt wird und die bedeutender und wichtiger sind als das Schicksal von Morea". Bernstorff, der sich einen freieren geistigen Ueberblick über das ganze politische Getriebe bewahrt hatte, urteilte unbefangener und richtiger. Die griechische Frage war für ihn durchaus nicht erledigt, vielmehr sah er sie mit Recht als die Quelle weiterer Verwickelungen für die Großmächte an. Eine Lösung des Wirrsals mußte unmöglich werden, sobald die Pforte einmal angefangen, die Ordnung ihres Verhältnisses zu Rußland gänzlich von dieser Angelegenheit zu trennen. Unter diesem Gesichtspunkte lehnte er es ab, den russisch-türkischen Krieg gewissermaßen isolirt zu behandeln. Noch einmal schärfte er Kanitz ein, der Pforte ins Gewissen zu reden. Der Vertreter Preußens sollte seinen Vorstellungen die Drohung hinzufügen, daß, wenn die Pforte sich wirklich auf das „Glücksspiel" einlassen und alles auf eine Karte setzen wolle, Preußen sich bei einer Katastrophe völlig passiv verhalten und dem Trauerspiel seinen Lauf lassen werde. Im stillen freilich zweifelte Bernstorff selbst daran, ob diese Katastrophe so bald eintreten würde, vielmehr schien ihm schon damals der Erfolg des ersten russischen Feldzuges einigermaßen in Frage gestellt zu sein. „Ob wie von vielen Seiten geglaubt wird", heißt es in eine seiner Depeschen an Kanitz, „die Verspätung des Ueberganges der russischen Armee über die Donau und die unerwartet hartnäckige Verteidigung von Brailow wirklich schon als ein ungünstiges Anzeichen für den Ausfall der Unternehmungen des Kaisers von Rußland zu deuten sind, werden Sie besser als ich zu beurteilen wissen."

Zunächst freilich hatte es plötzlich wieder den Anschein, als ob die Prophezeiungen Schölers und Kanitz trotzalledem recht behalten sollten. Der schleppende Gang der Operationen auf dem Kriegstheater rief den Tadel des Zaren hervor, ein Vorgang, durch den der Eifer der russischen Heerführer und des ihnen unterstellten Beamtentums aufs neue entfacht wurde. Die Einnahme des für die Sicherheit der kaukasischen Provinzen so wichtigen Anapa beraubte die Türken eines trefflichen Angriffspunktes. Denn mit Hilfe dieses Hafens waren den räuberischen Gebirgsbewohnern die Mittel zur Beunruhigung der russischen Gouvernements seitens der Pforte übermittelt worden. Die russische Flotte vor Anapa konnte nunmehr zur Blokirung der Häfen an der Westküste des schwarzen Meeres verwendet werden. Einen größeren Schrecken aber als alle diese Hiobsposten jagte die Kunde von dem Uebergang einzelner russischer Truppenteile über den Balkan der Pforte ein. Es fanden häufige Divanversammlungen statt, bei denen, wie Küster berichtete, Hussein Pascha und der ehemalige Kapudan Pascha, Chosrew Pascha als Stimmführer für den Frieden aufgetreten sein sollten. Der Fall von Tutscha vermehrte die Panik. Die Straße nach Silistria hatten die Türken freigelassen, so daß diese Stadt schon nach einzelnen kleinen Gefechten von dem Rothschen Korps umzingelt werden konnte. Die bulgarische Bevölkerung verhielt sich durchweg gegen die Russen freundlich, wenn auch hie und da die Einwohner einzelner Dörfer in die Gebirge flohen. Nirgends aber stieß man auf Ansätze zu einem Guerillakriege. Stärker freilich als durch diese kleinen Erfolge auf der Balkanhalbinsel wurde der Mut der Russen durch die freudige Kunde von der Einnahme von Kars gehoben. Denn dieser Erfolg stellte für einige Zeit das etwas erschütterte russische Prestige von neuem her und ließ deshalb die Ratgeber des Zaren wieder hoffnungsvoller in die Zukunft blicken.

Diesen günstigen Nachrichten zum Trotze, welche von vielen Politikern als die Vorboten eines schnellen Endes des Feldzuges begrüßt wurden, blieb Bernstorff fest bei seiner Ueberzeugung, daß jeder Erfolg der Russen die Gefahr für den europäischen Frieden nur vermehren müsse, solange nicht eine Wandlung in den Anschauungen der leitenden Kreise Englands vor sich gegangen sei. Alle seine Anstrengungen richteten sich von Anfang an darauf, Wellington vor jedem Schritte, der geeignet sein konnte, einen Konflikt mit Rußland herbeizuführen, ängstlich zu bewahren. Schon die Erörterungen über das Recht Rußlands, sich selbst Genugthuung bei der Pforte zu verschaffen, hatten ihn im März auf den Plan gerufen. Bernstorff suchte damals im Einverständnis mit La Ferronnays, Wellington zu beweisen, daß es sich hier um einen Fall handle, der gänzlich außerhalb des Rahmens der Abmachungen des Londoner Traktates liege, weshalb es Rußland auch gestattet sein müsse, in dieser Angelegenheit sein Recht mit den Waffen in der Hand zu suchen.*) Nach Bernstorffs Auffassung fühlte sich

---

*) Bernstorff an Bülow. Berlin, 23. März 1828. (Geh. St.-A.)

Zar Nikolaus durch die Proklamation der Pforte in seiner Ehre gekränkt und deshalb außer stande, diese Beschimpfung ruhig hinzunehmen. Auf Grund dieser Voraussetzungen vermochte er damals England keinen besseren Rat zu erteilen, als den, Rußlands Einmarsch in die Moldau und Wallachei ruhig hinzunehmen und sich im Verein mit Frankreich über eine den russischen Operationen parallel laufende Aktion zu einigen. Mit Recht erinnerte er daran, wie es doch der Zweck des Traktates gewesen sei, einerseits etwas zum Schutze Griechenlands zu thun, andererseits ein solches Vorgehen Rußlands zu verhindern. Bestreite man aber dem Zaren direkt oder indirekt das Recht, der Pforte den Krieg zu erklären, so gebe man Rußland einen willkommenen Anlaß, die Zügel des Traktates abzustreifen und das Wagestück zu unternehmen, sich zum Beherrscher des Orients zu machen. Auch den auf die Erhaltung des Traktats gerichteten Bestrebungen La Ferronnays suchte Bernstorff zum Siege zu verhelfen. Bekanntlich befürwortete der französische Minister eine gemeinsame Operation der drei Flotten. Das russische Geschwader sollte seine Instruktionen direkt von der Londoner Konferenz empfangen und weder an dem Kriege Rußlands gegen die Türkei, noch an der Expedition nach Morea teilnehmen, während den englischen und französischen Schiffen die Aufgabe zugedacht war, Truppen der beiden Großmächte auf griechischem Boden auszuschiffen und Ibrahim Pascha zur Rückkehr nach Egypten zu nötigen. Wellington zögerte lange, dieser Anregung Folge zu leisten. Von einer Truppenausschiffung wollte er zunächst gar nichts wissen, befürwortete vielmehr nur eine einfache Blokade. Wenn seine Hartnäckigkeit auch damals wieder ins Wanken gebracht wurde, so gebührte der preußischen Zirkulardepesche der Löwenanteil des Erfolges. Ursprünglich hatte Bernstorff von der Wirkung dieser Kundgebung in London nicht allzuviel erwartet. „Wir glauben", so lauteten seine die Depesche begleitenden Worte*), „unsere Pflicht zu erfüllen, indem wir uns in einem Augenblicke verhängnisvoller Entscheidung frei und rückhaltlos aussprachen: und immer glauben wir uns zu der Hoffnung berechtigt, daß man wenigstens unsere Freimütigkeit nicht mißdeuten und sowohl der Unbefangenheit unseres Urteils als der Unparteilichkeit unserer Bestrebungen Gerechtigkeit widerfahren lassen wird". Als dann aber Bülow die Depesche Dudley mit der

---

*) Bernstorff an Bülow. Berlin, 10. April 1828. (Geh. St.-A.).

Bemerkung mitteilte, daß sie alle Beweggründe, welche Preußen bei
seiner vermittelnden Thätigkeit seit Jahren geleitet, auf das Genaueste
wiederspiegle, übertraf die Wirkung seine Erwartungen. Die Art und
Weise, wie der Berliner Hof in jenem Aktenstück die Lage der Dinge
betrachtete, mußte der englischen Regierung freilich wenig angenehm
sein — trotzdem konnte Dudley nicht umhin, Preußens Verdienste um
den Weltfrieden rückhaltlos anzuerkennen. Er gab Bülow bereitwillig
zu, daß die Existenz der trilateralen Allianz Preußens Interesse wider=
streite, äußerte aber um so lebhafter seine Genugthuung über die Selbstlosigkeit des Königs, der trotz alledem einen festen Zusammenschluß
aller drei Traktatmächte wünsche. Auch Wellington gegenüber hielt
Bülow mit seiner Meinung nicht zurück. Er sagte es dem Herzog
gerade heraus, daß sein bisheriges Verhalten bei dem Fürsten Liewen
die Vermutung erregt habe, als ob man in London den Krieg gegen
Rußland herbeisehne, und daß eine solche Vermutung für Europa sehr
verhängnisvoll werden könne.*) Wellington protestirte dagegen, den
Krieg gewollt zu haben, zu dem weder Vorbereitungen getroffen, noch
die nötigen Summen vom Parlamente gefordert worden seien. Seiner
Behauptung zufolge, stand einer Vereinbarung von Englands Seite
her nichts im Wege. Bülow benutzte diese günstige Stimmung, um
zu wiederholten Malen auf die Wiederaufnahme der unterbrochenen
Londoner Konferenzen zu bringen, eine Angelegenheit, in der das fran=
zösische Kabinet Preußens Vermittlung angerufen hatte. Wenngleich
auch hier der Baum nicht auf den ersten Hieb fiel, so sollten doch
die wohlthätigen Folgen des Freimutes Bülows nicht allzulang auf
sich warten lassen. Bereits im Mai konnte, wie Werther in Paris
erfuhr**), Polignac nach Paris die Meldung ergehen lassen, daß
Wellington, seit er die Ansichten des Berliner Hofes über die Lage
kennen gelernt habe, sich weitmehr disponirt zeige, mit Rußland und
Frankreich im Einverständnis zu bleiben. Als Wellington dann dem
Zaren das Recht, sich selbst Genugthuung bei der Pforte zu verschaffen,
wirklich zugestand und auch der Wiedereröffnung der Beratungen nach

---

*) Privatschreiben Bülows an Bernstorff. London, 9. Mai 1828. (Geh. St.=A.).
**) Werther an den König. Paris, 2. Mai 1828. (Geh. St.=A.). „Le prince
de Polignac vient de lui (la Ferronnays) mander, que le Duc de Wellington, depuis que l'avis du cabinet de Votre Majesté sur les
affaires orientales lui est connu, se montre beaucoup plus disposé
à rester uni avec la Russie et la France."

langer Pause endlich zustimmte, äußerte La Ferronnays in Gegenwart Werthers hocherfreut: Preußen vor allem falle bei dieser Sinnes=
wandlung Englands das Hauptverdienst zu.*) Soviel stand allerdings fest, daß es ohne den Eifer der preußischen Diplomatie schwerlich gelungen wäre, zu rechter Zeit der englischen Hartnäckigkeit Herr zu werden.

Hatte das britische Reich sich, wenn auch zögernd, zu einem Ent=
gegenkommen bequemt, so durfte von Kaiser Nikolaus andererseits er=
wartet werden, daß er dem weichenden Feinde goldene Brücken bauen würde. Rußland willigte in der That ein, im Mittelmeer auf den Charakter einer kriegführenden Macht zu verzichten und seine Flotte dort in gänzlicher Neutralität verharren zu lassen. Man konnte freilich nicht wissen, welche seltsame Auslegung dieser Neutralität später durch die Dardanellenblokade gegeben werden sollte. In jenem Augenblick aber schien das russische Anerbieten eine große Konzession zu bedeuten, sodaß Wellington kein Bedenken trug, die dargebotene Hand zu ergreifen. Schon diese ersten Aussichten auf einen friedlichen Austrag der orientalischen Händel erfüllten Bernstorff mit lebhafter Freude. Namentlich empfand er eine innere Genugthuung, daß Eng=
land den Worten des Berliner Hofes Gehör geliehen: „Die Hoffnung" (den Krieg bald zu enden), schrieb er an Bülow, „hat wesentlich an Kraft gewonnen, seitdem die Mitverbündeten Rußlands nicht nur das Recht desselben, den Knoten endlich zu zerhauen, unbedingt anerkannt, sondern sich auch dazu verstanden haben, ihre auf die Ausführung des Trilateralvertrages gerichteten Maßregeln in der Art mit den russischen Operationen zu verbinden, daß daraus, wenn auch nicht ein materielles, doch ein politisches Zusammenwirken zur Erreichung des doppelten Zweckes erwachse. Dieses zu erlangen, war das Ziel unserer eifrigsten Bestrebungen."**)

Freilich wäre dies mühsam erzielte Einvernehmen fast wieder zer=
stört worden, als der Plan des Zaren, von der Pforte eine Kriegs=
entschädigung zu verlangen, in die Oeffentlichkeit drang. Zu Paris

---

*) Pozzo di Borgo teilte Werther mit, Rußland betrachte das bisherige Ent=
gegenkommen Englands als Mirakel. Der russische Gesandte schreibe dies nicht aus Frankreichs verständiger Politik und der Mäßigung des Zaren, sondern vor allem dem Rate Preußens zu: „au sages conseils, aux déclarations énergiques du cabinet de Votre Majesté."

**) Bernstorff an Bülow. Berlin, 13. Mai 1828. (Geh. St.=A.)

sagte Lord Granville zu Werther, daß eine solche Forderung mit dem gemäßigten Ton in dem Manifest und in der Erklärung des russischen Hofes in Widerspruch stehe. Man wisse in England nur zu gut, wie wenig die Pforte in der Lage sei eine Kriegsentschädigung aufzubringen. Auch La Ferronnays berief sich, einigermaßen betroffen, auf gewisse Zusicherungen, denen zufolge Kaiser Nikolaus gerade in diesem Punkte das größte Entgegenkommen in Aussicht gestellt haben sollte.

Kaum aber war es den Anstrengungen Bernstorffs gelungen, Frankreich und England über diesen heiklen Punkt einigermaßen zu beruhigen, als Wellington neue Hindernisse aufzutürmen begann. Nachdem er in die Wiedereröffnung der Konferenzen gewilligt, suchte er sofort diese Beratungen dazu zu benutzen, das Zustandekommen der Expedition nach Morea nach Kräften zu erschweren. Erst die Furcht, daß Rußland und Frankreich allein die Lösung der griechischen Frage in die Hand nehmen könnten, brachte, wie Bülow richtig vorausgesehen, den Herzog zu versöhnlicheren Anschauungen. Durch Bernstorff wurde Wellington zuerst auf diese Eventualität aufmerksam gemacht. Nesselrode hatte nämlich im Lager bei Bazardschik Küster mitgeteilt, daß der russische Hof zwar mit Freuden die ersten Anzeichen des Entgegenkommens Wellingtons vernommen habe, daß er aber, falls es trotzdem jetzt nicht zu einer Vereinbarung kommen sollte, mit Frankreich gemeinschaftlich „die inbezug auf Griechenland verabredeten Maßregeln ausführen würde".*) Diese für England recht unliebsame Kunde gelangte noch zeitig genug auf dem Wege über Berlin nach London, um von Bülow bei seinen diplomatischen Vorstellungen benutzt zu werden.

Nachdem der Verständigung auf diese Weise der Weg geebnet worden war, spielte La Ferronnays den Engländern gegenüber seinen Haupttrumpf aus. Durch Polignac ließ er unter dem Hinweis auf Oesterreichs Rüstungen, von denen noch später die Rede sein wird, in London die Erklärung abgeben, daß Frankreich bei einer Zerstückelung der Türkei durch Rußland, Oesterreich und England kein gleichgültiger Zuschauer bleiben könne. Zunächst — so lautete die Drohung — würde die französische Regierung in solchem Falle einen allgemeinen Kongreß vorschlagen. Sollten jedoch Frankreichs gerechte und billige

---

*) Postskriptum zu Küsters Bericht an den König: Nr. 7. Lager bei Bazardschik, 29. Juni (11. Juli) 1828.

Vorschläge auch dann kein Gehör finden, so werde es zu seinem Bedauern genötigt sein, zu den Waffen zu greifen.*) Angesichts dieser Vorgänge fanden Bülows und Polignacs Mahnungen jetzt bei Wellington schnell ein geneigtes Ohr. Der Herzog willigte ein, Morea im Namen der drei Mächte von einem französischen Heere besetzen zu lassen, ja, er wollte den französischen Truppen sogar die nötigen Transportschiffe zur Ueberfahrt liefern. Als nun gar auf Antrag Polignacs eine Erklärung Frankreichs in das Protokoll aufgenommen werden sollte, der zufolge die Franzosen gleich nach der Erreichung ihrer Zwecke auf Morea nach Hause zurückzukehren hatten, zeigte sich Wellington mit der Okkupation so sehr versöhnt, daß er selbst gegen einen längeren Aufenthalt Frankreichs in Morea — falls die Umstände einen solchen fordern würden — nichts einwenden wollte.

Es war Bernstorff nicht schwer geworden, bei dieser Gelegenheit Hand in Hand mit dem französischen Kabinet zu gehen. Denn er hatte sich überzeugt, daß La Ferronnays eifriges Streben, die orientalische Angelegenheit nicht ohne Frankreichs Mitwirkung entscheiden zu lassen, in erster Linie der Erhaltung des politischen Gleichgewichtes zu gute kam. Frankreich stand jetzt zwischen — Rußland und England in einer in vieler Hinsicht ähnlichen Lage, wie Preußen zwischen Rußland und Oesterreich. Nichts natürlicher deshalb, als daß diese beiden Staaten überall da, wo das Interesse des europäischen Friedens in Frage kam, mit einander Fühlung zu gewinnen suchten. La Ferronnays konnte deshalb in jener Zeit mit einer gewissen Berechtigung zu Werther sagen, daß, wenn der Ehrgeiz irgend einer Macht europäische Verwickelungen heraufbeschwören solle, er mit Sicherheit auf die Hilfe Preußens zu gunsten der Sache der Gerechtigkeit rechne.**)

---

*) Werther an den König. Paris, 28. Juli 1828. (Geh. St.-A.). Werther schreibt: La Ferronnays habe Wellington durch Polignac ankündigen lassen: „qu'en cas que les voeux qu'elle (la France) formerait dans l'intérêt de la conservation de la paix de l'Europe ne fussent pas écoutés, elle prendrait quoiqu'à regret les armes et trouverait dans ses immenses ressources, dans l'esprit et les inclinations belliqueuses de la nation des moyens suffisants pour soutenir efficacement ses droits." —

**) Werther an den König. Paris, 28. Juli 1828. (Geh. St.-A.). „Il (la Ferronnays) m'a dit, que dans le cas où des complications fussent amenées par l'ambition démesurée de quelque autre puissance, il se permettait de compter sur Votre Majesté et sur son Cabinet, et qu'il espérait qu'alors l'union de deux Cours aussi puissantes que la Prusse et la France

Was La Ferronnays in der damaligen politischen Konstellation bedeutete, empfand Bernstorff so recht, als der französische Staatsmann für eine kurze Zeit infolge einer heftigen Erkrankung genötigt wurde, sich von den Geschäften zurückzuziehen. Denn sofort munkelte man in Paris davon, daß andere Ursachen dem Rücktritt zu Grunde lägen, und daß es mit dem Ministerium Martignac mit Riesenschritten zu Ende gehe. Das Gespenst eines Kabinets Polignac erschien wieder auf der Bildfläche. Zum Glück geschah nichts von alledem. Vielmehr übernahm Raynal, der treue Anhänger La Ferronnays', interimistisch die Leitung der auswärtigen Angelegenheiten. Obwohl nun dieser Staatsmann alles vermied, was die so mühsam errungene Verständigung mit England wieder hätte gefährden können, so atmete Bernstorff doch erst wieder erleichtert auf, als nach einigen Wochen La Ferronnays auf seinen Posten zurückkehren konnte.

Bei den gemeinsamen Operationen Frankreichs und Englands machten die Franzosen gleich von vornherein einige bittere Erfahrungen. Im August erging seitens des englischen Admirals Codrington die Aufforderung an Ibrahim Pascha, Morea zu räumen. Infolge der Vernichtung seiner Schiffe bei Navarino von der Heimat abgeschnitten, blieb dem Egypter nichts anderes übrig als in die Forderung der Engländer zu willigen. Der Vertrag von Alexandrien setzte das Siegel unter den diplomatischen Sieg des Engländers und machte die französische Expedition im Grunde genommen gegenstandslos, noch ehe sie begonnen. Das französische Expeditionsheer fand deshalb bei seiner Ankunft auf griechischem Boden eine ganz sonderbare Situation vor. Die Egypter leisteten nirgends Widerstand, nahmen aber den Vertrag von Alexandria zum Vorwande, um ihre Abreise unter allerlei nichtigen Vorwänden zu verzögern. Es bedurfte energischer Drohungen, bis endlich die rohen Scharen den von ihnen zur Wüste gemachten Boden Griechenlands räumten. Gleich nach der Rückkehr der Egypter in ihre Heimat suchte die französische Politik die Scharte auszuwetzen, die sie durch die Schlauheit des britischen Kabinets erlitten. Im Widerspruch mit dem Vertrag von Alexandria forderte Frankreich die Besetzung der festen Plätze durch französische Truppen und setzte seine Wünsche bald darauf mit Gewalt durch. Aber alle diese Fortschritte

---

qui soutiendrait la cause de la justice en même temps qu'elles défendraient leurs propres intérêts, réussérait encore à conserver la paix de l'Europe."

konnten Frankreich die ihm durch den Vertrag von Alexandria entrissene Gelegenheit zur Befriedigung seines Ruhmes nicht wiederbringen. Nur die Lorbeeren, die die Franzosen in kolonisatorischer Hinsicht später auf griechischem Boden errungen, sollten ihnen als ruhmreiche Erinnerung von jener Argonautenfahrt bleiben.

Die Erfolge der beiden Westmächte kamen der russischen Regierung schon deshalb nicht unwillkommen, weil England und Frankreich dadurch in einen immer schärferen Gegensatz zur Pforte gebracht werden mußten. Nesselrode riet deshalb dem Zaren, diese günstige Gelegenheit auszunutzen und die griechische Angelegenheit mehr als bisher als Vorspann zu verwenden. Kaiser Nikolaus trat, wie Küster sehr bald bemerkte, eifriger als je für die Idee ein, den neuzuschaffenden griechischen Staat „wenigstens einige Konsistenz gewinnen zu lassen". „Es wird für die Russen", schrieb Küster nach Berlin, „höchst wichtig, daß der Gang der Ereignisse in Morea und am Balkan, das griechisch-türkische und das türkisch-russische Verhältnis, möglichst gleichen Schritt halte". Aber die Ausführung dieser Pläne war doch nur dann zu ermöglichen, wenn den russischen Fahnen stärkere Erfolge als bisher zu teil wurden. Die Gesandten des Zaren zeigten seit Juli emsig beflissen, eine ungemein energische Fortsetzung des Feldzuges für das nächste Jahr vorauszusagen. Namentlich suchten sie gegen die weitverbreitete Meinung anzukämpfen, als ob die Rückkehr des Kaisers nach Petersburg ein ungünstiges Zeichen sei. Denn der milde Sinn des Herrschers, so ließen sie durchblicken, habe oft eher hemmend als fördernd auf den Gang des Krieges eingewirkt. Auch in Berlin mußte Alopeus die Chancen des Feldzuges als günstig darstellen und die Erklärung abgeben, daß Rußland den Kampf nach der Abreise des Monarchen mit doppelter Kraft fortsetzen und nicht eher die Waffen niederlegen werde, als bis es seinen Willen durchgesetzt habe.*) Bald

---
*) Copie d'une dépêche du Comte de Nesselrode au Comte d'Alopeus, Schoumla 21. Juillet 1828. (Geh. St.-A.). „Il est possible que la malveillance qui s'attache à présenter sous un faux jour les résultats de nos operations militaires, les a signalées comme une preuve de l'impossibilité où nous serions d'obtenir des succès décisifs, peut-être même comme un pas rétrograde, ou comme la suite d'un échec. La position de l'armée loin de changer au départ de l'empereur, prend de jour en jour un caractère plus menaçant pour Schoumla par l'occupation des routes qui conduisent de ce camp dans l'intérieur de la Turquie, et nos mouvements loin de se ralentir pendant l'absence de La Majesté se suivront avec une

aber geriet der russische Elan vor Schumla und Varna wieder ins
Stocken. Es schien Küster, als ob die Türken eine offene Feldschlacht
vermeiden und sich auf die Verteidigung dieser beiden Punkte be=
schränken wollten, ohne deren Besitz das russische Heer in seiner Ge=
samtmasse den Balkan nicht überschreiten konnte. Zwar hatten die
Russen auch vor Schumla insofern einen Erfolg errungen, als ein
Teil der Verschanzungen jener Stadt von den Türken bereits preis=
gegeben worden war. Aber an eine schnelle Einnahme der Festung
durfte schon deshalb nicht gedacht werden, weil die Besatzung sich mit
wahrem Löwenmute verteidigte. Lag doch der Seraskier Hussein Pascha
mit 40 000 Mann in der Stadt. Auch die Garnison von Varna hielt
sich wacker. Sie machte fleißig Ausfälle gegen die russischen Belagerungs=
truppen, denen sie an Zahl überlegen war. Ueberhaupt schlugen sich
die Türken, nachdem der mohamedanische Fanatismus einmal erwacht
war, vortrefflich. Ueberall stürzte sich die türkische Reiterei mit wahrer
Todesverachtung in die Schlacht. Mit Erstaunen sah Küster, wie die
einzelnen Reiter aus den Reihen hervorsprengten, um die stärksten und
tüchtigsten der Gegner zum Einzelgefecht herauszufordern. „Diese
Kampfesart", schrieb er, „weicht zwar vom modernen Gebrauche ab,
hat aber etwas äußerst Ritterliches und zeigt uns die Osmanen noch
jetzt, wie uns alle Erzählungen die Mauren und Sarazenen voriger
Jahrhunderte schildern."*)

Durch alle diese Beobachtungen wurde der preußische Vertreter
sehr bald von seiner anfänglichen optimistischen Meinung, als ob der
Sieg Rußlands über die Pforte eine ziemlich mühelose Aufgabe sein
würde, abgebracht. Auch die nähere Bekanntschaft mit den Gepflogen=
heiten der russischen Heeresverwaltung erwies sich als geeignet, auch
seine letzten Illusionen verschwinden zu lassen. Wer wie er hinter
die Kulissen gesehen, ließ sich fortan weder durch große Worte noch

activité progressive et devant Schoumla et contre Varna, la possession de
l'une de ces places étant fort désirable pour nous, avant que nos troupes
renforcées par l'arrivée de la Garde et soutenues par le 2ème Corps qui
s'avance à la suite ne franchissent le Balcan. D'autre part les intentions
de notre Auguste maitre ne changent pas non plus et la Russie ne
posera les armes avant d'avoir obtenu les conditions de paix
que réclament ses intérêts ainsi que sa dignité et qu'indiquent
en substance sa déclaration du 14. Avril et ma lettre au grand visir."

*) Küsters Bericht an den König. Nr. 9. Schumla, 10. (27.) Juli 1828.
(Geh. St.=A.).

durch „Potemkinsche Dörfer" täuschen. In großen Umrissen entrollte
er vor Bernstorff ein erschütterndes Bild des russischen Heeres auf
dem Kriegsschauplatze.*) Unter den Truppen herrschte, trotz aller nachträglichen Bemühungen das Versäumte herbeizuschaffen, Mangel an
Proviant und Kleidung. Infolge dieser schlechten Verpflegung und
der ungeheuren Strapazen befanden sich Mannschaften und Pferde in
einem geradezu trostlosen Zustande. Tausende von Soldaten lagen
krank darnieder. Und doch hatte man von vornherein, um allen Ver-
pflegungsrücksichten Rechnung tragen zu können, die operirende Armee
in der Anzahl beschränkt. Mit dem kleinen Vorteil, den man dadurch
errungen, blieb aber ein großer Nachteil verbunden. Denn der Krieg,
wie er in der Türkei geführt wurde, erforderte eine Menge von Deta-
schirungen. Mußte doch jeder Posten auf der Militärstraße seine
Verschanzung, jeder Transport seine Bedeckung haben, wodurch bei der
großen Ausdehnung des Operationsterrains, die Streitkräfte zersplittert
wurden. 108 000 Mann hatten den Pruth überschritten. Davon
waren 38 000 Mann gegen Schumla, 7000 Mann gegen Varna ver-
wandt worden, so daß die eigentlich gegen die Türken operirende Armee
noch nicht 45 000 Mann betrug. Nur durch Ueberraschung konnte
man mit so geringen Streitkräften so feste Punkte, wie Schumla und
Varna, zu nehmen hoffen. Auf diese Weise erklärte es sich leicht,
warum der Sommerfeldzug, der übrigens infolge der eintretenden großen
Hitze und Dürre mit dem Juli schließen mußte, keine größeren Resultate
erzielt hatte. Vielleicht würde ein kühner Feldherr der nicht zugleich
auch Kaiser war trotz alledem den Angriff auf die beiden Haupt-
festungen schon damals gewagt haben, aber daß der Kaiser während
der Zeit seiner Anwesenheit bei der Armee es nicht gethan, dafür war
er nach Küsters Meinung nur zu loben. Denn so lange Diebitsch
nicht die Oberleitung besaß, hätten die besten militärischen Intentionen
des Monarchen in dem Feldmarschall Grafen Wittgenstein und dem
Chef des Generalstabes General Kisseleff nur unzureichende Interpreten gefunden. Den Mannschaften spendete Küster reichliches Lob. Die einfachen
Soldaten, schrieb er an Bernstorff, hätten sich vortrefflich geschlagen — selbst
die Kavallerie, die anfangs sich nicht in die fremde Fechtart der türkischen

---

*) Die Schilderung Küsters, der hier in allen Einzelheiten gefolgt wird, muß
auch die Meinung zerstören, als ob man in Preußen über die Lage des russischen
Heeres nicht genau unterrichtet gewesen sei. —

Reiterei gefunden, sei später bemüht gewesen, durch ausgezeichnete Haltung die ersten Mißerfolge wett zu machen. Freilich konnten selbst die besten Leistungen an dem Resultate des ersten Feldzuges wenig mehr ändern. Denn obwohl jetzt alle nur verfügbaren Truppen einschließlich der Garde zur Feldarmee herangezogen wurden, blieb doch vor dem nächsten Frühjahr der Marsch in das Gebirge — selbst unter Umgehung Schumlas — ein hochbedenkliches Wagnis.

Ebenso wie die militärische Situation wies auch die politische für Rußland dunkle Punkte auf. Gewiß war zu den bereits genannten günstigen Momenten jetzt noch Englands Zustimmung zu dem Vorschlag hinzugekommen, daß die nach Korfu abgefertigten Bevollmächtigten der drei Höfe mit gleichförmigen, auf einen bestimmten Zweck lautenden Anweisungen versehen werden sollten. Auch hatte die Spannung zwischen den Kabineten von London und Petersburg seit der Reise Lord Heytesburys ins Feldlager und der Ankunft Strafford Cannings in Korfu etwas nachgelassen. Aber ein Umschlag der Stimmung konnte für den Fall, daß den Russen große Erfolge zu teil werden sollten, fast mit Sicherheit vorausgesehen werden, und dann waren die Gefahren da, denen der König und Bernstorff schon seit langem mit Sorge entgegensahen.

Achtes Kapitel.

Verschlechterung der österreichisch-russischen Beziehungen. — Oesterreichische Kriegs=
rüstungen. — Die österreichische Kriegspartei. — Metternichs Friedensliebe. —
Das Wiener Kabinet und die preußische Zirkulardepesche. — Metternichs Projekt
der „Intervention der vier Staaten". — Bernstorffs Verwahrung gegen den an=
geblichen Beitritt Preußens zu diesem Bunde. — Rußland fordert von Oesterreich
Aufklärungen. — Metternichs=Abläugnung und das preußische Kabinet. — Bern=
storffs Wunsch, Oesterreich und Rußland zur Versöhnung zu mahnen und Schölers
Widerspruch.

Die offiziellen Beziehungen Oesterreichs und Rußlands, welche
während einer kurzen Zeit ein freundlicheres Aussehen gehabt hatten,
verschlechterten sich wiederum von Tag zu Tage. Metternich selbst
trug die Schuld, wenn der erste günstige Eindruck, der von der Hof=
burg abgegebenen Neutralitätserklärung sehr schnell verwischt wurde.
Suchte er doch die von ihm selbst befürwortete Expedition nach Morea
einige Wochen später in der öffentlichen Meinung zu diskreditiren.
Trotz aller seiner Friedensbetenerungen stand bei der russischen Diplo=
matie die Meinung fest, Oesterreich wolle nur den Ausbruch des Kon=
fliktes zwischen England und Rußland abwarten, um der russischen
Armee in Bulgarien in die Flanke zu fallen. Die allarmirendsten
Gerüchte über Kriegsrüstungen des alten Kaiserstaates waren in Um=
lauf. Freilich wurde dabei auch übertrieben. Während man von
120 000 Mann fabelte, die an der galizischen Grenze zusammengezogen
worden seien, standen dort in Wirklichkeit nur 50—60 000 Mann, die,
um kein Aussehen zu erregen, in kleinen Abteilungen nach jener
Gegend dirigirt worden waren. Nach einer anderen Kunde sollten
polnische Regimenter nach dem Muster der Warschauer von der öster=
reichischen Regierung errichtet worden sein. Endlich war schon im

März in Petersburg und im ganzen russischen Reiche die Nachricht verbreitet worden, Kaiser Franz wolle den Herzog von Reichsstadt auf den polnischen Thron setzen.*)

An der Donau antwortete man auf diese Anschuldigungen damit, daß man Rußland als den eigentlichen Störer des Weltfriedens bezeichnete. In Wien drang seit dem Beginn des Jahres die österreichische Militärpartei in den Kaiser, in dieser kritischen Lage sich nicht mit halben Maßregeln zu begnügen, sondern so schnell als möglich eine große Armee aufzustellen. Zur Ueberwindung der finanziellen Schwierigkeiten boten sogar einzelne Minister, wie Graf Kolowrat, voll Opfermut große Teile ihres eigenen Vermögens dem Monarchen an.**) Kaiser Franz hatte sich diesem Drängen gegenüber zwar zuwartend verhalten, aber sich doch bereits einen Kostenvorschlag vorlegen lassen. Metternichs Stellung galt als erschüttert, weil man am Hofe während der Krisis angeblich anderen Ministern Gehör geschenkt haben sollte. In Betreff dieser Sensationsnachrichten konnte jedoch Maltzahn Bernstorff bald beruhigende Nachrichten geben. Er wußte wohl, welche festen Wurzeln die Persönlichkeit Metternichs in der Gunst des Kaisers Franz geschlagen hatte und blieb daher überzeugt, daß die dem Schlachtenlärme abgewandten Neigungen des östereichischen Staatskanzlers den Krieg so lange als möglich hinausschieben würden. Da Metternich diplomatische Triumphe über Alles galten, so wollte er nach Maltzahns Meinung offenbar die Rüstungen in erster Linie zum Zwecke der Drohung, also zur Verstärkung seiner diplomatischen Position gebrauchen. Erst im äußersten Falle sollte losgeschlagen werden, wozu sich bei der großen Ausdehnung der russischen Operationslinie leicht eine günstige Gelegenheit finden ließ.***) An eine Eroberung der Türkei durch die Russen glaubte Metternich zwar auch damals nicht, wohl aber an eine moralische Einverleibung. Bereits im Februar 1828 hatte er in einer für Eng-

---

*) Auszug aus einer Depesche Maltzahns vom 18. März 1828. (Geh. St.-A.). Maltzahn erzählt dort: in Rußland sei die Meinung verbreitet, daß das Porträt des Herzogs von Reichsstadt in tausenden von Exemplaren in Russisch-Polen verteilt werde. Der Herzog sei auf diesen Bildern mit der polnischen Königskrone auf dem Haupte dargestellt.

**) Nach Maltzahns Berichten.

***) Postskriptum zu Bülows Bericht an den König. Nr. 67. London, 30. Mai 1828. (chiffrirt). (Geh. St.-A.). Esterházy gestand dies Bülow offen ein.

land bestimmten Depesche die Ansicht geäußert, daß Rußland gar nicht das zu erobern brauche, was es schon besitze: „Die Donaulinie und Serbien" schrieb er, „sind schon russisch. Rußland will eine schwache, waffenlose Türkei, ein nichtiges Griechenland, welches die Quelle der Chikane für die Pforte sein wird." Schon längst bezweifelte er ernstlich, ob Rußland überhaupt ein freies Griechenland wolle. Diese Erkenntnis erleichterte es ihm damals auf den Petersburger Konferenzen, die völlige Unabhängigkeit der Griechen jedem anderen Zwitterzustand unter russischer Herrschaft vorzuziehen. Solche Anschauungen aber hätten ihn konsequenterweise dahin führen müssen, die von Bernstorff befürwortete Vereinigung der fünf Mächte zu unterstützen und Rußland durch vertragsmäßige europäische Abmachungen den Siegespreis, wenigstens teilweise, zu entreißen. Aber weder für diesen Ausweg noch für die Wünsche der österreichischen Kriegspartei, die den Schutz der Pforte durch eine militärische Demonstration verlangte, vermochte sich Metternich zu entscheiden. Im stillen trug er sich mit der Erwartung, daß der ganze Handel mit einer Versumpfung der orientalischen Angelegenheit aus der Welt geschafft werden könne. Diese Passivität war freilich nicht geeignet, Oesterreich auch nur irgend einen zuverlässigen Bundesgenossen zu gewinnen. Die Pforte selbst lief in Gefahr, durch seine schwankende Politik ins Verderben gestürzt zu werden. Kanitz nannte es in seinen Berichten aus Konstantinopel — selbst vom österreichischen Standpunkt aus gesehen — geradezu ein Verbrechen, den Türken die wahre Sachlage so lange verschleiert zu haben. Nur zu wahr erschien seine Behauptung, daß Metternich, anstatt sich vernünftigerweise damit zu begnügen, nach der Erhaltung des Friedens überhaupt zu streben, vor allem Wert darauf lege, „den Frieden durch die eigene Vermittelung zu machen." Bei der Verfolgung dieses Zieles aber mußte der österreichische Staatskanzler erfahren, wie viel wichtiger die Flotten Englands und Frankreichs sowie die russische Armee am Pruth für die Lösung der Orientfrage waren, als seine langen Depeschen. Seine Stimmungen hatten in letzter Zeit jäh gewechselt, weil er bald sich der Hoffnung hingegeben, doch noch im entscheidenden Momente Preußen für sich zu gewinnen, bald vor dem Gedanken gezittert, es möchte der Berliner Hof am Ende doch sich in die Arme Rußlands werfen.*)

---

*) Um Preußen davon abzuhalten, ließ er, zur Beunruhigung des Berliner Kabinets, eine Zeit lang die Nachricht verbreiten, Oesterreich werde nachträglich

Esterházy in London plauderte diese Schmerzen Metternichs unbedacht=
samerweise in seinen Erörterungen mit Bülow aus: „Ich habe", schrieb
letzterer schon im Frühjahr an Bernstorff, „wiederholt erwähnt, wie
der Fürst Esterházy mir vertraulich eröffnet habe, daß man in Wien
und auch hier zwar an den ernsten Versuch seiner Majestät des Königs
den Frieden erhalten zu sehen glaube, jedoch sich überzeugt habe, daß
Allerhöchstderselbe im Falle eines allgemeinen Krieges für Rußland
Partei nehmen würde." Natürlich atmeten sowohl Esterházy als
Metternich beim Lesen der preußischen Zirkulardepesche erleichtert auf.*)
Die neutrale Stellung, welche Preußen darin für sich proklamirte,
mußte Metternich um so gelegener kommen, als sie ihm die beliebte
Politik des Zuwartens sehr erleichterte. Wenn er freilich unter Lob=
preisungen der Zirkulardepesche behauptete, dieselbe versöhnliche Sprache
auch in London geführt zu haben, so war das angesichts zahlreicher
Beweise vom Gegenteil, die das Berliner Kabinet in Händen hatte,
ein sehr gewagtes Spiel. Indessen Bernstorff verzichtete darauf, von
solchen Waffen Gebrauch zu machen. Er besaß dazu um so weniger
Veranlassung, als es ihm nur angenehm sein konnte, daß Metternich
die Rolle eines Friedensapostels für sich in Anspruch nahm.

Der österreichische Staatskanzler gelangte jetzt auf dem Zickzack=
wege seiner Projektenmacherei zu einem ganz neuen Plane, für den
er England und Frankreich zu gewinnen hoffte und bei dem er auch
Preußen eine Rolle spielen lassen wollte. Zu Ende September, zur
selben Zeit, da er in seinen Depeschen an die Vertreter Oesterreichs
dem ganzen mit unzulänglichen Mitteln begonnenen russischen Unter=
nehmen den Untergang prophezeite, ließ er durch Esterházy an Wellington
die Aufforderung richten, England möge den Genossen des Traktats
die äußerste Grenze bezeichnen, bis zu der es mit ihnen zusammen=
gehen könne.**) Während der nächsten Monate aber arbeitete Metternich

---

ohne sich an Preußen zu kehren dem Londoner Traktat beitreten und eine Sonder=
verständigung mit Rußland suchen.

*) Allerdings entfuhr Esterházy die Aeußerung: „Aufrichtig gestanden, für
die Gründe des preußischen Hofes würde ich nicht viel geben, wenn wir in Oester=
reich so gute militärische Vorbereitungen gemacht hätten, als dies in Preußen der
Fall ist." —

**) Bernstorff an Werther und Bülow. Berlin, 29. Sept. 1828. „Elle
(l'Autriche) voudroit surtout que la Grande Bretagne se prononçât claire=
ment et fortement sur ses propres vues, indiquât d'une manière précise
à ses alliés le point au de là duquel elle ne pourroit plus marcher avec

mit Fenereifer für die Verwirklichung der von ihm vorgeschlagenen, später so viel genannten „Intervention der vier Staaten", — Frankreich, England, Oesterreich und Preußen — die den Frieden zwischen Rußland und der Pforte vermitteln, in Wirklichkeit aber diktiren sollte. Offiziell sprach Metternich freilich stets nur von einer neuen Vereinigung der fünf Mächte, ohne sich daran zu kehren, daß er damit eine Idee verteidigte, die er selber vor kurzem noch verworfen hatte.*) Er hoffte aber bei den Verhandlungen über diesen neuen Bund durch geschickte Manöver Rußland ganz hinauszudrängen und sich dann mit den übrigen drei Mächten über gemeinsame Maßregeln zu einen. Die russische Diplomatie bekam bald von dem Anschlag Kenntnis. „Man hält sich in Petersburg überzeugt", schrieb Bernstorff darüber an Maltzahn, „daß das Wiener Kabinet unabläßig bemüht ist, die englische Regierung gegen Rußland anzureizen, den Trilateral Vertrag zu sprengen, der englischen Politik auch in Frankreich ein entscheidendes Uebergewicht zu verschaffen und auf dem Wege eine neue große Kombination herbei zuführen, durch welche Rußland isolirt und zu einem Frieden mit der Pforte, wenn auch nicht eben unter den befriedigendsten Bedingungen gezwungen werden müsse."**) In seinem Eifer war Metternich so weit gegangen, in London für die Zustimmung Preußens zu seinen Vorschlägen von vornherein gut zu sagen. Er hoffte mit Hülfe des Arguments einen schnellen Sieg über alle Einwände und Bedenken Wellingtons davonzutragen. La Ferronnays, der zuerst aus London die Nachricht erhalten, teilte selbst diesen neuesten Streich des österreichischen Staatskanzlers Werther mit, so daß Bernstorff noch rechtzeitig in Stand gesetzt wurde gegen dies „Mißverständnis" in London zu protestiren. Um weiteren Uebergriffen Oesterreichs vorzubeugen, legte er in Gegenwart Trauttmannsdorffs energisch Verwahrung gegen eine derartige Vorwegnahme des preußischen Konsenses Verwahrung ein. Die Idee

eux et sur cette déclaration la proposition d'une nouvelle entente, qui auroit pour objet de prévenir de déplorables scissions et à laquelle, d'après l'idée du Prince de Metternich, il importeroit d'associer l'Autriche et la Prusse."

*) Ueberhaupt wollte Metternich die Angelegenheit möglichst in harmloser Beleuchtung darstellen. So sprach er nur sehr dunkel davon, daß sich Oesterreich und Preußen „auf den Boden der wirklichen Neutralität" stellen sollten. Copie de la dépêche de Mr. le Prince de Trauttmannsdorff. Vienne le 22. Nov. 1828. (Geh. St.-A.).

**) Bernstorff an Maltzahn. 22. Dez. 1828. (Geh. St.-A.

der Intervention der Vier wurde von ihm als gefährliches Spiel kurzerhand zurückgewiesen. Das ging um so leichter, als der Plan Metternichs ihm nicht offiziell, sondern nur vertraulich mitgeteilt worden war. Im regelmäßigen diplomatischen Verkehr brauchte deshalb immer nur von einer Verständigung der fünf Mächte die Rede zu sein. Unter der Hand ließ Bernstorff aber das französische und das englische Kabinet durch Werther und Bülow bestürmen, der Intervention der Vier ihre Zustimmung zu versagen. Jeder Schritt auf diesem Wege, schrieb er, werde den Zorn des Zaren auf das höchste entflammen und ganz Rußland zum Kampfe auf Leben und Tod gegen das übrige Europa in die Schranken fordern. Von einem Beitritt Preußens könne jedenfalls auch nicht im entferntesten die Rede sein.

Durch die Erklärung Preußens mußte der österreichische Plan in den Augen Wellingtons sehr an Bedeutung verlieren. Wenn die Verhandlungen mit Metternich in London trotzdem nicht abgebrochen wurden, so lag dies daran, daß der Herzog Oesterreich dilatorisch behandeln wollte. Jetzt, wo die Situation mit jeder Woche gefahrdrohender wurde, konnte dem englischen Kabinet kaum noch viel an einer neuen Vereinigung liegen. Umsomehr Wert aber mußte in seinen Augen die Aussicht haben: für den Fall eines offenen Konflikts auf die militärische Unterstützung der habsburgischen Monarchie zählen zu können. Stieß man Oesterreich vor den Kopf, so lief England ernstlich Gefahr, im entscheidenden Momente isolirt Rußland gegenüber zu stehen. Deshalb wünschte Wellington Metternich bei guter Laune zu erhalten. Immerhin hatte Bernstorff durch seine Absage erreicht, daß die im Dunkeln schleichende Intrige für den Moment beseitigt worden war.*) Denn der österreichische Staatskanzler mußte sich nun wohl oder übel entschließen — zumal er auch bei Frankreich die frostigste Aufnahme gefunden — das ganze Projekt zu sistiren.

So geheim die Verhandlungen von Wien aus betrieben worden waren, so konnte es doch nicht verhindert werden, daß die Kunde davon nach Petersburg gelangte. Noch zu Ende des Jahres forderte Rußland mit Nachdruck Aufklärungen über jene Vorgänge.**) Tatitscheff

---

*) Auch die Bitte, welche bald darauf Metternich an Malzahn richtete, daß das preußische Kabinet ihm wenigstens andere Vorschläge machen möge, fand bei Bernstorff taube Ohren.

**) Man war in Petersburg um so mehr erbittert, als Nachrichten aus Odessa zufolge das österreichische Konsulat allen österreichischen Schiffern verboten hatte,

erhielt den Auftrag, sich im Namen des Zaren darüber zu beschweren,
daß Metternich und die gesamte österreichische Diplomatie sich an allen
Höfen leidenschaftliche Aeußerungen über Rußland und den Zaren erlaubt und eifrig darauf hingearbeitet hätten, einen Bund der vier
Großmächte gegen Rußland zu stande zu bringen. Endlich war er zu
der Erklärung ermächtigt, Kaiser Nikolaus könne sich veranlaßt sehen,
falls die Zusammenziehung von Truppen an der galizischen Grenze
in der bisherigen Weise fortdauern, zuerst das friedliche Verhältnis
zwischen den beiden Staaten zu brechen. So von Rußland in die
Enge getrieben, hielt es Metternich für das Beste, sich durch eine Ableugnung aus der Sackgasse, in die er sich verrannt, zu retten. Bekanntlich forderte er später die Kabinete von Berlin, Paris und London
auf, in Petersburg Zeugnis dafür abzulegen, daß Oesterreich niemals
bei ihnen auf den bewußten Pazifikationsbund der vier Mächte hingearbeitet habe. Sehr schmeichelhaft für Preußen war es freilich nicht,
wenn Metternich die ganze Angelegenheit darauf zurückführen wollte,
daß Bernstorff einige seiner Wendungen falsch verstanden und dadurch
die andern Mächte zu irrtümlichen Schlußfolgerungen veranlaßt habe.*)
Trotzdem empfahl Bernstorff dem Könige, auf das Verlangen des
österreichischen Staatskanzlers um des lieben Friedens willen einzugehen.**) Er blieb bei der Meinung, daß eine solche Erklärung an und
für sich für Preußen keine Verlegenheit bedeute, da wirklich seitens des
Wiener Kabinets keine fest präzisirten Vorschläge in Berlin gemacht
worden seien. Allerdings wünschte er hinsichtlich der Form die größte
Zurückhaltung. „Wir haben uns darauf gefaßt zu machen", schrieb
er an Albrecht***), „daß der Fürst Metternich von unserer Antwort
gegen den russischen Hof Gebrauch mache und wir haben daher, wie

---

sich noch ferner an Rußland zu vermieten. Es wurde dies in der Umgebung des
Zaren, wie der erste Schritt zum Kriege aufgefaßt. —
  *) Metternich an Bernstorff. Wien, 10. Jan. 1829. (Geh. St.-A.): „Nous
avons appris et cela à peu près à la fois qu'à Pétersbourg, à Londres et
à Paris on parle de l'existence d'un plan de pacification que le cabinet
de Vienne aurait présenté aux Alliés de la Russie, et dont le moyen et
le but seraient une intervention forcée des cours entre la Russie et la
la Porte. A St. Pétersbourg on nous accuse de ce fait; à Paris et à
Londres on se demande ou donc est le plan? on dit dans les trois lieux
que ce serait la cour de Prusse que l'on aurait été informé de son existence."
  **) Immediatbericht Bernstorffs an den König v. 29. Jan. 1829. (Geh. St.-A.)
  ***) Bernstorff an Albrecht. Berlin, 31. Jan. 1829. (Geh. St.-A.)

mir scheint, in demselben Maße zu vermeiden, einerseits Oesterreich dadurch zu verletzen, daß wir die ihm gemachten Vorwürfe für gegründet zu halten scheinen, andererseits aber Rußland nicht minder empfindlich zu beleidigen, indem wir dem österreichischen Hofe Waffen liefern, um der letzteren Macht mit einem gewissen Scheine des Rechts vorzuwerfen, falsche und auf nichts begründete Beschuldigungen gegen ihn erhoben zu haben". Auch der König teilte diese Sorge.*) Bernstorff unternahm es deshalb, Metternich offen und ehrlich darauf aufmerksam zu machen, daß die Umtriebe der österreichischen Diplomatie in London und Paris dem Berliner Hofe durchaus nicht unbekannt geblieben seien.**) Leider hatte sein, in dieser Angelegenheit an Metternich gerichtetes Schreiben das Unglück, in Wien mißverstanden zu werden. Man erging sich wenigstens dort in Andeutungen, als ob dasselbe „auf Antrieb oder mit Wissen des russischen Hofes abgefaßt worden sei". Es bedurfte deshalb Bernstorffs ausdrücklicher Beteuerung, daß der König einzig und allein der Veranlasser jener Mitteilung gewesen sei. Auch von den anderen Höfen erhielt Metternich die gewünschten — allerdings sehr diplomatisch abgefaßten Ableugnungen. Glauben fanden dieselben natürlich in Rußland nicht. In seiner Erörterung dieses Falles mit Schöler hielt Nesselrode alle Anschuldigungen über den Vierbund aufrecht und brachte auch die Beweise dafür: Wie der russische Staatskanzler erfahren, hatte Graf Apponny der französischen Regierung ein Aktenstück

---

*) Bernstorff an Maltzahn. Berlin, 21. Jan. 1829. (Geh. St.-A.). Das Verhältniß zwischen Oesterreich und Rußland, schrieb er hier, sei schon seit längerer Zeit für den König „eine unversiegbare Quelle der Bekümmerniß" und Sorge, deshalb habe der Monarch ihn (Bernstorff) beauftragt nichts unversucht zu lassen, um eine Beruhigung der Gemüter herbeizuführen.

**) Freilich gelang es Bernstorff erst nach längeren Verhandlungen eine dem Könige zusagende Fassung für diese Mitteilung zu finden. Auch in dem von Bernstorff abgeänderten Entwurfe hieß es noch folgendermaßen: „En rendant cet hommage à la vérité je me sens obligé a remplir encore un devoir de franchise en ne pas vous dissimulant, mon Prince, que les notions exactes ou inexactes, qui sont parvenues à St. Pétersbourg et qui ont engagé la Cour de Russie à vous demander des explications ne nous sont pas restées inconnues". Der Entwurf kehrte an Bernstorff noch einmal zurück mit einem Kabinetschreiben: „daß Se. Majestät den von Ew. Excellenz abgeänderten Entwurf genehmigt und bloß die Worte: „exactes ou inexactes" auf der zweiten Seite ausgestrichen" haben. (Albrecht an Bernstorff. Berlin, 14. Febr. 1829. (Geh. St.-A.).

mit Vorschlägen in diesem Sinne vorgelesen, auf welche der französische Kabinetschef die trockene Erwiderung gegeben, daß die darin entwickelten Ansichten mit den traktatmäßigen Pflichten Frankreichs unvereinbar seien. Ebenso war von Esterházy Wellington ein Privatschreiben Metternichs „über die Vorteile einer Verbindung der großen Mächte für den Zweck der Herstellung des Friedens" übergeben, aber kein Antrag nach dieser Richtung hin gestellt worden, weil Oesterreich Wellington damals die Initiative überlassen wollte. Diese Thatsachen ließ sich Nesselrode nicht abstreiten: er ironisirte auch die Mitteilung des preußischen Kabinets, daß Metternich keinen Versuch dieser Art in Berlin gemacht haben sollte. Trotzdem genügte — wie er Schöler lächelnd mitteilte — dem Zaren die bloße Versicherung der Wiener Regierung, sich nicht auf derartige Unternehmungen eingelassen zu haben.

Daß Rußland grollte, bekam der schon so lange angekündigte österreichische Abgesandte, Graf Ficquelmont bald zu erfahren. Dieser Mann, dem der Ruf eines gewiegten Diplomaten voranging, war nach Petersburg gesandt worden, um durch mündliche Erklärungen den Groll Rußlands über die „Intervention der Vier" völlig zu beschwichtigen. Außerdem sollte er eine Verständigung der beiden Reiche über die orientalische Angelegenheit anzubahnen suchen. Schöler konnte nur den Aufwand an Mühe und Zeit bedauern, der mit dieser ganzen Angelegenheit verschwendet wurde. Mit gutem Grunde durfte er zu Baron Kaiserfeld sagen: wenn der Zweck der Ableugnung eine Herstellung des alten Vertrauens zwischen Oesterreich und Rußland bedeuten solle, sei der Liebe Müh umsonst — denn die Verstimmung des Zaren werde nur Thaten, nicht Worten weichen. Bei oberflächlicher Beurteilung hätte man ja an einen Erfolg des Abgesandten glauben können — wenigstens gab sich Ficquelmont Mühe, diese Meinung zu verbreiten. In einer Unterredung mit Schöler erzählte er selbst, wie er Nesselrode von der Friedensliebe Oesterreichs zu überzeugen gesucht und wie er dabei im Auftrage Metternichs die Versicherung abgegeben habe, daß Oesterreich gar nicht daran denke, blos um die hinfällige Pforte zu stützen, sich mit Rußland zu verfeinden und die konservativen Errungenschaften der großen Allianz zu zerstören. Alle Einwände des kaiserlich russischen Staatskanzlers habe er dann Punkt für Punkt widerlegt, bis er endlich Nesselrode zu der Erklärung zu bringen vermocht, daß nach diesen bestimmten Versicherungen das russische Kabinet keinen Anstand nähme, die von ihm vorausgesetzte

Absicht Oesterreichs „als nicht bestanden und nicht bestehend" zu betrachten. Da aber im übrigen Ficquelmont in Petersburg auch nicht einen Schritt weiter gekommen war, konnte Schöler diese Art von „Erfolgen" nur mit skeptischen Blicken betrachten. Angeekelt von dem ganzen Gaukelspiel, das Metternich hier aufführen ließ, fühlte er so recht den ungeheueren geistigen Gegensatz der preußischen und der österreichischen Politik. „Unsere moderne, der Absicht nach offene, wahre und billige Politik, die wir (Preußen) an die Stelle der alten, zurückhaltenden, selbstsüchtigen und überlistenden gesetzt zu haben meinen" — so lauteten seine bemerkenswerten, an Bernstorff gerichteten Worte — „ist der letzteren unbedenklich vorzuziehen. So lange aber noch die alten Gewohnheiten das eine oder das andere Kabinet verhindern in der That offen und wahr zu handeln, kann der Gewinn nicht von Bedeutung sein."

Trotz aller schönfärberischen Darstellungen über die Wiederherstellung besserer Beziehungen zwischen Oesterreich und Rußland wollte die Beruhigung in Berlin nicht wieder einkehren. Man begann dort vielmehr ernstlich mit der Möglichkeit zu rechnen, daß eine einzige unvorsichtige Handlung einen blutigen Zusammenstoß zwischen beiden Staaten herbeiführen könne. Auf besonderes Verlangen des Königs wünschte Bernstorff gewissermaßen einen letzten moralischen Rettungsversuch zu gunsten Oesterreichs in Petersburg zu unternehmen. Dieser Versuch fiel zeitlich mit der Erklärung über die „Ablengnung" Metternichs zusammen. Bernstorff ermahnte Schöler, am russischen Hofe alle Entschuldigungsgründe für die Schwankungen und Halbheiten der österreichischen Orientpolitik zur Geltung zu bringen. „Die Politik des Wiener Kabinets zu durchschauen", so lautete seine damalige Darlegung, „ist eine allerdings mehr als schwierige Aufgabe und wo keine Konsequenz im Benehmen ist, wird oft auch eine konsequente Beurteilung fast unmöglich.*) Ich habe jedoch immer die Ueberzeugung gehegt, daß man den Schlüssel dieser Politik viel weniger in tief liegenden und beharrlich verfolgten Zwecken, als in den dringenden, wenn auch zum Teil selbst geschaffenen Verlegenheiten des österreichischen Hofes und in seiner zum Bedürfnis gewordenen Gewohnheit suchen müsse, auch noch gegen die Gewalt der ungünstigsten Umstände an, nach einem herrschenden oder leitenden Einflusse auf den Gang aller wich-

---

*) Bernstorff an Schöler. Berlin, 19. Febr. 1829. (Geh. St.-A.).

tigeren in Europa verhandelten Angelegenheiten zu streben. Verdient mag dieser Hof das Mißtrauen wohl gewiß haben, welches ihm von allen Seiten entgegentritt; denn wer den offenen und geraden Weg verläßt, wer in mehr als einer Sprache spricht, entgeht solcher Strafe nie. Aber aus diesem Mißtrauen ist oft übertriebener Argwohn, sind oft grundlose Voraussetzungen und Beschuldigungen hervorgegangen und so glaube ich auch heute noch, daß man dem Wiener Kabinete zum größten Teile Unrecht thut, wenn man ihm ungescheut vorwirft, den russischen Hof systematisch anzufeinden und der Wiederherstellung des Friedens im Oriente geflissentlich, unmittelbar und grundsatzmäßig entgegenzuwirken." Schöler scheute diesmal aus realpolitischen Gründen vor der ihm zugemuteten Aufgabe zurück. Nichts, schrieb er, sei im Augenblicke gefährlicher, als für Metternich — geschehe es auch aus den edelsten Motiven — ein gutes Wort einzulegen. Man solle bedenken, daß Preußen, wenn es sich einmal erst das Mißtrauen Rußlands zugezogen habe, auch im entscheidenden Momente kein Gehör beim Zaren mehr finden könne. Gerade im Interesse Oesterreichs — so schloß er seine Ausführungen — empfehle es sich, von jedem Rechtfertigungsversuche vorderhand abzustehen und sich lediglich mit der von Metternich gewünschten Ableugnung zu beschäftigen. Diese mit den sachlichsten Gründen belegten Bedenken trugen in Berlin den Sieg davon und zwar um so schneller, als sich Bernstorff hatte überzeugen müssen, daß alle nach Wien inzwischen gerichteten Mahnungen auf steinigen Boden gefallen waren. Er zog es also vor, den Dingen ihren Lauf zu lassen, um dann mit doppelter Energie in entscheidender Stunde einzugreifen.

Aber selbst die trüben Erfahrungen, die Bernstorff bei dieser Gelegenheit mit der österreichischen Politik gemacht, konnten ihn nicht veranlassen, sein bei der Behandlung der orientalischen Frage angewandtes System aufzugeben. Es standen zu große Interessen auf dem Spiele, als daß Preußen diesmal seiner Empfindlichkeit hätte Raum geben dürfen.

Neuntes Kapitel.

Trotz des Sultans. — Besetzung Attikas durch die Franzosen. — England und die Vorschläge von La Ferronnays. — Die Dardanellenblokade. — Rußlands Nachgiebigkeit. — Neue Annäherungsversuche Frankreichs an Preußen. — Das Novemberprotokoll. — Ersuchen Rußlands um eine Kundgebung Preußens gegen jede Dazwischenkunft anderer Mächte. — Das Märzprotokoll. — Kriegerische Stimmung in England. — Metternichs Plan einer Trias (England, Frankreich, Oesterreich). — Zunehmende Verstimmung zwischen Rußland und England.

In Bezug auf die griechische Frage empfahl sich für Preußen zunächst volle Passivität, jedenfalls auf so lange, als die Differenz zwischen Frankreich, England und der Pforte nicht irgend eine Lösung gefunden. In den letzten Monaten hatte es freilich so ausgesehen, als ob die Erörterungen mit den griechischen Unterhändlern eher geeignet wären, die Angelegenheit zu verdunkeln als zu klären. Der Sultan weigerte sich Bevollmächtigte zu den Abgesandten der Traktatmächte nach Morin abgehen zu lassen. Zugleich verlangte er die Rückkehr der Gesandten Englands und Frankreichs nach Konstantinopel, weil es der Würde des Herrschers eines mächtigen Reiches angemessen sei, die Vertreter des Auslandes bei derartigen Verhandlungen in seine Hauptstadt kommen zu lassen. Der Trotz des Beherrschers aller Gläubigen richtete sich allerdings hauptsächlich gegen Rußland. Frankreich gegenüber wurden von ihm mildere Saiten aufgezogen, ja, er schien die Besetzung Moreas durch die Franzosen nicht als einen Akt der Feindseligkeit, sondern nur als eine Folge der durch unglückselige Zufälle veranlaßten Schlacht von Navarino betrachten zu wollen. Es ließ sich fast so an, als ob die Pforte durch dies milde und nachsichtige Verhalten Frankreich von der Sache der Traktatmächte zu trennen beabsichtige.

Unter diesen Umständen konnte es nur zur heilsamen Ernüchterung der Türken dienen, wenn gerade Frankreich jetzt die griechische Angelegenheit ein gutes Stück weiter zu bringen suchte. Mit großer Kühnheit ergriff La Ferronnays die Initiative zu einer weiteren Ausdehnung der Grenzen Griechenlands. Morea konnte nach seiner Ansicht als selbständiges Gemeinwesen nicht existiren. Deshalb sollte Attika besetzt und die beiden Provinzen dann auf Grund einer ausdrücklichen Erklärung unter den Schutz der drei Mächte gestellt werden. Für den Fall, daß England nicht der Besetzung Attikas zustimmen sollte, wollte La Ferronnays die Verlängerung des Aufenthaltes der französischen Truppen in Morea beantragen. Indessen behagten den Engländern beide Vorschläge nicht. Sie wünschten nur das eine Zugeständnis zu machen, daß das bisher besetzte griechische Gebiet unter den Schutz der Tripelallianz gestellt werden solle. Dagegen protestirten sie heftig gegen eine weitere Ausdehnung der französischen Okkupation. Ja, sie forderten sogar die Heimkehr der französischen Truppen. La Ferronnays aber blieb hartnäckig, vor allem in dem letzteren Punkte. Er erklärte die Rückkehr des Expeditionskorps so lange verweigern zu müssen, als Griechenland nicht imstande sei, sich selbst gegen die Türken zu verteidigen. Der wahre Grund seines Widerstandes lag jedoch in der Erwägung, daß Frankreich angesichts der Gefahr eines Zusammenbruches des türkischen Reiches eine feste Position in der Nähe des Kriegsschauplatzes behalten müsse.

Die Differenzen zwischen den beiden Westmächten wurden allerdings durch die Nachricht von der vom Zaren beschlossenen Dardanellenblokade eine Zeitlang gänzlich in den Hintergrund gedrängt. Diese Maßregel mußte das größte Aufsehen erregen, weil sie im grellen Widerspruch mit der Zusage Rußlands stand, auf den Charakter einer kriegführenden Macht im Mittelmeer verzichten zu wollen. In Paris zeigte man sich äußerst betroffen. La Ferronnays entschloß sich sofort, wie er Werther mitteilte, durch Mortemart bei der russischen Regierung gegen die Dardanellenblokade protestiren zu lassen. Sein Bedenken betonte er noch ganz besonders in einem ostensiblen Brief an Herrn von Bourgoing. Besonders ergrimmt aber war man in London. Wellington ließ damals in der ersten Verstimmung der russischen Regierung durch den englischen Gesandten mitteilen, daß, wenn die Blokadeordre nicht widerrufen werde, der Vertrag als zerrissen angesehen werden müsse und dann ein Krieg unvermeidlich sei. Erst

nach Wochen gelang es den vereinten, in London und Petersburg
gleichzeitig eingreifenden Bemühungen Preußens und Frankreichs, dem
Konflikt*) zur rechten Zeit die Spitze abzubrechen. Küster namentlich
entwickelte nach dieser Richtung hin eine unermüdliche Thätigkeit, bei
der er von dem Vertreter Englands, Lord Heytesbury, dessen Wirksam=
keit später noch gedacht werden soll, auf das kräftigste unterstützt
wurde. Nesselrode, der sich auch in dieser Krisis wieder als Meister
der Staatskunst zeigte, verschloß sich nicht der Einsicht, daß England
auf irgend eine Weise wieder beruhigt werden müsse. Es gelang ihm,
außer durch einige kleine Konzessionen, besonders durch das Versprechen,
Zugeständnisse in der griechischen Grenzfrage zu machen und den Plan
der Unabhängigkeitserklärung Griechenlands ernstlich in Erwägung zu
ziehen. Nach diesen Zugeständnissen, die für Rußland freilich kein
allzu großes Opfer bedeuteten, entschloß sich Wellington, gute Miene
zum bösen Spiele zu machen und den Protest gegen die Dardanellen=
blokade zurückzuziehen. Die drohenden Worte wurden auch diesmal
nicht in Thaten umgesetzt. Freilich war Rußland durch die Schwierig=
keiten, die es auf seinem Wege gefunden, gewarnt worden, die Geduld
Englands nicht zum zweiten Male zu mißbrauchen. Mit Recht konnte
Bernstorff an Küster schreiben, daß die Gesinnungen des englischen
Kabinets nicht zum zweiten Male auf eine solche Probe gestellt werden
dürften.

Das interessanteste Ereignis während der Verhandlung über die
Blokade war die Fühlung, welche Frankreich mit Preußen zu nehmen

---

*) Postskriptum zu Küsters Bericht an den König. Nr. 33. Odessa, 22. Okt.
(3. Nov.) 1828. (Geh. St.=A.). „d'après ce que le Duc de Mortemart m'a dit,
l'Ambassadeur d'Angleterre a demandé très catégoriquement au Cabinet
de Pétersbourg la révocation de l'ordre de bloquer les Dardanelles, en
déclarant que, dans le cas, où cette revocation n'eût pas lieu, l'Angleterre
regarderoit l'alliance avec la Russie comme rompue. A la suite de cette
demande le comte de Nesselrode, l'Empereur étant déjà parti, a pris sur
lui d'envoyer au comte Heyden l'ordre de suspendre pour le moment le
blocus projeté, mais l'ambassadeur ne s'est pas contenté de cette mesure
et s'est rendu à Pétersbourg pour y obtenir de la part de l'Empereur une
réponse décisive à sa demande. Le duc de Mortemart, m'a paru un peu
allarmé du ton péremptoire que l'ambassadeur d'Angleterre avait pris dans
cette occasion, mais à ce qu'il m'a dit le comte de Nesselrode il ne
doutoit point que cette affaire ne fût sous peu applanie à la satisfaction
de tout le monde."

suchte. Als Werther im Auftrage Bernstorffs das französische Kabinet auf die Verwickelungen hinwies, die dies Ereignis im Gefolge haben müsse, suchte La Ferronnays den Berliner Hof beim Worte zu nehmen. Mit Eifer befürwortete er wieder ein Zusammenwirken Frankreichs und Preußens, um dem Einfluß Metternichs in London entgegenzuarbeiten. Er gab sogar dem Gedanken Ausdruck, daß es den beiden Mächten möglich sein werde, durch gemeinsame Vermittelung eine Aussöhnung zwischen Rußland und der Pforte zu stande zu bringen.*) Freilich bezeichnete er es als notwendig, daß der Zar, sofern er auf ein Zusammenarbeiten mit der französischen Nation noch weiter rechne, auch der französischen Regierung ein gewisses Entgegenkommen bezeuge. Preußen sollte deshalb den Russen vorstellen, wie sie gewissermaßen verpflichtet seien, Frankreich aus seiner jetzigen Lage herauszuhelfen. Das aber konnte nach der Meinung von La Ferronnays nur geschehen, wenn Rußland die französischen Vorschläge über Griechenland auf der Londoner Konferenz unterstützte.

Dieser Appell der französischen Nation an Preußen war nicht anders als ein Notschrei aufzufassen. Denn in der That lag die Möglichkeit vor, daß Frankreich, wenn es seine Truppen und Transportmittel in Morea der Gnade der Engländer überließ, mit seiner politischen Aktion gänzlich von Wellington abhängig wurde. Einer bewaffneten Intervention Englands und Oesterreichs hätte es dann so gut wie gar keinen Widerstand leisten können. Rußland mußte deshalb, wie La Ferronnays logisch folgerte, das größte Interesse daran

---

*) Postskript zu Werthers Bericht an den König. Nr. 58. Paris, 7. Nov. 1828. (Geh. St.=A.). Siehe auch Werthers Bericht an den König. Nr. 60. (chiffrirt). Paris, 17. Nov. 1828). (Geh. St.=A.). „Le comte de La Ferronnays se flatte que les remonstrances de deux cours amies qui ont donné autant des preuves d'intérêt à l'Empereur Nicolas que la Prusse et la France, ne pourront manquer de la ramener à la modération et à la justice, qui ont caractérisé jusqu' à présent les actes de se souverain. Ce maitre m'a de nouveau témoigné à cette occasion sa conviction intime de la nécessité d'une union étroite entre la Prusse et la France pour la conservation de la paix en Europe". Siehe auch: Werthers Bericht an den König. Nr. 63. Paris, 30. Nov. 1828. (Geh. St.=A.). Werther schreibt: La Ferronnays habe ihm gegenüber die Notwendigkeit für Frankreich betont: „de se trouver indépendante de tout engagement afin de pouvoir se charger alors conjointement avec le cabinet de Votre Majesté et dans l'intérêt du rétablissement de la paix de l'Europe du rôle de pacificateur qui lui convenait."

haben, Frankreich nicht vor den Siegeswagen Großbritanniens spannen
zu lassen. Indessen wollte und konnte sich der französische Staats=
mann ebensowenig unter die Vormundschaft Rußlands begeben.
Die französische Nation, so versicherte er Werther, sei nicht geneigt,
Attentate Rußlands gegen das politische Gleichgewicht Europas zu
unterstützen. Schon deshalb könne gar nicht die Rede davon sein,
dem Zaren zuliebe einen Krieg gegen die Pforte zu beginnen, weil die
hinsichtlich Griechenlands sehr ernüchterte öffentliche Meinung Frank=
reichs — einschließlich des Parlaments — einem solchen Plan auf
das energischste Widerstand leisten werde. Endlich ließ La Ferronnays
noch die einer Drohung gleichkommende Bemerkung einfließen, daß er
allein es gewesen sei, der die Rückkehr der Vertreter Frankreichs und
Englands nach Konstantinopel bisher verhindert habe, daß er aber
diesen Widerstand aufgeben müsse, wenn man sich in Petersburg nicht
eines Besseren besinne. Frankreich -- diesen Eindruck brachte Werther
von dieser Unterredung mit -- schien nach alledem entschlossen zu sein,
seinen Willen im Notfalle auch gegen den Zaren durchzusetzen.

So sehr Bernstorff geneigt war, im europäischen Interesse den
Wünschen des französischen Kabinets entgegenzukommen, so konnte er
sich doch aus gewichtigen Gründen nicht dazu entschließen, La Ferron=
nays bindende Versprechungen über die Bedürfnisse des Moments
hinaus zu machen, umsoweniger, als die französische Gesandtschaft in
Berlin den ersten Andeutungen keine praktischen Vorschläge hinzufügte.
Namentlich den Gedanken, als ob Frankreich und Preußen die Ver=
mittelung zwischen der Pforte und Rußland übernehmen könnten,
glaubte er a limine zurückweisen zu müssen. Dagegen willigte er ein,
sowohl in London als in Petersburg im Verein mit der französischen
Regierung auf eine Verständigung über die streitigen Punkte hinzu=
arbeiten. Ein Konflikt zwischen England und Rußland — dessen blieb
er sich wohl bewußt — mußte ja allem Anschein nach einen Krieg
zwischen Frankreich und England einerseits und Rußland andererseits
hervorrufen. „Es liegt in der Natur der Verhältnisse", schrieb Bern=
storff in einem Immediatbericht an den König, „daß die Politik Frank=
reichs immer mehr oder weniger von der des englischen Hofes ab=
hängig bleibt, und die Gefahren eines Bruches zwischen beiden Reichen,
durch welchen die Kolonien und die Schiffahrt Frankreichs ohnfehlbar
Opfer der englischen Uebermacht werden würden, sind derart, daß die
französische Regierung sie nie aus den Augen verlieren darf und wo

sie diese zu fürchten haben würde, da möchten die daran geknüpften Rücksichten in ihren Augen schwerlich durch die Wichtigkeit ihrer jetzt in Verbindung mit Frankreich verfolgten Zwecke aufgehoben werden." Gerade aber weil die Ratgeber des Zaren dies Abhängigkeitsverhältnis Frankreichs nur allzugut kannten, waren sie weit entfernt davon, den Mißmut und die Drohungen dieses Staates allzu ernst zu nehmen. Die Unsicherheit der politischen und militärischen Lage ließ sie jetzt auf den Ausweg verfallen, es wieder mit einer Annäherung an England zu versuchen, selbst auf die Gefahr hin, die Wünsche Frankreichs in wesentlichen Punkten zu durchkreuzen. Bei der Abstimmung über den Vorschlag Polignacs, die französische Expedition nach Attika auszudehnen, stimmte Rußland mit England und besiegelte damit die diplomatische Niederlage Frankreichs. Zum Glücke zeigte La Ferronnays sich nicht empfindlich, da der Wunsch, etwas Positives zu stande zu bringen, bei ihm überwog. So kam denn nach mühseligen Beratungen das Novemberprotokoll zu stande, welches die bisher befreiten Teile Griechenlands: also Morea, die anliegenden Inseln und Cykladen, unter den provisorischen Schutz der drei Mächte stellte. Der Wortlaut dieser Vereinbarung mußte durch den holländischen Gesandten der Pforte zugestellt werden.

Die einzige Macht, die das Novemberprotokoll mit wirklicher Freude begrüßte, war Preußen. Konnte doch dem Berliner Hof nichts willkommener sein, als England wieder zu gemeinsamem Handeln mit den beiden andern Traktatmächten vereint zu sehen. Freilich dauerte die Freude nicht allzulange. Bernstorff glaubte zu bemerken, daß Frankreich, statt Rußland als Gegengewicht gegen England innerhalb der Vereinigung zu benutzen, sich dem Standpunkte Wellingtons weiter, als er erwartet, näherte. Dies trat schon bei der Zustimmung La Ferronnays' zu dem, den russischen Interessen widerstreitenden Antrag Englands zu Tage, daß der Zar entweder seinen Vertreter mit den Abgesandten Großbritanniens und Frankreichs zurückkehren lassen, oder die letzteren bevollmächtigen solle, in seinem Namen mit der Pforte zu unterhandeln. Ein solcher Vorschlag mußte das Mißtrauen Rußlands wecken, selbst wenn die beiden Regierungen daran das Zugeständnis knüpften, den Gang dieser Unterhandlungen der Londoner Konferenz zu unterstellen. Denn unzweifelhaft lag hier die Tendenz vor, die griechische Sache von der russisch-türkischen Angelegenheit zu trennen. Kaiser Alexander aber hatte bisher den größten Wert darauf gelegt, diese beiden Fragen zusammenzuhalten, um England und Frankreich noch länger an seine Seite zu fesseln. Gerade die letztere Erwägung veranlaßte Bernstorff, auf diplomatischem Wege diesen Antrag zu bekämpfen.*) Mit Recht sagte er, daß sich Kaiser Nikolaus eher dazu verstehen würde, seinen Botschafter mit jenen der beiden anderen Mächte zurückkehren zu lassen, als sich zu einer derartigen Entäußerung seines Willens zu entschließen. In diesem Sinne äußerte er sich auch gegen Agoult. Leider begegnete der wohlgemeinte Rat in London eisiger Zurückhaltung. Man hoffte dort offenbar auf eine Ablehnung des Antrags in Petersburg, um einen plausibeln Vorwand zu gewinnen, den englischen Botschafter allein nach Konstantinopel zurückkehren zu lassen. Auch baute man auf die Versprechungen Frankreichs, das sich anscheinend in dieser Frage nicht von England zu trennen wünschte.

Mitten in diese Zwistigkeiten der Großmächte fiel die Ablehnung des Novemberprotokolls durch die Pforte. Von dem Garantievertrag vor allem wollten die türkischen Staatsmänner gar nichts wissen. Nur der Idee der Rückkehr der Gesandten nach der türkischen Hauptstadt spendeten sie aus leicht begreiflichen Gründen den lebhaftesten Beifall. Allerdings ließen sie es selbst bei diesem Punkte nicht an Zweideutigkeit fehlen. So wollte die Pforte zwar einen russischen Gesandten zulassen, aber mit ihm lediglich die türkisch-russischen Differenzpunkte und nicht die griechische Frage erörtern. Aus diesem verhängnisvollen Zirkel herauszukommen, machte vor allem Frankreich die größten Anstrengungen. La Ferronnays seufzte — es sind dies seine eigenen Worte**) — förmlich nach dem Momente, wo die französische Expedition von Morea zurückgekehrt sein würde, um wieder die Ellbogen frei zu bekommen und dann im Verein mit Preußen energische Schritte zur Aufrechterhaltung des europäischen Friedens zu thun, d. h. eine zweite Kampagne Rußlands auf dem Wege der Vermittelung zu verhindern. Da er in der griechischen Frage wenigstens vorläufig zu einem gewissen Abschluß zu kommen wünschte, machte er in London den Vorschlag, daß die Gesandten Englands und Frankreichs nach Konstantinopel zurückkehren sollten, falls die Pforte die provisorische Garantie für Morea und die Cykladen anerkenne und einen Waffenstillstand mit den Griechen schließe. Er war, wie er Werther im Vertrauen mitteilte,

---

*) Bernstorff an Bülow und Werther. Berlin, 10. Dez. 1828. (Geh. St.-A.).
**) Die betreffende Aeußerung fiel in einer Unterredung mit Werther.

entschlossen, wenn auch dieser Antrag Frankreichs zu Wasser werden
sollte, nur noch die französischen Interessen sich zur Richtschnur zu
nehmen.

Diesmal zeigte Kaiser Nikolaus ein besseres Verständnis für die
schwierige Lage der französischen Regierung, wenn er auch sein Ent=
gegenkommen durch entsprechende Bedingungen zu verklausuliren wußte.
Der neuen an Lieven in London gerichteten Instruktion zufolge, willigte
Rußland in eine Unterhandlung Frankreichs und Englands mit der
Pforte ohne gleichzeitige Beteiligung der russischen Vertreter, aber nur
unter der Voraussetzung, daß dieser Beratung eine klare und erschöpfende
Verständigung der drei Staaten über die Zukunft Griechenlands vor=
ausgehe. Für diesen Vorschlag suchte Nesselrode Preußens diplomatische
Unterstützung zu gewinnen. Alopeus übermittelte zunächst dem Könige
den Dank des Zaren*) dafür, daß Preußen den dem russischen Kabinet
wohlbekannten Vorschlag Metternichs über eine Intervention der vier
Mächte durch seinen Widerstand vereitelt habe. Dann brachte er folgende
Vorschläge zum Vorschein. Preußen sollte die Billigkeit der russischen
Forderung, d. h. der gewünschten Vorverhandlung bei den Mächten,
insbesondere bei Frankreich befürworten. Sodann sollte es die von
Nesselrode in der Instruktion an Lieven dargelegten Ansichten über
die zukünftige Verfassung Griechenlands zu den seinen machen und sich
verpflichten, die Verabredungen, welche die drei Mächte in dieser Hin
sicht treffen würden, zu unterstützen. Ganz zum Schluß kam dann
die Bitte, daß der Berliner Hof sich gegen jede unberufene Dazwischen=
kunft anderer Mächte — damit war natürlich Oesterreich gemeint —
öffentlich erklären möge.

Preußen würde — darüber war Bernstorff keinen Augenblick im
Zweifel — durch die uneingeschränkte Annahme dieser Vorschläge seine
Position sehr verschlechtert haben.**) Den ersten Punkt gestand er un
bedenklich zu, da Frankreich, wie er sagte, ohnehin mit Rußland darüber
einer Meinung sei. Dagegen schien es ihm mit der bisher befolgten
Politik des preußischen Staates nicht vereinbar, sich gleich von vorn
herein auf die Wünsche Rußlands über die Ausgestaltung der griechischen

---

*) Copie d'une dépêche de Mr. le Vice-Chancelier de Russie, comte
de Nesselrode, à Mr. l'Envoyé comte d'Alopeus. Pétersbourg. 22. Dez. 1828.
(Geh. St.=A.).

**) Bernstorffs Immediatbericht an den König v. 17. Jan. 1829. (Geh. St. A.).

Verfassung zu verpflichten. Die dritte Forderung endlich bezeichnete er schon deshalb als unerfüllbar, weil die vielbesprochenen Anträge Oesterreichs — welche übrigens „nicht auf eine Dazwischenkunft, sondern auf eine den kriegführenden Mächten aufzudringende Vermittelung" gelautet — offiziell gar nicht an das preußische Kabinet gelangt seien. Da man dieselben — so führte er aus — auch in Paris und London ad acta gelegt habe, so empfehle es sich, diesen Punkt überhaupt nicht zu berühren. Mehr könne man ohnehin nicht gewinnen, als man durch die Abläugnung Metternichs bereits erlangt habe.*)

Auch diese Absage vollzog sich in den freundschaftlichsten Formen. Nesselrode wenigstens gab sich den Anschein, mit den Erklärungen Schölers über den letzten Entschluß Preußens völlig zufrieden zu sein. Der kaiserlich russische Staatskanzler zeigte sich übrigens bei dieser Gelegenheit als Mann von friedlicher Gesinnung. Denn wenn er sich auch mit bitteren Worten über die österreichische Politik beschwerte, so bat er doch sofort Schöler, dem Zaren von diesen Aeußerungen keine Mittheilung zu machen. Er that dies mit der Motivirung, daß die gereizte Stimmung des Herrschers nicht verschärft werden dürfe. Natürlich protestirte er gegen die, wie er sagte, weitverbreitete Annahme, als ob Rußland sich jemals auf einen unwürdigen Frieden einlassen könne. Nach jenen Andeutungen Nesselrodes vermutete Schöler, daß er den Kaiser in einer grollenden Stimmung finden werde. Wider Erwarten aber sprach sich der letztere in zwei Audienzen, die er dem preußischen Vertreter gewährte, ebenfalls in sehr ruhiger und gemäßigter Weise über die politische Lage aus. Denn obwohl er mit erhobener Stimme versicherte, die Macht zu besitzen, den zweiten Feldzug mit aller Energie zu Ende zu führen, ließ er doch den Wunsch hervortreten, zunächst in der griechischen Frage zu einer Verständigung mit den Genossen des Traktats zu gelangen. Er ging dabei sogar auf einzelne Details näher ein. Sowohl bei der ersten wie bei der zweiten Gelegenheit gab der Monarch, indem er eine griechische Republik als ein lächerliches Hirngespinnst bezeichnete, seine Bereitwilligkeit kund, für jeden der bisher vorgeschlagenen Kandidaten, den die Mächte auf den Schild heben würden, zu stimmen. Freilich äußerte Nikolaus leise Zweifel, ob auch nur einer dieser Bewerber wirklich die Fähigkeit

---

*) Auch bei dieser Gelegenheit richtete der König ein Schreiben an den Zaren.

besitze, der ihm gestellten großen Aufgabe gerecht zu werden.*) Auf Grund dieser Unterredungen befestigte sich in Schöler die Ueberzeugung, daß der Kaiser einer gesonderten Behandlung der griechischen Frage keinen Widerstand leisten werde. Als ganz besonders erfreulich wollte ihm auch erscheinen, daß der Zar sich über Preußen in der freundschaftlichsten und anerkennendsten Weise geäußert hatte.

Während der nächsten Wochen wurde eifrig an einer neuen Vereinbarung der drei Mächte gearbeitet. Dank dem Eifer, mit welchem Frankreich und Preußen auf diplomatischem Wege für die vom Zaren gewünschte Vorverhandlung eingetreten waren, konnte schon am 22. März ein neues Protokoll zwischen den Kontrahenten abgeschlossen werden. Dieser Vereinbarung zu folge wurden die Botschafter Englands und Frankreichs beauftragt nach Konstantinopel zurückzukehren, um dort mit der Pforte über fünf Vorschläge der Alliirten zu verhandeln. Die Grenzen des griechischen Staates sollten neu festgesetzt und der griechischen Nation freie Verwaltung unter der Oberherrlichkeit der Pforte zugesichert werden. Leider entpuppte sich das Protokoll insofern als eine Halbheit, als es das griechische Volk in der Abhängigkeit von der Pforte ließ und ihm auch hinsichtlich der Wahl seines Fürsten nicht die gewünschte Freiheit gönnte. Trotzdem mußte es schon als eine Besserung der Lage angesehen werden, daß die Verhandlungen nun endlich ein gutes Stück vorwärts gerückt waren. Hatte doch in den letzten Monaten die — einen immer bedenklicheren Charakter annehmende — Krisis in der englischen inneren Politik auch einen stagnirenden Einfluß auf die Führung der auswärtigen Angelegenheiten gehabt. Jetzt endlich begann man in London seine Aufmerksamkeit wieder anderen Dingen zuzuwenden, als der Frage der Katholikenemanzipation und der irischen Angelegenheit. Mit einer gewissen Berechtigung konnte Bernstorff damals an Maltzahn schreiben: „daß, seitdem das englische Ministerium seine Kräfte ausschließlich Gegenständen der inneren Angelegenheiten zugewendet habe, das Herz der europäischen Politik still stehe." Um so freudiger hatte er, der so unablässig thätig gewesen, die Fäden der Verständigung zusammen zu knüpfen, dann den Abschluß des neuen Abkommens be-

---

*) Herzog Leopold von Sachsen-Koburg, Gustav von Schweden, Friedrich Prinz der Niederlande und Philipp von Hessen. Letzterer sagte dem Zaren, wie dieser dem preußischen Vertreter gestand, am meisten zu.

grüßt. Wenige Wochen später erkannte er freilich schon die Mängel des Protokolls und meinte resignirt: man habe doch eigentlich nichts erreicht, weil die drei Mächte von den Zielen des Traktats noch immer himmelweit entfernt seien. Indessen blieben nach seiner Ansicht zwei Vorteile bestehen. Rußland konnte nunmehr seine militärische Auseinandersetzung mit der Pforte wieder aufnehmen, ohne Behelligungen seitens seiner beiden Alliirten für den Augenblick befürchten zu müssen und England sah seinen Lieblingswunsch erfüllt, mit der Pforte wieder in direkte Verhandlungen treten zu können. Allerdings war Wellington die Trennung der griechischen Frage von der türkischen nicht vollständig gelungen. Es blieb, wie Bernstorff klar erkannte, für England und Frankreich, wenn sie auf dem Boden des Traktats verharrten, das Dilemma bestehen, entweder dem russisch-türkischen Krieg seinen Lauf zu lassen, oder mit der Pforte offen zu brechen. Ebenso nahe aber wie diese beiden Eventualitäten lag bei der Unberechenbarkeit der Situation die Möglichkeit, daß das englische Volk den Vertrag mit einem Rucke von sich schleuderte und Rußland vor die Spitze seines Schwertes stellte. Bülows Berichte aus London schilderten eingehend die kriegerische Stimmung in den leitenden Kreisen. Ein Krieg, hieß es hier, sei Wellington durchaus nicht unerwünscht. Der Herzog hoffe einen solchen siegreich zu bestehen und Rußland den Frieden zu diktiren — mit Kanonenschüssen wolle er das nordische Reich einschüchtern. Vorläufig halte er sich zurück, aber sobald eine günstige Gelegenheit nahe, werde England sofort mit mächtigen Streitkräften zur See vorgehen. Nach Bülows Ermittelungen hofften Wellington und Metternich auf russische Niederlagen, in der Erwartung, daß Rußland dann sehr froh sein würde, durch eine Intervention der anderen Mächte aus der Verlegenheit erlöst zu werden. Freilich könne, so schrieb er, auch der Krieg sofort eintreten, wenn die politische Situation sich zum Vorteil Englands veränderen, also etwa der Sturz des Ministeriums Martignac, auf den die Wünsche Englands und Oesterreichs gerichtet seien, erfolgen sollte.

In der That arbeitete Metternich, seit er sich von der Unausführbarkeit der Intervention der Vier überzeugt hatte, an einer dritten Kombination, einer Vereinigung Frankreichs, Englands und Oesterreichs, deren Voraussetzungen die Beseitigung des jetzigen französischen Kabinets und dessen Ersetzung durch Polignac bildeten. Da der österreichische Staatskanzler bei diesem Projekt auf die Unterstützung Preußens nicht

zu rechnen hatte, gefiel er sich jetzt darin, diesen Staat bei beiden
gegnerischen Parteien anzuschwärzen. Während er nämlich Preußen
in Petersburg als einen lauen und zweifelhaften Feind zu denunziren
suchte, stellte er es in London und Paris als getreuen Schildknappen
Rußlands hin. Die erstere Aufgabe als die schwierigere mußte mit
vereinten Kräften unternommen werden. In London redeten Aberdeen,
der nach dem Rücktritt Dudleys*) die Leitung der auswärtigen Angelegenheiten übernommen hatte, sowie Esterházy und Polignac laut
genug, um es bis zu Liewens Ohr dringen zu lassen, von einer angeblichen Erklärung des Berliner Hofes, in der derselbe ebenfalls für
die Beschränkung des neuen Griechenlands auf Morea eingetreten.
Ja, Polignac sprach sogar „von dem farblosen und verdächtigen
Preußen", welches offen zu bekämpfen man in die Notwendigkeit
geraten könnte.**) Selbstverständlich hatte, wie Bernstorff ausdrücklich bezeugte, Preußen niemals eine derartige Erklärung abgegeben. Aber Polignac glaubte sich durch diese Verdächtigung bei
seinem österreichischen Freunde empfehlen zu müssen. Und das Alles,
obwohl Frankreich von Metternich an den einzelnen Höfen als Hort
der Revolution denunzirt wurde. Bernstorff würde an und für sich
den Worten Polignacs wenig Bedeutung beigelegt haben, aber der
Gedanke, daß dieser Politiker an der Seite Englands Frankreich in
den Konflikt mit Rußland hineintreiben könne, daß ihn Aeußerungen
von dieser Seite her doch einen tieferen Sinn beilegen. Hatte er schon
die Selbständigkeit der jetzigen französischen Regierung gegenüber den
Einflüssen Englands nicht allzu hoch angeschlagen, um wie viel weniger
mußte er es jetzt thun, wo Polignac gewissermaßen als Vertrauensmann Wellingtons galt. Andererseits konnte aus dieser Situation
immerhin der Vorteil gezogen werden, daß, wenn es der Vermittelungs-
thätigkeit Preußens gelang, England zu beschwichtigen, Frankreich zu
gleicher Zeit in seinen Schranken gehalten wurde. Das Zarenreich,
so ließ Bernstorff Wellington durch Bülow vorstellen, stecke „in Verlegenheiten" und sehe die Hoffnung mit jedem Tage sich vermindern,
derselben mit Waffengewalt Herr zu werden. Bald und zwar früher
als seine Eigenliebe es ihm gestatte, werde es sich genötigt sehen, an

---

*) Dudley war nur so lange noch im Amt gehalten worden, bis das Ueber-
gangsstadium überwunden war und Wellington sich fester im Sattel fühlte.
**) Bernstorff an Bülow. Berlin, 6. Juni 1829. (Geh. St.-A.).

den guten Willen seiner Alliirten zu appeliren. Englands Vorteil schon gebiete Wellington, diese Eigenliebe zu schonen und dem Zaren das Einlenken möglichst zu erleichtern. Das sei um so leichter, schrieb Bernstorff, als jene Verlegenheiten geradezu eine neue Garantie für die Fortdauer der Mäßigung des Zaren bildeten. Allein, die Mühe blieb fruchtlos. Eine Verständigung mußte schon deshalb als aussichtslos gelten, weil der Herzog jedes Zugeständnis, das er an einem Tage gemacht, am andern Tage widerrief. Alles deutete darauf hin, daß Wellingtons klares Urteil durch bedenkliche Einflüsse getrübt sei. Selbst ein Eingeweihter, wie Lord Heytesbury gestand Schöler, daß es ihn dränge, nach London zu eilen, um dort gegen den sich bergehoch aufthürmenden Wust von Vorurteilen anzukämpfen. Die Feindschaft Wellingtons mit der Fürstin Liewen bezeichnete dieser Diplomat geradezu als die Quelle alles Uebels. Denn seit dem Zwiespalt der beiden habe die Verstimmung sowohl in London als in Petersburg zugenommen.*) Ebenso tadelte er den allzu vertraulichen Umgang Wellingtons mit dem geschmeidigen Esterházy, der in der nächsten Nähe des Herzogs Manches zu lesen und zu erfahren bekäme, was ihm besser hätte vorenthalten bleiben müssen. Am schlimmsten war, daß man in Rußland den Glauben an den guten Willen Englands

---

*) Kaum jemals hatte England einen tüchtigeren und zuverlässigeren Gewährsmann im Osten gehabt als Lord Heytesbury, den neuen Vertreter des britischen Kabinets in Petersburg. Schon bald nach seinem Amtsantritt erkannte er mit scharfem Blick, wie England nicht nur am schwarzen Meere dem russischen Reiche schwere Wunden schlagen könne, während es selbst unantastbar bleibe, sondern wie es sogar imstande sei, vor Konstantinopel dem russischen Siegeszuge Halt zu gebieten. Trotzdem oder gerade deshalb weil ihm Englands Macht so ungeheuer schien, gab er Wellington den Rat jeden Konflikt zu vermeiden. So veranlaßte er anläßlich der Dardanellenblokade schnell entschlossen die Erklärung Großbritanniens, daß diese Maßregel im Widerspruche mit dem Versprechen Rußlands stehe, sich im Mittelmeer der Rechte einer kriegführenden Macht zu begeben. Aber er wußte dieser Kundgebung den Stachel dadurch zu nehmen, daß er den Russen darlegte, wie bei dem Kornreichtum der Egypter und der Zufuhr von anderer Seite her die Blokade sowohl wie das Kornausfuhrverbot doch ihren Zweck, Konstantinopel die Getreidezufuhr abzuschneiden, verfehlen würden. Auch bei den Verhandlungen über die griechische Frage griff er kräftig ein. So veranlaßte er, wie er Schöler mitteilte, die Mission des Grafen Matuschewicz. Er bat Nesselrode darum, um — nach seinen eigenen Worten — frisches Blut in die Verhandlungen zu bringen. Siehe auch: Bericht Schölers an den König. Nr. II. Petersburg, 21. April (3. Mai) 1829. (Geh. St. A..

gänzlich verloren hatte. Man grollte dort seit den geringen Erfolgen der Sendung des Grafen Matuschewicz, die den geheimen Nebenzweck gehabt hatte, Wellington nach der Seite Rußlands hinüberzuziehen. Mehr und mehr griff an der Newa die Meinung um sich, daß der Herzog feindliche Gesinnung gegen Rußland überhaupt und gegen den Kaiser Nikolaus persönlich hege. Der Zar selbst schien — wie Schöler aus verschiedenen seiner Aeußerungen entnahm — geradezu davon überzeugt zu sein. Auch die Gleichgültigkeit, welche das englische Kabinet plötzlich wieder allen anderen Fragen, außer der orientalischen, gegenüber zur Schau trug, bestärkte den Monarch in der Annahme, daß England beabsichtige, sich Rußland mit gesammelter Kraft zum Schutze Konstantinopels entgegenzuwerfen. Setzte sich diese Ansicht erst einmal als Ueberzeugung bei ihm fest, dann konnte es für andere Mächte leicht zu spät werden, ein versöhnendes Wort zu sprechen und die Entscheidung durch die Waffen mußte an die Stelle der Unterhandlungen treten. So war überall im Westen wie im Osten reichlicher Zündstoff vorhanden, der nur eines Funken bedurfte, um sich zum verheerenden Weltbrande zu entfachen.

Zehntes Kapitel.

Vorgeschichte der preußischen Intervention. — Die Zustände in der russischen Armee. — Letzter Apell des Zaren an Preußen. — Russisches Mißtrauen. — Schwierige Stellung Schölers.

Angesichts der Minirarbeit Metternichs, des zweideutigen Verhaltens Wellingtons und der Unbelehrbarkeit der Pforte befreundeten sich Friedrich Wilhelm III. und seine Ratgeber von neuem mit dem Gedanken der preußischen Intervention. Wenn man in Berlin erst jetzt wieder auf dies Projekt zurückkam, so hing diese Verzögerung mit der Fruchtlosigkeit der ersten in dieser Richtung unternommenen Versuche zusammen. Bereits im August des Jahres 1828 schrieb Küster an Bernstorff, daß die Vermittelung einer unparteiischen Großmacht zur dringenden Notwendigkeit werde — nur Preußen aber sei in der Lage, einen solchen Schritt ohne Furcht vor Mißdeutungen zu thun.*) Die Vermittelung müsse freilich bald vor sich gehen, „ehe der Knoten der Situation mit Gewalt durchschnitten" werde. Der Anlaß zu diesen Andeutungen Küsters war durch eine Aeußerung des Zaren selbst gegeben worden, welcher Nostiz ausdrücklich aufgefordert, den Vertreter Preußens über die bisherigen Operationen der russischen Armee und über den eigentlichen Grund seiner (des Kaisers) Abreise aus dem Feldlager aufzuklären. Damit wollte der Monarch offenbar den Wunsch an die rechte Adresse befördern, daß Preußen von diesen

---

*) Küster an Bernstorff. Petersburg, 17. August 1828. (Geh. St.-A.). „Ein solcher Schritt", schrieb er, „kann nur von einem Hofe ausgehen, der sein (des Zaren) Vertrauen genießt und durch Männer, die das ganze Verhältnis in allen seinen Nuancen kennen."

Aufklärungen nicht nur am goldenen Horn, sondern auch an den anderen Höfen weitesten Gebrauch machen mögen. Allerdings erfolgte diese Aufforderung mit der Motivirung, daß ein solcher Schritt bei einem Nichtdiplomaten und bloßen Militär für am unverfänglichsten erscheinen müsse. Aber die daran geknüpften politischen Bemerkungen des Zaren gaben Küster zu denken. „Diese Worte", meldete er nach Berlin, „schienen mir zu wichtig, als daß ich es mir nicht zur Pflicht hätte machen müssen, mit dem kaiserlichen Vize-Kanzler Grafen von Nesselrode darüber Rücksprache zu nehmen und ihn zu fragen, in wie weit und in welcher Art der kaiserliche Hof wünschen könne, daß Preußen in Konstantinopel auf Herstellung des Friedens hinwirke, und namentlich, ob er glaube, daß in dieser Beziehung in dem jetzigen Augenblicke etwas zu thun sei. Bei den mir bekannten Allerhöchsten Intentionen Eurer Königlichen Majestät habe ich keinen Anstand genommen, dem Grafen von Nesselrode zu versichern, daß der Kaiserliche Hof jetzt und zu jeder Zeit zur Erreichung jenes Zieles auf die aufrichtigsten Bemühungen Preußens zählen könne."*) Die preußische Vermittelung hätte also schon damals in die Erscheinung treten können, wenn Rußland sofort dazu bereit gewesen wäre. Nesselrode nahm zwar das Anerbieten Preußens im Prinzip dankbar an, behielt sich jedoch vor, die Intervention erst dann ins Leben treten zu lassen, wenn die russischen Waffen wieder größere Erfolge erzielt haben würden. Auch wollte er, um sich ein Gegengewicht gegen England zu schaffen, die französischen Truppen erst in Morea festeren Fuß fassen lassen. Das eine aber gestand er Küster aus freien Stücken zu, daß Preußen die einzige Macht sei, welcher Rußland bei einem solchen Unternehmen das schrankenloseste Vertrauen entgegenbringe, während es nur dem Gedanken einer österreichischen Vermittelung von Anfang an mit Argwohn gegenüberstehe. Ueber die durch Kaiser Nikolaus in seiner Unterhaltung mit Nostitz gegebenen Anregung wünschte der kaiserlich-russische Staatskanzler vorläufig in keinem Punkte hinauszugehen.

Die ersten Andeutungen Rußlands über die Möglichkeit einer preußischen Vermittelung vernahm Bernstorff mit wahrer Freude. „Ich habe", antwortete er Küster, „eine große Befriedigung darin gefunden — zu ersehen, daß die Meinungen des kaiserlich russischen

---

*) Bericht Nr. 21. Küster an den König. Odessa, 20. Aug. (2. Sept.) 1828. (Geh. St.-A.).

Kabinets über die gegenwärtige Lage und Verhältnisse der ottomanischen Pforte und über die Möglichkeit oder Angemessenheit einer Einwirkung Preußens auf die Stimmung und Beschlüsse derselben in keinem wesentlichen Punkte von den Ansichten abweicht, welche ich — Ihnen darüber in meinem letzten Schreiben mitgeteilt habe, und ich werde nunmehr die Erwiderungen des kaiserlichen Hofes auf die Eröffnungen, welche Sie demselben infolge jener Schreiben werden gemacht haben, erwarten, um den Freiherrn von Kanitz oder den an die Stelle des abberufenen Herrn von Miltitz zum königlichen Gesandten in Konstantinopel ernannten Herrn Royer ganz so zu instruiren, wie es in den Wünschen Sr. Majestät des Kaisers liegen möchte." Nur im innigsten Einverständnis mit der russischen Regierung — darüber hatte Bernstorff von Anfang an keinen Zweifel bestehen lassen — konnte Preußen eine solche Aufgabe übernehmen. Jede Ungewißheit über die Kompetenz des Berliner Kabinets zu solchen Unterhandlungen mußte von verhängnisvollen Folgen begleitet sein. Vorläufig wußte Preußen noch nicht einmal, ob Rußland sich nur die alten Traktate, beispielsweise den von Ackermann, neu bestätigen, oder diese Abmachungen sich durch neue Garantien sichern lassen wollte. Bei solcher Unklarheit über die Grundlagen der Friedensverhandlung würde es, wie Bernstorff in derselben Antwort an Küster bemerkte, seitens Preußens eine Anmaßung gewesen sein, dem russischen Hofe eine Vermittelung anzubieten, deren Zweckmäßigkeit und Zulässigkeit es gar nicht beurteilen konnte. Immerhin gab Bernstorff Küster die Vollmacht, jeder neuen von Rußland gegebenen Anregung auf das bereitwilligste entgegenzukommen. Im September kehrte Nesselrode selbst zu dieser Angelegenheit zurück, indem er diesmal weit bestimmter Küster den Wunsch des Zaren nach „der Dazwischenkunft einer dritten Macht" andeutete. Küster nahm diese Worte zum Anlaß, die Aufträge, welche er von Berlin erhalten, „von neuem und vollständiger" zu wiederholen.*) Allerdings machte er dabei die Einschränkung, daß, wenn jene dritte Macht sich bereit erkläre, bei der Pforte den Vermittler zu spielen, ihr auch die Bedingungen auseinandergesetzt werden müßten, unter welchen sie den Frieden von der Pforte erlangen könne. Die Antwort Nesselrodes lautete sehr unbestimmt, ja, es machte den Eindruck, als wenn er vor den Folgen dieses Gedankens erschrecke. Aus der Art

---

*) Bericht Küsters an den König. Nr. 34. 17. (29. Sept.) 1829. (Geh. St.-A.).

und Weise des russischen Kanzlers ging hervor, daß man in Rußland zwar die Intervention eines Dritten wünsche, aber nichts thun oder sagen wolle, woraus man auf ein Entgegenkommen Rußlands schließen könne. Nun ruhten die Verhandlungen über diese Frage, ja es schien, als ob sie gänzlich eingeschlafen seien. Die von Alopeus im November dem Berliner Kabinet mitgeteilte Depesche erwähnte diese Angelegenheit gar nicht mehr. Weit entfernt davon, eine Intervention fremder Mächte herbeizuwünschen, wurde hier sogar mit dürren Worten von der Fruchtlosigkeit aller Bemühungen der Neutralen gesprochen*), zugleich aber auf das kräftigste in die Kriegstrompete gestoßen. Diese Fanfaren hatten einen ganz besonderen Zweck. Preußen konnte ja in viel glaubwürdigerer Weise als jede andere Großmacht den an der Orientfrage interessirten Höfen Mitteilung davon machen, wie ernst es dem Zaren mit der Fortsetzung des Krieges sei. Dieser Erwägung entsprang auch die etwas optimistische Darstellung der Machtmittel Rußlands. In vieler Hinsicht durfte ja das russische Kabinet mit Recht vor falschen Auffassungen warnen. Die Anfänge russischer Kampagnen entsprachen wirklich niemals dem oft glorreichen Ende. Auch ließ sich die taktische Stellung, in der Rußland den Wiederausbruch des Kampfes erwartete, in der That nicht ungünstig an. Ebenso gewiß aber war, daß die Ereignisse in London und Paris die Situation sehr schnell zu ungunsten Rußlands verändern konnten. Um diese schwache Stellung zu verdecken, durfte schon ein etwas energischerer Ton angeschlagen werden.

Trotz der stolzen Sprache der russischen Depeschen sehnte man sich aber an der Newa mehr als je nach dem Frieden. Schon zu Mortemart, der im Auftrag der französischen Regierung nach dem russischen Feldlager gereist war, hatte der Zar Andeutungen gemacht, daß er bereit sei, noch vor Ausbruch der zweiten Kampagne einen ehrenvollen Frieden zu schließen, falls der Sultan den ersten Schritt dazu thue. Preußen gegenüber ging er etwas deutlicher mit der Sprache heraus. Wie Bernstorff erfuhr**), wollte der Kaiser auf der

---

*) Bernstorii an Maltzahn. Berlin, 13. Nov. 1828 (streng vertraulich). (Geh. St.-A.).

**) Bernstorii an Maltzahn. Berlin, 1. Dez. 1828 (französ.). (Geh. St.-A.). „Toutes nos informations de St. Pétersbourg viennent à l'appui du témoignage favorable, que le Duc de Mortemart a rendu à Vienne aux dispositions pacifiques et modérés de l'Empereur de Russie. Il est tout

Abtretung einiger Festungen in Asien, zur Sicherung der russischen
Besitzungen im Kaukasus, bestehen und auch eine Geldentschädigung
in Anspruch nehmen. Indessen schien es noch fraglich, ob dieser letzte
Punkt ernstlich in Aussicht genommen war. Was die Bürgschaften
für eine freie Schiffahrt auf dem schwarzen Meere und im Mittelmeere anlangte, so zeigte sich Rußland zwar entschlossen, keine materiellen Garantien zu verlangen, weil es selbst die Unmöglichkeit einer
solchen Forderung einsah, wohl aber bestand es auf vertragsmäßigen
Bürgschaften. Selbstverständlich würde der Zar seine Friedensbedingungen noch höher hinaufgeschraubt haben, wenn er nicht den
offenen Abfall Englands gefürchtet hätte. Diese Eventualität —
darüber herrschte in Petersburg kein Zweifel — konnte jetzt durch die
kleinste Nachgiebigkeit gegenüber den Forderungen des britischen Kabinets leicht herbeigeführt werden. Es hätte dazu einer Erklärung der
Türken bedurft, daß der jetzige Zustand Griechenlands bis zum allgemeinen Frieden faktisch von ihnen anerkannt werde. Wenn sogar
Lord Heytesbury diesen Gedanken mit Nesselrode offen erörterte, so
deutete das auf den intensiven Wunsch Englands hin, die Fesseln des
Traktates zu sprengen. Denn gerade Heytesbury galt ja als der
Verfechter versöhnlicher Anschauungen. Allem Anschein nach wollte
Wellington mit einer provisorischen Lösung der griechischen Angelegenheit dem englischen Liberalismus den Mund stopfen. Von der Lossage vom Traktate war dann nur ein Schritt zu offenen Feindselig-
keiten. Trat nun unter so schwierigen Verhältnissen ein zweiter

naturel que ce Souverain hésite encore à s'expliquer catégoriquement
sur les conditions auxquelles il consentiroit à faire sa paix avec la Porte
Ottomane. Mais en juger par ce qui se fait comprendre confidentiellement, je croirais qu'il tient par préférence à l'acquisition des forteresses
d'Asie, qui sont enclavées dans son territoire et dont il croit ne pas
pouvoir se passer pour la sûreté de ses frontières. Il ne voudra pas
entièrement abandonner la prétention d'une indemnité pécuniaire, mais
il ne paroit pas qu'il insistera assez vivement sur ce point, pourque ce
soit un obstacle réel à la conclusion de la paix. Quant aux garanties
que l'Empereur réclame pour la liberté de la navigation entre la médi-
terannée, l'on convient déjà assez clairement, que quelque vitale que cette
question soit pour la Russie, S. M. I^{le} n'a jamais entendu exiger des
garanties matérielles, que la nature des choses rend impossibles, mais
qu'il lui faut celle d'une stipulation forte, positive et explicite dans le
traité future."

Waffengang ein, so mußten sich, wie Küster sehr treffend bemerkte, „die Blicke aller Mächte erwartungsvoll auf Preußen", als den Retter aus aller Not richten.

Diese allgemeine Auffassung schien neuerdings auch von Rußland geteilt zu werden. Wenigstens ließ es sich durch die kürzlich erhaltene Absage nicht von neuen Annäherungsversuchen abschrecken. Bedeutungsvoll sprach Küster von dem hohen Werte, den sein Kaiser gerade jetzt auf die Freundschaft Preußens lege, das im Verlaufe der Orientfrage so oft durch seine kräftige Sprache die Pläne anderer Mächte gegen Rußland hintertrieben habe. Aehnlich äußerte sich der Zar selbst in jener — anläßlich der Verhandlungen über die griechische Angelegenheit — bereits erwähnten Audienz, die er dem Vertreter Preußens gewährte. In charakteristischer Weise schilderte Nikolaus hier die Gesinnungen der einzelnen Mächte gegen Rußland.*) „Ich stehe", sagte er, „mit Frankreich gut und glaube darauf rechnen zu dürfen, dasselbe bei seinem jetzigen System verharren zu sehen. Mit Oesterreich bin ich auf einem Fuße, daß ich eigentlich keine bestimmten Besorgnisse habe, wenngleich ich in ihm immer den versteckten Feind fürchten muß. Ich weiß, daß man mir in Wien fast unausgesetzt entgegenarbeitet, und ich habe einen abermaligen Beweis der Freundschaft des Königs für mich in der Art erkannt, wie Ihr Hof gewisse neue Projekte des Fürsten Metternich hintertrieben hat — auch in Paris, wo dieselben Projekte nicht von Oesterreich, aber von England vorgebracht worden, hat man sie, wie mir gemeldet wird, zurückgewiesen. Ich sage mir wohl, daß der Kaiser und Fürst Metternich es zum eigentlichen Bruche mit mir nicht können bringen wollen, daß die Finanzen, der Zustand des Landes, die inneren, wie die äußeren Verhältnisse Oesterreich davon zurückhalten sollten, aber wozu die Rüstungen, wozu die Herstellung eines Teiles der Armee auf den Kriegsfuß, wenn man in Wien die Erhaltung des Friedens ernstlich will? Jedenfalls fürchte ich Oesterreich nicht, denn Sie wissen wohl, daß ich auch auf der Seite gerüstet bin und, ungeachtet des Türkenkrieges, ihm noch Truppen genug entgegenzustellen habe. Gegen England kann ich für den Augenblick keine Klage erheben, aber es ist zu wenig Verlaß auf den Herzog von Wellington, um mit Sicherheit Englands zukünftiges Benehmen vorherzusagen." Als Beispiel für die letztere Behauptung führte der Kaiser

---
*) Eigenhändiger Bericht Küsters an den König. Petersburg, 6. (18.) Dez. 1828. (Geh. St.=A.).

den Leichtsinn an, mit dem England in die Traktatpolitik hineingegangen sei. War doch Wellington, als er nach dem Regierungsantritt des Zaren zum erstenmal in Petersburg über die griechische Frage konferirte, von diesem gefragt worden, ob England auch entschlossen sei, im Notfall die äußersten Konsequenzen zu ziehen. Wellington aber hatte an solchen Ernst nicht glauben wollen und eine Flottendemonstration als den Weg zum leichten Siege empfohlen.*) Aus dieser völligen Verkennung der thatsächlichen Verhältnisse mußte sich dann die seltsame Situation entwickeln, daß England und Frankreich die Pforte bekämpften, ohne ihr den Krieg zu erklären.

Angesichts dieser Unklarheit und Zerfahrenheit glaubte der Monarch, wie er Küster offen eingestand, in letzter Stunde noch einmal an Preußen appelliren zu müssen. Mit eindringlichen Worten gab er der Hoffnung Ausdruck, daß er, wenn er ungerechterweise angegriffen werden sollte, auch auf den Beistand des Königs zählen könne. Freilich war offenbar hier wieder nur von einer Unterstützung mit den Waffen die Rede. Das Wort Intervention wollte nicht von den Lippen des Zaren kommen. Es schien, als fürchte er, man möchte in Europa zur Annahme gelangen, als ob Rußland in der Rolle eines Bittenden vor Preußen erscheine. Immerhin ließ der Kaiser bei dieser Gelegenheit, namentlich anläßlich der Erörterung über die griechische Frage, seine Sehnsucht nach Frieden deutlich zu Tage treten. Er würde, sagte er, jedes erdenkliche Entgegenkommen zeigen, wenn die Pforte seinen Rechtsstandpunkt anerkenne und den ersten Schritt zur Versöhnung thun würde. Aber der Monarch zweifelte selbst daran, daß zunächst auf einen Umschwung der Gesinnung in Konstantinopel zu rechnen sei — und zwar, wie er sagte — schon deshalb, weil die Pforte durch die von England und Frankreich erfahrene Behandlung gereizt worden war. Aus dieser Unterredung nahm Küster die Beruhigung mit fort, daß der Zar, sobald er die Aussichtslosigkeit der Hoffnung auf Waffenunterstützung Preußens erkannt, auch der Idee einer preußischen Intervention keinen prinzipiellen Widerstand entgegensetzen werde. Auch der letzte Zweifel über diesen Punkt mußte schwinden gegenüber den Mitteilungen, die der Monarch selbst über die traurigen Zustände in der russischen Armee gemacht. Denn die letzten kleinen Waffenerfolge der Russen während der Operationen, die im Herbst 1828 — nach längerer

---

*) ebenda (siehe S. 165).

Pause im Sommer — von der Feldarmee ausgeführt worden waren, änderten an diesen Dingen nichts. Die Drangsale waren jetzt im Winter groß und der Kaiser hatte recht, wenn er mit sichtbarer Rührung von den vielen Opfern, die der schreckliche Krieg gefordert, sowie von dem Mut und der Ausdauer seiner Truppen angesichts so vieler Leiden gesprochen. Befanden sich doch — nach des Fürsten eigenen Angaben — von den gegen die Türken im Felde stehenden 103 000 Mann 49 000 im Lazaret. Sehr viele davon hatte die ungünstige Witterung kampfunfähig gemacht. Auf heftige Regengüsse, welche den Erdboden so einweichten, daß beim Verlassen der Stellungen von Silistria sechshundert russische Soldaten nur mit Mühe jedes Stück der Belagerungsgeschütze einzeln fortschleppen konnten, war unmittelbar die stärkste Kälte gefolgt. In den Steppen zwischen Bazardschik und Babadagh sollten nach Küsters Bericht sogar einzelne Soldaten vor Kälte erstarrt sein. Auch herrschte im Lager Mangel, wenngleich es mit der Zufuhr nicht so schlimm wie in früheren russischen Feldzügen bestellt war. Auf diesem Gebiete hatte die Anwesenheit des Kaisers im Lager, so sehr sie nach anderer Richtung hin geschadet, sich als nützlich erwiesen. Immerhin lag zu einer schonungslosen Kritik Material in Hülle und Fülle vor. Am unbarmherzigsten zeigte sich dabei nach alter slavischer Eigenart die öffentliche Meinung Rußlands selbst. Mit dem Gefühl, einen leichten, schnellen und durchgreifenden Sieg unter Anwendung geringer Machtmittel erringen zu können, war man in das Unternehmen hineingegangen. Um so verblüffender und deprimirender hatte dann der zähe Widerstand der Türkei gewirkt. Jetzt verfiel man in den entgegengesetzten Fehler, nämlich die Lage so pessimistisch als möglich aufzufassen. Die Uebertreibung erschien so groß, daß Küster sich veranlaßt fühlte, in mehreren an sein Kabinet gerichteten Berichten, den Sachverhalt richtig zu stellen. Er bezeichnete die Kampagne durchaus nicht als gänzlich mißlungen, wohl aber in ihren Resultaten ungenügend zur Erreichung eines ehrenvollen Friedens. Zahlreiche Fehler der Oberleitung räumte freilich auch er willig ein. Dem Erscheinen des Zaren auf dem Kriegsschauplatze schrieb er insofern einen ungünstigen Einfluß auf den Fanatismus der Türken zu, als der Sultan in der durch den Herrscher selbst geleiteten Heerführung die Absicht erblicken mußte, das ottomanische Reich gänzlich zu vernichten. Denn die letzten russischen Feldzüge gegen die Pforte waren bisher nur von Generalen geleitet worden. Als einen weiteren

Hauptgrund des russischen Mißgeschicks führte Küster die unaufhörlichen Intriguen gegen Diebitsch an. Und doch mußte dieser Mann, wie die Verhältnisse damals lagen, als der Einzige gelten, der die Fähigkeit besaß, Rußland aus der Sackgasse wieder herauszuhelfen. Von den anderen hervorragenden Heerführern galten Wittgenstein und Sacken schon altersschwach und nur Paskewitsch, der den persischen Krieg so trefflich geführt, durfte eine größere Bedeutung zugeschrieben werden. Natürlich wurden die Verdienste dieses Mannes von der national-russischen Partei übertrieben, weil sie in ihm ein Werkzeug zur Beseitigung des verhaßten Diebitsch erblickte. Trotzdem stieg das Ansehen des letzteren von Tage zu Tage. Gerade der Verlauf des ersten Feldzuges hatte unwiderleglich gezeigt, daß die Mißstände, die sich bei den Operationen herausgestellt, National-Russen zu verdanken waren. Das allzulange Verweilen des Hauptquartiers bei Schumla konnte allerdings aus dem Bestreben erklärt werden, jede rückzugartige Bewegung zu vermeiden. „Aller übriger Tadel aber", schrieb Küster, „fällt auf den Operationsplan selbst zurück, und daß dieser auf irrige Nachrichten und unrichtige Notizen begründet war und darum fehlschlagen mußte, hat die Erfahrung nur zu sehr gezeigt. Man hatte hier so falsche Ansichten von der Lage der Dinge in Konstantinopel, von dem Zustande des Heeres, der Festungen und der Straßen, daß man bei dem Entwurf des Operationsplanes beinahe von demselben Glauben an die Leichtigkeit, über den Balkan und nach Adrianopel vorzudringen, ausgegangen zu sein scheint, den das Publikum damals hatte."*) Das aber glaubte Küster zur Steuer der Gerechtigkeit hervorheben zu müssen, daß es in der That schwer gewesen wäre, den Krieg mit einer größeren Truppenzahl, als es wirklich geschehen, zu beginnen. Denn so lange nicht der freie Schiffahrtsverkehr auf der Donau, als dessen Vorbedingung die Einnahme der Festungen an jenem Strome galt, hergestellt, und die Seeverbindung mit Odessa eröffnet war, mußte die Verpflegung noch größerer Heeresmassen als der bisherigen den bedeutendsten Schwierigkeiten begegnen. Aber auch die bei Beginn des Feldzuges an Ort und Stelle befindlichen Streitkräfte — so urteilte Küster — würden zu einer kräftigen Initiative vollständig genügt haben, wenn nur bei der Oberleitung alles in Ordnung gewesen wäre. „108000 Mann", so lautete seine ziffernmäßige Feststellung, „waren

---

*) Bericht Küsters an den König. Nr. 39. Petersburg, 17. Dez. 1828. (Geh. St.-A.).

gleich anfangs über die Donau und den Pruth gegangen: die Reserven
des Grafen Wittgenstein, die in das Feld gerückt (die Ersatzmann=
schaften ungerechnet) machen 20000 Mann aus, und rechnet man die
Garden, dem geringsten Anschlage nach, zu 22000 Mann, das 2. Armee=
korps aber auf 35000 Mann, so ergiebt sich eine Armee von wenigstens
185000 Mann, zu der noch die Flotte des schwarzen Meeres mit
9 Linienschiffen, 5 Fregatten, 2 Korvetten und mehreren kleineren
Schiffen gezählt werden muß. Es ist die Frage, ob Rußland je eine
größere und zugleich so gut ausgerüstete Armee als diese, in einem
Türkenkriege in Bewegung gesetzt hat." Küster blieb deshalb fest bei
der Ueberzeugung, daß sich Rußland über den Verlauf des nächsten
Feldzuges keine Sorge zu machen brauche. Hatte nämlich, wie er
ausrechnete, die letzte Aushebung der Armee wirklich 120000 neue
Rekruten ergeben, so war eine Verstärkung der auf der Balkanhalb=
insel stehenden Armee möglich, selbst wenn die nicht zum Türkenkriege
bestimmten Armeekorps ruhig an ihren bisherigen Standorten blieben.
Auch schien es nach dem letzten Ausweis der russischen Staatsfinanzen
an Gelde nicht zu fehlen.*) Für eine bessere Verpflegung aber konnte
im nächsten Jahre durch eine geeignetere Ausnutzung der natürlichen
Hilfsquellen des fruchtbaren Südrußlands mit Leichtigkeit gesorgt
werden. Der Verlauf der Dinge bestätigte Küsters Beobachtungen in
allen Stücken.**) Der Siegeslauf der russischen Armee sollte im
übrigen Zeugnis dafür ablegen, daß Rußlands Kraft nur durch widrige
Verhältnisse gehemmt, aber sonst ungebrochen geblieben war.

Obwohl der Zar aus jener ersten Unterredung mit Küster hätte
ersehen müssen, daß auf die militärische Unterstützung Preußens nicht
zu rechnen war, wollte es sich seltsamerweise die Hoffnung auf eine
solche Hilfe des Berliner Hofes noch immer nicht rauben lassen.
In einer (bei den griechischen Verhandlungen ebenfalls teilweise er=
wähnten) Besprechung mit Schöler, welcher damals von seinem Urlaub
aus Berlin zurückgekehrt war, fragte der Kaiser ganz plötzlich, ob der

---

*) Küster ebenda: (siehe S. 168). — „Die Geringfügigkeit der in diesem
Jahre gemachten Anleihe und der Ertrag, den die erste Serie derselben eingebracht
— 99 Prozent — eine in den Annalen der Staats=Anleihen unerhörte Er=
scheinung, sind der sicherste Beweis, daß die finanziellen Hilfsquellen Rußlands
noch nicht versiegt sind."

**) Nur die Zahl der für den Türkenkrieg verwendbaren Scharen erwies sich
kleiner, als Küster angenommen, weil man in Petersburg es für nötig hielt aus
politischen Gründen die Westgrenze nicht allzusehr von Verteidigern zu entblößen.

König von Preußen wirklich völlig davon überzeugt sei, daß Oesterreich gegen Rußland nichts im Schilde führe. Schöler antwortete ausweichend, indem er zwischen Metternich und Oesterreich vorsichtig unterschied und die letzten Schritte des österreichischen Kabinets mit der begreiflichen Neigung, an der Entscheidung über die griechische Frage teilzunehmen, entschuldigte. In der That schien der von ihm angeführte Grund, daß Oesterreich als Nachbarstaat der Pforte „am meisten und reellsten von allen Mächten" bei dieser Frage interessirt sei, einigen Eindruck auf Nikolaus zu machen. Trotzdem suchte der Monarch, der das Gespräch nicht auf ein anderes Gebiet spielen lassen wollte, in seinen Fragen auf den Kern der Sache zu dringen. Es würde — so gab er Schöler deutlich zu verstehen — für ihn eine große Beruhigung sein, wenn Preußen insgeheim wenigstens die Erklärung abgeben wolle, sich im Ernstfalle auf die Seite Rußlands zu stellen. „Die mehrmals wiederholte Aeußerung des Kaisers", schrieb Schöler nach Berlin, „daß der König von Frankreich einen ganz besonderen Wert darauf lege, zu wissen, ob Rußland fortwährend auf Preußens Zustimmung und Unterstützung rechnen könne, endlich auch noch die ausdrückliche Frage, ob ich ihm nicht sonst etwas zu sagen habe, mit welcher er mich entließ, leiteten mich auf die Vermutung, daß er vielleicht doch wohl die bestimmte Erklärung von Preußen: daß Rußland unter allen Umständen und bis zum äußersten Fall auf dessen Unterstützung zählen könne, zu erhalten gewünscht und erwartet, und von meinen Aeußerungen gegen Graf Nesselrode in dieser Beziehung unterrichtet, über die Unbedingtheit oder Beschränkung des von Preußen zu gewärtigenden Beistandes, sich selbst zu vergewissern gesucht habe. Hierüber nun vollständig ins Klare zu kommen, schien mir von großer Wichtigkeit zu sein und ich bat daher den Grafen Nesselrode nach einigen Tagen aufs neue um eine Unterredung, bei welcher ich dann wiederholt die bündigen Zusicherungen erhielt: daß der Kaiser mit dem Beistande und den Zusicherungen, welche ihm bisher von Preußen zu teil geworden, vollkommen zufriedengestellt wäre, daß seine Wünsche sich durchaus nur auf die Fortdauer einer solchen Unterstützung beschränken, und daß er dafür Eurer Königlichen Majestät sich aufs höchste verpflichtet erachten werde".*) Man suchte in den leitenden russischen Kreisen also sofort wieder abzuwiegeln.

---

*) Bericht Schölers an den König. Nr. I. Petersburg, 16. (28.) Jan. 1829. (Geh. St.-A.).

Da Friedrich Wilhelm III. und Bernstorff auch diese deutlichen Anspielungen des Kaisers nicht verstehen wollten, konnte es nicht ausbleiben, daß sich auf kurze Zeit — wenn auch natürlich völlig unberechtigterweise — in Petersburg wieder ein gewisses Mißtrauen gegen Preußen geltend machte. Schon die Ernennung Royers zum preußischen Gesandten in Konstantinopel gab am russischen Hofe Anlaß zu allerlei Verdächtigungen. Nur mit größter Mühe gelang es Schöler, die Bedenken gegen die Wahl dieses Diplomaten bei den leitenden Kreisen des Zarenreiches zu zerstreuen, welche gegen Royer voreingenommen waren, weil er angeblich „in Lissabon in Befolgung und Behauptung seiner persönlichen Grundsätze" sich als ein Mann von „Leidenschaftlichkeit" gezeigt haben sollte.*) Auch Schöler selbst, der doch so lange das Vertrauen des russischen Hofes genossen, blieb diesmal von den Anfeindungen nicht verschont. Die Bestimmung der russischen Regierung, daß die Nachrichten über die Dislokation der russischen Truppen nicht durch ihn, sondern durch General von Witzleben an Friedrich Wilhelm III. gehen sollten, konnte nur als eine Kränkung des verdienten Mannes aufgefaßt werden. Man sollte in Wien angeblich Kenntnis von einigen Mitteilungen erhalten haben, die Kaiser Nikolaus durch den Grafen Nostitz hatte nach Berlin gelangen lassen. Diese unbewiesene Verdächtigung hätte vielleicht Schöler veranlaßt, seinen Posten zu räumen, wenn er sich nicht längst gewöhnt hätte, inmitten der eigentümlichen russischen Verhältnisse nichts tragisch zu nehmen. Diesmal wurde seine Lage allerdings dadurch etwas schwieriger, daß er sich nach zwei Seiten verteidigen mußte. Während in Petersburg ihn einzelne Elemente der Freundschaft für Oesterreich bezichtigten, erhielt er von Berlin im Auftrag Friedrich Wilhelms III. die Weisung, seine russischen Sympathien nicht zu sehr in den Vordergrund zu stellen. Hatte doch der König auf Grund seiner Auffassung der Schölerschen Berichte den Eindruck gewonnen, als ob sein Gesandter „die Mißstimmung des kaiserlich russischen Hofes gegen den österreichischen teile und vielleicht auch äußere". Er fürchtete deshalb, man möchte in Petersburg annehmen, „daß das preußische Kabinet dieselbe Meinung hege und dadurch Oel ins Feuer gegossen werde".**) Nichts aber würde der Monarch nach seinen eigenen Worten mehr beklagt haben, als Preußen zum An-

---

*) Bericht Schölers an den König. Nr. 5. Petersburg, 17. (29.) Jan. 1829. (Geh. St.=A.).

**) Kabinetschreiben (Albrecht) an Bernstorff. 28. Febr. 1829. (Geh. St.=A.).

Hängsel einer der beiden streitenden Parteien werden zu lassen. „Wir haben uns dann zu hüten", schrieb Bernstorff auf direkte Anweisung des Königs an Schöler, „ein fremdes Unrecht bis über den Punkt hinaus entschuldigen zu wollen, wo ein solcher Rechtfertigungsversuch uns selbst dem Verdachte aussetzen würde, das gerügte Unrecht in Meinung, Gesinnung und Absicht gewissermaßen zu teilen". Obwohl Schöler bei dieser Gelegenheit noch einmal ausdrücklich die Versicherung des vollen Vertrauens der Krone erhalten hatte, fühlte er sich veranlaßt auf jene Vorwürfe mit einer Verteidigung zu antworten, in der er mit Glück nachzuweisen verstand, daß gerade er jederzeit dem Ausgleiche zwischen den Interessen Oesterreichs und Preußens das Wort geredet. Der ganze Zwischenfall ist dadurch besonders bemerkenswert, daß die Unparteilichkeit des Königs gegenüber seinen beiden Alliirten und sein Verlangen, diese seine Gesinnung dem Staate aufzudrücken, hier im hellsten Lichte erscheint.

Der erste Akt des Dramas war vollendet. Preußen hatte Rußland seinen guten Willen kund gethan, die ganze Angelegenheit zu gedeihlichem Ende zu führen. Aber es hatte es gethan, ohne sich aufzudrängen, geschweige denn sich zum Satelliten dieses Reiches zu machen. Bei Rußland lag es jetzt, die Hand des Freundes zu ergreifen, die ihm so ehrlich, so ohne jeden Hintergedanken dargeboten wurde.

---

*) Bernstorff an Schöler. Berlin, 2. März 1829. (Geh. St.-A.). „Ich glaube Ihnen die Abschrift eines mir vor einigen Tagen von Seiten des Geh. Kabinetsrats Albrecht zugegangenen Schreibens mitteilen zu müssen, aus welchem Sie ersehen werden, wie die zwischen den beiden Kaiserhöfen eingetretene, in der letzten Zeit zu so großer Bitterkeit gesteigerte Spannung für des Königs Majestät ein Gegenstand fortwährender und lebhafter Sorge ist, wie nahe Allerhöchstdenselben der Wunsch am Herzen liegt, daß unsererseits alles geschehe, was, wo nicht den Riß heilen, doch größerer Aufregung vorbeugen könne."

Elftes Kapitel.

Andeutungen über die Reise des Zaren. — Russische Friedensbedingungen. — Bernstorffs Denkschrift über die Lage. — Die Zusammenkunft der Fürsten. — Die Verhandlungen über Müfflings Sendung und die preußische Zirkular-Depesche. — Diebitsch und die russische Armee. — Die Schlacht von Kulewtscha. — Bülows Ermahnungen an die englische Regierung. — Der Eindruck der Schlacht und der Sendung Müfflings auf die Kabinette. — Metternich und die Maßregeln Rußlands in der Moldau und Wallachei. — Russische Chauvinisten. — Krankheiten im russischen Heere.

Nicht lange sollte man in Berlin über die Willensmeinung Rußlands im unklaren verharren. Kaiser Nikolaus, als Mann des raschen Entschlusses bekannt, wußte auch diesmal diese seine Charaktereigenschaft zu bethätigen. Bereits vor einigen Wochen hatte er nach Berlin melden lassen, daß er Mitte Mai mit dem Könige, sei es auch nur auf wenige Tage, an der polnischen Grenze zusammentreffen wolle. Von einer Fahrt nach Berlin war zunächst noch nicht die Rede — nur die Kaiserin, hieß es, würde auf einige Wochen nach der preußischen Hauptstadt reisen, um der Vermählungsfeier ihres Bruders, des Prinzen Wilhelm beizuwohnen. Selbst das wenige, welches über diese Angelegenheit in die Oeffentlichkeit gedrungen, erregte das größte Aufsehen. Man sprach sogar von der Teilnahme des Kaisers von Oesterreich an der Zusammenkunft, ein Gerücht, dessen Unwahrheit sofort von Maltzahn festgestellt wurde. Am Osterfeiertag endlich redete der Zar zu dem versammelten diplomatischen Korps öffentlich von der bevorstehenden Reise. Als er hierbei Schöler fragte, welchen Ort der König für die Zusammenkunft ausersehen habe, wurde ihm Posen als die zu diesem Zwecke geeignetste Stadt genannt. Schon damals gab die russische Regierung deutlich zu verstehen, daß man in Petersburg die preußische Vermittelung als Resultat dieser Besprechung erwarte. „Trotz des unbestreitbaren Rechtes Rußlands auf Wiederherstellung seiner Waffenehre" — schrieb Nesselrode in seiner an das preußische Kabinet gerichteten Note — „trotz der neuen Opfer, die die beginnende neue Kampagne Rußland auferlegt, wird der Kaiser immer bereit sein, direkt mit der Pforte auf der in seiner Kriegserklärung bezeichneten Grundlage zu verhandeln und die Bevollmächtigten zu empfangen, die der Sultan zu diesem Zwecke absenden wird. Vor allem kommt es darauf an, eine solche Absendung von Bevollmächtigten irgendwie zu veranlassen, und wenn die Bemühungen Preußens in Konstantinopel ein solches Resultat zuwege bringen könnten, würde Se. Majestät der Kaiser darin einen neuen Beweis der Freundschaft erkennen, die der König ihm unwandelbar inmitten der schweren orientalischen Verwickelungen bezeugt". Die Note Nesselrodes war von einem Schreiben des Zaren an Friedrich Wilhelm III. begleitet. Der Kaiser verbreitete sich darin über die Antwort des russischen Kabinets auf das neue Manifest der Pforte und über die Entschädigungen, die Rußland beim Friedensschlusse von der letzteren fordern wollte, sowie über die Friedensgarantien. Der Krieg, hieß es in jenem Briefe, koste Rußland bereits 150 Millionen Rubel, eine Ausgabe, die sich in den nächsten Monaten noch bedeutend vermehren müsse. Trotzdem bestehe der Kaiser nicht auf der ganzen Summe. Es werde sich zum Teil dafür ein Aequivalent finden lassen, entweder in Holz zu Bauwerken für die Marine, oder in Kriegsschiffen, oder in einigen festen Plätzen an der asiatischen Küste. Was die Garantien anlangten, fuhr der Kaiser fort, so befänden sich solche bereits in den Händen Rußlands. Bulgarien, die Donaufürstentümer, die Paschaliks von Bajazet, von Kars und Achalzit könnten sehr wohl als Friedensgarantien dienen. Sie alle seien von russischen Truppen besetzt, würden aber nach Maß der genauen Durchführung aller Klauseln der Verträge zurückgegeben werden. Die befestigten Punkte Sisipolis, Varna, Krustenji und die Brückenköpfe der Donau müßten für eine bestimmte Zeit von russischen Heeresabteilungen besetzt bleiben. Für Preußen waren diese Mitteilungen, die durch den weiteren Inhalt der erwähnten Note ergänzt wurden, von großem Werte, weil nun endlich das Maß der Wünsche Rußlands offiziell festgestellt und begrenzt erschien und damit eine Basis für die geplante Vermittelung gegeben war. Einigermaßen hinderlich für diese Aufgabe Preußens erschien der Umstand, daß aus sämtlichen Mit=

teilungen Rußlands das hochgradige Mißtrauen gegen Oesterreich unverändert zutage trat.

In einer für den König bestimmten Denkschrift entwarf Bernstorff mit scharfen Strichen ein charakteristisches Bild der Lage. Er stellte zunächst fest, daß man mit der Pforte bisher keinen Schritt weiter gekommen sei, weil man von ihr zwar territoriale Abtretungen zur lebensfähigen Ausgestaltung des griechischen Staates verlange, aber diese Forderung England zuliebe in keine „peremptorische" Form kleiden wolle. Die einzelnen Mächte seien sich dieses Sachverhalts wohl bewußt, trotzdem tröste sich England damit, die Rückkehr seines Gesandten nach Konstantinopel durchgesetzt zu haben und Frankreich thue in seiner Abhängigkeit vom englischen Einfluß dasselbe. Bei alledem dürfe man das der Pforte abgerungene Zugeständnis nicht überschätzen. Als die einzige vorteilhafte Folge der Rückkehr der Vertreter Englands und Frankreichs nach Konstantinopel wollte Bernstorff die Wiederanknüpfung geordneter diplomatischer Beziehungen erscheinen und zwar schon deshalb, weil die türkischen Staatsmänner bei dem direkten Verkehr mit der europäischen Diplomatie leichter zu beeinflussen waren.

In großen Umrissen schilderte Bernstorff dann dem Könige die Folgen eines russisch-englischen Krieges. Gewiß könne Großbritannien — so führte er aus — nur zur See dem Zarenreiche zu Leibe gehen, aber die Möglichkeit sei nicht ausgeschlossen, daß es in Frankreich und Oesterreich Bundesgenossen fände, die den Kampf auch zu Lande aufzunehmen vermöchten. Frankreich habe allerdings in den letzten Jahren oft die Tendenz bekundet mit Rußland Hand in Hand zu gehen. Aber England — so wiederholte er — besitze die Mittel, um im gegebenen Falle einen unwiderstehlichen Druck auf dies Land auszuüben. Was Oesterreich anlange — so bürge zwar vorderhand der Charakter des Kaisers Franz für eine Friedenspolitik der österreichischen Regierung, indessen seien bedenkliche Zwischenfälle nicht ausgeschlossen, die den aggressiven Elementen am österreichischen Hofe zum Siege verhelfen könnten.

Bernstorff wirft dann die Frage auf, ob die Befürchtungen, die von den Russenfeinden in England und Oesterreich gehegt würden, wirklich den Thatsachen entsprächen. Was sei denn eigentlich das Ziel des russisch-türkischen Krieges. Sollte es etwa auf einen Vernichtungskampf beider Nationen abgesehen sein? Hege Rußland den Ehrgeiz, sein Riesengebiet wirklich noch zu erweitern. Nichts dergleichen sei zu befürchten. Rußland habe bei dem Beginn des Waffenganges seine gemäßigten und uneigennützigen Intentionen feierlich und mit den bindendsten Versicherungen bekundet. Wenn es jetzt von der Türkei die Abtretung einiger fester Plätze in Asien zur Sicherung seiner Grenze verlange, so geschehe dies nur, um ein Friedenspfand mehr in der Hand zu halten. Umsomehr sei es zu beklagen, daß die Pforte in ihrem unüberwindlichen Mißtrauen gegen Rußland und in ihrem blinden Vertrauen auf auswärtige Hilfe nicht dazu zu bewegen sei, den ersten Schritt des Entgegenkommens zu thun, der für Kaiser Nikolaus die Vorbedingung jeder Verhandlung bilde.

Auf Grund der genannten Thatsachen kommt die Denkschrift zu dem Ergebnis, es könne unter diesen Umständen zur Notwendigkeit werden, daß an das Verantwortlichkeitsgefühl der Mitglieder der großen Allianz appellirt werde — wie die Dinge liegen, vor allem an das Preußens. Allerdings verkannte Bernstorff nicht die Schwierigkeiten, die sich diesmal der Wirksamkeit dieser Vereinigung angesichts der zwischen Wellington und Metternich gepflogenen Verhandlungen entgegenstellten. Aber er meinte, ein kühnes und schnelles Handeln könne die Hindernisse beseitigen und der gefahrdrohenden Situation die Spitze abbrechen. Seine Ausführungen schlossen mit den eindringlichen Worten, daß Preußen trotz seiner den Interessen des Südostens entrückten Lage, doch in zu zahlreichen und engen Verbindungen mit den andern Großstaaten stehe, um von der Verwickelung auf der Balkanhalbinsel ganz unberührt zu bleiben. Keinesfalls dürfe es die Gelegenheit vorübergehen lassen, ohne seine Stimme zu gunsten des Friedens und der Sache der Gerechtigkeit erhoben zu haben.

An diese Darlegung Bernstorffs schlossen sich weitere Besprechungen mit dem König über die Person eines nach der türkischen Hauptstadt abzuschickenden Sendboten. Die Voraussetzung einer solchen Mission mußte natürlich die Zustimmung des russischen Kaisers haben. Der König wünschte deshalb den Besuch seines kaiserlichen Schwiegersohnes abzuwarten, der der Ankündigung gemäß erst nach einigen Wochen stattfinden sollte. Schneller aber, als es irgend jemand geahnt, erschien Zar Nikolaus mit seiner Gemahlin und seinem Sohne beim Könige. Der kühle Empfang, welchen er auf der Durchreise in Warschau gefunden, hatte ihm noch einmal deutlich die Unsicherheit der inneren Lage Rußlands vor Augen geführt. Nachdem der ursprüngliche Plan einer Begegnung in Sibyllenort infolge eines Unwohlseins des Königs zu nichte geworden, war der Kaiser ohne Verzug der preußischen Hauptstadt zugeeilt, entschlossen, in die ausgestreckte Hand Preußens einzuschlagen. Obwohl die politische Bedeutung dieser Zusammenkunft offiziell noch immer abgeleugnet wurde, befand sich doch niemand mehr im Zweifel, daß sie die wichtigsten Ergebnisse zeitigen mußte.

„Nach der ersten Freude des Wiedersehens", schreibt Ancillon in einer Depesche an Royer vom 18. Juni 1829, „ergingen sich die Fürsten in wichtigen Gesprächen über die orientalische Frage und über die Mittel zu ihrer Lösung, um zwischen den Gesamtinteressen Europas und den Wünschen Rußlands einen Mittelweg zu finden. Beide waren von den friedlichsten Gesinnungen beseelt. Der König machte den Zaren zunächst darauf aufmerksam, wie wichtig es für Rußland sei, seine gemäßigten Intentionen in einer über allen Zweifel erhabenen Weise öffentlich kund zu thun und dadurch den Argwohn Oesterreichs und Großbritanniens zu beschwichtigen. Als der Kaiser dieser Idee zustimmte und nur die allermäßigsten Friedensbedingungen fordern zu wollen beteuerte, versicherte der König dem Zaren sofort seine Bereitwilligkeit, Preußen zum Organ und Interpreten der Wünsche und Ansichten Rußlands in Konstantinopel zu machen. Die beiden Monarchen kamen hierauf überein, daß es der Sendung einer hervorragenden Persönlichkeit zur Pforte bedürfe, um der Sprache Preußens einen der Vermittlerrolle würdigen, authentischen und friedlichen Charakter zu geben, und fanden den Generallieutenant von Müffling für diese große Aufgabe am geeignetsten. Erfreute sich derselbe doch des Rufes diplomatischer Erfahrenheit und Weltgewandtheit und eines in jeder Hinsicht erprobten Charakters." In der That erschien die Wahl Müfflings gerade im Hinblick auf diese Aufgabe als ein sehr glücklicher Griff. Sein Interesse an der orientalischen Angelegenheit war ein großes. Den pessimistischen Anschauungen, die der Zar und seine Umgebung über den mutmaßlichen Ausgang des russisch=türkischen Konfliktes nach Berlin mitgebracht, wußte er so weit als nötig entgegenzuwirken. Welche Schwierigkeiten er dabei zu überwinden hatte, geht aus seinen genauen Aufzeichnungen über die Unterredung mit General von Benckendorff hervor. Wenn der Inhalt dieser Besprechung auch bereits bekannt ist, so ist es doch von Interesse, sich desselben im Zusammenhang mit den Ereignissen noch einmal bewußt zu werden. Im wesentlichen, erzählt Müffling, habe ihm der letztere gesagt: Rußland müsse

eine schnelle Beendigung des Kampfes wünschen, bei welchem nichts zu
gewinnen sei als höchstens bare Auslagen, indem der Kaiser sich durch
sein Wort gegen ganz Europa verpflichtet habe, keine Eroberungen
zu machen und nach seiner Art zu denken und zu handeln nie von
dem einmal gegebenen Versprechen abgehen werde. Deshalb erscheine
ein baldiger Friede um so notwendiger. Sogar den Uebergang über
den Balkan wollte man Diebitsch damals nicht gestatten. Müffling,
der freilich die Schwierigkeiten, mit denen Diebitsch zu kämpfen hatte,
nicht so gut wie die russischen Staatsmänner kannte, mußte Benckendorff gegenüber seine ganze Beredtsamkeit aufbieten, um zu beweisen,
daß Rußland ohne den Balkanübergang nie den Frieden erlangen
könne, es sei denn, daß es bereit sei, alle seine Entschädigungs-
ansprüche aufzugeben. Aber selbst an die Möglichkeit einer Geldentschädigung glaubte man in Petersburg nicht recht, weil man aus
den Kriegen mit den orientalischen Völkern durch Erfahrung wußte,
wie Rußland dort eher auf eine Landabtretung als auf die Erlangung baren Geldes rechnen konnte. Da der Staatsschatz in der
Türkei als Eigentum des Sultans angesehen wurde, so bedeutete ja
jede direkte Geldentschädigung ein persönliches Opfer für den Beherrscher
aller Gläubigen, während er bei Landabtretungen nur auf bestimmte
Einnahmen zu verzichten hatte. Nachdem sich Müffling, ohne sich durch
alle diese Bedenken der Ratgeber des Zaren abschrecken zu lassen, bereit
erklärt, sofort seine Mission in Angriff zu nehmen, teilte Ancillon
in der bereits genannten Depesche Royer den Entschluß Preußens mit.
Die Rolle, welche Preußen übernehme, schrieb er, werde Europa die
friedliche Union der beiden Souveräne vor Augen führen und zugleich
eine Garantie für Rußlands weiteres Verhalten bieten. Allerdings
machte der preußische Staatsmann auch auf die Möglichkeit eines
Scheiterns der Intervention aufmerksam. Deshalb — so schloß er
seine Betrachtungen — komme es jetzt darauf an, daß die andern
Mächte, namentlich England, ihre Kräfte zur Unterstützung Müfflings
vereinigten. Preußen wolle sich gern mit der Ehre begnügen, in dieser
Angelegenheit die Initiative ergriffen zu haben. Andere möchten dann
das Werk vollenden.

Zunächst war beschlossen worden, eine Identität zwischen der
preußischen und der russischen Depesche herzustellen, die den Höfen die
geplante Aktion mitteilen sollte. Auf diese Identität wurde russischerseits so großer Wert gelegt, daß Nesselrode Bernstorff um die Kopie

des Entwurfes zu dieser Erklärung bat, die zugleich mit der Instruktion für Müffling den Kabinetten von Paris, Wien und London zugehen sollte. Indem Bernstorff seine Zustimmung zu diesem Wunsche erteilte, schloß er sich zugleich der Idee des Zaren an, nach welcher die Mitteilung an die drei Höfe erst erfolgen sollte, wenn Generallieutenant von Müffling einen genügenden Vorsprung haben würde.

Der Inhalt jener Erklärung, welcher für die entscheidende Wendung in der Orientfrage von großer Bedeutung wurde, gipfelte in folgenden Sätzen: Der Gesandte, schrieb Bernstorff, wisse, daß nichts den Sinn des Königs so ganz erfülle, als der Wunsch, den Frieden im Orient herzustellen und dazu mit allen Mitteln, die Preußen, der an der Orientfrage uninteressirteste Staat, besitze, beizutragen. Der König halte die Schwierigkeiten, die sich dem Frieden entgegenstemmten, nicht für unüberwindlich, da er vom Kaiser schwerwiegende Beweise für dessen friedliche und gemäßigte Gesinnung erhalten habe. Zar Nikolaus sei empfänglich für die Erwägungen der Humanität und Gerechtigkeit wie für die Ehre seiner Krone: wenn er deshalb auch nichts thun werde, was der Würde Rußlands zuwiderlaufe, so würden ihn doch auch die glänzendsten Erfolge nicht dahin bringen, seine großherzigen und selbstlosen Intentionen zu verleugnen, die er bei Beginn des Krieges so laut verkündet. Sollten trotz alledem noch unklare Punkte in dieser Erklärung vorhanden sein, so werde denselben eine Interpretation im Geiste der Gerechtigkeit und Mäßigung gegeben werden. Damit nun Europa die Früchte dieser kaiserlichen Gesinnungen ernten könne, müsse die Pforte dahin gebracht werden, den Worten des Zaren Glauben zu schenken und vertrauensvoll alles zu vermeiden, was imstande sei neue Zwietracht zu stiften. Aus diesen Gründen habe der König mit einer außerordentlichen Sendung nach Konstantinopel den Generallieutenant von Müffling beauftragt. Es handle sich dabei um keine Friedenseröffnung; denn so friedliche Gesinnungen der Zar auch hege, so müsse es doch vermieden werden, die Pforte in die Täuschung einzuwiegen, als ob sie nur auf den ersten Schritt Rußlands zu warten brauche. Der Friede Europas sei der einzige Zweck der Sendung. Indem der König der Pforte die Eindrücke übermittle, die er aus den Gesprächen mit dem Kaiser empfangen und für dieselben Zeugnis ablege, hoffe er dieselbe von ihren verhängnisvollen Irrtümern zu befreien und dadurch die dem Frieden entgegenstehenden Hindernisse zu überwinden. Vielleicht sei es doch noch) möglich, daß die Türkei einem Rate folge, auf Grund dessen sie verhältnismäßig günstige Friedensbedingungen erlangen könne, während sie im andern Falle für ihre Hartnäckigkeit oder Sorglosigkeit schwer werde büßen müssen. Mit dem Appell an die Diplomatie der Großmächte, die Sendung Müfflings kräftig zu unterstützen, schloß das bedeutungsvolle Aktenstück.*)

Das Vorgehen Preußens war nicht nur in politischer, sondern auch in rein formeller Hinsicht ein Novum, wie es Müffling selbst in seinen Denkwürdigkeiten in treffender Weise auseinandersetzt. Nachdem man die erdenklichsten Versuche gemacht, die Pforte zum Nachgeben zu bringen, kam es jetzt darauf an „als ein letztes und ganz neues Mittel, eine militärische Gesandtschaft außerordentlich und von der Person des Königs an die Person des Sultans zu senden und den Abgesandten zu instruiren, daß er alle Mittel aufbiete, um sich Audienzen beim Sultan zu verschaffen und in diesen dem Großherrn die militärische Lage des türkischen Reiches klar und kundig auseinanderzusetzen, um ihm dadurch die Vorteile eines billigen Friedensschlusses recht einleuchtend zu machen". Die Verantwortung, welche der Vertrauensmann des Königs zu tragen hatte, war in anbetracht der gespannten politischen Lage eine ungeheure. Scheiterte er mit seinem Unternehmen, so wurde nicht nur das Ansehen Preußens im Bereiche der europäischen Politik geschädigt, sondern es schwand auch die letzte Hoffnung, der drohenden Katastrophe Einhalt zu gebieten.

Allerdings bedurfte es der größten Eile, wenn der Sendbote überhaupt noch zur rechten Zeit in der türkischen Hauptstadt eintreffen sollte. Seit Diebitsch zu Ende Februar an Stelle des unfähigen Wittgenstein das Kommando der zweiten russischen Operationsarmee übernommen — Pastewitsch war allerdings der Titel eines Oberbefehlshabers verliehen worden — hatte sich die Lage der Dinge auf der Balkanhalbinsel überraschend schnell zu gunsten der Russen verändert. Es ist nötig, an dieser Stelle noch einen Rückblick auf alle die Schwierigkeiten zu werfen, die dieser hochbegabte Mann anfangs zu überwinden hatte, um die Größe seiner militärischen Leistung vollständig würdigen zu können. „Diebitsch", berichtete Schöler an das Berliner Kabinet, „befindet sich zum erstenmale an der Spitze einer Armee von Hunderttausenden.

---

*) Zirkulardepesche v. 5. Juli 1829. Berlin. An die Gesandten zu London, Paris und Wien. (Geh. St.-A.).

Zwischen ihm und dem General Toll waltet die alte Eifersucht ob, die vor 16 Jahren zwischen den Hauptquartieren von Kutusoff und Wittgenstein sich begründet hat. General Buturlin schrieb bisher nur die Geschichte und die Kritik der Kriegführung anderer, und die Kränkung des Nationalstolzes der Russen, sich unter Fremde gestellt zu sehen, hat nicht gemindert werden können. Die ganze neue Zusammensetzung des Oberkommandos ist daher auch nichts weniger als populär, und der Tadel derselben spricht sich laut und unverhohlen genug aus, um dem Kaiser nicht unbekannt bleiben zu können."*) Ungeachtet dieser Hindernisse, die sich ihm entgegentürmten, griff aber Diebitsch mit Energie durch. Es gelang ihm, die bereits im Jahre vorher von ihm gewünschte, aber immer wieder von seiten der höchsten Stelle verschobene Verstärkung der Aushebung von 4 Mann auf je 500 Mann durchzusetzen um das Heer allmählich auf die Anzahl von 200 000 Mann zu bringen. Um 130 000 Mann stärker als im letzten Feldzug sollten, so hoffte man, diesmal die Russen auf dem Kriegsschauplatze erscheinen. Wenn der neue Nachschub auch aus Rekruten bestand, so wurde dieser Uebelstand einigermaßen dadurch ausgeglichen, daß die Rekrutirung sich innerhalb der Altersklassen vom 17. bis zum 35. Jahre vollzog. Der Ausfall an Pferden war bereits ersetzt, auch Geld sollte in genügendem Maße vorhanden sein. Auf die Schlagkraft der Truppen konnte aus dem Verlaufe des ersten Feldzugs kein ungünstiger Schluß gezogen werden. Es hatte, wie Diebitsch selbst Schöler versicherte, nicht nur die russische Infanterie wieder ihre Superiorität bewiesen, sondern auch die Artillerie das Lob aller Fachmänner verdient. Der Kavallerie war allerdings nicht der Erfolg zuteil geworden, „den, wie Küster meinte, die große Ueberlegenheit ihrer Pferde über die türkischen ihr wohl hätte geben können".**) Trotz dieses im allgemeinen günstigen Urteils gab Diebitsch die Reformbedürftigkeit des Heeres offen zu und unterschied sich dadurch in wohlthuender Weise von der öffentlichen Meinung Rußlands. Wetteiferten

---

*) Schöler an den König. Nr. VI. Petersburg, 27. (15.) Febr. 1829. (Geh. St.-A.).

**) Die Ansicht Küsters ist nicht richtig. Die Pferde der russischen Kavallerie waren zu schwer, die ganze Truppe auch an Zahl im ersten Feldzug zu schwach. Von den Kosacken aber, die allen Anforderungen entsprachen, hatte man nur acht Regimenter mitgenommen. (Moltke. Geschichte des russisch-türkischen Feldzugs von 1828 und 1829).

doch alle Zeitungen des Zarenreiches miteinander, die Kriegsbereitschaft, den Patriotismus und den Schlachtendrang der Russen in glühenden Farben zu schildern. Schöler wußte seiner Regierung auch von der Kehrseite dieses Bildes zu berichten. Erschütternd ist es zu vernehmen, wie „ganze Gesellschaften von Ausgehobenen mit Ketten belastet unter lautem Jammer und Wehklagen zur Armee geführt wurden". Denn die Gutsbesitzer, welche der Aushebung zu genügen hatten, gaben meist nur die schlechtesten ihrer Unterthanen, wenn sie sonst nur tauglich waren, an die Armee ab und da bedurfte es freilich eiserner Bande, um die Unglücklichen sicher von Ort und Stelle zu bringen. In den deutsch-russischen Provinzen namentlich ward das Los des Soldaten verabscheut „und nicht mit Unrecht", schrieb Schöler, „denn der Rekrut wird unter Menschen versetzt, deren keiner seine Sprache redet und keiner seines Glaubens ist. „Er verliert seinen Gott", ist der allgemeine Ausdruck in diesen Provinzen, womit das Jammern der Rekruten über ihr Los gerechtfertigt wird, und die Furcht vor diesem Unglück führt unglaublich viele Verstümmlungen durch eigene Hand, und nicht selten durch die Hand der Mutter an ihrem Säugling herbei. Mutwillige Selbstverstümmlung wird allerdings streng bestraft, aber die Beweisführung ist ebenso schwer, als die Forderung vollständiger Finger und Zähne strenge erfüllt werden muß".*) Freilich war dieser Widerwille gegen den Soldatenstand schon von jeher vorhanden und konnte nicht gerade einer Unpopularität des russisch-türkischen Krieges zugeschrieben oder mit der Furcht vor den Türken erklärt werden. Die national-russischen Kreise gingen denn auch mit Seelenruhe über diese gewohnten Erscheinungen zur Tagesordnung über.

Aber weder das neue an Zahl hinter den Erwartungen zurückgebliebene Aufgebot von Truppen noch die Großsprechereien der Optimisten würden in der zweiten Kampagne den Erfolg der Russen verbürgt haben, wenn nicht die Energie Diebitschs sich gleich von Anfang an als die starke Triebkraft bei den militärischen Operationen erwiesen hätte. Unaufhaltsam drängte er von dem von den Russen berannten Silistria aus vorwärts, entschlossen mit schnellen und starken Schlägen den Gegner zu treffen, der zum Entsatz von Schumla herbeieilten. Wäre der Plan der Türken gelungen, so würde die russische Armee

---

*) Schöler an den König. Nr. IX. Petersburg, 16. (28.) Jan. 1829. (Geh. St. A.).

in eine höchst gefahrvolle Lage gekommen sein. Aber das Glück blieb Diebitsch hold. Schon nach kurzer Zeit kam es zum entscheidenden Treffen. Am 11. Juni erlitt der Großvezier bei Kulewtscha nach vorangegangenen mehrtägigen Gefechten eine schwere Niederlage. Vergebens blieb auch seine letzte verzweifelte Gegenwehr in den südlich vom Kampfplatze gelegenen Engpässen. Durch einen neuen Angriff Diebitschs zersprengt, zerstreute sich das türkische Heer mit Zurücklassung seiner sämtlichen Feldartillerie in die Berge und Wälder. Doch auch der fliehende Rest wurde von den russischen Verfolgern hart bedrängt. Der Fall Silistrias schien nahe bevorzustehen. Einen Angriff auf Schumla konnte Diebitsch allerdings nicht wagen so lange er nicht Verstärkungen an sich gezogen hatte.

Interessant ist es nun, zu beobachten, welchen Eindruck dieser Sieg und die gleichzeitig eintreffende Botschaft von der Sendung Müfflings in den verschiedenen Hauptstädten hervorbrachten. Während der Ausgang der Schlacht in der Pariser Bevölkerung einen ungeheuren Jubel erregte, brachte merkwürdigerweise das halboffizielle Organ des französischen Ministeriums einen Artikel, in welchem der Sieg Diebitschs nicht als so bedeutend dargestellt wurde.*) Schon bald darauf mußte jedoch dies Blatt, „le messager des chambres", auf die Beschwerde des russischen Gesandten sich selbst dementiren und diesen Artikel als die Privatmeinung seiner Redaktion hinstellen. Dieser Vorfall kennzeichnete scharf den Kampf, der zwischen den Anhängern La Ferronnays und denen Polignacs am französischen Hofe entbrannt war. Noch aber hatte die Richtung des ersteren die Oberhand. Als Arnim die die Sendung Müfflings behandelnde Depesche Bernstorffs zur Kenntnis des französischen Ministeriums brachte, teilte ihm Portalis mit, daß der König von Frankreich die Nachricht von dem Schritte Preußens mit Freude begrüßt habe und gern bereit sei, Müffling die Unterstützung des französischen Gesandten zu teil werden zu lassen. Portalis war um so beflissener über Preußen seine Anerkennung auszusprechen, als dieser Staat, wie er besonders betonte, nicht an dem Traktate vom 6. Juli teilgenommen. Von allen in Paris anwesenden Vertretern der großen Mächte trug natürlich der russische Gesandte die größte Genugthuung sowohl über den Sieg, als über die Mission Müfflings zur Schau. Schon damals übrigens vermochte er Arnim

---

*) Arnim an den König. Paris, 30. Juni 1829. Nr. 37. (Geh. St.-A.).

zu benachrichtigen, daß Diebitsch die weitesten Vollmachten, auch die
den Frieden zu schließen, bei sich führe und bereits auf Grund dieser
Ermächtigung dem Großvezier nach der Schlacht bei Kulewtscha wichtige
Eröffnungen gemacht habe. Am verdrießlichsten gebärdete sich der
englische Gesandte. Von ihm bekam der Vertreter Preußens alle die
krausen Mutmaßungen zu hören, mit denen man sich in London
angesichts der Sendung Müfflings getragen. Man war dort der
Meinung, der Generallieutenant habe gemäß einer Verabredung des
Kaisers Nikolaus und des Königs die Vollmacht bei sich mit der
Pforte für Rußland den Frieden zu schließen. Preußen mußte
somit während einer kurzen Spanne Zeit das hochgradige Mißtrauen,
welches England dem Zarenreiche entgegenbrachte, auch über sich ergeben lassen.*)

Ueberhaupt schien man durch die Konstellation in London außer
Rand und Band gekommen zu sein. „Der Herzog von Wellington",
schrieb Bülow zu Beginn Juli nach Berlin, „konnte es kaum über
sich gewinnen, an diesen Sieg zu glauben und verbarg auch seinen
intimen Freunden nicht, daß ihm derselbe wenig angenehm sei." Endlich gelang es ihm, einige Trostgründe zu finden. Die Schlacht —
so hatte er sich die Sache zurechtgelegt — könne unmöglich von großen
Folgen sein, da sich die Türken in Schumla halten und infolgedessen
Diebitsch und sein Heer im Vorrücken hemmen würden. Aberdeen
freilich machte gute Miene zum bösen Spiele. Er sprach sogar von
der Schlacht mit einer gewissen Genugthuung, ja er gestand offen
zu, daß man ohne einen ansehnlichen Erfolg der Russen im Felde
überhaupt nicht zum Frieden gelangen könne. Es zeigte sich hier
wieder einmal, wie gewissermaßen in der Brust des britischen Ministeriums zwei Seelen lebten, eine, welche für die unbedingte Erhaltung
der Türkei nach altkonservativ englischem Brauche einzutreten suchte
und eine zweite, die bereits mit dem Untergange der Türkenherrschaft
in Europa rechnete. Die Meinung Aberdeens wurde merkwürdigerweise jetzt auch von Polignac geteilt. Der französische Staatsmann
glaubte jedoch warnend dazu bemerken zu müssen, daß möglicherweise
die Pläne für die Pazifikation Griechenlands infolge dieses Sieges
scheitern könnten, ein Punkt, der auch Aberdeen zu denken gab. Esterházy)

---

*) Arnim an den König. Nr 40. Paris, 17. Juli 1829. (Geh. St.-A.).
Arnim erhielt diese Mitteilungen von Lord Stuart de Rothesay, dem englischen
Gesandten, selbst.

wagte anfangs gar nicht, seine Meinung zu äußern, so verdutzt war
er über das der Politik seiner Regierung so unwillkommene Ereignis.
Trotz des in London aufgeführten Kriegsspektakels gab Bernstorff
die Hoffnung nicht auf, daß Wellington — und zwar gerade infolge
der neuesten Nachrichten vom Kriegsschauplatze es nicht zum äußersten
kommen lassen würde. Ohnehin war die Stellung des Herzogs durch
sein gespanntes Verhältnis zu seinem Könige einigermaßen schwierig
geworden. Gerade damals hatte ja der Träger der Krone Gelegenheit
genommen, sich über die „brüske und imperatorische" Art und Weise
zu beklagen, mit der Wellington seine Meinung zum Ausdruck ge=
bracht — ein Zwischenfall, infolge dessen auch die andern Minister
stutzig geworden waren. Der Herzog besaß also doppelte Ursache, sich
auf dem Gebiete der auswärtigen Angelegenheiten keinen Fehler zu
schulden kommen zu lassen. Als ein günstiges Zeichen für den Frieden
sah Bernstorff den Umstand an, daß die Ankunft der beiden Botschafter
von England und Frankreich in Konstantinopel mit der Nachricht von
der Niederlage des Großveziers zeitlich zusammenfiel. Er sandte des=
halb an Bülow die Weisung möglichst rasch, die Gunst der Stunde
auszunutzen. Als Bülow sich unmittelbar nach dem Empfang dieser
Depesche zu Wellington begeben wollte, wurde er nicht empfangen, weil
der Herzog, wie es hieß, im Begriffe stehe, sich aufs Land zu begeben.
Dagegen gelang es ihm, Aberdeen zu sprechen. Dieser begrüßte ihn
mit einigen spitzen Redensarten, unter denen sich auch die Wendung
befand, daß der Zweck der Sendung Müfflings auch durch eine
Depesche an Royer hätte erreicht werden können. Bülow bekämpfte
diese Ansicht mit Hülfe der Darlegungen Bernstorffs und ging dann
sofort dazu über, Aberdeens Vorwürfe gegen Rußland zu entkräften.
Wenn es ihm auch an jenem Tage noch nicht möglich war, den
britischen Staatsmann ganz zu den Anschauungen des Berliner Hofes
zu bekehren, so durfte er sich doch des Erfolges rühmen, einem ein=
flußreichen Mitgliede des Londoner Kabinets die Situation unter einem
leidenschaftslosen, von englischen Vorurteilen freien Gesichtspunkte dar=
gestellt zu haben.*)

---

*) Trotz der Wut, die Wellington und Aberdeen gegen Bülow hegten (noch
im November 1828 hatte ihn Wellington in einem Briefe an Aberdeen „a wise
fool" höhnisch genannt), konnten sie doch der Logik seiner Ausführungen nichts
entgegen setzen. Die betreffende Stelle (Wellington an Aberdeen. Stratfield Saye
7. November 1828) lautet: „There exists in the world a class of men who

Endlich setzte Bülow auch die unter nichtigen Vorwänden so lange verweigerte Audienz bei Wellington durch.*) In dieser Unterredung sprach der Herzog in etwas ironischer Weise seine Ueberzeugung aus, daß die Sendung Müfflings von Kaiser Nikolaus angeraten und überhaupt lediglich deshalb unternommen worden sei, um der Pforte Vertrauen zu den Absichten Rußlands einzuflößen. Anderes wenigstens habe er aus der Depesche Bernstorffs nicht herauslesen können. Bülow erwiderte sofort in kräftigster Weise. In Berlin, so führte er aus, werde Niemand begreifen, wie gerade jene Depesche für die englische Regierung den Anlaß zu Anschauungen geben könne, deren letzte Konsequenzen dazu führen müßten, die Bemühungen des preußischen Spezialgesandten zu durchkreuzen. Denn wenn man in London diese Mission mehr russisch als preußisch nenne, so würden dadurch in Konstantinopel jedenfalls Zweifel an der Aufrichtigkeit der Absichten Friedrich Wilhelms III. erzeugt werden. Wellington kam im Laufe der Unterhaltung der Auffassung Preußens soweit entgegen, daß er es sogar für nötig erklärte, an Gordon eine Kopie der Depesche Bernstorffs zu senden. Zugleich erbat er — was Aberdeen unhöflicherweise unterlassen — eine Abschrift des Aktenstückes.**)

---

may be called wise fools, and there are more of them in Prussia than anywhere. Of this class is Bülow". Der betreffende Brief ist eine Antwort auf ein Schreiben Aberdeens an Wellington (Foreign office, 6. Nov. 1828) in welchem sich folgende schmeichelhafte Stelle über Preußen befindet: „I have always been afraid of expecting anything from Prussia being of opinion that it is the most rascally government of Europe, the most selfish and rapacious. The same reason which induced them to make peace with regicide France before any other power, would lead them willingly to deliver over the independence of Europe to Russia, if anything could be obtained by it. (Despatches of the Duke of Wellington. Vol. V. S. 222).

*) Bülow an den König. London, 17. Juli 1829. (Geh. St.-A.).

**) Welches Mißtrauen Wellington ursprünglich der Mission Müfflings entgegenbrachte, geht aus dem Briefe Wellingtons an Aberdeen (Walmer Castle) vom 29. Juli 1829 hervor. Hier heißt es: „There is some trickery in Müffling's mission. I think that Seymours' account does not exactly agree with Bülows' and certainly not with Trauttmannsdorffs'. I believe the truth to be that Müffling is an agent of the emperor of Russia, but sent by the king of Prussia in order to save appearances. — — Then he is to propose the cession of Anapa and Poti. This will be kept from us specially. It is believed that we object to any Russian aggrandisement in Asia and particularly to the cession of these places, and that is true". (Despatches of the Duke of Wellington. Vol. VI, S. 225).

Bülow erkannte auf Grund dieser Auseinandersetzung, daß Wellington zwar den Frieden wolle, aber auf seine Art. Er wolle ihn nämlich — meldete er an Bernstorff — von England diktiren lassen. Was aus Griechenland werden solle, komme für ihn erst in zweiter Reihe. Für den Herzog sei der Traktat nur eine unangenehme Verpflichtung, deren er sich am liebsten bei guter Gelegenheit entledigen müsse. Aus einigen Bemerkungen hatte übrigens Bülow bei jener Veranlassung ersehen können, wie stark das englische Kabinet auf das Zustandekommen eines Ministeriums Polignac rechnete, und wie sehr es jede Verzögerung dieser Kombination bedauerte. Seiner Ansicht nach war deshalb die preußische Vermittelung geradezu eine Notwendigkeit. So viel stehe fest — so lautete seine Schlußfolgerung — daß Preußen das einmal begonnene Unternehmen zu Ende führen müsse, ob es nun England gefalle oder nicht.

Von der in jenen ersten Unterredungen eingeschlagenen Taktik ging Bülow auch in den nächsten Wochen nicht ab. Immer wieder machte er die britischen Minister darauf aufmerksam, wie falsch doch das von ihnen angewandte Verfahren sei, die Pforte ihr gefährliches Spiel weiter treiben zu lassen, blos um den Schein einer Intervention zu Rußlands Gunsten zu vermeiden. Auch verfehlte er nicht, darauf hinzuweisen, wie sehr das englische Kabinet der Sache des Friedens nützen könne, wenn er den Türken begreiflich mache, daß sie sich bei weiterem Verharren in ihrer trotzigen Haltung keiner Unterstützung von englischer Seite her zu versehn hätten. Ja, er scheute sogar vor der Frage nicht zurück, ob denn Wellington für die von ihm vertretene Orientpolitik wirklich auf eine Mehrheit im Parlamente rechnen könne. Aber selbst Aberdeen, der dem Standpunkte Bülows von allen britischen Ministern am nächsten stand, hielt es mit Rücksicht auf die Verstimmung Wellingtons noch immer für unzeitgemäß, die Berichtigung jener Warnungen vorbehaltlos anzuerkennen. So kam es, daß der Erfolg der Bemühungen Preußens in London anfänglich nicht zu Tage treten konnte. Man gewann vorläufig den Eindruck, als ob die englische Regierung Gordon zwar den Auftrag gegeben habe, Unterhandlungen zwischen der Pforte und Nikolaus zu befürworten, aber nur mit dem Hintergedanken, das Vorrücken Diebitschs zu verzögern und die russischen Operationen zu durchkreuzen. Erst später sollte es offenbar werden, wie sehr in der letzten Zeit die Einsicht in den wahren Sachverhalt an der Themse zugenommen hatte, und auf welchen er=

giebigen Boden die von dem preußischen Gesandten ausgestreute Saat gefallen war.

Eine äußerlich freundliche, im Herzen aber recht frostig gemeinte Aufnahme fand die Botschaft von der Sendung Müfflings in Wien. Noch ehe durch Vermittelung Brockhausens Metternich die Mitteilung von dem wichtigen Ereignis zugegangen war, hatte der österreichische Staatskanzler von Trautmannsdorff zwei Berichte über den Beschluß des Berliner Hofes erhalten, welche ihm zugleich die Nachricht von der bevorstehenden Absendung der erwähnten preußischen Depesche an die Kabinette von Wien, Paris und London gebracht. Gleich nach dem Eintreffen dieser Kunde sagte er zu Brockhausen, daß das Wiener Kabinet, so gern es eine eingehende Mitteilung über den neuesten Schritt Preußens entgegennehmen werde, sich doch die großen, der Ausführung dieses Planes entgegenstehenden Schwierigkeiten nicht verhehle.*) Von allen weiteren Erwägungen abgesehen, mußte ja für Metternich eine Aktion, die Preußen plötzlich wieder in den Vordergrund der politischen Ereignisse schob, so unerwünscht wie möglich sein. Es bekundete dieser Staat durch ein solches Auftreten eine Selbständigkeit, welche Metternichs Lieblingsplan von einer Solidarität der beiden Mächte in der orientalischen Angelegenheit plötzlich zerstörte. Die so lange mit allen diplomatischen Künsten verschleierte Isolirung Oesterreichs wurde nun plötzlich auch dem blödesten Auge offenbar. Aber noch weit bedenklichere Folgen konnten sich für diesen Staat ergeben, wenn Preußen auch in Zukunft diesen freien und stolzen Gang einhielt. Dann mochte doch noch der Tag kommen, wo Oesterreich auch den letzten Schein einer Führerrolle in der deutschen Staatenwelt verlor, und wo die deutsche Entwickelung wieder in die von Friedrich dem Großen mit der Gründung des deutschen Fürstenbundes betretenen Bahnen einlenkte. Man wird es deshalb begreiflich finden, wenn Metternich in stillem Aerger Brockhausen zu verstehen gab, daß nach den Erfahrungen, die das österreichische Kabinet hinsichtlich des Charakters der Türken gemacht, ein gänzliches Scheitern der Mission Müfflings nicht ausgeschlossen sei. Selbstverständlich vergaß er nicht, diese

---

*) Brockhausen an den König. Nr. 62. Wien, 7. Juli 1829. (Geh. St.-A.). „Monsieur le Prince de Metternich me dit à ce sujet, qu'il recevroit avec plaisir la communication qu'on lui annonçait de la part du Cabinet de Votre Majesté, mais son Altesse ne dissimule point qu'Elle voyoit de grandes difficultés dans l'exécution."

Warnungen mit den besten Wünschen für das Gelingen der Reise des Generallieutenants zu begleiten.*)

Der preußische Vertreter bekam jetzt unablässig die Klagen des österreichischen Staatskanzlers über Rußland zu hören. Mit Bitterkeit äußerte sich der letztere namentlich über die administrativen Maßregeln Rußlands in der Moldau und Wallachei, indem er betonte, daß Oesterreich es unmöglich ruhig mit ansehen könne, wie Rußland sich in jenen Gegenden häuslich niederlasse. Was diesen Punkt anlangte, so wurden die Bedenken Metternichs auch am Berliner Hofe geteilt. Man fand es begreiflich, wenn die habsburgische Monarchie sich nicht auch von Süden her von dem nordischen Nebenbuhler umklammern und sich der bequemen türkischen Nachbarschaft berauben lassen wollte. Die preußische Regierung fühlte sich deshalb veranlaßt, nachdem sie sich einigermaßen von den wirklichen Intentionen Rußlands in Kenntnis gesetzt hatte, das Wiener Kabinet zu beruhigen. Leider mußte Bernstorff damals seiner andauernden Kränklichkeit halber auf eine kurze Frist Berlin verlassen. In seinem Auftrag beeilte sich Ancillon, in einer Depesche an Metternich zu versichern, daß die erwähnten russischen Maßregeln vorläufig nur auf dem Papier beständen, und daß gerade die geräuschvolle Ankündigung derselben beweise, wie der Zar nur durch eine Drohung auf die Pforte habe einschüchternd einwirken wollen.**) Zugleich benutzte Ancillon diese Gelegenheit, um eindringlich Metternich darauf aufmerksam zu machen, wie ein schneller und durchgreifender Erfolg Müfflings das beste Mittel zur Zerstreuung aller Wolken am politischen Horizonte sein würde. Wenn Oesterreich, schrieb er, im Vereine mit England und Frankreich das Wort Preußens in Konstantinopel verstärken wollte, so sei an einem Erfolge nicht zu zweifeln — die Hofburg werde um so weniger Einwand dagegen erheben, als sich Oesterreich und Preußen bisher bei den Bemühungen zur Unterstützung des Friedens stets auf einer gemeinsamen Linie bewegt hätten. Auf diese Mahnung hin begann Metternich, der preußischen Intervention wieder etwas freundlichere Gesichtspunkte abzugewinnen. Die Sendung Müfflings diplomatisch zu unterstützen, war er übrigens gleich von vornherein entschlossen gewesen. Denn so unangenehm der Schritt Preußens im Grunde ge-

---

*) Brockhausen an den König. Nr. 64. Wien, 14. Juli 1829. (Geh. St.-A.).
**) Ancillon an Brockhausen. Berlin, 24. Juli 1829. (Geh. St.-A.).

nommen war, so hatte er doch durchaus keine Lust, Oesterreich ganz von der Friedensaktion auszuschließen zu lassen. Bald gaben ihm übrigens die rasend schnellen Fortschritte der Russen auf dem Kriegstheater Ursache genug, das preußische Unternehmen selbst im Interesse des von ihm vertretenen Reiches willkommen zu heißen.

Während die russische Regierung selbst im Verein mit der Mehrzahl des diplomatischen Korps*) in Petersburg Müffling den besten Erfolg wünschte, wurden diese friedlichen Gesinnungen der offiziellen Kreise von den Anhängern der russischen Nationalpartei durchaus nicht geteilt. Diesen Elementen wäre aus den verschiedensten Gründen ein Mißerfolg des preußischen Gesandten willkommen gewesen. An der Vereinbarung über diese Mission wußten sie hauptsächlich zu tadeln, daß man sich „wieder einmal an die Deutschen" gewandt. Der Geist des Neides und der Eifersucht gegen alles Deutsche hatte sich schon, wie bereits erwähnt, anläßlich der Ernennung Diebitschs bei den russischen Fanatikern geregt. Dieser Haß verstummte anfangs auch vor den militärischen Erfolgen nicht. „Das erste unglückliche Gefecht bei Pravady", schrieb Galen nach Berlin, „wo General Roth vier Kanonen verlor, wurde fast mit Triumphgeschrei von den zahlreichen Gegnern des obersten Befehlshabers begrüßt, der ganze Fehler auf ihn (Diebitsch) geworfen und das Mißlingen des Feldzuges als gewiß prophezeit. Als seitdem die glänzenden Siege dieses Feldherrn sie Lügen straften, und Thatsachen lauter als Verläumdungen redeten, nahmen sie ihre Zuflucht dazu seine Bülletins lächerlich zu machen und dieselben mit einer beißenden Kritik anzugreifen, die der Hauptstadt des Feindes Ehre gemacht haben würde. Nicht allein auf den General Diebitsch, sondern auf das Heer selbst und den Geist, der es beherrschte, erstreckten sich diese Verunglimpfungen, wie man sich nicht entblödete, sie laut in Gegenwart fremder Diplomaten zu äußern. Um zu beweisen, wie tief diese leider nur zu sehr verbreitete Partei die Achtung für alles, was einem braven Mann heilig und teuer ist, gesunken sei, halte ich es für meine schmerzliche Pflicht, noch des Umstandes zu gedenken, daß selbst die Reise Sr. Majestät des Kaisers nach Berlin zu laut geäußerten Spöttereien und heftigem Tadel Anlaß gegeben hat".**) Nicht mit

---

*) Nur einzelne Mitglieder des diplomatischen Korps äußerten: Müffling werde hoffentlich alles bei seiner Ankunft schon geordnet finden.

**) Galen an den König. Nr. XIII. Petersburg, 5. Aug. (24. Juli) 1829. (Geh. St.-A.).

Unrecht schrieb Galen diesen bösen Geist dem Ueberwuchern radikaler Prinzipien zu, die, wie er treffend bemerkte, vielleicht nirgends mehr verbreitet seien als in der „absolutesten Monarchie Europas." Den bei weitem größten Anteil aber hatte an diesen Ausschreitungen der nationale Fanatismus, dem sogar die einheimische Dynastie als eine Vertretung von Fremden erschien. Es ist nötig, sich diese Erscheinungen immer wieder zu vergegenwärtigen, um die Umtriebe des chauvinistischen Russentums zu Ende des neunzehnten Jahrhunderts in ihrer historischen Entwickelung beobachten zu können.

Zunächst freilich blieb diese nationalrussische Opposition gegen Diebitsch wirkungslos. Der Eindruck seiner letzten Erfolge auf ganz Europa war stark genug, um endlich auch die Verstimmung der Stock= russen auf eine zeitlang zu beschwichtigen. Aus der Ferne betrachtet konnte es scheinen, als ob er vom Geschicke ausersehen sei, der alters= schwachen Türkei das Sterbeglöcklein zu läuten. Man sah allgemein die Lage der Pforte für um so bedenklicher an, als auch von Tiflis die Nachricht von einem Siege der unter Paskewitsch Oberbefehl stehenden Generale über ein Korps von 15 000 Türken herüber= drang. Dem Vernehmen nach sollte sich Diebitsch bereits an= schicken, den Balkan zu überschreiten, um, ohne den Fall Schumlas abzuwarten, Adrianopel zu besetzen. Ja, man vermutete daß gerade dieser Zug die Türken nötigen würde, aus Furcht vor einer Um= gehung ihrer Streitkräfte die Verteidigung „jenes Schlüssels des Balkans" aufzugeben. Im übrigen mußte der Balkanübergang nach der Einnahme Silistrias, das sich mit 100 000 Mann — darunter zwei Paschas — und 200 Kanonen ergeben hatte, weit gefahrloser als früher erscheinen. Alle diese Vorgänge würden die europäischen Regierungen, denen das Schicksal der Pforte und Konstantinopels ins= besondere am Herzen lag, noch mehr in Schrecken gesetzt haben, wenn nicht damals bereits einige Nachrichten über den traurigen Gesund= heitszustand der russischen Operationsarmee an die einzelnen Kabinette gelangt wären. Der wahre Thatbestand blieb ihnen freilich noch vor= enthalten. Als Irrtum aber muß die Annahme bezeichnet werden, als ob man an jenen Stellen von dem wirklichen Sachverhalt gar keine Ahnung gehabt hätte. Bereits Ende Juli konnte Bülow aus London an Bernstorff berichten, daß den neuesten Nachrichten zufolge die russischen Truppen sehr unter Fiebern und Dissenterie litten, und daß die Soldaten wie die Fliegen hinfielen. Sehr bezeichnend fügte er hinzu, daß diese Kunde die Unthätigkeit Wellingtons nur zu wohl erkläre.*) Auch von anderer Seite ward dem Berliner Hofe diese Thatsache bestätigt. Man wird deshalb der Wahrheit mit der Annahme näher kommen, daß nicht die Unkenntnis über den Gesundheitszustand des russischen Heeres, sondern die Hoffnung auf eine Dezimirung der Scharen Diebitschs durch Krankheiten und Strapazen einer der bestimmenden Gründe für die Zurückhaltung Englands und Oesterreichs gewesen seien. Für das britische Kabinet insbesondere war freilich in erster Linie die Erwägung maßgebend, ob die Krise in Paris in der gewünschten Weise verlaufen und sich daran die geplante politische Kombination knüpfen lassen würde.

Der letzte Akt des Dramas nahte. Ganz Europa verfolgte mit fieberhafter Aufregung die Aktion des russischen Oberfeldherrn. Seine Bahn glich nach dem Worte eines späteren Geschichtsschreibers einem „Abgang, auf welchem weder ein Stillstehen noch Zurückweichen zu denken war und welche ihn zu neuen Erfolgen oder zu gänzlichem Verderben führen mußte."

---

*) Bülow an den König. (chiffrirt). London, 25. Juli 1829. (Geh. St.-A.). „Le Sr. Roth m'a également confié qu'il vient d'apprendre confidentiellement d'un des sousseerétaires au ministère des affaires étrangères, qu'il y est arrivé la nouvelle que l'armée russe souffre de fièvres malignes et de dissenteries au point que les soldats tombent comme des mouches. — — Cette nouvelle expliqueroit suffisamment la passivité du duc de Wellington."

Zwölftes Kapitel.

Wellingtons Pläne. — Eifersucht Englands auf Rußland. — Bülows Versuche, die englische Regierung zum Eintreten für Müffling zu bewegen. — Oesterreich, England und das Kabinet Polignac. — Erfolge Bülows in London.

Mit Unruhe hatte Wellington die Fortschritte des russischen Heeres mit angesehen, es aber bisher nicht gewagt, aus seiner Reserve herauszugehen. Ohne einen festen Anhalt an Bundesgenossen zu haben, die über eine starke Landarmee geboten, konnte man sich in London nicht erdreisten, Rußland gegenüber eine kräftige Sprache zu führen. Freilich traute sich England die Macht zu, im äußersten Notfall auch allein zu handeln, immerhin wollte man aber ein solches Risiko nicht ohne die allerschwerwiegendsten Gründe übernehmen. Gelang die Spekulation mit Polignac, so war die Lage Englands jedenfalls eine ungleich günstigere. Denn entweder konnte man dann mit Drohungen einen leichten Sieg erringen, oder man brauchte nur Englands treffliche Waffe, die Kriegsflotte, allein in Aktion treten zu lassen, um mit Konzentrirung aller Kräfte einen vernichtenden Schlag gegen die aufstrebende russische Kriegs- und Handelsmarine zu führen. Schon längst hatte man ja an der Themse mit Neid und Eifersucht die von Kaiser Nikolaus mächtig geförderten Bestrebungen Rußlands auf diesem Gebiete beobachtet. Aus den Gesprächen mit Heytesbury vermochte der preußische Vertreter deutlich zu ersehen, welche Befürchtungen man in London nach dieser Richtung hin nährte. Der Kaiser, sagte Heytesbury, bemühe sich zwar bei jeder Gelegenheit zu betonen, „daß Rußland nie eine bedeutende Seemacht werden könne, da es ihm an einer Handelsmarine fehle und seine, während sechs Monaten durch Eis der Schiffahrt gesperrten Haupthäfen die Entstehung derselben unmöglich mache. „Wie aber", fuhr der Lord fort, „wenn der freie Durchgang durch den Bosporus erst gesichert ist, und dort unter einem milderen Himmel jene Handelsmarine entstände, deren Bildung hier unmöglich scheint, wenn die Schöpfung einer mächtigen Flotte im schwarzen Meere die Folge hiervon wäre, das neu emporblühende und mit vortrefflichen Matrosen ausgerüstete Griechenland sich lieber der befreundeten und durch Religionsbande verschwisterten russischen Krone als der stolzen Albion anschlösse, die Herrschaft der letzteren dadurch wankend gemacht, und ihre einzelnen Besitzungen in jenen Gegenden gefährdet werden könnten?"*) War also selbst dieser unermüdliche Anwalt eines friedlichen Ausgleiches von Sorgen über die maritime Entwickelung Rußlands erfüllt, welche Anschauungen mußten dann unter den einflußreichen Gegnern der russischen Macht in London herrschen?

Auch in Bezug auf Griechenland hatte England bis zur Schlacht von Kulewtscha durch Gordon, der in Konstantinopel an die Stelle Stratford Cannings getreten war, eine vom Mißtrauen gegen Rußland diktirte Politik verfolgen lassen. Statt in erster Linie die Türken dazu zu veranlassen, ihren Widerstand gegen das Protokoll aufzugeben, verlangte Gordon von der Pforte, daß — wenn sie schon die Stipulationen des Protokolls nicht unterschreiben wolle — sie wenigstens Attika in die Grenzlinie des neuen Griechenlands einbeziehen lassen möchte. Für den Sultan blieb dies ein ebenso gefährliches wie trügerisches Mittel. Gefährlich, weil die Türkei dadurch ihren Antagonismus zu Rußland verschärfen mußte. Brachte nämlich der Sultan ein solches Opfer, so war es klar, daß er dadurch den Schutz Englands erkaufen wollte. Trügerisch aber erschien das Mittel, weil nach alter Erfahrung zwischen der Zusage der Bundesgenossenschaft Englands und deren Verwirklichung noch eine tiefe Kluft gähnte.

Durch Bülow richtete das preußische Kabinet an die englische Regierung die dringende Mahnung, bei der Pazifikation Griechenlands sich nicht auf Argumente zu berufen, die nur dazu geeignet wären, Wasser auf die Mühle der nationalrussischen Partei zu liefern.**) England — so setzte der preußische Vertreter Aberdeen auseinander — solle sich an die Wahrheit gewöhnen, daß das siegreiche Rußland nicht

*) Bericht Galens an den König. Nr. 13. Petersburg, 5. Aug. (24. Juli) 1829. (Geh. St.-A.).
**) Bülow an den König. London, 25. Juli 1829. (chiffrirt). (Geh. St.-A.).

dem Leichnam der Pforte das Opfer der Stipulationen des Protokolls vom 22. März bringen werde. Auch möge es sich hüten, Frankreich in einen Krieg hineinzutreiben und den Weltteil dadurch unheilvollen Erschütterungen auszusetzen. Bei Aberdeen hatte Bülow mit seinen Ermahnungen wie gewöhnlich Glück, so lange er ihm persönlich gegenüberstand, aber, am nächsten Morgen, wenn Wellington mit ihm geredet, war wieder alles wie verwischt. Trotzdem ließ der unermüdliche Preuße nicht nach. Auf die Aeußerung Aberdeens, daß die Mission Müfflings besseres erhoffen lasse, als die nach der Schlacht von Kulewtscha der Pforte gemachten Propositionen Diebitschs, welche eigentlich nur eine Wiederholung des russischen Manifestes seien, erwiderte Bülow fest und sicher: man könne auf keinen Erfolg Müfflings rechnen, so lange Gordon fortfahre, den Sultan in falsche Hoffnungen einzuwiegen. Nur wenn England nachdrücklich für Müffling eintrete, sei ein günstiges Ergebnis der Sendung zu erwarten. Die Mahnungen des preußischen Vertreters waren um so nötiger, als Gordon, wie Bernstorff erfahren*), im Gespräche mit Royer es offen zugegeben hatte, daß nur Mißtrauen gegen Rußland England bisher verhindert habe, der Pforte zur Unterwerfung unter die Forderungen Rußlands zu raten. Um den Vorurteilen gegen die Sendung Müfflings und der falschen Auffassung der Absichten Rußlands in London jeden Boden zu entziehen, sah sich Ancillon genötigt, Wellington eingehende Erklärungen zu geben.**) Er fühlte sich schon deshalb dazu gedrängt, weil das englische Ministerium über das anfängliche Schweigen Preußens einigermaßen verletzt zu sein schien. Ancillon suchte zunächst diese Zurückhaltung damit zu motiviren, daß die Pforte erst kurz vor der Ankunft Müfflings auf diesen Schritt habe vorbereitet werden sollen. In geschickter Weise appellirte er dann an Englands hervorragendes Interesse an der Erhaltung des Friedens. Indem er Großbritanniens Machtmittel, seine Weltstellung, seinen Kredit bei der Pforte und seine Fähigkeit, Rußland im schlimmsten Falle großen

---

*) Bericht Brockhausens an den König. Nr. 68. Wien, 27. Juli 1829. (Geh. St.-A.). „cet ambassadeur (Gordon) lui Royer a témoigné que jusqu'à présent le peu de ce certitude que l'on avoit sur les véritables intentions de la Russie à l'égard de la paix et l'ignorance dans laquelle on se trouvoit au sujet des conditions, lorsqu'il s'agiroit d'une négociation, avoient été les raisons pourquoi la Porte n'avoit pu faire une démarche vers ce but et que même on n'avoit pu le lui conseiller."

**) Ancillon an Bülow. Berlin, 31. Juli 1829. (Geh. St.-A.).

Schaden zuzufügen, noch einmal hervorhob, stand er nicht an, Wellington als im Besitze des Schlüssels zur Situation zu bezeichnen. Umsomehr aber — so betonte er — sei England verpflichtet, der Zustimmung Frankreichs und Oesterreichs zu dem aus dem Geiste strengster Unparteilichkeit hervorgegangenen Friedenswerke des Königs auch die seine hinzuzufügen. Bereitwillig gab Ancillon alle der Intervention sich entgegentürmenden Schwierigkeiten zu, auch die Fehler, welche Rußland selbst durch ungeschickt abgefaßte Manifeste begangen. Trotzdem, so schloß er seine eindringliche Ausführung, lebe Preußen der Ueberzeugung, im Bunde mit den anderen Großmächten diese Hindernisse beseitigen zu können, indem es der Pforte den unwiderleglichen Beweis führe, daß Kaiser Nikolaus nicht nur den Frieden wünsche, sondern auch Bedingungen stellen wolle, die weder die Existenz noch die Würde des türkischen Reiches gefährden würden.

Die Bemühungen Preußens in London wurden durch den Umstand erleichtert, daß Esterházy, wie Bülow berichtete, bei Wellington allmählig an Boden verlor. Seine kavaliermäßige Behandlung der Geschäfte und seine „Unfähigkeit, einen Gegenstand länger als acht Tage" zu verfolgen, drückten ihn in der Beurteilung des Herzogs zu der Rolle eines liebenswürdigen Kindes hinab, dem man imponiren und das man gelegentlich beiseite schieben konnte.*) Preußen mußte froh sein, in seinen Unterhandlungen durch Oesterreich in London wenigstens nicht gestört zu werden, wenn es auch schmerzlich beklagte, daß die zweite deutsche Großmacht keinen Finger zur Erhaltung des Friedens rührte. Selbst Mitglieder der österreichischen Diplomatie hatten eine Empfindung für die seltsame Rolle, die Oesterreich in jenen entscheidungsschweren Tagen in England spielte. So klagte der der österreichischen Botschaft attachirte Neumann über die Passivität und Gleichgültigkeit Esterházys gegenüber den nur allzu gerechtfertigten Bestrebungen Preußens in der orientalischen Frage. Er mußte sogar zugeben, daß der russische Gesandte, obwohl er mit Wellington auf gespanntem Fuße stand, in London ein einflußreicher Mann sei, während Esterházy täglich mehr in den Hintergrund trete. Selbst Metternich erkannte jetzt die Schwäche der Stellung des österreichischen Vertreters, fühlte sich aber nicht bewogen, ihm andere Direktiven zu geben, oder ihn abzurufen, aus Furcht, daß die Russen in diesem

---

*) Bülows Bericht an den König. London, 31. Juli 1829. (chiffrirt). (Geh. St.-A.).

Momente jede Aenderung der österreichischen Politik und einen Personen=
wechsel auf einem so wichtigen Posten als Nachgiebigkeit und Schwäche
behandeln könnten. Er begnügte sich daher damit, in London über die
Unthätigkeit Englands zu klagen und die Drohung hinzuzufügen, daß
Oesterreich, wenn es keine Unterstützung bei Wellington finde, sich die
Freiheit nehmen werde, allein nach Maßgabe seines eigenen Vorteils
zu handeln.*)

Das Kabinet von St. James befand sich gegenüber der Ver=
stimmung Oesterreichs, den allarmirenden Berichten Heytesburys und
den militärischen Fortschritten der Russen in keiner angenehmen Lage.
Das Schlimmste war, daß in Frankreich die Dinge nicht vom Fleck
rücken wollten. Man beschloß daher im englischen Ministerrat, in
Paris einen moralischen Druck auszuüben. Lord Stuart de Rothsay
ward angewiesen, dem französischen Hofe gemeinsame Maßregeln Eng=
lands und Frankreichs zum Schutze der Existenz der Pforte zu bean=
tragen und zugleich die Ernennung Polignacs zum Minister der aus=
wärtigen Angelegenheiten mit allen Mitteln zu betreiben. England
machte geradezu seine letzten Entschlüsse von der Antwort Frankreichs
abhängig, so daß die Entscheidung über Krieg und Frieden plötzlich in
die Hände des Königs von Frankreich gelegt war. Mit ungeheurer
Spannung erwartete alle Welt die nächsten Nachrichten von der Seine.
Fiel der Bescheid Frankreichs für England ungünstig aus, dann war
Wellington gezwungen, sich wieder Rußland mehr zu nähern und die
Aussichten auf die Erhaltung des Friedens stiegen. Man suchte sich
in London auch für diesen Fall den Ausweg bereits offen zu halten.
Wenigstens ließ die Ungeduld darauf schließen, mit der sich Aberdeen
bei Bülow nach den Fortschritten der Sendung Müfflings erkundigte,
und die Beflissenheit, mit der er Lieven zu verstehen gab, daß Ruß=
land England bei der Frage der Pazifikation Griechenlands nicht genug
Vertrauen schenke.

Schneller aber, als man nach dem bisherigen langen Zögern
hätte ahnen können, fiel jetzt die Entscheidung in Paris. Martignac,
der stark und bedächtig zugleich das Staatsruder Frankreichs geführt
und in der auswärtigen Politik die Interessen Europas mit den Inter=
essen seines Landes zu vereinen gewußt, trat am 8. August 1829 zu=
rück — nicht nur wegen der ungünstigen Abstimmung über die von

---

*) Bülow an den König. London, 4. August 1829. (chiffrirt). (Geh. St.-A.).

ihm vorgelegte Munizipal- und Departementalgesetzreform, sondern weil
er zu der Ueberzeugung gekommen war, daß seine politische Stellung
infolge der Wühlereien seiner Gegner völlig unhaltbar geworden sei.
In den Kreisen der Gemäßigten glaubte unmittelbar nach seinem Sturze
trotz aller Warnungen niemand, daß es Polignac gelingen werde,
gerade jetzt, wo die Situation gleichsam auf des Messers Schneide
ruhte, sich an die Spitze des Staates zu schwingen. Nachdem der
König von Frankreich sich noch in den letzten Monaten öfters bestimmt
für die Fortsetzung der Traktatspolitik erklärt hatte, konnte die Berufung eines Feindes dieser Politik unmöglich angenommen werden.
Allerdings hatte der Monarch in einer Besprechung mit Gordon die
allzuschnelle Zustimmung des französischen Gesandten zum Märzprotokoll getadelt, aber nur weil er als nächste Folge der Rückkehr der
Gesandten nach Konstantinopel eine Verstärkung des Eigensinnes der
Pforte befürchtet. Aber aus derselben Unterredung, wie aus anderen
Kundgebungen, schien trotzdem hervorzugehen, daß Frankreich sich
während des weiteren Verlaufes der orientalischen Angelegenheit den
übernommenen Verpflichtungen nicht entziehen werde. Alles, alles,
besonders die Stimmung im Lande, die ein Regiment der Rechten
geradezu verabscheute, sprach gegen ein Kabinet Polignac. Nur die
Kreise der Ultras und der Vertreter Oesterreichs, durch den Metternich
über alle Einzelheiten des reaktionären Komplottes auf dem Laufenden
erhalten wurde, wußten in Paris es besser, daß das anscheinend Un-
mögliche zur Wahrheit werden sollte.

Wenn auch Werther nicht zu den Eingeweihten gehörte, und noch
kurz vor der Entscheidung die Berufung des genannten Diplomaten
bezweifelte, so befand er sich doch über die Folgen eines solchen unberufenen Streiches von vornherein im klaren. Falls der König von
Frankreich — so schrieb er an Bernstorff — während der Parlaments-
ferien wirklich Polignac mit dem höchsten Amte des Staates betrauen
sollte, so werde der Sturz eines derartigen Ministeriums gleich nach
dem Wiederzusammentreten des Parlamentes erfolgen. Nach seiner
Meinung waren die Schwierigkeiten der inneren Lage mit Leichtigkeit
zu überwinden, wenn ein gemäßigter Politiker von Ansehen und Einfluß an die Spitze der Regierung gestellt wurde. Mit einem solchen
wäre die Kammer nicht schwer zu behandeln gewesen, da die gemäßigten
Liberalen ein Grauen vor der äußersten Linken und deren Radikalis-
mus hatten. Selbst der Herzog v. Blacas, der sonst immer schwarz-

scherisch gewesen war, sagte zu Werther, daß er das Land nie ruhiger als jetzt gefunden. Bei einiger Vernunft und bei gutem Willen hätte man Frankreich auf der Bahn der stetigen ruhigen Entwickelung erhalten und die angestammte Dynastie vor schweren Schicksalsschlägen bewahren können. Statt dessen folgte die Monarchie den abenteuerlichen Ratschlägen von Leuten, die gar nicht imstande waren, die Konsequenzen der von ihnen empfohlenen Maßregeln zu übersehen.

Unter dem Vorwande eines Urlaubs, der zur Förderung von Privatzwecken benutzt werden sollte, hatte Polignac London verlassen, um zu Paris das Eisen zu schmieden, so lange es warm war. Seine bald darauf erfolgte Ernennung zum Chef der französischen Regierung wirkte auf die öffentliche Meinung Frankreichs wie ein furchtbarer Donnerschlag. Polignac war von der liberalen und radikalen Presse der Bevölkerung in den schwärzesten Farben geschildert worden und galt den Massen deshalb geradezu als ein moralisches Ungeheuer. Eine Sturzwelle der Entrüstung überflutete Frankreich. Herr von Arnim, der, nach der Abreise Werthers von Paris, während der kritischen Zeit Preußen an der Seine vertrat, schilderte Bernstorff den Ernst der Lage in lichtvollen, man könnte sagen von prophetischem Geiste erfüllten Berichten. Das neue Ministerium besaß nach seiner Ueberzeugung auch nicht die geringste Aussicht im Lande festen Fuß zu fassen. Gehörte es doch ganz der äußersten Rechten an, die die Charte als eine von Ludwig XVIII. der Revolution gemachte Konzession betrachtete und daher dem Könige am besten zu dienen glaubte, wenn sie ihn möglichst bald von diesem Werke des Teufels befreite. Nach Arnims Bericht wäre allerdings ein Teil des Publikums vielleicht milder gegen Polignac gewesen, wenn er nicht als Werkzeug und Handlanger Wellingtons gegolten hätte, wogegen der nationale Stolz sich ganz besonders empörte. Man wußte, daß der König eine geheime Korrespondenz mit dem Herzog unterhalten hatte. Auf des letzteren Rat allein war deshalb, so schloß man, Polignac berufen worden. Unter diesen Umständen galt das Ministerium als todtgeboren. Die Rechte, auf die es sich stützen wollte, besaß überdies eine zu geringe Vertretung in der Kammer. Selbst bei Hofe beklagten viele den Entschluß des Königs, weil sie den Anbruch einer antimonarchischen Bewegung im Volke befürchteten. Denn es schonte die Presse, welche den Krieg gegen das Kabinet sofort eröffnet hatte, selbst die Person des Monarchen nicht. Das scheidende Ministerium wurde

jetzt sehr bedauert, besonders die Person Martignacs. Die Plötzlichkeit
der Ernennung Polignacs erschien um so rätselhafter, als noch zwei
Tage vor dem Ereignis und zwar zu einer Zeit, da es schon feststand,
daß Polignac Minister werden sollte, an einem Koalitionsministerium
gearbeitet worden war. Allenthalben witterte man geheime Intrigen,
ward verstimmt und mißvergnügt. Selbst die gemäßigten Liberalen,
die bereit gewesen wären, das letzte Ministerium zu unterstützen, wenn
man ihnen einige Konzessionen gemacht hätte, traten jetzt zur Opposition über.

Polignac wandte die größte Mühe an, den drohenden Sturm zu
beschwichtigen. Nicht nur, daß er versprach, auf Grund der Verfassung
zu regieren, gab er sogar die Erklärung ab, in der auswärtigen Politik
genau in die Fußstapfen des letzten Kabinets treten zu wollen. Aber
weder seine Versprechungen, noch die an den russischen Gesandten gerichtete Versicherung des Königs, es werde in der Orientfrage der
alte Kurs eingehalten werden, vermochte die aufgeregte öffentliche
Meinung zu beruhigen und Polignac von dem Verdacht der Abhängigkeit
von England zu reinigen. Vielmehr war der König durch die seinem
Minister gewährte Deckung selbst unpopulär geworden. Mit Schrecken
erging sich Arnim bereits in Vermutungen, welche Folgen es haben
mußte, wenn die Minister von der Kammer zum Rücktritt gezwungen
werden sollten.

In Berlin freilich wollte Ancillon, der infolge des leidenden Zustands
Bernstorffs eine Zeitlang mehr in den Vordergrund trat, das Ereignis
nicht in demselben Lichte wie Arnim sehen. Seinen hochkonservativen
Ansichten angemessen beurteilte er das neue Ministerium recht günstig.
Die abgehenden Minister, so erwiderte er Arnim, hätten zwar guten
Willen und viele Mäßigung gezeigt, aber der geistigen Grundlage einer
festen, charaktervollen Weltanschauung ermangelt. Ja er meinte sogar,
es würden den neuen Vertretern des Monarchen, wenn sie nur einige
wirkliche Verwaltungstalente besäßen, die Einheit der politischen Färbung
zu gute kommen.*) Auf dem Gebiete der auswärtigen Angelegenheiten
erwartete Ancillon auch nach dem Kabinetswechsel keine wesentliche
Aenderung. Er glaubte nicht an eine bewaffnete Intervention Frankreichs und Englands, da ja — so urteilte er — Niemand die moralische

*) Ancillon an Arnim. Berlin, 21. August 1829. (Geh. St.-A.): „leur
couleur uniforme et prononcé et l'identité de leurs maximes directrices,
si les apparences ne trompent pas."

Verantwortung für einen Krieg Aller gegen Alle übernehmen wolle. Jedenfalls sei es für die beiden Mächte gewinnbringender und angemessener, Rußland, das bis jetzt die größte Mäßigung bewiesen, die Hand zu einem ehrenvollen Abkomren zu bieten, als einem unsicheren Abenteuer nachzujagen. Nur für den Fall, daß Rußland Miene machen sollte, jede Friedensverhandlung zurückzuweisen und seine Siege rücksichtslos auszubeuten, also auf die Zertrümmerung der Türkei loszusteuern, wollte Ancillon Frankreich, England und Oesterreich das Recht zugestehen, energischen Widerstand zu leisten. Er bestritt aber, wie gesagt, daß dazu jetzt schon der Moment gekommen sei. Als bestes Mittel allen Schwierigkeiten zu entgehen, empfahl er deshalb dem neuen französischen Kabinet die kräftigste Unterstützung Müfflings bei seiner verantwortungsreichen Aufgabe und zwar — wie er besonders hervorhob — mit um so besserem Gewissen, als jedes andere Mittel doch infolge der Schnelligkeit der Ereignisse unanwendbar sei.*) Ja, er unterließ es nicht, an die royalistische Gesinnung der neuen Staatsleiter in Paris zu appelliren und sie zu beschwören, dem Könige und Frankreich ein Opfer zu bringen. Als Preuße trug er unwillkürlich auch die Anschauungen über die Macht und Kraft des preußischen Königtums in seine Beurteilung der französischen Verhältnisse hinein. Immer wieder mußte ihn Arnim darauf aufmerksam machen, wie ein Königtum, das sich allzuweit von den Wünschen der öffentlichen Meinung abwende, im modernen Frankreich geradezu verloren sei. Gänzlich unbefangen, mit erstaunlicher Schärfe der Beobachtung, faßte der Vertreter Preußens in Paris seine Bedenken zu einem erschütternden Bilde der Situation zusammen. Das Ministerium lebte seit dem Tage seiner Installirung kein wirkliches Leben: weil es bei jeder Handlung Anstoß zu erregen fürchtete, wagte es sich gar nicht in die Oeffentlichkeit heraus. Polignac selbst fühlte seine peinliche Situation und tadelte es, daß der König ihm nicht überlassen habe, sein Ministerium selbst zu wählen. Er würde, so sagte er, gern Talente aus der liberalen Partei in das Kabinet mit hineingenommen haben, wenn es der König nicht verhindert hätte. Der Monarch selbst mußte es erleben, daß die Mitglieder des Thronrats sich vor seinen

---

*) Ancillon an Arnim. Berlin, 21. Aug. 1829. (Geh. St=A.). Das französische Ministerium solle in Verein mit England und Oesterreich zu gunsten Müfflings eine energische Sprache führen: "un langage précis, pressant, catégorique, impérieux et même menaçant."

Augen in der heftigsten Weise stritten. So trieb Frankreich anscheinend gänzlich haltlos einer Katastrophe entgegen, in einem Augenblicke, wo die russische Armee auf Konstantinopel marschirte und die griechische Frage zur Entscheidung kommen mußte.

In London hatte die Ernennung Polignacs anfangs großes Entzücken hervorgerufen*), das sich aber bald legte, als man dort die Zusammensetzung des neuen Ministeriums und die Aufnahme, die es in Frankreich gefunden, erfuhr. Man begann Polignac mit andern Augen zu betrachten und schickte sich an, obwohl man lange mit großen Worten gespielt, vor der Gefahr zurückzuweichen. Zur Beschleunigung dieses Rückzugs aber trugen die Vorstellungen, die Preußen durch Bülow in London machen ließ, ganz bedeutend bei.**) Als Aberdeen sich rühmte, Gordon den Befehl zur Unterstützung Mufflings gegeben zu haben, erklärte Bülow sehr freimütig, daß diese Unterstützung gar keinen praktischen Wert besitze, weil sie durch die Aktion zu gunsten Polignacs wieder aufgehoben worden sei, und daß es daher ganz anderer Maßnahmen bedürfe, wenn der Frieden wirklich erhalten bleiben solle. Auch ließ er diese Gelegenheit nicht vorübergehen, ohne eine Verständigung über die griechische Angelegenheit noch einmal eindringlich befürwortet zu haben. Endlich trugen seine Bemühungen Früchte. Vom französischen Geschäftsträger erfuhr er, wie Aberdeen sich ganz plötzlich den Ansichten Gordons und Guilleminots, also der Pazifikation Griechenlands ohne Anerkennung durch den Sultan, zugeneigt und bereits Roth beauftragt habe, unverzüglich Polignac in dieser Hinsicht zu beeinflussen. Der französische Geschäftsträger schrieb diesen friedlichen Erfolg dem Auftreten Bülows zu. In der That legte jetzt Aberdeen eine größere Bereitwilligkeit an den Tag, den Ratschlägen des preußischen Vertreters Gehör zu leihen. Er bedauerte den mürrischen Ton, den er eine Zeitlang angeschlagen, und sprach Bülow die Genug-

---

*) Bülow an den König. Nr. 66. London, 26. August 1829. (Geh. St.-A.). (chiffrirt). Aberdeen äußerte, wahrscheinlich einem Wunsche Wellingtons gehorchend zu verschiedenen Personen, daß der neue Minister ein Mann von Geist und großem Talente sei, daß der Herzog v. Wellington Polignacs Meinung teile und überzeugt sei, Frankreich habe seit der Restauration kein besseres Ministerium gehabt.

**) Bülow an den König. London, 18. Aug. 1829. (chiffrirt). (Geh. St.-A.). „Le chargé d'affaires de France pense que le langage que j'ai tenu à Lord Aberdeen n'a pas manqué son effet. Il en a gagné la conviction par les observations que lui a faites ce ministre."

thuung des englischen Kabinets über Preußens Haltung offen aus.*) Wellington, so äußerte er sich, fühle sich zu Dank verpflichtet, weil der Berliner Hof die von Rußland geplante neue administrative Organisation der Moldau und Walachei in Petersburg zur Sprache gebracht habe und zwar mit dem Hinweis, daß derartige Maßregeln Zweifel an der Aufrichtigkeit der Friedensworte des Zaren erregen müßten. Mit der preußischen Vermittelung schien Aberdeen plötzlich höchst zufrieden zu sein. Bülow freute sich im stillen über diese Wandlung, wenn er auch anfangs den Gekränkten spielte, um dem stolzen Lord die Sache nicht allzu leicht zu machen. Für die englische Regierung — so gab er Aberdeen zu verstehen — müsse es angesichts der Thatsache, daß die Russen jeden Augenblick vor Konstantinopel stehen könnten, ein Gebot der Klugheit sein, die Versprechungen des Kaisers Nikolaus öffentlich als über allen Zweifel erhaben darzustellen, statt den Monarchen durch unzeitige Maßnahmen, wie die geplante Absendung von vier Linienschiffen nach dem Mittelmeer, zu reizen. Aberdeen erschöpfte sich darauf in Friedensversicherungen. Mit Nachdruck gab er die Erklärung ab, daß das englische Kabinet so lange als irgend möglich Zuschauer bleiben werde, d. h. bis zu dem Momente, wo es Englands Interesse für gefährdet und die britische Ehre für kompromittirt ansehen müsse. Denn in demselben Moment, wo man den Engländern sagen werde, der Kaiser von Rußland habe seine Versprechungen gebrochen, sei es ein leichtes, Begeisterung für den Krieg in England zu erzeugen. Aberdeen war, wie Bülow stets anerkannt, der weitsichtigste unter den englischen Staatsmännern. Er allein wußte sich mit gutem Geschick in die neue Lage zu finden, während Wellington

---

*) Bülow an den König. London, 18. August 1829. (chiffrirt). (Geh. St.-A.) Aberdeen hatte die Depesche Ancillons vom 31. Juli sich nicht wollen vorlesen lassen, ohne eine Kopie der Depesche selbst überreicht zu erhalten. Jetzt entschuldigte er sich. Er hoffe, sagte er, daß Bülow ihn recht verstanden und nichts seinem Hofe gesagt habe, was darauf hindeuten könne, daß England die Vorschläge Preußens zurückweise. Bülow gab sich nun den Anschein des Gekränkten und las die Depesche, als ihn Aberdeen nunmehr um die Mitteilung derselben bat, unter höflicher Angabe der Gründe nicht vor. Zugleich sprach er sein Bedauern über das damalige Verfahren Aberdeens aus. England werde, so sagte er, noch die Unparteilichkeit und das Vertrauen, mit dem ihm Preußen entgegengetreten, schätzen lernen. Darauf hin erging sich dann Aberdeen in den schmeichelhaftesten Versicherungen über Preußens Haltung. Welche Gesinnungen der englische Staatsmann in Wirklichkeit ebenso wie Wellington gegen Preußen hegte, ist schon an anderer Stelle erwähnt worden. Auch hier galt eben das alte Wort, daß Not beten lehrt.

die Kränkung nicht verwinden konnte, sich mit seinen Prophezeiungen über die nächste politische Zukunft geirrt zu haben. Wenn auch Aberdeen sich alle Mühe gab, den Vorgang so darzustellen, als ob Wellington die jetzigen Ereignisse vorausgesehen und bereits ein Jahr vorher in einem Memoire dazu Stellung genommen habe, so durchschaute doch Bülow mit scharfem Blick sofort, wer in Wahrheit der weisere von beiden gewesen. Sehr merkwürdig war, daß Aberdeen jetzt auch dem Gedanken einer vollständigen Auflösung des türkischen Reiches näher trat. In seinen Unterhaltungen mit dem Vertreter Preußens erging er sich über diesen Gegenstand in großen historischen Perspektiven, wobei er, freilich mit einer gewissen Resignation, die ungeheure Zunahme an Macht und Einfluß, die Rußland und Preußen seit einem Jahrhundert errungen, festsstellte.*)

Aberdeens Appell an die Friedensliebe und thatkräftige Hilfe Preußens brachte Bülow zu der Ueberzeugung, daß von seiten des englischen Kabinets keine Opposition mehr zu fürchten sei. In der That ließ sich die allgemeine Stimmung Europas jetzt günstiger als wenige Wochen vorher für den Frieden an. Hatte doch auch Polignac unter dem Druck der öffentlichen Meinung die Erklärung in Petersburg abgeben müssen, die bisherige Marschlinie in der auswärtigen Politik einhalten zu wollen. Diese Kundgebung war dann wieder von günstigem Einfluß auf England gewesen. Aber das Hauptverdienst bei dieser friedlichen Wendung — das kann nicht genug wiederholt werden — muß Preußen zugeschrieben werden. Es hatte während der letzten Wochen in London, Petersburg und Wien vom preußischen Kabinet eine freie und kühne Sprache geführt und ein Wagnis unternommen, das auch zu seinem Nachteil ausschlagen konnte. Aber niemals waren auch — wie Ancillon treffend bemerkte — Wahrheit, Aufrichtigkeit und Mut nötiger gewesen als in jenen kritischen Tagen.

---

*) Bülow an den König. Nr. 70. London, 4. Sept. 1829. (chiffrirt). (Geh. St.-A.). Aberdeen sagte zu Bülow: „je vais plus loin encore que vous, en pensant que la prise de Constantinople n'est pas nécessaire, pour rompre le charme sauvair. C'en est fait déjà, il n'importe. La dissolution de l'Empire Ottoman en Europe est à prévoir, il ne s'agit encore que de quelques années de plus de moins. L'Empire des évènements triomphera de ce côté, tout comme il a déjà triomphé visiblement en faveur de la Russie et de la Prusse, qui pendant un siècle sont parvenues à un degré de puissance et d'influence que l'Europe fut bien loin de prévoir alors."

Dreizehntes Kapitel.

Neue Intrigen der russischen Chauvinisten. — Mahnung Preußens an Rußland, es möge England beschwichtigen. — Rußland behandelt die Vertreter der Mächte „dilatorisch". — Weitere Nachrichten über die Pest im russischen Heere. — Müfflings und Royers Eingreifen. — Der Frieden von Adrianopel. — Bernstorff und Müffling.

Die Aufgabe der preußischen Diplomatie war um so schwieriger, als der russische Chauvinismus jetzt die Parole ausgab, daß Rußland sich nicht mehr mit kleinen Vorteilen abspeisen lassen dürfe, sondern einen kühnen Griff in die unermeßliche Kriegsbeute thun müsse. Befand sich der siegreiche Feldherr — so kalkulirten jene Elemente — erst einmal in Konstantinopel, dann besaß das offizielle Rußland aller Berechnung nach gar nicht mehr die Macht, die nationalen Fanatiker in ihre Schranken zurückzuweisen. Noch freilich mußten sich die letzteren einige Zurückhaltung vor dem Kaiser auferlegen. Inzwischen griffen sie deshalb aufs neue zu dem bewährten Mittel, Diebitschs Ruhm vor aller Welt zu verkleinern und die Eroberung Erzerums durch Paskewitsch als die Hauptthat des ganzen Feldzuges zu bezeichnen. Auch Schöler, der gerade damals von seinem Urlaub wieder in Petersburg angelangt war, berichtete nach Berlin, daß Paskewitsch ganz bedeutend überschätzt werde, und daß der Haß gegen Diebitsch geradezu lächerliche Formen angenommen habe. Die öffentliche Meinung Rußlands werde systematisch in chauvinistischem Sinne bearbeitet. Alle diese Nachrichten mußten in Berlin Beunruhigung erregen. Die Sendung Einbecks*), welche zur selben Zeit erfolgte, hatte deshalb den

---

*) Kapitän Einbeck vom zweiten Garderegiment.

Zweck, Rußland auf der durch die kaiserlichen Versprechungen gegebenen politischen Basis festzuhalten. Freilich konnte — wie Ancillon richtig erkannte — das Ergebnis nur dann als ein vollständiges gelten, wenn man die russischen Regierungskreise so weit brachte, in London beruhigende Erklärungen abzugeben, um auf diese Weise eine Wechselwirkung zu erzielen. Ancillon veranlaßte deshalb Schöler, Nesselrode vorzustellen, wie die russische Regierung ihrer Würde durch einige vertrauliche Mitteilungen über ihre Auffassung der ganzen politischen Situation und insbesondere der Sendung Müfflings dem Kabinet von St. James gegenüber nichts vergeben werde. Rußland müsse, schrieb er, England begreiflich machen, daß freundschaftliche Dienste noch keine Intervention und auch keine Mediation seien. Auch Schöler hielt diesen Ausweg für empfehlenswert, wenn er auch an einen sofortigen Erfolg zweifelte. Denn es schien ihm, als ob die Haupthindernisse des Friedens weniger die augenblicklich vorliegenden Differenzen, als die schier unversöhnlichen Interessengegensätze seien, welche schon vor dem Kriege in Geltung gewesen. Angesichts der Unmöglichkeit — erwiderte er Ancillon — diese Verhältnisse ganz friedlich auszugleichen, müsse sich Europa noch ganz zufrieden fühlen, durch den partiellen Krieg vor einem allgemeinen Blutvergießen bewahrt worden zu sein. Bei seinen Bemühungen, den Anforderungen des Berliner Kabinets gerecht zu werden, hatte Schöler gerade mit einer großen Zurückhaltung der russischen Regierung zu rechnen. Rußland wollte erst weitere Erfolge auf dem Kriegsschauplatze abwarten, um in möglichst günstiger Lage der Auseinandersetzung mit den anderen Großmächten entgegenzugehen. Acht Tage lang verhielt sich Nesselrode vollständig unnahbar. Sogar nach der Ankunft des Kapitäns Einbeck gewährte er Schöler nur eine kurze Unterredung, in der er sich mit der Wendung entschuldigte, daß Türken, Griechen und Perser ihm keinen Augenblick Ruhe ließen. Selbst Preußen also konnte unter diesen Umständen nicht auf volles Vertrauen rechnen. „Der Wunsch, den Frieden recht bald zu erhalten" — so schilderte Schöler die Situation — „besteht noch eben so allgemein und in derselben starken Weise als vorher, auch ist die Meinung, ihn auf billige Bedingungen abzuschließen, an und für sich noch immer unverändert, allein, wenn die Lage beider russischen Armeen so günstig bleibt, als man sich schmeichelt, daß sie wirklich sei, wenn keine für Rußland nachteilige Wendung eintritt, was man gewiß ist, hier für unmöglich zu halten, und wenn die Pforte sich wirklich zur Eröffnung der Friedensunterhandlungen bequemt, wie man voll Zuversicht erwartet, dann dürften Rußlands Forderungen am Ende doch nicht so vollendet großmütig sich darstellen, als die Erwartung erregt worden ist und als sie leicht möglich auch dann noch von russischer Seite allen Ernstes dafür gehalten und gepriesen werden möchten. Das vielen Personen sich aufdringende Bedürfnis, den Krieg und die Opfer die er gekostet, vor der Nation möglichst zu rechtfertigen, wird Ansichten erzeugen und behaupten lassen, welche die Regierung — mehr oder weniger — über das früher selbst angedeutete Ziel hinauszugehen nötigen werden."

So sehr diese Thatsachen Schölers Arbeit zu erschweren drohten, so fanden sie doch ein Gegengewicht in der sich von Tag zu Tag steigernden Friedensliebe der europäischen Großmächte, die auch unter den in Petersburg anwesenden Diplomaten zum starken Ausdruck kam. Durch das sichere Auftreten Nesselrodes gewann jetzt bei ihnen die Meinung an Boden, daß es mit Diebitschs Heere weit besser bestellt sein müsse, als sie ursprünglich angenommen. Der englische Botschafter beklagte jetzt sehr, daß man — durch die falschen Nachrichten über die russischen und türkischen Streitkräfte in eine gewisse Sicherheit eingewiegt — nicht gleich am Schlusse der letzten Kampagne von allen Seiten her energisch den Frieden gefordert habe. Auch der französische Botschafter, Herzog von Mortemart, stimmte in die Klagen Heytesburys ein, namentlich in dessen Kritik über die Rückkehr der Gesandten nach Konstantinopel. Nach der Schilderung der beiden Diplomaten hatte diese Maßregel die Türken nur in ihrem Trotz bestärkt. Mortemart war durch die Ministerialveränderungen in Paris und die sich daraus ergebende Unsicherheit der französischen Politik ohnehin in mißmutigster Stimmung. Er klagte in Schölers Gegenwart, wie allem Anscheine nach Kaiser Nikolaus gar nicht mehr daran gehindert werden könne die Pforte über den Haufen zu werfen, wenn ihn nicht sein gegebenes Wort davon zurückhalte. Was aber den Vertreter Oesterreichs, den Grafen Ficquelmont anlangte, so hatte er sich offenbar bereits mit fatalistischem Gleichmut in den Untergang der Türkei gefunden. Wenigstens wollte er jetzt für die österreichische Diplomatie das Verdienst in Anspruch nehmen, die Katastrophe vorausgesagt und längst schon die übrigen Mächte aufgefordert zu haben, sich über das unvermeidliche Ereignis vorher zu verständigen. Dieser Gleichmut war freilich etwas erkünstelt und

erst infolge des Anwachsens der friedlichen Strömung im politischen
Leben Englands bei ihm und seinem Herrn und Meister zum Durch-
bruche gekommen. Diese versöhnliche Stimmung des diplomatischen
Korps in Petersburg kam Schöler trefflich zu statten. Nicht minder
aber begrüßte er freudig die Wandlung die sich mit des kaiserlich-
russischen Staatskanzlers Unnahbarkeit vollzogen hatte. Nesselrode
zeigte sich jetzt sichtlich bemüht über die Ziele und Absichten Rußlands
dem Vertreter Preußens die beruhigendsten Versicherungen abzugeben,
wenn er es auch vorläufig noch für nötig hielt über einige Punkte
Schweigen zu beobachten. Namentlich suchte er die Maßregeln Rußlands in der Administration der Moldau und Wallachei als gänzlich
bedeutungslos und als den Abmachungen des Ackermannschen Traktats
völlig angemessen darzustellen. Doch in einem Punkte blieb er fest.
Er weigerte sich die Bedingungen, unter welchen die Pforte von Rußland den Frieden erlangen könne, England genauer anzugeben, als
dies vor ganz Europa bereits geschehen sei. Auf Schölers Andeutung,
Gordons Unterredung mit Royer beweise immerhin, daß man es
russischerseits mit dieser Einschränkung nicht so genau nähme, erwiderte
Nesselrode lebhaft, in jener Erörterung seien die Friedensbedingungen
Rußlands nur sehr ungenau dargestellt und namentlich die Kriegs-
kostenentschädigung nicht genügend in Rechnung gezogen. Mit großem
Eifer gab dann der kaiserlich russische Staatskanzler dem Vertrauen
Ausdruck, welches Rußland der Sendung Müfflings entgegenbringe,
ein Vertrauen, das in London bereits zum Gegenstand der Eifersucht
geworden sei. Er hoffe, fügte er hinzu, es möchte die Sprache des
preußischen Abgesandten eine kräftigere und erfolgreichere sein, als die
der beiden Botschafter, welche für ihre „in Honig getunkten Anträge"
eine völlig zurückweisende, ja ironisierende Antwort erhalten hätten.
Schöler sah sich genötigt, die Anschauungen Nesselrodes einigermaßen
zu berichtigen. Er verteidigte Gordon und Royer gegen die Annahme,
als ob sie die Notwendigkeit des Ersatzes der Kriegskosten hätten
leugnen wollen. Dagegen legte er allen Nachdruck darauf, nachzuweisen,
wie auch Müffling gar keine Berechtigung besitze, die Pforte über die
Forderungen Rußlands näher zu unterrichten, sie vielmehr darauf hin-
weisen solle, sich auf Landabtretungen und Ersatz von Kriegskosten
gefaßt zu machen. Nesselrode aber ging auf diese Einwände gar nicht
ein, sondern bemerkte nur mit großer Ruhe, daß man, dank den Verdiensten des Grafen Diebitsch — es war, wie Schöler bemerkte, lange

her, daß ein Lob dieses Mannes aus seinem Munde gekommen war — den Frieden binnen wenigen Monaten mit Sicherheit erwarten dürfe. Merkmale eines Entgegenkommens der Pforte wollte der Graf freilich bisher noch nicht bemerkt haben, bezeichnete vielmehr alles, was dahin gedeutet werden könne, auch das Schreiben des Großveziers, als Nebensächlichkeit. Alles in allem mußte Schöler den Eindruck gewinnen, daß Rußland nicht die Annahme aufkommen zu lassen wünsche, als ob es den Frieden nicht seiner eigenen Kraft, sondern der Vermittelung einer andern Macht verdanke. Es widerstrebte dem russischen Selbstgefühl, irgend jemandem, sollte es auch der befreundete preußische Staat sein, von der öffentlichen Meinung eine solche Rolle übertragen zu lassen. In der Praxis war Rußland freilich gern bereit, sich Müfflings gute Dienste gefallen zu lassen. Wie sehr man in Petersburg auf den Frieden rechnete, ging aus den Mitteilungen Nesselrodes hervor. Die Wahl der Friedensunterhändler ließ deutlich auf die friedlichen Absichten des Kaisers schließen, der ja schon seit längerer Zeit, wie in seiner Umgebung verlautete, sich danach sehnte, die große Arbeit der inneren Reform zu beginnen. Der Monarch wurde in diesem Wunsche durch den Grafen Kotschubey bestärkt, auf dessen Rat er den größten Wert legte. Trotz dieser friedlichen Disposition der leitenden russischen Kreise mußte doch mit einer plötzlichen Wendung nach der chauvinistischen Seite hin gerechnet werden. Dieselbe vermochte in dem Momente einzutreten, wo die Türkei sich ohne weiteren Widerstand in den Willen des Siegers ergab. Bis jetzt war ja von Nachgiebigkeit nicht viel zu bemerken, immerhin aber konnte, wie bei orientalischen Völkern so oft, der Umschwung plötzlich kommen. Denn es war den Türken, wie Schöler richtig bemerkte, eigen, wenn die Hoffnung auf den Frieden erst einmal Wurzel in ihren Herzen geschlagen hatte, sich „wohl einige Steigerung in den Aufopferungen" gefallen zu lassen. Gerade davor aber bangte Schöler. Er fürchtete, es möchte sich dann der Zar — in dem Bestreben die Opfer, welche der Krieg Rußland gekostet, möglichst zu rechtfertigen — dazu verleiten lassen, beim Friedensschlusse allzuviel von der Pforte zu verlangen. Nicht mit Unrecht erinnerte er daran, wie auch Kaiser Alexander einer solchen Versuchung nicht habe widerstehen können. Diese Besorgnisse, mit denen sich Schöler längere Zeit trug, verringerten sich erst einigermaßen, als auch an sein Ohr die Kunde von dem höchst bedenklichen Gesundheitszustand der russischen Armee drang. „Die Pestansteckung", so konnte er bereits am 25. August nach Berlin berichten*), „welche in den seit dem vorigen Jahre von den Russen besetzten Plätzen am schwarzen Meere herrscht, hat unter anderem in Varna bis jetzt 70 Offiziere und 4000 Mann weggerafft, so daß nach einer Aeußerung des Zaren vier Regimenter ganz aussterben werden. Solche Verluste außer dem Gefechte erklären die Notwendigkeit neuer Aushebungen und solche Nachteile im innern Verhältnis halten gegen das Waffenglück im Felde die Wagschale hinreichend im Gleichgewicht, um letzteres der Aussicht zum Frieden nicht Eintrag thun zu lassen." Einzelheiten wie die hier von Schöler berichteten, widerlegen — wie hier nochmals festgestellt werden mag — die Annahme, als ob die sanitären Verhältnisse der von Diebitsch befehligten Truppenteile für die ganze europäische Diplomatie gleichsam eine „terra incognita" gewesen seien. Freilich erfuhr Schöler bei seinen trefflichen Beziehungen mehr als die Vertreter der übrigen Großmächte. Wer von den verheerenden Krankheiten, die im Lager der Russen wüteten, nicht die allergenaueste Kenntnis hatte, dem mußte allerdings die Lage Diebitschs nach dem letzten Siege als eine sehr günstige erscheinen. Bereits hatte der Sieger nach Petersburg gemeldet, daß er am 20. August Adrianopel besetzen werde und daß der Großvezier ihm Waffenstillstand angetragen und ihn ersucht habe, einen Ort zur Unterhandlung zu bestimmen. Den Waffenstillstand lehnte Diebitsch ab, weil man die russische Heeresleitung, wie er sagte, fünf Wochen nach einer gewonnenen Schlacht ohne Bescheid gelassen. Dagegen erklärte er sich bereit, den zweiten Wunsch zu erfüllen und den Großvezier einige Orte zur Auswahl für den gewünschten Zweck freizustellen. Ueber die Forderungen Rußlands war die Pforte bereits im Juli von ihm verständigt worden. Je mehr Diebitsch sich selbst von der Schwäche und der bedenklichen Lage seines Heeres überzeugt hatte, desto auffälliger trug er Festigkeit und Sicherheit zur Schau. Zu statten kam ihm dabei, daß Persien, auf dessen Hilfe die Türkei bis vor kurzem noch große Stücke gebaut, infolge der Siege von Paskewitsch nunmehr an einer Erneuerung des Krieges verhindert war. Gleichwie Paskewitsch mit teilweise unzulänglichen Mitteln und verhältnismäßig geringen Heerscharen Erfolge auf dem asiatischen Kriegsschauplatze errungen**),

---

*) Postskript zu Bericht Schölers an den König. Nr. XV. Petersburg, 25. Aug. 1829. (Geh. St.=A.).

**) Bericht Schölers an den König. Nr. XVI. Petersburg, 13. (25.) Aug. 1829. (Geh. St.=A.). Als eine Fabel weist Schöler die von der national=russischen

meinte auch Diebitsch allen Unbilden der Verhältnisse zum Trotze ans
Ziel gelangen zu können. Unaufhaltsam drang er vorwärts und bald
stand er, nachdem auch Adrianopel in seine Hände gefallen, wenige
Tagereisen von Konstantinopel entfernt.

Den Vertretern der preußischen Politik allerdings wäre gerade
in jener Zeit der Entscheidung ein langsameres Tempo im Vorgehen
der Russen recht erwünscht gewesen. Denn jeder Zusammenstoß, mochte
er nun mit einem Erfolg oder Mißerfolg der russischen Armee endigen,
konnte jetzt die preußische Intervention, noch ehe sie begonnen, zum
scheitern bringen. Mit atemloser Spannung wurde überall, selbst da, wo
man mit dem Schritt des Berliner Hofes nicht einverstanden war, die
Nachricht von der Ankunft Müfflings in Konstantinopel erwartet. So
schnell jedoch der preußische Abgesandte nach dem Schauplatze der Ereignisse eilte, so ließ er doch vorsichtig nichts außer acht, was den Zweck
seiner Fahrt gefährden konnte. Er verzichtete zum Beispiel, Bernstorffs
Rat Folge leistend, darauf, seinen Weg über Odessa zu nehmen, weil er
es vermeiden wollte, ein russisches Schiff zu besteigen und so aus der
Rolle eines preußischen Sendboten in die eines russischen zu geraten.
Vielmehr wählte er Neapel als Route, von wo aus sich die Vertreter
Englands und Frankreichs, Gordon und Guilleminot, sowie Royer
nach Konstantinopel begeben hatten. Von Smyrna aus eilte er dann
auf dem Landwege dem Ziele seiner Reise zu. Kurz vor seiner Ankunft hatte bekanntlich Frankreich noch die Ehren der Friedens-
vermittelung einheimsen wollen und durch General Guilleminot der
Pforte seine Intervention beim Zaren anbieten lassen — ohne dazu
von letzterem ein Mandat zu besitzen. Dieser Plan aber war gescheitert, weil die Pforte mittlerweile infolge von Nachrichten über den
ungünstigen Gesundheitszustand des russischen Heeres neuen Mut geschöpft hatte. „Ein Spion", schreibt Müffling in seinen Aufzeichnungen, „war beim Reis angekommen, der aus dem Rücken der
russischen Armee die Nachricht überbrachte, daß die Pest in der
russischen Armee ausgebrochen sei, in der Gegend von Varna, Pra-
vodi u. s. w. wütete und daß alles dahin deutete, daß diese Armee
über die Donau zurückgehen müsse." Die Pforte, welche sich auf diese
Kunde hin einredete, daß Allah selbst ihre Gegner zu vernichten sich

---

Partei verbreitete Meinung zurück, daß Diebitschs kleinlicher Eifersucht zu Liebe
Paskewitsch mit unzureichenden Streitkräften versehen worden sei.

anschicke, lehnte die französische Intervention mit den hochmütigsten Wendungen ab.*) Diese schroffe Ablehnung verdankte Frankreich auch seiner Stellung auf den jüngst in Konstantinopel wieder aufgenommenen Konferenzen über die Abgrenzung des griechischen Staates, auf welchen der französische Vertreter für eine weitere, der von England für eine engere Grenze gestimmt hatten. Für Müffling war infolge der mißglückten französischen Intervention die Unterhandlung sehr erschwert und zwar umsomehr, als der französische Gesandte, um sich eine größere Wichtigkeit beizulegen, nicht nur das bereits gesagt, was in Müfflings Auftrag lag, sondern noch weit mehr: „nämlich, daß der Kaiser Nikolaus die Entschädigungen aufgeben werde". Die türkischen Staatsmänner konnten dadurch auf den Gedanken kommen, der Zar habe eine doppelte Vermittelung veranlaßt. „Es war klar", schreibt Müffling, „daß die Pforte, wenn sie ins Gedränge kam, sich immer nicht mit mir einlassen, sondern lieber Frankreich in die Arme werfen würde, das ihr bessere Bedingungen gestellt hatte. Wenn es darum zu thun gewesen wäre, gewöhnliche diplomatische Kunstgriffe anzuwenden, so konnte es allerdings nicht schwer fallen, Frankreichs Absichten verdächtig zu machen, mich an England anzuschließen (dessen Vertreter jetzt in Konstantinopel „persona gratissima" war) und dadurch auf die Pforte zu wirken. Dann aber mußte ich in die griechische Frage eingehen — was ganz außer meinem Verhältnis lag — durch dieses Eingehen England täuschen, gewissermaßen gegen die einmal ausgesprochene Absicht von Rußland auftreten, und auf eine unwürdige Art meine Zuflucht zu Intrigen nehmen, was eben so sehr gegen die Art und Absicht des Gouvernements, das mich gesendet hatte, als gegen meine persönliche Neigung war. Auf der andern Seite fehlten mir alle Mittel, um mich mit dem französischen Ambassadeur zu verstehen, denn der österreichische Internuntius hatte eine Abschrift meiner Instruktion von seinem Hofe erhalten, welche dadurch zugleich allen andern Gesandten bekannt geworden war. Es konnte

---

*) Müffling, „Aus meinem Leben". Teil 1, S. 271 schreibt: „Der Reïs legte auf die Nachricht von der Pest in der russischen Armee ein großes Gewicht, und es zeigte sich bei ihm der Gedanke im Hintergrund: Die Pest nötigt die russischen Armeen, über die Donau zurückzugehen, sie bieten alles auf, um dies unter möglichst vorteilhaften Bedingungen auszuführen; der Kaiser Nikolaus ist zu dem Zweck sich Vermittler zu verschaffen, nach Berlin gereist und hat auch Frankreich für seine Zwecke gewonnen.

nicht fehlen, General Guilleminot mußte daraus erkennen, daß meine Sendung nicht geeignet war, ihn aus seiner Stellung zur Pforte zu verdrängen und der Unterhandlung zu schaden, welche er soeben angeknüpft hatte. Der einzige Vorteil der mir blieb, bestand darin, daß ich aus dem Orte kam, in welchem der Kaiser Nikolaus sich öffentlich geäußert hatte und daß man also vermuten konnte, ich hätte Instruktionen und Vollmachten von dem Kaiser selbst erhalten." Mit Hilfe dieses Nimbus und unterstützt durch sein energisches und sicheres Auftreten gelang es Müffling, trotz aller Hindernisse vorwärts zu kommen. Es war ein schweres Stück Arbeit, der Pforte beizubringen, Bevollmächtigte an Diebitsch zu senden, so lange der die Unterhandlungen führende türkische Staatsmann, der Weisung des Sultans folgend, immer wieder auf den Gedanken zurückkam, daß das russische Heer viel zu schwach zum Angriffe auf Konstantinopel sei und daß Europa diesen wichtigen Punkt gar nicht in die Hände der Russen fallen lassen könne. Und eben so schwer erwies es sich, den Diwan zur Absendung einer Gesandtschaft nach Petersburg zu bewegen, also zu einem Schritte, der nach orientalischen Begriffen eine Demütigung in sich schloß. Der Beherrscher aller Gläubigen sträubte sich deshalb auf das äußerste gegen eine solche Forderung. An und für sich würde er sich auch schwerlich zum Nachgeben entschlossen haben. Die Lage Konstantinopels war von strategischem Gesichtspunkte aus betrachtet durchaus keine verzweifelte. Eine Stadt von 80 000 Einwohnern mit dreißigtausend bewaffneten Türken, die von der Seeseite her immer wieder mit Nahrungsmitteln versehen werden konnte, brauchte ja zunächst noch nicht zu verzagen. Ein Angriff der russischen Flotte blieb ausgeschlossen, da die englische sich einem solchen Unternehmen in jedem Falle widersetzt haben würde. Auch durfte immerhin noch auf einen Entsatz der Stadt durch den Pascha von Scodra gerechnet werden, der mit 30 000 Albanesen bei Sofia stand. Was der Sultan und seine Ratgeber, die letzteren mehr als ihr Oberherr, fürchteten, war ein Aufstand der Alttürken, die noch immer Mahmud wegen seiner europäischen Reformen und wegen der Niederwerfung der Janitscharen grollten. Die Staatsmänner des Serails rieten deshalb, wie Moltke in seiner Geschichte jenes Feldzugs so trefflich hervorhebt, zum Frieden, weil sie für ihre Köpfe fürchteten, wenn die von den konservativen Elementen der Hauptstadt verbreitete Bewegung zum Ausbruch gelangte. Vielleicht würde der Aufruf zum Glaubenskriege die streitenden Parteien in Konstan-

tinopel haben einigen können, wenn Diebitsch nicht so sorgfältig jede
Betonung des religiösen Gegensatzes während des Feldzuges vermieden
und so die strengen Anhänger des Korans beruhigt hätte. Schweren
Herzens gab der Sultan, der am längsten an der Ueberzeugung von
der Unüberwindlichkeit der Pforte fest gehalten, endlich nach. So konnte
Müffling endlich zum Ziele gelangen. Das Werk glückte, weil die
Not der Lage die übrigen Gesandten, welche sich in einer Täuschung
über die Zustände im Lager des Siegers befanden, zwang, die
Forderungen Müfflings zu unterstützen. Selbst der französische Ge=
sandte erklärte, er hätte „der Pforte nur den guten Willen Frankreichs
ohne Zusicherung, daß Rußland die Mediation annehmen werde oder
angenommen habe", angeboten. Auch behauptete er jetzt, er habe nur
Hoffnung auf den Nachlaß der Kriegsentschädigung seitens Rußlands
gemacht aber einen solchen Schritt nicht bestimmt in Aussicht gestellt.
Die Ereignisse drängten zur Entscheidung. Bereits am 24. August
konnte Küster mit den Bevollmächtigten sich ins Lager Diebitschs be=
geben, nachdem Müffling vorher offiziell an den russischen Feldherrn
geschrieben und ihm zugleich ein vertrauliches Schreiben übermittelt
hatte. Ueberhaupt blieb der preußische Abgesandte bis zu seiner Abreise
mit dem Sieger von Kulewtscha in Korrespondenz und erlangte dadurch
als Mittelsperson ein solches Ansehen, daß, wie er in seinen Auf=
zeichnungen hervorhebt, die Pforte ihn über alles zu Rate zog, worüber
sie sonst die Vertreter Englands und Frankreichs befragt hatte. Zum
Schlusse beseitigte er noch eine Reibung zwischen Sir Robert und
Diebitsch, der kundschaftende englische Offiziere aus seinem Lager ver=
wiesen — er beugte dadurch einem Konflikte vor, der vielleicht gefähr=
liche Konsequenzen hätte nach sich ziehen können. Am 5. September
schiffte sich Müffling wieder ein zur Heimfahrt, im Bewußtsein seine
Aufgabe im wesentlichen erfüllt zu haben. Freilich aber sollten sich
noch neue Hindernisse der Vollendung des Werkes entgegenstemmen.
Denn inzwischen hatten die türkischen Bevollmächtigten nach der Ab=
reise Küsters aus dem Lager so viele Schwierigkeiten erhoben, daß der
Friedensschluß in letzter Stunde zu scheitern drohte. Durch die auf
Grund eines Mißverständnisses hervorgerufene Forderung der Räumung
Adrianopels, welche der Pascha von Scodra an die Russen richtete,
verwickelte sich die Situation noch mehr. Diebitsch setzte bis zum
13. September die Frist zur Unterzeichnung des Friedens entschlossen
fest und drohte mit dem Vormarsch auf Konstantinopel. Aber jetzt

trat Royer in Aktion, der von Müffling mit den umfassendsten Vollmachten versehen worden war. Er erklärte sich, freilich nach langem Zögern, auf den dringenden Wunsch der Gesandten bereit, nach Adrianopel zu gehen, unter der Bedingung, „daß die Pforte entschlossen sei, für den Fall, daß er nichts für sie erlangen könne, am 13. September zu unterzeichnen und ihm ein Befehl des Sultans an die Bevollmächtigten mitgegeben werde, von welchem er im letzten Momente Gebrauch mache: „die Bevollmächtigten sollten unterschreiben". Mit diesem Dokumente in der Hand erzwang Royer, nachdem von Diebitsch alle vorgeschlagenen Aenderungen der Friedensabmachung zugestanden waren, die Unterschrift der türkischen Unterhändler. Der Friede von Adrianopel war eine Thatsache.

Es ist nötig, sich diese bekannten Einzelheiten noch einmal im Zusammenhange ins Gedächtnis zu rufen, um zu einem abschließenden Urteil über das Verdienst Preußens bei dem Friedensschlusse zu kommen. Im Grunde genommen war Müffling ja nur der Vollender dessen, was Bernstorff in langjähriger mühsamer Arbeit im Verein mit seinem Könige vorbereitet. Das Vertrauen auf die Unbefangenheit und Unparteilichkeit des Berliner Kabinets schritt gleichsam wie ein Cherub neben dem Abgesandten her, um ihm den Weg zwischen den streitenden Parteien hindurch zu bahnen. Die unbefangene Geschichtschreibung wird deshalb den Ruhm, den die preußische Vermittelung geerntet, in erster Linie Bernstorff zuerteilen müssen, dessen Bescheidenheit es nur niemals verstand, seine Verdienste in das rechte Licht zu setzen. Wie er stets sich selbst in den Hintergrund stellte, so fand er auch diesmal in der Freude über das Gelingen des großen Werkes den schönsten Lohn für alle seine Mühen, nachdem er die That Müfflings auf das unbefangenste gewürdigt. Denn daß dieser reiches Lob verdiene, darüber war er keinen Augenblick im Zweifel. Selbst wenn man von dem Selbstlob, das sich der Generallieutenant in seinen Aufzeichnungen gespendet, ein gutes Teil abzieht, so wird man doch nicht verkennen können, daß er während des ganzen Verlaufes der Verhandlungen sich mit Gewandheit und Klugheit aus allen Schwierigkeiten herausgezogen und im Momente der Krisis männliche Geistesgegenwart bewiesen. In jedem Falle zeigte er der Welt, was eine kraftvolle, von einem festen Willen beseelte Persönlichkeit auch unter den verwickelsten Verhältnissen zu leisten vermag. Während von der Ferne aus betrachtet der Trotz der Pforte gleichsam wie eine Natur-

gewalt erschien, der mit Gründen der Vernunft nicht beizukommen
war, stellte es sich jetzt heraus, daß es nur mutig den starken Wall
der den Beherrscher aller Gläubigen umgebenden Hofeinrichtungen zu
durchbrechen galt, um die Stimme des Warners auch im Serail er-
schallen zu lassen.*) Die preußische Intervention hat freilich später
von den Gegnern der preußischen Politik eine abfällige Beurteilung
erfahren. Gewiß mochte es eine verkehrte Welt bedeuten, wenn, nach
den Worten eines späteren Geschichtsschreibers, eine von Hunger und
Seuchen gelichtete, mit dem Untergange ringende Armee von dreizehn-
tausend Mann den Frieden diktirte, in Wirklichkeit aber wäre selbst
mit dem Untergange des Heeres Diebitschs der Streit nicht beendet
gewesen. In keinem Falle würde Rußland ruhig diese Niederlage über
sich haben ergehen lassen, vielmehr würde es sich mit neuer Kraft erhoben, neue Heeresmassen auf die Balkanhalbinsel geworfen und den
Krieg mit verdoppelter Energie weiter geführt haben. Einen Haupttrumpf hatte ja Rußland in den beiden letzten Feldzügen mit Rücksicht auf seine Bundesgenossen überhaupt noch nicht ausgespielt. Es
brauchte sich blos in der Rolle eines Befreiers der christlichen Völkerschaften der Balkanhalbinsel zu zeigen und die religiöse Zusammen-
gehörigkeit der Nord- und Südslaven zu betonen, um neue Machtmittel sofort in seine Hand zu erhalten. Ein solcher Kampf aber
mußte früher oder später einen furchtbaren Konflikt mit England
und Oesterreich herbeiführen. Schon damals hätte ein Vorrücken
Diebitschs gegen Konstantinopel der englischen Passivität ein schnelles
Ende bereitet. „Der englische Gesandte", schrieb Müffling an das
Berliner Kabinet**), „sieht die Sache der Pforte gegen Rußland als
unwiderruflich verloren an und bietet alles auf, durch mich den
General Diebitsch zu vermögen, daß er nicht auf Konstantinopel
vorrückt. So lange das nicht geschieht, wird er alles anwenden, um
die Türken zur Nachgiebigkeit zu bewegen. Erfolgt jedoch dies Vorrücken, so erklärt er sich außer stande zu wirken. In diesem Fall geht
der Sultan nach Asien wie er (der englische Gesandte) mir vertraut

---

*) Allerdings mußte auch Müffling erst durch einen genaueren Kenner orien-
talischer Verhältnisse in Konstantinopel darauf aufmerksam gemacht werden, daß
man, um mit Mitteilungen bis an den Sultan zu gelangen, sich an geheime Vermittler wenden müsse. II, 171.

**) Müffling an den König. Pera, 16. Aug. Nachm. 4 Uhr. (Geh. St.-A.).

hat, alle Gesandten werden ihn begleiten und Konstantinopel ist der türkischen Verteidigung überlassen. Was dann aus den Christen wird — und überhaupt wie das Ding endet, so sagt er mit Recht — kann kein Mensch wissen. Aus verschiedenen Umständen muß ich schließen, daß der Augenblick, wo der Sultan nach Asien flüchten muß, derselbe Augenblick ist, wo die englische Intervention eintreten würde und daß das mit der Pforte verabredet ist". Diese Eventualität hätte schon damals sich verwirklichen können, denn vielleicht wäre es Diebitsch bei der in der Hauptstadt herrschenden Panik möglich gewesen, Konstantinopel durch einen Handstreich zu nehmen. Die Türken waren allerdings hinsichtlich des Zustandes des von Diebitsch geführten Heeres der Wahrheit schon auf die Spur gekommen, wie die beständige Erwähnung der in den russischen Reihen wütenden Pest seitens des Reis Effendi deutlich beweist. Jedoch die Staatsmänner der Pforte sowohl wie die Vertreter der europäischen Diplomatie, darunter auch Müffling, täuschten sich — es kann nicht genug wiederholt werden — über die Stärke der Streitkräfte, aus denen sich die Pest ihre Opfer holte. Unter solchen Verhältnissen, besonders, wenn der Schrecken vor einem siegreichen Feldherren hergeht, pflegen auch Husarenstücke zu gelingen.

Will man aber diese Voraussetzungen nicht gelten lassen und vielleicht gar annehmen, daß es der Pforte hätte glücken können, sich in diesem sowohl wie in einem weitern Feldzuge gegen Rußland siegreich zu behaupten, so muß man doch fragen, ob ein solcher Sieg dem zivilisirten Europa überhaupt willkommen sein konnte. Die ganze gebildete Welt, welche auf seiten der Hellenen stand, wünschte damals, daß die trotzige Barbarenmacht wenigstens so weit geschwächt werden möge, daß eine Wiederkehr der bisherigen Gräuel zu den Unmöglichkeiten gehöre. England mag sich vielleicht die Fähigkeit zugetraut haben, die Türken, wenn es sie dem Verhängnis entrissen, einer inneren Reform entgegenzuführen. Immerhin hätte eine solche Wendung in jedem Falle zu einer Oberherrschaft Englands über die Lande des Balkans, also zu einer weiteren Ausdehnung der heute einen so großen Teil der Erde umfassenden englischen Macht geführt. Erwägt man alle diese Möglichkeiten, so muß das Resultat der Arbeit der preußischen Politik und der Thätigkeit Müfflings und seiner Gehilfen mit wahrer Freude begrüßt werden. Dem Weltinteresse entsprach es am meisten, wenn die Türkei jetzt den Preis des Kampfes bezahlte, im übrigen aber der „Status quo" im europäischen Staatensystem so weit als möglich aufrecht erhalten wurde. Man wird ja darüber streiten können, ob die Friedensbedingungen in Anbetracht der wirklichen Lage der russischen Armee in einzelnen Punkten nicht allzu hart waren. Wir werden sogar sehen, daß auch Bernstorff diese Meinung teilte. Indessen konnte es nicht Müfflings Aufgabe sein, um ein mehr oder weniger dieser Bedingungen mit Rußland zu feilschen. Dies mußte im wesentlichen Sache der streitenden Parteien bleiben. Ihm stand nur, seinem Auftrage gemäß, das eine Ziel vor Augen, den Weltfrieden zu erhalten, und angesichts dieser Aufgabe traten bei ihm, zumal die Zeit drängte, einzelne Bedenken über den Inhalt der russischen Forderungen in den Hintergrund.*) Etwas anderes als die Wahrung des europäischen Gleichgewichts hatte Preußen in keiner Weise gewollt. Den Vorwurf Rußland in einseitiger Weise begünstigt zu haben, der Müffling von vielen Seiten gemacht worden ist, durfte der Abgesandte mit Recht zurückweisen. Er wünschte nichts anders zu sein, als der Bote seines Königs und der Vollstrecker der zwischen Rußland und dessen Gegnern vermittelnden und ausgleichenden Politik des Berliner Kabinets.

---

*) Bernstorffs Ansicht darüber: Siehe S. 222.

Vierzehntes Kapitel.

Die russischen Friedensbedingungen und die englische und österreichische Diplomatie. — Bernstorff über die Wiederherstellung der großen Allianz. — Das preußische Kabinet und die Lügen über Müfflings Sendung. — Bernstorff und der geplante Garantietraktat zu gunsten des neuen griechischen Staates. — Die griechische Unabhängigkeitserklärung und die einzelnen Mächte. — Griechische Thronkandidaten. — Rückblick auf die preußische Orientpolitik. — Bernstorffs deutsche Gesinnung. — Schluß.

Die Bedingungen, unter welchen der Frieden von Adrianopel abgeschlossen worden war, sollten noch lange die europäische Diplomatie nicht zur Ruhe kommen lassen. Je stiller die letztere vor dem großen Ereignis gewesen, desto eifriger suchte sie jetzt, nachdem die größte Gefahr vorüber, die Ergebnisse der Bemühungen des preußischen Sendboten zu bekritteln. Müffling hatte ganz im Sinne der politischen Klugheit gehandelt, wenn er Rußland einen ehrenvollen Abschluß des ganzen Handels zu ermöglichen gesucht. Nur unter Erwägung dieser Gründe sind Müfflings Vorschläge über die Friedensbedingungen zu verstehen. Vor allem kam dabei die Frage der Kriegsentschädigung in Betracht.*) Bekanntlich wies Müffling die russische Regierung darauf hin, zunächst eine bestimmte, ziemlich hohe Kriegskostensumme aufzustellen und dann der Pforte das Anerbieten zu machen, daß Rußland die eine Hälfte davon übernehmen wolle. Die Türkei mußte es dann als eine Konzession ansehen, wenn ihr nur ein Teil dieser Last aufgebürdet werden sollte. Außerdem gab Müffling den Rat, inbezug auf die Ablösung dieser Schuld den Türken alle nur denkbaren Erleichterungen

---

*) Falsch ist die Annahme, als ob Müffling die Russen in dem Wunsche nach einer Kriegsentschädigung bestärkt habe. So skeptisch die russischen Diplomaten über eine solche noch bei der Zusammenkunft in Berlin dachten, so sehr waren sie später entschlossen, diese Frage zu einer „conditio sine qua non" zu machen. Müffling hatte mit diesem festen Willen zu rechnen. Sein Rat bezog sich blos auf die Form, in der die Entschädigung geleistet werden sollte.

zu gewähren entweder „durch Fristen oder durch succeſſive Lieferung von Handelsgegenſtänden", die das ruſſiſche Volk gebrauchen könne.

Preußen geſtand dem Zarenreiche im Prinzip ſchon deshalb das Recht auf Kriegsentſchädigung zu, weil es in einer ſolchen das einzig mögliche Mittel erblickte, das aufgeregte ruſſiſche Nationalgefühl zu beruhigen. Ohnehin war die öffentliche Meinung in Rußland, die von dem wahren Thatbeſtand nichts wußte, empört darüber, daß die ruſſiſche Armee nicht einmal ihren Siegeseinzug in Konſtantinopel halten ſollte. Ob die Kriegsentſchädigung bei dem Geldmangel der Pforte nicht weitere Gefahren für die Zukunft in ſich barg, darüber ließ ſich ja ſtreiten. Schöler ſelbſt, der ſtets das Recht Rußlands auf eine ſolche Entſchädigung verfochten, konnte ſich jetzt nicht ganz der Wahrheit der Gründe Lord Heytesburys entziehen, deſſen Beſchwerden treulich die Stimmung in England wiederſpiegelten.*)

Die engliſchen Staatsmänner hatten in der Zeit vor und nach der Löſung der Kriſe ganz ſeltſame Wandlungen durchgemacht. Einige Wochen lang waren die abenteuerlichſten Dinge über die Pläne und Abſichten Rußlands in London geglaubt worden. Aberdeen und Wellington ſahen Bülows Berichten zufolge das türkiſche Reich vor ihres Geiſtes Augen bereits in Trümmer fallen.**) An Müfflings Sendung, an jede Nachricht vom Kriegsſchauplatze, die nur einigermaßen tröſtlich klang, klammerten ſie ſich wie der Ertrinkende an den Strohhalm. In jenen Tagen ſeit dem letzten großen Siege Diebitſchs ſchien es, als ob man in England jeden Frieden, der dem türkiſchen Reiche noch das Leben friſtete, mit Jubel begrüßen würde. Sobald aber die nächſte Gefahr verſchwunden, begann das engliſche Kabinet ſofort aus Gründen politiſcher Taktik an den einzelnen Beſtimmungen des Friedensabkommens zu mäkeln.***) Es mußte von ſeiten Englands ſchon deshalb der Meinung

---

*) Ueberhaupt wollte Schöler das Gerede von der Großmut und Mäßigung die Rußland bei dem Frieden von Adrianopel bewieſen haben ſollte, übertrieben vorkommen. Er war vielmehr der Meinung, daß der ruſſiſche Staat bei jener Abmachung ganz weſentliche Vorteile davon getragen habe. Der größte Gewinn blieb, wie Moltke hervorhebt, jedenfalls der, daß eine Anzahl feſter Plätze auf dem linken Donauufer geſchleift und den Fürſtentümern einverleibt worden waren, die Donau alſo nicht mehr das ſtarke Bollwerk früherer Kriege gegen die Pforte bildete. Die Verteidigung mußte in einem künftigen Kriege am Balkan beginnen.

**) Bülow an den König. London, 2. Okt. 1829. (chiffrirt). (Geh. St.-A.).

***) Bernſtorff an Schöler in Petersburg. Berlin, 5. Nov. 1829. (Geh. St.-A.). Nur im Anfange herrſchte eine gewiſſe Freude in London, darüber, daß Kaiſer

von der Mäßigung des Zaren entgegengetreten werden, weil Rußland es sonst vielleicht bereut hätte, nicht mehr Zugeständnisse der Pforte abgepreßt zu haben. Allmählig mochten übrigens auch Nachrichten über den wahren Zustand des russischen Heeres nach London gedrungen sein und den Briten die Augen geöffnet haben. Schon bald nach der ersten Kunde vom Abschlusse des Friedens begann die englische Diplomatie sich unmutig über das Ergebnis zu äußern, vor allem über die Kriegsentschädigung. Heytesbury machte vor Schöler aus dieser Verstimmung kein Hehl. Freilich ging er zu weit, wenn er die Forderung einer Kriegsentschädigung überhaupt als eine böse Erfindung der Neuzeit bezeichnete, auf Grund deren die größeren Mächte die kleineren ab und zu in Kontribution zu setzen vermöchten. Immerhin konnte die notorische Zahlungsunfähigkeit der Pforte von Rußland später als Handhabe zu neuen kriegerischen Unternehmungen benutzt werden.*) Auch in der griechischen Frage sah Heytesbury sehr schwarz. Denn, wenn die Pforte in dem neuen Zustande zu einem willenlosen Anhängsel der russischen Macht wurde, dann mußte Rußlands Interesse an der Herstellung eines lebensfähigen Griechenlands auch ganz bedeutend ab-

---

Nikolaus die Friedensbedingungen noch ermäßigen wolle. Bernstorff zweifelte an der Echtheit dieser Freude, sah vielmehr darin nur einen Ausdruck momentaner Schwäche und die Neigung das Benehmen der Regierung „in den Augen der Nation zu rechtfertigen. Denn die öffentliche Stimme ist dem Ministerium in dieser Hinsicht wenig günstig, und dasselbe hat sich bei Eröffnung des Parlaments von dieser Seite auf die lebhaftesten Angriffe gefaßt zu machen."

*) Bülow an den König. Nr. 82. London, 6. Okt. 1829. (chiffrirt). (Geh. St.-A.). Die Nachricht vom Abschlusse des Friedens, schreibt er, die so lange von allen Mächten herbeigesehnt worden sei, habe seltsamer Weise noch Unzufriedenheit erregt: „Au moins le Comte Aberdeen ne m'a-t-il pas caché, quoique sous le sceau du plus grand secret, qu'il aurait préféré recevoir la nouvelle de la prise de Constantinople. Les conditions de la paix lui paraissent très dures, toutes de nature à saper les derniers fondements de l'empire ottoman et à le livrer à l'influence exclusive de la Russie, comme il saute aux yeux qu'un pareil état des choses ne saurait durer, qu'il fera naître des complications d'autant plus dangereuses qu'elles ne paraîtront pas sur le champ. Le Comte Aberdeen pense qu'il aurait mieux valu pour le repos de l'Europe de se trouver placé à la fois en face d'une catastrophe dont l'union et le désir de la paix des grandes puissances les auraient probablement fait sortir satisfaites". — Siehe auch: Bülow an den König. London, 9. Okt. 1829. (Geh. St.-A.). „Man würde sich schließlich über den Friedensschluß doch noch gefreut haben, wenn die Rolle, die man hier in letzter Zeit gespielt, nicht gar so traurig wäre, und die Zukunft sich nicht gar so ernst zeigte."

geschwächt werden. Alle diese Erwägungen waren geeignet, bei Schöler eine gewisse Bedenklichkeit zu erregen. Mehr aber als das alles beunruhigte ihn der Gedanke, daß die ostentative Weise, mit welcher der Anteil Preußens am Friedensgeschäfte von Rußland hervorgehoben wurde, den Verdacht erwecken konnte, als ob Rußland die Unterstützung Preußens auch fernerhin in Anspruch nehmen wolle und danach strebe, sich derselben schon jetzt zu versichern. Er sah sich deshalb veranlaßt, dem Berliner Kabinet den Sachbestand klar zu legen. Der abgeschlossene Friede, schrieb er, scheine zwar die schwersten Besorgnisse zu entfernen, trotzdem liege darin der Keim zu neuen Verwickelungen, die sehr geeignet seien, die ohnehin schon lockeren Bande unter den großen Mächten wieder zu befestigen. Gerade darum sei es für Preußen nötiger als je, die Freiheit und Unabhängigkeit seiner Politik auch für die Zukunft vor ganz Europa öffentlich zu bekunden. Seine Worte fanden bei Bernstorff lebhaften Wiederhall. „Ich bin", antwortete er Schöler, „mit Ihnen darüber einverstanden, daß, wenn die der ottomanischen Pforte auferlegten Friedensbedingungen, nach Maßgabe der Umstände, unter welchen dieser Friede erzwungen worden ist, unstreitig als gemäßigt, ja selbst als großmütig erscheinen und dafür anerkannt werden müßten, die Wirkungen dieses mit dem Schwerte des Siegers vorgezeichneten Vertrages doch allerdings für den Ueberwundenen äußerst hart und in einem gewissen Sinne als tötlich angesehen und dargestellt werden können. Daß und wo diese Ansicht und diese Darstellung sich schon laut und bitter vernehmen lassen, brauche ich — nicht erst zu sagen. Was uns betrifft, so war unser nächster Wunsch und unser nächster Zweck nur der, den Ausbruch des Gewitters, das uns so schwer und drohend über den Häuptern hing, beschworen zu sehen, und wir wünschen uns so aufrichtig als lebhaft Glück, daß dieser Zweck erfüllt worden ist, und daß wir dazu berufen gewesen sind. Wenn die russischerseits laut und lebhaft an den Tag gelegte Anerkennung dieser Mitwirkung auch unsres Dankes wert ist, so will ich doch keineswegs in Abrede stellen, daß dabei zum teil auch eine gewisse Berechnung der Wirkung nach außen zu Grunde liegen könne. Es fehlen inzwischen hinsichtlich dessen, was darin etwa zu viel geschehen möchte, auch die Mittel der Gegenwirkung nicht. Jedenfalls — werden wir uns nicht von dem Standpunkte abziehen lassen, den uns die klarste Erkenntnis und Würdigung der Umstände angewiesen und welcher uns bis jetzt so befriedigende Früchte getragen hat."

Zu den Stellen, wo der Friede, nach Bernstorffs Andeutung, in lauter und bitterer Weise getadelt wurde, gehörte selbstverständlicherweise auch Oesterreich. In Wien hatte man während der Krisis ungefähr dieselben Schwankungen der politischen Auffassung wie die englische Regierung mitgemacht. Zu ohnmächtig, den Russen in den Arm zu fallen, war Metternich eine Zeit lang ebenfalls geneigt gewesen, sich in den Gedanken einer völligen Auflösung des türkischen Reiches hineinzufinden, um bald darauf wieder in einem schnellen Frieden die einzige Rettung zu sehen. Noch zu Beginn September mußte er Maltzahn zugestehen, daß selbst der ungünstigste Friede für Europa vorteilhafter als die Fortdauer des bisherigen Zustandes sei — jetzt schien ihm die Friedensabmachung nicht nur die Integrität, sondern auch die Existenz der Türkei in Frage zu stellen.*) Die territorialen Abtretungen in Asien blieben nach seiner Meinung für die Türkei gleichbedeutend mit dem Verluste Armeniens, während die sechs Distrikte, die Rußland Serbien einverleiben wollte, von ihm als die besseren Teile Rumäniens und Bulgariens bezeichnet wurden. Auch die auf die Moldau und Wallachei bezüglichen Abmachungen galten ihm nur als eine Umschreibung für die Einverleibung mit Rußland. Von den auf die Grenzen Griechenlands bezüglichen Artikeln sagte er, daß sie die Türkei auch jener Provinzen beraubten, auf die die Insurrektion sich bisher noch nicht erstreckt habe. Zugleich prophezeite er den gänzlichen Ruin der türkischen Finanzen durch die Kriegsentschädigung. Indem er Maltzahn schmeichelhafte Worte über den Erfolg Müfflings sagte, ließ er triumphirend durchblicken, wie vollständig doch alle seine Prophezeiungen über die Folgen des Londoner Traktats eingetroffen seien. Seiner Verstimmung gegen Rußland gab er aber im offiziellen Verkehr mit der russischen Regierung keinen Ausdruck. Nur das Glückwunschschreiben, das Kaiser Franz an den Zaren richtete, enthielt einige spitze Wendungen, die in Petersburg übel vermerkt wurden. Nach Verlauf von einigen Wochen hatte sich aber Metternich auch über das leidige Friedensabkommen innerlich beruhigt und zwar vor allem in dem Gedanken, daß als Resultat eine tiefe Verbitterung

---

*) Maltzahns Bericht an den König. Nr. 78. Wien, 8. Sept. 1829. (Geh. St.-A.). „Mais même la paix la plus désavantageuse pour la Turquie lui (Metternich) paroit préférable a la continuation d'un état de choses, qui laisse l'Europe dans une incertitude trop pénible et trop dangereuse sur les contingents futurs."

zwischen Rußland und England zurückbleiben müsse. Ja, er begann schon von neuem von einer Wiederherstellung der großen Allianz mit Oesterreich als führender Macht zu träumen. Wenn nur Preußen und Oesterreich eine gemeinsame Linie in der auswärtigen Politik innehielten, meinte er zu Maltzahn, dann sei an der Verwirklichung der Erneuerung des Bundes gar nicht zu zweifeln.*) Die Hoffnung, Preußen an seine Seite zu ketten, war in ihm gewachsen seit Ancillon in seiner Besprechung mit Trauttmannsdorff zu Berlin den Wunsch ausgesprochen hatte, die Ansichten Metternichs über die Frage kennen zu lernen, wie man etwaigen üblen Folgen des Friedens von Adrianopel entgegenwirken könne. Bereitwillig entwickelte er über diesen Punkt seine Ideen. Dieselben gipfelten in dem Rate, daß die Freunde der Pforte die Räumung des türkischen Territoriums dadurch sehr beschleunigen könnten, daß sie der türkischen Regierung zu mäßigen Bedingungen eine Anleihe besorgten. Ein solcher Gedanke durfte indes, wie er mit großer Entschiedenheit hinzufügte, nicht von Wien ausgehen und zwar umsoweniger, als Oesterreich an der Befreiung der Moldau und Wallachei von russischen Truppen jetzt nicht mehr dasselbe Interesse wie früher habe. Seien doch — so führte er aus — diese Fürstentümer durch den Frieden ganz in russische Abhängigkeit geraten. Aus diesen Gründen wünschte Metternich, daß Preußen den Gedanken der Anleihe für die Pforte bei den übrigen Mächten befürworten möchte. Das Berliner Kabinet ging auf diesen Vorschlag bereitwillig ein. Schon gegen Trauttmannsdorff hatte sich Bernstorff darüber zustimmend geäußert und ein Entgegenkommen des Kaisers Nikolaus in Aussicht gestellt. Ebenso war er mit dem vom österreichischen Internuntius geäußerten Gedanken einverstanden, daß die in der Türkei gelegenen Minen und Bergwerke als Hypothek für diese Anleihe vorgeschlagen werden sollten. Nur glaubte er vorderhand diesem Plane gegenüber die größte Zurückhaltung empfehlen zu müssen, um Rußland nicht argwöhnisch zu machen.

Auf die vom österreichischen Staatskanzler angeregte Wiederherstellung der großen Allianz gab Bernstorff eine ausweichende, aber immerhin für den, der zwischen den Zeilen zu lesen vermochte, ziemlich deutliche Antwort. „Wir sind hier", schrieb er an Maltzahn, „mit den Ansichten der österreichischen Regierung dahin völlig einverstanden,

---

*) Maltzahn an den König. Nr. 89. Wien, 9. Okt. 1829. (Geh. St.-A.)

daß gegenwärtig, nach glücklich wieder hergestelltem Frieden im Orient, das Hauptbestreben der beiden Höfe dahin gehen müsse, das durch die bisherige schwere Verwickelung, wo nicht zerrissene, doch größtenteils gelöste Band der großen Allianz nach Möglichkeit wieder herzustellen und dadurch den Gefahren zu begegnen, welche sich wieder in dem innersten Herzen Europas erheben und sich schnell zu entwickeln drohen. Wir haben zu keiner Zeit aufgehört, unsere Sorge und unsre Bemühungen nach diesem Ziele hinzurichten und haben uns, wie schon während des russisch-türkischen Krieges, so auch nach Abschluß des Friedens, bereits in diesem Sinne in Petersburg ausgesprochen.*) Haben wir uns indessen bisher daselbst nur einer günstigen Aufnahme solcher Aeußerungen zu erfreuen gehabt, so bedarf doch, unseres Bedünkens, auch dieser Punkt einer sehr zarten und umsichtigen Behandlung. Denn der Kaiser Nikolaus scheint das Bedürfnis zu fühlen und die Pflicht zu erkennen, seine Sorge und seine Anstrengungen jetzt, wo nicht ausschließlich, doch hauptsächlich, mit auf die inneren Gebrechen seines Reiches zu richten." In seinen Mitteilungen an Bülow ging Bernstorff offener mit der Sprache heraus.**) Hier gab er die ungeheuren Schwierigkeiten zu, welche sich dem Plane einer Wiederherstellung der großen Allianz entgegentürmten. Vor allem schien ihm bedenklich, daß bei dem großen Widerwillen des russischen Kaisers gegen Metternich jeder in dieser Richtung gestellte Antrag der österreichischen Regierung von vornherein Rußland als natürlichen Gegner haben müsse. Kaiser Nikolaus, schrieb er, würde sich im allgemeinen sehr gern an Maßregeln gegen die Demagogie beteiligen: seit der Monarch aber in Erfahrung gebracht, wie gern Oesterreich mit solchen Vorschlägen zum Vorschein komme, wenn es gewisse Sonderinteressen verfolge, sei er gegen alle Anregungen von dieser Seite her sehr mißtrauisch geworden.

Bernstorff vermochte an ein vollständiges Aufleben der alten Allianz nicht zu glauben, weil, wie er wußte, auch Frankreich Oesterreich keinen Anteil an den Londoner Verhandlungen zugestehen wollte, worin eine Aenderung selbst nach Polignacs Ernennung nicht eingetreten war. Vielmehr hatten Metterrichs Bemerkungen, daß Frankreich dem Chaos entgegengehe, die französische Regierung in eine

---

*) Bernstorff an Maltzahn. Berlin, 20. Okt. 1829. (Geh. St.-A.).
**) Bernstorff an Bülow. Berlin, 5. Dez. 1829. (chiffrirt). (Geh. St.-A.).

sehr gereizte Stimmung gegen Oesterreich versetzt. Bernstorff war aus realpolitischen Gründen in den letzten Jahren für die Allianz eingetreten. Nun aber konnte er sich nicht verhehlen, daß die Anregung Metternichs gerade jetzt auf unfruchtbaren Boden fallen mußte. Er schien umsoweniger damit einverstanden, dem Berliner Hofe die Rolle eines Vorkämpfers für diesen Gedanken zuzuteilen, als er die Absicht hatte, Preußen nach den letzten Ereignissen zunächst an keiner Stelle in den Vordergrund treten zu lassen. Selbst von den Verdiensten dieses Staates um den Frieden von Adrianopel sollte so wenig wie möglich gesprochen werden. Den für die „Staatszeitung" bestimmten Aufsatz Ancillons über den Frieden reinigte er sorgfältig von allen Lobeshymnen, indem er die treffende Bemerkung daran knüpfte, daß es unklug von Preußen sein würde, etwas als gemäßigt und großmütig zu preisen, was den andern Mächten wahrscheinlich noch ein Gegenstand vielfacher Zweifel und Prüfungen sein werde. Er warnte schon aus dem Grunde vor einer allzu günstigen Beurteilung des Friedenstraktates, weil dadurch die bei einigen Mächten infolge der Mission Müfflings bereits wach gewordene Eifersucht gegen Preußen noch verstärkt werden könne. Das schloß natürlich nicht aus, daß das offizielle Schreiben so wie der Privatbrief des Königs, welche Oberstlieutenant von Thun als Antwort auf den letzten Brief des Kaisers Nikolaus nach Petersburg brachte, in Ausdrücken der Genugthuung über die von Rußland erzielten Erfolge abgefaßt war.

Was England insbesondere betraf, so hielt es Bernstorff jetzt an der Zeit, den von London aus verbreiteten müßigen Klatschereien über Müfflings Mission und Preußens Absichten dabei energisch entgegenzutreten. Aus dem Schreiben Müfflings an Wellington glaubte man im englischen Kabinet herauslesen zu können, daß der Abgesandte Friedrich Wilhelms III. von vornherein beauftragt gewesen sei, sich mit Diebitsch in Verbindung zu setzen, daß er also mit ganz anderen, umfassenderen Direktiven versehen gewesen sein müsse als Preußen vorgegeben habe.*) Bülow wurde von Bernstorff bedeutet, in seinen Erörterungen mit Wellington dem Schreiben Müfflings keine andere

---

*) Eigenhändiges Schreiben Bülows an Bernstorff. London, 6. Nov. 1829. (chiffrirt). (Geh. St.-A.). Liewen, der das Schreiben Müfflings an Wellington gelesen, billigte den Inhalt desselben, meinte aber zu Bülow, der General würde besser gethan haben, seine diplomatische Sendung nicht zum Gegenstande einer, wenn auch noch so vertraulichen, Privat-Korrespondenz gemacht zu haben.

Bedeutung als der einer rein privaten Aeußerung beizulegen. "Ich bemerke", schrieb er, "daß der General v. Müffling weder beauftragt, noch ausdrücklich ermächtigt war, sich mit dem Grafen v. Diebitsch in unmittelbare Berührung zu setzen, daß derselbe aber eine stillschweigende Ermächtigung dieser Art allerdings wohl voraussetzen durfte, sobald der Zweck seiner Sendung dadurch befördert wurde. Daß dieser Zweck indessen kein anderer, als der von uns nach allen Seiten hin ausgesprochene, gewesen sei, geht am klarsten daraus hervor, daß der General seine Sendung als erfüllt angesehen und seine Rückreise angetreten hat, sobald eine unmittelbare Unterhandlung zwischen den beiden kriegführenden Mächten angeknüpft war. Der Vorwand, uns ein kaum und kürzlich wieder geschenktes Vertrauen zu entziehen, würde also schlecht gewählt sein."*)

Thörichterweise krittelte man in England an solchen Einzelheiten herum, obwohl man zur selben Zeit den Plan verfolgte, Preußen und Oesterreich zu Teilnehmern an einem Garantietraktat zu gunsten des neu zu schaffenden griechischen Reiches zu machen. Aberdeen verfocht dies Projekt mit Eifer. Denn er hoffte, auf diesem Wege England bequem von der Tripelallianz zu befreien. Bülow vermutete in Metternich den Anstifter dieser Idee, weil anfangs immer nur von der Zuziehung Oesterreichs die Rede war, und Preußen kaum erwähnt wurde, bis die Verteidiger des Projekts sich dann eines besseren besannen. Gleich von vornherein bezweifelte es Bülow, ob es ein großer Vorteil für Preußen und Oesterreich sein würde, über das Schicksal Griechenlands selbst mit zu bestimmen. Er wollte höchstens sich damit einverstanden erklären, daß die beiden Staaten nachträglich die Garantie für die von den drei andern Mächten geschaffenen Abmachungen mit übernehmen könnten. Aber auch davon mußte Bernstorff nach sorgfältiger Erwägung dem Könige abraten. Er wußte, welchen schlechten Eindruck es in Petersburg machen würde, wenn Preußen an der Seite Oesterreichs, des mutmaßlichen intellektuellen Urhebers des Garantieplanes, anmarschirte. Man hätte sich kompromittirt, ohne irgend einen Vorteil dafür einzuheimsen. Desgleichen erkannte er, wie leicht sich Preußen aus den oben angegebenen Gründen Frankreich zum Feinde machen konnte, wenn es Oesterreich den Zutritt zu den Verhandlungen über die griechische Frage verschaffte.

―――

*) Bernstorff an Bülow. Berlin, 15. Nov. 1829. (Geh. St.-A.)

Die Mitteilungen des Grafen Matuschewiz, der in jenen Tagen zum Zwecke einer politischen Besprechung in Berlin verweilte, hatten ihn deutlich erkennen lassen, daß Frankreich und Rußland zwar Oesterreich nicht die Teilnahme an den Londoner Verhandlungen zugestehen würden, ohne Preußen einzuladen, daß aber beide Staaten weit davon entfernt seien, Preußens Teilnahme durch die Zulassung Oesterreichs zu erkaufen. Bernstorff zeigte sich wenig geneigt, dem preußischen Staate irgend welche neuen bedenklichen Verpflichtungen aufzuerlegen, zumal er sich den Londoner Traktat zum abschreckenden Beispiele für dergleichen Dinge genommen. Er stimmte deshalb mit Bülows Ansicht überein, weder eine Verantwortung in dieser Sache zu übernehmen, noch sich für Dinge zu verpflichten, die man gar nicht mitbeschlossen hatte. Als nun England Preußen zu bestimmen suchte, es möge Rußland veranlassen, zur Vermeidung aller Schwierigkeiten selbst mit dem Vorschlage des Garantietraktats hervorzutreten, lehnte das Berliner Kabinet dies Ansinnen im wesentlichen ab. Preußen wollte, wie Bernstorff an Schöler schrieb, weder dem befreundeten Hofe aufdringlich erscheinen, noch von der alten Offenheit des Verkehrs ablassen. Nur insofern glaubte er der englischen Anregung entgegenkommen zu können, daß Schöler im engsten Vertrauen Nesselrode sondiren sollte, inwieweit dem russischen Hofe eine Rückäußerung Preußens an England in dieser Angelegenheit erwünscht sei.[*] Schöler fand indessen in Petersburg mit seinem Anliegen keinen besondern Anklang. Nesselrode erwiderte trocken: Rußland habe aus dem Benehmen der Pforte in neuester Zeit soviel Beruhigung geschöpft, daß augenblicklich ein Zerfall der Türkei nicht zu befürchten sei. In einer Depesche an Alopeus, deren Ueberbringer Müssling war, verbreitete er sich dann über diese Angelegenheit noch näher. Gegen innere Gefahren, hieß es hier, vermöge man die Türkei doch nicht zu schützen — äußere Gefahren aber könnten nur von Rußland ausgehen, von dem indessen unmöglich zu verlangen sei, daß es gegen sich selbst Versicherungsmaßregeln treffen solle.[**] Die Pforte gebe die beste Bürgschaft sich selbst und wenn die Auflösung dieses alten Staatswesens wirklich einmal eintreten sollte, so werde eine Garantie alle den Zerfall auch nicht aufhalten können. Uebrigens — fuhr der kaiserlich russische Staatskanzler mit einer gewissen Ironie

---

[*] Bernstorff an Schöler. Berlin, 13. Jan. 1830. (Geh. St.-A.).
[**] Nesselrode an Alopeus. Petersburg, 23. Jan. 1830. (Geh. St.-A.).

fort — habe Rußland die beste Garantie schon im Frieden von Adrianopel gegeben, es liege nur bei der Pforte diesen gewissenhaft zu halten. Nesselrode schloß seine Ausführungen mit dem Ersuchen an Alopeus, das preußische Kabinet um Mitteilung dieser Gesichtspunkte an die englische Regierung zu bitten. Wenn der Leiter der russischen auswärtigen Politik bei dieser Gelegenheit mit dem Lobe nicht zurückhielt, daß Wellington recht gethan, sich gerade an Preußen mit seinem Anliegen zu wenden, so sollte diese Höflichkeit nur die bestimmte Ablehnung verschleiern. Der Widerstand Rußlands befreite Preußen gänzlich von der Sorge, sich mit dieser leidigen Angelegenheit noch länger befassen zu müssen. Alles was noch geschah, bestand darin, daß Bülow das britische Kabinet von der Auffassung der russischen Regierung in Kenntnis setzte und dabei auf Wunsch Bernstorffs von der Depesche Nesselrodes vorsichtig Gebrauch machte.*) Damit durfte der von Metternich leichten Herzens unternommene Versuch als beseitigt gelten. Seine früheren, einer hochkonservativen Weltanschauung entsprungenen Vorurteile gegen die Griechen hatte Bernstorff angesichts der türkischen Greuelthaten allmählig abgestreift. So stand er jetzt auch dem Gedanken der Herstellung eines unabhängigen Griechenlands keineswegs unsympathisch gegenüber. Nur in die Streitigkeiten darüber, ob die Grenzen des Landes weiter oder enger gesteckt werden sollten, wollte er Preußen sich nicht verwickeln lassen. Ein zu kleines Griechenland wünschte er allerdings schon aus dem Grunde nicht, weil eine solche unvollkommene Schöpfung Anlaß zu immer neuen Konflikten geben mußte. Deshalb hatte er auch im Oktober 1828 den Vorschlag Metternichs zurückgewiesen, der auf die Unabhängigkeitserklärung des auf Morea beschränkten griechischen Staates hinauslief. Jedenfalls — so schrieb er zu jener Zeit an Maltzahn — müsse man sich in diesem Falle vorher sehr genau darüber verständigen, welche Ausdehnung man dem neuen Gemeinwesen geben wolle.**) Sonst sei alle Arbeit an ein

---

*) Bernstorff an Bülow. Berlin, 15. Febr. 1830. (Geh. St.-A.).
**) Bernstorff an Maltzahn in Wien. Berlin, 13. Oktober 1828. (Geh. St.-A.). Spricht sich über den Vorschlag der Unabhängigkeitserklärung Griechenlands also aus: „Cette mesure trancherait, sans doute, un noeud, un noeud devenu à peu près indissoluble, mais il me paroit, que d'un autre côté, elle présente des difficultés et des inconvenients aussi graves que nombreux. D'abord pour proclamer une Grèce libre et indépendante, il faudroit être bien d'accord sur l'étendue que l'on entend donner a cette création. Je ne

von vornherein lebensunfähiges Objekt verschwendet. Er vermied es indessen damals wie jetzt auf diese Angelegenheiten näher einzugehen. Gewiß ließen die höheren Interessen der Menschheit auch ihn eine Lösung der griechischen Frage im Sinne der Humanität und Gerechtigkeit erhoffen, nur konnten ihn diese humanen Gesichtspunkte nicht bestimmen, die nächsten Anforderungen praktischer Politik zu vernachlässigen. Die Epoche einer direkten und aktiven Intervention, schrieb er noch im Herbst 1829 in der für Royer bestimmten Instruktion, sei vorbei. Das Wesentliche sei erreicht, der Frieden Europas gesichert. Man werde nun nicht weiter seine guten Dienste anbieten. Preußen dürfe nicht vergessen, daß die Rolle eines Vermittlers undankbar und dornenvoll sei.*) Wenn Royer das bereits in dem Moment erfahren habe, wo die Intervention höchst notwendig gewesen, welche Erfahrungen würden ihm bevorstehen, wenn eine solche wohlwollende Vermittelung noch weiter fortgesetzt werden sollte. Preußen interessire sich nur dafür, daß der Friedenstraktat durchgeführt und großmütig modifizirt werde.

Das Bild, welches die griechische Frage in jenen Tagen bot, konnte in der That keinen einladenden Eindruck machen. Alle Rollen schienen vertauscht. Wellington, der so lange die völlige Unabhängigkeit Griechenlands bekämpft, gebärdete sich jetzt plötzlich als Vorkämpfer für diese Idee, weil er fürchtete, daß ein abhängiges Griechenland leicht unter russischen Einfluß geraten könne. Statt aber mutig die Konsequenzen dieses Entschlusses zu ziehen, mäkelte er in kleinlicher Weise mit den Vertretern der anderen Mächte um den Umfang, den der neue Staat erhalten sollte. Rußland wiederum, dem die Abhängigkeit

---

regarde pas, à la vérité, comme impossible, que la Porte se résigne a renoncer à la possession de cette presqu'ile après qu'elle sera conquise par la force des armes. Mais les espérances données aux Grecs, les engagement pris en leur faveur, peuvent ils encore permettre de renfermer la nouvelle république dans des bornes si étroites? Et quels seroient les moyens d'un état aussi faible au physique, qu'au moral de défendre contre ses anciens maitres l'indépendance, que lui auroient octroyée les Puissances de l'Europe? Ce que je ne conçois pas, c'est comment, en aucun état de cause, l'on croiroit pouvoir se passer pour la Grèce indépendante, de la reconnaissance explicite de la Porte."

*) Bernstorff an Royer (in Konstantinopel). Berlin, 31. Oktober 1829. (Geh. St.-A.). Royer sollte die Instruktion bei seiner Anwesenheit in Wien Metternich offen zeigen.

der Hellenen von einer unter russischen Einfluß gebeugten Türkei nur
willkommen sein konnte, mußte trotzdem für die Unabhängigkeit ein=
treten, weil es gern den Schein der Großmut weiter bewahren wollte.
Was Metternich anlangte, so kam dieser alte Feind der Griechen jetzt
in die Lage, ebenfalls eine Lanze für die Unabhängigkeit des Griechen=
volkes zu brechen, blos um dem verhaßten russischen Nebenbuhler Ab=
bruch zu thun. Er ging sogar soweit, für die Verfassung Griechen=
lands einen Föderativstaat nach amerikanischem Muster unter lebens=
länglicher Präsidentschaft von Kapodistrias vorzuschlagen, ein Plan,
der freilich von niemandem für ernst genommen wurde. Frankreich
endlich steuerte unter seiner neuen Regierung seltsamerweise ganz in
dem Fahrwasser derselben Politik, die Polignac als Gesandter in
London einst so eifrig bekämpft hatte. Inmitten all dieser Unwahr=
heit und Hinterhältigkeit konnte Preußen unmöglich für irgend eines
der Projekte der übrigen Großstaaten eintreten, weil keine dieser
Mächte ernsthaft an ihre eigenen Vorschläge glaubte. Ebensowenig
hatte es Ursache, sich für einen der Kandidaten für den griechischen
Thron besonders zu erwärmen. Die Namen des Prinzen von Hessen=
Homburg, des Prinzen Friedrich der Niederlande, des Prinzen Karl
von Bayern, des Prinzen Leopold von Sachsen Koburg, des Mark=
grafen Wilhelm von Baden und Kapodistrias' erschienen in buntem
Wechsel auf der Bildfläche und zeigten schon durch ihre Mannigfaltig=
keit die Fülle verschiedenartigster politischer Interessen und Intrigen
an, welche im Gefolge der Thronfolgefrage einherzogen. Allen diesen
Bewerbern gegenüber verhielt sich der Berliner Hof vollständig gleich=
gültig. Nur als auch der Name des Herzogs Karl von Mecklenburg=
Strelitz genannt wurde, mußte Bernstorff im Auftrage des Königs
nach Petersburg schreiben, daß der Monarch jede förmliche oder offi=
zielle Einwirkung zu gunsten seines Schwagers verweigert habe, weil
er diese Angelegenheit als eine seiner Politik durchaus fremde an=
sähe.*) Auch Bülow gab in London eine gleiche Erklärung ab. Be=
kanntlich unterstützte Georg IV. von England, welcher den Prinzen
Leopold von Koburg haßte, auf Antrieb seines Bruders, des Herzogs
von Cumberland, die Kandidatur Karls von Mecklenburg. Cumber=
land war auf diesen, seinen Schwager, verfallen, weil er ihn gegen
Wellington, der die Kandidatur des Koburgers befürwortete, auszu=

---

*) Bernstorff an Schöler. Berlin, 31. Dez. 1829. (Geh. St.=A.).

spielen hoffte. Indessen machte Wellington jenen Plänen durch die Drohung mit seinem Rücktritt ein Ende.

Die nun folgenden Vorgänge, das Protokoll vom 3. Februar und die Proklamirung der Thronkandidatur Leopolds von Koburg durch die Bevollmächtigten Englands, Frankreichs und Rußlands fallen nicht mehr in den Rahmen dieser Darstellung, die im wesentlichen mit dem Frieden von Adrianopel ihren Abschluß finden soll.

Die Aufgabe, die sich die preußische Diplomatie während des Verlaufes der orientalischen Wirren gestellt, war beendet. Mit Befriedigung konnten Friedrich Wilhelm III. und sein erster Staatsmann auf ihr Werk blicken. Mit opfervoller Hingebung und Selbstverleugnung hatten sie den Weltfrieden, an dessen Bestand alle Welt gezweifelt, behütet und eine Entscheidung hinausgeschoben, die unter den damaligen Verhältnissen nur zum schweren Schaden Europas hätte ausfallen können. Und diese Arbeit war nicht, wie die Politik Metternichs, umgeben vom geheimnisvollen Nebel der Intrige betrieben worden, sondern gleichsam im hellen Mittagslichte mit den Waffen der Wahrheit und Gerechtigkeit. Wer den Gedankengängen des Berliner Kabinets in seiner Auffassung der orientalischen Frage bis zu diesem Punkte unbefangen gefolgt ist, der wird unmöglich den Vorwurf irgend einer Parteilichkeit gegen Preußen erheben können. Soweit die Politik Oesterreichs, die in ihren Motiven und Folgen erst heute ganz übersehen werden kann, ein Protest gegen die allzugroße, dem europäischen Gleichgewicht gefährliche Ausdehnung der russischen Machtsphäre gewesen, war sie auch in jenen Jahren von Preußen in anerkennenswerter Weise unterstützt worden. Niemand konnte eifriger bemüht sein, als Bernstorff es gethan, das berechtigte aus den Bestrebungen des österreichischen Staatskanzlers auf dem Gebiete der orientalischen Frage hervorzusuchen, jeden Versuch aber, Preußen in das Fahrwasser des österreichischen Staatsschiffes gelangen zu lassen, wußte er stolz zurückzuweisen. Und wie stand es mit Rußland? Es hatte der Zar alle Ursache für die von Preußen eingeschlagene Politik und den alle die Jahre hindurch stets zur rechten Zeit gespendeten klugen und einsichtsvollen Rat des Königs und seiner Staatsmänner dankbar zu sein. Namentlich zu Ende des Feldzugs würde ja die geringste Parteinahme des Königs für die Ideen Metternichs und Wellingtons genügt haben, Rußlands Pläne vollständig scheitern zu lassen. Zu dieser Haltung aber hatte sich Preußen nicht aus Freundschaft zu Kaiser

Nikolaus entschlossen, sondern in der wohlerwogenen Absicht, das politische Gleichgewicht Europas nicht erschüttern zu lassen. Gerade weil das damalige Preußen den Händeln auf der Balkanhalbinsel so fern stand, müssen wir doppelt die Einsicht anerkennen, welche die Leiter der preußischen Politik in jener Zeit der Krisis bekundeten. Jene Politik hat es ja möglich gemacht, daß Mitteleuropa bis zur Stunde noch über das Schicksal der Türkei mitentscheiden darf. In dem Kampfe, der zwischen England und Rußland um den Besitz Konstantinopels zu entbrennen drohte, handelte es sich in gewissem Sinne um die Freiheit unseres Weltteils. Denn einer der beiden mächtigen Nebenbuhler würde mit dem Siege auch auf lange Zeit hinaus das Uebergewicht über die anderen Staaten erhalten haben.

Als Großmacht ersten Ranges, als selbständiges, einflußreiches Glied des europäischen Staatensystems stand Preußen am Ende der orientalischen Wirren da. Wie wenig es angebracht war, diesen Staat als einen Satelliten Rußlands zu bezeichnen, davon konnte zu Schluß des Dezenniums die würdige Zurückweisung des Königs auf das Ansinnen des Kaisers Nikolaus Kunde geben, einen Teil seines rheinischen Besitzes gegen anderweitige Entschädigung an Frankreich abzutreten. Damals fand auch Bernstorff die rechten Worte, als er über diese ganz Deutschland berührende Angelegenheit an Schöler schrieb: „Sie haben sehr richtig erkannt, daß die Frage, ob Se. Majestät unter irgend einer Bedingung geneigt sein möchten, in einen neuen Ländertausch oder in irgend eine Verrückung der gegenwärtigen Grenzen Ihres Reiches zu willigen, den eigentlichen Brennpunkt der preußischen Politik berührt. Se. Majestät haben Sich auch über diesen Punkt mit der größten Entschiedenheit gegen den Herrn General-Lieutenant von Müffling ausgesprochen. Hegten Allerhöchstdieselben auch nicht die feste Ueberzeugung, daß nur in der unbedingten Aufrechterhaltung des Besitzstandes, wie solcher aus der Epoche der Wiedergeburt Europas hervorgegangen ist, eine Gewähr für die Ruhe und den Frieden dieses Weltteils liegt, so würden sich bei Sr. Majestät doch immer Pflicht und Neigung in dem unerschütterlichen Entschlusse vereinigen, Sich nimmermehr von Landesteilen zu trennen, für deren Heil und Wohlfahrt Sie Opfer gebracht haben, deren Wirkungen bereits in reichlichem Maße hervorgetreten sind und mit welchen Sie sich, fester als durch alle Verträge, durch ein Band der Liebe und des Vertrauens verbunden fühlen, welches jedes Jahr enger knüpft und für dessen Zerreißung Allerhöchstdieselben auch in den wesentlichsten materiellen Vorteilen keinen Ersatz zu finden glauben würden. In diesem Sinne habe ich mich bereits in meiner letzten Unterredung mit dem Grafen Matuschewiz sehr bestimmt ausgesprochen, und es wird unsererseits jede nicht gesuchte, aber gegebene Veranlassung benutzt werden müssen, um dem russischen Hofe die Ueberzeugung zu gewähren, daß über diesen Punkt der Entschluß des Königs unerschütterlich feststeht."*) Mit diesen würdevollen Worten aus einem von echter deutscher Gesinnung erfüllten Herzen klingt die preußische Politik der zwanziger Jahre aus. Sie zeigen deutlich die Stelle, bei der für Preußen jede Nachgiebigkeit gegen den östlichen Nachbar aufhörte — sie geben Kunde, daß die preußische Staatskunst auch damals unverrückt den Leitsternen der Ehre, der nationalen Unabhängigkeit und der Wohlfahrt Europas nachgesteuert war.

Welches Verdienst Graf Bernstorff sich in der damaligen Konstellation um die auswärtigen Beziehungen Preußens erworben, liegt nun klar am Tage. Bisher ist es ihm in der Geschichtsschreibung im großen und ganzen nach den Worten Varnhagens von Ense ergangen, der von dem hochverdienten Manne in späteren Tagen schrieb: man spreche ihm gerade die Eigenschaften ab, die er entschieden besitze, oder man schlage sie weit unter dem an, was sie wirklich seien. In glücklichster Weise verband er Festigkeit und Sicherheit des Auftretens mit jener vorsichtigen Zurückhaltung, die bei der damaligen schwierigen Stellung Preußens zwischen Oesterreich und Rußland unerläßlich war. Wie oft hatte er nicht in jenen Tagen zwischen den erbitterten Gegnern, den einzigen Genossen der großen Allianz, durch ein rechtzeitig gesprochenes Wort der Versöhnung den Frieden wieder hergestellt, wie oft England und Frankreich den rettenden Ausweg aus politischen Nöten gezeigt. Dabei verabscheute er grundsätzlich die schlechten Künste der Lüge und Gleißnerei. Liest man die in diesen Zeitraum fallenden größeren Depeschen Bernstorffs aufmerksam durch, so überzeugt man sich bald, daß er durchgängig die offenste und ehrlichste Sprache geführt und die äußere Uebereinstimmung zwischen den intimsten Gedanken der leitenden preußischen Kreise und den Worten der preußischen Vertreter im Auslande in jeder Weise gewahrt hat. Denn in dieser Beziehung kann die Staatskunst Bern-

---

*) Bernstorff an Schöler. Berlin, 31. Dez. 1829. (Geh. St.-A.).

storffs als Vorläufer der Politik Bismarcks in den siebziger und acht=
ziger Jahren gelten. Das Verdienst Bernstorffs ist um so größer, als
gerade damals im Zeitalter Metternichs für den größten Teil der
Diplomaten die Sprache nur dazu geschaffen schien, um, nach dem
Worte Talleyrands, die Gedanken zu verbergen. Freilich wird man
nicht vergessen dürfen, daß, wenn Bernstorff diesen Weg so sicher zu
gehen vermochte, er es zum großen Teil auch der Unterstützung seines
Königs verdankte. Die Unparteilichkeit, Gerechtigkeit und emsige Für=
sorge für die Erhaltung der Unabhängigkeit Preußens zeigt sich über=
all im hellsten Lichte. Es ist bereits an anderer Stelle darauf hin=
gewiesen worden, daß, wenn der König lediglich seiner Herzens=
empfindung hätte folgen wollen, er vielleicht seinem kaiserlichen
Schwiegersohn zuliebe in manchen Fällen etwas weiter in der Unter=
stützung der russischen Wünsche gegangen sein würde. Ansätze dazu
finden sich bei den Vorverhandlungen zu einzelnen wichtigen Ent=
scheidungen des preußischen Kabinets. Um so anerkennenswerter aber
ist die Nachgiebigkeit, die der Monarch bei solchen Gelegenheiten meist
Bernstorffs Ansichten und Ideengang gegenüber bewiesen. Nur da,
wo seine langjährige Erfahrung der seines Ministers des Auswärtigen
überlegen war, verharrte er zum Vorteile Preußens fest auf seiner
Meinung. Im großen und ganzen stellt sich für den Betrachter der
geschichtlichen Vorgänge hier eine Uebereinstimmung zwischen König und
Staatsmann dar, wie sie schöner und würdiger kaum gedacht werden
kann. Die große Friedensarbeit zur Zeit der orientalischen Krisis
umfaßt zugleich den besten Teil von Bernstorffs politischer Thätigkeit.
Die Jahre seines eifrigsten Wirkens im Dienste des preußischen Staates
waren für ihn zugleich Jahre unablässigen körperlichen Leidens ge=
wesen. Tückische Gichtanfälle, die bald in größeren, bald in kleineren
Abständen wiederkehrten, warfen ihn von Zeit zu Zeit auf das Kranken=
lager. Immer wieder aber siegte die Spannkraft seines auf treueste
Pflichterfüllung gerichteten Geistes über die Hindernisse, welche ihm
das Siechtum seines Leibes schuf. Die aufopferndste Liebe seiner
edlen Gattin, der Gräfin Elise von Bernstorff, erhellte sein Leben, so
daß er zuweilen umfangen vom Zauber eines deutschen Heims und
schöner Geselligkeit der unheimlichen Mächte, die seine Gesundheit be=
drohten, schier vergessen konnte. Aber die Boten des Todes ruhten
nicht. Zu Ende des Jahres 1829 lag er, durch einen besonders
schweren Anfall dahingestreckt, einige Wochen zu Tode krank danieder.

Obwohl er noch einmal bei hingebendster Pflege genas, vermochte er die Folgen nicht mehr völlig zu überwinden. Noch eine kurze Zeit suchte er das Steuer der auswärtigen Politik festzuhalten, dann trat er unter Kundgebungen der Huld und des Dankes des Königs in den Ruhestand. Wenige Jahre später wurde der unermüdliche Kämpfer zur ewigen Ruhe gebettet. Als „treuer dänischer Unterthan" hatte er begonnen, an der Spitze eines der wichtigsten Aemter des größten deutschen politischen Gemeinwesens war er zum deutschen Staatsmann geworden. Diesen Ruhmestitel werden ihm angesichts seines Wirkens auch die nicht versagen können, welche zu manchen seiner, aus der Weltanschauung einer anderen Zeit hervorgegangenen Anschauungen über die inneren deutschen Verhältnisse in einem gewissen Gegensatze stehen.

Jahrzehnte sind seit jenen Tagen dahingerauscht und haben der preußischen Macht Erfolg auf Erfolg gebracht. Wenn wir uns aber heute an dem wiedererstandenen deutschen Reiche und seiner Herrlichkeit erfreuen, so dürfen wir nicht der stillen Arbeit der Vorzeit vergessen, welche die Fundamente zu dem großen Werke legte. Die Orientfrage ist noch heute einer der wichtigsten Gegenstände des Interesses für alle europäischen Staaten. Denn wie damals ist Deutschland in jenen Gegenden unablässig thätig für die Erhaltung des Weltfriedens. Deshalb wird die Schilderung der Beziehungen der auswärtigen Politik Preußens zu den Angelegenheiten der Balkanlande in den zwanziger Jahren unseres Jahrhunderts einer gewissen Aktualität auch jetzt nicht entbehren. Wenn diese Blätter dazu beigetragen haben sollten, die stille und segensreiche Arbeit Friedrich Wilhelms III. und des Grafen Christian Günther von Bernstorff auf einem wichtigen Gebiete der auswärtigen Angelegenheiten in das rechte Licht zu stellen, so sollte das dem Verfasser dieser Zeilen der schönste Lohn für jahrelange Arbeit und Mühe sein.

Beilagen.

Akten des Königl. Geh. Staats-Archivs zu Berlin.

1821.

Aus dem „Politischen Teil der Unterredung zwischen Kaiser Alexander und Schöler vom 30. (12.) November 1821."*)

—— „Wenn dieser Monarch alle Verhältnisse nach seinem Wunsche einrichten, oder seinem Willen unterwerfen könnte, so würde Er Seine Verbündeten zu einer mehr negativen als positiven Teilnahme an dem Kriege gegen die Türken auffordern, und ohne Bedenken seine ganze Kraft daran setzen, dem Reiche derselben ein Ende zu machen, weil — auf solche Weise erreicht — alle Resultate hiervon Seiner Politik und ganzen Denkungsart entsprechen würden.

Da indes die Vorbedingung hierzu fehlt, so ist Ihm auf der anderen Seite das gegenwärtige System — weil Er an dessen Gründung so vielen Anteil hat und es Seinen politischen Zwecken am Angemessensten hält — zu wert, um es aufzuheben, oder durch eine Art von Zwiespalt mit Seinen Verbündeten zu entkräften.

Doch dies verbürgt keineswegs, daß er für die Erhaltung des Friedens in Seinem Benehmen gegen die Pforte mit der Nachsicht und der Berücksichtigung verfahren werde, welche die Verblendung des Diwans und dessen Verleitung zu falschen Maßregeln durch Feinde der Ruhe und Ordnung nötig erscheinen läßt und die übrigen Mächte, denen die Erhaltung des Friedens unbedingt am Herzen liegt, angewendet zu sehen wünschen geschweige denn, daß Er über irgend etwas, was im strengsten Sinne als leise Verletzung Seiner Würde betrachtet werden könne, nachgeben werde.

Wesentliche Gründe verbieten, sich mit der Hoffnung eines anderen Benehmens von seiten des Kaisers Alexander I. zu schmeicheln!

Erstens sind seine Alliirten so gegen ihn gestellt, daß sie Ihm — falls der Diwan in seiner Verblendung verharrt, eine größere Nachgiebigkeit

---

*) Beilage zu Bericht Schölers an den König. Nr. 17. St. Petersburg, 23. (11.) Dezember 1821. Angesichts der Widersprüche zwischen den Aeußerungen des Kaisers, der an dem konservativem System der großen Allianz so lange als möglich festhalten wollte, und zwischen den Aeußerungen von Kapodistrias, der zum Kriege hindrängte, mußte es Schöler notwendig erscheinen, ein möglichst objektives Bild von den politischen Bestrebungen des Zaren in der orientalischen Frage zu entwerfen (siehe S. 13—14).

nicht einmal zumuten können, nächstdem ist in der That der Zustand im Reiche Mohameds, durch den Aufstand der Griechen und Wechabiten, durch den Krieg mit Persien und durch den völlig anarchistischen Zustand seines Innern, von der Art, daß Kaiser Alexander, mit einigem Vertrauen auf sein Glück, sich wohl mit der Hoffnung schmeicheln darf, leichten Kaufes als Sieger hervorzugehen, und endlich kann es keinem Zweifel unterworfen sein, daß dieser Monarch, abgesehen von dem religiösen Interesse, auch Seines Ruhmes und Seiner Ehre wegen wünschen müsse, für die Griechen ein vorteilhafteres, mit größerer Sicherheit verbundenes Verhältnis zu bewirken indem nachgerade außer diesem Resultat oder gänzlicher Vernichtung kein Drittes mehr für die Griechen zu erwarten steht. Eben aus diesem Grunde ist dann, selbst im Falle eines isolirten Krieges zwischen Rußland und der Pforte, wohl anzunehmen, daß dieser Krieg nicht für die Erweiterung des russischen Gebietes unternommen, noch dieselbe zur Folge haben werde, und der Zusicherung des Kaisers, welche Er in dieser Hinsicht Seinen Bundesgenossen schriftlich gegeben zu haben versicherte, vollen Glauben beizumessen.

Indem ich nun diese gegenwärtige Ansicht oder Stimmung des Kaisers Alexander in Beziehung auf die Angelegenheiten des Orients hauptsächlich aus Seinen Aeußerungen nachzuweisen gedenke, muß ich zuvor bemerken, daß ich während der Unterredung schickliche Veranlassung fand:

1. des Geldmangels und der daraus erwachsenen Unzufriedenheit der Nationen, als eines unübersteiglichen Hindernisses zu gedenken, welches, abgesehen von allen übrigen Rücksichten, Rußlands Verbündeten — namentlich aber Preußen — die Teilnahme am Kriege gegen die Pforte verbiete;

2. hinzuzufügen: daß, wenn man dieses Hindernis als nicht bestehend annehmen wolle, alsdann selbst das glücklichste Resultat eines solchen gemeinschaftlichen Krieges, der vollendete Umsturz des türkischen Reiches — durch die daraus erwachsende gänzliche Veränderung des Besitzstandes von Europa — ein so schwer zu lösendes Problem herbeiführen werde, daß dadurch die anderen Mächte von der Teilnahme an dem Kriege abgehalten werden müßten; und

3. mit ehrerbietiger Freimütigkeit des Unterschiedes zwischen den klaren, unumwundenen mündlichen Aeußerungen Sr. Majestät des Kaisers und den künstlich und behutsam gestellten, schriftlichen Mitteilungen Seines Kabinets, als eines Umstandes Erwähnung zu thun, der für die Erhaltung des Friedens höchst nachteilig zu sein scheine, indem die falschen Freunde des Diwans gerade aus diesem Unterschiede, das wirksamste Mittel zu bereiten wissen werden, das Mißtrauen der Türken gegen Rußland zu steigern.

In Betreff der wahren Veranlassung des Aufstandes der Griechen bleibt der Monarch standhaft bei der Behauptung, daß sie durchaus nur dem Verein der Unruhstifter des ganzen übrigen Europas beizumessen sei.

Er benutzte diese Voraussetzung der wahren Ursache des Ausbruchs des griechischen Aufstandes, um daraus die absolute Notwendigkeit zu folgern, daß die Verbündeten in keinem Falle, es möge nun vom Kriege oder vom Frieden die Rede sein, auch nur die leiseste Abweichung in ihren

Grundsätzen dürften bemerklich werden lassen, und führte als Beispiel den Nachteil an, den Frankreichs und Englands Benehmen bei den Ereignissen im südwestlichen Europa zur Folge gehabt hätten.

Dagegen äußerte Er bestimmt, daß Er in dieser Hinsicht den Krieg von den Verbündeten gemeinschaftlich, oder auch nur unter allgemeiner Zustimmung, im Wesentlichen von Rußland allein geführt, für nichts weniger als gefährlich halte!

Zur Widerlegung der Zweifel und Besorgnisse über diesen Punkt erklärte Er Rußlands Streitkräfte — indem Er über die innere Zerrüttung des türkischen Reiches und die sich selbst zerstörende Barbarei des Gouvernements mit Eifer und Verachtung sprach, ausschließlich zur Erreichung des Zweckes für mehr als hinreichend, und folgerte hieraus:

„Daß, indem von einer thätigen Teilnahme Seiner Verbündeten, nach Maßgabe ihrer respektiven Verhältnisse gar nicht, oder doch nur in einem unbedeutenden Grade, mithin von keiner neuen Belastung ihrer Unterthanen die Rede sein könne, die allgemeine Stimmung der Völker in ganz Europa zu gunsten der Griechen, einen solchen Krieg gewissermaßen allgemein populär, und den Regierungen, die fast alle, namentlich die meines Vaterlandes, wie Er recht wohl wisse, jene Stimmung teilten" eher vorteilhaft als nachteilig machen würde.

Hinsichts der Schwierigkeiten aber erklärte der Kaiser, daß Er diese Sich durchaus nicht so bedeutend denken könne. Er gebrauchte hierbei wieder das Argument: „daß die Ausdehnung der Küste vom Bosporus bis an die Meerenge von Gibraltar groß genug sei, um Alle zufriedenzustellen" und meinte: „daß bei dem gegenseitigen Vertrauen der Verbündeten eine vollkommene Verständigung darüber keinem Bedenken unterworfen sein könne". Den Wunsch aber, einen solchen Krieg zu unternehmen, sprach der Kaiser diesmal geradezu aus. Indem er nämlich seine Abneigung, den Krieg gegen die Pforte allein führen zu müssen, ebenfalls nur aus der Besorgnis ableitete, den Feinden des engen Bündnisses der großen Mächte neue Hoffnungen einzuflößen, unterbrach er sich selbst mit der Aeußerung: „Ja, wenn meine Verbündeten Sich für diesen Krieg erklären, würde Ich ihn ohne Bedenken und sogleich unternehmen."

Das Dasein eines bemerkbaren Unterschiedes zwischen seinen persönlichen Versicherungen in Ansehung des Wunsches den Frieden zu erhalten, und dem Inhalte der schriftlichen Erklärungen seines Kabinets wollte der Kaiser durchaus nicht einräumen, indem er sagte: daß das Wahrnehmen einer entgegengesetzten Tendenz in letzter und die Folgerung daraus, daß andere Absichten im Hinterhalt wären, seiner Meinung nach blos beweise, wie schwer es dem Menschen falle, die Handlungen Anderer völlig frei von jeder eigennützigen Nebenansicht zu halten. Se. Majestät fügte noch hinzu: daß, wenn angenommen, wirklich in den schriftlichen Erklärungen Seines Kabinets eine fremde, Ihm aber durchaus nicht bemerkliche Einwirkung stattfinden sollte, Er doch immer derjenige bleibe, der den definitiven Entschluß zu fassen habe.

Uebrigens habe Er schon die Genugthuung, in den englischen Mitteilungen aus Hannover, sowie in den österreichischen, nach der Rückkehr des Fürsten Metternich in Wien, wahrzunehmen, daß man allgemein von dieser irrigen Meinung zurückkehre und um darüber auch nicht den mindesten Zweifel übrig zu lassen, habe Er Seinen Verbündeten jetzt die bestimmte schriftliche Erklärung geben lassen:

„Daß, wenn Er Sich am Ende doch genötigt sehen werde, den Krieg allein zu unternehmen, durchaus keine Erweiterung der Grenze noch des Einflusses von Rußland dabei beabsichtigt werden solle."

Hierunter scheint jedoch eine doppelte Selbsttäuschung bei Sr. Majestät dem Kaiser obzuwalten.

Einmal ist an und für sich selbst nichts gegründeter, als daß Rußland bereits zu groß sei und daher für die Erweiterung seiner Grenzen keinen Krieg unternehmen dürfe; die bestimmte Erklärung hierüber beweist also nur, daß andere Zwecke bei dem Kriege gegen die Pforte ein höheres Interesse für den Kaiser Alexander haben, und der Vorstellung, diesen Krieg allein zu unternehmen, wenn es nur nicht im Widerspruch mit Seinen Verbündeten geschehen muß, mehr und mehr Eingang bei Ihm verschaffen.

Andern Teils sind die Bedingnisse, die jeder einmal ausgebrochene Krieg durch sich selbst für den Abschluß des darauf folgenden Friedens herbeiführen kann, niemals vorauszusehen.

Rußland war auch im Jahre 1806 schon zu groß und wurde auch damals bereits dafür erkannt, nichtsdestoweniger ist seitdem Bialystock, Finnland ein guter Teil der Moldau und das Königreich Polen damit vereinigt worden." — —

1822.

Immediatbericht Bernstorffs an den König vom 10. März 1822*)
(vollständig).

„Ew. Königl. Majestät lege ich in dem Anschlusse den Entwurf einer Verbalnote in tiefster Unterthänigkeit vor, welche der kaiserlich-russische Gesandte mir auf eine vorläufige und vertrauliche Weise und mit der Aeußerung zugestellt hat, daß er beauftragt sei, eine solche unter einer offiziellen Form zu übergeben, wofern er nur irgend hoffen dürfe, darauf mit einer den Wünschen seines Hofes entsprechenden Antwort versehen zu werden.

Ew. Majestät werden aus diesem Entwurf zu ersehen geruhen, daß der kaiserlich russische Hof sich, infolge der Eröffnungen und Anträge seiner Bundesgenossen willig erklärt, durch eine wesentliche Modifikation seiner Forderungen an die ottomanische Pforte, die Hände zu einer friedlichen

---

*) Anläßlich der Verhandlungen, welche Rußland nach dem Mißlingen des ersten Ultimatums mit seinen Verbündeten über ein neues an die Pforte zu richtendes Ultimatum eröffnete. Das „Projet de Note verbale et confidentielle" war durch Alopeus dem preußischen Kabinet am 5. März 1822 übermittelt worden.

Ausgleichung mit derselben zu bieten, dagegen aber darauf anträgt, daß die alliierten Höfe ihrerseits die Verbindlichkeit eingehen, in dem Falle, daß die Pforte das solchergestalt ermäßigte russische Ultimatum verwerfen, oder in den auf die Grundlage desselben einzuleitenden Unterhandlungen den durch die bestehenden Traktate gerechtfertigten Forderungen Rußlands zu genügen sich weigern sollte, derselben zu erklären, daß sie ihr fernerhin keine Art der Unterstützung gewähren würden, daß sie vielmehr die Gerechtigkeit der Sache Rußlands anerkennen müßten, und daß sie sich demzufolge genötigt sähen, ihre diplomatischen Verbindungen mit der türkischen Regierung abzubrechen.

Die Wichtigkeit dieser Eröffnung ist nicht zu verkennen. Rußland kommt den alliierten Höfen endlich mit den die Erhaltung des Friedens erleichternden Vorschlägen entgegen, knüpft diese Vorschläge aber an eine Bedingung, deren Erfüllung mehreren dieser Höfe sehr schwer werden, vielleicht unmöglich scheinen wird. Verhehlen darf man sich inzwischen nicht, daß die Abweisung dieses solchergestalt bedingten Antrages sehr unangenehme Erörterungen mit Rußland herbeiführen, die Wirkung der bisherigen Vorstellungen der alliierten Höfe entkräften, den Feinden des Friedens am russischen Hofe neue Waffen in die Hände geben, und dadurch die ganze Unterhandlung in eine höchst ungünstige Lage zurückversetzen würde. Es dürfte unzweifelhaft sein, daß Ew. Majestät ein ungleich größeres Interesse an der Erhaltung des Friedens und mithin an der Anwendung einer Maßregel, welche, wo nicht für diesen Zweck entscheidend werden, doch wesentlich auf die Erreichung desselben hinwirken wird, als an der unverletzten Aufrechterhaltung Ihrer wichtigen diplomatischen Verbindungen mit der Pforte haben.

Allein ganz anders stellt sich die Frage für Oesterreich, England und Frankreich (welche vielfache Berührungen und sehr berücksichtigenswerte Verhältnisse mit dem türkischen Reiche haben) und gleichwie es sich mit Bestimmtheit voraussehen läßt, wie diese Mächte den Antrag des russischen Hofes aufnehmen und beurteilen werden, so dürfte es auch nicht angemessen scheinen, ihrer Meinung darüber vorgreifen oder ihnen die Ansicht aufdringen zu wollen, welche Preußen sich von seinem besonderen Standpunkt aus zu bilden veranlaßt sein kann. Sollten diese Mächte indes auch wirklich geneigt sein, gegen Rußland eine den Wünschen und Anträgen desselben entsprechende Verpflichtung einzugehen, so würde es doch immer bedenklich sein, das an die Pforte zu richtende Verlangen, wie es der russische Hof begehrt, auf die buchstäbliche Abgabe der von Rußland vorgeschriebenen Erklärung zu stellen. Denn ein solches Ansinnen würde den Stolz der türkischen Regierung auf das Höchste verletzen, gegen alle zu Konstantinopel üblichen und anwendbaren Unterhandlungsformen anstoßen und dadurch, aller Wahrscheinlichkeit nach, den Erfolg der beabsichtigten Maßregel vereiteln. Es würde mir daher angemessen scheinen, die den alliierten Höfen von Rußland angesonnene Unterstützung seiner Forderung an die Pforte in jedem Falle nur mit dem beschränkenden Vorbehalte zuzusagen, daß solche nur auf den materiellen Inhalt dieser Forderungen, nicht aber auf einen der türkischen Regierung auch in Hinsicht der Form und des Ausdruckes der von ihr zu erheischenden Erklärung anzuthuenden Zwang ausgedehnt werde.

Da der russische Gesandte, seiner Instruktion zufolge, auf eine baldige Erklärung der Absichten Ew. Königl. Majestät dringt, und die Zeit zu einer Verabredung mit den mitbeteiligten Höfen daher nicht gewonnen werden kann, Ew. Königl. Majestät ehrerbietigst anheimstellen zu dürfen, ob Allerhöchstdieselbe mich, in betracht der oben entwickelten Gründe, gnädigst zu ermächtigen geruhen wollen, dem russischen Gesandten vorläufig erkennen zu geben:

Daß Ew. Königl. Majestät die Weisheit und Mäßigung der Gesinnung, welche des Kaisers von Rußland Majestät zu der wesentlichen Milderung an die Pforte vermocht habe, nach ihrem vollen Werte zu würdigen und anzuerkennen wüßten, daß Allerhöchstdieselben darin mit großer Befriedigung ein untrügliches Pfand der Erhaltung des von dem gegenwärtigen Bedürfnis Europas dringend erheischten Friedens sähen, daß Sie, um zu diesem großen Zwecke auch Ihrerseits nach Möglichkeit mitzuwirken, die mit dem Antrage des russischen Hofes verbundene Bedingung zu erfüllen bereit wären, insofern auch die Zustimmung der übrigen alliierten Höfe für die eventualiter vorgeschlagene gemeinschaftliche Maßregel gewonnen werden könnte: daß Ew. Königl. Majestät jedoch des Dafürhaltens wären, daß hinsichtlich der von der Pforte zu fordernden Erklärung zwar allerdings auf den wesentlichen Inhalt derselben in seiner ganzen Vollständigkeit bestanden werden, in Ansehung der Form und des Ausdrucks aber der türkischen Regierung diejenige Freiheit gelassen werden müsse, welche einer selbständigen Macht unter allen Umständen zustehe."

Bernstorff.

Aus dem Immediatbericht Bernstorffs an den König. Berlin, 6. Juni 1822.

(Anläßlich der durch den russischen Gesandten vertraulich mitgeteilten Depesche Nesselrodes an Alopeus: Petersburg, 17. Mai 1822).

„Allerhöchstdieselben werden darin eine Darstellung der gegenwärtigen Ansichten und Wünsche des Kaisers von Rußland hinsichtlich seines Verhältnisses zu der ottomanischen Pforte finden.

Je friedlicher und gemäßigter die Absichten dieses Monarchen sich in dem gegenwärtigen Augenblicke aussprechen, desto mehr scheint derselbe erwarten zu dürfen, daß die alliierten Höfe seinen Wünschen mit Bereitwilligkeit entgegen kommen werden. Auch beschränken diese Wünsche sich größtenteils auf dasjenige, was ihm von den Alliierten selbst längst angeboten oder zugesagt worden ist.

Die nach der vorliegenden Depesche an Ew. Königl. Majestät gerichteten Anträge gehen nämlich im wesentlichen nur dahin:

1. Daß Allerhöchstdero Gesandter an dem kaiserlich österreichischen Hofe ermächtigt werde, mit dem Wiener Kabinet, dem russischen Bevoll-

mächtigten und den Gesandten der übrigen alliirten Höfe sowohl eine neue gemeinschaftliche Verwendung zur Unterstützung der russischen Anträge bei der ottomanischen Pforte, falls eine solche nötig werden sollte, als auch die Grundlagen einer auf die Wiederherstellung und Sicherung der Ruhe in den im Aufstande gegen die Pforte begriffenen Provinzen gerichteten Unterhandlung zu verabreden.

2. Daß, falls die ottomanische Pforte sich auf den durch den englischen Botschafter in Konstantinopel an sie gerichteten Antrag sollte bewegen lassen, eine direkte Unterhandlung mit Rußland anzuknüpfen, und zu diesem Ende einen Bevollmächtigten nach Kaminiec Podolsk in Podolien zu senden, es Ew. Königl. Majestät gefällig sein möge, auch Allerhöchst Ihrerseits durch die Ernennung und Absendung eines Bevollmächtigten an dieser Unterhandlung teil zu nehmen und in Verbindung mit den übrigen alliirten Monarchen zum Erfolge derselben mitzuwirken.

Da diese Anträge weder auf neue noch auf lästige oder irgend bedenkliche Verbindlichkeiten gerichtet sind, sondern von seiten Ew. Königl. Majestät nur die Fortsetzung derjenigen blos diplomatischen und vermittelnden Mitwirkung zur Erhaltung des Friedens im Orient ist, welche Allerhöchstdieselben schon um Ihres eigenen Interesses an diesem Zwecke willen nicht würden aufgeben wollen, und der Sie Sich nicht entziehen könnten, ohne Sich von der allgemeinen Sache der verbündeten Mächte zu trennen, so trage ich kein Bedenken Ew. Königl. Majestät alleruntertänigst anheimzustellen, mich allergnädigst ermächtigen zu wollen, sowohl mich gegen den kaiserlich russischen Gesandten in einem den Anträgen seines Hofes entsprechenden Sinne zu äußern, als auch den Fürsten Hatzfeldt, welcher in wenigen Tagen hierselbst eintreffen und sich, sobald er sich von der gegenwärtigen Lage der öffentlichen Angelegenheiten wird haben hinreichend unterrichten können, nach Wien begeben wird, anzuweisen, dort in Uebereinstimmung mit jenen Anträgen an den infolge derselben einzuleitenden Unterhandlungen teil zu nehmen.

Was die Teilnahme der alliirten Höfe an einer direkten Friedensunterhandlung zwischen Rußland und der Pforte betrifft, so hat der Antrag darauf jetzt nur vorläufig und unter der Voraussetzung gemacht werden können, daß die ottomanische Pforte sich, wie es noch als sehr zweifelhaft angesehen werden muß, wirklich dazu verstehen werde, dem Vorschlage des russischen Hofes gemäß einen Bevollmächtigten nach Kaminiec Podolsk abzusenden. Da der Beschluß, welchen dieselbe darüber fassen wird, jedoch binnen wenig Wochen bekannt sein wird, und man alsdann die Eröffnung der Unterhandlung nach Möglichkeit zu beschleunigen suchen wird, so dürfte es angemessen sein, für diesen Fall schon jetzt eine vorläufige Vorkehrung zu treffen. Sollten Ew. Königl. Majestät diese Ansicht genehmigen, so würde ich mir die ehrerbietige Freiheit nehmen, Allerhöchstdenselben für die wichtige Aufgabe der beabsichtigten Unterhandlung in der Eigenschaft eines Bevollmächtigten Ew. Königl. Majestät beizuwohnen, den Grafen v. Schladen unterthänigst in Vorschlag zu bringen, welchem infolge seiner früheren Geschäftsführung in Petersburg und Konstantinopel die Verhältnisse, auf welche es bei den bevorstehenden Verhandlungen vorzüglich ankommen wird, genau bekannt sind. Ew. Königl. Majestät haben demselben zwar den Gesandtschaftsposten am königlich niederländischen Hofe allergnädigst zugedacht, allein, da kein Grund vorhanden ist, welcher die Wiederbesetzung dieses Postens oder die wirkliche Anwesenheit des dafür zu ernennenden Gesandten dringend erforderlich machen sollte, so würde auch die gegenwärtige äußere Lage des Grafen v. Schladen sich mit dem ihm zu erteilenden außerordentlichen Aufträge leicht in Uebereinstimmung bringen lassen."*)

Bernstorff.

1825.

Aus einem eigenhändigen Schreiben Küsters an Bernstorff.
Petersburg, 18. (6.) März 1825 (vertraulich).**)
(Ueber die Petersburger Konferenzen).

— — „Ew. Excellenz werden aus meinen Berichterstattungen hochgeneigtest entnehmen, mit welchen Schwierigkeiten aller Art wir hier zu kämpfen und gegen welche Kunstgriffe einer oft nicht ganz kaiserlichen Politik wir uns zu verwahren haben. Ich schmeichle mir der Hoffnung, daß Hochdieselben auch nach diesen Rücksichten das seitherige Resultat unserer Bemühungen werden gütigst beurteilen wollen.

So geringfügig dasselbe auch ist, so ist doch damit das Schwierigste vollbracht, nämlich die Vereinbarung über den Gang der einzuleitenden Unterhandlungen. Wie ungern Rußland sich zu den verabredeten Basen verstanden hat, davon ist seine, wie es scheint, aus einem Depit hervorgegangene Deklaration, ein sichtbarer Beweis.

Bei den uns noch bevorstehenden Arbeiten, und namentlich in Bezug auf die nach Griechenland zu schickenden Agenten, sehe ich ebenfalls noch einige harte Kämpfe voraus, da Graf Nesselrode sehr geneigt ist, aus letztern wahre Ambassadeurs zu machen, was ich Ew. Excellenz Ansichten eben so sehr als dem ganzen Verhältnis der Allianz entgegen glaube und was auch von seiten des Grafen Lebzeltern starke Opposition findet.

Im allgemeinen habe ich geglaubt, Ew. Excellenz Intentionen zu erfüllen, wenn ich in den Konferenzen zwar in keiner Art besonders hervortrete, aber ebensowenig unterlasse, wo es nötig scheint und vorzüglich da die Stimme Preußens hören zu lassen, wo von Maßregeln die Rede ist, welche den allgemeinen Prinzipien der Allianz entgegen sind und der Erhaltung des Friedenszustandes von Europa gefährlich werden könnten.

Ich würde mich überaus glücklich schätzen, wenn es mir gelänge, bei dieser Gelegenheit Ew. Excellenz Zufriedenheit nicht ganz zu verfehlen.

---

*) Die Vorschläge Bernstorffs wurden durch Kabinetsbefehl vom 19. Juni 1822 bewilligt.
**) Siehe S. 28.

Der Beifall unserer Höfe ist die einzige Belohnung, auf welche wir vielleicht hoffen dürfen. Hier werden wir ganz unbarmherzig kritisirt und Graf Matuschewiz, dessen Feder besonders in der orientalischen Angelegenheit gebraucht wird, äußerte neulich gegen einen meiner Bekannten von unserm Protokoll etwas burschikos seine Verwunderung, „que des hommes d'esprit", wie er uns zu nennen beliebt, „n'accouchent que d'une aussi chétive conception". — —

Aus dem Bericht Küsters an den König. Nr. 30. Petersburg, 15. (3.) April 1825.*)
(Ueber die Petersburger Konferenzen.)

— — „So wie der Antrag, den uns das kaiserliche Kabinet in der neunten Konferenz machte, in dem Protokoll vom (7. April) 26. März modifizirt worden ist, erscheint er als eine nicht eigentlich besonders erhebliche Abweichung von dem vorher verabredeten Gange der Unterhandlungen; aber so, wie er ursprünglich gemacht worden, ging er auf nichts weniger hinaus, als die ganze Intervention bis dahin zu verschieben, daß die Alliirten sich darüber erklärt, ob sie die Beruhigung des Orients auch mit den Waffen durchsetzen wollen. Es ist rein das Werk der Konferenz und vielleicht nebenbei auch die Wirkung der Besorgnis, England zu offenbar einen Triumph zu bereiten, daß jener Antrag modifizirt und gewissermaßen in das Geleise der früheren Beratungen zurückgeführt worden ist.

Ueber die Gründe, die das kaiserliche Kabinet zu demselben vermocht und welche es bewogen haben, von dem, wie es schien, so zweckmäßig eingeleiteten und durch ein förmliches Protokoll sanktionirten Gange plötzlich abzugehen, ist es in der That schwer, sich eine genügende Auskunft zu geben. Diejenigen Gründe, welche Graf Nesselrode angeführt, schienen wenigstens jenen Antrag nicht hinreichend erklären zu können, indem dabei immer die Frage übrig bleibt, warum dieselben erst jetzt und nicht schon vor vier Wochen geltend gemacht worden sind.

Ich glaube hier einige Umstände, welche auf das Benehmen des hiesigen Kabinets in dieser Hinsicht Einfluß gehabt haben können, um so mehr zusammenstellen zu dürfen, als ich ohnedies derselben ihres thatsächlichen Interesses wegen würde allerunterthänigst Erwähnung haben thun müssen.

Zunächst kann man, ohne dem kaiserlichen Kabinet im mindesten zu nahe treten zu wollen, wohl behaupten, daß dasselbe die Konferenzen über die griechische Angelegenheit ziemlich unvorbereitet begonnen hat. Beim Anfange derselben hatte es keine von allen den Fragen, zu denen dieses schwierige Problem Veranlassung geben mußte, so reiflich erwogen, die Folgen von keiner der vorgeschlagenen Maßregeln so genau überdacht, als es bei einer Angelegenheit von solcher Wichtigkeit unentbehrlich zu sein scheint, es hatte keinen Plan entworfen, der mit den Instruktionen der

---
*) Siehe S. 32.

drei Bevollmächtigten, die das kaiserliche Kabinet sämtlich vor Eröffnung der Konferenzen erkannte, übereinstimmte, denn das Aperçu, welches einen solchen enthalten sollte, begründete denselben auf eine Maßregel, von der das kaiserliche Kabinet — eben da es unsere Instruktionen kannte, vorher wußte, daß wir derselben nicht beipflichten konnten. Das ganze Benehmen und Verfahren des Grafen Nesselrode bewies, daß das kaiserliche Kabinet beim Beginn der Konferenzen die beabsichtigte Unterhandlung keineswegs in allen ihren möglichen Resultaten überschaut hatte, und daß es letztere erst während der Beratungen genauer zu erwägen anfing. Kein Wunder, daß, je weiter es in die Sache eindrang, ihm manches in einem anderen Lichte erschien, als es sich anfangs dargestellt hatte und ihm die Schwierigkeiten und unabsehbaren Folgen mehrerer der in Vorschlag gebrachten Maßregeln mit ihrem vollen Gewicht entgegentraten und es um so mehr erschreckten, je weniger es dieselben vorher sich klar gemacht hatte.

Vielleicht irrt man nicht, wenn man vorzüglich hieraus den plötzlichen Wunsch des Innehaltens, in den von dem kaiserlichen Kabinet mit so vielem Eifer begonnenen Unterhandlungen herleitet. Diese Annahme, welche auch nur den eigenen, uns von Graf Nesselrode in der Konferenz gemachten Aeußerungen übereinstimmt, erhält noch mehr Gewicht, wenn man sie auf eine oder die andere spezielle Rücksicht anwendet.

Der russische Hof hat die griechische Sache für eine europäische erklärt, und unter den gegebenen Umständen war und ist diese Ansicht zu vorteilhaft, als daß er davon abweichen sollte, aber gewiß hat er dabei doch im Stillen die Hoffnung genährt, bei der Ausführung der zur Lösung jener Verwickelung verabredeten Maßregeln gewissermaßen die erste Rolle zu spielen, so daß der Name Rußlands bei der Pazifikation des Orients immer zuerst genannt werde. Die fortwährende Zusammenstellung dieser Angelegenheit mit der italienischen und spanischen, mit denen sie, wie Fürst Metternich sehr treffend auseinandergesetzt hat, eigentlich in keiner Art zu vergleichen ist, der Versuch des Grafen Nesselrode: die nach Griechenland abzusendenden Agenten in einen russischen umzuwandeln, und verschiedene andere Partikularitäten lassen über diese Tendenz des kaiserlichen Kabinets nicht den entferntesten Zweifel. Auch würde man Unrecht thun, wenn man demselben einen Vorwurf daraus machen wollte; seine ganze Stellung scheint es, wie ich schon früher dazuthun mich erdreistet, zu jenem Streben aufzufordern und zu berechtigen.

Nun dürfen aber für diesen Zweck, bei einer näheren Beleuchtung, die bis jetzt verabredeten Maßregeln wenig versprechen; und nach den Einleitungen, die General Guilleminot und, wie ich alle Ursache zu glauben habe, auch Baron Ottenfels in Konstantinopel trifft, um dort die Pforte zur Annahme der Intervention vorzubereiten, möchte sogar bei einem Gelingen der Unterhandlung, wenn je einer einzelnen Macht eher Frankreich oder Oesterreich als Rußland ein besonderer Ruhm zufallen.

Es scheint fast wahrscheinlich, daß die nähere Erwägung dieser Umstände wesentlich mit dazu beigetragen, das kaiserliche Kabinet zu seinem letzten Entschluß zu bewegen, zumal, wenn man bedenkt, daß Graf

La Ferronays — vielleicht mit zu großer Unbefangenheit das Gewicht jener Umstände eben erst durch die Mitteilung der günstigen Aussichten, welche die erwähnten Einleitungen des Generals Guilleminot eröffnet, noch mehr hatte hervortreten lassen. Wenigstens dürfte der Vorwurf, den Graf Nesselrode dem französischen Botschafter in der neunten Konferenz in jener Hinsicht machte, nur einer solchen Ansicht zur Seite stehen, sondern auch nur durch dieselbe erklärlich werden.

Ferner glaube ich nicht unerwähnt lassen zu dürfen, daß auch die Reise des Fürsten Metternich nach Paris auf den letzten Entschluß des kaiserlichen Kabinets wohl Einfluß gehabt haben kann. Dieselbe hat den Argwohn des letzteren in einem so hohen Grade erregt, daß selbst das traurige Ereignis, welches den als Veranlassung der Reise angegebenen Bewegungsgrund — die tötliche Krankheit der Fürstin Metternich — bestätigte, denselben nicht ganz verwischen konnte, und namentlich schien Graf Nesselrode jener Reise einen Zweck in Bezug auf die ganze griechische Angelegenheit unterzulegen.

Zur Erläuterung dieser Bemerkung muß ich alleruntertänigst anführen, daß nach der Ansicht des hiesigen Hofes, Frankreich in einer gewissen Beziehung Rußlands Wünschen noch näher getreten ist, als Oesterreich und Preußen; die Instruktionen des französischen Botschafters fangen nämlich mit den Worten an: „nous sommes franchement disposés à seconder les vues de la Russie pour pacifier la Grèce. Nous irons à cet égard très loin, car nous ne reculons pas même devant l'idée de lui porter notre appui moral et, s'il le faut, des secours effectifs". Nun wird zwar diese Aeußerung der Uebereinstimmung der Ansichten unter den Alliirten untergeordnet und auch wieder durch den Schluß der Instruktionen beschränkt, worin gesagt wird: „mais après tout l'intérêt, le plus grave pour la tranquillité de l'Europe est d'empêcher que la guerre n'éclate entre la Porte et la Russie. C'est celui qui réclame toute la sollicitude de l'Alliance et il passe avant la question de la Grèce. C'est donc à ce point que nous attachons le plus d'importance et que l'Ambassadeur doit principalement amener les considérations qu'on devra peser dans les conférences"; aber dennoch ist nicht zu leugnen, daß Frankreich die Frage der Anwendung von Zwangs Mitteln, d. h. die eines Krieges, bereits so entschieden hat, als Rußland sie entschieden zu sehen wünscht. Dagegen macht sich der kaiserliche Hof kein Hehl daraus, und Graf Lebzeltern thut das Seinige, um ihm in dieser Hinsicht alle Illusion zu benehmen, daß Oesterreich sehr wenig geneigt ist, sich zu einer eventuellen bewaffneten Intervention auch bereit zu erklären. Graf Nesselrode besorgt nun, daß Fürst Metternich bei seiner Reise nach Paris vielleicht hauptsächlich die Absicht gehabt habe, Frankreich mehr in die österreichische Ansicht hinüberzubringen und also Rußlands Wünschen entgegenzuarbeiten. Ich halte es nicht für ganz unwahrscheinlich, daß dieser Umstand den kaiserlichen Hof in der Meinung von der Notwendigkeit, sich mit seinen Alliirten baldthunlichst und zwar vor Anfang der beabsichtigten Intervention über die Folgen, welche sie allen als möglich vorhergesehenen Resultaten desselben

geben wollen, zu verständigen, noch mehr bestärkt und also zu dem plötz‑
lichen Vorschlage des Innehaltens in den Unterhandlungen nicht be‑
wogen habe.

Der Weisheit Ew. Königl. Majestät Kabinets muß ich ehrerbietigst
überlassen, wie viel oder wie wenig Gewicht es auf den einen oder den
anderen der angeführten Umstände zur Aufklärung des uns in der neunten
Konferenz gemachten Antrages des hiesigen Hofes legen zu müssen
glaubt." — —

Aus dem Bericht Küsters an den König. **Petersburg, 18. (6.)
April 1825.**
(Unterredungen Stratford Cannings vor seiner Reise nach Moskau (er reiste
am 4. (16.) April 1825) mit La Ferronays, Lebzeltern und Küster. Ueber die ge‑
planten Coërcitivmaßregeln).

— — „Gegen einen jeden von uns suchte er (Stratford Canning)
sich noch einmal zu vergewissern, wie er es schon früher bei jeder Ge‑
legenheit zu thun sich bemüht hatte, ob die Alliirten unserer Meinung
nach, um Englands Mitwirkung bei der Intervention zum Zweck der Be‑
ruhigung des Orients zu haben, erklären würden, dabei nicht zu Zwangs‑
mitteln greifen zu wollen. Es war augenscheinlich, daß auf diesen Punkt
sich seine ganze Aufmerksamkeit und Sorge richtete, und man möchte dem‑
nach glauben, daß die Ungewißheit über denselben der wahre innere Grund
von Englands Zurücktreten von den Konferenzen ist. Ich habe Herrn
Canning, wie auch stets vorher, auf diese Frage halb ausweichend ge‑
antwortet. Der französische Botschafter hat, wie er mir sagt, seiner auch
ausweichenden Antwort, noch die Bemerkung beigefügt: daß England die
Anwendung von Zwangsmitteln, die es so sehr zu besorgen scheine, viel
eher verhindern werde, wenn es sich den Alliirten anschließe, als wenn
es sich von ihnen entferne; daß es auf letzterem Wege sogar das Ergreifen
der gefürchteten Maßregeln am ersten herbeiführen werde. Wie mir Graf
La Ferronnays versichert, hat diese Bemerkung, die er nachher noch weiter
ausgeführt, auf Herrn Stratford Canning einen sehr sichtbaren Eindruck
gemacht.

Letzterer hat gegen den Botschafter der Besorgnis seines Hofes vor
einer solchen Zwangsübung eine sehr sonderbare Beziehung gegeben, welche
ich sogar nur mit Mühe für ernstlich gemeint halten würde, wenn Graf
La Ferronnays mir nicht beteuerte, daß der englische Bevollmächtigte sie
mit einem solchen Ausdruck von innerer Ueberzeugung ausgesprochen habe,
daß er selbst sie nicht wohl für eine bloße Finte ansehen könne.

In der Unterhaltung über die Coërcitivmaßregeln hat nämlich mit
einem Male Herr Stratford Canning ausgerufen, daß er selbst — und
so allgemein sei diese Ansicht — ein jeder Engländer sich lieber die rechte
Hand abnehmen lassen werde, als zu Zwangsmaßregeln gegen die Griechen
seine Zustimmung zu geben. Er halte sich nun wohl überzeugt, daß
Frankreich auch nicht gegen Griechenland werde zu Felde ziehen wollen,

aber von seiten Oesterreichs könne er sich nicht dieselbe Gewißheit versprechen und er besorge, daß dieses nötigenfalls nicht abgeneigt sein werde, die Griechen mit gewaffneter Hand zur Aufnahme der Intervention und der verabredeten Bedingungen zu bewegen.

Man darf dem Prinzipal-Staatssekretär wohl ein ziemliches Teil Unkenntnis von dem Gange der Kontinentalpolitik zutrauen, aber ich gestehe, ich würde nie geglaubt haben, daß er seine Besorgnis vor Zwangsmaßregeln in der griechischen Angelegenheit je entfernt darauf und zwar, wie es nach Herrn Stratford Cannings Aeußerung schien, hauptsächlich darauf bezogen haben würde, daß solche gegen die Griechen angewendet werden könnten. Und dennoch kann ich nach jenem Bruchstück aus der Unterredung des englischen Bevollmächtigten mit dem französischen Botschafter — welche letzterer seinem Hofe bereits eingeschickt hat, und wegen deren Einberichtung nach London Herr Canning den Grafen La Ferronnays um seine besondere Einwilligung ersucht hat — nicht wohl daran zweifeln. Vielleicht hat der englische Staatssekretär in Gedanken Rußland die eventuelle Zwangsübung gegen die Pforte und Oesterreich die gegen die Griechen zugedacht.

Uebrigens scheint Herr Stratford Canning durch die Gewißheit, welche er darüber hat, daß bis jetzt noch keine Zwangsmaßregeln verabredet worden, und daß die gegenwärtigen Unterhandlungen mit der Pforte rein freundschaftlicher und konfidentieller Art sind, ausnehmend beruhigt zu sein, und danach mit sehr erleichtertem Herzen von hier fortzugehen.

Im allgemeinen läßt sich von der Sendung dieses Bevollmächtigten wohl sagen, daß sie in der Ausführung ebenso verfehlt wurde, als sie es in der Anlage war. Wäre sie einem Manne anvertraut gewesen, der Offenheit und Vertrauen zu beweisen und zu erwecken gewußt hätte, so würde sie gewiß bald eine Annäherung bewirkt haben, aber mit allem seinem Verstande und seinem konciliatorischen Bestreben hat Herr Stratford Canning dies nicht verstanden oder die Notwendigkeit davon, wenigstens in der ersten Zeit seines Hierseins, verkannt." — —

Postskript zu Bericht Nr. 34 Küsters an den König. Petersburg 29. (17.) April 1825.

(Küster giebt darin eine Uebersicht des Charakters der Konferenzen. Die zuweilen widerspruchsvolle Haltung des kaiserlich-russischen Staatskanzlers sucht Küster dadurch zu erklären, daß Nesselrode keinem Vorschlage zustimmen konnte, ohne erst die Einwilligung des Zaren dazu vorher eingeholt zu haben, und daß er zuweilen Vorschläge zu verteidigen hatte, deren wahren Grund er nicht kannte).

— „Die am meisten von einander abweichenden Ansichten in der griechischen Angelegenheit sind die der beiden Kaiserhöfe, indem die einen von der Notwendigkeit, den Frieden um jeden Preis zu erhalten, ausgehen, die anderen die bewaffnete Dazwischenkunft der Alliierten es nicht unwünschenswert ansehen. Auch haben Rußland und Oesterreich das nächstliegende Interesse bei der Lösung jener Verwickelung. Es lag daher in der Natur der Sache, daß in den Konferenzen die Haupterörterungen immer zwischen

dem Grafen Nesselrode und dem österreichischen Gesandten stattfanden, daß
von beiden die eigentlichen Grundlagen der Unterhandlung diskutirt wurden,
und die gegenteiligen Ansichten gewissermaßen den Text der Beratungen
bildeten. Außer diesen in der Sache selbst begründeten Rücksichten, mußten
dem Grafen Lebzeltern seine ausgezeichneten Geistesgaben, die Ruhe und
Besonnenheit seines Charakters und sein seltenes Redaktionstalent mit die
erste Rolle in den Beratungen zusichern. Aus seiner Feder sind sämtliche
Arbeiten, oder doch die Grundzüge derselben, hervorgegangen, welche von
und im Namen der drei Bevollmächtigten gemeinschaftlich der Konferenz
übergeben wurden.

Die Ansichten des französischen Hofes halten gewissermaßen das
Mittel zwischen denen der beiden Kaiserhöfe. Indem Frankreich die Möglich=
keit eines Krieges vorher sieht und für den Eintritt desselben sich der
Mitwirkung nicht entzieht, scheint es Rußlands Wünschen zu entsprechen;
in dem lebhaften, allem übrigen vorangehenden Bestreben, den Frieden auf=
recht zu erhalten, schließt es sich den Wünschen Oesterreichs an. Dieser
Ansicht entsprechend war auch der Weg, den der französische Botschafter
in den Beratungen einhielt, und der ihn in den Bemühungen zur Ab=
wendung aller Maßregeln, die zu einer Störung des Friedens hätten
führen können — der eigentlichen Grundlage der bisherigen Diskussion —
mit dem österreichischen Gesandten stets gemeinschaftlich sprechen und handeln
ließ. Sein fortwährend versöhnendes Bestreben hat dabei oft größere
Divergenzen ausgleichen helfen, sowie überhaupt Graf La Ferronnays
durch die Klarheit und Lebendigkeit seines Geistes, seine wahre Redner=
gabe und sein offenes, ritterliches Wesen, den wichtigsten Einfluß auf die
Konferenzen ausgeübt und zu den Resultaten derselben wesentlich bei=
getragen hat." — —

Immediatbericht Bernstorffs an den König. Berlin, 15. Juni
1825*) (vollständig).

An des Königs Majestät.

Ew. Königl. Majestät haben bereits von den letzten Eröffnungen des
russischen Kabinets in betreff der türkisch griechischen Angelegenheiten Kennt=
nis erhalten. Die jetzt bevorstehende Rückkehr des Kaisers von Rußland
nach Petersburg macht es notwendig, Allerhöchstdero Geschäftsträger am
russischen Hofe, behufs der daselbst wieder anzuknüpfenden Beratungen, mit
neuen Instruktionen zu versehen.

Die Abfassung dieser Instruktionen ist in dem gegenwärtigen Augen=
blicke mit besonderen Schwierigkeiten verbunden. Denn es hat zwischen
den beiden Kaiserhöfen in der letztern Zeit eine so bestimmte Verschieden=
heit der Meinungen und Zwecke ausgesprochen, daß, wie die in Ew. Königl.
Majestät Namen zu machende Erklärung auch ausfalle, das, was darin
den einen dieser Höfe befriedigen wird, für den andern fast unvermeidlicher

---

*) Siehe S. 34—35.

Weise wird mißfällig und anstößig werden müssen, und gerade darum dürfte das preußische Votum diesmal mit mehr als gewöhnlichem Interesse erwartet werden.

Oesterreich erkennt zwar die Notwendigkeit, ja die Verpflichtung der alliirten Mächte an, dem den Orient erschütternden, die Ruhe des übrigen Europas mehr und mehr gefährdenden Insurrektionskriege durch eine vermittelnde Einschreitung ein Ziel zu setzen; allein, es besteht darauf, daß diese Vermittelung einen durchaus friedlichen Charakter behalte und unter keiner Voraussetzung in eine bewaffnete Dazwischenkunft ausarte.

Rußland wünscht den Krieg zwar nicht, am wenigsten einen einseitigen, allein es behauptet, daß man sich nicht zu dem bereits gemeinschaftlich ausgesprochenen Zwecke bekennen könne, ohne sich zugleich auch für alle die Mittel zu erklären, welche die Erfüllung desselben erfordern möchte.

Kürzer gesagt:*) Oesterreich will unter keiner Bedingung und für keinen Preis den Krieg! Rußland will unter jeder Bedingung und für jeden Preis, mithin auch auf die Gefahr des Krieges, die Rettung und Beruhigung Griechenlands!

Hat der russische Kaiser seine Ansichten und Wünsche nach Beendigung der letzten Beratungen mit einer Lebhaftigkeit und Bestimmtheit ausgesprochen, welche der Charakter und der Gang dieser Beratungen in dem Maße nicht hatten voraussehen lassen, so haben manche zum Teil zufällige Ursachen dazu mitgewirkt.

Zuvörderst hat die bloße Thatsache dieser, infolge einer nicht glücklichen Wahl des Orts, zu Petersburg eröffneten Unterhandlung die öffentliche Meinung in Rußland wieder in dem Maße zu gunsten der Sache Griechenlands gesteigert, daß der Kaiser dadurch augenscheinlich in der Freiheit und Unbefangenheit seiner Ansichten und Beschlüsse mehr eingeengt worden ist.

Demnächst hat die vielleicht etwas zu einseitige Schärfe, mit welcher Oesterreich sich im Laufe der Beratungen ausgesprochen hat, unverkennbar das Vertrauen in die Aufrichtigkeit der Absicht dieses Hofes zu dem ausgesprochenen Zwecke mitzuwirken, geschwächt. Namentlich scheint der Antrag desselben, daß Rußland sich förmlich verbürgen möge, aus der beabsichtigten Vermittelung in keinem Falle eine Veranlassung zum Kriege hernehmen zu wollen, die Empfindlichkeit des Kaisers von Rußland, welcher eine solche Bürgschaft in Hinsicht seiner Gesinnungen und Absichten für überflüssig erklären zu dürfen, in Betracht des letzten, möglichen Ausgangs der Krise aber nicht geben zu können glaubte, in hohem Grade gereizt zu haben.

Ueberdem hat die Reise des Fürsten Metternich nach Paris merklich dazu beigetragen, das von dem russischen Hofe gegen das österreichische Kabinet gefaßte Mißtrauen zu nähren und zu vermehren. Denn das russische Kabinet hat nicht nur nicht sich der Besorgnis erwehren können,

---

*) Von dieser Stelle an im wesentlichen in die Instruktion für Küster aufgenommen.

daß der österreichische Staatskanzler seine Anwesenheit in Paris werde benutzen wollen, um den französischen Hof, in Beziehung auf die orientalischen Angelegenheiten, mehr und mehr für seine Zwecke zu gewinnen und gegen die Absichten Rußlands aufzureizen, sondern es glaubt auch wirklich die Bestätigung dieser Besorgnis aus den ihm aus Paris zugegangenen Berichten entnommen zu haben. Nach diesen Berichten soll sich der Fürst Metternich namentlich dahin geäußert haben, daß es dem Kaiser von Rußland nicht nur mit dem Wunsche den Krieg zu vermeiden kein Ernst sei, sondern, daß er vielmehr nur durch die beabsichtigte Vermittelung selbst auf indirektem Wege zum Kriege zu gelangen hoffe. Ob der Fürst Metternich sich diese Aeußerung wirklich erlaubt habe, oder ob ihm solche nur von dem russischen Botschafter zu Paris, gegen den er bekanntlich in einem persönlich feindlichen Verhältnis steht, in den Mund gelegt sei, muß dahin gestellt bleiben, aber es würde mir nicht haben unbemerkt bleiben können, daß eine der lebhaftesten Stellen der eingangs gedachten russischen Zirkulardepesche durch diese angebliche Aeußerung veranlaßt worden und daß überhaupt die an Bitterkeit grenzende Schärfe der Fassung dieser Depesche bestimmt und absichtlich gegen den österreichischen Hof gerichtet ist, wenn ich nicht auch den Beweis davon, teils schon in den unverhohlenen Aeußerungen des Grafen von Nesselrode gegen Ew. Königl. Majestät Geschäftsträger, teils in noch unumwundeneren Ausdrücken in den mir mitgeteilten vertraulichen Briefen desselben an den hiesigen russischen Gesandten gefunden hätte.

In Rücksicht dieser zwischen zweien mit Ew. Königl. Majestät gleich innig befreundeten Höfen eingetretenen Spannung habe ich geglaubt, es mir zur Pflicht machen zu müssen, bei der Abfassung einer neuen Instruktion für Allerhöchstdero Geschäftsträger in Petersburg die größte Vorsicht und Behutsamkeit anzuwenden, um auf beiden Seiten jeden Anstoß, jede Veranlassung zur Empfindlichkeit und jeden Verdacht oder Vorwurf der Parteilichkeit nach Möglichkeit zu vermeiden. Ich habe demnach geglaubt, mich, ohne ein zu scharfes Eingehen in die zwischen Oesterreich und Rußland obwaltenden Streitpunkte, größtenteils und folgerecht auf die von Ew. Königl. Majestät bereits früher ausgesprochenen Ansichten beziehen zu müssen, zugleich aber es für nötig gehalten, mit Oesterreich einerseits die unberechenbaren Gefahren eines neuen Krieges im Orient, mit Rußland andererseits die Notwendigkeit, auf alle Fälle gefaßt zu sein, um die beschlossene Dazwischenkunft der Alliirten mit Kraft und Würde durchführen zu können, anzuerkennen. Es schien mir angezeigt, dadurch den Versuch machen zu müssen, die sich gegenüberstehenden Ansichten der beiden Höfe soweit auszugleichen, als die inneren, in der That fast als unauflösbar anzusehenden Schwierigkeiten der Sache, es nur irgend gestatten können.

Ew. Königl. Majestät lege ich beigehend in tiefster Unterthänigkeit einen von diesem Gesichtspunkte aus von mir aufgesetzten Instruktionsentwurf zur Allerhöchsten Prüfung und Entscheidung vor."

Bernstorff.

Lottum*) an Bernstorff. (Denkschrift). Berlin, 24. Juni 1825.**)
(Bernstorff habe die Lage im Orient und die Schwierigkeiten und Folgen einer Intervention mit bewaffneter Hand in seinem Entwurf zu der Instruktion für Küster „vollkommen richtig und möglichst schonend" dargestellt.

„Seine Majestät fügten jedoch hinzu, daß bei dieser sehr verwickelten Lage der Sache, wohl näherer Erwägung anheim gegeben werden könne, ob in Beziehung auf das allgemeine europäische Interesse der Zeitpunkt bereits eingetreten sei, wo für die verbündeten Mächte die Pflicht sich entwickle, mit solchen Anträgen und Erklärungen hervorzutreten, deren Folgen sich dann nicht mehr zurückhalten ließen, und ob nicht, im Fall, daß eine solche Notwendigkeit nicht anerkannt werden sollte, es nicht am zweckmäßigsten sein möchte, die bisherige Art der Intervention fortdauern zu lassen, welche zu jeder Zeit die Mittel offen ließe, mit bestimmten Erklärungen hervorzutreten. Seine Majestät halten dafür, daß der Zeitpunkt, welcher zu entscheidenden Schritten nötigen werde, erst dann eintrete, wenn die Ereignisse besorgen ließen, daß eine der beiden streitenden Parteien ein solches Uebergewicht zu gewinnen in Begriff stehe, daß entweder die völlige Unterdrückung der Griechen, oder ein Unterliegen der Pforte unter den Anstrengungen der insurgirten Provinzen wenigstens insoweit zu besorgen sei, daß die Pforte zur Freigebung der Griechen und Anerkennung dieses neuen independenten Staates sich gezwungen sehe, wobei das übrige Europa allerdings auch nicht gleichgültig bleiben könnte. Auf alle Fälle aber halten Se. Majestät dafür, daß es notwendig sein werde, die Zeit zu benutzen, um im Voraus über den Stand der Dinge sich zu einigen, welchen bei vergebens versuchter Vermittelung, ein glücklicher Krieg herbeiführen sollte; auch werde durch Mitteilungen an den Fürsten von Metternich, bei Anerkennung dessen Bestrebens, den Frieden unter jeder Bedingung zu erhalten, eine Entwickelung der Motive vorzulegen sein, aus welchen in dem Endresultate die preußische Ansicht von der des österreichischen Kabinets abweichen müsse."***) — -

---

Antwort Bernstorffs an Lottum. Berlin, 26. Juni 1825.†)

— — „Der Zweifel Sr. Majestät, ob es wirklich schon an der Zeit sei, eine kräftige Verwendung der alliirten Mächte zum Zweck einer Ausgleichung zwischen der ottomanischen Pforte und ihren im Aufstande begriffenen griechischen Unterthanen eintreten zu lassen, und ob es nicht vielmehr geraten sei, den Augenblick abzuwarten, wo eine entscheidende Wendung dieses Insurrektionskrieges auf der einen oder der anderen Seite mit naher Gefahr drohe, dieser Zweifel rechtfertigt sich in der That durch Gründe, deren Gewicht nur zu unverkennbar ist.

Ich darf indessen pflichtmäßig nicht verhehlen, daß ein förmlicher

---

*) Königl. Geh. Staatsminister Graf von Lottum.
**) Siehe S. 35.
***) Siehe ebenda.
†) Siehe ebenda.

Antrag auf eine solche Vertagung der beabsichtigten Dazwischenkunft dem kaiserlich-russischen Hofe voraussichtlich aus folgenden Gründen großen Anstoß geben und von seiten desselben eine sehr ungünstige Aufnahme finden würde.

Ueber die Veranlassung und den Zweck der Dazwischenkunft haben sich die vier verbündeten Höfe schon längst einstimmig ausgesprochen. Sie haben sich sämtlich darüber einverstanden erklärt, daß der blutige, zum Teil aus revolutionären Anregungen hervorgegangene und vielleicht gerade darum die allgemeine Teilnahme so lebhaft in Anspruch nehmende Kampf nicht länger dauern könne, ohne die Sicherheit der Nachbarstaaten und die Ruhe des ganzen Europa zu gefährden. Zu dieser Ansicht bekennt sich auch selbst Oesterreich heute noch. Auch haben die alliirten Höfe sich in dem Gefühl vereinigt, schon aus bloßer Menschlichkeit einem Blutvergießen Einhalt thun zu müssen, dessen letztem Zwecke, wie solches sich auch immer von den streitenden Parteien ausspricht, sie mehr entgegenzuwirken, als Vorschub zu thun, sie sich berufen glaubten. Nun aber dürfte es sehr schwer sein, einen Antrag auf eine unbestimmte Hinausschiebung der beabsichtigten Vermittelung mit dem bisher ausdrücklich und allgemein anerkannten Zwecke in Einklang zu bringen. Der Kaiser von Rußland würde seine Zustimmung dazu umsoweniger geben zu können glauben, als es einesteils Gewissenssache bei ihm geworden ist, ein ihm in religiösen und politischen Beziehungen gleich nahestehendes Volk für jeden Preis vom Untergange zu retten, und andernteils die öffentliche Meinung sich in seinem eigenen Reiche so laut für seinerseits zu fassende kräftige Beschlüsse und gegen die hemmende Einwirkung der Alliirten ausspricht, daß er sie kaum mehr überhören darf. Schon im vorigen Jahre hat dieser Monarch lebhaft darauf gedrungen, die in Vorschlag gebrachte Dazwischenkunft früh genug eintreten zu lassen, um der Eröffnung des diesjährigen Feldzuges zuvorzukommen. Jetzt, nachdem die Griechen noch kaum der Gefahr entronnen zu sein scheinen, den vereinigten Anstrengungen der Türken und Egypter zu erliegen, wird er mehr als je auf die Notwendigkeit bestehen, keine Zeit mehr zu verlieren, um dem mörderischen und zwecklosen Kampfe ein Ziel zu setzen, und es dürfte um so schwerer sein, ihm die Ueberzeugung zu gewähren, daß man bei später wiederkehrender, ähnlicher Gefahr noch die Zeit finden würde, ihr mit Erfolg zu begegnen, als eine Verständigung mit der ottomanischen Pforte, auch unter den günstigsten Voraussetzungen immer nur die Frucht einer schwer einzuleitenden, langen und mühsamen Unterhandlung sein kann.

Die in den letzten Jahren stattgefundenen Verwendungen der alliirten Höfe bei der Pforte hatten nicht die Dämpfung des Aufstandes der Griechen, sondern die Beseitigung der noch obwaltenden Streitpunkte zwischen Rußland und der Türkei zum Gegenstande. Dieses Ziel ist größtenteils erreicht worden, aber Rußland behauptet nicht mit Unrecht, daß sein besonderes Verhältnis zur Pforte nicht rein ausgeglichen werden oder wahren Bestand gewinnen könne, so lange die Ruhe in Griechenland nicht hergestellt sei.

Der erste einleitende Schritt zu einer Vermittelung der alliirten

Mächte zwischen der Pforte und den im Aufstande begriffenen Griechen ist erst jetzt geschehen. Der Erfolg desselben ist noch unbekannt, aber es ist mehr als wahrscheinlich, daß er durchaus ungünstig sein wird. Diese erste Eröffnung hat unter blos vertraulicher und durchaus freundschaftlicher Form gemacht werden sollen, nicht daß man diese für die wirksamste gehalten hätte, aber weil man sich noch über keine andere zu vereinigen wußte.

Der Augenblick, in dem die Antwort der Pforte eingeht, wird der sein, wo der Kaiser von Rußland mit neuer Lebhaftigkeit auf die Notwendigkeit einer nachdrücklicheren, die Absichten der verbündeten Mächte unverhohlen aussprechenden Erklärung an die Pforte bestehen wird, und die drei mitbeteiligten Höfe würden diesem Antrage kaum widerstreben können, ohne sich mit ihren früheren Aeußerungen und Einräumungen gewissermaßen in Widerspruch zu setzen.

Wenn ich aus diesen Gründen einen bestimmten Antrag auf einstweilige Aussetzung der beabsichtigten Dazwischenkunft für bedenklich halten muß, so dürfte es, meines unmaßgeblichen Dafürhaltens, weniger Schwierigkeit haben, die Ansicht Sr. Majestät in einer Aufforderung auszusprechen, noch einmal, und ehe ein entscheidender Schritt geschehe, in ernstliche Ueberlegung zu ziehen, auf welcher Seite die größere Gefahr sei, und ob die Notwendigkeit einer Einschreitung wirklich so dringend sei, daß solche nicht noch ausgesetzt werden könne, bis eine entscheidendere Entwickelung der Ereignisse dieselbe werde als durchaus unabwendbar erkennen lassen. In diesem Sinne habe ich den beikommenden Entwurf eines Zusatzes zu dem Sr. Majestät bereits vorgelegten Instruktions-Projekte aufgesetzt. Ew. Excellenz werden besser als ich beurteilen können, ob und in wie weit solcher der Idee Sr. Majestät entspricht."*) —

Aus der Geheimen Instruktion für Küster vom 27. Juni 1825. (Zusatz von Bernstorff).

— — Der russische Hof wird es gewiß erkennen, daß wir in unserer gegenwärtigen Erklärung den Wünschen und Ansichten desselben so nahe treten als wir es nur irgend haben thun können, ohne unserer Ueberzeugung Gewalt anzuthun, uns mit uns selbst in Widerspruch zu setzen, und uns, gewiß nicht zum Frommen der Sache, von den übrigen Mitalliirten zu trennen. Haben wir doch auf der anderen Seite nur zu viel Grund zur Besorgnis, daß auch die strenge und gewissenhafte Unparteilichkeit unserer Aeußerungen uns, zumal von seiten Oesterreichs, nicht gegen den Vorwurf schützen werde, den russischen Ansichten und Zwecken durch diese Aeußerungen zu viel Vorschub geleistet zu haben.

Ew. E. brauche ich nicht erst zu empfehlen, Sich bei Ihrer ferneren

---

*) Am Schlusse des Rückschreibens spricht Bernstorff den Wunsch aus, daß die Ansichten des Königs über die Lage dem preußischen Geschäftsträger in einer besonderen vertraulichen Instruktion mitgeteilt werden möchten mit der Weisung der Lage der Umstände gemäß zu handeln.

Mitwirkung zur Lösung der vorliegenden hochwichtigen Aufgabe, dieselbe Umsicht, Behutsamkeit und Unparteilichkeit, welche bei der Entwerfung Ihrer Instruktionen vorgewaltet haben, zur unabweichlichen Richtschnur Ihres Benehmens zu machen. Wir wünschen mit gleicher Lebhaftigkeit, einerseits das Vertrauen und die Eintracht, in welchen die Bevollmächtigten der drei Höfe bisher, dem russischen Kabinete gegenüber, gesprochen und gehandelt haben, ungestört und ungefährdet zu sehen, andererseits dem russischen Hofe die Ueberzeugung zu gewähren, daß wir, die Natur und das Bedürfnis seiner Lage keineswegs verkennend, immer bereit sind, ihm in Allem zu willfahren, was er billigerweise von uns erwarten oder begehren kann. — —

Aus dem Kabinetschreiben (Albrechts*) an Bernstorff. Potsdam, 28. Juni 1825.

Se. Majestät haben den Allerhöchst ihnen vorgelegten Zusatz zu der Instruktion des Herrn von Küster genehmigt und nur hinzuzufügen geruht, daß bei den Konferenzen in Petersburg notwendig in Erwägung gezogen werden müsse, was geschehen solle, wenn die Pforte sich dem Ansinnen der alliirten Mächte fügen, die Griechen aber denselben widersprechen und den Krieg, mit Ablehnung aller Interventionen fortsetzen wollten. Gegen die Griechen sich mit der Pforte zu verbinden, könne doch die Absicht nicht sein und gleichwohl scheine, im äußersten Falle der Widerspenstigkeit der Griechen, sich kein anderes Mittel darzubieten, als die Gewalt der Waffen; der Fall der Renitenz der Griechen ließe sich aber, nach allen bisherigen Erscheinungen sehr wohl erwarten und es wäre wohl dringend nötig, hierüber Beschluß zu fassen.**)

1826.

Immediatbericht Bernstorffs an den König. 13. Januar 1826.

An des Königs Majestät.

Ew. Königl. Majestät reiche ich in der Anlage alleruntertänigst eine mir von dem Grafen Zichy zugegangene Denkschrift des österreichischen Kabinets in Betreff der türkisch-griechischen Angelegenheiten ein.***)

Diese (mit den bereits zu Ew. Königl. Majestät Kenntnis gebrachten Bemerkungen des Wiener Kabinets über die Vorschläge der Botschafter

---

*) Geh. Kabinetsrat Albrecht.
**) Auf Wunsch des Monarchen wurden die Denkschrift Lottums und das Kabinetschreiben vom 28. Juni mit dem Hinweis, daß die darin entwickelten Ansichten den speziellen Wünschen des Königs entsprechend seien, Küster in vollem Wortlaute mitgeteilt.
***) Gemeint ist das „Exposé historique du Levant depuis son origine jusqu'au moment de la mort de l'Empereur Alexandre I."

von Frankreich und England an dem russischen Hofe, in genauer Verbindung stehende) Denkschrift scheint vorzüglich zum Zweck zu haben, den Gang und das Benehmen des österreichischen Hofes in Beziehung auf jene Angelegenheiten gegen die von seiten Rußlands dagegen erhobenen Beschwerden zu rechtfertigen.

Gegen diese von dem österreichischen Kabinete versuchte Darstellung des Ursprunges, des Ganges und der allmähligen Entwickelung der orientalischen Sache möchten sowohl in historischer als in politischer Hinsicht manche bedeutende Ausstellungen zu machen sein.

Insbesondere scheint mir die Kritik des Benehmens des hochseligen Kaisers von Rußland oft zu strenge, die Natur der Beweggründe, welche ihn geleitet haben, nicht hinreichend gewürdigt und die Verlegenheiten, worin er sich befunden, nicht hinlänglich berücksichtigt zu sein.

Allein darüber in eine Erörterung mit dem österreichischen Hofe einzugehen, dürfte eben so bedenklich als überflüssig sein — bedenklich, weil dieser Hof sich nach den Unannehmlichkeiten, welche er hinsichtlich dieses Gegenstandes erfahren, in Beziehung auf denselben ungewöhnlich reizbar zeigt, und es daher sehr schwer werden dürfte, einige zwischen den beiden Kaiserhöfen streitig gewordene Punkte zu berühren, ohne daß das österreichische Kabinet sich verletzt fühle: überflüssig, weil eine solche Erörterung sich schon jetzt mehr auf vergangene als auf gegenwärtige Verhältnisse beziehen würde, und weil das österreichische Kabinet selbst sich in der vorliegenden Denkschrift schon auf Veranlassung des zu St. Petersburg vom Lord Strangford gemachten Antrages, wesentlich den Ansichten nähert, welche früher in Ew. Königl. Majestät Namen ausgesprochen sind, denen, seitdem auch Frankreich beigetreten ist, und welche, wenn die englische Regierung, wie mir jedoch noch zweifelhaft vorkommt, die Schritte ihres Botschafters an dem russischen Hofe genehmigen sollte, eine neue und kräftige Unterstützung gewinnen würden.

In Gemäßheit dieser Betrachtungen dürfte es meines alleruntertänigsten Dafürhaltens geraten sein, eine österreichischerseits auch nicht begehrte Prüfung und Erörterung der hier in Rede stehenden historischen Uebersicht zu vermeiden und dem österreichischen Hofe die mehr in das Allgemeine gehende Versicherung zu erteilen, daß Ew. Königl. Majestät Gesandtschaft zu St. Petersburg angewiesen sei, ihre Bestrebungen, falls die früheren Beratungen daselbst wieder aufgenommen werden sollten, fortwährend darauf zu richten, die etwa noch von einander abweichenden Meinungen auszugleichen und in möglichster Uebereinstimmung mit den Bevollmächtigten der anderen Höfe, auf eine schließliche Verständigung über die zur Herstellung der Ruhe in Griechenland zu ergreifenden Maßregeln hinzuwirken.

Uebrigens wird der Erfolg der auf diesen Zweck zu richtenden Bemühungen hauptsächlich davon abhängen, ob der Kaiser Nikolaus, hinsichtlich des griechischen Insurrektions-Krieges, die Ansichten, Wünsche und Zwecke seines verewigten Bruders aufzunehmen und zu verfolgen geneigt sein wird, oder ob die mit seinem Regierungs-Antritte verbundenen Schwierigkeiten und die sich daraus entwickelnden neuen Verhältnisse ihm den Wunsch eingeben werden, die Hände zu Allem zu bieten, was geeignet oder erforderlich scheinen könne, um eine feste Abrede mit den alliirten Mächten herbeizuführen, und insbesondere die zwischen den beiden Kaiserhöfen, in Betreff dieser Angelegenheiten eingetretene Spannung zu heben.

Berlin, 13. Januar 1826. Bernstorff.

Aus d. Bericht Schölers an den König. Petersburg 20. (8.) März 1826.*)

(Ueber die Einwirkung der österreichischen Politik auf den Abschluß des Petersburger Protokolls).

„Was dem Herzog (v. Wellington) nicht mitgeteilt sein möchte, aber ebensowenig einem Zweifel unterliegt, ist, daß der Hochselige Kaiser schon im Sommer vorigen Jahres die Ueberzeugung gefaßt hatte: die große Allianz habe, der Wirklichkeit nach, zu bestehen aufgehört! Er hat dies mit klaren Worten ausgesprochen.

Das österreichische Kabinet scheint nicht allein in seiner Berechnung über Alexanders Friedfertigkeit, sondern auch in der Wahl der Mittel diese Gesinnung zu erhalten, sehr fehl gegangen zu sein. Die unaufhörlichen Tiraden in den Wiener Depeschen, die dies bewirken sollten, hatten dem Monarchen längst mißfallen, späterhin aber, als Er — überhaupt von allem, was im Auslande, namentlich aber in Wien geheim betrieben werden soll, genau unterrichtet — zu der Ueberzeugung gelangte, daß von österreichischer Seite Seinen Wünschen in Beziehung auf die orientalische Angelegenheit überall entgegengearbeitet werde, Ihn aufs höchste verletzt. Der Anfang dieser Stimmung mag aus dem Zeitpunkte der Reise des Fürsten Metternich nach Paris herrühren; der zweideutige Schritt in Konstantinopel aber, durch den Oesterreich, mittelst der angeblichen gänzlichen Räumung der Fürstentümer, Rußland den letzten Grund zur Beschwerde benommen haben wollte, hat den Entschluß des Kaisers Alexander völlig zur Reife gebracht.

Man kann annehmen, daß Graf Nesselrode zu seiner eigenen Rechtfertigung gegen den Kaiser Nikolaus diesen Anteil der österreichischen Politik an dem Entschlusse, mit welchem Sein Bruder aus der Welt gegangen ist, nicht eben in den Schatten gestellt haben werde. Ebensowenig kann dem Kaiser der Unmut verborgen bleiben, der in allen Russen durch die Meinung erzeugt wird, daß Oesterreich auf die Politik des verewigten Kaisers, namentlich gegen die Pforte, großen Einfluß gehabt und diesen letzteren zur Herabwürdigung Rußlands vor diesem verachteten Nachbar mißbraucht habe. Ein neuer Mißgriff trägt noch dazu bei, die Stimmung, die durch alles dieses bei dem Kaiser Nikolaus notwendig sich erzeugen muß, zu steigern. Zufolge der letzten Nachrichten aus Konstantinopel ist nämlich die Bewegung der Türkei an der Grenze von Rußland, die in den Zeitungen, als eine gewöhnliche Maßregel der Pforte, bei jedem Wechsel in den Beherrschern ihrer Nachbarstaaten dargestellt wird, Wirkung

---
*) Siehe S. 42—45.

einer Warnung vor Gefahr, die der Internuntius der Pforte zu insinuiren beauftragt ist.

Es kann also nicht auffallen, daß der Kaiser gegen den Grafen La Ferronnays, namentlich aber gegen den Herzog von Wellington keine sehr freundschaftliche Gesinnung an den Tag gelegt hat."

―――――

Aus Schölers Bericht an den König. Nr. 28. Petersburg, 26. (14.) März 1826.*)
(Ueber den neuen Kurs in der griechischen Angelegenheit).

― ― „Ich komme jetzt in den schwierigsten Teil meiner heutigen Berichts-Erstattung, zu dem nämlich: eine genügende Erklärung für des Kaisers Nikolaus jetziges Verfahren zu geben, durch welches Er Seine Politik in starken Widerspruch mit der des höchstseligen Kaisers zu stellen scheint, und gerade das Gegenteil von dem thut, was seine verschiedenen Aeußerungen erwarten ließen.

Kaiser Alexander gab offenbar den an sich wenig erheblichen Beschwerden gegen die Pforte nur einen Anstrich von Gewicht, um Seine Bundesgenossen zu einer Mitwirkung zum Besten der Griechen zu vermögen. Sein Nachfolger dagegen erklärt die Unterstützung der Griechen seinem Gewissen zuwider, und knüpft daran die Behauptung, daß Niemand in Rußlands besondere Mißhelligkeiten mit der Pforte sich zu mischen habe. Früher hat Kaiser Nikolaus erklärt, daß Er in Seiner Politik den Prinzipien Seines verstorbenen Bruders folgen und Seine Verpflichtungen gegen Seine Verbündeten auf das Genaueste erfüllen, daß er die Griechische Angelegenheit womöglich ― mit allen seinen Verbündeten, und nur wenn dies nicht sein könne, allein beendigen, keinen Krieg anfangen, jedes Zunahetreten aber mit aller Kraft zurückweisen wolle.

Jetzt hingegen erläßt Er ohne irgend eine Rücksprache mit Seinen Alliirten zu nehmen ― in dem Augenblick, wo England auf seine Seite zu treten scheint ein Ultimatum an die Pforte, in welchem Griechenland gar nicht erwähnt wird, und stellt seine Bedingungen so peremptorisch, daß eine Nachgiebigkeit der Pforte fast unmöglich und der Krieg mehr als wahrscheinlich wird.

Kaiser Nikolaus will sein jetziges Verfahren und Seine früheren Aeußerungen zwar dadurch in Einklang bringen, daß Er versichert, Sein verstorbener Bruder habe aus dem Ausgange der hiesigen Konferenzen die Folgerung gezogen, daß Rußlands Alliirten die Sache der Griechen aufgegeben hätten, mithin, ohne deren weitere Einmischung, die Sache allein zu Ende bringen wollen. Er verfahre also ganz im Sinne des Kaisers Alexander, indem Er die Pforte zu einer bestimmten Entscheidung nötige. ― Fiele diese negativ aus: so sei schon das Zusammenziehen einer russischen Armee an der türkischen Grenze die stärkste Diversion zu Gunsten der Griechen; im Gegenfall stelle sich das freundschaftliche Verhältnis der

―――――

*) Siehe S. 48.

Pforte und Rußland wieder her und beide könnten dann leichter über das künftige Schicksal der Griechen sich verständigen. Seiner Ansicht nach dürften aber, so lange die Pforte als eine europäische Macht betrachtet werden solle, ohne Inkonsequenz derselben keine Drohungen zu gunsten der Griechen gemacht werden, die, in dieser Voraussetzung, nichts anderes als rebellische Unterthanen sein könnten.

„Allein alles dies reicht noch nicht hin, des Kaisers Verfahren begreiflich zu machen. Besonders wird der plötzliche Wechsel in Seinen Aeußerungen und das Zurückweisen oder vielmehr das Zuvorkommen des Vorschlages, den der Herzog Wellington (wie man im voraus wußte) in Hinsicht der Beendigung des Kampfes zwischen der Pforte und den Griechen zu überbringen hatte, nicht dadurch erklärt, weil das Eingehen auf diesen Vorschlag eine Erledigung der zwischen Rußland und der Pforte schwebenden kleinen Differenzen keineswegs ausgeschlossen, sondern auf andere Weise eher erleichtert haben würde.

Vielleicht ist es aber gerade dieser Vorschlag selbst, der den Kaiser zu dem plötzlichen Wechsel in Seinen Aeußerungen bestimmte und diesen dann auch hinreichend erklärt. In der That, wenn man bedenkt, daß dieser Vorschlag die Beendigung des Kampfes zwischen den Türken und Griechen nicht nur, sondern, nach der Ansicht des englischen Kabinets, auch die der Spannung zwischen der Pforte und Rußland bewirken, die Vermittelung aber ausschließlich von Englands Seite geführt werden sollte, so wurde Rußland dadurch mehr wie je in eine scheinbare Abhängigkeit von fremdem Einfluß versetzt. Ließ also der Kaiser die Sache Griechenlands als eine Hauptbedingung für sein Verhältnis mit der Pforte bestehen, und die Vermittelung gelang, so hatte England alle Ehre, allen Vorteil davon, und Rußlands Einfluß in Konstantinopel ward, anstatt hergestellt zu sein, nur noch mehr herabgedrückt.

Wie die Sache jetzt gestellt ist, kehrt der russische Gesandte in wenigen Monaten, wenn die Pforte der peremptorischen Forderung im Frieden Folge leistet, oder in einigen Jahren, wenn das Schwert sie dazu nötigen muß, nach Konstantinopel zurück, und befindet sich alsdann in einem ganz anderen Verhältnis daselbst, als wenn er gleichsam nur auf Englands Fürwort erst wieder vor dem Diwan hätte erscheinen dürfen.

Es giebt keinen Grund, der England abhalten könnte auch jetzt noch die Ausgleichung des Kampfes zwischen der Pforte und den Griechen zu versuchen. Das anscheinende Aufgeben der griechischen Sache von seiten des Kaisers von Rußland, kann derselben in keinem Falle schaden, wohl aber nützen, während dadurch den Revolutionsmännern ihr Spiel verdorben ist, Rußland seinen Einfluß in Konstantinopel wieder erhält, und das gekränkte Nationalgefühl beruhigt wird.

Aus diesem Gesichtspunkt betrachtet erscheint dann der Entschluß des Kaisers Nikolaus vollkommen gerechtfertigt und da Er denselben offenbar nicht dem Anraten Seines Ministers verdankt, so glaube ich, daß bei so viel anderen Eigenschaften, Ihm auch die einer scharfen und richtigen Beurteilung der politischen Verhältnisse wird zugestanden werden müssen."

Aus dem Bericht Schölers an den König Nr. 32. Petersburg, 6. April (25. März) 1826.*)
(Ueber die Folgen des Petersburger Protokolls).

— Etwas anders und weniger günstig scheint es aber um den Einfluß zu stehen, den dies Ereignis auf die Grundlage haben dürfte, auf welche Europa seit dem Kongreß von Wien das System seiner Politik gebaut hat. Diese Grundlage war die vollkommene Uebereinstimmung der großen Mächte bei der Beurteilung und Entscheidung aller höheren Interessen dieses Weltteils. Sie war bereits stark erschüttert worden, diese Grundlage, jetzt ist sie ganz eingesunken und ihr Verscheiden dürfte schwerlich den Augen aller Nationen zu verbergen sein. Die griechische Angelegenheit, mit dem ottomanischen Reiche zusammenhängend, ist freilich, strenge genommen, kein Gegenstand, für welchen der Allianz Teilnahme und Wirksamkeit traktatmäßig zu fordern wäre, aber diese Angelegenheit interessirt alle Nationen unseres Weltteils, die Regierungen haben Anteil an derselben zeigen müssen und die Verbündeten ihr seit 5 Jahren weltkundig eine ganz besondere Aufmerksamkeit gewidmet. Sie haben, in der letzten Zeit, auf das Bestimmteste sich erklärt, Rußland möglichst zu unterstützen, um diese Angelegenheit auf eine wünschenswerte Weise zu beendigen.

Anstatt nun von diesen Erbietungen Gebrauch zu machen, schließt Rußland zur Beendigung jener Angelegenheit ganz allein mit derjenigen Macht einen Vertrag, welche an dem Streben der Alliirten nach diesem Ziele von Anfang an keinen Anteil hat nehmen wollen.

Es wird in diesem Vertrag, dessen Unterhandlung man dem Auge der andern Mächte geflissentlich entzieht, über die gänzliche Abänderung des bisherigen Verhältnisses von Griechenland, gleichzeitig aber auch die Garantie der übrigen Mächte stipulirt, d. h. also die unbedenkliche Zustimmung derselben vorausgesetzt.

Preußen kann bei seiner indirekten Teilnahme an diesem Ereignis sich freilich über das Formlose in diesem politischen Akt, mit der Vorstellung leicht trösten, daß mittelst desselben, wo nicht der Frieden erhalten, doch wenigstens die andern Länder von Europa gegen die Verbreitung des Krieges gesichert würden.

Oesterreich seinerseits muß freilich auf eine süße Hoffnung verzichten, die dieser Vertrag ihm raubt, auf die nämlich, daß die Griechen ganz ausgerottet werden könnten. Auch muß sein Kabinet mit einem etwas sauren Gefühle die Erfahrung machen, daß gerade England, welches der Hauptanker seiner Hoffnung war, dem Kaiser Nikolaus die Lust zum Kriege zu verleiden, nun die Macht sei, durch welche einer würdigen und angemessenen Herstellung des Verhältnisses von Rußland gegen die Pforte, so kräftig das Wort geredet wird. Allein die Geschmeidigkeit dieses Kabinets wird nicht in Verlegenheit kommen, um an dieser Wendung in der griechischen Angelegenheit, so unerwartet und seinen Wünschen entgegen

---

*) Siehe S. 49.

sie auch sein mag, irgend einen Punkt zu finden, an welchem es sich und seine Politik wieder anzuhäkeln suchen wird.

Ganz anders ist dagegen das Verhältnis mit Frankreich! Wird diese Macht, deren Eifersucht auf Englands Einfluß im Mittelmeere dem einzigen, wo sie gegen die alte Nebenbuhlerin noch einigermaßen ein Gleichgewicht zu behaupten sucht   bereits so rege ist, dieses Einflusses unerwartete und etwas erschlichene Vermehrung so geduldig hinnehmen? Werden die Minister durch die Opposition nicht genötigt werden, den inneren Zusammenhang des neuen Verhältnisses mehr oder weniger aufzudecken, und werden sie es auch nur wagen dürfen die Garantie eines Vertrages zu übernehmen, den England ganz ohne Wissen und Zuthun von Frankreich geschlossen   in dieser griechischen Angelegenheit geschlossen hat, an deren Spitze sich zu stellen das französische Ministerium so vielfältig aufgefordert worden ist?

Lassen aber Frankreichs Minister auch nur entfernt diesen inneren Zusammenhang sichtbar werden, so überzeugt sich ganz Europa, daß Rußland in dieser Angelegenheit von seinen Verbündeten sich vollständig geschieden und die große Allianz faktisch zu bestehen aufgehört habe.

Ich bin weit entfernt zu behaupten, daß dieses Resultat in der Absicht des russischen Kabinets gelegen habe; die ängstliche Bemühung des Grafen Nesselrode, das Dasein dieses Resultats zu bestreiten, zeugt hinreichend für das Gegenteil, und ich will hoffen, daß das französische Ministerium Vernunft und Kraft genug besitzen werde, seinem gekränkten Gefühle nicht die so wesentlichen Rücksichten aufzuopfern, welche es auch seinerseits noch hat, die Allianz — wenigstens in der Meinung — fortbestehen zu lassen, oder, daß der Wunsch dieses Ministeriums, in Madrid von England unterstützt zu werden, um der südamerikanischen Angelegenheit eine Wendung zu geben, durch welche Frankreich, ohne förmliche Anerkennung von seiten des Mutterlandes, freiere Hände erhalten würde, den Streich, den hier unterdessen England in der griechischen Sache Frankreich zu spielen Gelegenheit fand, eher verschmerzen lassen werde.

Aber wie soll der Unterschied in den Aeußerungen und Versicherungen des Kaisers Nikolaus und seines Kabinets ausgeglichen, wie das Vertrauen wieder gewonnen werden, das man zu fassen so geneigt worden war, und welches nun ohne allen Grund und Ursache so empfindlich getäuscht ist?

Offenbar hat die Abneigung des englischen Gouvernements, an einer gemeinsamen Unterhandlung teil zu nehmen und der Wunsch des russischen Kabinets mit England sich so zu stellen, daß es von dieser Macht niemals einen Widerspruch zu besorgen habe, welche Maßregeln auch die Halsstarrigkeit der Türken nötig machen solle, letzteres vermocht in diesen einseitigen Traktat einzugehen.

Allein bei den günstigen und in Frieden zu erlangenden Bedingungen, welche für die Griechen erzielt werden sollen, und bei der Bereitwilligkeit Rußland in dieser Angelegenheit zur Seite zu stehen, die alle Mächte — selbst Oesterreich unter letzterer Hauptbedingung — in den ihren Gesandten gegebenen Instruktionen dargethan haben, würde gewiß keiner dieser Gesandten zu bedenklich gewesen sein, um an dieser Verhandlung teil zu nehmen, hätte auch Rußland, um der englischen Abneigung zu schonen, beim Abschluß des Vertrags allein als Stimmführer der Kontinental= Verbündeten auftreten müssen.

Immer würde dann des neuen Kaisers von Rußland erster politischer Akt von Wichtigkeit, doch zugleich ein Akt zur Beurkundung des Daseins und des Wirkens der großen Allianz geworden sein, anstatt daß jetzt dieser Akt die Allianz faktisch als aufgehoben darstellt. Immer hätte dann der Kaiser Nikolaus nicht — seinem Wort gemäß — die griechische Angelegen= heit allein oder mit allen seinen Bundesgenossen, sondern ausschließlich mit der Macht beendet, von welcher sein Vorgänger feierlich erklärt hat, daß zwischen Ihm und ihr nie mehr die Rede über die Angelegenheit des Orients sein könnte!

Daß dieser Ausweg wenigstens nicht versucht worden ist, bleibt also ein großer Fehlgriff des diesseitigen Kabinets und wird, wie günstig auch der Erfolg sich noch wenden möchte, stets zu bedauern bleiben." — —

Immediatbericht Bernstorffs an den König. Berlin, 20. Nov. 1826.

Ew. Königl. Majestät haben mir durch den Fürsten von Wittgenstein befehlen zu lassen geruhet, Allerhöchstdenselben nähere Aufschlüsse über den Gegenstand und Inhalt einer, nach dem sehr uneigentlichen Ausdrucke des Fürsten Hatzfeldt, von dem Staats-Sekretär Canning an den hier an wesenden englischen Geschäftsträger gerichteten Note zu geben, welche in Wien großes Aufsehen gemacht habe.*)

Es hat damit folgendes Bewandnis. Als die Gesandtschaften der Höfe von London und St. Petersburg, infolge einer zwischen diesen beiden Höfen getroffenen Abrede, den Kabineten der übrigen alliirten Höfe die offizielle Mitteilung der am 4. April d. J. zwischen Rußland und England in Bezug auf Griechenland unterzeichneten Protokoll-Vereinbarung machten, trug ich kein Bedenken gegen dieselben meine Zufriedenheit darüber zu äußern, daß die englische Regierung diese Vereinbarung den von den übrigen Alliirten früher befolgten Ansichten und Zwecken angeschlossen habe.

In dieser Aeußerung scheint der englische Staats-Sekretär den von mir nicht beabsichtigten Vorwurf einer Inkonsequenz gesehen zu haben, und in seiner Empfindlichkeit darüber erließ er an den englischen Ge= schäftsträger hierselbst eine Depesche, deren Uebersetzung Ew. Königl. Majestät im Anschlusse vorzulegen ich mir die ehrerbietige Freiheit nehme.

Diese Depesche hatte ursprünglich nur die Bestimmung, mir ver= traulich vorgelesen zu werden und schien mehr zu einer bloßen Verwahrung

---

*) Gemeint ist die Note Cannings an William Temple. (Foreign Office. September 1826. — In den Akten ohne Datum). — In derselben bestreitet Can= ning den Alliirten das Recht: „gleichsam kraft einer ihnen innewohnenden Befug= nis der Oberaufsicht und Kontrole zwischen der Pforte und den Griechen als Ver= mittler aufzutreten". (Siehe S. 51—52).

dienen, als eine weitere Erörterung anregen zu sollen. Nachdem mir aber, auf mein Begehren, eine Abschrift derselben zugestellt war, mußte ich mich überzeugen, daß ich manche der darin enthaltenen Bemerkungen nicht unerwidert lassen durfte.

Diese Erwiderung machte ich zum Gegenstande einer Depesche an Ew. Königl. Majestät Geschäftsträger zu London, welche ich mir erlaube, hier ebenfalls in der Abschrift alleruntertänigst beizufügen.

Wider mein Erwarten hat Herr Canning sich, wie Ew. Königl. Majestät schon aus dem letzten gesandtschaftlichen Bericht aus London zu erfahren geruhet haben werden, durch die in jener Depesche enthaltenen Gegenbemerkungen befriedigt erklärt.

Der Grund des lebhaften Eindruckes, den die Depesche des britischen Staatssekretärs auf das österreichische Kabinet gemacht, ist darin zu suchen, daß die Absichten des englischen Kabinets hinsichtlich der griechischen Angelegenheiten in derselben unverhohlen ausgesprochen werden. Diese Absichten waren uns zwar auch auf anderen Wegen schon sattsam bekannt geworden; aber die Besorgnis, welche der Fürst Metternich an den von der englischen Regierung, infolge ihrer früheren Verabredungen mit dem russischen Hofe, zu gunsten der Griechen beabsichtigten Vermittelungsversuche knüpft, sind so lebhaft, und ich darf vielleicht sagen, so übertrieben, daß er durch alles, was denselben zur Bestätigung dienen zu können scheint, ungewöhnlich gereizt und aufgeregt wird.

Diese Besorgnisse werden indessen, seit den letzten Aeußerungen des russischen Hofes in Bezug auf Griechenland, infolge welcher der Kaiser von Rußland, nach der jetzt so glücklich bewirkten Feststellung seiner direkten Verhältnisse zu der ottomanischen Pforte, gesonnen ist, an der von England beabsichtigten Vermittelung nur in dem Sinne und in dem Maße teil zu nehmen, als die übrigen alliirten Höfe sich werden dazu geneigt finden lassen, wo nicht beseitigt, doch wesentlich gemildert sein. Wenn in dem letzten Berichte Ew. Königl. Majestät Geschäftsträgers zu London auch einer Erörterung zwischen dem englischen Kabinet und mir in Betreff der für die Eröffnungen und Mitteilungen zwischen den beiden Höfen anzuwendenden Sprache erwähnt wird, so bitte ich unterthänigst um die Erlaubnis, mir vorzubehalten, Ew. Königl. Majestät darüber in Kurzem einen besonderen Bericht ehrfurchtsvoll zu erstatten.*)

Bernstorff.

Aus Bernstorff an Schöler. Petersburg, 27. November 1826.**)

— — Wie sich Rußland für die Zukunft in der Allianz zu stellen gedenkt und von welchen Bedingungen es abhängt, ob und inwiefern seine Mitwirkung zu den Zwecken derselben thätig und kräftig bleiben werde, liegt uns, wie mich dünkt, schon ziemlich klar vor Augen.

---

*) Die letzte Aeußerung bezieht sich auf den Wunsch Cannings im Verkehr mit dem Berliner Kabinet nur die englische Sprache anzuwenden.
**) Siehe S. 61—62.

Vor allen Zeiten aber hört man die Frage aufwerfen: ob die Allianz überall noch als bestehend anzusehen sei? Meiner innigsten Ueberzeugung nach fehlt noch viel daran, daß wir genötigt oder die Feinde dieser großen, ihrem Wesen nach einzigen und in ihren ersten entscheidenden Wirkungen so wundervollen Verbindung berechtigt wären, diese Frage verneinend zu beantworten. Als die Allianz ihr erstes glorreiches Ziel, die Befreiung Europas, glücklich erreicht hatte, wurde die Erhaltung und Sicherstellung der aus ihren Siegen hervorgehenden, in ihrem Schoße sich neu gestaltenden Verhältnisse der natürliche und notwendige Zweck ihrer Wirksamkeit. Zu diesem Zwecke stellte sie die Grundsätze auf, wie solche die Welt noch nie regiert hatten. Entäußerung aller eigennützigen Selbstsucht, Unterordnung jedes besonderen einseitigen Interesses zu Gunsten höherer gemeinschaftlicher Zwecke, Sicherung aller wohlerworbenen Rechte, Unverletzbarkeit jedes an erkannten oder vertragsmäßigen Besitzstandes, Zusammenwirkung aller Kräfte zum gemeinschaftlichen Ziele, das waren die Grundlagen eines Systems, dessen Gründern man mit Unrecht Lauterkeit der Absichten und Aufrichtigkeit der Gesinnungen würde absprechen wollen. Dieses System erhielt seine letzte Entwickelung und, man hat nicht ohne Grund gesagt, seine Heiligung, als die verbündeten Monarchen sich unter einander anheischig machten, ihre Völker nach den Lehren der christlichen Religion, d. h. in einem Geiste der Milde und Gerechtigkeit zu regieren und mithin die erste Gewährleistung für die Ruhe und den Frieden Europas in der Ausübung strenger Regentenpflicht zu suchen.

Was ist nun im Laufe der Zeit aus diesem System geworden?

Daß eine durch die Gewalt außerordentlicher Umstände erzeugte, auf das Bedürfnis des Augenblicks berechnete, aus den verschiedenartigsten Bestandteilen gebildete Verbindung in ihrer eigenen Natur keine Gewähr ihrer Dauer finden könne, sondern vielmehr mancherlei Keime ihrer Auflösung in sich tragen müsse, das hat sicher den sämtlichen Mitgliedern derselben von Anbeginn an eingeleuchtet. Und so darf es auch nicht befremden, daß sich im einzelnen bald manches besondere und einseitige Interesse hervorgedrängt und oft den Sieg über das Interesse der Gesamtheit behalten hat und daß der wahre und große Zweck der Allianz den Augen mehr und mehr entrückt, den Bestrebungen derselben auch wohl durch eine falsche oder zu weit getriebene Anwendung ihrer Grundsätze, eine zweckwidrige Richtung zu geben versucht und ihre Wirksamkeit dadurch nicht unwesentlich geschwächt worden ist.

Wie locker das Band der Allianz aber auch immer geworden sein mag, zerrissen ist es noch nicht. Noch hat sich keines der Mitglieder des Bundes von demselben losgesagt, keines die Grundsätze desselben förmlich oder ausdrücklich verleugnet, keines sich zu anderen Zwecken als zu denen durch den Bund festgestellten bekannt. Noch haben die aus der Allianz hervorgegangenen Verträge nichts von ihrer bindenden Kraft verloren. Noch hat die Moral der europäischen Politik, unverkennbar eine reinere, als frühere Jahrhunderte sie gesehen, ihre Hauptgrundlage in dieser Allianz.

Wer dürfte unter diesen Verhältnissen behaupten, daß der große Bund, aus dem Europas Wiedergeburt und ganze gegenwärtige Gestaltung hervorgegangen sind, schon jetzt allen Wert und alle Bedeutung verloren habe, wer sich der Hoffnung überlassen, daß etwas Besseres an die Stelle des zu Grunde gehenden treten werde, wer sich übereilen, ein langsam absterbendes, aber auch in seinen letzten Wirkungen noch heilsames System für erloschen zu erklären?

Daß die Auflösung desselben herannahe, daß man für äußere Sicherheit auf andere Gewähr Bedacht zu nehmen habe, daß es von Jahr zu Jahr mehr gelte auf eigenen Füßen zu stehen, das wird sich sicher niemand mehr verhehlen; allein darin liegt kein Grund, noch bestehende Rechte und noch unverlorene Vorteile freiwillig aufzugeben. Wir glauben vielmehr, daß Pflicht und Interesse sich vereinigen, uns zu gebieten, an einer Allianz, der wir Freiheit, Ruhm und Macht verdanken, festzuhalten, bis sie auch in ihrerer äußeren Form zusammensinkt und in ihrem letzten Schattendasein verschwindet. —

Immediatbericht Bernstorffs an den König. Berlin, 21. Dez. 1826 (vollständig).*)

An des Königs Majestät.

Ew. Königl. Majestät lege ich nunmehr in der Anlage alleruntertänigst den Entwurf einer Antwort an den russischen Gesandten inbetreff der griechischen Angelegenheiten zu Allerhöchster Prüfung und Entscheidung vor.

*) Antwort auf die russische Note v. 27. Nov. (6. Dez.) 1826 (die von zahlreichen Kommunikationen begleitet war, unter welchen sich auch das Schreiben Cannings an Lieven v. 20. Nov. 1826 befand). Die Note lautet: „Le Soussigné est chargé d'inviter le Ministre de Sa Majesté le Roi de Prusse, à munir le Ministre de Sa Majesté à la Porte Ottomane d'instructions nécessaires pour seconder les démarches des représentants de la Russie et de la Grande Bretagne auprès du Divan et de les appuyer de manière à constater l'accord parfait des vues du Cabinet de Berlin avec celles des Cabinets de St. Pétersbourg et de St. James sur les moyens les plus propres pour amener la pacification de l'Europe orientale.

Sa Majesté l'Empereur attachera le plus grand prix à cette cooperation de la part de la Prusse et le Soussigné s'estimeroit heureux de pouvoir annoncer à sa Cour l'accueil favorable, que Sa Majesté le Roi accordera aux ouvertures, qui sont adressées aujourd'hui à Son Cabinet et de pouvoir en même temps L'informer que des instructions analogues aux principes du Protocoll du 23. Mars (4. April) et de la teneur de la présente communication seront expédiées au Ministre de Sa Majesté à Constantinople. Une cooperation aussi manifeste ajoutera à l'espoir du succès d'une négociation, qui tend à soustraire une population Chrétienne au glaive destructeur d'un aveugle fanatisme et à environner de nouvelles garanties le maintien d'une paix, qui est dans les voeux de tous les Gouvernements.

Le rappel simultané des Ambassadeurs et Ministres des Alliés accrédités à Constantinople dans le cas d'un refus obstiné de la part de la Porte de se prêter aux propositions d'accommodement avec les Grecs, est

Ich habe bei dieser Arbeit Rücksichten der verschiedensten Art im Auge behalten müssen. Es fragt sich zuvörderst, aus welcher Ansicht der Vermittelungsplan zu Gunsten Griechenlands, über welchen Rußland und England sich in dem Protokolle vom 4. April d. J. vorläufig vereinigt hatten, eigentlich hervorgegangen war. Es hat sich immer deutlicher gezeigt, daß die beiden Mächte ganz verschiedene Beweggründe in diese Verhandlung brachten. Der englischen Regierung war es vorzüglich darum zu thun, Rußland für den Fall die Hände zu binden, daß der glückliche Ausgang eines damals wahrscheinlichen Krieges mit der Pforte das Schicksal Griechenlands in die Hände desselben geben sollte. Dem russischen Hofe aber kam es zu jener Epoche darauf an, sich für diesen Preis der Zustimmung Englands für seine damals in Bezug auf seine direkten Verhältnisse zur Pforte verfolgten Pläne zu versichern. Daher geschah es auch, daß jene Protokoll Vereinbarung ihren ursprünglichen Wert in den Augen beider Mächte verlor, als die Verwickelungen zwischen Rußland und der Türkei einen friedlichen Ausgang gewannen. Erst als die Annäherung des Zeitpunktes der Eröffnung der Unterhandlung zu Ackermann eine neue Krisis im Orient herbeizuführen drohte, traten dieselben Motive und dieselben Interessen wieder ein. Die Vermittelungsangelegenheit wurde von beiden Kabineten wieder aufgenommen und seitdem von seiten des englischen Ministeriums mit einer Lebhaftigkeit verfolgt, welche schwer zu erklären wäre, wenn es nicht am Tage läge, daß dieses Ministerium sich, besonders seitdem die Griechen selbst sich zu einer bedingten Unterwerfung bereit erklärten, lange über die Schwierigkeiten getäuscht hat, welche dieser Vermittelungsversuch unvermeidlich finden mußte. Dagegen konnte es nur als sehr zweifelhaft erscheinen, ob Rußland, auch nach Herstellung seiner direkten Verhältnisse zur Pforte, noch dieselbe Teilnahme zu Gunsten Griechenlands an den Tag legen würde. Wirklich war der friedliche Ausgang der Unterhandlungen zu Ackermann kaum gesichert, als das russische Kabinet unverhohlen zu verstehen gab, daß Rußland an der Ausgleichung der griechischen Angelegenheiten kein unmittelbares Interesse mehr habe, jede Initiative darüber der englischen Regierung überlassen und nur noch in dem Sinne und dem Maße daran teil nehmen werde, als sich die übrigen alliirten Höfe dazu geneigt zeigen würden. Der anscheinende Widerspruch zwischen diesen Aeußerungen und den Schritten, welche Rußland jetzt infolge früherer Verabredungen, mit England gemeinschaftlich thut, dürfte nicht schwer zu heben sein. Denn einesteils kann Rußland sich ebenso wenig von aller Teilnahme an dem Schicksal der Griechen, als von dem ihm durch das Protokoll vom 4. April auferlegten Verbindlichkeiten förmlich lossagen. Auch hat es ein augenscheinliches Interesse die von England durch dieselbe Protokoll Vereinbarung eingegangene Verpflichtung einer

---

le point sur lequel le Soussigné est spécialement chargé d'appuyer pour être pris en considération sérieuse par le Gouvernement de Sa Majesté le Roi de Prusse." — —

Hiermit begannen die ersten Versuche, Preußen für die neue Vereinigung zu gewinnen.

unbedingten Uneigennützigkeit in ihrer ganzen Kraft bestehen zu lassen.
Andernteils aber dürften diese Betrachtungen gegenwärtig durch den Wunsch
übernommen werden, ein mühsam errungenes, höchst günstig gestaltetes und
kaum erst sicher gestelltes Friedensverhältnis nicht wieder aufs Spiel setzen
zu müssen. Nicht minder dürfte vielleicht heute schon dem Zweifel Raum
gegeben werden, ob es selbst auch nur der englischen Regierung mit den
gegenwärtigen Anträgen wahrer Ernst sei. Die große Umsicht und Mäßigung,
womit der Staatssekretär Canning sich in seinem letzten Schreiben an den
Fürsten Liewen ausdrückt, könnten fast glauben machen, daß derselbe bei
weiterer und ruhigerer Verfolgung dieser anfangs von ihm so hitzig auf=
gefaßten Angelegenheit sich gewissermaßen schon bewußt geworden sei, daß
er sich in Schwierigkeiten verwickelt habe, aus welchen der Ausgang nicht
leicht zu finden sein möchte. Denn einen Bruch mit der Pforte kann er
so wenig als irgend Jemand wünschen oder wollen, und auch nur damit
zu drohen, würde er sich sicher nicht getrauen. Er verhehlt sich aber
gegenwärtig schwerlich mehr, daß Mittel anderer Art keine Gewähr des
Erfolges darbieten können, und so bewegt er sich schon in demselben end=
losen Kreise, aus welchem die Alliirten, als sie früher dieselbe Aufgabe
lösen wollten, nicht herauszufinden wußten.

Daß unter solchen Umständen den beiden Höfen, deren Anträge hier
in Rede stehen, ein gewisser Widerstand von seiten der übrigen alliirten
Höfe, welche ihnen nötigenfalls den Rückweg erleichtern könnte, nicht eben
unwillkommen sein würde, muß, meines unterthänigsten Dafürhaltens,
wenigstens als möglich vorausgesetzt werden. Doch dürfte es um so ge=
fährlicher sein, in der an diese Höfe abzugebenden Erklärung zu bestimmt
von diesem Gesichtspunkte auszugehen, als man gegen dieselben nicht ohne
sie zu verletzen würde aussprechen oder zu fühlbar voraussetzen können,
was sie einzugestehen gewiß sehr entfernt sind.

Ueberdem haben Ew. Königl. Majestät Sich schon zu oft und zu be=
stimmt für den Zweck der jetzt beabsichtigten Vermittelung erklärt, um sich
bei der gegenwärtigen Veranlassung in dieser Beziehung anders aussprechen
zu können.

Rücksichten anderer Art treten gegen Oesterreich ein. Diese
Macht hat so viele, so wichtige und so zarte Berührungen mit dem
türkischen Reiche, daß der ihrerseits zu fassende Beschluß von ebenso
großer Wichtigkeit als unverkennbarer Schwierigkeit ist. Wollten nun
Preußen und Frankreich sich den zwischen Rußland und England ge=
troffenen Verabredungen unbedingt anschließen, so würde der öster=
reichische Hof leicht in die Verlegenheit geraten können, sich entweder
unwiderstehlich zu seinem Interesse zuwiderlaufenden Maßregeln fort=
gerissen zu sehen, oder sich von aller Teilnahme an dem Ver=
mittelungsgeschäft lossagen und sich dadurch auf die unan=
genehmste und für das System der Allianz nachteiligste Weise
isoliren zu müssen. Eine Lage dieser Art scheint freundschaftliche Be=
rücksichtigung zu verdienen. Endlich treten in dem gegenwärtigen Falle auch
noch Betrachtungen der Form und Würde ein. Die Protokoll=Vereinbarung

vom 4. April, welche den gegenwärtigen gemeinschaftlichen Anträgen Rußlands und Englands zu Grunde liegt, ist ohne die Zuziehung und Mitwirkung der übrigen alliirten Höfe geschlossen worden, und wie wohl für diese Absonderung damals besonders russischerseits nicht unerhebliche Entschuldigungsgründe angeführt werden konnten, so war die Allianz dadurch doch wirklich, wenigstens in ihrer äußeren Form verletzt. Auch in dieser Hinsicht scheint es daher nicht nur angemessen, sondern gewissermaßen unerläßlich zu sein, daß der Beitritt der übrigen Höfe zu Schritten und Maßregeln, welche eigentlich nur als die Entwickelung und Ausführung jener zwischen Rußland und England unterhandelten Protokoll Vereinbarung anzusehen sind, nicht einzeln, sondern nur nach gemeinschaftlicher Abrede und einhellig gefaßtem Beschluß erfolge, und dadurch die ganze Sache auf den wahren Geist der Allianz und in die bisher unter den Alliirten üblichen Formen zurückgeführt werde. Infolge dieser verschiedenen Betrachtungen dürfte es, meines allerunterthänigsten Dafürhaltens, angemessen und geraten sein: daß Ew. Königl. Majestät Sich, in folgerechter Uebereinstimmung mit früheren Erklärungen, mit dem Zwecke und den Absichten der Höfe von St. Petersburg und London, wie solche in den gemachten Mitteilungen ausgesprochen sind, einverstanden erklären, daß Allerhöchstdieselben auch Ihre Bereitwilligkeit, Sich den zur Ausführung dieser Absichten vorgeschlagenen Maßregeln anzuschließen, jedoch mit Hindeutung auf die mutmaßliche Erfolglosigkeit derselben und unter der ausdrücklichen Voraussetzung zu erkennen geben, daß die einhellige Mitwirkung sämtlicher verbündeten Mächte gewonnen werde, daß Ew. Königl. Majestät Ihre Teilnahme an der in Vorschlag gebrachten Garantie der durch die beabsichtigte Vermittelung zu erzielenden Resultate ebenfalls, gleichwie es Frankreich schon gethan hat, von der Bedingung abhängig machen, daß sich keine andere der anderen alliirten Mächte davon ausschließe: daß in der dem russischen Gesandten zu erteilenden Antwort, damit der ganzen Verhandlung eine würdige Form gegeben werde, die Zustimmung Ew. Königl. Majestät nicht als Beitritt zu der Protokoll-Vereinbarung von 4. April d. J., sondern nur als Anschließung an den zur Wiederherstellung der Ruhe des Orients zu machenden Vermittelungs-Versuch ausgesprochen werde.*)   Bernstorff.

1827.

Immediatbericht Bernstorffs an den König. Berlin, 11. Jan. 1827 (vollständig).**)

Ew. Königl. Majestät werden Sich zu entsinnen geruhen, daß der französische Hof in seiner den Kabinetten von London und St. Petersburg

---

*) Die Kabinetsordre des Königs an Bernstorff vom 4. Jan. 1827 enthielt die vollständige Zustimmung zu der von letzterem vorgeschlagenen Antwort an den russischen Gesandten.

**) Der Vorschlag war in der die v. 8. Dez. 1826 datirte „Copie d'une Note

auf ihre letzte Eröffnung in betreff der Angelegenheiten Griechenlands erteilten Antwort den Vorschlag gemacht hat, behufs einer erschöpfenden Verständigung zwischen den fünf alliirten Mächten die am 4. April v. J. zwischen England und Rußland getroffene Protokoll-Vereinbarung in einen förmlichen Vertrag zwischen diesen Mächten zu verwandeln.

Der französische Gesandte Graf von Priest ist gegenwärtig beauftragt worden, bei mir anzufragen, ob Ew. Königl. Majestät diesem Vorschlage Ihren Beifall geschenkt hätten, und ob Allerhöchstdieselben geneigt sein möchten, es zu genehmigen, daß die Unterhandlung des von der französischen Regierung beabsichtigten Vertrages zu Paris stattfinde. Wenn der französische Hof, welcher für diesen Antrag schon die vorläufige Zustimmung Englands erworben zu haben versichert, bei demselben, wie er es teils ausdrücklich angiebt, teils erraten läßt, die Zwecke im Auge hat, der von den verbündeten Mächten beabsichtigten gemeinschaftlichen Vermittelung zu Gunsten Griechenlands eine hinsichtlich der Form angemessenere Grundlage zu geben, als sie solche in einer zwischen Rußland und England getroffenen besonderen Verabredung finden kann, in Bezug auf diese Vermittelung eine rücksichtlich des Zweckes und der Mittel bestimmtere und umfassendere Verständigung zu bewirken, als solche bisher hat erzielt werden können, und durch den vorgeschlagenen Vertrag eine neue Gewähr für die Unabhängigkeit und Unverletzbarkeit des ottomanischen Reiches zu erlangen, so können diese Zwecke an und für sich gewiß nur als löblich und heilsam betrachtet werden.

In anderen Beziehungen aber dürfte der Vorschlag der französischen Regierung weniger angemessen erscheinen. Die Verhandlungen über die der ottomanischen Pforte anzubietende Vermittelung sind schon viel zu weit vorgeschritten, als daß die Bestimmungen eines neuen Vertrages noch würden einen entscheidenden Einfluß auf die Resultate desselben gewinnen können. Daß die zur Einleitung des Vermittelungsgeschäftes beabsichtigten Schritte bei der Pforte bis zum Schlusse der in Paris zu eröffnenden Unterhandlungen ausgesetzt bleiben, begehrt die französische Regierung selbst nicht, und schon dadurch zeigt sich der in Antrag gebrachte Traktat als großenteils überflüssig. Wenn es zwar einerseits allerdings möglich ist, daß der russische Hof Wert darauf legen würde, eine früher mit England allein getroffene Vereinbarung jetzt von denselben Höfen an-

---

adressée par le Baron de Damas à M. Mrs les Ambassadeurs de Russie et d'Angleterre begleitenden Note des Grafen von St. Priest (Berlin, 30. Dez. 1826) gemacht werden. Das französische Kabinet, hieß es hier, stimme mit den von Rußland und England vorgeschlagenen Mitteln zur Pazifikation Griechenlands überein. Dieselben könnten jedoch nur bei einer vollen Uebereinstimmung der Großmächte Erfolg haben. „C'est donc ce but que Sa Majesté propose de convertir, en un traité entre les cinq Cours alliées le protocole du 4. avril et Elle espère que cette proposition obtiendra l'assentiment de la Cour de Berlin, comme offrant un gage de plus de cette unité de principes et d'action qui a constamment dirigé l'alliance et qui, dans la circonstance actuelle, est plus nécessaire que jamais, pour assurer le succès de ses démarches auprès la Porte ottomane. (Siehe S. 63—64).

erkannt und angenommen zu sehen, welche ihm solche haben bisher zum Vorwurfe gereichen lassen, so ist es andererseits ebenso denkbar, daß dieser Hof einen Vorschlag abweisen zu müssen glauben werde, bei welchem die nicht ausgesprochenen Absichten von ihm nicht unbemerkt bleiben werden. Daß der österreichische Hof, welchem die hier in Rede stehende Protokoll=Vereinbarung immer höchst mißfällig gewesen ist und welcher, wenn auch mit dem Zwecke derselben einverstanden, doch seine Zustimmung zu den infolge und zur Ausführung derselben von England und Rußland gemachten Vorschlägen zum Teil schon verweigert hat, geneigt sein sollte, auf den gegenwärtigen Antrag des französischen Hofes einzugehen, kann nicht als wahrscheinlich vorausgesetzt werden. Was endlich die von Frankreich geltend gemachte Rücksicht der Form betrifft, so scheint mir ein Vertrag, welcher eigentlich nur den Beitritt zu einer schon bestehenden einseitigen Vereinbarung aussprechen würde, weniger dazu geeignet zu sein die Würde der übrigen Alliirten und das Prinzip der Allianz zu verwahren, als es, infolge Ew. Königl. Majestät Allerhöchster Genehmigung, diesseits angewandte Vorsicht ist, die Annahme der letzten englisch=russischen Vorschläge, in der darauf erteilten Antwort, nicht als einen Beitritt zu der Petersburger Protokoll=Vereinbarung, sondern ausdrücklich nur als eine Anschließung an den beabsichtigten Vermittelungs=Versuch zu bezeichnen.

Wenn ich infolge dieser Betrachtungen nicht glaube, daß dem Vorschlage der französischen Regierung ein besonderer Wert beizulegen sei, so dürfte es, meines unterthänigsten Dafürhaltens, doch ganz unbedenklich sein, derselben im Allgemeinen zu erkennen zu geben, daß, wofern die andern alliirten Höfe diesen Vorschlag anzunehmen sich geneigt finden lassen sollten, auch Ew. Königl. Majestät kein Bedenken finden würden, demselben beizutreten.

Allerhöchstdenselben stelle ich ehrfurchtsvoll anheim, ob Sie mich zu ermächtigen geruhen wollen, dem Grafen von St. Priest diesem gemäß zu antworten.*) Bernstorff.

Immediatbericht Bernstorffs an den König. Berlin, 14. Febr. 1827 (vollständig).
An des Königs Majestät.

Ew. Königl. Majestät haben bereits von den letzten Eröffnungen des russischen Hofes**) in Bezug auf die Angelegenheiten Griechenlands Kenntnis zu nehmen geruhet.

---

*) In seiner Kabinetsordre vom 13. Jan. 1827, Berlin (Geh. St.=A.) gab Friedrich Wilhelm III. dem Vorschlage Bernstorffs seine uneingeschränkte Zustimmung.
**) Bezieht sich auf die russische Note vom 4. Febr. 1827 (Alopeus an Bernstorff), welche mit zwei Annexen einging: a) „Copie d'une dépeche à Mr. de Tatitcheff. St. Pétersbourg, le 22. (10.) Janvier 1827" und b) „canevas du traité". (Geh. St.=A.). Die Note wies auf den dringenden Wunsch des Zaren hin das Protokoll v. 23. März (4. April) in einen europäischen Vertrag zu verwandeln

Diese hinsichtlich ihres Gegenstandes und ihrer Richtung gleich= wichtigen Eröffnungen scheinen in vielfachen Beziehungen eine besondere Aufmerksamkeit und Beachtung zu erheischen. Je tiefer man indessen in die Prüfung derselben eingeht, desto mehr muß man die Ueberzeugung gewinnen, daß solche sehr verschiedener Deutungen fähig sind und sehr abweichende Ansichten über die eigentlichen Wünsche und die letzten Zwecke des russischen Hofes gestatten. Einesteils könnte die in diesen Mit= teilungen herrschende bestimmte und kräftige Sprache und das strenge Be= stehen auf der Notwendigkeit energischer Maßregeln leicht zu der Meinung führen, daß der Kaiser Nikolaus, gleich wie es der Kaiser Alexander in den letzten Monaten seines Lebens that, die Rettung Griechenlands zum Hauptzweck seiner Bestrebungen macht und zur Erreichung dieses Zieles nötigenfalls alle seine Kräfte aufzubieten, entschlossen sei. Anderenteils aber dürfte auch die von manchen Seiten noch genährte Meinung, daß es dem russischen Hofe mehr darum zu thun sei, ein lebhaftes Interesse für die Sache der Griechen auszusprechen, als solches in der Wirklichkeit und auch auf die Gefahr eines offenen Bruches geltend zu machen, noch einige Nahrung und Rechtfertigung in der Dunkelheit finden, welche die gegen= wärtigen Mitteilungen dieses Hofes in Beziehung auf den Fall bestehen lassen, daß die Erfolglosigkeit ihrer Vermittelung den alliirten Mächten und die Wahl zwischen einem Bruche mit der Pforte und der unbedingten Verzichtleistung ihres Zweckes lassen sollte. Wenn ich indessen die früheren Aeußerungen des russischen Kabinets mit den gegenwärtigen und ins= besondere mit den, dem nach Konstantinopel abgegangenen russischen Ge= sandten erteilten, Anweisungen zusammen halte, so glaube ich mir über die Absichten und den Gang des russischen Hofes in Bezug auf die hier in Rede stehende Angelegenheit etwa nachstehende Ansicht bilden zu müssen.

---

und fuhr dann fort: „L'Empereur accueille ce voeu, mais il subordonne la conclusion du traité dont il s'agit, à des clauses, que la Prusse regardera certainement comme utiles". — Siehe auch das eigenhändige Schreiben von Alopeus an Bernstorff vom 6. Febr. 1827. (Geh. St.-A.). — — „L'Empereur en consentant à la proposition du Cabinet des Tuileries de convertir en traité le protocole du 4. Avril, propose qu'il soit discuté et conclu à Londres pour en faciliter la négociation et si l'Angleterre se refusoit de convertir en traité le protocole, il importeroit de donner à celui-ci plus d'extension. Sa Majesté Impériale attache le plus grand prix à ce que le Ministre du Roi à Londres recoive l'ordre de déclarer, que sa Cour est prête à conclure un traité formel, accompagné des clauses indiquées ou à prendre part aux mesures, qui seront arrêtées pour l'exécution du protocole du 23. Mars (4. Avril) et d'émettre l'un ou l'autre de ces deux votes selon les renseignements, que le Prince de Lieven lui donnera sur l'état de ses discussions avec le Ministère britannique. Dans toutes les phases des négociations relatives à l'avenir de la Grèce, la Russie a trouvé constamment la Prusse prête à voter avec elle pour les seules mesures, dont il soit permi d'espérer le succès. L'Empereur se plait à compter encore sur les effets de ces dispositions et je suis même autorisé à déclarer, que Sa Majesté Impériale regardera l'adhésion pleine, et entière du cabinet de Berlin aux présentes propositions comme une preuve d'amitié personelle de la part du Roi." — —

Das erste und vorherrschende Bestreben des Kaisers von Rußland scheint mir darauf gerichtet zu sein, sich die durch den Vertrag von Ackermann erworbenen wichtigen Vorteile zu sichern und zu erhalten. Damit er aber in den ruhigen und ungestörten Genuß dieser Vorteile treten könne, bedarf er noch der Dämpfung der Unruhen in Griechenland, durch welche der Handel und die Schiffahrt von und nach dem schwarzen Meer wesentlich gefährdet und beeinträchtigt werden. Er will mithin die Herstellung der Ruhe des Orients, zwar nicht für jeden Preis, denn dieser Zweck bleibt dem eben bezeichneten Hauptzwecke untergeordnet, aber aufrichtig und ernstlich und mit der ganzen Energie, welche sich mehr und mehr als die Grundlage seines Charakters und als der Hauptzug seiner Politik ausspricht. Es ist in dem Sinn dieser kräftigen Politik, vermöge welcher er die großen Schwierigkeiten seiner direkten Verhältnisse mit der Pforte so schnell und glücklich gelöst hat, daß er auch jede halbe Maßregel zurückweiset und die Ueberzeugung ausspricht, daß wenn die verbündeten Mächte in der gegenwärtig beabsichtigten Unterhandlung sich zu dem von ihm gefolgten Gange und zu dem vor ihm gewählten Mitteln entschließen können, sie sich auch eben desselben günstigen Erfolges zu erfreuen haben werden. England auf der Bahn seiner gegen Rußland eingegangenen Verbindlichkeiten fest zu halten, die Bedenklichkeiten und Einwürfe Oesterreichs zu entkräften und zu beseitigen und den von Preußen und Frankreich bewiesenen guten Willen nach Möglichkeit zu benutzen, dahin geht unverkennbar der nächste Zweck des Kaisers Nikolaus.

In den vorliegenden Eröffnungen des russischen Hofes scheint ein gewisses Mißtrauen gegen die englische Regierung durch. Wirklich läßt sich aus mehreren Kennzeichen schließen, daß man in St. Petersburg die doppelte Besorgnis hegt, einesteils, daß diese Regierung, aus Furcht ihre Verhältnisse gegen die Pforte aufs Spiel zu setzen, schon in ihrem Gange zurückweicht und eine gewisse Scheu empfindet, der Ausführung der Protokollvereinbarung vom 4. April v. J. den erforderlichen Nachdruck zu geben, andernteils, daß die Politik Englands nicht frei von Nebenabsichten sei, und daß diese Macht nur eine günstige Entwickelung der Umstände erwartet, um in Ansehung Griechenlands und insbesondere der griechischen Inseln ein Schutzsystem aufzustellen, welches sie in vielfachen Beziehungen würde zu ihrem Vorteil nutzbar zu machen wissen. Daß dieser doppelte Verdacht nicht ganz ohne Grund sei, würde man leicht zu glauben geneigt sein, auch wenn mehrere Anzeichen denselben nicht zu rechtfertigen schienen. Der Gesichtspunkt, aus welchem England die Unruhen im Oriente und die dadurch berührten oder gefährdeten Verhältnisse beurteilt, weicht offenbar weit von demjenigen ab, welcher die Absichten und Wünsche Rußlands bestimmt. Der englische Staatssekretär Canning hat seinen Vermittelungsplan mit der ganzen Heftigkeit seines Gemüts verfolgt, so lange er sich über die Schwierigkeit täuschte, solchen ohne Gefahr und Nachteil durchzuführen. Als ihm aber bald diese Schwierigkeit einleuchtete, erkaltete sein Eifer, und seitdem scheint er sich wieder mehr dem früheren, vorsichtigen und mehr auf Zeitgewinn als auf direkte Einwirkung berechneten Gange der englischen Politik in Beziehung auf Griechenland, genähert zu haben. Diese Erscheinung dürfte leicht zu erklären sein. Denn England hat bei dieser Sache ein doppeltes, schwer zu vereinigendes Interesse zu beachten. Einesteils muß es ihm wichtig scheinen mit Griechenland so bald als möglich Verbindungen anzuknüpfen, welche in Beziehung auf seinen Handel in seinen Augen einen hohen Wert haben würden. Anderenteils aber darf die englische Regierung ihre Verhältnisse zur Pforte und das dabei beteiligte Interesse einer bedeutenden Klasse ihrer Unterthanen, diesem Zwecke nicht aufopfern und sie hat, infolge dieser zwiefachen Rücksicht, augenscheinlich weniger Interesse dabei, die gegenwärtige Krisis einer entscheidenden Entwickelung entgegenzuführen, als vielmehr die Dazwischenkunft der Alliierten zu benutzen, um eine Lage der Dinge hervorzubringen, welche ohne ihren Frieden mit der Pforte zu gefährden, ihr ein Mittel gewähren würde, in nähere Verbindung mit Griechenland zu treten und dadurch ihren politischen Einwirkungen mehr Eingang und ihrem Handel neue Wege zu bereiten. Nun kann aber nichts den Wünschen und Absichten des russischen Kaisers mehr entgegen sein als ein solcher Zwischenzustand, welcher weder Krieg noch Friede sein, alle Nachteile der gegenwärtigen Ungewißheit bestehen lassen, die Entscheidung der Krisis auf unbestimmte Zeit zurückdrängen und das griechische Volk mit unabwendbarem Untergange bedrohen würde. Ich glaube mich daher nicht zu irren wenn ich voraussetze, daß die dem russischen Botschafter in London erteilten Anweisungen es demselben zur Aufgabe machen, nach Möglichkeit dahin zu wirken, daß die englische Regierung sich weder der ihr durch das Protokoll vom 4. April auferlegten Verbindlichkeiten entziehe, noch, in einem andern Sinne, allein und nach einseitigen Zwecken vorzugehen sich erlaube.

Wenn der russische Hof nun in dieser oder einer ähnlichen Absicht, den von Frankreich ausgegangenen Vorschlag der Abschließung eines unter den fünf alliierten Mächten zu unterhandelnden förmlichen Vertrages seinerseits angenommen und seine Gedanken über die Fassung desselben den übrigen Höfen mitgeteilt hat, so steht, insofern dabei auch die Zustimmung Ew. Königl. Majestät in Anspruch genommen wird, zu untersuchen, ob Allerhöchstdieselben bei diesen Anträgen näher oder nur in einem andern Sinne beteiligt sind, als solches schon bei den letzten von Rußland und England gemachten gemeinschaftlichen Vorschlägen der Fall war. Diese Frage kann nach genauer Prüfung dieser Anträge, meines unterthänigsten Dafürhaltens, nur verneinend beantwortet werden. Denn auch jetzt wie damals wird Ew. Königl. Majestät Mitwirkung zu einer diplomatischen Einschreitung bei der Pforte, also nur Allerhöchstdero moralische Unterstützung für die zu einem von Ihnen gebilligten und geteilten Zwecke zu ergreifenden Maßregeln begehrt. Von einer materiellen Teilnahme Preußens an der Ausführung dieser Maßregeln kann überall die Rede nicht sein. Die gegenwärtige Aufforderung Rußlands aber, den zur Erreichung jenes durch Politik und Menschlichkeit gebotenen Zweckes zu verabredenden Mitteln eine größere Kraft und Ausdehnung zu geben, kann

unsererseits nur als den von Ew. Königl. Majestät oft ausgesprochenen
Absichten und Wünschen völlig entsprechend erscheinen. Ich halte es daher
nicht nur für ganz unbedenklich, sondern auch Allerhöchstdero früheren
Erklärungen durchaus gemäß, daß Ew. Königl. Majestät sich mit den
Vorschlägen des russischen Hofes, jedoch auch dieses mal wieder unter der
Voraussetzung einverstanden erklären, daß die übrigen alliirten Höfe
sich ebenfalls zur Annahme derselben bereit zeigen sollten.
Dieser Vorbehalt, welcher schon in Ew. Königl. Majestät letzten Er=
klärungen bestimmt ausgesprochen ist, ohne russischerseits irgend Bedenken
oder Widerspruch angeregt zu haben, dürfte hier um so unerläßlich sein,
als es auf die Abschließung eines förmlichen Vertrages ankommt. Denn
so wie ein solcher unter sämtlichen alliirten Mächten abgeschlossener Ver=
trag vorzüglich dazu geeignet sein möchte, ihren Bund zu befestigen und
neu zu beleben und das in der öffentlichen Meinung stark erschütterte und
halb verlorne Ansehen desselben wieder herzustellen, so würde andererseits
eine jede unter einigen dieser Mächte, mit Ausschluß der anderen oder
auch nur einer derselben, getroffene Vereinbarung unfehlbar gerade die
entgegengesetzten Wirkungen hervorbringen und gewissermaßen die Auf=
lösung der Allianz herbeiführen und öffentlich bekunden müssen. Infolge
dieser Betrachtungen glaube ich Ew. Königl. Majestät alleruntertänigst
anheimstellen zu dürfen, mich allergnädigst ermächtigen zu wollen, dem
russischen Hofe Allerhöchstdero Einverständnis mit dessen Vorschlägen unter
der Voraussetzung zu erkennen zu geben, daß solchen auch die Zustimmung
der übrigen alliirten Höfe zu teil werde; und demnächst die Gesandten
Ew. Königl. Majestät an den mitbeteiligten Höfen in diesem Sinne mit
Anweisung zu versehen.*) Bernstorff.

Bernstorff an Schöler. Berlin, 23. Februar 1827.

Daß unsere Antwort=Note vom 4. v. M. den russischen Hof
nicht ganz befriedigen werde, mußte ich bei Abfassung derselben als sehr
möglich, ja, in einigen Beziehungen, als wahrscheinlich voraussetzen. Ob
eine Unzufriedenheit darüber wirklich stattgefunden und worauf sie sich
eigentlich gegründet habe, ist mir jedoch völlig unbekannt geblieben.
Denn gegen uns ausgesprochen ist solche auf keine Weise. Hatten
wir das Mißfallen des russischen Hofes zu besorgen, so war dies wohl
zunächst nur in Hinsicht der Bedingung der Fall, an welche wir unsere
Zustimmung zu den russisch=englischen Anträgen knüpfen zu müssen ge=
glaubt hatten. Welche Ansichten und Beweggründe diesen Beschluß be=

---

*) Durch Kabinetsordre des Königs v. 19. Febr. 1827 (Geh. St. A.) wurde
den in dem vorliegenden Immediatbericht vertretenen Ansichten und Vorschlägen
vollständige Zustimmung erteilt. — Teile des Immediatberichts wurden zu der
(streng vertraulichen) Depesche Bernstorffs an Schöler v. 23. Febr. 1827 benutzt,
ebenso zu der Depesche Bernstorffs an Werther in Paris (et in simili an Bülow
in London v. 21. Febr. 1827. (Geh. St.=A.. In seiner Note v. 21. Febr 1827
(Geh. St.=A.) erteilte Bernstorff Alopeus die Antwort auf die russischen Vorschläge.

stimmt haben, werden Ew. Excellenz aus meinen heutigen Mitteilungen
sattsam ersehen können.

Daß der Inhalt unserer Note vom 4. Januar auch für Ew. Excellenz
unerwartet und unbefriedigend gewesen ist, muß mir zwar wahrhaft leid
thun, darf mich aber insofern nicht verwundern, als der Gegenstand der=
selben in der That wohl geeignet war, Ansichten und Meinungen der
verschiedensten Art zu erzeugen.

Was ich nicht begreife, ist wie Ew. Excellenz, haben einen Widerspruch
zwischen dem Inhalte jener Note und meinen Ihnen früher mitgeteilten
Anträgen an des Königs Majestät finden können. Ich weiß mir solches
um so weniger zu erklären, als es gerade diese Anträge waren, welche
dem König gleichzeitig mit demselben vorgelegten und von Sr. Majestät
unbedingt genehmigten Noten=Entwurfe zur Grundlage dienten. — —

Aus einem eigenhändigen Schreiben Schölers an Bernstorff.
5. März 1827.

— — „Ew. Excellenz wollen, daß ich Ihnen meine kleinen Bedenken
offen mitteilen soll. Ich thue es daher mit dem größten Vertrauen. Ich
bin ganz der Meinung, daß die große Allianz oder vielmehr deren äußere
Erhaltung davon abhänge, daß sämtliche Mitglieder an einem in derselben
zu schließenden Vertrage teilnehmen, weil ein solcher Vertrag nur von
einigen eingegangen, die große Allianz in den Augen der Welt für auf=
gehoben halten läßt.

Wird aber das allein neutrale Preußen diesen Zweck eher zu be=
fördern hoffen dürfen, wenn es eine Erklärung in dem Sinne der einen
Macht abgiebt, die eine große, doch vielleicht nicht unüberwindliche Ab=
neigung zu einem solchen Vertrage äußert, oder wenn es sich das An=
sehen giebt, ganz auf die Seite der drei übrigen Mächte zu treten, welche
die Tendenz, einen solchen Vertrag allenfalls auch allein zu schließen, teils
ausgesprochen, teils wahrscheinlich haben werden lassen? Ew. Excellenz
werden besser wissen als ich, inwiefern auf Frankreich zu rechnen sein
würde, wenn die Kabinette von London und Petersburg fortführen, wie
zwei Verbündete in der griechischen Angelegenheit vorzugehen; und bliebe
Frankreich auf der Seite von Oesterreich und Preußen, was wäre für
die große Allianz gewonnen?" —

Aus dem Kabinetschreiben (Albrecht) an Bernstorff. Berlin,
13. März 1827.

—— „Die Aeußerungen des Herrn Staatsministers Baron Damas*)
über die Notwendigkeit, das österreichische Kabinet zu veranlassen, daß es
in der Angelegenheit des Orients sich möglichst den Propositionen des

---

*) Ueber diese Aeußerungen Damas, war von Werther an das Berliner
Kabinet eingehend berichtet worden.

russischen und englischen Hofes, die in einem Traktat aufgenommen werden sollen, anschließe und daß man hauptsächlich preußischer Seits darauf hinwirken möge, scheinen Sr. Majestät sehr angemessen zu sein und Allerhöchstdieselben haben mir befohlen, dies Ew. Excellenz gehorsamst anzuzeigen, um in diesem Sinne mit dem österreichischen Kabinete zu kommunizieren. — —

Aus der Antwort Bernstorffs (an Albrecht) auf das Kabinetschreiben vom 13. März 1827.

„Ew. Excellenz beehre ich mich auf Ihr gefälliges Schreiben vom heutigen dato ganz ergebenst zu erwidern, daß ich mir schon seit geraumer Zeit zur Pflicht gemacht habe, nach Möglichkeit, und zwar teils durch vertrauliche Mitteilungen an den Fürsten Metternich, teils durch den nach Wien abgegangenen Grafen Zichy, dahinzuwirken, daß der österreichische Hof den letzten Anträgen des Kaisers von Rußland inbezug auf die orientalische Angelegenheit Gehör gebe und sich von der Unterhandlung des darüber in Vorschlag gebrachten Vertrages nicht ausschließe. Nach dem bisherigen Anschein zu urteilen, darf ich mir noch mit der Hoffnung schmeicheln, daß dieser Zweck nicht werde verfehlt werden. Den näheren Eröffnungen darüber habe ich jedoch erst bei der Rückkehr des Grafen von Zichy entgegenzusehen. Derselbe wird binnen acht Tagen hierselbst zurückerwartet." — —*)

Immediatbericht Bernstorffs an den König. Berlin, 29. März 1827 (vollständig).

An des Königs Majestät.

„Ew. Königl. Majestät haben mir den Befehl zugehen zu lassen geruht, Allerhöchstdemselben über die dem nach London abgehenden geheimen Legationsrat von Bülow inbetreff der orientalischen Angelegenheit zu erteilenden Anweisungen alleruntertänigst Bericht zu erstatten.**)

Da der v. Bülow mit dem bisherigen Gange und der gegenwärtigen Lage dieser Angelegenheit vollständig bekannt ist, und da die Umstände noch kein Bedürfnis fühlbar gemacht haben, die der Gesandtschaft Ew. Königl. Majestät in London, in Gemäßheit der Allerhöchstdenselben unter dem 14. v. M. von mir dargelegten und von Ihnen genehmigten Ansichten, erteilten Instruktionen abzuändern oder weiter auszudehnen, so habe ich geglaubt, mich darauf beschränken zu müssen, dem von Bülow, unter Verweisung auf diese Instruktionen mündlich die Aufklärungen zu geben,

---

*) Die Antwort Bernstorffs machte den günstigsten Eindruck auf den König. In einem Kabinetschreiben v. 14. März 1827 (Berlin. — Albrecht an Bernstorff. — (Geh. St.=A.) ist ausdrücklich bemerkt, daß sich der König über den Inhalt Rückschreibens, welches ihm Albrecht vorgetragen, höchst beifällig geäußert habe.

**) Bülow erhielt im Laufe des März die Weisung nach London an Stelle Maltzahns zu gehen, welcher auf den Posten nach Wien berufen wurde.

welche aus den letzten Berichten und Mitteilungen über diesen Gegenstand hervorgegangen sind.

Preußen ist, wie bei der hier in Rede stehenden Angelegenheit überhaupt, so auch insbesondere bei der Unterhandlung und Abschließung des in Vorschlag gebrachten Vertrages nicht unmittelbar beteiligt. Dagegen liegt es offenbar sowohl in den Verhältnissen als in dem Interesse Ew. Königl. Majestät, daß Allerhöchstdieselben einerseits den auf einen, auch Ihrerseits längst als heilsam erkannten und ohne Rückhalt geteilten Zweck gerichteten Anträgen befreundeter Höfe mit unzweideutiger Bereitwilligkeit entgegenkommen, andererseits aber es nach Möglichkeit zu verhindern suchen, daß der beabsichtigte Vertrag nicht einseitig oder mit Ausschluß einer oder mehrerer der alliirten Mächte abgeschlossen und dadurch eine unheilbare und öffentlich ausgesprochene Spaltung unter diesen Mächten hervorgebracht werde.

Von diesem doppelten Gesichtspunkte aus habe ich mir zur Pflicht machen müssen, die Aufmerksamkeit des russischen Kabinets auf die unberechenbaren, die Allianz mit Auflösung bedrohenden Nachteile jeder nicht die Gesamtheit der Alliirten umfassenden Uebereinkunft zu lenken, bei dem österreichischen Hofe aber auf das dringendste dahin zu wirken, daß derselbe sich nicht von einer Vereinbarung ausschließe, mit deren Zweck auch er einverstanden ist, und deren Form sich leicht dürfte auf eine seinen Ansichten und Wünschen mehr entsprechende Weise mildern lassen.

Ich darf mir noch die Hoffnung erlauben, daß meine Bemühungen zu diesem Zwecke nicht ganz fruchtlos gewesen sind. Die auf den Beitritt Oesterreichs gerichteten Anträge Rußlands haben in Wien zwar noch manche Bedenklichkeiten, aber doch schon so viel Eingang gefunden, daß der dortige Hof sich nicht nur bereit erklärt hat, an der bevorstehenden Unterhandlung einer gemeinschaftlichen Uebereinkunft teil zu nehmen, sondern auch wirklich eine unzweideutige Neigung an den Tag legt, eine Form zu finden, durch welche es ihm möglich werde, dem beabsichtigten Vertrage beizutreten, ohne sich mit seinen früheren Erklärungen in Widerspruch zu setzen. Eine solche Form dürfte ihm aber schon dadurch geboten sein, daß der russische Vertrags Entwurf die sich auf den Hauptzweck desselben beziehenden Bestimmungen von den in Ansehung der Wahl der Mittel zu treffenden Verabredungen trennt und diese letzteren besonderen von dem Haupt Vertrage unabhängigen Artikeln zuweist. Oesterreich gewinnt dadurch die Möglichkeit dem Vertrage selbst unbedingt beizutreten und sich nur in Ansehung der Nebenartikel dasjenige vorzubehalten, was seine besonderen Ansichten, Grundsätze oder Verhältnisse ihm möchten als erforderlich oder einer Verwahrung bedürftig erscheinen lassen. Dann würde wenigstens die äußere Form gerettet und auch für Ew. Königl. Majestät, Allerhöchstdenen ein solcher Vorbehalt fremd bleiben würde, jedes Bedenken gegen den Beitritt zu der in Vorschlag gebrachten Vereinbarung beseitigt werden. Ich habe den Fürsten von Metternich auf die Möglichkeit eines solchen Auswegs vertraulich aufmerksam gemacht und die vorläufigen Rückäußerungen desselben dürfen mich glauben lassen, daß er diese Idee nicht verworfen hat. Die versprochenen ausführlicheren Mitteilungen des österreichischen Kabinets sind bis jetzt nicht eingegangen.

Eine andere, vielleicht noch schwerer zu überwindende Schwierigkeit dürfte die bevorstehende Unterhandlung in der sich immer deutlicher kundgebenden Verschiedenheit der Ansichten zwischen Rußland und England, besonders in Hinsicht der zur Erreichung des gemeinschaftlichen Zweckes anzuwendenden Mittel finden. Es liegt offenbar in der Absicht Rußlands, durch peremptorische Maßregeln, den lange und fest geschürzten Knoten zu zerschneiden und endlich eine Frage zur Entscheidung zu bringen, welche, seiner Ansicht nach, keiner anderen Lösung fähig ist. Die englische Regierung dagegen, wie sehr und wie aufrichtig sie auch die Herstellung der Ruhe im Orient wünschen mag, hat eine unverkennbare Scheu davor, die Erörterungen mit der Pforte bis auf den Punkt getrieben zu sehen, wo nicht nur ihre politischen und kommerziellen Beziehungen zu derselben unmittelbar gefährdet, sondern auch das Verhältnis zwischen Rußland und der Türkei wiederum aufs Spiel gesetzt und dadurch die kaum zerstreuten eifersüchtigen Besorgnisse Europas in neuer Kraft aufgeregt werden würden. Diese schon durch frühere Zeichen angedeutete Verschiedenheit der Meinungen und Absichten zwischen England und Rußland ist, wie Ew. Königl. Majestät bemerkt haben werden, besonders in Konstantinopel offenbar geworden. Die näheren Aufschlüsse darüber sind jedoch erst von London her zu erwarten, wo während der jetzt gehobenen Krankheit des Staatssekretärs Canning alle politischen Verhandlungen gestockt haben. Wir sind daher auch noch bis zu diesem Augenblicke nicht unterrichtet, welche Aufnahme die letzten Anträge des russischen Hofes von seiten der englischen Regierung gefunden und zu welchen Beschlüssen sie dieselbe veranlaßt haben."

Bernstorff.*)

Bernstorff an Schöler. Berlin, 11. April 1827.**)

— "Ew. E. werden bereits früher erfahren haben, welche neue Wendung die orientalische Angelegenheit durch die Erklärung Oesterreichs gewonnen hat: dem beabsichtigten Vertrage beitreten zu wollen, falls man sich darüber verstehen sollte, die Dazwischenkunft der Alliirten nicht unter der Form einer gewaltsam aufgedrungenen Vermittelung, sondern auf der Grundlage einer aus dem allgemeinen Bedürfnisse Europas abgeleiteten gebieterischen Notwendigkeit eintreten zu lassen und im Weigerungsfalle von keinem anderen Zwangsmittel als dem der einfachen, aber peremptorischen Forderung eines offenen Bruches Gebrauch zu machen. Wie ich diese überraschende Erklärung, eine Frucht der dringendsten Verlegenheit beurteilen zu müssen glaube, werden Ew. E. aus dem beigehenden Auszuge einer von mir an den königlichen Gesandten zu Paris erlassenen Depesche

---

*) In seiner Kabinetsordre v. 30. März 1827 erklärte sich Friedrich Wilhelm III. mit der Auffassung des vorliegenden Berichts und der bisherigen Behandlung der orientalischen Angelegenheiten vollständig einverstanden.

**) Eigenhändig entworfen.

ersehen. — — Unsererseits kann nur der eine Wunsch gehegt werden, daß man Oesterreich schnell bei seinem Worte fasse und dadurch endlich die Einhelligkeit in den Beschlüssen der Alliirten hervorzubringen und festzuhalten trachte, welche das Ziel aller unserer Bestrebungen ist. Daß eine solche Entwickelung der Sache auch Rußlands Absichten und ersten Zwecken entsprechen würde, glauben wir voraussetzen zu dürfen. Allein würden die Natur und der Buchstabe der zwischen Rußland und England eingegangenen Verbindlichkeiten der ersteren dieser Mächte gestatten können, die Vorschläge Oesterreichs gegen die sich in einem entgegengesetzten Sinne aussprechende Meinung und Absicht der englischen Regierung geltend zu machen? Und wird es dem russischen Hofe nicht zuletzt noch wichtiger scheinen, England, dessen Gesinnungen in Bezug auf die hier in Rede stehende Angelegenheit ihm, wie wenig er solches auch gesteht, doch unfehlbar müssen zweideutig geworden sein, mit Sicherheit auf der Grundlage jener Verbindlichkeiten festzuhalten, als selbst den so lebhaft gewünschten und begehrten Beitritt Oesterreichs zu gewinnen? Das sind Fragen, deren Lösung wir gegenwärtig mit dem gespanntesten Interesse entgegensehen.

Ew. E. ist es bereits zur Genüge bekannt, aus welchen Gründen der Gesandte des Königs, der französische Botschafter und der österreichische Internuntius der Aufforderung der Herren Stratford, Canning und Minczacky, ihre Anträge bei der Pforte zu unterstützen, nicht genügen zu können, geglaubt hatten. Wie sehr ich es auch bedauert hatte, daß der Baron von Miltitz bei dieser Gelegenheit unthätig geblieben war,*) so hatte ich ihm Solches, in Betracht der wenigstens anscheinenden Unzeitigkeit und Zweckwidrigkeit des von dem englischen Botschafter gefaßten Beschlusses, und in Rücksicht der Unverbindlichkeit der Form und des daraus hervorgehenden Zweifels an der Aufrichtigkeit des an ihn ergangenen Ansinnens, doch nicht zum Vorwurfe gereichen lassen können. Desto erfreulicher aber ist es für mich gewesen, daß derselbe bald eine andere Gelegenheit gefunden hat, sich zu Gunsten des gemeinschaftlichen Zweckes eifrig und wirksam zu beweisen. Nach der Ankunft des Herrn von Ribeaupierre hat sich alles anders gestaltet. Derselbe ist seinen Kollegen mit Offenheit und Vertrauen entgegengekommen, und als er sich mit dem Herrn Stratford Canning in dem Beschlusse vereinigt hatte, dem Divan die Petersburger Protokoll Vereinbarung vom 4. April v. J. vorzulegen, trugen die Gesandten der übrigen alliirten Mächte kein Bedenken, dieser Eröffnung durch angemessene und übereinstimmende Vorstellungen zu unterstützen. Am kräftigsten und eindringendsten sind diese Vorstellungen in einer Note des Barons von Miltitz ausgesprochen. Die Zeit erlaubt mir nicht eine Abschrift derselben veranstalten zu lassen, allein ich zweifle nicht, daß der Herr Graf Nesselrode solche erhalten haben und Ew. Excellenz mitzuteilen sich bereit finden lassen wird." —

---

*) Siehe S. 71.

Aus dem eigenhändigen Schreiben Bülows an Bernstorff. Paris, 13. April 1827.*)

Hier bin ich am neunten eingetroffen. Mein erster Gang war zum Herrn von Werther, um von ihm Auskunft über die Lage der orientalischen Frage in London zu erhalten, und um darnach über die Dauer meines hiesigen Aufenthaltes bestimmen zu können. Herr von Werther war mit mir einverstanden, daß ich ohne allen Nachteil für das vorliegende Geschäft einige Tage in Paris würde bleiben können, ja, daß ein solcher Aufenthalt vielleicht der Sache insofern vorteilhaft sein dürfte, als ich Gelegenheit erhalten würde, mit dem Baron Damas und den Botschaftern von Oesterreich und Rußland Bekanntschaft anzuknüpfen. Diese Gelegenheit war jedoch nicht ohne Schwierigkeit gefunden, indem die gewissenhafte Beobachtung der christlichen Pflichten in der stillen Woche alle gesellschaftlichen Verbindungen unterbrochen hatte.

Da der Herr von Werther bei allen Unterredungen gegenwärtig gewesen ist, welche ich mit den drei genannten Personen gehabt habe, so glaube ich es auch lediglich demselben überlassen zu müssen, ob und wie weit er davon Erwähnung thun wolle.

-- Ich darf Ew. Excellenz jedoch pflichtmäßig nicht verbergen, daß der Herr Baron von Damas auch gegen mich den bestimmten und dringenden Wunsch ausgesprochen hat, daß Preußen seine Teilnahme an dem in London zu schließenden Vertrage nicht von dem Beitritte Oesterreichs abhängig machen möge. Er war der Meinung, daß das englische Kabinet fortwährend ernstlich die Beendigung dieser Sache wolle, und daß der aus London gegenwärtig erwartete, von dem Herrn Canning ausgehende Vertrags Entwurf hier keine wesentliche Widersprüche erfahren und mithin zur Einigung zwischen Frankreich, Rußland und England führen dürfte. In gleicher Art äußerte sich auch der Graf Pozzo di Borgo; — und der Graf von Apponyi versicherte, daß er gewiß nichts unterlassen habe, um seinem Hofe die Ueberzeugung zu gewähren, daß man hier keinen Anstand nehmen würde, den fraglichen Vertrag durch den Fürsten Polignac unterzeichnen zu lassen, sobald man gewiß sei, daß England und Rußland solchen abzuschließen im Begriff ständen.

Ich habe mich mehrenteils dahin geäußert, daß Se. Majestät der König aufrichtig wünschten, dem Kampfe zwischen den Türken und Griechen ein Ende gemacht und Ruhe und Frieden durch eine Vereinbarung wieder hergestellt und erhalten zu sehen, daß ich daher auch mit der weitesten Vollmacht zur Unterzeichnung eines desfallsigen Vertrages versehen worden sei, daß Ew. Excellenz es sich eifrigst hätten angelegen sein lassen, den österreichischen Hof zu bewegen, den Wünschen der übrigen Höfe näher zu treten, und daß auch jetzt, nachdem der Fürst Esterhazy mit Vollmacht zur Unterzeichnung einer vertragsmäßigen Einigung versehen worden, gewiß mehr Hoffnung als je vorhanden sei, im gemeinsamen Einverständnisse aller fünf Mächte zum Ziele zu gelangen. Da aber eine solche Ver-

---

*) Siehe S. 67.

ständigung unleugbar die größten Vorteile in sich schließe und allein die
wünschenswerte Gewährleistung für die dauerhafte Erhaltung der Ruhe
geben könne, so glaubte ich vorzugsweise auf die Unterstützung der französischen und russischen Botschafter in London dahin rechnen zu dürfen,
daß durch billige Berücksichtigung der Ansichten des österreichischen Hofes, es demselben möglich gemacht werde, Hand
in Hand mit den übrigen vier Mächten zu gehen.

Indem ich auf diese Weise der Beantwortung der Frage zu entgehen gesucht habe, ob Preußen nicht, ohne Oesterreichs Beitritt abzuwarten, sich zur Unterzeichnung des Vertrages bereit erklären wolle, —
werden Ew. Excellenz geneigtest selbst ermessen, von welchem Werte
diese Frage ist und wie sehr ich wünschen muß, darüber mit weiteren
Instruktionen versehen zu werden. Es ist mir sehr lieb, daß der Herr
von Werther unter dem 27. v. M. über diesen Gegenstand berichtet hat,
und daß ich daher bei Ew. Excellenz nicht in den Verdacht kommen
kann, hierzu auf irgend eine Weise Veranlassung gegeben zu haben. Ich
gestehe dagegen Ew. Excellenz ganz freimütig, daß, meiner innigsten
Ueberzeugung nach, nichts sicherer zu dem Ziele einer Einigung der fünf
Mächte und mithin zur vollständigen Erhaltung der Ruhe im Oriente
und Occident führen dürfte, als wenn Oesterreich die Ueberzeugung gegeben
würde, daß Preußen, äußersten Falles, lieber mit Rußland,
England und Frankreich zu dem großen Werke der Wiederherstellung der Ruhe im Oriente beitragen werde, als sich der
Gefahr auszusetzen, mit Oesterreich ruhig dem zuzusehen, was die anderen
Mächte ausführen dürften. Oesterreich wird dann höchstwahrscheinlich nachgeben; sollte dies aber nicht der Fall sein, so würde daraus seiner politischen Stellung weniger Nachteil erwachsen als Preußen, welches nicht
die nämlichen Interessen zu beachten hat und nicht wie Oesterreich durch
seinen Länder-Umfang und seine Volkszahl unbedingt zur Teilnahme an
der Entscheidung aller wichtigen europäischen Fragen berufen ist. —

Bernstorff an Schöler. Berlin, 28. April 1827.

„Daß das englische Ministerium Oesterreich und
Preußen von dem beabsichtigten Vertrage auszuschließen wünscht,
liegt am Tage und ist auch gar leicht erklärlich. Denn dem Herrn Canning
sind die Formen der Allianz nicht weniger als ihr Wesen verhaßt. Er
fürchtet und vermeidet nach Möglichkeit auch den äußeren Schein einer
kongreßartigen Verhandlung. Seine Eitelkeit und seine leidenschaftliche
Reizbarkeit sträuben sich überdem gegen jeden Versuch, irgend welche Bedingungen an die Annahme seiner Vorschläge zu knüpfen, und die, wie es
fortwährend scheint, alle anderen Rücksichten überwiegende Furcht, daß
Rußland in neu vorzuschlagenden Modifikationen ein Mittel und eine Berechtigung finden möge, über die schon bestehenden Verabredungen hinauszugehen, macht ihm die Notwendigkeit eines eisernen Festhaltens an der

diesen Verabredungen zu Grunde liegenden Basis fühlbar. So bestätigt sich von Tage zu Tage mehr die von vielen Seiten zu lange verkannte Wahrheit, daß ungeachtet des äußeren Scheines eines zwischen Rußland und England bestehenden vollkommenen Einverständnisses, diese beiden Mächte in der ihnen durch gebieterische Umstände und durch ganz entgegengesetzte Beweggründe aufgedrungenen Vereinbarung vorzüglich nur ein Mittel sehen, sich gegenwärtig zu bewachen, zu binden und in Zaum zu halten." — —

Immediatbericht Bernstorffs an den König. Berlin, 12. Mai 1827 (vollständig).

An Se. Majestät den König.

"Ew. Königl. Majestät habe ich den letzten Bericht des General-Lieutenants von Schöler, in Bezug auf die orientalische Angelegenheit, bereits in tiefster Unterthänigkeit vorgelegt.*)

Allerhöchstdieselben werden daraus zu entnehmen geruht haben, daß die letzten Eröffnungen des Wiener Kabinets den russischen Hof keineswegs befriedigt haben.

Diese Unzufriedenheit ist, auch abgesehen von dem zu St. Petersburg noch obwaltenden allgemeinen Mißtrauen gegen Oesterreich, nur zu leicht zu erklären. Denn einesteils hat der österreichische Hof den eigentlichen Ausgleichungs-Plan auf beschränktere Grundlagen zurückzuführen versucht. Anderenteils fühlt Rußland sich durch diejenigen Verabredungen mit England gebunden, durch welche allein es diese Macht auf einer gemeinschaftlich betretenen Bahn festzuhalten hoffen kann. Und wenn Oesterreich sich durch den Vorschlag, das Hauptunterhandlungsmittel gegen die Pforte in die Androhung eines offenen Bruches zu legen, allerdings den wahren Absichten des Kaisers von Rußland wesentlich genähert hat, so hat es die von diesem Vorschlage gehoffte Wirkung doch dadurch wieder geschwächt und gewissermaßen vernichtet, daß es gleichzeitig die Notwendigkeit ausgesprochen hat, in dem Falle, wo die beabsichtigte Drohung ihren Zweck verfehlen würde, der Erfüllung derselben eine neue Beratung vorangehen zu lassen. Denn wiewohl der vom Fürsten von Metternich zwischen einer nur als Mittel zum Zweck dienenden Unterhandlungsform und einer alle weitere Unterhandlung abschneidenden und mithin den Zweck selbst aufhebenden Maßregel gemachte Unterschied an und für sich als wohlgegründet erscheinen mag und zufolge desselben wirklich noch manche Zwischenbeschlüsse als zulässig gedacht werden können, so war dieser Antrag doch insofern nicht wohl berechnet, als derselbe bei schon nicht vorherrschendem Vertrauen, nur gar zu leicht ungünstig gedeutet werden, und, wie es wirklich der Fall gewesen zu sein scheint, den Verdacht wecken konnte, als ob der österreichische Hof wohl zu der Drohung mitwirken, sich aber für den

---

*) Bericht Schölers an den König. Nr. 22. Petersburg, 1. Mai 1822.

Fall, daß diese ohne Erfolg bleiben sollte, die Fähigkeit, sich der Erfüllung derselben zu entziehen, vorbehalten wolle.

Nun aber würde nichts mit den Grundsätzen und Absichten des Kaisers von Rußland und mit dem Gange, den er sich in Bezug auf den Orient unwiderruflich vorgezeichnet zu haben scheint, in auffallenderem Widerspruche stehen, als die Möglichkeit eines solchen Ausganges der Sache. Und dieser Monarch ist in der That, in der hier in Rede stehenden Angelegenheit, schon viel zu weit vorgeschritten, um auf halbem Wege stehen bleiben oder noch zurückweichen zu können, ohne sich, die Ehre seiner Krone und sein, ihm für das Bedürfnis seiner Politik unentbehrliches Ansehen in Konstantinopel wesentlich und vielleicht unwiderbringlich zu kompromittieren. Je mehr der Kaiser der Notwendigkeit eines Krieges, den die hartnäckige Zurückweisung seiner an die Pforte gerichteten Anträge unvermeidlich machen würde, auszuweichen wünscht — und daß dieser Wunsch aufrichtig sei, sind wir vorauszusetzen noch vollkommen berechtigt — destomehr muß ihm daran gelegen sein, daß die ottomanische Pforte sich mit diesem Kriege wirklich unmittelbar bedroht glaube, und soll sie diese Ueberzeugung wirklich erlangen, so mag es dem russischen Hofe wohl nicht ohne Grund erforderlich scheinen, daß solche zunächst dem übrigen Europa und insbesondere denjenigen Regierungen gegeben werde, welche einen wesentlichen Einfluß auf die Ansichten und Beschlüsse der Pforte auszuüben imstande sind.

Zufolge dieser Betrachtungen stellen sich die wenig günstige Aufnahme und Beurteilung, so die österreichischen Vorschläge zu St. Petersburg gefunden, als durchaus natürlich und gewissermaßen als unvermeidlich dar, und da das in dieser Angelegenheit bisher beobachtete Benehmen des Kaisers von Rußland, welcher in der Ausgleichung der griechischen Angelegenheit eine notwendige Ergänzung seiner neuen Verhältnisse zur Pforte und eine unentbehrliche Gewähr für die Dauer derselben suchen zu müssen glaubt, nicht nur als völlig folgerecht, sondern auch als durch die unverkennbarsten Interessen seines Reichs geboten erscheint, so dürfte es, meines alleruntertänigsten Dafürhaltens, sowohl in der Billigkeit gegründet, als den freundschaftlichen Verhältnissen, welche Ew. Königl. Majestät mit dem Kaiser von Rußland verbinden, angemessen sein, daß Allerhöchstdieselben mich zu ermächtigen geruhen wollten, dem russischen Kabinet, in Erwiderung auf die von dem Generallieutenant v. Schöler einberichteten Aeußerungen desselben, die Versicherung wiederholen zu lassen, daß Allerhöchstdieselben mit den von Ihrem erhabenen Bundesgenossen in Bezug auf Griechenland verfolgten Zwecken völlig einverstanden und solche durch Ihre Gesandtschaft zu Konstantinopel nach Möglichkeit fördern zu lassen immer gleich geneigt seien.

Dagegen scheint mir eine gleiche Zustimmung denjenigen Aeußerungen nicht gewährt werden zu dürfen, welche der Graf von Nesselrode in Beziehung auf den zu London verhandelten Vertrag gegen Ew. Königl. Majestät Gesandten gethan. Er hat nämlich die von einem nicht einhellig abzuschließenden Vertrage für das Ansehen und die Fortdauer der Allianz zu besorgenden Folgen in Abrede zu stellen und den Satz durchzuführen versucht, daß diese Gefahr in demselben Maße verringert werde, als die Zahl der Teilnehmer an dem abzuschließenden Vertrage weiter ausgedehnt werde, und er hat zur Begründung dieser Behauptungen bemerkt, wie die Resultate der Vereine zu Troppau, Laibach und Verona zum teil ohne die Mitwirkung Englands und Frankreichs verabredet und in Ausführung gebracht worden seien, ohne daß man darum die Allianz als aufgelöst oder untergraben angesehen habe.

Diese Ansichten kamen mir eben so irrig, als leicht zu widerlegen vor.

An allen jenen Kongreß-Orten waren sowohl englische als französische Bevollmächtigte. Förmliche Verträge aber gingen aus den Beratungen dieser Vereine nicht hervor. Dessenungeachtet hat der Mangel der Teilnahme jener beiden Mächte an einigen der wichtigsten auf jenen Kongressen getroffenen Verabredungen, und insbesondere der von der englischen Regierung dagegen erhobene Widerspruch, der Allianz in der öffentlichen Meinung einen nie verwundenen Stoß gegeben und Zweifel an ihrer Fortdauer und Wirksamkeit erregt, welche sich seitdem immer weiter verbreitet haben und nur zu oft von den Mitgliedern der Allianz selbst geteilt worden sind. Hierbei ist, was insbesondere England betrifft, noch zu bemerken, daß das Band, welches diese Macht an die Allianz geknüpft hatte, zu allen Zeiten weit lockerer als dasjenige war, welches die übrigen Alliirten zusammenhielt, und daß mithin die Ausschließung einer der Kontinental-Mächte von einem im Namen und im Sinne der Allianz abgeschlossenen Vertrage eine noch weit verderblichere Wirkung auf die Natur und den Bestand der Allianz würde haben müssen. Nicht minder einleuchtend ist es, meines Bedünkens, daß der Nachteil dieser Wirkung sich in demselben Maße vermehren würde, als sich mehrere der Alliirten zu einem nicht einhelligen Vertrage verbänden, denn gerade dadurch würde die Losreißung des sich Ansichließenden nur um so mehr in die Augen fallen, wogegen eine Vereinbarung unter wenigeren mehr die Gestalt einer bloßen Verbindung für besondere, nicht die Interessen der Gesamt Allianz berührende Zwecke gewinnen würde.

Ew. Königl. Majestät glaube ich Allerunterthänigst anheimstellen zu dürfen, mich huldreichst ermächtigen zu wollen, Allerhöchstdero Gesandtschaft an dem russischen Hofe in Gemäßheit dieser Bemerkungen und ganz in Uebereinstimmung mit den derselben früher erteilten Anweisungen mit anderweitiger Instruktion zu versehen.

Schließlich erlaube ich mir nur noch die allerunterthänigste Bemerkung, daß die zu St. Petersburg verbreitete Nachricht, als haben die Gesandten von Preußen und Oesterreich die letzten Schritte der Agenten Englands und Rußlands zu unterstützen sich geweigert, völlig grundlos ist. Zufolge der Berichte des Barons von Miltitz ist nicht nur diese Unterstützung nicht von ihnen gefordert worden, sondern der englische Botschafter hatte sich vielmehr ausdrücklich dagegen erklärt, solche in Anspruch zu nehmen." Bernstorff.

Aus dem Bericht Schölers an den König: Nr. 27. Petersburg,
15. (3.) Mai 1827.
(Unterredung mit dem Kaiser).

— — „Bei Gelegenheit der Abschieds-Audienzen, welche mir — infolge des Urlaubs, den Ew. Königl. Majestät mir Allergnädigst zu bewilligen geruht haben — vorgestern von der ganzen kaiserlichen Familie gestattet worden sind, hat Se. Majestät der Kaiser Veranlassung genommen, Sich über alle wichtigeren politischen Angelegenheiten ausführlich gegen mich auszusprechen. — —

Die Einleitung zu dieser Darlegung begann mit dem Ausdruck des Bedauerns, daß der Ministerwechsel in England eine so anhaltende Unterbrechung in den Geschäften hervorgebracht habe, und daß überhaupt, anstatt sich offen über einen Gegenstand von so allgemeiner Wichtigkeit zu verständigen, eine Menge subtiler Distinktionen hervorgesucht würden, die am Ende doch gar keinen Nutzen zu stiften, z. B. das, was für die Beendigung des Kampfes im Orient die Hauptsache sei — nämlich die Notwendigkeit, der Pforte die Ueberzeugung beizubringen, daß sie bei längerer Verweigerung dieser gerechten Forderung der Alliirten zu deren Erfüllung unverzüglich mit Gewalt gezwungen werden sollte und könnte — weder zu entkräften noch aufzuheben vermöchten.

Hieran knüpfte sich die Darlegung der Unwandelbarkeit der Ansichten des Kaisers über die griechische Angelegenheit!

Heute — wie vor einem Jahr — behauptet Er, Rußland und jeder andern Macht ebensowenig das Recht zuzuerkennen, die griechischen Unterthanen des Sultans in dem Aufstande gegen ihren Oberherrn unterstützen zu dürfen, als Er der Pforte dieses Recht bei einem Aufstande Seiner Unterthanen vom mahomedanischen Glauben zugestehen würde, und heute — wie vor einem Jahr — behauptet Er, zu solchem Zweck die Hand in keiner Art bieten zu wollen, zumal, da in der Konvention von Ackermann Rußlands Ansprüche und Beschwerden vollständiger und genügender von der Pforte erlediget worden, als man zu erwarten berechtigt gewesen sei.

Diese Behauptung, meint aber Kaiser Nikolaus zugleich, vermöchte durchaus nicht Ihn zu hindern, dem von allen Seiten aufgestellten und anerkannten Satz: es könnten die europäischen Mächte, ihrer Sicherheit und ihrer wesentlichsten Interessen wegen, den dermaligen Zustand in der Levante nicht länger fortbestehen lassen, aus vollem Herzen beizupflichten, und alle, die es aufrichtig mit Rußland meinten, würden zugestehen müssen, daß Er hierzu mehr und wichtigere Beweggründe habe, als irgend eine andere Macht.

Ebenso — meint Er — müßte jeder Unparteiische einräumen, daß nachdem England, sei es in welcher Absicht es wolle, der Pforte einmal diesen Antrag gemacht habe, Rußland nunmehr alles daran liegen müsse, die Sache auch durchzuführen und das vorgesteckte Ziel zu erreichen.

Hierzu erklärte sich nun der Monarch auf das bestimmteste entschlossen und bemerkte dabei: daß bei der vieljährigen Erfahrung von der

Unwirksamkeit aller auf nichts gegründeten Drohungen, verbunden mit dem neulichen Beispiel von der kräftigen Wirkung einer nahen Gefahr, Er jeden Entschluß zum Drohen, ohne damit den Entschluß zur Ausführung zu schreiten zu verknüpfen, weder für vernünftig, noch für gut gemeint halten könnte.

Ich nahm hier Gelegenheit zu äußern, daß alles, was in dieser Art geschehen sein möchte, wohl hauptsächlich der Vorstellung von den möglichen Folgen des Ausbruchs eines Krieges und dem Wunsche der Allianz, die bisherige Uebereinstimmung in den Prinzipien und ihre moralische Wirkung zu erhalten, zum teil jedoch auch der zu regen Besorgnis zugeschrieben werden müsse, daß das Mittelländische Meer immer mehr unter fremde Beherrschung geraten könne.

Dies gab dem Kaiser Veranlassung, von Seiner unwandelbaren Teilnahme an der Fortdauer der Allianz zu reden und durch Anführung von dem, was Er seinerseits in dieser Hinsicht gethan zu haben glaube, die von mir angeführten Entschuldigungsgründe zu widerlegen. Zuvörderst betrachtet er das Protokoll vom 4. April als eine für die Allianz vorteilhafte Vereinbarung, indem England derselben dadurch wieder näher gebracht, überdies aber auch zu Stipulationen vermocht worden sei, welche ganz dazu geeignet wären, die Besorgnisse, daß dessen Einfluß im Mittelmeer sich vermehren würde, verschwinden zu lassen.

Diese Vorteile hätten Ihn nach reiflicher Erwägung, zu dem Eingehen in jene Vereinbarung, welche er im ersten Augenblick wohl etwas anders beurteilt habe, bewogen, Englands Abneigung aber, gegen ein Uebereinkommen der Art mit allen Verbündeten die Zuziehung derselben damals unmöglich gemacht.

Mit einer gewissen Selbstzufriedenheit, ganz in der Art, wie tages vorher Graf Nesselrode mir dieselbe Aeußerung gemacht hatte, fügte der Kaiser hinzu, daß eben — um dieser Vorteile willen — das anfangs so sehr getadelte Protokoll gegenwärtig doch der einzige Anhalt sei, den man habe, so wie denn auch sämtliche Verbündete an die darin enthaltenen Stipulationen teilweise wenigstens appellirten und die Aufrechterhaltung derselben begehrten.

Auf diese Weise, meinte der Kaiser, dürfe man für den Fall, daß der Krieg unvermeidlich sein solle, wegen der möglichen Folgen desselben doch ziemlich sich beruhigt finden, und eben, um es völlig sein zu können, habe Er den Vorschlag eines Vertrages für sämtliche Alliirte gemacht, in welchem die bündigste Stipulation über diesen Punkt enthalten sei! Er und auch England — wie Er glaube überzeugt sein zu können — dächten nicht an besondere Vorteile, die sie bei dieser Gelegenheit für sich erringen wollten, wohl aber habe Oesterreich für den möglichen Fall, daß der Krieg die Auflösung des türkischen Reichs herbeiführen könnte, auf die Notwendigkeit sich auch hierüber zu verständigen, hingedeutet, von seinem zu stellenden Kontingent gesprochen u. s. w. Es sei zweckmäßig und ratsam von Aeußerungen der Art, die den Leuten manchmal wider Willen entschlüpften, für künftige

Fälle Notiz und Akt zu nehmen. — Die Erhaltung der Allianz und Gleichförmigkeit der Prinzipien in derselben sei Sein aufrichtiger Wunsch und Wille, aber es könne doch unmöglich gefordert werden, daß dieses immer nur nach Oesterreichs Ansichten verwirklicht werde.

Ich glaube hierbei alleruntertänigst bemerken zu müssen, daß der Kaiser diese letzteren Aeußerungen mit vielem Ernste und großer Lebhaftigkeit vortrug und, daß Graf Nesselrode bei der Unterredung, die wir den Tag vorher miteinander hatten, die nämliche Beschwerde über Oesterreichs fortbestehende Anmaßung, für die Wirksamkeit der Allianz stets nur seine Wünsche und Ansichten gelten lassen zu wollen, und zugleich auch dieselbe Rüge vorbrachte, daß gerade Oesterreich, wenn sein Vorteil dabei im Spiele sei, die nämlichen Prinzipien sehr leicht zu behandeln sich erlaube, deren Unverletzbarkeit es bei anderen Gelegenheiten, als die erste Rücksicht darstelle, welcher alle übrigen weichen müßten.

Der Kaiser fügte seinerseits diese Bemerkung noch hinzu, daß, indem Er sich zu dem Wunsche Oesterreichs, die aus Neapel zurückgezogenen Truppen in Oberitalien stehen zu lassen, beistimmend erklärt habe, Er dies keineswegs aus Wohlgefallen an dieser Maßregel an und für sich, sondern eben infolge Seines Wunsches: die Allianz stets in Uebereinstimmung mit sich selbst handeln zu sehen, gethan und daher auch diesen Entschluß des österreichischen Kabinets als einen für das allgemeine Wohl vorteilhaften dargestellt habe.

Der Kaiser äußerte: daß Herr Canning dem Fürsten Lieven versprochen habe — gleich nach Wiedereröffnung des Parlaments und sobald als möglich — die griechische Angelegenheit auf ihm vorzunehmen, und Graf Nesselrode erwartet des Fürsten Berichte hierüber gegen den 25. (13.) d. M.

Der Kaiser stellt übrigens den nunmehrigen Premier-Minister von England nicht eben höher, als dessen wirklicher Wert es verdienen möchte, indessen rühmt Er die gute Art, mit welcher Herr Canning Seine (des Kaisers) ohne Rückhalt ausgesprochenen Ansichten aufnehme und sich sogar dafür verpflichtet erkläre. Auch rechnet Er viel auf das persönliche gute Vernehmen zwischen dem Fürsten Lieven und Herrn Canning, von dem Er zwar nicht wisse, auf welche Art es sich gebildet habe — allein das wirklich bestehe.

Von einem solchen aufrichtigen Eingehen und wirklichen Vorschreiten in mehr oder minderm Maße von seiten Englands dürfte indessen am Ende doch immer noch alles abhängen.

Ohne dem Urteil Ew. Königl. Majestät im mindesten vorgreifen zu wollen, glaube ich meine unmaßgebliche Meinung äußern zu müssen, daß — wäre Kaiser Nikolaus fest entschlossen, unter allen Voraussetzungen, selbst also unter der: England dabei sich gegenüber stehen zu sehen, die griechische Angelegenheit zu Ende zu bringen — Er wahrscheinlich jede Art von Explikation und Rechtfertigung des Ganges, den Er in politischer Hinsicht befolgt hat, verschmähen würde.

Dagegen glaube ich nun zwar auch, oder bin vielmehr überzeugt, daß wenn das englische Gouvernement geradezu abspringen und auf diese

Weise die bestimmte Absicht kundgeben würde, die von Rußland in Ackermann errungenen Vorteile ihm zu verkümmern oder ganz wieder zu entreißen — Kaiser Nikolaus alsdann von keiner Rücksicht Sich abhalten lassen und Europa einen Streit sich entzünden sehen würde, dessen Ausgang niemand im voraus berechnen könnte.

Ich hoffe aber mit vielem Vertrauen, daß die eben aufgestellte Voraussetzung nicht eintreten, sondern Herr Canning seinem Götzen, seiner Popularität, das Opfer bringen wird, in seinem Innern die Kränkung zu verwinden, daß Rußland in dieser Angelegenheit über ihn, nicht er über Rußland den Sieg davon getragen habe, und daß er hierbei mit den kommunikatorischen Maßregeln einstweilen zu weit vorschreiten und zu sehr sich darin verwickeln werde, um für die Erörterung der Frage: wie weit dieselben zur Ausführung gebracht werden sollen, demnächst noch die nötige Zeit finden und die erforderliche Freiheit bewahren zu können." — —

Aus einem eigenhändigen Schreiben Bülows an Bernstorff.
London, 8. Juni 1827.

— — „Ew. Excellenz werden mir vielleicht zürnen, weil ich nicht aufgehört habe in der orientalischen Frage Ansichten zu folgen, welche Sie nicht zu teilen scheinen. Ich muß dies um so mehr vermuten, als Ew. Excellenz mir unter dem 15. v. M. gütigst bemerkt haben, daß der Fall bestimmt in meinen Instruktionen vorausgesehen sei, für welchen ich noch die Befehle des Königs kennen zu lernen gewünscht. Diese Aeußerung kann sich nur auf dasjenige beziehen, was Ew. Excellenz dem Herrn von Werther unter dem 7. April geantwortet haben und mir derselbe, befehlsmäßig, abschriftlich mitgeteilt hat. In jener Antwort steht nun allerdings, daß ich nicht ermächtigt werden könne, abgesehen von den Entschlüssen des österreichischen Hofes den Beitritt Preußens zum Vertrage zu erklären, und insofern räume ich gern ein, daß der vorgesehene Fall eingetreten war. Allein da Ew. Excellenz gleichzeitig bemerkt haben, daß Sie eine Triple-Allianz zwischen Rußland, Frankreich und England als ein großes Unglück betrachten würden und Preußen ungern von dem in London zu unterhandelnden Vertrage ausgeschlossen sehen möchten — ja, da Se. Majestät der König mir persönlich, am Abend vor meiner Abreise, die Erhaltung der Allianz als das Ziel meines Strebens bezeichnet hatte, so konnte und durfte ich nicht glauben, daß mir dasjenige Mittel entzogen werden würde, was ganz oder größtenteils zur Erreichung dieses Zweckes geführt haben dürfte.

Von diesem Gesichtspunkte aus habe ich hier zu wirken gesucht und ich konnte daher auch nicht Anstand nehmen, mich pflichtmäßig in diesem Sinne gegen Se. Majestät den König auszusprechen.

Ich bin jedoch weit entfernt, meine Ansichten als unfehlbar zu betrachten und mir eine Beurteilung anzumaßen, die mir nicht zukommt. Wenn Ew. Excellenz daher, wie ich unter den gegenwärtigen Umständen voraussetzen zu müssen glaube, beschlossen haben sollten, dem Beispiele

Oesterreichs zu folgen und dem Vertrage nicht beizutreten, so können Ew. Excellenz sich überzeugt halten, daß ich, wie sehr ich auch nach meinen Ansichten diesen Schritt bedauern muß, doch nur darauf bedacht sein werde, Ew. Excellenz mir geschenktes Vertrauen zu rechtfertigen und alles anzubieten, was zum besten des königlichen Dienstes führen dürfte." —

Immediatbericht Bernstorffs an den König. Berlin, 10. Juni 1827 (vollständig)*).

An Se. Majestät den König.

Ew. Königl. Majestät habe ich bereits den von der französischen Regierung anhero mitgeteilten Entwurf des zu London in Bezug auf die orientalische Angelegenheit unterhandelten Vertrages**) mit dem unterthänigsten Bemerken vorgelegt, daß der Graf von St. Priest sich noch vorbehalten habe, mir in Bezug auf diese Mitteilung nachträglich eine Note zu übergeben. Dieser Gesandte hat mir indessen, nach näherer Ueberlegung, jetzt erklärt, daß er es, da er zur Uebergabe einer Note nicht förmlich angewiesen sei, für angemessener halte, sich auf die mündliche Eröffnung zu beschränken, daß seine Regierung durch diese Mitteilung eine Pflicht zu erfüllen glaube, und daß ihr Wunsch, daß Ew. Königl. Majestät sich entschließen mögen, dem zu unterzeichnenden Vertrage beizutreten, noch in seiner ganzen früheren Lebhaftigkeit obwalte. Der französische Hof hat seinerseits kein Bedenken getragen, sich zur Annahme dieses Entwurfs bereit zu erklären und, nur um sein früher freiwillig gegebenes Versprechen zu erfüllen, denselben vor der wirklichen Unterzeichnung Preußen und Oesterreich mit dem Anheimstellen, solchem ebenfalls beizutreten, vorlegen zu müssen geglaubt.

Der Wunsch, diesen Beitritt zu erlangen, liegt gewiß umsomehr in den Wünschen der französischen Regierung, als der erste Vorschlag zu einem solchen Vertrage von ihr ausgegangen ist und ihr Zweck dabei keineswegs auf eine einseitige oder partielle Vereinbarung unter den alliirten Mächten gerichtet und ausgesprochen war.

Die Frage, ob Ew. Königl. Majestät Sich zu diesem Beitritte zu entschließen haben, scheint mir unter einer dreifachen Beziehung beleuchtet werden zu müssen, wesentlich 1) in Rücksicht auf Würde und Konsequenz, 2) in Hinsicht der allgemeinen politischen Verhältnisse, und 3) aus dem Gesichtspunkte der besonderen Beziehungen Preußens zu den einzelnen beteiligten Mächten.

I.

Ew. Königl. Majestät geruhten unter dem 13. Januar mich allergnädigst zu ermächtigen, dem Grafen v. St. Priest, in Bezug auf den von dem französischen Hofe gemachten Vorschlag, behufs einer erschöpfen-

---

*) Siehe S. 67.
**) „Projet de traité."

den Verständigung zwischen den fünf verbündeten Mächten, die am 4. April v. J. zwischen Rußland und England getroffene Protokoll=Vereinbarung in einen förmlichen Vertrag zwischen jenen fünf Mächten zu verwandeln: zu erkennen zu geben, daß, wofern die andern alliirten Höfe diesen Vorschlag anzunehmen sich geneigt finden lassen sollten, auch Allerhöchstdieselben kein Bedenken finden würden, demselben beizutreten. In dem Sinne dieser solchergestalt bedingten Erklärung sind auch alle über diesen Gegenstand an die übrigen alliirten Höfe gemachten Mitteilungen abgefaßt worden, und dieselben haben auch nicht anders als mit allen früheren Erklärungen Ew. Königl. Majestät übereinstimmen können. Denn da Preußen bei dem griechischen Insurrektions=Kriege nicht unmittelbar beteiligt und durch die nächsten Folgen desselben nicht berührt worden ist, und da überdem von einer Teilnahme Preußens an — behufs der Beendigung dieses Krieges zu treffenden — materiellen Maßregeln nie hat die Rede sein können, so ist Ew. Königl. Majestät Mitwirkung zu diesem Zwecke auch, vom ersten Anbeginn der Unruhen im Oriente an, immer nur in Bezug auf Allerhöchstdero Eigenschaft eines Mitgliedes der großen europäischen Allianz in Anspruch genommen worden. Nun aber liegt es offenbar in dem ersten Begriff dieser Allianz, daß dieselbe nur so lange eine ihrer Natur, ihrem Wesen und ihrem Zwecke entsprechende Wirksamkeit haben könne, als sie in ihrer Gesamtheit antritt und in ungetheilter Kraft und Einheit handelt. Von dieser Ansicht ausgehend haben Ew. Königl. Majestät auch schon unter dem 4. Januar d. J. den Entwurf einer Note an den hiesigen russischen Gesandten zu genehmigen geruht, in welcher Allerhöchstdero Mitwirkung zur Ausführung der von Rußland und England inbezug auf Griechenland in Vorschlag gebrachten Maßregeln von der Bedingung abhängig gemacht wurde, daß sich keine der alliirten Mächte davon ausschließe. Gleicherweise ermächtigten Ew. Königl. Majestät mich unter dem 19. Februar d. J., dem russischen Hofe Allerhöchstdero Einverständniß mit dessen neueren Vorschlägen in betreff des abzuschließenden Vertrages unter der Voraussetzung zu erkennen zu geben, daß solchen auch die Zustimmung der übrigen alliirten Höfe zu teil werde. Nicht minder haben Ew. Königl. Majestät unter dem 30. März d. J. die in meinem alleruntertänigsten Bericht vom 29. desselben Monats ausgesprochenen, den dem Gesandten v. Bülow erteilten Instruktionen zum Grunde gelegten, auf dieselben Zwecke gerichteten und durch dieselben Voraussetzungen bedingten Ansichten huldreichst zu genehmigen geruht. Es hat mithin bis jetzt in sämmtlichen im Ew. Königl. Majestät Namen und auf Allerhöchstdero Befehl abgegebenen Erklärungen und erteilten Anweisungen ein durchaus folgerechter Zusammenhang stattgefunden, und es fragt sich mithin heute nicht sowohl, nach welchen Ansichten Ew. Königl. Majestät Ihren Beschluß zu fassen haben, als ob hinreichende Gründe vorhanden sind, um einen längst gefaßten und nach allen Seiten hin offen ausgesprochenen Beschluß in dem entscheidenden und längst vorausgesehenen Augenblicke aufzugeben. Gründe dieser Art scheinen mir nicht vorhanden

zu sein. Die Umstände haben sich nicht wesentlich verändert: dieselben
Motive, welche Ew. Königl. Majestät Ansichten und Beschlüsse bisher be=
stimmt haben, liegen noch in ungeschwächter Kraft vor, und es vereinigen
sich daher in meinen Augen alle Rücksichten der Würde und der Konsequenz
dahin, Allerhöchstdenselben anzuraten, Sich in der von Ihnen angenommenen
Stellung fernerhin selbständig und unerschütterlich zu behaupten.

II.

Kommt es nun zweitens auf die Entscheidung der Frage an, in
welcher Beziehung der von Ew. Königl. Majestät zu fassende Beschluß zu
den allgemeinen politischen Verhältnissen des gegenwärtigen Augenblickes
steht, so erlaube ich mir nachstehende allerunterthänigste Bemerkungen.

Allerhöchstdieselben sind bis jetzt von dem doppelten Gesichtspunkte
ausgegangen, daß einerseits alle Rücksichten der Politik, der Religion und
der Menschlichkeit Sie zu vermögen geeignet seien, Sich mit dem auf die
Beendigung der Unruhen im Oriente gerichteten Zweck des hier in Rede
stehenden Vertrages einverstanden zu erklären und zur Erreichung desselben
auf jede angemessene Weise mitzuwirken, daß andererseits aber eine förm=
liche und öffentliche, jedoch der Einhelligkeit entbehrende Vereinbarung
unter den verbündeten Mächten, welche die Allianz in den Augen Europas
als getheilt oder verstümmelt hinstellen würde, nur Unheil bringend sein,
die Auflösung der großen so lange segensreichen Verbindung vorbereiten
und derselben in der öffentlichen Meinung sofort alles Ansehen und die
letzte Kraft rauben würde. Wie der Beitritt Preußens zu einem solchen
Vertrage die als unausbleiblich vorauszusehenden Folgen desselben noch
verschlimmern müsse, habe ich zu entwickeln mir schon in meinem Ew.
Königl. Majestät vorliegenden allerunterthänigsten Berichte vom 12. v. M.
erlaubt. Diese Folgen müssen in der That um so bedeutender erscheinen,
als ein solcher vierseitiger Vertrag Oesterreich in den Augen
der Welt als aus der Allianz ausgestoßen oder ausgeschieden
und gewissermaßen als den offenen oder heimlichen Bundes=
genossen der ottomanischen Pforte hinstellen würde. Wogegen
ein nur die drei Hauptseemächte umfassender Vertrag sich um so eher wird
als eine weniger das Gesamt=Interesse der Allianz dem gewisse besondere
Zwecke einiger der Alliirten betreffende Vereinbarung darstellen lassen,
als unter den verabredeten Maßregeln die Vereinigung einer bedeutenden
Seemacht im Archipelagus unstreitig als die erheblichste und entscheidenste
werden muß.

Andererseits fällt es, meines unterthänigsten Bedünkens, in die Augen,
daß der Beitritt Preußens hinsichtlich des Zweckes und des Erfolges des
abzuschließenden Vertrages ohne irgend eine wesentliche Wirkung bleiben
würde. Denn nach den letzten Erklärungen Oesterreichs und bei der festen
und bestimmten Stellung, welche diese Macht in Beziehung auf diese An=
gelegenheit genommen hat, würde es eine durchaus freiwillige Täuschung
sein, wenn man noch der Voraussetzung Raum geben wollte, daß Preußens
Beispiel darin auf die Beschlüsse des österreichischen Hofes wirken könne.

Was die bei der Unterhandlung des Vertrages leitenden Grundsätze und vorherrschenden Absichten betrifft, so haben Ew. Königl. Majestät nicht nur Sich bereits bei früheren Veranlassungen damit unbedingt einverstanden erklärt, sondern denselben Allerhöchstdero Unterstützung auf die unzweideutigste Weise angedeihen lassen. Kräftiger und eindringender als die Vorstellungen, welche Ew. Königl. Majestät Gesandter zu Konstantinopel zu Gunsten der gewünschten Ausgleichung der griechischen Angelegenheiten hat an die ottomanische Pforte gelangen lassen, sind derer von keiner Seite gemacht worden, und dieser Gesandte ist längst angewiesen, in gleicher Art zu verfahren, so oft sich ihm eine dazu geeignete Veranlassung darbieten sollte. Es kann demnach dasjenige, was die den in Rede stehenden Vertrag abschließenden Mächte sich in Beziehung auf den Zweck desselben von Preußens Beitritt zu versprechen hätten, schon als wesentlich erfüllt angesehen werden, und es darf daher auf keine Weise behauptet werden, daß die Versagung eines förmlichen Beitritts diesen Zweck zu gefährden oder zu vereiteln in irgend einer Beziehung würde beitragen können.

III.

Ich gehe zum dritten Teil meines ehrfurchtsvollen Vortrages, nämlich zur Erörterung der Frage über: in welcher Art der von Ew. Königl. Majestät zu fassende Beschluß auf Allerhöchstdero besondere Verhältnisse zu jeder der bei dieser Angelegenheit beteiligten Mächte voraussichtlich wird zurückwirken können oder müssen.

Ich muß mir dabei zuförderst die alleruntertänigste Bemerkung erlauben, daß, so oft in Beziehung auf Gegenstände von ungewöhnlicher Wichtigkeit die Zwecke und Interessen der ersten Bundesgenossen Ew. Königl. Majestät wesentlich auseinandergehen, wie es in dem gegenwärtigen Augenblicke namentlich und insbesondere mit Rußland und Oesterreich der Fall ist, für Allerhöchstdieselben unvermeidlich einige nie ganz zu umgehende oder zu beseitigende Schwierigkeiten und Verlegenheiten eintreten. Denn alsdann bleibt nur übrig, entweder einen Mittelweg zu wählen, durch welchen keinem der Teile genüget wird, oder durch die Befriedigung des einen, den anderen wesentlich zu verletzen. Ew. Königl. Majestät haben Sich indessen, was den Gegenstand der gegenwärtigen Spaltung in der Allianz betrifft, nach allen Seiten hin so offen, frei und unbefangen ausgesprochen und die Ihren Erklärungen zu Grunde gelegten Motive so unparteiisch aus der inneren Natur der Verhältnisse allein entnommen, daß durchaus kein gerechter Vorwurf Allerhöchstdieselben treffen kann.

Gegen Frankreich und England walten, meines untertänigsten Erachtens, durchaus keine Rücksichten ob, welche Ew. Königl. Majestät vermögen müßten, von Ihren bisherigen Erklärungen und früher angekündigten Beschlüssen abzuweichen. Die französische Regierung ist bei ihrem ersten etwas leichtsinnig und wenig überlegtem Vorschlage des zu verabredenden und jetzt bis zum Abschlusse gereiften Vertrages von demselben Gesichtspunkte ausgegangen, welchen Ew. Königl. Majestät gefaßt und festgehalten haben. Sie dachte sich nämlich dabei durchaus nur eine einhellige Vereinbarung unter den alliirten Mächten, und hat sie sich nachher zu einer unvollständigen, eine Spaltung unter den Alliirten öffentlich bekundenden Uebereinkunft hinreißen lassen, so rührt solches nur daher, daß sie, ohne selbständige Haltung und von einer Bewegung hingerissen, welche sie weder zu leiten noch aufzuhalten vermag, sich für keinen Preis will von Verabredungen ausschließen lassen, deren Folgen auch ihre Interessen vielfältig berühren und gefährden können. Was dieser Regierung in dem entgegengesetzten Sinne zu sagen sein würde, ist ihr vom ersten Augenblick an erklärt und seitdem bei mehreren Veranlassungen ohne die mindeste Abweichung wiederholt worden und kann sie daher weder überraschen noch verletzen.

Was England betrifft, so scheinen um so weniger Bedenken gegen die Versagung des Beitritts Ew. Königl. Majestät zu dem in London unterhandelten Vertrage stattfinden zu können, als das von der englischen Regierung gegen Preußen und Oesterreich beobachtete rücksichtslose Benehmen unverkennbar die Absicht verraten hat, diese beiden Mächte von der Verhandlung auszuschließen und ihnen höchstens nur den Beitritt zu einem unter den drei andern alliirten Höfen bereits abgeschlossenen Vertrage zu gestatten. Diese Absicht erklärt sich nicht nur durch die allgemeine Abneigung des gegenwärtigen englischen Ministeriums gegen das Wesen und die Formen der großen Allianz, sondern auch durch die Besorgnis desselben, die Unterhandlung durch eine erweiterte Teilnahme daran über die engen Grenzen hinausgeführt zu sehen, innerhalb welcher solche hat gehalten werden müssen, wenn die unverkennbare Verschiedenheit der dabei obwaltenden Zwecke und Motive hat nicht offen an den Tag treten und dadurch jede Möglichkeit eines auch nur äußerlichen Verständnisses vereiteln sollen. Wie dem aber auch sei, so würden, däucht mich, wofern Ew. Königl. Majestät auch geneigt sein sollten, Sich der in Frage stehenden Uebereinkunft anzuschließen, die Gründe dafür doch keinesfalls aus dem Verhältnisse zu England zu entnehmen sein.

Rücksichten ganz anderer Art finden in Beziehung auf Rußland statt. Es ist außer Zweifel, daß der russische Hof einen wahren Wert auf Ew. Königl. Majestät Beitritt legt und es muß allerdings vorausgesehen werden, daß die Verweigerung desselben, wie sehr alle diesseitigen Erklärungen ihn auch darauf vorbereitet haben, ihm empfindlich sein wird und seinerseits leicht einen Ausdruck der Unzufriedenheit veranlassen kann. Allein, ich glaube der Besorgnis nicht Raum geben zu müssen, daß diese Unzufriedenheit, zu der von seiten Ew. Königl. Majestät kein gerechter Grund gegeben worden ist, dauernde Wirkungen hervorbringen oder auf das ganze so befriedigende Verhältnis zwischen den beiden Höfen einen störenden Einfluß gewinnen wird, denn einesteils scheint die Schwäche selbst der Gründe, welche den diesseits ausgesprochenen Bedenklichkeiten von seiten des russischen Kabinets entgegengesetzet worden sind, schon den Beweis zu liefern, daß das Gewicht

dieser Bedenklichkeiten nicht ganz verkannt worden ist, und wenn der Kaiser
von Rußland bei dieser Veranlassung auch wichtige und leicht zu begreifende
Beweggründe gehabt hat, um das Interesse der Allianz seinen besondern
Zwecken unterzuordnen, so ist uns doch in der neueren Zeit bei anderen
Gelegenheiten die beruhigende Ueberzeugung, daß ihm dieses Interesse keines-
wegs fremd ist, und die Hoffnung gewährt worden, daß er sich, wenn die
nächsten und unmittelbarsten Verhältnisse seines Reiches erst nach seinem
Wunsche und nach dem Bedürfnis seiner Politik geordnet sein werden, mehr
und mehr dem System nähern werde, auf welches sein unvergeßlicher Vor-
weser den Ruhm seiner Regierung und die wohlthätige Kraft seines politischen
Einflusses gegründet hat. Andernteils aber würde es, meines unterthänigsten
Dafürhaltens, nicht an Mitteln fehlen, die von der Verweigerung
des Beitritts Ew. Königl. Majestät zu besorgende Wirkung auf
den russischen Hof zu mildern oder durch weniger ungünstige
Eindrücke zu ersetzen. Um eine klare Vorstellung über die Natur und
Anwendung dieser Mittel zu gewinnen, dürfte es vorzüglich darauf ankommen, sich die Ansichten und Motive anschaulich zu machen, welche sich
bei dem Kaiser von Rußland, sowohl in Beziehung auf die gegenwärtigen
Verhandlungen zu London, als auch schon bei der Petersburger Protokoll-
vereinbarung vom 4. April vorigen Jahres als vorherrschend kundgegeben
haben. Der Kaiser von Rußland hat von seiner Thronbesteigung an das
Interesse der Ausgleichung der griechischen Angelegenheiten dem der Feststellung seiner direkten Verhältnisse zu der Pforte unterordnen zu müssen
geglaubt. Diesen letzten Zweck erkannte er als so wichtig, daß er bald zu
der Ueberzeugung gelangte, daß er kein Mittel, auch das äußerste nicht,
scheuen dürfe, um die Erreichung desselben zu sichern. So kam er zu
dem Beschlusse, durch die Gewalt der Waffen zu erzwingen, was er auf
dem Wege der Unterhandlung nicht zu erlangen sehe. Da dieser Beschluß
aber die Besorgnisse und den Einspruch der übrigen europäischen Mächte
zu wecken geeignet war, so mußte es dem Kaiser vor allem darauf ankommen, sich gegen die Gefahr eines Widerstandes von seiten derselben zu
sichern. Dieser Rücksicht vorzüglich hat jene Protokollvereinbarung ihre
Entstehung zu verdanken. Denn so wie es Rußland darum zu thun war,
in Beziehung auf seine Hauptunterhandlung mit der Pforte, besonders
von seiten Englands her, freie Hände zu gewinnen, so legte die englische
Regierung ihrerseits den größten Wert darauf, Rußland für alle Fälle so
zu binden, daß es, wie der Ausgang eines möglichen Krieges zwischen
beiden Reichen auch übrigens sein möge, wenigstens in Beziehung auf
Griechenland, über gewisse feste Verabredungen nicht hinaus gehen könne.
Der Kaiser von Rußland erreichte durch seine kräftigen und peremptorischen
Erklärungen zu Konstantinopel seinen Endzweck auf das vollständigste.
Die ottomanische Pforte fügte sich seinen ersten Forderungen und schloß
späterhin den Vertrag von Ackerman ab. Allein diese Verhandlung war
kaum beendigt, als es der russischen Regierung fühlbar wurde, daß die
dadurch für Rußland gewonnenen wichtigen Resultate noch einer wesentlichen Ergänzung und Sicherheit ermangelten, so lange dem griechischen

Insurrektionskriege nicht ein Ziel gesetzt und dadurch die ungestörte Schiffahrt in das schwarze Meer und aus demselben hergestellt sei. Es wurde mithin eine kräftige Einschreitung zu gunsten der Griechen beschlossen und dabei, nach Maßgabe des Petersburger Protokolls, der Vermittelungsvorschlag Englands zum Grunde gelegt. Rußland ging dabei wieder von seinen früheren, ihm durch seine neuesten Erfahrungen nur noch mehr bewährten Ansicht aus, daß die Nachgiebigkeit der Pforte nur durch die derselben gegebene Ueberzeugung einer nahen und unmittelbar drohenden Gefahr erzwungen werden könne. Allein diese Ansicht hat die englische Regierung nie in ihrem ganzen Umfange teilen wollen oder können. Dieselbe hat sich vielmehr offenbar mit der täuschenden Hoffnung geschmeichelt, auf dem Wege einer friedlichen Vermittelung zum Ziele zu gelangen. Ein offener Bruch mit der Pforte hat von Anfang an so wenig in ihren Zwecken gelegen, als solcher ihrem Interesse entsprechen würde. Der Kaiser von Rußland wünscht zwar auch diesen Bruch nicht, allein er will die Erfüllung des Zweckes, nach dem er strebt, um jeden Preis, mithin auch auf die Gefahr des Krieges, und er hat das Gefühl, schon viel zu weit vorgeschritten zu sein, um noch, ohne seine Ehre aufs Spiel zu setzen, zurückweichen zu können. So würde es sich zur Genüge erklären lassen, wie die beteiligten Mächte auch in die zu London eröffnete Unterhandlung ganz verschiedene Motive und Zwecke bringen mußten, auch wenn diese Verschiedenheit sich nicht im Gange der Unterhandlung vielfach verraten und ausgesprochen hätte. Rußland will anscheinlich eine kräftige und unbedingte Durchführung des vorgesetzten Zweckes — und zwar im äußersten Falle mit oder ohne seine Alliirten, auf dem Wege der Unterhandlung oder der offenen Gewalt — geht dabei aber noch mit großer Vorsicht zu Werke, um der englischen Regierung keinen Vorwand zu geben, von der Basis des Petersburger Protokolls abzuspringen und ihren Bestrebungen eine andere, vielleicht den Absichten Rußlands entgegenlaufende Richtung zu geben. England verkennt diese Absichten nicht und verhehlt sich gewiß auch nicht die Gefahr, durch den abzuschließenden Vertrag über sein Interesse und seine wahren Zwecke hinausgezogen zu werden; allein es kommt ihm offenbar noch bedenklicher vor, den Kaiser von Rußland seinen eigenen Weg gehen zu lassen und sich dadurch der Gefahr auszusetzen, entweder denselben als alleinigen Schiedsrichter des Orients anzuerkennen, oder, nach Erfordernis der Umstände, in offenem Widerstande gegen ihn auftreten zu müssen. Bei der französischen Regierung herrscht zwar, wie schon oben ehrfurchtsvoll bemerkt worden, eigentlich nur das eine Interesse vor, in keinem Falle und unter keiner Bedingung den zwischen England und Rußland zu treffenden Verabredungen fremd und davon ausgeschlossen zu bleiben; dennoch aber giebt dieselbe gern zu verstehen, daß der beabsichtigte Vertrag insofern einen bedeutenden Wert erhalte, als er dem türkischen Reiche für die Zukunft eine neue Sicherheit gegen Rußland gewähre, und unter dieser Beziehung kann der von Frankreich und England mit Rußland abzuschließende Vertrag gewissermaßen als eine geheime Verbindung dieser beiden Mächte gegen Rußland angesehen werden. Auch trägt derselbe, wie er Ew. Königl. Majestät im Entwurfe vorliegt, ganz das Gepräge dessen, was er unter solchen Umständen werden mußte, nämlich eines Werkzeuges, dazu bestimmt, äußerlich zu vereinigen und zu binden, was in seinem Innern getrennt und, wo nicht schon in Zwiespalt verfallen, doch nach den verschiedenartigsten Richtungen auseinandergehend ist. Wenn es nun aber, nach der obigen Darstellung wahr ist, daß es dem Kaiser von Rußland vorzugsweise darauf ankommt, seine bisherige Handlungsweise gebilligt, die Gültigkeit und Dringlichkeit seiner Beweggründe anerkannt und seine ferneren Zwecke gegen Widerspruch sichergestellt zu sehen, so glaube ich mit Zuversicht voraussetzen zu dürfen, daß eine ihm in dieser Hinsicht volle Befriedigung gewährende Erklärung Ew. Königl. Majestät dem von der Versagung Ihres Beitritts zu dem in London abzuschließenden Vertrage etwa zu besorgenden ungünstigen Eindrücken hinreichend vorbauen oder entgegenwirken und diesem Monarchen die Ueberzeugung zu gewähren geeignet sein würde, daß er zuletzt nur von seiten Preußens allein auf ein vollständiges Einverständnis mit ihm und auf eine reine Zustimmung für seine Absichten und Zwecke zu rechnen habe. Eine solche Erklärung aber dürfte um so unbedenklicher sein, als der Gang und das Verfahren des Kaisers von Rußland in Bezug auf Griechenland wirklich als ihm durch die unverkennbarsten Interessen seines Reichs und durch die dringendsten Bedürfnisse seiner Lage geboten und als völlig folgerecht angesehen und anerkannt werden zu müssen scheinen, und ich würde mir von dieser Erklärung umsomehr Erfolg versprechen zu dürfen glauben, als der hiesige russische Gesandte mir, selbst in den Augenblicken, wo er den Wunsch des Beitritts Ew. Königl. Majestät zu der in London unterhandelten Uebereinkunft am lebhaftesten aussprach, noch wiederholt und unaufgefordert zu erkennen gegeben hat, daß mehr Wert noch als dieser förmliche Beitritt in den Augen seines Hofes eine ihm von seiten Preußens erteilte offene und rückhaltlose Anerkennung und Billigung der Grundsätze und Zwecke, nach welchen derselbe bisher gehandelt, haben würde.

Was endlich Oesterreich betrifft, so sind Ew. Königl. Majestät gegen dasselbe keine Art von Verbindlichkeit eingegangen. Sie haben gegen diese Macht dieselbe offene und freie Sprache geführt, dieselbe unbefangene Stellung wie gegen die andern alle eingenommen und behauptet. Die seit einigen Jahren zwischen den beiden Höfen über die in Bezug auf Griechenland zu ergreifenden Maßregeln eingetretene Verschiedenheit der Ansichten und Meinungen waltet noch in derselben Art ob. Auch hat Oesterreich seine Abneigung gegen die Teilnahme an dem Abschlusse des zu London unterhandelten Vertrages durchaus der innern Natur desselben entnommene Gründe zu rechtfertigen versucht, wogegen Ew. Königl. Majestät die Allerhöchstdero Beitritt entgegenstehenden Bedenklichkeiten nur aus der Form des Vertrages und der davon zu besorgenden Rückwirkung auf die große Allianz geschöpft haben. Nichtsdestoweniger hat der österreichische Hof in dem von Ew. Königl. Majestät ausgesprochenen Beschlusse allerdings eine natürliche Befriedigung und gewissermaßen auch eine Stütze für das von ihm befolgte, wenn auch in seiner Grundlage und seiner Entwickelung davon völlig unabhängige System gefunden, und wenn Allerhöchstdieselben auch durch die Zurücknahme dieses Beschlusses keine gegen Oesterreich eingegangene Verpflichtung brechen würden, so dürfte diese Macht darin doch eine Inkonsequenz finden wollen, die sie, da ihr Interesse dadurch verletzt werden würde, schwerlich möchte ungerügt lassen. Uebrigens ist nicht zu verkennen, daß eine namens Ew. Königl. Majestät unumwunden ausgesprochene Zustimmung zu den Grundsätzen, welche den Kaiser von Rußland in dieser ganzen Angelegenheit geleitet haben und auch dem gegenwärtig in Rede stehenden Vertrage zur Basis gegeben worden, für Oesterreich gewissermaßen noch empfindlicher als selbst der Beitritt Preußens zu diesem Vertrage sein wird. Allein, da eine solche Zustimmung mit allen früheren Aeußerungen und Erklärungen Preußens durchaus übereinstimmen würde, so würde einem Vorwurfe darüber entweder nicht entgegenzuziehen oder doch leicht zu begegnen sein. Nach der vorstehenden Darstellung und Entwickelung der bei der vorliegenden wichtigen Frage zu berücksichtigenden Verhältnisse würden sich, meines alleruntertänigsten Dafürhaltens, alle Gründe dahin vereinigen, Ew. Königl. Majestät zu vermögen, Ihren Beitritt zu dem in London abzuschließenden Vertrage abzulehnen oder vielmehr noch einmal, und mit Bezug auf die darüber früher gemachten Erklärungen, an die Bedingung zu knüpfen, daß solcher als eine Vereinbarung unter den sämtlichen alliirten Mächten erscheine und in Wirksamkeit trete. Es dürfte jedoch angemessen sein, der Mitteilung dieses Beschlusses die ausdrückliche Erklärung beizufügen, daß Ew. Königl. Majestät gegen den Inhalt des Vertrages durchaus nichts einzuwenden hätten, daß Sie Sich vielmehr die Grundsätze, aus welchen solcher hervorgegangen und den Zweck, auf den er gerichtet, völlig aneigneten, daß Allerhöchstdieselben auf diese Weise der Vereinbarung unter den drei kontrahirenden Mächten, zwar nicht der Form, wohl aber dem Wesen und der Wirkung nach beitreten würden, und daß Sie demgemäß so bereitwillig als entschlossen seien, Ihrem Gesandten zu Konstantinopel den bestimmtesten Befehl zugehen zu lassen, den zur Ausführung des Vertrages bei der ottomanischen Pforte zu thuenden Schritten jede Unterstützung zu gewähren, welche die Botschafter oder Gesandten der drei Mächte möchten für ihren Zweck als ersprießlich oder wünschenswert erachten.

Diese Erklärung dürfte alsdann dem russischen Hofe mit dem Beifügen mitzuteilen sein, daß Ew. Königl. Majestät, weit entfernt, die Beweggründe zu verkennen, welche den Kaiser von Rußland bestimmt hätten, bei der Pforte auf die Wiederherstellung der Ruhe in Griechenland als auf eine unerläßliche Notwendigkeit zu dringen und auf dieser Forderung kräftig und unwiderruflich zu bestehen, solchen vielmehr Ihren ungeteilten Beifall gewährten, und, daß, welchen Ausfall diese Angelegenheit auch gewinne, und selbst in dem vielleicht nicht ganz unwahrscheinlichen Falle, wo die Interessen der dabei beteiligten Mächte sich trennen sollten, der Kaiser seinen ersten Bundesgenossen auf keiner anderen Linie als der seinigen sehen werde.

Da die französische Regierung, wiewohl sie auf den Beitritt Preußens und Oesterreichs nicht rechnet und ihre Teilnahme an dem Abschlusse des unterhandelten Vertrages davon nicht abhängig macht, doch durch die Mitteilung des Vertragsentwurfes an jene beiden Mächte und durch die Aussetzung der wirklichen Unterzeichnung bis nach erfolgter Antwort derselben eine Zartheit und Worttreue bewiesen hat, welche einen erfreulichen Gegensatz zu dem rücksichtslosen und zurückstoßenden Benehmen der englischen Regierung bildet, so möchte diese Aufmerksamkeit eine ausdrückliche Anerkennung verdienen.

Indem ich Ew. Königl. Majestät diese Ansichten zu Allerhöchstdero gnädigster Prüfung und Entscheidung vorzulegen mir zur Pflicht mache, sehe ich Ihren Befehlen darüber in tiefer Unterthänigkeit entgegen.

Bernstorff.

Kabinetschreiben (Albrecht) an Bernstorff. Potsdam, 14. Juni 1827.

Der König habe alle Anträge von Bernstorff in dem Immediatbericht vom 10. Juni genehmigt:

„Allerhöchstdieselben besorgen indessen, daß im großen europäischen Publikum aus dem Zurücktreten der beiden Mächte, Preußen und Oesterreich die Meinung aufkommen möchte, als ob dadurch die Allianz der fünf großen Mächte gebrochen sei, und es scheint Sr. Majestät deshalb angemessen, einen Artikel für die Staatszeitung zu redigieren, der dem Aufkommen dieser Meinung entgegenwirkt. Ob dieser Artikel jetzt gleich oder späterhin einzurücken sei, soll Ew. Excellenz hochgeneigtem Ermessen überlassen bleiben.

Außerdem wollen Se. Majestät höchsteigenhändig über diese Angelegenheit an des Kaisers von Rußland Majestät schreiben, in Beziehung auf die Aeußerungen, welche Ew. Excellenz durch die königliche Gesandtschaft an das kaiserliche Kabinetsministerium werden gelangen lassen und ich soll deshalb bitten, ein solches Schreiben hochgefälligst entwerfen und an des Königs Majestät gelangen lassen zu wollen."*)

Aus dem Bericht Küsters an den König. Nr. 35. Petersburg, 20. (8.) Juni 1827.

Der kaiserliche Staatssekretär hatte schon früher eine Gelegenheit wahrgenommen, mir zu sagen, wie der Vertrag mit England und Frankreich so gut als abgeschlossen sei, er aber auch leider immer mehr die Hoffnung verlieren müsse, Oesterreich demselben beitreten zu sehen. Er fragte mich, was, im Falle der Wiener Hof wirklich nicht den Vertrag mit unterzeichnen wolle, Ew. Königl. Majestät höchster Hof thun werde. Ich erwiderte dem Grafen von Nesselrode, daß die von ihm gemachte

---

*) Das nach dem Entwurf von Bernstorff abgefaßte Schreiben des Königs trägt den Datum vom 19. Juni 1827. Es enthält die (S. 300: Zeile 36—46) von Bernstorff in seinem Immediatbericht vom 10. Juni gebrauchten Wendungen zur Beschwichtigung Rußlands.

Voraussetzung in gewisser Hinsicht eine neue Wendung der Sache in sich schließe, bei welcher ich nicht mit Gewißheit voraussetzen könne, welche definitiven Beschlüsse mein höchster Hof fassen werde.

Da mir indessen die Ansichten und Beweggründe, welche seither die Politik Preußens in der griechischen Sache geleitet haben, hinlänglich bekannt sind, und mir von Ew. Königl. Majestät Kabinetsminister anempfohlen worden war, dieselben gegen das hiesige Kabinet offen und unverhohlen auszusprechen, so glaubte ich — bei dieser und mehreren sich mir später darbietenden Gelegenheiten — keinen Anstand nehmen zu dürfen, dem Grafen Nesselrode zu versichern, daß Preußen den Ansichten und Zwecken des Kaisers Nikolaus alle Gerechtigkeit widerfahren lasse, daß es erkenne, wie sehr für Rußland die Beruhigung des Orients nicht nur zu wünschen, sondern sogar ein Bedürfnis sei, daß Preußen die Pazifikation Griechenlands selbst aufrichtig wünsche, daß ihm aber eben so sehr und noch dringender die Aufrechterhaltung der Allianz am Herzen liege, daß deren Bestehen bei der gegenwärtigen Lage der Dinge in Europa ihm nötiger als je scheine, und daß die orientalische Angelegenheit eine vortreffliche Gelegenheit darbiete, der Welt zu zeigen, daß die Allianz, des entgegengesetzten Geschreies der Jakobiner aller Länder ungeachtet, wo es darauf ankomme, noch recht kräftig da stehe. Ich habe dem Grafen Nesselrode auch nicht verhehlt, daß Preußen in diesem Sinne — namentlich in Wien, alles zu thun gesucht habe, was eine Vereinigung zwischen den fünf Mächten hätte herbeiführen können. Ebensowenig habe ich Anstand genommen, dem kaiserlichen Staatssekretär, als er hiernach noch einmal auf seine vorige Frage zurückkam, zu erwidern, daß nach den Grundsätzen, welche mein höchster Hof in der orientalischen Angelegenheit unausgesetzt befolgt habe, ich zwar für gewiß annehmen dürfe, daß derselbe mit den Absichten und Zwecken des kaiserlichen Hofes sich völlig einverstanden erklären werde, ich aber eben jenen Grundsätzen nach wohl Zweifel hegen müsse, ob es demselben möglich sein werde, sich dem mit England und Frankreich abgeschlossenen Vertrage förmlich anzuschließen, wenn derselbe nicht alle fünf Mächte umfasse. Ich habe hinzugefügt, und auch noch bei anderen Gelegenheiten mit möglichstem Nachdruck hervorzuheben gesucht, daß Preußen durch kein besonderes Versprechen oder durch Verabredungen irgend einer Art an Oesterreich und dessen Entschließungen gehalten sei, daß er aber die Existenz der Allianz und besonders des inniger verbundenen Teiles derselben, welchen Rußland, Preußen und Oesterreich bildeten, vielmehr gefährdet hielt, wenn ein Mitglied derselben — Oesterreich sich von einer gemeinschaftlich verabredeten Maßregel ausschlösse, als wenn ein anderes Mitglied — Rußland — eine dasselbe näher angehende Angelegenheit, ohne Beitritt der beiden anderen, erledige. Der kaiserliche Staatssekretär nahm hiervon Gelegenheit, mir zu beteuern, daß Sr. Majestät dem Kaiser die Aufrechthaltung der Allianz nicht weniger, als irgend einer anderen Macht am Herzen liege, und daß Höchstdieselben eine Spaltung in derselben aufrichtigst bedauern würden, daß man aber doch bei Abschließung der Allianz sich nicht im Voraus an=

heischig gemacht habe, immer nur das zu thun, was Oesterreich wolle, und daß, wenn es jetzt zu einer Spaltung in der Allianz komme, Rußland sich im Voraus vor dem Vorwurfe verwahren müsse, dieselbe herbeigeführt zu haben. Dieser Vorwurf müsse vielmehr die Macht (Oesterreich) treffen, welche von Anfang an in der orientalischen Angelegenheit nichts als Schwierigkeiten aufzufinden und zu erregen gewußt habe, und welche auch jetzt noch, die Lage Rußlands und das nähere Interesse, welches dieses bei der Sache habe, verkennend, durch Subtilitäten und das Streben, seine Ansichten allein geltend zu machen, der Pazifikation des Orients und einem desfallsigen Verständnisse der Alliirten nur hinderlich sei. -

Aus dem Bericht Küsters an den König. Nr. 36. Petersburg, 20. (8.) Juni 1827.
(Ueber eine Unterredung mit La Ferronnays).

— — „So erfolgte denn die Verständigung zwischen Rußland und England, welche ersteres sehr geschickt seinem Ziele, einer kräftigen Einmischung entgegenzuleiten wußte. Zu einem hohen Grade erregte diese Vereinbarung die Aufmerksamkeit Frankreichs und erzeugte bei diesem die bestimmte Besorgnis, daß beide Mächte, bei ihrer Einmischung in die orientalische Angelegenheit weiter geführt, als sie selbst jetzt beabsichtigt, dahin kommen könnten, ihrer dermaligen Erklärungen uneingedenk, Territorialvergrößerungen nicht zu verschmähen und Rußland die Moldau und Wallachei, England für sich Griechenland zu nehmen. — — Darum hat Frankreich Rußland den Vorschlag gemacht, das Protokoll in einen Vertrag zu verwandeln, einen Vorschlag, von dem es vorher wußte, daß er dem kaiserlichen Kabinet angenehm sein würde und es wird auch bei der vorseienden Einschreitung sich möglichst nahe und fest an die beiden Mächte anschließen, eben um sie abzuhalten, weiterzugehen, als es für das übrige Europa wünschenswert sein kann. Diese Gefahr scheint dem französischen Hofe so nahe liegend, daß er in die gegenwärtigen Verabredungen zur Pazifikation Griechenlands eingegangen ist, ungeachtet der voraussichtliche Erfolg derselben dem Interesse Frankreichs völlig entgegen sein wird, indem Englands Einfluß in dem befreiten oder geretteten Griechenland der Natur der Sache nach der vorherrschende sein und sein Uebergewicht in dem mittelländischen Meer noch vermehren wird, dagegen die für Frankreich so wichtigen und fruchtbringenden Verbindungen mit Egypten dadurch wahrscheinlich für immer werden vernichtet werden.

Bernstorff an Küster. Berlin, 20. Juni 1827.

Falls man in Petersburg über den letzten Beschluß Preußens Empfindlichkeit zeigen sollte, empfehle es sich dem gegenüber weder Aengstlichkeit noch Besorgnis an den Tag zu legen, sondern sich mit „der größten Ruhe und zuversichtlichem Vertrauen" zu wappnen.

„Sollten wirklich Vorwürfe gegen uns erhoben und Ew. Excellenz dadurch in unvermeidliche Erörterungen hinein=

gezogen werden, so würden Sie in Erinnerung zu bringen haben, wie freundschaftlich, rücksichtsvoll und entgegenkommend wir uns, in dem ganzen Verlaufe der orientalischen Angelegenheiten, gegen Rußland gestellt und benommen haben; mit welchem Eifer wir zur Verteidigung dieser Macht aufgetreten sind, als die Protokoll-Vereinbarung vom 4. April v. J. derselben die Vorwürfe der übrigen Alliirten zuzog, und wie wir uns unabläßig und bis zu dem gegenwärtigen Augenblicke bestrebt haben, die Ansichten Oesterreichs zu bekämpfen, wo diese den von uns geteilten Zwecken des russischen Hofes entgegenstanden. Wie wenig es auch in unserer Art liegt, eine Handlungsweise geltend machen zu wollen, bei der uns vorzugsweise nur die reinste Ueberzeugung geleitet hat, so dürfen wir doch getrost behaupten, daß wir von seiten Rußlands eher Aeußerungen der Erkenntlichkeit als der Unzufriedenheit sollten erwarten müssen, und es ist unser herzlichster Wunsch, daß es nicht zu bald und zu laut an den Tag komme, wie viel besser wir es mit dieser Macht meinen als die neuen Vertragsgenossen derselben, welche es nur zu wenig hehl haben, wie ihr Zweck bei diesem Vertrage vorzüglich nur dahin gerichtet ist, der Willkür und dem Ehrgeize der russischen Regierung Schranken zu setzen und derselben die ungeteilte Entscheidung und Ordnung der Angelegenheiten des Orients streitig zu machen.

Von allen Vorwürfen, welche gegen uns erhoben werden können, würde keiner grundloser als der eines geheimen Verständnisses mit Oesterreichs sein.

Man hat sich vollkommen geirrt, wenn man uns in dem Verdacht gehabt hat, daß wir dem österreichischen Hofe irgend ein Versprechen erteilt, oder unsern Beitritt zu dem unterhandelten Vertrage diesem Hof zu gefallen von dem seinigen abhängig gemacht hätten. Wenn wir diesen Beitritt an die Bedingung der Einhelligkeit unter den Alliirten knüpften, so gingen wir dabei von höheren und allgemeineren Beweggründen aus und ohne uns zu fragen, auf welchem Wege diese Einhelligkeit zu bewirken, oder von welcher Seite her Widerstand dagegen zu besorgen sei. Wie wenig Uebereinstimmung der Ansichten und Zwecke zwischen uns und Oesterreich obwalte, geht am deutlichsten aus meinem Erlasse an den königlichen Gesandten zu Paris hervor. Oesterreich hat der Abschließung eines gemeinsamen Vertrages nach Möglichkeit entgegenzuwirken, wir haben dieselbe, so weit es von uns abhing, zu befördern gestrebt. Oesterreich hat seine Gründe gegen seinen Beitritt zu diesem Vertrage aus der inneren Natur und Beschaffenheit desselben entnommen, dagegen wir unsere Bedenklichkeiten gegen diesen Beitritt nur an die Form geknüpft haben, welche in diesem so außerordentlichen Falle, in unseren Augen von entscheidenderer Wichtigkeit als der Inhalt des Vertrages selbst ist. Es ist mithin nicht wohl möglich, daß zwei Mächte in bestimmteren Widerspruch treten können, als es Preußen und Oesterreich bei dieser Gelegenheit gethan haben." — — —

Aus dem eigenhändigen Schreiben Bülows an Bernstorff.
London, 28. Juni 1827.

— — „Wenigstens kann ich in Wahrheit sagen, daß dadurch (durch den Nichtbeitritt Preußens zum Traktat) meine amtliche Wirksamkeit hier wesentlich gelähmt worden ist, und ich muß dringend wünschen, daß Ew. Excellenz auf diesen Umstand gefälligst Rücksicht nehmen und nicht meiner Persönlichkeit die mangelhaften und unvollständigen Nachrichten beimessen wollen, welche ich gegeben habe und welche leicht noch mangelhafter werden könnten.

Was Eifer, Betriebsamkeit und gesellschaftliche Verhältnisse vermögen suche ich zu leisten. Je mehr mir alle Mittel fehlten mit dem englischen Ministerium in amtliche Berührung zu kommen und dadurch sichere Mitteilungen zu erlangen, desto eifriger bin ich bemüht, mir andre Quellen zu eröffnen. Seitdem die Bande der Allianz gelöst sind und die Gesandten der großen Mächte ihre gesonderten Wege gehen, hält es sehr schwer, von ihnen vertrauliche Mitteilungen zu erlangen, zumal, wenn man nicht imstande ist, ihnen etwas wiederzugeben. — —

Ich glaube nicht, daß man hier daran denken wird, Preußen nachträglich zur Teilnahme an dem Vertrage einzuladen. Herr Canning und Fürst Liewen haben gleich anfangs die von Ew. Excellenz dem Grafen Alopeus gegebene Antwort, wodurch der Beitritt Preußens von der Unanimität der Mächte abhängig gemacht ward, als eine völlige Verweigerung angesehen und darin desto mehr Grund zur Befremdung zu finden geglaubt, als die früheren Erklärungen die Hilfe Preußens als gewiß erscheinen ließen. Nur meine Hersendung mit einer Vollmacht zur Unterhandlung und Unterzeichnung eines Vertrages, hat sie für einige Augenblicke glauben lassen, daß Preußen in der That noch die Absicht habe, Teil an dem Vertrage zu nehmen und daß daher Oesterreich nachgeben werde. Als sie aber erfuhren, daß dieser Hof seinen alten Ansichten treu bleibe, hat man in mir, wenn ich nicht irre, nur einen verkappten Feind des Vertrages gesehen und es für unmöglich gehalten, daß man in Berlin je ehrlich an die Möglichkeit einer Unanimität und die Erreichung des mir vorgestellten Zieles geglaubt habe. Unter solchen Umständen kann ich mich kaum des Wunsches erwehren, daß zum Besten des königlichen Dienstes und meiner Persönlichkeit, mir keine Vollmacht in meine Hände gelegt worden wäre. Da ich mich indes so gestellt habe, daß ich jedem gerade ins Auge sehen kann, so hoffe ich, daß Zeit und Gelegenheit mir in meinen Bestrebungen zu Hilfe kommen werden und daß auch Ew. Excellenz mir die Gerechtigkeit widerfahren lassen werden, welche ich so oft in ihren Augen gefunden habe." — —

Aus dem Bericht Küsters an den König: Nr. 39. Petersburg,
15. (3.) Juli 1827.

— „Da es mir seither an einer völlig sichern Gelegenheit zur Beförderung meiner Depeschen gemangelt hat, es aber wichtig zu sein scheint, das Verhältnis zwischen Rußland und Preußen, wie es durch jene Entschließungen festgestellt worden ist, genau aufzufassen, so wage ich auf Ew. Königl. Majestät huldreiche Nachsicht zu rechnen, wenn ich mit wenigen Worten auf die nächstvorher vergangene Epoche zurückgehe.

Ich habe es mir von Anfang an zur Pflicht gereichen lassen, gegen das kaiserliche Kabinet die Prinzipien, welche Preußen unausgesetzt in der griechischen Angelegenheit befolgt hat, und die Ansichten, welche es auch hinsichtlich des in London unterhandelten Traktates von vornherein geltend gemacht hat, unverhohlen auszusprechen und überdies den vertraulichen Weg der Unterhaltung mit den beiden, dem kaiserlichen Staatssekretär eng befreundeten Grafen La Ferronnays und Blome eingeschlagen, um dem hiesigen Kabinet die Ueberzeugung zu verschaffen, daß Preußen dem Traktat — sobald er nicht alle fünf Mächte vereinige — nicht beitreten könne. Ich glaube mich daher nicht zu täuschen, wenn ich bemerke, daß der kaiserliche Hof schon einige Zeit vor der Ankunft des Feldjägers Heil ganz darauf gefaßt war, Preußen dem zu London unterhandelten Traktate sich nicht anschließen zu sehen.

Damals erregte aber diese Erwartung hier ein auffallend großes Mißfallen und hieran ist eine Meinung schuld, welche eben so ungegründet ist, als bei dem kaiserlichen Kabinet sich auf eine unbegreifliche Weise befestigt hat. Es ist der Wahn, als wisse Fürst Metternich seinen Ansichten in betreff der orientalischen Angelegenheit in Berlin Eingang zu verschaffen, und als sei der Nichtbeitritt Preußens zu jenem Traktat die Folge des Einflusses Oesterreichs und einer näheren Uebereinstimmung mit diesem. Diese sonderbare Meinung offenbart sich mir bald so unverkennbar in den Aeußerungen des kaiserlichen Staatssekretärs und der Wendung, die er seinen Unterhaltungen über diesen Gegenstand gab, und ich erhielt überdies von mehreren Seiten so bestimmte Beweise der eingewurzelten Existenz desselben, daß ich es mir unausgesetzt zu meinem angelegentlichsten Geschäft gemacht habe, mit aller Kraft und allen mir zu Gebote stehenden Waffen solchen irrtümlichen Ansichten entgegen zu arbeiten.

Die Art, wie die erste bestimmte Nachricht von dem Entschlusse Preußens dem kaiserlichen Hofe von Berlin aus berichtet worden ist, war, wie ich nach den mir zugekommenen Nachrichten nicht zweifeln kann, selbst auf solchen Ansichten begründet. Sie hat jenen Irrwahn daher sehr bestärkt und die Empfindlichkeit des kaiserlichen Kabinets über die Entschließungen des königlichen Hofes auf das äußerste erregt.

Dagegen war die zarte und zugleich würdige Weise, in welcher alles mit der Depesche Ew. Königl. Majestät Kabinets-Minister vom 20. vorigen Monats Gesandte abgefaßt ist, die Stärke des Raisonnements, wodurch der Entschluß Preußens motivirt und die Bestimmtheit, womit der Zweck und die Basis der beabsichtigten Intervention gebilligt wird, ebenso geeignet, im allgemeinen einen vorteilhaften Eindruck hervorzubringen, als sie notwendig den völligen Ungrund jener hier gehegten Ansichten darthun mußte, und meiner innigen Ueberzeugung nach, auch dargethan hat.

Ich habe das, was Graf Nesselrode mir über diese Kurierexpedition, gleich nach Ankunft derselben, gesagt hat, und was den richtig erwogenen Verhältnissen ebenso entsprechend als unseren Erwartungen angemessen war, durch meinen Bericht Nr. 38 zu Ew. Königl. Majestät höchst. Kenntnis zu bringen die Ehre gehabt. Ich glaube, auf diese Aeußerungen des Grafen Nesselrode einen um so größeren Wert legen und dieselben noch heute als den wahren Ausdruck der hier durch die Erklärungen Preußens angeregten Empfindungen betrachten zu dürfen, als der kaiserliche Staatssekretär am Vorabend des Tages, wo er mit mir über die ihm gemachten Mitteilungen sprach, bei Sr. Majestät dem Kaiser Vortrag gehalten hatte, und ich daher annehmen darf, daß das mir Geäußerte die Eindrücke gewesen sind, die er aus diesem Vortrage davon getragen hatte, eine Annahme, welche ich auch durch den Inhalt des von Sr. Majestät erlassenen Schreibens, wovon der kaiserliche Staatssekretär mich eine Abschrift hat lesen lassen, bestätigt finde. Ich hatte mir in dem Gefühle, daß Preußen von Rußland bei seinen dermaligen Erklärungen Dank verdient hat, und sich nicht zu rechtfertigen braucht, in meiner ersten Unterredung mit dem kaiserlichen Staatssekretär vorgenommen, es meinerseits völlig darauf ankommen zu lassen, ob Graf Nesselrode von denselben zu sprechen anfangen würde, und er kam mir von selbst mit den von mir einberichteten Aeußerungen über die Empfindungen des Kaisers entgegen. Er verhehlte mir zwar nicht, daß Rußland sehr bedaure, Preußen dem zu London unterhandelten Traktat nicht förmlich beitreten zu sehen, aber äußerte im übrigen sich hinsichtlich der Erklärungen Preußens, ohne eine besondere Empfindlichkeit blicken zu lassen.

Daß in der schriftlichen Erwiderung, welche das kaiserliche Kabinet sich darauf vorbehalten hatte, dasselbe sich nicht ganz so gelassen aussprechen werde, mußte ich schon damals besorgen.*)

Der kaiserliche Staatssekretär sagte mir, daß er besonders in der Beziehung die ihm gemachten Mitteilungen zu beantworten veranlaßt sei, weil darin Ansichten hinsichtlich der Allianz aufgestellt wären, welche der kaiserliche Hof nicht teilen könne. Es folge nämlich aus denselben, daß, sobald einer von den Alliirten eine gewisse Sache nicht wolle, die Thätigkeit der ganzen Allianz für diese Sache gehemmt sei, und diese Folgerung könne Rußland nicht zugeben, auch sei weder in Troppau noch in Verona nach einer solchen Ansicht verfahren worden. In der Hauptsache habe ich dem kaiserlichen Staatssekretär hierauf sogleich zu erwidern mir erlaubt, daß die von ihm bestrittene Ansicht unseres Hofes und die daraus hergeleitete Folgerung ganz in der Natur der Sache begründet zu sein scheine. Es könne bei einer Allianz nicht von einer Mehrheit der Stimmen die Rede sein, der sich die dissentirenden Mächte unterwerfen müßten, und es folge schon aus dem bloßen Wortbegriff, daß eine Allianz nur so weit und für die Fälle bestehe, wo sie alle Mitglieder vereinige, wogegen aber

---

*) In seiner Depesche vom 16. Juni 1827 an Bernstorff hatte Schöler geäußert, die Behauptung in der Erklärung Preußens habe in Rußland sehr befremdet, daß „Preußens Beitritt auf Oesterreichs Entschluß keinen Einfluß gehabt haben würde."

kein Hof bei Abschluß derselben das Recht aufgegeben habe, für sich allein
oder mit einem andern Hofe eine Sache, die ihn besonders interessire,
außer und ohne die Allianz abzumachen, und dies Recht sei schon sehr
häufig, namentlich in Troppau und Verona ausgeübt worden. Der Herr
Graf kam nun darauf zurück, daß, wenn man dieses Raisonnement zugeben
wollte, er dann wieder nicht begreife, warum man von den Beschlüssen
in Troppau und Verona keine Gefahr für das Bestehen der Allianz in
der öffentlichen Meinung besorgt habe und diese jetzt besorge. Er setzte
mich dadurch in den Fall, diesen schon so oft vorgebrachten und doch so
leicht zu entkräftenden Einwand von neuem zu bekämpfen und ich habe,
um einer nochmaligen Wiederholung desselben zuvorzukommen, bei der
Darlegung des Unterschiedes zwischen den damaligen und den jetzigen Ver=
abredungen, keinen Anstand genommen, besonders darauf hinzuweisen, daß
auf jenen Kongressen die Mächte sich vereinigt hätten, Insurrektionen zu
unterdrücken, jetzt aber die Rede davon sei, zu gunsten von Insurgenten —
wofür Rußland selbst die Griechen erkläre — einzuschreiten, und von so
ganz verschiedenen Zwecken auch natürlich nur ein sehr verschiedener Ein=
druck auf die öffentliche Meinung zu erwarten sei.

Ueberhaupt aber lauf das, was Graf Nesselrode mir über den Zweck
seiner Erwiderung auf die ihm mitgeteilten Depeschen sagte, so ganz auf
eine leere Wortfechterei hinaus, und war mir so völlig unbegreiflich, daß
schon damals einige Aeußerungen, welche er einmischte, bei mir den
Glauben erzeugen mußten, daß wieder jene Idee von einer näheren Ueber=
einstimmung Preußens und Oesterreichs dem Grafen Nesselrode jene Be=
merkungen und die beabsichtigte Erwiderung diktire. Ich griff daher einige
jener Aeußerungen, welche ohnehin eine Antwort erheischten, auf, um
ihm — ohne mir das Ansehen einer besondern Absicht zu geben — den
ganzen Unterschied zwischen den Ansichten und dem Benehmen Preußens
und Oesterreichs in betreff der griechischen Angelegenheit bemerklich zu
machen.

Nichts ließ mich indessen vermuten, daß der kaiserliche Staatssekretär
seiner sogenannten Darlegung der russischen Ansichten hinsichtlich der Allianz
einen so polemischen Anstrich geben und daß er sich dabei einer solchen
Sprache der gereizten Empfindlichkeit bedienen würde, als in der Depesche
an Graf Alopeus vom 10. Juli (28. Juni), welche der Herr Staatssekretär
mich gleichfalls hat lesen lassen, geschehen ist.*)

Graf Nesselrode scheint nun zwar im allgemeinen einen persönlichen
Wert darauf zu legen, in seinen schriftlichen Auseinandersetzungen stets
das früher Gesagte zu bestätigen, und so in den Akten wenigstens Recht
zu behalten, dabei aber nicht immer auf die ihm gemachten Einwendungen
Rücksicht zu nehmen. Es kann auch sein, daß eine vor 12 oder 14 Tagen
von dem kaiserlichen Kabinet gehegte, mehr in den unsichern Verhältnissen

---

*) Es ist jene Depesche Nesselrodes an Alopeus, von der Bernstorff in seinem
Immediatbericht vom 24. Juli 1827 an den König sagt, daß Alopeus sie ihm nicht
mitgeteilt, sondern nur vertraulich vorgelesen habe und daß darin kein Auftrag zu
irgend einer Eröffnung an das preußische Kabinet enthalten gewesen sei.

des Herrn Canning, als in dem Benehmen Frankreichs begründete Besorgnis: der Traktat werde am Ende doch nicht zu stande kommen, den Wert, den die so kräftigen Zusicherungen Preußens für den hiesigen Hof haben müssen, damals in einem helleren Licht, als jetzt, wo man diese Besorgnis nicht mehr hat, erscheinen ließen. Aber abgesehen hiervon, ist auch nicht der entfernteste Grund aufzufinden, warum Graf Nesselrode jetzt in seiner Depesche an Graf Alopeus sich empfindlicher über den Entschluß Preußens als früher mündlich gegen mich ausgedrückt hat.

Je mehr ich von dem ersten Eindruck, den die Lesung dieser Depesche auf mich gemacht hat und den ich dem kaiserlichen Staatssekretär auch nicht verhehlt habe, abstrahire, und über das ganze Benehmen und die Sprache des Grafen Nesselrode nachdenke, desto weniger kann ich mich des Gedankens erwehren, ob dabei nicht eine andre Absicht zu grunde liege, als blos die: die Empfindlichkeit des hiesigen Hofes über die letzten Entschließungen Preußens auszudrücken. Wenn früher hier die Ueberzeugung geherrscht hat, daß das Wiener Kabinet Preußen in der griechischen Sache influenzire, so kann man nur bedauern, daß der hiesige Hof über die Verhältnisse in Berlin so schlecht unterrichtet war, daß aber solche noch jetzt, nachdem die letzten Erklärungen des königlichen Hofes dem hiesigen Kabinet den ganzen Unterschied zwischen dem Benehmen Oesterreichs und Preußens in der griechischen Sache offen dargelegt habe, und die ganze Handlungs- und Denkweise Preußens demselben auf so vielfache Art bekannt geworden ist, im Ernste von demselben gehegt werden sollen, ist kaum anzunehmen. Wohl aber kann man hier zu der Ansicht gekommen sein, daß dem königlichen Hofe sehr daran liege, dem kaiserlichen Kabinet den Glauben, als handle Preußen mehr in Uebereinstimmung mit Oesterreich wie mit Rußland, zu benehmen und es würde mir dann gar nicht außer der gewöhnlichen Verfahrungsart des kaiserlichen Staatssekretärs zu liegen scheinen, daß er dieses Bestreben Preußens zu benutzen suchte, um letzteres durch Provozirung bestimmter Versicherungen und Beweise vom Gegenteil in der Wirklichkeit und mehr als es beabsichtigen kann, von Oesterreich abzuziehen." —

Immediatbericht Bernstorffs an den König. Berlin, 24. Juli 1827 (vollständig).

An Se. Majestät den König.

"Ew. Königl. Majestät reiche ich in den Anlagen alleruntertänigst die neuesten Depeschen ein. Die darunter befindlichen Berichte aus St. Petersburg sind diesen Morgen mittelst eines Kuriers eingegangen.

Inbetreff der darin erwähnten Depesche des Grafen Nesselrode*) an den hiesigen russischen Gesandten finde ich mich zu der ehrerbietigen Bemerkung veranlaßt, daß dieser Gesandte mir solche nicht mitgeteilt, sondern nur vertraulich vorgelesen hat, und daß darin kein Auftrag zu irgend

---

*) Gemeint ist die S. 308 (Anm.) erwähnte Depesche.

einer Eröffnung an das Kabinet Ew. Königl. Majestät enthalten war. Diese Depesche drückte übrigens allerdings noch einige Empfindlichkeit des russischen Hofes in Beziehung auf die Weigerung Ew. Königl. Majestät, dem zu London abgeschlossenen Vertrage beizutreten, jedoch in sehr gemessenen Ausdrücken und mit vollständiger Anerkennung dessen aus, was in den letzten diesseitigen Erklärungen Befriedigendes für Rußland liegt. Dagegen spricht sich in diesem Erlasse des Grafen von Nesselrode noch immer die größte Bitterkeit gegen das österreichische Kabinet aus, und es geht daraus klar hervor, daß die gegen Preußen augenblicklich angeregte Empfindlichkeit ihren Grund vorzüglich in der durch frühere Verhältnisse herbeigeführten, grundlosen und bereits zur Genüge widerlegten Voraussetzung gefunden hat, daß zwischen Preußen und Oesterreich, in betreff der orientalischen Angelegenheit und insbesondere in Bezug auf die Verhandlungen zu London ein vertrauliches und geheimes Einverständnis obgewaltet." Bernstorff.

Immediatbericht Bernstorffs an den König. Berlin, 1. Dez. 1827 (vollständig).

An Se. Majestät den König.

"Ew. Königl. Majestät zeige ich allerunterthänigst an, daß der Graf von Alopeus mir, nach Empfang meines Kuriers aus St. Petersburg mehrere, sowohl von ihm selbst als an die kaiserlichen Botschafter zu London und Paris gerichteten Depeschen des Grafen von Nesselrode vorgelesen hat, welche aus den Händen zu lassen ihm ausdrücklich untersagt worden ist.

Diese Depeschen sind durch die Nachricht der Schlacht in der Bucht von Navarin veranlaßt worden und enthalten im Wesentlichen das:

Der Kaiser bedauere zwar aufrichtig, daß ein Blutvergießen stattgefunden, welches nicht in dem Zwecke der zur Rettung Griechenlands bewaffneten Mächte gelegen habe; Er finde aber eine Beruhigung darin, daß solches nur durch das treulose und grausame Verfahren des türkischen Feldherrn veranlaßt worden sei; übrigens gewähre ihm der erfochtene glänzende Sieg um so mehr Freude, als die Einigkeit der drei zu demselben Zwecke verbundenen Mächte dadurch auf die kräftigste Weise bewährt worden sei, und als man hoffen dürfe, durch diesen entscheidenden Schlag die Täuschung, worin die ottomanische Regierung bis jetzt über den Ernst der Absichten und die Kraft der Mittel jener Mächte erhalten worden, vernichtet zu sehen. Er, der Kaiser werde in jedem Falle und unter allen Voraussetzungen in der kräftigsten Verfolgung des gemeinschaftlichen Zweckes beharren. Wie aber auch immer der Ausgang der gegenwärtigen Verwickelung sein möge, so werde Er sich, bei Bestimmung seiner Beschlüsse nie, weder durch Beweggründe des Ehrgeizes und des Eigennutzes leiten lassen, noch auch Entwürfen zur Vergrößerung seines Reiches Raum geben. Indem der Graf von Alopeus diese Mitteilung als einen Beweis des Vertrauens seines Hofes geltend zu machen suchte, gab er dabei nicht undeutlich zu verstehen, daß die Verlegung der Depeschen selbst nur in Rücksicht auf Oesterreich unterlassen sei, wie denn überhaupt in diesen Ausfertigungen viel Mißtrauen und Empfindlichkeit gegen diese letzte Macht durchblickt.

Ew. Königl. Majestät reiche ich in den Anschlüssen ehrfurchtsvoll die neuesten gesandtschaftlichen Berichte ein." Bernstorff.

— —

Bernstorff an Maltzahn zu Wien. Berlin, 9. Dezember 1827.

— · — „Ich glaube meinem heutigen offiziellen Schreiben noch einige vertrauliche Worte hinzufügen zu müssen.

Alle uns aus Petersburg zugehenden Nachrichten gewähren mir die unerfreuliche Ueberzeugung, daß das Mißtrauen und die Empfindlichkeit, ja, ich muß sagen, die Bitterkeit gegen das österreichische Kabinet dort noch in ungeschwächter Kraft bestehen. Man traut demselben einen entschieden bösen Willen zu, man legt ihm das Mißlingen der bisherigen Bestrebungen der drei koalisirten Mächte zur Last, man sieht in seiner ganzen Thätigkeit nur ein feindseliges Bemühen gegen die Zwecke derselben.

Ew. Excellenz werden aus der hier angeschlossenen Abschrift eines Berichtes aus Paris ersehen, daß sich in dem französischen Ministerium eine ganz ähnliche Ansicht und Stimmung offenbart.

Unter solchen Umständen würde ein vereintes Zusammenwirken, ein gemeinschaftliches Auftreten Preußens und Oesterreichs, wie der Fürst von Metternich es sich gerne zu denken scheint, seitdem die Umstände und die Furcht ganz isolirt zu stehen ihn gewaltsam an uns herangedrängt haben*), uns so schwierig als bedenklich erscheinen müssen, auch wenn unsere ganze Stellung und die Natur unserer Verhältnisse gegen die anderen Mächte uns nicht jedes thätige Eingreifen in einen nicht mehr zu hemmenden Gang der Begebenheiten untersagte. Wir sprechen uns, wo sich uns die Gelegenheit dazu nur irgend bietet, friedlich und versöhnend aus, aber wir würden unsern sorgfältig gewählten und sich uns täglich mehr als den richtigen bewährenden Standpunkt verlieren, wenn wir den Zwecken der drei durch den Traktat von London verbundenen Mächte durch Vorstellungen und Anträge entgegentreten wollten, zu welchen wir in ihren Augen das Recht nicht haben, und welche den gehofften Erfolg daher ohne Zweifel würden verfehlen müssen.

Ich teile Ew. Excellenz diese Bemerkungen übrigens nur zu Ihrer eigenen Belehrung mit. Denn wir legen zuviel Wert auf unser freundschaftliches Verhältnis zu dem österreichischen Hofe, um das entgegenkommende Vertrauen desselben auf irgend eine Weise zurückstoßen zu wollen. Wenn von seiten desselben erst wirklich unzulässige Anträge an uns ergehen, dann wird es uns nicht an guten

———

*) Bezieht sich auf die im November (siehe S. 85—87) unternommenen Annäherungsversuche Metternichs.

Gründen fehlen, um denselben so weit auszuweichen als unsere ganz verschiedene Stellung es erfordert." — —

Aus dem Kabinetschreiben (Albrechts) an Bernstorff. Berlin, 26. Dezember 1827.

Der König habe die Besorgnis geäußert, daß das Wiener Kabinet mit den verbündeten Höfen ganz zerfallen möchte:

— — „Allerhöchstdieselben sehen dies für ein großes Unglück an. Die Hoffnung des Wiener Kabinets, daß England und Frankreich oder eine von diesen beiden Mächten von dem Traktat vom 6. Juli abgehen werde, ist nicht vorhanden, von Rußland aber dies am wenigsten zu erwarten, auch dürfte es in seinen Folgen am verderblichsten sein, wenn Rußland von seinen Verbündeten verlassen oder gegen deren Absicht allein der Pforte den Krieg machte und Se. Majestät wünschen daher, daß Ew. Excellenz Ihren Einfluß auf den Herrn Fürsten von Metternich anwenden möchten, ihn womöglich von dem Wege, den er zur Erreichung des allgemeinen Zwecks genommen, abzulenken und ihn zu vermögen, daß Herr von Ottenfels eben der Art auf die Pforte einwirke, wie durch den Herrn von Miltitz nach den demselben erteilten Instruktionen geschehen ist und geschieht." —

Bernstorff an Albrecht. Berlin, 26. Dezember 1827. (Antwort auf das Kabinetschreiben vom 26. Dezember.)*)

Die Besorgnis des Königs, daß das Verhältnis Oesterreichs zu den koalisirten Mächten, insbesondere zu Rußland, sich mehr und mehr verbittern und zuletzt Irrungen der bedenklichsten Art herbeiführen könne, sei nur zu wohl begründet:

— — „Mein ganzes Streben ist unabläßig dahin gerichtet, auf dieses Verhältnis versöhnend und ausgleichend einzuwirken. Allein diese Aufgabe ist um so schwieriger, als unverkennbar auf beiden Seiten viel Unrecht und Mißverständnis obwaltet. Dem österreichischen Hofe wird sehr oft als Wirkungen eines bösen Willens und einer tiefen Verschlagenheit ausgelegt, was nur die Frucht einer immer höher steigenden Verlegenheit ist. Dagegen ist wieder nicht zu leugnen, daß derselbe, infolge dieser Verlegenheit selbst, oft zu Mitteln greift, oder sich Täuschungen überläßt, welche das Uebel nur ärger machen. So gründet er offenbar falsche oder übertriebene Hoffnungen, auf die — wenn auch noch so große — Abneigung der englischen Regierung, es zu einem Bruche mit der Pforte kommen zu lassen, und ich teile vollkommen die Ansicht Sr. Majestät, daß es weder wahrscheinlich noch wünschenswert ist, daß diese Regierung sich von den Verpflichtungen des Londoner Vertrages lossage, so lange dessen Zweck nicht erreicht ist. Der Fürst Metternich will es übrigens auf keine Weise Wort haben, daß der Internuntius nicht nach allen seinen Kräften dahin strebe, die Pforte zur Nachgiebigkeit gegen die Anträge der

---

*) Siehe S. 99.

drei intervenirenden Mächte zu vermögen, und hat es damit nicht ganz seine Richtigkeit, so dürfte das weniger an irgend einem entgegenstehenden Zwecke des österreichischen Hofes, als an der Natur seiner freundschaftlichen und vertraulichen Verbindungen mit der Pforte liegen.

Hätte ich diese Ueberzeugungen nicht schon gehabt, so würden sie mir durch meine ersten, übrigens im Ganzen sehr genügenden Unterredungen mit dem Grafen von Trautmannsdorff gewährt worden sein. Mehr Licht über dieses Verhältnis wird uns durch die versprochene Mitteilung der Antwort des Wiener Kabinets auf die letzte strenge und unerfreuliche Eröffnung des russischen Hofes gegeben werden.

Ich erlaube mir übrigens bei dieser Gelegenheit die Bemerkung, daß meine Versuche einer Einwirkung auf das österreichische Kabinet, wie willig dasselbe solchen auch entgegenkommt, doch insofern einige Behutsamkeit erfordert, als Oesterreich in dem gegenwärtigen Augenblicke, um nicht in den Augen Europas ganz isolirt dazustehen, nach Möglichkeit dahin trachtet, den Anschein einer Vertraulichkeit und Uebereinstimmung mit Preußen hervorzubringen, welche wir, um unser ganz verschiedenes Verhältnis zu den anderen Mächten rein und unverfälscht zu erhalten, so unbedingt, als es österreichischerseits gewünscht wird, nicht einräumen dürfen." — —

Schölers Denkschrift. Petersburg, 28. (13.) Dez. 1827. (Belag Nr. 1 zu Nr. 1.)*)

(In Petersburg nehme, namentlich bei dem Zaren, das Mißtrauen gegen Oesterreich in erschreckender Weise zu).

— — „Ich bin weit entfernt, dafür zu halten, daß Preußen bei seinem Bewußtsein, gegen Rußland die aufrichtigsten und freundschaftlichsten Gesinnungen zu hegen und völlig unabhängig von Oesterreichs Politik zu sein, die seinige auf Kosten der Rechtlichkeit und Billigkeit, die deren Grundlagen sind, oder auf Kosten seiner Würde, die aufrecht zu erhalten jede Macht sich selbst schuldig ist, abändern solle, blos um Rußland faktisch zu überzeugen, daß Preußens Politik selbständig sei, und mit der österreichischen in keiner Verbindung stehe. Ich glaube vielmehr, daß Preußen, wenn es bei politischen Fragen eine von der russischen Beurteilung derselben abweichende Ansicht hat, es selbige nach wie vor, jedesmal ohne Rückhalt aussprechen und mit seinen Gründen belegen müsse. Es ist eine Zufälligkeit, daß Preußen bisher in seinen Ansichten mehrenteils mit Rußland übereinstimmte, oder von den Gegenständen der politischen Diskussionen nur indirekt berührt das Abweichende in seinen Ansichten blos andeutend, ohne weiteres dem gemeinschaftlichen Beschluß der Verbündeten beitreten konnte. Dieser Wirkung einer bloßen Zufälligkeit indessen dürfte es vielleicht allein zuzuschreiben sein, daß Rußland gewissermaßen noch immer Mühe hat zu begreifen, worin es liege, daß Preußen an dem Traktat vom 6. Juli nicht habe teilnehmen wollen,

---

*) Siehe S. 92—93.

ungeachtet es selbst doch manches gethan hat, mehr aber noch geschehen lassen, wodurch der Beitritt zu diesem Traktat, abgesehen von dessen höherer Rücksicht die wahre Grundlage des Wesens der großen Allianz zu erhalten, ohne Verletzung seiner Würde unmöglich ward.

Dagegen halte ich es bei den obwaltenden Verhältnissen der Klugheit gemäß und den vorgedachten Grundlagen der Politik von Preußen nicht zuwider, selbst bei anscheinend fremdartigen und unwesentlichen Dingen dasjenige zu entfernen, oder zu vermeiden, woraus Kaiser Nikolaus, von seiner Charaktereigentümlichkeit verleitet, Uebereinstimmung zwischen Preußen und Oesterreich hinsichtlich ihrer Politik in Griechenlands Angelegenheiten folgern könnte, und ich halte es hierauf Bedacht zu nehmen um so notwendiger, als Oesterreich unverkennbar darnach trachtet, eine solche Uebereinstimmung wahrscheinlich und bemerklich zu machen.

Dies erscheint auch sehr begreiflich, wenn man bedenkt, daß Oesterreich — freilich nicht ganz mit aber auch nicht ganz ohne Verschulden — in eine Lage geraten ist, welche weit mehr dazu geeignet sein möchte, den Fürsten Metternich zu ähnlichen, seiner schwachen Seite angehörigen Maßregeln zu verleiten, als ihn Mittel und Auswege suchen und finden zu lassen, die seine unbestrittenen großen Eigenschaften aufs neue in ein helles Licht setzen könnten.

Wie wenig dazu erfordert werde, bei dem Kaiser Bedentlichkeiten der Art zu veranlassen, davon haben wir ganz kürzlich einen, wie mir scheint, sehr sprechenden Beweis erhalten. Seine Majestät eröffnete nämlich vor ungefähr 8 oder 10 Tagen dem Major von Thun auf der Parade, daß aus Warschau die Nachricht eingegangen sei, es werde in Schlesien ein Beobachtungskorps zusammengezogen werden, wozu die Truppenabteilungen bereits bestimmt wären und daß er glaube die kürzlich stattgefundene Anwesenheit des Generals Grafen von Ziethen in Berlin damit in Verbindung zu bringen. Er äußerte hierbei zugleich, daß er vollkommen von den freundschaftlichen Gesinnungen Seiner Majestät des Königs überzeugt, und, falls Zusammenziehungen dieser Art bei uns statthaben sollten, geneigt sei, zu glauben, daß selbige nur dazu bestimmt seien, die österreichischen Rüstungen zu neutralisiren.

Ungeachtet nun Major von Thun nicht ermangelte, dem Kaiser vorzustellen, wie unwahrscheinlich es sei, daß, ohne vorher die Anzeige davon nach Petersburg gelangen zu lassen, Seine Majestät der König hart an der Grenze gegen Rußland Truppenzusammenziehungen dieser Art anzuordnen geruhen würden, so beschäftigte dieser Gegenstand den Kaiser doch so sehr, daß er am folgenden Tage darauf zurückkam und die Aeußerung machte: Er wünsche nun auch in dieser Hinsicht die baldige Ankunft Seiner Königl. Hoheit des Prinzen Wilhelm, um genau zu erfahren, was von diesen Nachrichten zu halten sei.

Bei dem Ursprung der von denselben angegeben wurde, hatte ich den Major von Thun gleich anfangs darauf aufmerksam gemacht, daß dieses Gerücht wohl absichtlich erhoben, vielleicht aber auch bloße Folge der Besorglichkeit einiger zaghafter Anwohner der polnischen Grenze bei uns sein könnte, welche im Fall eines Krieges mit der Pforte, unter den Polen unruhige Bewegungen befürchtend, allerdings sehr wünschen möchten, daß Preußen sich alsdann durch Truppenzusammenziehung gegen so etwas in Sicherheit setzen werde. Da der Kaiser, als der Major von Thun diese mögliche Voraussetzung äußerte, die kaum zu erwartende Antwort gab: daß allerdings den Polen nicht zu trauen wäre, und daher eine solche Maßregel von seiten Preußens wohl nicht ganz unzweckmäßig sein dürfte, so glaube ich unter solchen Umständen diesen Punkt, wenn auch nur konfidentiell, gegen den Grafen Nesselrode zur Sprache bringen, und sowohl meine Ueberzeugung, daß das ganze Gerücht durchaus grundlos sei, als die Versicherung äußern zu müssen, daß nur völlig ununterrichtete Personen bei uns jene Besorgnis fassen könnten, die Regierung aber und alle, die es zu beurteilen verständen, Rußlands Streitkräfte hinreichend hielten, gleichzeitig die Pforte zu bekriegen und die Polen im Zaum zu halten.

General Nesselrode erklärte sich nicht nur durch meine Aeußerungen sogleich für seine Person vollkommen befriedigt, sondern gab mir auch bald darauf die Versicherung, daß der Kaiser es ebenfalls sei, und sich wohl selbst bei Gelegenheit der Feierlichkeiten an des Monarchen Namenstage gegen mich darüber aussprechen werde. Dieses ist nicht geschehen, obgleich der Kaiser an dem Abend oft und sehr freundlich mit mir sprach; dagegen hat er dieser Tage abermals gegen den Major von Thun erwähnt, daß jene Nachrichten mehr und mehr Bestätigung erhielten, worauf letzterer, wie mir scheint, mit Recht geglaubt hat, auf die Aeußerung sich beschränken zu müssen, daß die nunmehr in wenig Tagen zu gewärtigende Ankunft des Prinzen Wilhelm, Königliche Hoheit, jeder Ungewißheit über diesen Gegenstand ein Ende machen werde.

Ungeachtet mir nun bisher nichts bekannt geworden ist, was mich zu der Voraussetzung berechtigt, daß an der Entstehung jenes gewiß grundlosen Gerüchts in Warschau der Wunsch Oesterreichs: in dem Augenblick, wo es seinerseits Zurüstungen zu machen für nötig hält, eine ähnliche Absicht bei Preußen wahrscheinlich zu machen, Anteil habe, so gestehe ich gerne, daß im Fall dieses sich ergeben sollte, ich doch keineswegs dadurch überrascht sein würde, denn ich habe hier aus der zuverläßigsten Quelle, nämlich durch eine im Unmut über seine hiesige Lage ausgesprochene Aeußerung des österreichischen Botschafters die Ueberzeugung erhalten, daß die Reihenfolge von Erfahrungen, die Fürst Metternich seit Jahr und Tag von der Erfolglosigkeit seiner zu feinen Politik und von der Unrichtigkeit seines einseitig aufgefaßten Urteils über Rußlands Verhältnis in der griechischen Angelegenheit gemacht haben könnte, unbenutzt und fruchtlos an ihm vorübergegangen ist." — —

1828.

Aus der Kabinetsordre vom 3. Januar 1828.*)

— — „Das in Frankreich geäußerte Mißtrauen über die von Meinem Gesandten zu Konstantinopel in der orientalischen Angelegenheit gethanen Schritte, und das gänzliche Stillschweigen, welches fast alle öffentlichen Blätter über die Mitwirkung von Preußen zur Erhaltung des allgemeinen Friedens beobachtet haben, macht es notwendig, das in- und ausländische Publikum auf eine angemessene Weise darüber zu belehren. Ich trage Ihnen daher auf, sogleich einen zur Publikation geeigneten Aufsatz zu entwerfen und Mir denselben zur näheren Prüfung einzusenden. Der jetzige Moment, wo die Abreise der Gesandten von Konstantinopel in dem Gange der europäischen Politik einen wichtigen Abschnitt bildet, erscheint zu der beabsichtigten Maßregel ohnfehlbar der geeignetste."**) — —

Friedrich Wilhelm.

Aus der Kabinetsordre des Königs an Bernstorff. Berlin, 7. Januar 1828.***)

— — „Ich habe den mit Ihrem Bericht vom 4. d. M. eingegangenen, gut geschriebenen Aufsatz zwar mit Interesse gelesen, finde aber, daß er dem von mir aufgestellten Zweck nicht ganz entspricht. Es kann nicht die Absicht sein, dem Publikum eine beruhigende Darstellung der jetzigen Lage der Dinge zu geben, die ohnehin in einem so verwickelten Moment schwer zu vertreten sein würde, sondern Ich wünsche vor allem, daß das Publikum mit einiger Ausführlichkeit erfahre, welchen Anteil Preußen in Konstantinopel an der Erreichung des von den alliirten Mächten beabsichtigten Zieles und dadurch an der Erhaltung des Friedens genommen hat. Hierzu gehört hauptsächlich, daß der von Meinem Gesandten seit dem Abschluß des Traktats vom 6. Juli zu verschiedenen Zeiten bei der Pforte eingereichten Noten und Vorstellungen erwähnt werde." — —

Friedrich Wilhelm.

Aus dem Immediatbericht Bernstorffs an den König. 8. Jan. 1828†) (vollständig).

An des Königs Majestät.

„Nachdem ich infolge des mir gestern von Ew. Königl. Majestät allerhöchst zugefertigten Kabinetsbefehls, die seit dem Abschlusse des Londoner Vertrages aus Konstantinopel eingegangenen Berichte sorgfältig durchgegangen, habe ich geglaubt, daß die Absicht Ew. Königl. Majestät vielleicht dadurch am vollständigsten erfüllt werden dürfte, daß die Vor-

---

*) Siehe S. 97—98.
**) Bernstorff entwarf darauf einen Artikel, der aber dem Wunsch des Königs nicht ganz entsprach. (Siehe Kabinetsbefehl v. 7. Jan. 1828.
***) Siehe S. 97—98.
†) Siehe ebenda.

stellungen, welche Allerhöchstdero Gesandter zur Unterstützung der Anträge der drei durch jenen Traktat verbundenen Mächte hat an die ottomanische Pforte gelangen lassen, ihrem wörtlichen Inhalte nach zur öffentlichen Kenntnis gebracht würden.

Von dieser Ansicht aus habe ich den hier alleruntertänigst beigefügten Entwurf eines Zeitungs=Artikels abgefaßt und nehme mir die ehrerbietige Freiheit, Ew. Königl. Majestät solchen zu allerhöchster Prüfung und weiterer Bestimmung einzureichen. — —

Entwurf zum Zeitungsartikel. (Einleitung zur Publikation der dem preußischen Gesandten erteilten Instruktion vom 17. August 1827.)

„Um jeden Zweifel darüber zu beseitigen, in welchem Sinne und in welchem Maße Preußen, während der gegenwärtig eingestellten Unterhandlung zu Konstantinopel, zur Erreichung des in dem am 6. Juli vorigen Jahres zu London abgeschlossenen Vertrage aufgestellten Zweckes mitzuwirken versucht hat, sind wir ermächtigt worden, die nachstehende Uebersetzung einer von dem Königlichen Gesandten zu Konstantinopel dem ersten Gesandtschaftsdollmetscher unter dem 17. August vorigen Jahres, behufs einer dem Reïs Effendi zu machenden Erklärung, erteilten Instruktion mit dem Beifügen zur Kenntnis unserer Leser zu bringen, daß der gedachte Gesandte die Schritte und Anträge der Gesandtschaften der durch obenerwähnten Vortrag verbundenen Mächte, bis zum Schlusse der Unterhandlung, ganz in dem Sinne jener Instruktion und mit eben so beharrlichem als unbedingtem Eifer unterstützt hat."

Uebersetzung

einer dem Dollmetscher der königlich preußischen Gesandtschaft zu Konstantinopel unter dem 17. August 1827 erteilten Instruktion.

„Sie werden Sich morgen Vormittag zu Seiner Excellenz dem Reïs Effendi verfügen, und ihm von meiner Seite folgende vertrauliche Mitteilungen machen.

In einem Memoire, welches der Hohen Pforte am 12. März d. J., zu der Zeit, als die Repräsentanten von Frankreich, Großbritannien und Rußland dem Divan das Protokoll vom 4. April 1826 soeben mitgeteilt hatten, übergeben worden ist, habe ich mit Freimütigkeit und ohne den mindesten Rückhalt alle Betrachtungen auseinandergesetzt, welche die Regierung Seiner Hoheit bestimmen sollten, die ihr zur Pazifikation Griechenlands dargebotenen Mittel anzunehmen: ich habe ihr diese Mittel als die einzige Möglichkeit dargestellt, die Krisis zu vermeiden, welche ihre Freunde ihr zu ersparen wünschten, und deren Folgen zuletzt außer aller Berechnung liegen könnten; nachdem ich endlich alle Argumente erschöpft hatte, welche für die Annahme der von den alliirten Kabinetten gemachten Vorschläge stritten, habe ich Seiner Excellenz dem Reïs Effendi meine innige Ueberzeugung nicht verhehlt, daß selbst eine völlige Weigerung seitens des

Diwans nichts in den Bestimmungen des von den Mächten unterzeichneten Protokolls ändern würde, und daß am Ende eine gebieterische Notwendigkeit Europa die Verbindlichkeit auflegen könnte, den Knoten zu zerhauen, welchen zu lösen Freundschaft und Wohlwollen bisher vergeblich versucht hatten.

Statt diese heilsamen Ratschläge, welche der Pforte von allen ihren wahren Freunden zu gleicher Zeit zugingen, zu benutzen, hat der Diwan, seine eigenen Hilfsmittel sich übertreibend, es vorgezogen, den Rat der Freundschaft zurückzuweisen; er hat weder die Wünsche, noch die Besorgnisse, noch die wirklichen Bedürfnisse berücksichtigt, welche ihm bezeichnet worden sind, und indem er einer langen Folge von durch schonende Rücksichten bestimmter Handlungen einer Reihe von Weigerungen entgegensetzte, hat er drei große Mächte gezwungen die Wege zu suchen, um für die Erhaltung der Ruhe Europas durch andere Mittel zu sorgen.

So folgte auf das Protokoll vom 4. April v. J. der Vertrag vom 6. Juli d. J. und so werden neue Weigerungen und neue Ereignisse wiederum neue Kombinationen, neue Bestimmungen und neue Maßregeln herbeiführen, bis die Pforte zu der innigen Ueberzeugung gelangt, daß die Pazifikation Griechenlands, welche für Europa durchaus notwendig ist, es in höherem Maße für das ottomanische Reich insbesondere ist. So wird endlich die Pforte, indem sie dabei verharrt, die gerechten und versöhnenden Vorschläge von sich zu weisen, welche die drei Höfe ihr bisher gemacht haben, letztere zwingen, fortan nur ihr Interesse, ihre Macht und ihre Würde zu berücksichtigen. Sodann wird die Sache eine andere Wendung nehmen, Bedingungen werden an die Stelle der Vorschläge, Notwendigkeiten an die der Rücksichten treten, und die Gewalt wird einen Widerstand besiegen, welchen zu überwinden die Freundschaft und die Vernunft umsonst versucht haben.

Wie diese Zukunft düster und beunruhigend ist, so ist sie auch nahe und unvermeidlich, wenn die Pforte darauf bestehet, den Rat zu verschmähen, welchen ihre wahren Freunde ihr zum letztenmal erteilen.

Es ist gleichwohl noch Zeit, die drohenden Gefahren abzuleiten, welche die wiederholten Weigerungen, den von Tag zu Tag immer dringenderen Notwendigkeiten nachzugeben, für das ottomanische Reich herbeigeführt haben. Doch die Zeit drängt, die Ereignisse schreiten fort und es würde nicht das erste Mal sein, daß die Schnelligkeit, womit sie sich folgen, Kombinationen geschaffen hätte, welche die aufrichtigste Politik der Kabinette weder voraussehen noch aufhalten könnte. Möge daher der Diwan die Vorschläge annehmen, welche die Repräsentanten der Höfe von Frankreich, Großbritannien und Rußland ihm durch ihre gestrige gemeinschaftliche Note gemacht haben, möge er die hilfreiche Hand, die seine Freunde ihm reichen, ergreifen, möge er ihren Eröffnungen mit Vertrauen entgegenkommen und sich endlich überzeugen, daß das einzige Mittel, seine Rechte, seine Interessen und seine Würde gegen jeden Eingriff zu bewahren, darin besteht, daß er mit Wohlwollen und Herzlichkeit Vorschlägen Gehör gebe, welche keinen andern Zweck haben, als einem Zustande der Dinge ein Ende zu machen, der hinfort mit dem wahren Interesse der Pforte, der Sicherheit des Handels und der vollkommenen Ruhe von Europa unverträglich ist.

Seiner Excellenz dem Reis Effendi ist nicht unbekannt, daß Preußen den zu London am 6. Juli d. J. geschlossenen Traktat nicht unterzeichnet hat. Dieser Umstand selbst muß demselben eine neue Bürgschaft der Unparteilichkeit und Uneigennützigkeit des Rates sein, welchen ihm, nach dem ausdrücklichen Befehle des Königs, unseres allergnädigsten Herrn, in diesem wichtigen Falle zu erteilen, ich mir zur Pflicht rechne. Preußen hat seine Gesinnungen gegen den Diwan nicht geändert, und wird sie nicht ändern, aber es will was seine Alliirten wollen, es will das Ziel, das Frankreich, Großbritannien und Rußland sich gesteckt haben, indem sie suchen, den inneren und äußeren Frieden des ottomanischen Reiches zu sichern, einem beklagenswerten Blutvergießen Einhalt zu thun, eine christliche Bevölkerung vor Vernichtung zu bewahren, und die Elemente von Verwirrung und Zwietracht zu entfernen, welche nur zu lange schon die Ruhe Europas bedrohen.

Ich ersuche daher zum letztenmale das türkische Ministerium sich nicht länger über die gegenseitigen Stellungen zu täuschen. Es muß jetzt die Wünsche der drei Mächte, welche den Traktat unterzeichnet haben, kennen. Es kann ihm nicht unbekannt sein, daß diese Mächte alle nötigen Mittel besitzen um diese Wünsche zu verwirklichen und es muß ebenfalls einsehen, welche Zukunft die Pforte sich bereitet, wenn sie hartnäckig dabei beharret, die Warnungen, die Ratschläge, ja selbst die Bitten ihrer Freunde zurückzustoßen."*)

Aus dem Kabinetschreiben (Albrechts) an Bernstorff. Berlin, 19. Januar 1828.**)

„Se. Majestät haben das Benehmen des Herrn von Miltitz ungemein zweckmäßig gefunden und wollen, daß er deshalb besonders belobt werde. Außerdem finden Allerhöchstdieselben es sehr angemessen, daß Ew. Excellenz die Depesche Nr. 106, mit Weglassung einzelner Stellen und Ausdrücke, den Höfen zu Petersburg, London und Paris mitteilen, um daraus zu ersehen, daß Herr von Miltitz, den erhaltenen Instruktionen gemäß, sich nicht bei dem ersten durch die Zeitungen bekannt gemachten Schritt beruhigt, sondern fortwährend auf die Pforte zur Erhaltung des Friedens und Erreichung des in dem Traktat vom 6. Juli ausgesprochenen Zwecks einzuwirken gesucht habe.

Se. Majestät selbst hätten dies bis zum Eingange dieser verspäteten

---

*) Die hier vorgeschlagene Veröffentlichung der Depesche erhielt den Beifall des Königs. Bereits v. 9. Jan. 1828 konnte Witzleben in einem Kabinetschreiben Bernstorffs die Zustimmung des Monarchen anzeigen. Am 9. Jan. wurden Zeitungsartikel und Instruktion der Staatszeitung zur Veröffentlichung übersandt.

**) Siehe S. 98—99.

Depesche geglaubt und könnten daher annehmen, daß eine solche
Meinung auch bei den genannten Höfen entstanden wäre —
und zwar umsomehr, als in den öffentlichen Blättern von
Petersburg, Paris und London, von Preußens Benehmen in
Konstantinopel seit geraumer Zeit gar nicht die Rede gewesen sei.

Wären Ew. Excellenz damit einverstanden, so möchte die gedachte
Mitteilung gleich geschehen und dabei die Ursache der Verspätung bemerkt
werden; entgegengesetzten Falles wollen Se. Majestät Ew. Excellenz An=
zeige der diesfälligen Bedenken erwarten."

Bernstorff an Albrecht. Berlin, 20. Januar 1828.*)

„Ich werde infolge des mir durch Ew. Hochwohlgeboren zugegangenen
Allerhöchsten Befehles, dem Herrn von Miltitz sofort die Zufriedenheit
Sr. Majestät mit dessen allerdings äußerst lobenswerten Benehmen zu
erkennen geben.

Gegen die Mitteilung der Hauptdepesche desselben an die drei
koalisirten Höfe, mit Weglassung einiger Stellen, würde ich kein Bedenken
haben, wenn dieser Gesandte ein ebenso treuer und zuverlässiger Bericht=
erstatter wäre, als er ein fähiger und gewandter Diplomat ist. Allein,
man wirft ihm, und ich habe leider Grund zu fürchten, mit zu vielen
Rechte vor, daß er, um sich geltend zu machen und seine Berichte mehr
auszuschmücken, sich bei Abfassung derselben, nicht immer eine streng
historische Genauigkeit zur Pflicht macht. Ich würde aus diesem Grunde
besorgen zu müssen glauben, daß die Vergleichung seines Berichtes mit
denen der Gesandtschaften der drei Höfe, von seiten welcher er eines nur
sehr unvollkommenen Vertrauens genossen haben soll, würde zu ungünstigen
Resultaten führen, das gegen den Herrn von Miltitz gefaßte Mißtrauen
eher vermehren als vermindern, und zu neuen Beschwerden über denselben
Anlaß geben können.

Dagegen würde ich es für eben so angemessen als nützlich halten,
daß den königlichen Gesandten an jenen drei Höfen die Abschrift der ob=
gedachten Depesche mit der Anweisung zugesandt werde, davon in münd=
licher Mitteilung Gebrauch zu machen, um die Art und Richtung der
Wirksamkeit der königlichen Gesandtschaft zu Konstantinopel außer Zweifel
zu stellen." —

Immediatbericht Bernstorffs an den König. Berlin, 20. Jan.
1828 (vollständig).

An Se. Majestät den König.

„Ew. Königl. Majestät ist die gegenwärtige Lage der politischen An=
gelegenheiten, zumal in besonderer Beziehung auf die Unruhen im östlichen
Europa, genau und vollständig bekannt. Allerhöchstdieselben haben aus
der zwischen Rußland und Oesterreich eingetretenen, fast bis zur offenen

---

*) Siehe S. 98—99.

Anfeindung gesteigerten Spannung gerechte Besorgnisse geschöpft und mir zur Pflicht zu machen geruhet, nach Möglichkeit dahinzuwirken, eine Annäherung zwischen den beiden Mächten herbeizuführen, oder doch der wachsenden Erbitterung zwischen denselben ein Ziel zu setzen. Da die Verhältnisse, aus welchen diese Mißhelligkeiten hervorgegangen, durch die jüngsten Ereignisse wesentlich modifiziert worden sind, so scheint mir der gegenwärtige Augenblick zu einem Versuche geeignet zu sein, die getrennten Ansichten und Interessen der beiden Höfe wieder zu vereinigen und denselben Zwecken zuzuwenden. Von welcher Ansicht ich dabei ausgegangen bin, und nach welchem Ziele ich meine Bestrebungen richten zu müssen geglaubt habe, darf ich Ew. Königl. Majestät ehrfurchtsvoll bitten, aus dem Entwurfe einer Instruktion an den Generallieutenant von Schöler, welchen ich mir erlaube Allerhöchstdenselben im Anschlusse zu gnädigst geneigter Prüfung und eventueller Genehmigung vorzulegen, huldreichst ersehen zu wollen.

Ich habe, in Gemäßheit der von Ew. Königl. Majestät früher ausgesprochenen Absichten, zwar kein Bedenken getragen, bei Abfassung dieser Instruktion von der Voraussetzung auszugehen, daß, falls Oesterreich vermocht werden sollte, den Zwecken und Erklärungen der drei durch den Vertrag vom 6. Juli v. J. verbundenen Mächte in der vorgeschlagenen Art beizutreten, Allerhöchstdieselben Sich auch Ihrerseits würden bereitwillig finden lassen, Sich den übrigen Mächten zu demselben Behufe anzuschließen und dadurch die durch jenen Vertrag zerrissene Einheit der großen europäischen Allianz herzustellen. Doch habe ich, in Rücksicht der großen Unsicherheit des Erfolges dieses Ausgleichungsversuches, jene Absicht mehr andeuten als ausdrücklich aussprechen zu müssen geglaubt.

Ich erlaube mir hier noch zu bemerken, daß die Idee der alleruntertänigst in Vorschlag gebrachten, dem russischen Hofe zu machenden Eröffnung bei mir durchaus nicht aus dem Gefühle irgend eines Bedürfnisses der Politik Preußens oder aus einer Rücksicht auf die besondere Lage Preußens hervorgegangen ist. Denn das Interesse Ew. Königl. Majestät wird durch die gegenwärtigen Verwickelungen der europäischen Politik nicht unmittelbar berührt oder gefährdet. Es ist für Allerhöchstdieselben, in dem gegenwärtigen Augenblicke keine Verlegenheit irgend einer Art fühlbar. Preußen steht vielmehr mitten unter diesen Verwickelungen, frei, unangefochten und unbedroht da, und man dürfte sich in dieser Beziehung wohl fragen, ob nicht jede Veränderung in dessen Stellung mehr zu fürchten und abzuwenden als herbeizuführen sei.*) Aber es hat nie in dem Geiste der

---

*) Die beständige Betonung der freien und unabhängigen Stellung Preußens in dieser und den vorangegangenen Depeschen, zeigt deutlich, daß Preußen nach keiner Seite hin sich gebunden hatte. Mochte auch das frühere erwähnte Schreiben des Königs vom Sommer den Satz enthalten haben, Preußen werde auch in Zukunft in der griechischen Angelegenheit sich auf derselben Linie, die es bisher mit Rußland eingehalten, bewegen und sich, im Fall keine Einigung über die orientalische Frage zustande komme, sich als treuer und uneigennütziger Freund Ruß-

Politik Ew. Königl. Majestät gelegen, daß Sie Sich von dem allgemeinen
Interesse Europas getrennt oder Ihre Berechnungen auf die wandelbaren
Verhältnisse des Augenblickes beschränkt hätten, und ich glaube daher Aller=
höchstdenselben ohne Scheu einen Vorschlag zu gnädigster Prüfung und
Entscheidung vorlegen zu dürfen, welcher wesentlich auf die Erhaltung des
allgemeinen Friedens, auf die Abwendung großen Unheils und auf die
Lösung einer Verwickelung gerichtet ist, welche in ihren zu befürchtenden
Folgen auf die Länge auch Preußen nicht unberührt lassen würde."

Bernstorff.

Aus dem Kabinetsbefehl des Königs an Bernstorff. Berlin
25. Januar 1828.

"Obwohl Ich den Zweck, welchen Sie mit der Ihrem Bericht vom
20. d. M. beiliegenden, an den General Lieutenant von Schöler gerichteten
Instruktion verbinden, als heilsam und meinen Wünschen entsprechend an=
erkenne, nehme Ich doch Anstand, diesen Schritt vorizt zu genehmigen,
weil es Mir angemessener scheint, die nächsten Folgen, welche die Um=
gestaltung des Ministerium in Paris und in London in Beziehung auf
die orientalischen Angelegenheiten haben werden, abzuwarten, als mit der
der Instruktion zu Grunde liegenden Idee bei dem russischen Hofe vor=
zutreten, die aller Wahrscheinlichkeit nach, dort bis auf eben diesen Zeit=
punkt beseitigt werden dürfte. London hat mich besonders zu diesem vor=
läufigen Entschluß bestimmt."*) —

Bernstorff an Schöler (Instruktion). Berlin, 31. Januar 1828.
(Zur Mitteilung bestimmt).

Die Hoffnung, den Knoten der politischen Verwickelung durch die vereinte
Kraft der Gesamtglieder der alten europäischen Allianz zu lösen, dürfe nicht auf=
gegeben werden. Nur auf diesem Wege werde es gelingen den Eigensinn der Pforte
zu brechen.
— "Die Pforte, welche sich bisher den drei durch den Vertrag
von London verbundenen Mächten gegenübergesehen, müßte sich in eine

---

lands erweisen, so bedeuteten diese allgemeinen Versicherungen doch nicht mehr, als
daß der preußische Staat diejenigen billigen und gerechten Forderungen Rußlands,
die mit dem europäischen Interesse verträglich seien, auch in Zukunft vertreten
werde. Vergessen darf man auch folgendes nicht. Diese Versicherungen waren ab=
gegeben worden zur Beschwichtigung Rußlands, in dem Momente, als man den auf
den Beitritt Preußens zum Traktate gerichteten dringenden Wunsch des Zaren ab=
geschlagen hatte. In welcher Weise der König dieselben einzulösen gedachte, zeigen
später die dem Frieden von Adrianopel vorhergehenden Verhandlungen. Preußen
wünschte eben — das beweist auch die Nichtberücksichtigung aller Bitten Rußlands
Rußlands um die Zusicherung späterer militärischer Hilfe — nichts als der uneigen=
nütziger Vermittler zu sein. Nur die drohende Gefahr einer vollständigen Ver=
schiebung aller europäischen Machtverhältnisse, eine Koalition Englands, Frankreichs
und Oesterreichs hätte Preußen im äußersten Fall ganz auf die Seite Rußlands
treiben können, worauf an anderer Stelle schon hingewiesen ist.
*) Der König stellt es am Schlusse des Schreibens Bernstorff anheim, die
Sache zu günstiger Gelegenheit wieder in Anregung zu bringen.

durchaus veränderte Lage versetzt fühlen, wenn ihr die ungeteilte Allianz in alter Einheit ihren festen Willen erklärte und ihr nur die Wahl zwischen unbedingter Nachgiebigkeit und offenem Bruche mit der Gesamtheit ließe. Daß es die Gesamtheit wäre, welche hier aufträte, daß gerade die Teilung verschwände, welche bisher sichtbar gewesen, darin findet die Wahrscheinlichkeit eines noch zu bewirkenden Gelingens eine neue Stütze.

Die drei verbundenen Mächte haben Oesterreich vorwerfen zu müssen geglaubt, ihren Zwecken entgegengewirkt zu haben. Je mehr Grund zu diesem Vorwurfe vorliegt, jemehr die Pforte, im Vertrauen auf Oesterreichs Freundschaft und Verwendung, möchte in falsche Sicherheit gewiegt und in ihrer Verstockung bestärkt worden sein, einen desto tieferen und entscheidenderen Eindruck auf dieselbe würde man sich von einer Anschließung Oesterreichs an die Schritte und die Sprache der drei Mächte versprechen dürfen.

Hier tritt nun allerdings die Frage ein, in wiefern Oesterreich sich zu dieser Anschließung jetzt würde bewegen lassen? Für seine Bereitwilligkeit in diesem Betreff läßt sich freilich einstehen, und vielleicht würde uns in Wien für solche Voraussetzung schlecht gedankt werden. Bei näherer Betrachtung jedoch zeigen sich Umstände, welche die Hoffnung gestatten zu dürfen scheinen, daß der Versuch, auf zweckmäßige Weise eingeleitet, nicht fruchtlos bleiben würde. Seitdem der Wiener Hof die Teilnahme an dem Vertrage vom 6. Juli v. J. verweigert hat, bietet sich auch für ihn eine völlig veränderte Lage der Dinge dar. Der Schlüssel zu dem ganzen, oft so widersprechend scheinenden Benehmen dieses Hofes in Bezug auf die orientalische Angelegenheit ist in seiner Furcht vor dem Eintritt, in seinem Wunsche der Fernhaltung einer Krisis zu suchen, durch welche die nächsten Interessen Oesterreichs unstreitig wesentlich berührt und bedroht werden könnten. Nun diese Krisis mit allen ihren langgefürchteten Gefahren und Verlegenheiten wirklich vor Augen steht, möchte derselbe in dem Vorschlage einer Anschließung vielleicht eher einen willkommenen Ausweg als eine lästige Zumutung sehen. Die Sache hat sich überdies durch den Fortgang der Ereignisse dahin entwickelt, daß jetzt weniger von einer vermittelnden Einschreitung, gegen deren Prinzip Oesterreich sich erklären zu müssen glaubte, als von einer peremptorisch vorzulegenden Alternative, wie der österreichische Hof selbst sie vor dem Abschlusse des Vertrages von London vorschlug, die Rede sein kann. Aus diesem Gesichtspunkte würde der an Oesterreich zu richtende Antrag zu neuem Zusammenwirken der früheren Gesamtverbündung, für welchen dort außerdem noch eine Reihe der wichtigsten Gründe sprechen, auch ohne Schwierigkeit zu motivieren sein. Der kaiserlich russische Hof wird übrigens die Möglichkeiten, welche die Gesinnungen und Absichten des Wiener Hofes gegenwärtig darbieten möchten, aus eigener Kenntnis und um so sicherer beurteilen können, als darüber gerade jetzt eine offene Erörterung zwischen den beiden Kaiserhöfen stattgefunden hat. An das Resultat dieser Erörterung dürfte sich denn auch ein Antrag, wie der hier in Rede gestellte, vielleicht natürlich anknüpfen lassen.

Es kommt dabei jedoch dabei zuvörderst auf die Frage an, ob die durch den dreiseitigen Vertrag verbundenen Mächte von der Mitwirkung Oesterreichs für den gemeinsamen Zweck einen den Umständen entsprechenden Erfolg hoffen zu können glauben und daher auf die entschiedene und offene Anschließung dieser Macht einen wahren und bedeutenden Wert legen würden? Wird dies, wie wir voraussetzen möchten, bejahend entschieden, so dürfte die Erreichung dieses Zweckes schon einiger Opfer wert sein. Aber selbst diese Opfer würden nicht allzugroß erfordert werden, und weniger die Sache selbst, als ihre Behandlung betreffen. Sie würden, wie es uns scheint, nur in der Unterdrückung jeder Empfindlichkeit in Bezug auf bisherige Unzufriedenheit und in einer gewissen Füglichkeit in Hinsicht der anzuwendenden Form bestehen müssen. So würde z. B., um jede Reizung widerstrebender Eigenliebe zu vermeiden, nicht von der Wiederanregung des früher verweigerten Beitritts zu dem Vertrage von London, sondern vielmehr nur von einer neuen Vereinbarung in unmittelbarer Beziehung auf die gegenwärtig vorliegenden Umstände die Rede sein dürfen, wobei, wie schon erwähnt worden, mit Vorteil an Oesterreichs eigenen früheren Vorschlag erinnert werden könnte.

Wenn wir dem kaiserlich russischen Hofe diese Betrachtung mit gewohntem rückhaltlosen Vertrauen vorlegen, so findet dabei keine Rücksicht, weder nahe noch entfernte, auf unsere eigene Lage statt, welche uns keine unmittelbare Beziehung zu dem in Rede stehenden Gegenstande giebt, und dürfen wir desfalls keiner Besorgnis einer Mißdeutung Raum gewähren. Ebensowenig geht unser Vorschlag aus der Natur unseres Verhältnisses zu Oesterreich hervor, denn unsere und die österreichischen Ansichten in Bezug auf die orientalische Angelegenheit weichen seit mehreren Jahren so weit von einander ab, daß jede Verständigung darüber sich bis jetzt als unmöglich gezeigt hat. Auch sind wir so weit entfernt, den gegenwärtigen Vorschlag mit Zustimmung des kaiserlich österreichischen Hofes und gleichsam in dessen Namen zu machen, das wir vielmehr voraussetzen, daß der kaiserlich russische Hof, im Falle derselbe unserer Idee seinen Beifall geben sollte, sie sich in der Art aneignen werde, daß sie sowohl gegen Oesterreich selbst, als gegen die anderen beteiligten Mächte, nur als die seinige erscheine." *) — —

Bernstorff an Maltzahn. Berlin, 28. Januar 1828.

— — „Wir sehen der Nachricht der definitiven Bildung des englischen Ministeriums bis jetzt noch vergebens entgegen. Die letzten Berichte aus London, und zwar vom 18. d. M., sind uns durch einen russischen Kurier zugegangen. Allein die Absendung selbst dieses Kuriers scheint uns den Beweis zu liefern, daß der Fürst Liewen bereits Gewiß-

---

*) Wurde am 30. Mai 1828 auch den anderen preußischen Gesandten auf Wunsch des Königs mitgeteilt, jedoch nur zu ihrer eigenen Kenntnisnahme.

heit über den Punkt hatte, über welchen er seinen Hof beruhigen zu können, ihm vor Allem wichtig dünken mußte, nämlich die Erhaltung des Lord Dudley auf seinem Posten und in dieser eine Gewähr der ungestörten Ausführung des Trilateral-Vertrages. In der That scheint der Herzog von Wellington selbst zu dem Gefühle gelangt zu sein, daß ein schroffer Uebergang von einem System zu dem anderen leicht würde dem Fasse den Boden ausschlagen und das Uebel untheilbar machen können. Denn auch abgesehen von jeder Modifikation, welche eine Ministerial Veränderung in die Ansichten der englischen Regierung zu bringen geeignet sein dürfte, spricht sich schon zwischen Rußland und England eine schwer zu hebende Meinungsverschiedenheit in Ansehung der Mittel zur Erreichung des gemeinschaftlichen Zweckes aus. Der Unterschied scheint mir wesentlich darin zu liegen, daß Rußland gern die anzuwendenden Mittel nach Möglichkeit ausdehnen, den Zweck aber strenge auf den vertragsmäßig verabredeten beschränken möchte, England dagegen die Mittel auf das Nothdürftigste zurückzuführen, sich aber alle auf diesem Wege erreichbaren Resultate zu sichern wünscht. Mit anderen Worten: Rußlands Streben geht dahin, die Pazifikation Griechenlands, ganz in dem Sinne des Vertrages von London, durch eine große, jeden Widerstand lähmende Kraftentwickelung mit möglichster Schnelligkeit zu erzielen, England andererseits, legt den größten Widerwillen gegen alle Maßregeln an den Tag, welche einen ausgedehnten Kraftaufwand erfordern und den wirklichen Krieg unmittelbar hervorrufen müssen, scheint sich aber keineswegs davor zu scheuen, den ausgesprochenen Zweck überschritten und die Unabhängigkeit Griechenlands erklärt zu sehen. Nach dieser Ansicht darf daher vorausgesetzt werden, daß die englische Regierung auch schon der Androhung einer solchen Unabhängigkeits-Erklärung den Vorzug vor anderen gegen die Pforte anzuwendenden, mit offener Gewalt verbundenen Zwangsmitteln geben würde."

Bernstorff an Schöler. Berlin, 3. Februar 1828.

— — „Ew. Excellenz werden unter den Anlagen auch eine gedrängte Uebersicht des Inhaltes einer unter dem 25. Dezember vorigen Jahres dem Fürsten von Lieven ertheilten Instruktion finden. Da der Herr Graf von Alopens mir die Instruktion selbst, infolge seiner beschränkten Ermächtigung, nur im engsten Vertrauen vorgelesen und mir dabei die strengste Geheimhaltung anempfohlen hat, so darf ich mir diese Mitteilung auch nur unter der Bedingung erlauben, daß Ew. Excellenz solche als eine ausschließlich persönliche ansehen wollen. Ich muß es übrigens, wo nicht für wahrscheinlich, doch für sehr möglich halten, daß Ew. Excellenz schon in Petersburg unmittelbare Kenntnis von jener Instruktion erhalten haben.

Nicht zu lebhaft kann ich Ew. Excellenz das Interesse und die Befriedigung schildern, welche Ihre mit dem letzten Kurier eingegangenen, in vielfacher Beziehung so reichhaltigen Berichte mir gewährt haben. Berühren diese Berichte Punkte, in Ansehung welcher es unsererseits einer Erwiderung oder einer Berichtigung bedürfen möchte, so sind diese, sollte ich meinen, zur Genüge in meiner heutigen Hauptdepesche*) enthalten. Denn wie der russische Hof auch den Antrag, welcher den Gegenstand dieser Depesche ausmacht, aufnehmen und beurteilen möge, immer werden ihm unsere wahren Gesinnungen in Ansehung seiner, unsere Stellung in Bezug auf die von Osten her drohende Krisis, und die Natur und Richtung unserer Wünsche und Bestrebungen darin klar und unzweideutig vor Augen treten. Gleichwohl mache ich mir zur Pflicht, Ew. Excellenz zu Ihrer vollständigeren Ueberzeugung auch hier noch auf ganz vertraulichem und keine Täuschung zulassenden Wege die bestimmte und unbedingte Versicherung zu erteilen, daß unsererseits von vorbereitenden, auf die möglicherweise eintretende Notwendigkeit einer Truppenzusammenziehung berechneten Maßregeln in keinem Augenblick die Rede gewesen ist, noch hat sein können, und daß eine mit Oesterreich eventualiter zu verabredende gemein=schaftliche Stellung eben so fern von der Absicht des Königs ist, als solche unvereinbar mit der Natur unseres Verhältnisses zu dieser, zwar befreundeten, aber von anderen Ansichten ausgehenden und nach anderem Ziele hinsteuernden Macht erscheinen muß.

Ew. Excellenz werden aus Ihrer zu offener Mitteilung bestimmter In=struktion ersehen, daß der eventuelle Beitritt Preußens zu der nach unserm Vorschlage mit Oesterreich zu treffenden Vereinbarung, wenn auch nicht unmittelbar angeboten, doch unzweideutig ausgesprochen ist. Bei der Un=gewißheit des Erfolges einer Eröffnung, welcher mehr eine auf gut Glück hingeworfene Idee, als ein förmlicher Antrag zum Grunde liegt, schien es eines Mehreren nicht zu bedürfen. Geht der russische Hof auf diese Idee ein, so haben Ew. Excellenz demselben umsoweniger Zweifel an der Absicht Sr. Majestät des Königs zu lassen, Sich der beabsichtigten neuen Vereinbarung zur Wiederherstellung der Ruhe im östlichen Europa an=zuschließen, als eine materielle Mitwirkung von seiten Preußens dabei jetzt so wenig als früher würde in Anspruch genommen werden wollen.

Ew. Excellenz habe ich, mit Genehmigung Sr. Majestät des Königs, ganz ergebenst zu ersuchen, Se. Königl. Hoheit den Prinzen Wilhelm von dem Gegenstande der Ihnen aufgetragenen Eröffnung an das kaiserliche russische Ministerium in vollständige Kenntnis setzen zu wollen. — —

Bernstorff an Bülow. Berlin, 9. Februar 1828.**) (chiffrirt.)

Das Ergebnis der Unterredung mit dem Herzoge hat uns große Befriedigung gewähren müssen. Sie werden aus meinen letzten Mit=

---

*) Nicht zu den Akten gekommen.
**) Wellington hatte zu Bülow gesagt, daß Oesterreich vielleicht durch eine gemeinsame Aufforderung der drei Mächte bewogen werden könne, dem Vertrage beizutreten, und daß dann vielleicht auch Preußen sich dazu entschließen könne. Er hatte hinzugefügt, Rußland möge sich vor voreiligen Schritten hüten: „Il faut surtout, qu'elle (la Russie) se garde d'occuper les Principautés, car une pareille mesure pourrait entrainer une guerre générale. Telle=

teilungen erſehen haben, wie unſere Anſichten und Wünſche den Ideen
des Herzogs entgegen kommen. Dieſer letztere darf übrigens auf die
Geduld des Kaiſers von Rußland nicht unbedingt rechnen. Irre ich nicht,
ſo wird ſich dieſer Monarch auch für die gemäßigſten Vorſchläge zugäng=
lich finden laſſen, wofern ſolche nur irgend zum Ziele zu führen geeignet
ſind; aber Zeit glaubt er nicht mehr verlieren zu dürfen. Sein Schreiben
an den Kaiſer von Oeſterreich hat in Wien nicht gefallen. Man ſieht
darin dort gewiſſermaßen nur ein Manifeſt ſeiner Abſichten und Beſchlüſſe,
und hält ſolches weniger für Wien als für London und Paris geſchrieben.
Uebrigens deuten am öſterreichiſchen Hofe alle Anzeichen auf Verlegen=
heiten und Unſchlüſſigkeiten, welche mehr und mehr vermuten laſſen dürfen,
daß ſich das Syſtem dieſes Hofes einem entſchiedenen Wendepunkte nahe.
Daß eine Aufforderung zu einer kräftigen Mitwirkung an
denſelben nichteinſeitig, ſondern im Namen der drei Höfe ge=
ſchehe, iſt gewiß ſehr zweckmäßig. Wir haben noch keine Antwort
aus Petersburg, aber alles, was ſich dort ausſpricht, berechtigt uns zu der
Hoffnung, daß unſere Eröffnung werde eine günſtige Aufnahme gefunden
haben. Man fing daſelbſt ſchon an, ſich über die Abſichten des engliſchen
Hofes wieder etwas zu beruhigen. Der Kaiſer hatte, ſobald er erfahren,
daß dem Herzoge von Wellington die Bildung des neuen Miniſteriums
übertragen ſei, dieſem, es iſt leicht zu erraten in welchem Sinne, geſchrieben."

Bernſtorff an Maltzahn. Berlin, 13. Februar 1828.

— — „Da ich vorausſehen muß, daß die Sendung des Freiherrn
v. Kanitz bei dem öſterreichiſchen Kabinet leicht wird die Vermutung wecken
können, daß derſelben ein verſteckter politiſcher Auftrag zum Grunde liege,
ſo mache ich mir zur Pflicht, Ew. Excellenz auch auf vertraulichem Wege,
die beſtimmteſte Verſicherung zu erteilen, daß ſolches keineswegs der Fall
ſondern, daß dieſe Sendung vielmehr den einzigen Zweck hat, das durch die
Beſchwerden der verſchiedenſten Art dunkel und rätſelhaft gewordene Benehmen des Freiherrn v. Miltitz an Ort und Stelle ſelbſt aufzuklären
und ihm dadurch das einfachſte Mittel zu gewähren, ſich gegen die ihm
zur Laſt gelegten Beſchuldigungen auf eine vollſtändige und überzeugende
Weiſe zu rechtfertigen.

Ich bedaure es, die gegenwärtige, nicht leicht ſo ſicher wiederkehrende
Gelegenheit zu keiner erheblichen Mitteilung benutzen zu können; nicht,
daß der gegenwärtige Zeitpunkt keinen Stoff dazu darböte, aber weil für
die Hauptangelegenheit der Politik des Tages gerade ein Wendepunkt
eingetreten iſt, welcher für den Augenblick alle Berechnungen hemmt und
der Beobachtung erſt wieder neue Anknüpfungspunkte bereiten wird.

que les affaires sont placées à présent, les différends qui pourraient naitre
entre la Russie et la Porte ottomane, ne sauraient plus être considérés
comme purement russes". — (Siehe Bülow an Bernſtorff. London, 4. Febr.
1828).

Die entscheidende Entwickelung dieser verhängnisvollen Angelegenheit hängt lediglich davon ab, worauf England und Frankreich die mit Rußland zur Verfolgung des gemeinschaftlichen Zweckes neu zu verabredenden Maßregeln werden beschränken, oder wohin solche auszudehnen sie sich werden verstehen wollen. So viel scheint schon jetzt klar zu sein, daß die französische Regierung es sich gefallen lassen würde, das Ziel eines kräftigen Zusammenwirkens bedeutend weiter hinauszusetzen als das brittische Kabinet sich dazu verstehen zu können glaubt.

Daß beide Regierungen, in ihrer gegenwärtigen Verlegenheit, gern die Mitwirkung Oesterreichs und Preußens in Anspruch nehmen möchten, sei es, um der Pforte mehr Nachgiebigkeit einzuflößen, sei es, um den Kaiser von Rußland zur Geduld und Mäßigung zu vermögen, wird mir immer weniger zweifelhaft, und es kommt mir nicht unwahrscheinlich vor, daß zu diesem Ende in Wien schon die ersten, wenn auch nur noch vorfühlenden Schritte, namentlich von seiten des gewiß nicht ohne besondere Aufträge dorthin zurückgekehrten französischen Botschafters geschehen sind.

Anträge solcher Art lassen sich unter so vielfachen Formen und Gestalten denken, daß dieselben vorliegen müssen, ehe sich darüber eine Meinung aussprechen läßt. Nur so viel kann ich Ew. Excellenz schon jetzt mit völliger Bestimmtheit sagen, daß wir zu jeder Vereinbarung gern die Hände bieten würden, welche die früher so eng verbündeten fünf Mächte wieder auf einer Linie zu vereinigen bestimmt und geeignet sein könnten. Es versteht sich jedoch von selbst, daß ein dahin zielender Antrag nicht auf einen nachträglichen Beitritt zum Vertrage von London, sondern vielmehr nur auf eine neue Vereinbarung in unmittelbarer Beziehung auf die gegenwärtig vorliegenden Umstände gerichtet sein müßte.

Der Petersburger Hof erwartet mit sichtbarer Unruhe die Ergebnisse der zu London gepflogenen Beratungen. Wie solche aber auch immer ausfallen mögen, so muß der Entschluß desselben, einen tief in den Bedürfnissen seiner Politik liegenden Zweck unabweichlich zu verfolgen, als unwiderruflich angesehen werden. Es ist sehr zu wünschen, daß der österreichische Hof darüber keiner Art der Täuschung Raum gebe." —

Bernstorff an Bülow. Berlin, 21. Febr. 1828.

"Es sind uns von seiten Frankreichs wiederholte Aufforderungen zu einer Anschließung an die Sache der drei verbündeten Mächte zugegangen, welche wir, als der Form und der Zeit nach gleich unzulässig, haben zurückweisen müssen. Denn sollen Anträge dieser Art wirksam sein, so müssen sie nicht einseitig, sondern von den drei Mächten gemeinschaftlich gemacht werden. Und will man auf Preußen rechnen, so muß man sich zuvörderst oder doch gleichzeitig Oesterreichs zu versichern suchen, nicht aber dessen Beitritt durch den Preußens erzwingen wollen. Diesen voreiligen Schritt hat die französische

Regierung durch die ihr angeblich zugegangene Nachricht rechtfertigen wollen, daß von seiten Ew. Hochwohlgeboren dem brittischen Kabinet Eröffnungen gemacht seien, welchen das förmliche Anerbieten einer Anschließung Preußens an die Tripelallianz zum Grunde gelegen habe. Diese Nachricht habe ich für durchaus falsch erklären müssen, und ich ersuche Ew. Excellenz auch Ihrerseits darauf Bedacht zu nehmen, die von der französischen Regierung irrig empfangenen Eindrücke zu berichtigen und für die Folge ähnlichen Mißverständnissen nach Möglichkeit vorzubeugen."

—

Aus dem Bericht Schölers an den König: Nr. III. Petersburg, 21. (9.) Februar 1828.*)

— — "Bereits in meinen beiden vorletzten alleruntertänigsten Berichten Nr. 8 und 9 habe ich anzudeuten versucht, in welcher Art der Vorschlag hier beurteilt werde, zu dem der Auftrag von dem Herrn Grafen v. Bernstorff mir unterm 31. (19.) v. M. zugefertigt ist, und dem zufolge, als letztes Mittel den Frieden zu erhalten, noch der Versuch zu machen wäre: ob nicht eine, im Namen der alten, ungeteilten Allianz erlassene Aufforderung in Konstantinopel, die Wirkung auf den Diwan hervorzubringen imstande sein würde, welche die drei im Traktate vom 10. Juli verbundenen Mächte allein bisher nicht zu erreichen vermochten.

Heute endlich bin ich so glücklich, Ew. Königl. Majestät die in einer Depesche an den Grafen von Alopeus abgefaßte offizielle Erwiderung des kaiserlichen Kabinets auf jenen Vorschlag in allerunterthänigst angebogener Abschrift vorlegen zu können.**)

Im Eingang der Depesche wird gesagt, daß sie bestimmt sei, den Grafen Alopeus zuvörderst von dem Inhalt unserer Depesche vom 31. Januar in Kenntnis zu setzen. Dies scheint mir auf keine ganz deutliche und richtige Weise geschehen zu sein, indem es das Ansehen gewinnt, als habe Preußen nur von der Teilnahme Oesterreichs an einer nochmaligen ernstlichen Vorstellung bei der Pforte und nicht zugleich von seiner eigenen die Möglichkeit eines günstigen Erfolgs vorausgesetzt.

Graf Nesselrode entgegnete auf meine Bemerkung hierüber, daß die in dieser Hinsicht etwa nötige Vervollständigung sich aus dem übrigen Inhalt seiner Depesche ergäbe. Dies scheint nun zwar nicht eigentlich der Fall zu sein; indes, da ich unsere Depesche vom 31. (19.) Januar hier in extenso mitgeteilt habe, so wird dem Grafen Alopeus auch wohl eine Abschrift zugefertigt worden, jedenfalls aber es leicht sein, seine Kenntnisse von unserm Antrage in Berlin zu vervollständigen, wenn es nötig befunden werden sollte.

In dem ganzen übrigen Teil der Depesche habe ich in Hinsicht der Fassung nur zwei Ausdrücke gefunden, deren Abänderung mir wünschens-

---

*) Siehe Instruktion an Schöler vom 31. Januar 1828 (S. 322).
**) Gemeint ist die Depesche: Nesselrode an Alopeus. Petersburg, 21. (9.) Febr. 1828.

wert schien. Der eine konnte als ein kleiner Nachhall des früheren Unmutes betrachtet werden. Graf Nesselrode hat keinen Anstand genommen, ihn ganz zu unterdrücken. Der andere am Schluß der Depesche, wo von den Erwartungen des Kaisers in Bezug auf Preußens künftige Mitwirkung die Rede ist, konnte auf die Vermutung führen, daß diese Erwartungen die Hoffnung: Preußen thätigen Anteil an den Maßregeln gegen die Pforte nehmen zu sehen, in sich schlösse.

Den wahren Sinn dieses Ausdrucks aufzuklären, war um so notwendiger, als der Kaiser in der Unterhaltung mit Sr. Königl. Hoheit ein paar Mal die Aufstellung und selbst den Marsch eines preußischen Hilfskorps, wenn es zum äußersten käme, wenigstens als möglich anzunehmen geschienen hat.

Graf Nesselrode hat mir hierauf die bestimmteste Versicherung gegeben: es sei im Kabinet nie von der Voraussetzung, daß Preußen einen thätigen Anteil an den Maßregeln gegen die Pforte nehmen könne, auch nur die Rede gewesen, und demzufolge, ohne Bedenken der Satz, der so anhebt: „bien que l'Empereur aime" u. s. w. in die gegenwärtige, jene Voraussetzung in keiner Art andeutende Fassung umgeändert.*)

Denkschrift Bernstorffs Sr. Majestät dem König eingereicht.
Berlin, 4. März 1828.**)

„Preußens Stellung und Gang in Bezug auf die orientalische Angelegenheit sind jederzeit so einfach als klar gewesen.

---

*) Der Zar wollte allerdings nicht, daß Preußen an den Unternehmungen gegen die Pforte teilnehmen solle, wohl aber wünschte er eine militärische Deckung durch Preußen für den Fall eines europäischen Krieges.

**) Die Denkschrift präzisirt noch einmal den Standpunkt Preußens, angesichts des in der Depesche Nesselrodes an Alopeus (Petersburg, 21. (9.) Februar 1828 enthaltenen Aufforderung Rußlands, Preußen möge den Wiener Hof bewegen voll und ganz dem Traktat vom 6. Juli beizutreten: „Le Cabinet prussien", heißt es da, „rendrait un service éminent à la cause Européenne et écarterait en même temps tous les inconvénients que nous venons de signaler, s'il employait ses bons offices à déterminer la Cour de Vienne de donner son adhésion pleine et entière an traité du 6. juillet, afin de rendre la paix à l'Orient. L'Empereur éprouverait une vive satisfaction, si les efforts du Cabinet de Berlin pouvaient amener ce résultat satisfaisant". — Mit diesem Gegenvorschlag suchte Rußland den auf eine ganz neue Vereinbarung gerichteten Vorschlag Bernstorffs zu beseitigen. Begleitet war diese Depesche von einer Note (Alopeus an Bernstorff; in den Akten ohne Datum, jedenfalls aber vom Ende Februar) in welcher dieser dem Berliner Kabinet mitteilt: der Kaiser habe ihm (Alopeus) den Wunsch aussprechen lassen: „que le résultat de vos négociations puisse être une communication du Cabinet de Berlin aux autres Cours de l'Europe, portant qu'il reconnait la légitimité des droits que l'Empereur va soutenir les armes à la main, et que par conséquent il approuve la politique de la Russie", ferner lautete es da: „vous cherchiez à obtenir dès à présent de la Prusse pour ce cas si malheureux (d'une guerre Européenne) une promesse formelle de rester en alliance avec nous et de nous rattacher sur le continent de l'Europe.

Des Königs Majestät haben Ihre Ansichten und Grundsätze darüber stets unumwunden ausgesprochen und durch alle Wechsel der Verhältnisse folgerecht durchgeführt.

Preußen hat sich bei dieser Angelegenheit nicht als unmittelbar beteiligt ansehen können. Seine eigenen direkten Interessen sind dadurch nicht berührt worden. In seinen besonderen Verhältnissen zur ottomanischen Pforte lag keine Aufforderung, kein Beruf zu einer Einmischung in dieselbe.

Allein Se. Majestät erkannten bald mit Ihren hohen Alliirten, daß der christliche Völkerschaften mit Untergang bedrohende, die allgemeine Ruhe und Sicherheit Europas wesentlich gefährdende griechische Insurrektionskrieg die Aufmerksamkeit, Sorge und Vorsehung der verbündeten Mächte dringend in Anspruch nehmen müsse.

Allerhöchstdieselben trugen daher keine Bedenken, Sich auch Ihrerseits zu dem Grundsatze zu bekennen, daß die Befugnis dieser Mächte, durch ihre Dazwischenkunft eine Verwickelung zu lösen, welche, sich selbst überlassen, schon damals eine ziel- und grenzenlose zu werden drohte, sich durch Rücksichten des allgemeinen Friedens, mithin der eigenen Sicherheit, vollständig begründen lasse.

Und als der hochselige Kaiser Alexander, welcher sich bei dieser Angelegenheit, in welche Er die ersten und wesentlichsten Interessen Seines Reiches tief und unzertrennlich verflochten sah, zunächst beteiligt glaubte, sich nötigenfalls zu einer thätigen Einschreitung entschloß und seine Bundesgenossen aufforderte, ihm für dieses Unternehmen ihre Zustimmung und dieselbe moralische und solidarische Unterstützung zu gewähren, welche Oesterreich und Frankreich die Kraft und das Vermögen verliehen hatte, in den Königreichen Neapel und Spanien die Ruhe und die rechtmäßige Ordnung wieder herzustellen, nahm Preußen keinen Anstand, dazu seine volle und unbedingte Bereitwilligkeit zu erklären.

Auch hat der preußische Hof es nur lebhaft bedauern können, daß, in Ermangelung eines ähnlichen Einverständnisses von seiten einiger andern alliirten Höfe die vom Kaiser Alexander beabsichtigte Vereinbarung nicht zu stande kam.

Als nach dem Hinscheiden dieses Monarchen die Angelegenheit Griechenlands zwischen Rußland und England zur Sprache kam, und die beiden Mächte die bekannte Protokoll-Vereinbarung von St. Petersburg trafen, glaubte man in mehr als einem Kabinette, in diesem Separat-Abkommen eine Verletzung der ihren Grundsätzen und ihrer Gewohnheit nach alle Gegenstände allgemeinen Interesses einer gemeinschaftlichen Beratung und Beschlußnahme unterziehenden großen Allianz sehen zu müssen.

Preußen aber erkannte sogleich, daß der russische Hof unter den vorwaltenden Umständen die Wahl der Form nicht gehabt und daß derselbe,

---
Cette promesse nous semble découler de toutes les déclarations antérieures du Roi et de son Cabinet et l'Empereur espère la recevoir itérativement". In seinem Briefe an den König vom 28. Februar 1828 sprach der Zar ebenfalls die Hoffnung aus, daß diese Vorschläge den Beifall des Königs finden würden.

indem er England dem Zwecke nach auf die Bahn der Allianz zurück=
geführt, dieser einen wesentlichen Dienst geleistet habe.

Es erschien inzwischen lange als zweifelhaft, welchen Erfolg und
Bestand jene Protokoll=Vereinbarung haben würde, und erst spät wurden
die beiden Höfe darüber einig, solche der früheren Abrede gemäß ihren
Alliirten mitzuteilen und die Mitwirkung dieser zur Ausführung derselben
in Anspruch zu nehmen.

Preußen erklärte sich auf diesen Antrag in völliger Uebereinstimmung
mit seiner früher ausgesprochenen Ansicht.

Nicht in seiner geographischen Lage, nicht in seinem Verhältnisse
zur ottomanischen Pforte, nicht in irgend einem Interesse seiner Unter=
thanen, oder in irgend einer vertragsmäßigen Verbindlichkeit, in seiner
Eigenschaft eines Mitgliedes der großen europäischen Allianz
allein konnte sich ihm eine Aufforderung zur Teilnahme an der be=
absichtigten Intervention zeigen. Des Königs Majestät knüpften daher
mit vollem Fuge das Versprechen der von Allerhöchstdenselben begehrten
Mitwirkung zu einem, auch von Ihnen als heilsam erkannten und daher
auch von Ihnen aufrichtig geteilten Zwecke, an die Voraussetzung der
ungeteilten Zusammenwirkung der sämtlichen verbündeten
Mächte.

Ganz in derselben Art sprachen Se. Majestät sich aus, als später
Frankreich mit dem Vorschlag hervortrat, die Petersburger Protokoll=
Vereinbarung in einen förmlichen Vertrag zwischen den fünf alliirten
Mächten zu verwandeln. Aber die ernsteste und entscheidenste Erwägung
dieses Gegenstandes trat ein, als infolge des ebengedachten Vorschlages Ruß=
land und England wirklich mit Frankreich über einen neuen Vertrag zum
Zweck der Pazifikation Griechenlands in Unterhandlung traten und Preußen
und Oesterreich zur Teilnahme daran einluden.

Denn alsbald traten bis dahin halb versteckte Verschiedenheiten der
Meinungen und Interessen unter den Verbündeten schroff und laut gegen=
einander hervor und bedrohten die Allianz mit beklagenswerten und offen
kundigen Spaltungen.

Schon waren die Bande dieser Allianz in den letzten Jahren sehr
locker geworden. Ungünstig einwirkende Verhältnisse hatten sie in ihrem
innersten Wesen erschüttert. Die Alliirten selbst mußten sich bereits fragen,
ob ihr alles in den Früchten, welche er ihnen getragen, so segensreicher
Bund wirklich noch bestehe. In der öffentlichen Meinung war derselbe
zum lauten Triumph aller Feinde des Friedens und der öffentlichen Ord=
nung größtenteils schon aufgelöst.

Diese Auflösung aber wurde von den verbündeten Mächten selbst,
denn so nannten sie sich noch, von dem Augenblicke an anerkannt und
öffentlich ausgesprochen, wo einige der Alliirten sich, mit Ausschließung
der anderen, durch einen förmlichen Vertrag zu getrennten Zwecken und
in getrennter Richtung verbanden und sozusagen einen Bund im Bunde
schlossen.

Treu der alten, vielleicht noch zu rettenden Verbindung, und innig überzeugt von der Wichtigkeit ihrer Erhaltung wollte und durfte Preußen keinen Teil an einer Vereinbarung nehmen, welche diese Verbindung der unverkennbaren Gefahr aussetzte, dem Zwecke des Augenblicks aufgeopfert zu werden.

Preußen verkannte übrigens die hohe Wichtigkeit dieses Zweckes nicht. Allein wo es den Bestand oder die Vernichtung der großen Allianz galt, da konnte in seinen Augen auch dieser Zweck einen nur untergeordneten Wert behaupten. In demselben Maße aber als Preußen, in Bezug auf diese Allianz und ganz abgesehen von dem Gegenstande der Unterhandlung, Gefahr und Unheil von dem beabsichtigten Vertrage besorgte, würde es sich auch von dem Abschlusse desselben die segensvollsten Wirkungen versprochen haben, wenn dieser Vertrag die Alliirten in ihrer Gesamtheit vereinigt und dadurch den Fortbestand des so lange wunderthätigen Bundes in aller Kraft und Einheit vor der Welt bekundet hätte.

Von dieser Ansicht aus machte der preußische Hof es sich zur Pflicht, seine eifrigsten und beharrlichsten Bestrebungen dahin zu richten, Oesterreich zur Teilnahme an dem unterhandelten Vertrage zu bewegen.

Doch diese Bestrebungen blieben fruchtlos. Der österreichische Hof erklärte sich mit unerschütterlicher Bestimmtheit sowohl gegen das Prinzip der aufzudringenden Vermittelung als auch gegen die Wahl der zur Geltendmachung derselben in Vorschlag gebrachten Mittel.

Auch fanden die zu Wien angewandten Bemühungen Preußens wenig Unterstützung von seiten der unterhandelnden Mächte selbst. Denn Rußland wollte und konnte sich zu keinen Modifikationen verstehen, welche ihm, auch nur im Mindesten, die Grundlage verrückt hätten, auf welcher allein es England festzuhalten hoffen könnte. Die englische Regierung aber, damals unter der Leitung eines Ministers, dem die große Allianz in ihrem Wesen und ihrer Form gleich gehässig war, gab bei jeder Veranlassung deutlich zu erkennen, daß sie auf die Teilnahme Oesterreichs und Preußens keinen Wert lege.

Auch fand sich, als die Bevollmächtigten der beiden Höfe von der Lage der Unterhandlung Kenntnis nehmen wollten, daß nicht von zu treffenden, sondern nur noch von bereits ganz fertigen, wenn auch sehr unvollständigen und wenig genügenden Verabredungen, für welche eine unbedingte Zustimmung begehrt wurde, die Rede war.

So vereinigten sich in jenem verhängnisvollen Zeitpunkte alle Umstände, um des Königs Majestät zu bewegen, dem zu London abgeschlossenen Vertrage ihren Beitritt zu versagen.

Allein diese Weigerung bezog sich lediglich auf die äußere und öffentliche Form der getroffenen Vereinbarung.

Se. Majestät erklärten sich unbedingt für den Zweck derselben, machten sich zu jeder mit Ihrer Stellung zu vereinigenden Mitwirkung zur Erreichung dieses Zweckes verbindlich und haben dieses Versprechen durch die Allerhöchstdero Gesandten zu Konstantinopel erteilten und von diesem pünktlich und kräftig ausgeführten Befehle vollständig erfüllt. Daß Se. Majestät gegenwärtig noch von der so unverrückt befolgten

Bahn abweichen und sich dadurch mit Sich selbst in Widerspruch setzen sollten, darf Allerhöchstdenselben billigerweise nicht zugemutet werden.

Ob sich in der gegenwärtigen, großer Entscheidung entgegeneilenden Krisis von einer Vereinigung der fünf alliirten Mächte zur Ausgleichung einer tiefverworrenen Angelegenheit noch heilsame Wirkungen würden erwarten lassen dürfen, möchte um so schwerer zu berechnen sein, als bei einem solchen Versuche die Wahrscheinlichkeit des Erfolges vorzüglich durch das Maaß einer zu erzielenden Uebereinstimmung in den Ansichten, Gesinnungen und Zwecken unter den genannten Mächten selbst bedingt werden würde.

Jedenfalls würde der preußische Hof in dieser Vereinigung die Erfüllung eines unablässig und eifrigst genährten Wunsches sehen.

Aus diesem Wunsche hat er dem österreichischen Kabinet nie ein Geheimnis gemacht, daher aber auch schon längst die Ueberzeugung gewonnen, daß es anderer und stärkerer Beweggründe, daß es unmittelbar aus dem Verhältnisse Oesterreichs zu den drei koalisirten Mächten hervorgehender Aufforderungen, daß es eines schonenden und freundlichen Entgegenkommens bedürfen würde, um den Kaiser von Oesterreich zu vermögen, sich den Zwecken jener drei Mächte rückhaltlos anzuschließen.

Preußen hat sich zwar auch noch in der ganz letzten Zeit die Aufgabe gestellt, zu diesem Ende dringende Anregungen nach Wien gelangen zu lassen, und es würde, so lange sich davon eine Wirkung nur irgend hoffen lassen könnte, solche Versuche zu erneuern sich jederzeit bereit finden lassen, allein, man darf sich keine heilsame Aenderung in den Ansichten und Beschlüssen des österreichischen Hofes versprechen, so lange diesem nicht von seiten jener drei Mächte selbst, durch direkt in Art und Form beruhigende Anträge die Ueberzeugung gewährt wird, daß dieselben auf eine Verständigung mit Oesterreich, behufs der unter den gegenwärtigen Umständen zu beschließenden Maßregeln, einen entschiedenen Wert legen, und daß diese Verständigung zugleich die Ausgleichung der bisherigen Mißverhältnisse herbeiführen und das gute Vernehmen mit dem österreichischen Hofe wieder herstellen würde.

Eine ganz geflissentliche Täuschung würde es sein, wenn Preußen nach allen bisherigen Erfahrungen noch glauben wollte, daß eine seinerseits zu erklärende Anschließung an den Trilateral-Vertrag Oesterreich bewegen oder auch nur einen Augenblick geneigt machen könnte, solchem Beispiele zu folgen. Denn zwischen der Stellung und den Verhältnissen der beiden Mächte findet ebensowenig Uebereinstimmung statt, als solche zwischen ihren Ansichten, Grundsätzen und Beschlüssen vorhanden gewesen ist. Und auch von einer Gemeinschaft der Interessen hat in Bezug auf eine Angelegenheit die Rede nicht sein können, welche die eine Macht in allen ihren Verhältnissen, auch den zartesten und wundesten, zu verletzen bedroht, die andere aber in keiner unmittelbaren Beziehung berührt.

Aus allem bisher Gesagten dürfte zur Genüge hervorgehen, daß des Königs Majestät alles, was Sie Ihrer Stellung nach für die Erhaltung des Friedens und für die Beruhigung des Orients thun konnten, redlich und gewissenhaft geleistet haben; daß es Ihre Schuld nicht ist, wenn Ihnen die Veranlassung gefehlt hat in Ihrer Eigenschaft eines Mitgliedes der großen europäischen Allianz, deren Gebot Sie jederzeit mit Freudigkeit erfüllt haben, ein Mehreres zu thun; endlich daß, wo die Wirksamkeit dieser Allianz ruht oder durch entgegenstrebende Richtungen gehemmt wird, für Allerhöchstdieselben keine hinreichende Aufforderung vorhanden ist, um aus dem Kreise der Thätigkeit herauszutreten, welcher Ihnen durch die nächsten und unmittelbaren Interessen Ihrer Monarchie, durch die ersten Pflichten Ihres hohen Berufes und durch Ihre landesväterliche Sorge für das Wohl Ihrer Unterthanen strenge und unverkennbar vorgezeichnet ist." Bernstorff.

Bernstorff an Bülow. Berlin, 23. März 1828.

Lord Dudley wolle seine (Bernstorffs) Meinung über die gegenwärtige Krise wissen.

— — „Loin de vouloir se dégager des obligations du traité trilateral, la Russie déclare l'intention la plus positive de les remplir scrupuleusement et énonce le désir de faire servir ses opérations directes contre la Porte à en faciliter et en hâter l'exécution. Mais est-il de l'intérêt de l'Angleterre et de la France d'entrer dans cette combinaison et de coordonner leurs opérations ultérieures avec les mesures de la Russie? Voilà la question la plus importante à résoudre. Si nous étions appelés à la décider, nous n'hésiterions pas a nous prononcer pour l'affirmative. Car la Russie offre encore aujourd'hui les mêmes garanties, qu'à l'époque de la signature du protocole de St. Pétersbourg, où une rupture entre elle et l'Empire ottoman était également censée imminente, le gouvernement anglais accepta de sa part. Crûton alors devoir l'astreindre, par rapport à la Grèce, à des engagemens positifs, ce même intérêt doit subsister encore aujourd'hui. Quel a été d'ailleurs pour le Gouvernement anglais le but secret et principal du traité de Londres. Evidemment celui de contenir la Russie, de la soumettre au contrôle de ses Alliés, de l'empêcher d'agir isolément et de se rendre par là l'arbitre absolu des affaires de l'Orient. Or, ne serait-ce pas lui rendre cette liberté, que de rompre gratuitement ce même traité, qui a dû lui servir de frein, sauf, peut-être, à se mettre plus tard en opposition ouverte envers elle et à racheter ainsi la nécessité d'une guerre par le danger d'une autre guerre? Lorsque nous considérons de plus que la satisfaction, dont la Russie fait l'objet de sa guerre directe avec la Porte, est si loin d'être en contradiction avec ce qui forme celui du traité de Londres, que ce qui peut servir à avancer et à faciliter l'un de ces résultats, doit nécessairement venir à l'appui de l'autre, nous ne pouvons que nous flatter, que les Alliés de la Russie préféreront une voie encore susceptible de tout sauver et de tout concilier à un parti, qui confondrait tous les intérêts dans la même confusion, qui mettrait les destinées de l'Europe entière à la merci d'événements incalculables et qui ne leur rendrait leur liberté que pour les placer dans l'alternative fatale, ou de sanctionner tacitement des résultats, sur lesquels il n'exercerait plus aucune volonté, ou d'y intervenir par une opposition, qui deviendrait infailliblement le signal d'une conflagration générale.

Je dois supposer, Mr., que le Pce. Esterházy Vous donnera connaissance des dernières propositions de l'Autriche. Elles reproduisent l'idée de vaincre la résistance de la Porte par la menace de la reconnaissance immédiate de l'indépendance absolue de la Grèce. Au point où les choses en sont venues, cette proposition ne peut paraître que trop tardive ou insuffisante et dans aucun état de cause elle n'aurait fait fortune à St. Pétersbourg. Car l'émancipation absolue des Grecs n'est jamais entrée dans les voeux de la Russie, qui n'a pu se dissimuler, qu'elle tournerait nécessairement à l'avantage des Puissances appelées à exercer une prépondérance dans la Méditérannée. La proposition de l'Autriche rentre d'ailleurs évidemment dans l'idée du Gouvernement anglais, vivement repoussée par le Cabinet de St. Pétersbourg, de borner l'action tant politique que matérielle des trois Puissances coalisées à ce qui fait l'objet direct à leur traité, savoir au seul territoire de la Grèce. L'Autriche parait en effet oublier, que même après avoir occupé la Grèce militairement et après avoir proclamé son indépendance, on n'aurait encore rien fini tant qu'on n'eut pas obtenu la réconnaissance de la Porte pour ce nouvel ordre de choses, et que, pour parvenir à ce dernier résultat, il n'en faudrait pas moins que cette guerre franche et directe, que l'on voudrait à tout pirx éviter et dont le principe — on a beau vouloir se le dissimuler — se trouve cependant déjà consacrée dans les stipulations du traité de Londres." — —

Schöler an Bernstorff. Petersburg, 3. April (22. März) 1828.
Anläßlich der Ueberreichung eines Memoires über die griechische Angelegenheit durch den Prinzen Wilhelm.

„Da das Exemplar des Memoires über Preußens Verhältnis in der griechischen Sache,*) welches Se. Königl. Hoheit erhalten haben, französisch abgefaßt war, so haben hierin Höchstdieselben außer Ihrer eigenen Belehrung noch die Bestimmung dieses Memoires zu erkennen geglaubt, Sr. Majestät dem Kaiser vorgelegt zu werden.

---

*) Unter den Akten nicht befindlich.

Ich darf wohl voraussetzen, daß Ew. Excellenz Kenntnis von dem politischen Teile der Berichte erhalten, welche der Prinz Sr. Majestät erstattet, mit mir spricht Se. Hoheit über denselben ohne Rückhalt zwar, doch — wie es bei Seinem steten Zusammensein mit der kaiserlichen Familie nicht anders sein kann — nur gelegentlich und mit dem Grade von Genauigkeit davon, die eine mündliche Mitteilung schriftlicher Aeußerungen gewähren kann. Auf diese Weise habe ich daher das Urteil des Kaisers über vorgedachte Memoire auch erst gestern, also nach der Abfassung meines allerunterthänigsten Berichts Nr. 20 erfahren. Da jedoch des Grafen Stroganoff Reise, durch die Andachtsübungen der stillen Woche bis heute sich verzögert hat, so erhalte ich dadurch die Möglichkeit Ew. Excellenz von den mir mitgeteilten Aeußerungen des Monarchen jedenfalls ganz ergebenst in Kenntnis setzen zu können.

Im allgemeinen hat der Kaiser diesem Memoire nichts entgegengestellt, sondern es den Ihm wohl bekannten Ansichten Sr. Majestät des Königs völlig angemessen erklärt. Bestritten hat Er nur die in dem Memoire geäußerte Meinung, daß Oesterreich in seiner isolirten Stellung keine kräftigen Schritte bei der Pforte machen könne und werde, und Sich dabei auf die, von Ew. Excellenz am Schlusse des Erlasses unterm 20. März ebenfalls angeführte Thatsache, daß Oesterreich jetzt wirklich einen solchen Schritt thun wolle, berufen, indem diese Absicht des Wiener Kabinets auch von dem Herrn von Tatitscheff einberichtet ist. An dieses Argument hat Er die Bemerkung geknüpft, daß infolge dieses Entschlusses von Oesterreich — die Behauptung, Preußen könne zu gunsten der Sache, deren Rechtmäßigkeit es anerkenne, in Wien durch seine Vorstellungen nichts erwirken, gewissermaßen widerlegt sei.

Ich hoffe noch Gelegenheit zu erhalten, den Grafen Nesselrode darauf aufmerksam zu machen, daß diese Folgerung nicht strenge richtig sei, indem bei Preußens Verhältnisse zu Rußland seine Anregungen auf einen solchen, bei Oesterreich aus eigener Bewegung entstehenden Entschluß vielleicht eher nachteilig als vorteilhaft wirken könnten.

Ferner hat der Kaiser bemerkt, daß Er seinerseits keinen Schritt des Entgegenkommens gegen Oesterreich unterlassen habe, den Er, nach allem was geschehen sei und fortwährend geschehe, ohne Verletzung Seiner Würde, und ohne im voraus von der Fruchtlosigkeit desselben überzeugt zu sein, thun könne. — —

Endlich soll der Kaiser noch geäußert haben, daß Er nie eine eigentlich thätige Teilnahme von Preußen erwartet und in Anspruch zu nehmen beabsichtigt habe, doch aber die Frage Sich stellen müsse: ob Preußen — wenn die Umstände am Ende, was immer möglich sei, eine solche Entscheidung nötig machen sollten — sich auf die Seite derer, die im Recht zu sein es anerkennen, oder auf die andere Seite stellen werde?

Ueber diese, die äußerste Möglichkeit betreffende Frage, ist, meiner unmaßgeblichen Meinung nach, niemand imstande die Antwort bestimmt, durch ein einfaches Ja oder Nein, zu geben. Sie aber auch nur soweit als möglich zu erhalten, muß dem Kaiser von großer Wichtigkeit, und, wenn Preußen die Erklärung gegenwärtig nach Seinem Wunsche giebt, dies fast von größerem Werte für Ihn sein, als wenn es künftig in erforderlichem Falle wirklich ganz auf seine Seite tritt." — —

Schöler an Bernstorff. Petersburg, 13. (1.) April 1828.*)

Der Kaiser wartet mit Sehnsucht und Ungeduld auf eine baldige und günstige Antwort von Preußen.

— — „Mir scheint es, unmaßgeblich, dem allgemeinen wie dem preußischen besondern Interesse angemessen, daß dieser Wunsch des Kaisers erfüllt werde.

Den Krieg bis zur Herstellung seines Verhältnisses mit der Pforte, wie der Ackermannsche Vertrag es begründet hatte, macht Er und wenn halb Europa dagegen aufträte! Daß England und vielleicht auch Oesterreich dieses Verhältnis herabdrücken wollten und noch möchten, die feste Entschlossenheit aber, mit welcher Kaiser Nikolaus diesen einmal errungenen Vorteil verteidigt und sicherstellen will, ihm nicht zugetraut haben, muß man voraussetzen. Man kann sonst das ganze Benehmen beider Mächte und die Täuschung, daß eine halbe Erfüllung des Londoner Traktats von Rußland fortan werde angenommen werden, nicht begreifen: da England überhaupt es scheut, sich in einen Krieg einzulassen — ein Krieg mit Rußland aber beiden Teilen nur Schaden bringt — und da Oesterreich vor allem den Umsturz der Pforte, und Rußlands weiteres Vorschreiten gegen die Donau fürchtet.

Dagegen ist dem Kaiser Nikolaus ebenfalls der Krieg überhaupt zuwider, besonders aber die weitere Verbreitung desselben, weil Er Seine wahren Kräfte nicht überschätzt, mithin die mißlichen Folgen, die aus einer größeren Verwickelung entstehen können, vollkommen gut einsieht. Hierin aber liegt die wahre Bürgschaft, daß Er außer dem vorgedachten unerschütterlichen Vorsatz keine andern Zwecke habe, und daß — steigen sie in ihm auf — Er leicht davon abzubringen sein würde!

Außer diesem ist nun der Kaiser Nikolaus von Seinem Recht nicht allein vollkommen überzeugt, sondern eben so sehr von dem Unrecht der andern und ihrem bösen Willen gegen Rußland, und seine ganze Nation wird diese Ansicht mit ihm teilen, sobald Er sie öffentlich aussprechen wird. Für den Krieg mit der Pforte ist die Stimmung in der Armee und im ganzen Lande ziemlich lau, ein Krieg gegen diejenigen aber, welche Rußland daran hindern wollten, von der Pforte Genugthuung zu fordern, würde die volle Zustimmung aller Russen erhalten.

Wenn daher England und Oesterreich dazu: daß sie Rußland an der Erlangung des einen Zwecks, den es für unerläßlich hält, nicht hindern wollen, bestimmt werden, letzterem aber zugleich auch die Ueberzeugung

---

*) Obwohl die nächstfolgenden Aktenstücke der Zeit nach später fallen, des Zusammenhanges wegen an diese Stelle gesetzt.

gegeben werden könnte, daß eine Ver ung anderer und bedenklicher
Zwecke alle andern Mächte, selbst seine b en Freunde, von ihm abwendig
machen würde, so wäre mit möglichster Gewißheit anzunehmen, daß das
Ziel: „Europa vor einem allgemeinen Krieg zu bewahren", sich erreichen
ließe. Nun aber scheint Preußen mir die Macht zu sein, die diese Aufgabe und damit zugleich die Frage lösen könne, welche Stellung sie in
dem europäischen Staatenvereine annähme, und alle Verhältnisse scheinen
mir dazu anzumahnen, gleichsam zu dem Entschluß hinzudrängen, dieser
Lösung uns zu unterziehen.

Wenn Preußen — mit allen seinen bisherigen Erklärungen übereinstimmend — ernst und milde es ausspricht, öffentlich ausspricht: daß
es Rußlands volle Befugnis, ja selbst Verpflichtung, die Pforte zu Paaren
zu treiben, anerkenne und, im eintretenden Falle, nach dieser Ueberzeugung
verfahren werde, dann werden England und Oesterreich sich gewiß nicht
zu Schritten entschließen, zu denen sie ohnehin keine wahrhafte Verletzung
eines wesentlichen Interesses auffordert!

Eine solche Erklärung berechtigt aber vollkommen, andererseits auch hinzuzufügen, daß selbige nur auf das Vertrauen in des Kaisers Mäßigung und festen Entschluß, Sich
keine anderweitigen Vorteile anzueignen, begründet sein, folglich auch nur mit diesem Vertrauen bestehen und giltig bleiben
könne!

Spricht Preußen sich in dieser Art kräftig und deutlich aus, so er-
wirbt es sich, wird der Zweck erreicht, bei allen Dank und Achtung, und
versetzt sich, sollte seine gute Absicht, gegen alle Wahrscheinlichkeit fehlschlagen, in keine schlimmere Lage. Führt Preußen dagegen eine ungewisse
Sprache, wobei keiner auf dasselbe bauen kann, so wird, welches auch
der Ausgang sein mag, niemand ihm Dank wissen, und alle werden die
Achtung vor ihm verlieren, die in seiner eigentümlichen Lage, ihm noch
ungleich nötiger ist, als andern Mächten, deren kolossale Kräfte ihnen
Bedeutung geben.

Durch nichts von allem, was früher geschehen; ist das Gefühl des
Kaisers so sehr verletzt, als durch die zurückgesetzte Beantwortung seines
eigenhändigen Schreibens an den Kaiser Franz, und daß Ihm der Gedanke an die Möglichkeit etwas ähnliches von Preußen erfahren zu
können, vorschwebe und beunruhige, beweisen nicht nur Seine Aeußerungen,
sondern unter anderen auch die Thatsache, daß Er das 1. Armee-Korps
(in Livland und Kurland) ebenfalls unter den Befehl des Großfürsten
Konstantin gestellt und diesem Entschluß die sonderbare Deutung gegeben
hat, daß dadurch die Verpflichtung erfüllt werde, welche Kaiser Alexander
in Verona gegen Frankreich übernommen habe, als dieses seine Truppen
habe nach Spanien marschiren lassen.

Diese Deutung ist keine! Sie beweist nur, daß der Kaiser zu dieser
Maßregel Sich einer Veranlassung — Ungewißheit über Preußens Entschließungen — bewußt ist, die Er zu verheimlichen wünscht. Allein
den Eindruck dieses Gefühls, wenn es lange dauert, wieder ganz zu ver-

wischen, dürfte schwer sein. Dagegen würde ein Beweis, daß Er im wirklichen Fall der Not auf Preußen bauen könne, Ihn auf immer für dasselbe gewinnen." — —

Verhandlungen über die preußische Zirkulardepesche v. 10. April.
Der König billigte den ersten von Bernstorff verfaßten Entwurf zur Zirkulardepesche nicht, sondern schlug in einem kleinen, eigenhändig aufgesetzten Memoire „Propositions à faire aux trois Puissances" vor, Preußen möge einen positiven Vorschlag machen und Rußland, Frankreich und England anraten, die Pforte, ehe sie zur Ausführung neuer Zwangsmittel schritten, noch einmal peremptorisch aufzufordern, sich ihren Anträgen zu fügen. Bernstorff formulirte in einem Immediatbericht seine Bedenken dagegen, die er zugleich den umgearbeiteten Entwurf (mit einer Abschwächung des vom Könige gewünschten Zusatzes) einreichte. Es sollte nur von einem Wunsche Preußens die Rede sein, nicht von einer Aufforderung:

Immediatbericht Bernstorffs an den König. Berlin, 8. April 1828*) (vollständig.)
An des Königs Majestät.
„Die Gründe, warum ich es für bedenklich hielt, den drei beteiligten Mächten anzuraten, die Pforte, ehe sie zur Ausführung neuer Zwangsmittel schreiten, noch einmal peremptorisch aufzufordern, sich ihren Anträgen zu fügen, waren hauptsächlich folgende:

1. Die Verabredung der von den drei Mächten zur Ausführung des Trilateral=Vertrages zu treffenden Maßregeln macht den Gegenstand der zu London gepflogenen Beratungen aus. Ueber den Gang und die Resultate dieser Beratungen sind den anderen Höfen keine oder nur völlig einseitige Mitteilungen gemacht worden, und diese Höfe möchten daher von den beteiligten Mächten für ebensowenig berufen angesehen werden, ihnen sich darauf beziehende Vorschläge zu machen, als dieselben, in Ermangelung einer genauen Kenntnis der bisherigen Erörterungen, imstande sind, die Zweckmäßigkeit oder Angemessenheit einzelner Maßregeln zu beurteilen.

2. Rußland hatte in der bekannten Instruktion vom 25. Dez. v. J. einen in Konstantinopel gemeinschaftlich zu machenden Schritt dieser Art vorgeschlagen. Ob und unter welchen Voraussetzungen dieser Vorschlag von seiten der englischen Regierung angenommen worden ist, haben wir nie erfahren. In dem gegenwärtigen Augenblicke aber möchte ein gemeinschaftlicher, zugleich auf die Aufrechterhaltung des Vertrages von Ackermann und auf die Annahme des der Pforte zu gunsten der Pazifikation Griechenlands vorgelegten Planes hinauslaufender Schritt dem russischen Hofe nicht minder unzulässig als dem englischen erscheinen. Denn so wie England sich entschieden dahin ausspricht, unter keiner Bedingung über die Grenzen der Bestimmungen des Vertrages von London hinausgehen zu wollen, so zeigt sich der Kaiser von Rußland seinerseits

---
*) Siehe S. 113.

ebenso abgeneigt, seine Beschlüsse in betreff seiner direkten Verhältnisse zur Pforte in irgend einer Art von den Ansichten seiner Alliirten abhängig zu machen, oder diesen eine Einwirkung darauf zu gestatten. Man würde sich daher meines Erachtens der Gefahr aussetzen, ohne Nutzen beide Parteien vielleicht in gleichem Maße zu stoßen.

3. Nach dem Gesichtspunkte, von welchem bei der Abfassung des Instruktionsentwurfs ausgegangen ist, beziehen sich die darin enthaltenen Betrachtungen nur auf die allgemeine Lage der Angelegenheit, wie sie sich nach den letzten russischen Mitteilungen darstellt. Dagegen würde ein auf eine bestimmte Maßregel gerichteter und daher die inneren Verhältnisse der Sache näher berührender Vorschlag weit mehr in das Einzelne gehen und daher meines Bedünkens nicht mehr in reinem Einklange mit dem übrigen Inhalte der Depesche stehen." Bernstorff.

Aus dem Kabinetschreiben (Witzleben) an Bernstorff. Potsdam, 8. April 1828.

„In dem Entwurfe zur Depesche haben Se. Majestät am Schluß eine eigenhändige Bemerkung gemacht, welche Bezug hat auf den Vorschlag, den Se. Majestät in dem kleinen, selbst entworfenen mémoire (welches ich wieder beifüge) machten. Alle Gründe, die ich, gestützt auf das, was Ew. Excellenz mir über diese, der jetzigen Lage nicht angemessene Démarche sagten, dawider geltend zu machen suchte, haben Se. Majestät nicht überzeugen können, weshalb ich Höchstdenselben anheimstellen mußte, Ew. Excellenz Gutachten zu hören. Dies erwarten Se. Majestät und ich erlaube mir den Vorschlag, mir sobald als möglich ein kleines pro memoria hauptsächlich oder vielmehr ausschließlich darüber zukommen zu lassen, ob der Vorschlag Se. Majestät am Schluß des eigenhändigen mémoire in die Depesche aufgenommen werden könne.

Se. Majestät scheinen sehr an der Idee einer Aufforderung an die Pforte zur Ausgleichung der Differenzen gegen Rußland zu hängen, sollte es daher nicht thunlich sein: 1. zu erklären, daß man diesseits in Konstantinopel derartige Schritte thun werde; 2. die Mächte ohne Beziehung auf den trilateralen Traktat zu etwas ähnlichem aufzufordern?" — —

Aus dem Kabinetschreiben (Witzleben) an Bernstorff. Potsdam, 9. April 1828.*)

— — „Höchstdieselben haben aber Ihren Beschluß nicht geändert und den von Ew. Excellenz der Instruktion angehängten Passus nicht genügend gefunden. Dagegen treten Se. Majestät der Ansicht Ew. Excellenz darin bei, daß die Sache nur als ein diesseitiger Wunsch angegeben werde,

---

*) Antwort auf die inzwischen erfolgte zweite Umarbeitung des Entwurfs. Bernstorff hatte dieselbe mit einer Antwort an Witzleben, vom 8. April 1828 übersandt.

wolle jedoch über die Art der Ausführung mehr ins Einzelne gehen und haben höchstihre Ideen auf dem anliegenden Blatte niedergeschrieben. Se. Majestät betrachten es als eine affaire de conscience, daß Ihre Idee ausgeführt werde, obwohl Dieselben an dem Erfolge selbst verzweifeln. Die Fassung bleibt Ew. Excellenz überlassen." — —

Immediatbericht Bernstorffs an den König. Berlin, 10. April 1828 (vollständig).

An des Königs Majestät.

„Indem ich Ew. Königl. Majestät Befehl darin schuldigermaßen erfüllt habe, halte ich es jedoch für meine unerläßliche, mir durch meine Verantwortlichkeit gegen Allerhöchstdieselben auferlegte Pflicht, hier meine lebhafte und mich wahrhaft quälende Besorgnis nicht zu verschweigen, daß Aeußerungen, bei welchen von dem doppelten Gesichtspunkte ausgegangen wird, daß England und Frankreich der Pforte unter gewissen Voraussetzungen den Krieg zu erklären haben würden, und daß dagegen die russische Armee die Donau nicht ohne die Zustimmung jener beiden Mächte überschreiten dürfe, in London und St. Petersburg dieselbe Aufregung gegen Preußen hervorbringen, die heilsame Wirkung, welche man sich daselbst hätte von der Mitteilung der Ansichten Ew. Excellenz versprechen können, vereiteln oder wesentlich schwächen und Erwiderungen hervorrufen werden, auf welche die Rückantworten dann ebenso schwierig als unangenehm werden möchten." Bernstorff.

Aus der preußischen Zirkulardepesche vom 10. April 1828.*)

Die Depesche betont zuerst, daß der Zar nur die Abhilfe für seine gerechten Beschwerden verlange und fährt dann fort, daß man die beiden Fragen, die Aufrechterhaltung oder Wiederherstellung der Verträge Rußlands mit der Pforte und die griechische Frage fest zusammenhalten müsse. Daß Rußland selbst dies zugestehe, sei ein Beweis für die Mäßigung und loyale Gesinnung des Zaren:

— „Le Roi désire d'autant plus ardemment voir subsister un concert étroit entre les trois puissances signataires du traité de Londres, que Sa Majesté se tient persuadée que, pour triompher des difficultés et des dangers du moment, il suffira de leur accord, et que pourvu que leurs mesures soient combinées dans le même esprit de sagesse et de modération, ce qui peut être censé propre à avancer l'un des buts de leurs efforts, doit également servir à faciliter et à accélérer l'accomplissement de l'autre.

Plus ces dangers paraissent menaçants à Sa Majesté, plus Elle croit devoir désirer, que, conformément à une proposition faite antérieurement par la Cour de Russie, les trois Puissances signataires du traité

*) Siehe S. 113.

de Londres, avant de concerter définitivement des opérations combinées, puissent s'accorder à faire à Constantinople une démarche commune, péremptoire et destinée à laisser le gouvernement Ottoman lui-même encore le maître de choix entre une guerre, dont on lui signalerait tous les périls, et une paix, pour laquelle on lui offrirait toutes les facilités équitables.

Il importerait, selon l'opinion du Roi, que dans cet ultimatum à présenter à la Porte l'objet de la triplealliance se trouvât tellement lié avec la demande du maintien du traité d'Akkerman, qui n'a été compromis et suspendu que par un effet direct de celui de Londres, que le gouvernement ottoman, en cédant sur l'un de ces points, accordât également l'autre, et que, par conséquent, toutes les difficultés, dont se compose la crise présente, fussent résolues et écartées simultanément et par le même acte. Faire servir la crainte, que l'on inspirerait au gouvernement ottoman, d'une guerre commune à prévenir la guerre séparée, ce serait, aux yeux du Roi, le moyen le plus sûr et le plus prompt de conjurer un orage, qui, s'il venait à éclater, ne saurait d'ailleurs laisser qu'un espoir bien faible d'un dénouement pacifique à des Puissances engagées dans une entreprise, dont les conséquences ont amené une situation de choses, qu'on serait peut-être en droit d'envisager déjà comme une guerre de fait. Ce dernier essai de conciliation n'empêcherait pas, qu'en attendant les armées russes ne passassent le Pruth, mais le résultat en serait connu avant qu'elles arrivassent au Danube, et les efforts faits en faveur de la paix marcheraient, de cette sorte, de front avec les mesures, que l'obstination de la Porte à repousser les demandes des trois Puissances rendrait indispensables." — —

Brief des Königs an den Zaren. Berlin, 12. April 1828.
Bespricht die Vorschläge der Zirkulardepesche und fährt dann fort:

— — „Ce dernier essai de conciliation tel que j'en ai conçu l'idée, n'empêcherait pas, qu'en attendant les armées de Votre Majesté ne se missent en mouvement, mais le résultat en devancerait l'époque des résolutions irrévocables et des opérations décisives, et les efforts faits en faveur de la paix marcheraient, de cette sorte, de front avec les mesures, que l'obstination de la Porte à repousser les demandes des trois Puissances, rendrait indispensablement nécessaires. Si les Cours de Londres et de Paris se refusaient à entrer dans un pareil accord, il ne resterait, sans doute, à Votre Majesté, qu'à avancer sur la ligne séparée, où des circonstances impérieuses L'ont engagée, mais Elle aurait alors à se rendre témoignage d'avoir épuisé tous les moyens dans son pouvoir pour conjurer un orage, dont l'Europe attend l'explosion avec une anxiété aussi générale que légitime. En vous soumettant ces idées, Sire, je sens qu'il n'y a que la gravité du sujet que je traite, votre bonheur et pour votre gloire qui peuvent justifier l'abandon et la franchise avec lesquels je vous ai parlés. Intimement convaincu, que Votre route sera toujours celle de la justice, du bon droit et de cette loyauté, qui vous donne le premier titre à mon affection, et mettant une confiance entière dans les intentions, dont au moment de prendre un parti décisif, Vous offrez si noblement la garantie à l'Europe, je prie Votre Majesté d'être bien persuadée, qu'Elle n'aura jamais à se plaindre d'avoir trop présumée de mon amitié, et j'aime à penser qu'à chaque nouvelle épreuve Elle se convaincra davantage, qu'il n'y a rien de plus inaltérable que les sentiments de l'attachement que je Lui porte et de la haute considération avec laquelle je suis etc. — —

Aus dem Bericht Schölers an den König. Nr. VII. Petersburg, 18. (6.) April 1828.

Die Antwort des englischen Kabinets auf Rußlands Erklärung vom 26. (14.) Februar, daß es sich genötigt sehe, der Pforte den Krieg zu machen, sei hier eingegangen und sei sehr matherzig ausgefallen. — England gestehe zwar Rußland das Recht, von der Pforte Genugthuung zu heischen, vollständig zu, hege auch die feste Ueberzeugung, daß der Zar den Grundsätzen der Mäßigung treu bleiben wolle, werde selbst aber sich anscheinend zu keinen ernsteren Maßregeln entschließen. Man hätte, meint Schöler, doch wenigstens versuchen können, ob eine rasche Steigerung der ernstlichen Maßregeln, mit deren Anwendung Rußland — damals eben so bereitwillig als jetzt — ganz allein sich befaßt haben würde, am Ende den Trotz des Sultans nicht doch gebrochen hätte.

— — „Daß nach diesem hauptsächlich wohl nur der Geldnot beizumessenden Entschluß des Londoner Kabinets auch Oesterreich bei der bedenklichen Lage seiner Finanzen alle Lust zum Kriege und selbst zu bloßen Rüstungen verlieren werde, ist beinahe mit Gewißheit anzunehmen und es könnte demnach scheinen, daß für Preußen von den Beweggründen, sich bestimmt auszusprechen, welche ich in meinem Bericht Nr. VI zu entwickeln gesucht habe, der wesentlichste nicht mehr bestehe.

Freilich ist auch der Eintritt eines feindseligen Verhältnisses zwischen England, Oesterreich und Rußland wirklich so leicht nicht mehr zu befahren, allein es bleiben doch noch einige sehr bewegende Ursachen für Preußen, sich offen auszusprechen, wozu ich keineswegs die etwas unlautere rechnen will, dieses gegenwärtig ohne Gefahr thun zu können.

Fürs Erste ist nämlich des Kaisers Nikolaus Mißtrauen überhaupt leichter zu erregen, als zu verwischen — gegen Oesterreich aber in der letzten Zeit so sehr gesteigert worden, daß Er gewiß nur durch eine Erklärung von Preußen zu Seinen gunsten Sich vollständig gesichert halten wird. Der Inbegriff aller Wünsche, die Graf Nesselrode, der persönlich keine energische Maßregel von Oesterreich besorgt, gegen mich in dieser Hinsicht von jeher ausgesprochen hat und noch ausspricht — ist daher auch nur: „de dire à l'Autriche un petit mot à l'oreille."

Fürs Zweite aber giebt nur die Voraussetzung einer solchen Erklärung die Möglichkeit, auf eine ganz unverletzende

Weise und als natürlichen Nachsatz es aussprechen zu können, daß eine Abweichung Rußlands von der gelobten Mäßigung Preußen zu einer ganz entgegengesetzten Politik bestimmen müsse und werde.

In Hinsicht auf den Kaiser Nikolaus halte ich diesen Nachsatz nicht eben für nötig, weil das Maßhalten Seinem Charakter angemessen ist, und von den Verhältnissen selbst bedingt wird. Schaden kann er jedoch auch in dieser Hinsicht nicht. Ganz bestimmt bietet er aber den großen Vorteil, Oesterreich eine große Beruhigung für die Zukunft zu gewähren, mithin für jetzt geneigt zu machen, von Allem abzustehen, was dem Unmut und dem Mißtrauen des Kaisers Nahrung geben könnte.

Uebrigens bin ich von dem Herrn Vize-Kanzler ausdrücklich ermächtigt, dem Ministerium Ew. Königl. Majestät die Versicherung zu geben, daß der Antrag auf einen förmlichen Traktat, den Graf Alopeus neuerdings gemacht habe, ihm durchaus nicht vorgeschrieben sei.*) Nichtsdestoweniger glaube ich, daß dieser Minister, — wäre sein Antrag von Erfolg gewesen, — auf den Dank seines Herrn hätte rechnen können, der in seinem Beginnen nur einen verzeihlichen „excès de zèle" zu erblicken scheint.

Aus diesem Grunde halte ich es, unmaßgeblich, für geraten, dieses Uebermaß von Eifer auch in Berlin ungerügt zu lassen und lieber ganz zu ignorieren, da dieses sicher den Wünschen des Grafen Nesselrode am meisten entsprechen würde.

Ebenso kann ich mit der vollständigsten Ueberzeugung nun auch versichern, daß unter dem „mot à dire" keineswegs eine direkte oder ausschließliche „démarche" in Wien gemeint sei, die man den Verhältnissen zwischen Preußen und Oesterreich völlig widersprechend zu sein einräumt. Es genügt, daß Preußen Rußlands Recht und Befugnis, von der Pforte, sich Genugthuung zu verschaffen, anerkenne. Für die bloße Andeutung hierbei, daß Preußen für dieses Recht Partei nehmen würde, falls Andere dagegen thätig werden sollten, gesteht uns Rußland unbedenklich die Befugnis zu, auch den, den vorgedachten Konsequenzen entsprechenden Nachsatz daran zu knüpfen; eben weil es für jetzt wenigstens — selbst nur die Erreichung jenes Zweckes wünscht, beabsichtigt und für möglich hält.

Ich sage für jetzt wenigstens! Was große Erfolge und eben so große Schwierigkeiten, wozu ich namentlich den Eindruck rechne, den die Last einer fortbestehenden Ungewißheit, mit welcher der Kaiser den Krieg beginnen und durchführen müßte, auf dessen Gemüt machen würde, künftighin für Folgen hervorbringen könnten, dafür ist nicht einzustehen.

Eben deshalb aber kann nur beides zusammen volle Beruhigung für den Kaiser, so lange Er in den Schranken der Mäßigung bleibt, und das Aussprechen der Warnung — Alle gegen Sich zu finden, sobald Er diese Schranken überschreiten

---

*) Bezieht sich auf die von Alopeus unternommenen Bemühungen, Preußen zum nachträglichen Beitritt zum Traktat der drei Mächte zu bewegen.

wollte — eine wahrhafte Bürgschaft gegen künftige Verwicke=
lung und Ausbreitung des Krieges gewähren.

Graf Nesselrode sagt mir, daß er — zufolge des letzten Berichtes
des Herrn von Alopeus — glaube erwarten zu dürfen, daß Ew. Königl.
Majestät nächstens eine nicht unbefriedigende Antwort hierher gelangen zu
lassen geruhen würde, und meiner Ansicht und Ueberzeugung nach darf
ich — im Interesse von Preußen und Europa — nur wünschen, daß
diese Erwartung in jeder Beziehung erfüllt werden möge." —

Immediatbericht Bernstorffs an den König. Berlin, 19. April
1828 (vollständig).

An des Königs Majestät.

„Da dasjenige, was in der Sr. Majestät unter dem 4. v. M. aller=
unterthänigst eingereichten Denkschrift in Bezug auf das Verhältnis
zwischen Preußen und Oesterreich gesagt worden, zu St. Petersburg
nicht verstanden zu sein scheint, so dürften folgende erläuternde Bemerkungen
nicht überflüssig sein.

Ein enges und vertrauliches Verhältnis zwischen diesen beiden Mächten,
in Bezug auf die orientalische Angelegenheit, hat zu keiner Zeit statt=
gefunden. Preußen hat früher alles aufgeboten, um den österreichischen
Hof zu einer Teilnahme an der Unterhandlung des zu London abgeschlossenen
Vertrages zu bewegen. Allein alle Bestrebungen desselben scheiterten an
einer sich schon damals offenbarenden Verschiedenheit der Grundansicht
beider Höfe, und diese Trennung der Meinungen hat sich seitdem un=
verändert erhalten und dem wechselseitigen Einflusse, welche die beiden
Höfe, einer auf den anderen, geübt, notwendige Schranken gesetzt. Nichts=
destoweniger hat Preußen nie aufgehört, seine Ansichten und seine stets
auf eine wirksame Verständigung unter den fünf Höfen gerichteten Wünsche
in Wien nach Möglichkeit geltend zu machen, und hat es die Hoffnung,
seinen Zweck darin zu erreichen, zuletzt aufgeben müssen, so war dies nur
darum der Fall, weil ihm nichts mehr zu sagen übrig blieb, alle Ver=
suche erschöpft waren, und die Kälte und das Mißtrauen, welche
zwischen den beiden Kaiserhöfen eingetreten waren und von Monat zu
Monat zuzunehmen schienen, allen Ausgleichungs=Versuchen ein unüber=
windliches Hindernis entgegenstellten. Die Beschlüsse und der Gang des
österreichischen Kabinets hingen daher zunächst und vorzüglich von Ver=
hältnissen ab, über welche Preußen keine Gewalt hatte, und die Zu=
mutungen und Aufforderungen, welche von seiten desselben nach Wien ge=
langten, mußten daselbst umsomehr wo nicht als unbefugt erscheinen, doch
unwirksam bleiben, als die leitenden Motive der österreichischen
Politik aus Rücksichten, Verlegenheiten und Besorgnissen her=
vorgingen, welche alle für Preußen nicht vorhanden waren,
und über welche das österreichische Kabinet dem preußischen
daher nur ein unvollkommenes Beurteilungsrecht zugestehen
konnte. Daß unter solchen Umständen das Beispiel Preußens

für Oesterreich von keinem entscheidenden Gewichte hätte sein können, scheint in der Natur der Sache zu liegen. Es ist aber auch nicht wohl abzusehen, worin dieses Beispiel hätte bestehen sollen. Denn von einem förmlichen Beitritte zum Trilateral=Vertrage konnte doch wohl nach acht Monaten, und nachdem dieser Vertrag seinen nächsten Zweck verfehlt und in manchen Beziehungen fühlbare Veränderungen in seiner Natur und seinem Wesen erfahren hatte, die Rede unmöglich sein. Kam es aber auf eine neue Verständigung zur Erreichung desselben Zieles an, so hat Preußen nicht nur dabei mitzuwirken, sich (unbedingt) geneigt gezeigt, sondern auch diese Bereitwilligkeit, ja den lebhaften Wunsch gemeinschaftlich zu verabredender, möglichst kräftiger Schritte zu Wien wiederholt und dringend ausgesprochen. Eine Verständigung dieser Art hätte jedoch jedenfalls nur dann erzielt werden können, wenn der Wunsch nach derselben und die Aufforderung dazu auch von seiten der anderen beteiligten Mächte ausgesprochen worden wäre. In Ermangelung einer Uebereinstimmung zu diesem Zwecke aber hat der österreichische Hof höchstens nur zu einseitigen und abgesonderten Schritten und Erklärungen in Konstantinopel vermocht werden können. Derselbe hat sich dazu zwar wirklich verstanden. Die Erfahrung hat aber gelehrt, wie wenig diese Erklärungen dem entsprochen haben, was russischerseits davon erwartet und vorausgesetzt worden war.

Ein Mißverständnis schlimmerer Art ist es, wenn man in St. Petersburg einige der diesseitigen Aeußerungen so verstanden hat, als habe man dem Kaiser von Rußland den Vorwurf machen wollen, Oesterreich auf eine harte, unbillige und unschonende Weise beurteilt und behandelt zu haben. Daran ist nicht gedacht worden. Rußland glaubt Ursache zu großen Beschwerden gegen Oesterreich zu haben. Inwiefern diese Beschwerden begründet sind, läßt sich in Ermangelung hinreichender data hierselbst nicht mit Sicherheit beurteilen.

Aber Preußen fühlt sich nicht berufen und hat nie die Absicht gehabt, Oesterreichs Verteidigung zu übernehmen. Es hat seine Meinung nur dahin ausgesprochen, daß, falls die bei der orientalischen Angelegenheit zunächst beteiligten Mächte einen Wert darauf legten, daß Oesterreich sich ihren Absichten anschließe, es wünschenswert und geraten scheinen müsse, daß sie sich, nicht etwa um ein Unrecht gut zu machen, sondern lediglich als Mittel zum Zweck, zu einem freundlichen Vertrauen erweckenden Entgegenkommen und zu einer gewissen Schonung in der Form verstehen wollten."*) Bernstorff.

---

*) Von demselben Aktenstück war hierauf eine französische Uebersetzung zu weiterer diplomatischer Benutzung angefertigt. Schon bald nach Einreichung des Immediatberichts konnte Witzleben im Namen des Königs antworten: „daß Se. Majestät nicht allein völlig beruhigt, sondern auch mit den Schritten einverstanden sind, welche Ew. Excellenz zur Aufklärung der Behauptung eines Beitrittes Oesterreichs zum trilateralen Vortrage in Wien zu thun beabsichtigen.

Bülow an den König. London, 25. April 1828.

Die Depesche Bernstorffs vom 10. April habe er Lord Dudley zu lesen gegeben. Der letztere kenne die Gründe, welche den König von Preußen abgehalten am Londoner Traktat teilzunehmen.

„Lord Dudley m'a dit qu'il comprend très bien ce que l'existence d'une alliance trilatérale peut avoir de désagréable pour la Prusse, il n'a pas pu s'empêcher de rendre pleine justice au noble désintéressement qui fait désirer à Votre Majesté de voir subsister un concert étroit entre les trois puissances signataires du traité. Le Sécrétaire d'Etat a dû comprendre toute la valeur d'un tel désir, d'un pareil conseil, et je crois ne pas me tromper en osant assurer à Votre Majesté qu'il l'a comprise. — —

La manière de voir de Votre Majesté n'est à la vérité pas celle du Cabinet de St. James et pourrait par cette raison ne pas lui être agréable. Cependant ce Cabinet est trop juste et éclairé pour qu'il ne réconnaisse que Votre Majesté a été guidée par le désir de la conservation de la paix, et que plus la crise est imminente plus la franchise et la confiance sont d'une valeur inappréciable." — —

Aus einer Denkschrift (in den Akten des Königl. Geh. Staatsarchivs.*)

Die Denkschrift erörtert zuerst die Veränderungen innerhalb des politischen Staatensystems seit dem Wiener Kongreß und fährt dann fort, es sei die Gefahr nicht ausgeschlossen, daß eine mächtige Koalition gegen Rußland sich vorbereite, wenn auch die Haltung Oesterreichs bis jetzt noch ungewiß sei:

— „Aus dem bisherigen Gange der österreichischen Politik, wo ein bestimmtes, positives Eingreifen zu gunsten ein oder des anderen Teiles nicht bemerkbar wird, können wir nicht mit einiger Gewißheit schließen, ob es (Oesterreich) sich mit bewaffneter Hand gegen das Vordringen der Russen erklären, oder ob in der Hoffnung neu zu erlangender Provinzen, z. B. Serbiens, Bosniens, es die russischen Heere kräftig unterstützen dürfte. Das letztere indeß erscheint mir das weniger Wahrscheinliche, da nach den festen und strengen Begriffen über Legitimität, den bekannten Ansichten über die ganze Intervention der Verbündeten und bei den oben angeführten politischen Beziehungen Oesterreich sich schwerlich auf Rußlands Seite schlagen würde. Ueberdies fehlen dieser Macht die „essentialia negotii" d. h. Geld, und das kann nur von einer anderen Seite beschafft werden, nämlich von England.

Diese Macht, nächst Rußland die mächtigste unserer Erdkugel, steht wie einst Karthago zu Rom heute dem Beherrscher des Eis- und schwarzen Meeres gegenüber. Die zunehmende Kultur und die mit ihr erzeugte höhere Produktionskraft Rußlands veranlaßt verhältnismäßige Vermehrung des industriellen Lebens, bei der eigenen Armut ein größeres Bedürfnis

---

*) Der Zeit nach zu Ende April oder Anfang Mai 1828 geschrieben. (Siehe S. 91.)

nach fremden Gelde, den lebhaften Wunsch zur Vervielfältigung der Ausfuhr, zur Ausbreitung des Handels. Die Interessen beider Staaten sind also geteilter Art, kollidieren sogar mit einander, wenn auch nicht jetzt schon, auf bemerkliche Weise, für die Zukunft aber sicher in zunehmendem Maße. Englands feststehende Politik: „den Handel und seine Vorteile rücksichtslos im Auge zu behalten", führte die Expedition nach dem Archipelagus herbei. Die Hoffnung vorteilhafter Verbindungen mit den griechischen Freistaaten, die Masse des vorhandenen Reichtums, und die damit verbundene Leichtigkeit große Geldsummen zu erhalten, bewerkstelligten in kurzer Zeit die Ausrüstung der Flotte und führten zur Einigung mit Rußland, zur beabsichtigten Erreichung des gemeinsamen Zweckes.

Frankreich mit dreißig Millionen arrondierten Bewohnern, außergewöhnlichen Hülfsquellen, einem reichen blühenden Volk darf im Augenblick, durch sein Ministerium in die verkehrteste Lage gebracht, keine eigene Politik verfolgen. Durch seinen Handelszustand, durch Uneinigkeit heftiger Parteien im Innern, große Schwäche und wiederholte Mißgriffe der Minister, endlich durch Cannings hervorragende geistige Ueberlegenheit ward es in solche Abhängigkeit von England gestellt, daß es von diesem fortgerissen, unwillkürlich dem Strome folgt, und in entscheidenden Augenblicken sich der Anlehnung an England, gleich einer schützenden Mutter, voll kindischer Mutlosigkeit erfreut. Wenn nun England bei Gründung griechischer Kolonien großen Vorteil erblickt und zugleich emsig bestrebt ist, den Handel im schwarzen Meere näher noch als bisher, den aber im Archipelagus und im Mittelmeer womöglich ganz an sich zu ziehen, wie wird es zulassen, daß Rußland die längst mit Neid und Eifersucht verfolgte Größe weiter ausdehnen, seine Adler jenseits der Fürstentümer aufpflanzen, vielleicht gar die Dardanellen mit seinem Reich vereinigen, dadurch den gesamten Handel des schwarzen Meeres und den Bosporus an sich reißen und den britischen Interessen so nahe treten sollte? Dies liegt nicht in der engländischen Politik. Das hieße den Vorteil schlecht wahrnehmen, hieße das Gleichgewicht von Europa umstürzen. — Gegenüber stehen auf diese Weise die Parteien. Auseinander zücken noch eben Verbündete das kriegerische Schwert!"*)

---

*) Der Verfasser der Denkschrift ist von der inneren Ueberzeugung durchdrungen, daß die Macht Englands mit seinem Vasallen Frankreich und dem der magischen Kraft seines Geldes unterworfenen Oesterreich eine geradezu ungeheure sei, und daß das Gleichgewicht Europas weit eher zu Englands Vorteil als zu dem Rußlands in dem bevorstehenden Kampfe sich verschieben könne. Nur so erklärt es sich, wenn der Autor zu dem Schlusse kommt, daß unter solchen Umständen Europa sich in zwei Hälften teilen könne: „Rußland und Preußen auf der einen England und Frankreich auf der anderen Seite." Denn daß die preußische Regierung, namentlich bei der so klar am Tage liegenden, durch hunderte von Zeugnissen belegten vermittelnden Politik Bernstorffs, bewußt darauf hätte ausgehen können das Gleichgewicht Europas zu gunsten Rußlands zu verschieben, ist von vornherein ausgeschlossen. Die ganze Erörterung ist nur eine Zukunftsphantasie.

Bernstorff an Schöler. Berlin, 2. Mai 1828.

„Ew. Excellenz geneigtes Schreiben vom 23. v. M. habe ich gestern zu erhalten die Ehre gehabt und mit besonderer Befriedigung daraus ersehen, daß die Mitteilungen, welche Dieselben soeben hatten an das kaiserlich russische Ministerium gelangen lassen, mit nicht minder freundlichen und vertrauensvollen Gesinnungen als diejenigen, von welchen sie ausgegangen, aufgenommen worden waren.

Des Königs Majestät hatten zwar keinen Zweifel daran gehegt, daß dasjenige, was die Unbefangenheit Ihrer Stellung, die Unparteilichkeit Ihrer Ansichten und Ihre innige Freundschaft und Teilnahme für Ihren erlauchten Schwiegersohn Allerhöchstdieselben auszusprechen veranlaßt hatten, nach seiner ganzen Wahrheit würde anerkannt und gewürdigt werden, aber Se. Majestät legen nichts desto weniger einen hohen Wert auf jeden neuen Beweis eines reinen Einverständnisses zwischen beiden Höfen.

Auch von seiten der anderen beteiligten Höfe ist uns eine genügende Anerkennung der Absichten, welche den Erklärungen Sr. Majestät zu Grunde gelegen haben, zu teil geworden.

Die französische Regierung hat diesen Erklärungen ihre unbedingte Zustimmung erteilt, und darin eine erfreuliche Unterstützung ihrer eigentlichen Bestrebungen gesehen.

Auch der österreichische Hof hat sich nicht nur mit unseren Ansichten völlig einverstanden erklärt und sich gegen die Voraussetzung verwahrt, daß er, wie wir früher verstanden hatten, die gegenwärtige Stellung Rußlands als mit seiner durch den Vertrag von London übernommenen Aufgabe unverträglich ansehe, sondern derselbe versichert auch, sich in London nie in einem anderen Sinne ausgesprochen zu haben und ohne Rückhalt die Meinung zu teilen, daß die Ruhe und Sicherheit Europas in dem gegenwärtigen Augenblicke durch das feste Zusammenhalten der durch den Trilateral-Vertrag für einen gemeinschaftlichen Zweck verbundenen Mächte bedingt werden.

Von seiten der englischen Regierung ist uns zwar bis jetzt noch keine förmliche Rückäußerung zugegangen, allein die Mitteilung unserer Ansichten ist von Lord Dudley ohne Befremden und ohne Empfindlichkeits-Aeußerung zur Berichterstattung entgegengenommen worden, und müssen wir auch allerdings darauf gefaßt sein, daß solche nicht ohne Gegen-Bemerkung bleiben werden, so dürfen wir doch umsomehr hoffen, den Zweck derselben nicht ganz verfehlt zu sehen, als die Beschlüsse des britischen Kabinets augenscheinlich noch in manchen Beziehungen schwanken, und als, nachdem der russische Hof über mehrere früher zweifelhaft oder anstößig geschienenen Punkte genügende Aufklärung gegeben hat, unverkennbar eine Milderung der Ansichten und Urteile jenes Kabinets eingetreten ist." — —

„Kurzer Inhalt der Audienz, welche Se. Majestät der Kaiser die Gnade hatten, mir am 28. (16.) d. M. (April) zur Ueberreichung des Gevatterschreibens Sr. Königl. Hoheit des Prinzen Karl zu bewilligen.*)

— — „Sr. Majestät der Kaiser geruhte bei dieser Gelegenheit mir zu sagen, daß Er glaube, in der Kriegserklärung gegen die Pforte und deren Annexen, die uns mitgeteilt worden wären, Sich so ausgesprochen zu haben, daß nichts hinzuzusetzen übrig geblieben sei:

„Hätte man vor sechs Monaten Anträge in Vorschlag gebracht, wie sie Oesterreich zum Beispiel in diesem Augenblick mache, so würden die äußersten Schritte, zu denen Er gegenwärtig Sich gezwungen sähe, wahrscheinlich noch zu vermeiden gewesen sein. Jetzt könne Er leider bei allen Verhältnissen, die Er in seiner Stellung zu berücksichtigen habe, keinen anderen Weg mehr einschlagen. Würde Ihm die Möglichkeit geboten, diesen Weg wieder zu verlassen und den Kriegszustand aufzuheben, dann werde er jederzeit und je eher je lieber dazu bereit sein."

Bei dieser Gelegenheit erwähnte und beleuchtete der Kaiser den Vorschlag, und zugleich das ganze Benehmen von Oesterreich ausführlicher in folgender Art:

„Oesterreich schlägt vor, daß alle Mächte der großen Allianz noch den Versuch machen sollen, die Pforte mit der Drohung, Griechenlands Unabhängigkeit anerkennen zu wollen, zur Nachgiebigkeit zu bewegen. Es giebt sich dabei in der Kommunikation, mit welcher Graf Zichy beauftragt worden ist, das Ansehen, als wenn Rußlands Entscheidung dabei die Hauptsache wäre. Frankreich hat indessen diesen Vorschlag früher schon abgelehnt, und von London geht fast gleichzeitig mit dem Antrage des Grafen Zichy die Meldung ein, daß das Ministerium ausdrücklich erklärt habe: Griechenlands völlige Unabhängigkeit laufe dem englischen Interesse geradezu zuwider.

Diese Erklärung von England ist wichtig und sehr erwünscht; sie verdient und es ist nötig, daß man Akt davon nehme. Von Oesterreich aber ist der Vorschlag einer Maßregel, deren wesentlichstes Argument von Rußlands Verbündeten bereits zurückgewiesen worden, ein neuer Beweis seiner unlauteren Politik, und dieser Vorschlag steht überdies noch in völligem Widerspruch mit allen Behauptungen, welche das Wiener Kabinet bisher in Ansehung der Pazifikation von Griechenland aufgestellt hat."

Ich versuchte es auf den Unterschied hinzudeuten, den Oesterreich in die Art der Begründung des Rechtes lege, nach welchem die Verbündeten glaubten, von dem Sultan eine Aenderung in Griechenlands Verhältnisse zur Pforte fordern zu können.

Der Kaiser entgegnete aber hierauf nur: „daß man eine große Ungerechtigkeit begehen würde, den Griechen, die doch unleugbar in Beziehung auf die Pforte Rebellen wären, eine gänzliche Unabhängigkeit zuzugestehen,

---

*) Als Beilage zu Bericht Schölers an den König: Nr. VIII. Petersburg, 6. Mai (24. April) 1828.

sie folglich ungleich mehr als die Unterthanen des Großherrn in Serbien und in den Fürstentümern, die, ungeachtet aller Aufforderungen und Anreizungen, doch ruhig und treu geblieben wären, zu begünstigen."

Er äußerte zugleich die Meinung: „daß, wenn nach Abschließung des Protokolls vom 4. April 1826, durch welches England wieder in die Sphäre der großen Allianz gezogen worden sei — die anderen Mächte diesen glücklichen Umstand hätten benutzen wollen, es wahrscheinlich möglich geworden sein würde, die griechische Angelegenheit auf eine den Wünschen aller entsprechende Weise zu lösen. Oesterreich allein sei Schuld, daß dieses Verständnis damals nicht zu Stande gekommen wäre."

Der Kaiser berührte dann noch den wichtigen Punkt der Besorgnisse, welche aus dem Ihm abgedrungenen Entschluß, der Pforte den Krieg zu machen, hervorgehen sollte und sagte: „daß er an keine Vergrößerung denke, habe Er bei jeder Gelegenheit erklärt und wolle man so ungerecht sein, diesen Erklärungen nicht zu trauen, so habe Er ja in feierlichen Traktaten, die Ihm stets heilig sein würden, hierzu sich verpflichtet, und wiederholt es angeboten, diese Traktate auch ferner für Sich bindend zu erachten.

Uebrigens entspräche der Umsturz der Pforte ebensowenig, als die Vergrößerung auf Kosten derselben dem wahren Interesse von Rußland, und es würde gewiß Ihm lieber sein, wenn das morsche Gebäude sich, wie es dastehe, noch ein gutes Jahrhundert hindurch erhalte, und Er mit einer neuen Ordnung der Dinge nach dem Einstürzen desselben Sid nicht zu befassen habe.

Sollte es aber auch im Willen der Vorsehung liegen, daß dieses Reich in sich selbst, oder durch einen Anstoß von außen, zusammenbräche, so sähe Er darin doch durchaus keine gegründete Ursache zu großen Besorgnissen."

England und Frankreich erklärten keine Ansprüche auf die Trümmer desselben machen zu wollen. Graf Zichy habe eben erst versichert, daß auch Oesterreich — was übrigens auf sich beruhen möge — hieran gar nicht denke, und Er Seinerseits könne feierlich beteuern, daß Er auch keinen Fuß breit an sich zu bringen trachten werde. Man könne also sagen, daß ganz Europa schon im voraus hinsichts der Verzichtung auf diese Trümmer eins sei, und dann müsse es doch — zumal da jetzt glücklicherweise bei keiner der Mächte mehr die Neigung, Republiken zu stiften, vorwalte — so schwierig nicht werden, sei es nun auf einem Kongresse, oder auf andere Weise über die Regierungsform und über die Gestaltung dieser Länder überhaupt, wie es vielleicht aus ihren scharf geschiedenen Eigentümlichkeiten von selbst und auf die natürlichste Weise sich ergeben dürfte, sich zu verständigen.

Der Kaiser machte diese Aeußerungen mit der Ihm eigenen Wärme und Bestimmtheit, und als ich, zur Erklärung der vielseitig sich geäußerten Besorgnisse, die freimütige Bemerkung mir erlaubte, daß die bisherige stets fortschreitende Vergrößerung von Rußland, jene Besorgnisse doch nicht völlig grundlos erscheinen lasse, entgegnete er mit verstärktem

Ausdruck: „es ist recht gut, daß man wisse, daß Rußland sich vergrößern könnte, wenn es wollte! Es will es aber nicht und dies erklärte Ich feierlichst und wiederholt!"

Se. Majestät der Kaiser geruhte hierauf mich zu fragen, ob ich Ihm noch etwas zu sagen habe?

Ich habe diese Frage natürlich nur mit einem bestimmten Nein beantworten können!

Die Kriegs-Erklärung ist erschienen; wäre sie es aber auch nicht Erklärungen und Versicherungen, wie die vorstehenden, aus dem eigenen Munde des Beherrschers von Rußland und bei einer Persönlichkeit, wie die des Kaisers Nikolaus, müssen jede fernere Aeußerung von Wünschen, Bedenken und Zweifeln Ihm unnütz und verletzend erscheinen lassen.

———

Aus dem Postskriptum zu Bülows Bericht an den König: Nr. 59.
London, 2. Mai 1828.

Die englischen leitenden Kreise sähen jetzt immer mehr in der Wiederherstellung der Trilateral-Konferenz und in einem Zusammenwirken der drei Mächte die Mittel zur Vermeidung der größten Verwickelungen.

— „In den Arsenalen von Woolwich soll eine große Thätigkeit herrschen; für die Land- und See-Macht werden Kriegs-Bedürfnisse in großer Menge angefertigt. Ich glaube jedoch, daß man jetzt weniger als vor einigen Wochen an die Möglichkeit eines Krieges denkt. Man will wissen, daß das französische Gouvernement hier hat zu verstehen geben lassen, daß es, im Falle eines Krieges mit England, keinem Kontinental Staat gestatten werde, neutral zu bleiben. Graf von Münster ist durch dieses Gerücht zu mannigfaltigen Fragen veranlaßt worden.

Als ich gestern Morgen bei Lord Dudley in seiner eigenen Wohnung war, entfiel demselben eine Aeußerung, welche ich nur dahin deuten kann, daß er einen Krieg Englands mit Rußland, selbst wenn das morsche Gebäude der ottomanischen Pforte den Einsturz drohen solle, für sehr unwahrscheinlich hält, aber eben deshalb mit dem schwankenden Verfahren des englischen Kabinets unzufrieden ist und große Neigung hat meinem Rate zu folgen. Er hat mir wiederholt versichert, daß er der in der Depesche vom 10. v. M. ausgesprochenen Ansicht vollkommen beistimme. Die Stimme dieses Ministers selbst, verbunden mit denen einiger seiner Freunde, ist zu schwach gegen das Kommandowort des Herzogs von Wellington, dem es an politischer Verbindungsgabe und an Kraft zur Aufgebung vorgefaßter Meinungen zu fehlen scheint.

Der Fürst Esterházy ist sichtbarlich in der größten Verlegenheit; auch er hat sich mannigfaltigen Täuschungen hingegeben und nicht aufgehört, selbst dann noch große Wirkungen von den Worten des österreichischen Staats-Kanzlers zu verheißen, als solche von jedem Unbefangenen als Seifenblasen betrachtet wurden."

Alopeus an Bernstorff.*) Berlin, 8. Mai 1828.

Der letzte Brief des Königs vom 12. April habe den Zaren mit hoher Freude erfüllt, weil er gezeigt, daß wenn der Friede Europas ernstlich bedroht werden solle, der König sich als treuer Freund Rußlands erweisen werde.

— „La lettre du Roi respire cette affection si vrai, qu'Il porte à notre Auguste Monarque. Elle renferme l'assurance que l'Empereur désirait obtenir pour le moment l'assurance du suffrage, dont Sa Majesté Prussienne honore Sa politique et les résolutions qu'Il a été forcé de prendre. Il y a plus, Elle L'autorise à croire, que si des complications graves, mais tous les jours moins probables, menaçaient le repos de l'Europe, Sa Majesté Ire pourrait encore compter de la part du Roi sur les sentiments dont Elle reçoit aujourd'hui des preuves si nobles et si touchantes.**)

— „Quant aux dépêches du Comte de Bernstorff en date du 23. mars et du 10. avril, elles exposent nos droits, elles font connaître nos véritables intentions, elles indiquent nos intérêts bien entendus, elles justifient enfin toutes nos décisions et tout notre système avec une telle franchise, une telle bienveillance et une telle lucidité de raisonnement, que si nous avions été chargés d'en indiquer la teneur, nous n'aurions pu mieux satisfaire à nos propres désirs. Le ministère prussien jugera du mérite que ces documents doivent avoir à nos yeux, par l'effet qu'ils ont déjà produit en notre faveur.

Ainsi, Mr. le Cte, l'issue de nos démarches auprès de la Cour de Berlin ne pouvait être plus conforme aux voeux de l'Empereur. Par son langage énergique, par les marques d'amitié qu'elle nous donne, la Prusse coopère puissamment au grand objet, que nous avions signalé à sa sollicitude. Elle assure le maintien de la paix européenne et certes elle s'empressera de soutenir ce beau rôle, à l'aide des mêmes moyens et de la même politique, dans toutes les phases que présenteront les événements dont notre déclaration du 14. est le premier signal. Pour nous, il ne nous reste qu'à cultiver et à fortifier les

*) Begleitungsnote zu fünf Annexen, darunter die Depesche Nesselrodes an Alopeus vom 17. April 1828.
**) Der Zar suchte in die Briefe des Königs meist mehr hineinzulegen, als es den Umständen nach angemessen war. Die Zusagen des Königs, die eine freundschaftliche Vermittelung Preußens zum Gegenstande hatten, faßte er stets als Vorboten einer militärischen Unterstützung auf. So hatte er in seinem Brief vom 28. Februar 1828 an den König geschrieben. „Toutes les lettres de Votre Majesté, et j'ajouterai sans crainte, l'appréciation des mutuels intérêts de la Russie et de la Prusse, jointe à notre attachement réciproque, m'ont persuadé que notre union devait être et serait à l'épreuve des événements. J'y mets aujourd'hui une valeur nouvelle, car j'y trouve une nouvelle garantie de la paix générale, et quoique toutes mes explications avec mes alliés me démontrent qu'elle ne court aucun péril, je suis convaincu que les déclarations de Votre Majesté contribueront puissamment au résultat qui fait l'objet de mes voeux, et que tant qu'on verra la Russie et la Prusse former un tout indissoluble, la tranquillité européenne ne sera point troublée, qu'elles que puissent être les chances de l'avenir." — —

dispositions qu'elle nous témoigne. Vous vous acquitterez de ce soin et vous ne sauriez avoir de tâche qui porte mieux en elle-même ses fruits et sa récompense." —

Aus dem eigenhändigen Schreiben Bülows an Bernstorff.
London, 9. Mai 1828.*)

„Ew. Excellenz glaube ich noch beim Schlusse meiner Depeschen bemerken zu müssen, daß ich nach den eben mit dem Herzoge von Wellington und dem Fürsten Esterházy gehabten Unterredungen die besten Hoffnungen zur glücklichen Beseitigung der mannigfaltigen Schwierigkeiten hege, welche einer Verständigung der drei verbündeten Mächte im Wege standen. Ich habe dem Herzoge ganz im Vertrauen gesagt, daß seine Hand lungsweise bei dem Fürsten Lieven die Vermutung rege gemacht habe, als ob er den Krieg gegen Rußland wolle, und daß eine solche Vermutung in ihren Folgen sehr schädlich werden könne. Er nahm diese meine Aeußerung sehr freundlich auf und versicherte mir, daß der Fürst im Irrtum sei, der sich nur dadurch erklären ließe, daß er wegen des Todes seiner Mutter nicht ausgegangen sei und keine Gelegenheit gehabt habe, sich mit ihm, dem Herzoge gehörig zu verständigen. Wenn man Krieg führen wolle, müsse man große Vorbereitungen treffen, diese würden aber nicht gemacht, überdies müsse das Geld zum Kriege vom Parlamente gefordert werden, welches wahrscheinlich nicht ohne starke bewegende Ursachen solches gewähren würde. Diese könnten allerdings eintreten, allein bis jetzt sei dazu noch keine Wahrscheinlichkeit vorhanden."

Bernstorff an Kanitz. Berlin, 13. Mai 1828.

— — „Ich glaube jetzt nur noch die mutmaßlich nahe bevorstehende Ankunft des Freiherrn von Miltitz erwarten zu müssen, um Sr. Majestät einen Vortrag über die definitive Abberufung desselben und über die Wahl seines Nachfolgers zu machen, und ich darf mithin hoffen, daß Ew. Excellenz nicht in den Fall kommen werden, zu lange auf die gewünschte Ablösung zu warten.**)

Jetzt, wo der Krieg erklärt und der Feldzug eröffnet ist, gewährt es mir eine doppelte Beruhigung, in Ew. Excellenz Berichten eine Ansicht aufgestellt zu finden, welche der Hoffnung, diesen Krieg bald seinem Ziele entgegengeführt zu sehen, noch Raum läßt. Diese Hoffnung hat überdies wesentlich an Kraft gewonnen, seitdem die Mitverbündeten Rußlands nicht nur das Recht desselben, den Knoten endlich zu zerhauen, unbedingt anerkannt, sondern sich auch dazu verstanden haben, ihre auf die Aus-

---

*) Siehe S. 126.
**) Kanitz hatte gebeten Familienrücksichten halber so bald als möglich von seinem Posten abgelöst zu werden.

führung des Trilateral-Vertrages gerichteten Maßregeln in der Art mit
den russischen Operationen zu verbinden, daß daraus, wenn auch nicht ein
materielles, doch ein politisches Zusammenwirken zur Erreichung des
doppelten Zweckes erwachse. Dieses zu erlangen war, wie Ew. Excellenz bekannt ist, das Ziel unserer eifrigsten Bestrebungen.
Ueber die Natur und die Modalitäten der zwischen den drei Mächten zu
treffenden Vereinbarungen ist uns übrigens noch weniger sicheres bekannt
geworden, oder um richtiger zu reden, es steht darüber noch wenig bestimmtes fest."

Bernstorff an Canitz. Berlin, 21. Mai 1828.

"Ew. Excellenz Berichte vom 26. v. M. gewähren mir eine neue
und erfreuliche Veranlassung, Denselben die unbedingte Zufriedenheit
unseres höchsten Hofes mit Ihrerer bisherigen Geschäftsführung zu erkennen zu geben.

Unter den gegenwärtigen, sich einer entscheidenden Entwickelung ent-
gegendrängenden Umständen, kommt es allerdings nur noch darauf an:
die Pforte über den Umfang und die Tiefe des Abgrundes, welcher sich
vor ihren Füßen öffnet, und über die Unzulänglichkeit der Mittel, durch
welche sie solche Gefahr zu beschwören hoffen kann, nach Möglichkeit zu
enttäuschen, derselben keinen Zweifel darüber zu lassen, daß die Zwecke
und Bestrebungen der verbündeten Mächte nicht nach verschiedenen Richtungen auseinandergehen werden, es mithin ihr anschaulich zu machen,
daß, wenn sie den Frieden ernstlich wolle, es unerläßlich sei, daß sie die
zu diesem Zwecke Rußland zu gewährende Genugthuung in feste
Verbindung mit den den Griechen zu machenden Zugeständnissen
bringe, und endlich der ottomanischen Regierung die Ueberzeugung zu
gewähren, daß, je aufrichtiger der Anteil sei, welchen die bei der gegenwärtigen Krisis unbeteiligten Mächte an ihren Gefahren und Bedrängnissen
zu nehmen sich gedrungen fühlten, dieselben sich auch desto dringender
aufgefordert glauben müßten, ihren lediglich auf die Abwendung dieser
Uebel gerichteten Vorstellungen und Ratschlägen den möglichsten Nachdruck
zu geben.

Wie Ew. Excellenz sich schon in diesem Sinne gegen den Reis-Effendi
ausgesprochen haben, so ersuche ich dieselben, Ihren Bestrebungen auch
fernerhin nur diese nämliche Richtung geben zu wollen." — —

Aus dem Postskriptum zu Bülows Bericht an den König. Nr. 67.
London, 30. Mai 1828.

"Die Unzufriedenheit des Fürsten Lieven mit dem Verfahren des Herzogs
von Wellington und die Nichtwiederaufnahme der Konferenzen haben mich
veranlaßt, dem Fürsten Paul Esterházy diesfalls aufs Neue zu
dem Ende Vorstellungen zu machen, daß er sich seines Einflusses

auf den Herzog bedienen möge, um ihn zu einem annähernden Schritte zu bewegen. Meine Bemühungen sind aber leider nicht nur ganz ohne den gewünschten Erfolg geblieben, sondern ich habe mich auch bei dieser Gelegenheit überzeugen müssen, daß der Fürst Esterhazy der Wiederaufnahme der Konferenzen bestimmt entgegenwirkt und das englische Kabinet von jedem Schritte abzuhalten sucht, welcher im geringsten als eine Mitwirkung zur Erreichung von Rußland erstrebter Zwecke angesehen werden könnte. Er ist der Meinung, daß man von Rußland gar nichts durch Nachgiebigkeit, mehr aber durch Besorgnisse erlangen werde. Die Versprechungen des Kaisers seien eigentlich ebenso unbestimmt, als das den Türken gestellte Ultimatum. Es sei allerdings möglich, ja wahrscheinlich, daß der Kaiser von Rußland Konstantinopel erobern werde: man könne jedoch auch annehmen, daß dieser Vorteil nicht ohne Verluste erkauft werden dürfte. Es könnten Unglücksfälle eintreten und Rußlands Stellung würde vielleicht durch die große Ausdehnung der Militärlinie eher an Kraft verlieren als gewinnen. Dann, und wenn die alten Heere zusammengeschmolzen, sei vielleicht ein besserer Augenblick zur kräftigen Einschreitung seitens anderer Mächte als jetzt.

Daß dieser Gedanke des Fürsten Esterhazy durch die neueste hiesige Ministerial-Veränderung an Stärke gewinnen werde, scheint mir keinem Zweifel unterworfen, da Lord Aberdeen sein vertrauter Freund und ganz dem österreichischen Interesse ergeben ist."

Bülow an Bernstorff. London, 26. Juni 1828 (chiffrirt).

Verwahrt sich gegen das Gerücht, daß er dem Herzog von Wellington oder irgend einem Mitgliede der englischen Regierung zu verstehen gegeben habe, Preußen werde sich öffentlich für Rußland erklären, falls Kaiser Nikolaus von seiten seiner Alliirten nicht die Unterstützung erhielte, die er zu fordern berechtigt sei. Ebenso bestreitet er die ihm in den Mund gelegte Aeußerung, als ob England den Ausbruch eines allgemeinen Krieges gern sehen würde. Man scheine dabei auf seine Unterhaltung vom 9. Mai mit Wellington hinzuzielen, die aber einen ganz anderen Inhalt gehabt haben:

„An diesem Tage erhielt ich Ew. Excellenz Erlaß vom 29. April, welcher mir in jeder Hinsicht zur Förderung der in dem Erlasse vom 10. April entwickelten Ansichten geeignet schien. Ich begab mich sogleich zum Herzog von Wellington und hatte noch vor dem Abgang der Post die Zeit, dem Könige durch Nummer 62 zu melden: daß ich die bestimmte Zusicherung erhalten, daß das englische Kabinet fortwährend nur auf die Erhaltung des Friedens bedacht nehme und sich mit dem russischen Hofe ehebaldigst zu verständigen wünsche. Bei dieser Gelegenheit erinnere ich mich, dem Herzog von Wellington nach stattgefundener Vorlesung der für ihn gewiß sehr erfreulichen Depesche vom 29. April gesagt zu haben, daß ich um destomehr wünschte, meinem Hofe beruhigende Mitteilungen machen zu können, als ich ihm ganz im Vertrauen gestehen müsse, daß der Fürst von Lieven noch vor wenigen Tagen die Ueberzeugung gegen mich ausgesprochen habe, daß er, der Herzog von Wellington, im geheimen nur auf Mittel sinne einen Krieg gegen Rußland zu beginnen. Ich fügte hinzu: ich sei weit entfernt, diese Ansicht zu teilen und hätte sie sogar lebhaft bekämpft, nichts desto weniger sei sie mir nicht gleichgültig; daß, wenn der Fürst Lieven in seinen Berichten stets von der Unvermeidlichkeit eines Krieges ausgehe, mich, im Vertrauen auf die Versicherung des Herzogs vom Gegenteil, sehr leicht der Vorwurf der Unaufmerksamkeit oder mangelhafter Beurteilung treffen könne. Der Herzog nahm diese vertrauliche Aeußerung sehr gut auf und trug kein Bedenken, mir zu sagen: Der Fürst Lieven sei ein Narr, wenn er so etwas wirklich glaube. Dieser Aeußerung folgte dann die in meinem Berichte vom 9. d. M. erwähnte Zusicherung: wenn ich jener und meiner Aeußerung darin nicht gedachte, so geschah es, weil ich mich in der Regel nur auf das wesentliche beschränke. Ich weiß aber noch sehr wohl, daß gerade der Fürst Esterházy mir geraten hat, den Erlaß vom 29. v. M. dem Herzoge vorzulesen und gegen ihn vertraulich der Ansicht des Fürsten Lieven zu gedenken, damit er daraus ersehe, zu welchen irrigen Vermutungen seine fortgesetzte Passivität Veranlassung geben könne. Ich habe der Ansichten des Fürsten Lieven, sowie meiner Widerlegung derselben in meinem Berichte Nr. 60 erwähnt und auch wiederholt bemerkt, wie der Fürst Esterházy mir vertraulich eröffnet habe, daß man in Wien und auch hier zwar an den ernsten Wunsch Sr. Majestät des Königs den Frieden erhalten zu sehen glaube, jedoch sich überzeugt halte, daß Allerhöchstdieselben, im Falle eines allgemeinen Krieges, Partei für Rußland nehmen würden. Wenn der Fürst Esterházy auf diesen Punkt kam, habe ich ihm sehr offen bemerkt, daß ich jede Ursache hätte, an den ersten Willen Sr. Majestät zu glauben, alles zur Erhaltung des Friedens anzuwenden; daß meine Instruktionen in diesem Sinne lauteten, und daß, wie er wohl wisse, nach der Erreichung dieses Zieles alle meine Schritte gerichtet wären; was geschehen würde, wenn unglücklicherweise der Krieg allgemein werden sollte, darüber wagte ich keine Aeußerung und hielte mich auch nicht für berechtigt, deshalb Fragen an meinen Hof zu richten. Entschlüsse über Krieg und Frieden würden in der Regel erst gefaßt, wenn das Unvermeidliche bevorstehe: ich aber könne die Hoffnung nicht aufgeben, daß ein allgemeiner Krieg noch vermieden werden könne und würde. Mit Zuversicht glaube ich der erleuchteten Beurteilung Ew. Excellenz überlassen zu dürfen, ob diese und ähnliche Aeußerungen, welche mir gerade das Vertrauen des Fürsten Esterházy erworben und erhalten haben, auch nur im Entferntesten geeignet sind, mißverstanden zu werden. Dagegen unterliegt es aber keinem Zweifel, daß der Inhalt Ew. Excellenz Depesche vom 10. April hier einen großen Eindruck gemacht hat, daß ich mich stets in gleichem Sinne ausgesprochen habe und eifrig bemüht gewesen bin, die wohlmeinenden Ansichten und Absichten Sr. Majestät des Königs geltend zu machen. Dies ist jetzt geschehen und der Fürst von Lieven hat mir offen und unaufgefordert gestanden, daß die Nachgiebigkeit Englands und die Erhaltung des Weltfriedens vorzugsweise der frei-

mütigen Erklärung Preußens zu verdanken seien. Ich glaube
diese Ansicht teilen zu müssen, weil mir genügsam bekannt ist,
daß England und Oesterreich sich Rußland bestimmt entgegen=
gestellt und mithin die Ruhe Europas aufs Spiel gesetzt haben
würden, wenn sie mit voller Sicherheit auf den Beistand
Preußens hätten rechnen können. Auf diesen Plan bin ich, wie
Ew. Excellenz aus meinem Berichte Nr. 7 vom 11. Januar erinnerlich
sein wird, nicht eingegangen. Indem ich pflichtmäßig nicht die Hand zu
Schritten habe bieten wollen, welche Preußen gegen Rußland kom=
promitirt haben möchten, habe ich nicht daran denken dürfen, ob dies
auch dem Herzog von Wellington oder dem Fürsten von Metternich ge=
fallen werde. Ich glaube aber, daß besonders letzterer dies im Gedächtnis
bewahrt und auch wohl demnächst ungern erfahren haben mag, daß ich
fortdauernd zur Wiederanknüpfung der Konferenzen geraten
und dazu thätig mitgewirkt habe. Ob der Herzog von Wellington
mich falsch verstanden, ob er das wahre oder falsche, oder überhaupt
etwas dem Fürsten Esterházy gesagt, oder ob dieser aus Irrtum,
oder absichtlich falsches berichtet, darüber würde ich erst dann urteilen
können, wenn ich beide dieserhalb hätte befragen dürfen. Da Ew.
Excellenz mir dies jedoch bestimmt untersagt haben, so habe ich nicht
gewagt, Ihrem Befehl entgegenzuhandeln. Mein Verhältnis zum Fürsten
Esterházy ist jedoch so freundschaftlich, daß ich dringend wünschen muß,
von ihm eine Aufklärung zu erhalten. Ohne solche würde ich das gegen=
seitige Vertrauen als wesentlich gefährdet betrachten müssen. Ich bitte
Ew. Excellenz daher, ebenso dringend als gehorsamst, um die Er=
laubnis, die vorliegende Sache vertraulich zur Kenntnis des Fürsten
Esterházy bringen und von ihm eine Aufklärung fordern zu dürfen. Der=
selbe ist mir solche noch um desto mehr schuldig, als er auch meinen
Namen denjenigen Personen beigefügt haben soll, welche hier irrige An=
sichten über die österreichischen Streitkräfte verbreitet haben. Dies kommt
mir mehr als unwahrscheinlich vor, denn der Fürst Esterházy hat viel
fältig gegen mich der sehr zu bedauernden, die Politik Oesterreichs hemmenden
Schwäche der kaiserlichen Streitkräfte gedacht. Nie hat er dies in größerem
Maße gethan, als bei Gelegenheit der Vorlesung Ew. Excellenz Restripts
vom 10. April. Er war durch dessen Inhalt so überrascht, daß ihm die
Aeußerung entfuhr: „aufrichtig gestanden, für die Gründe des preußischen
Hofes würde ich nicht viel geben, wenn wir in Oesterreich so gute mili=
tärische Vorbereitungen gemacht hätten, als dies in Preußen der Fall
ist." Da er hinzusetzte, daß mir dies der befreundete Fürst, aber nicht der
Botschafter sage, so habe ich dieser Aeußerung keine Erwähnung thun
wollen. Uebrigens würde es mir auch schwer geworden sein, hier den
Glauben an die Existenz großer, mit allem Kriegsmaterial wohlversehener
österreichischer Armeen Eingang zu verschaffen, falls mir zur Verbreitung
eines solchen Glaubens der Befehl erteilt worden wäre. Alle Umstände
wohl erwogen, kann ich nur annehmen, daß der Fürst Esterházy entweder
gar nicht so berichtet hat, als behauptet wird, oder daß er es irrtümlich,

oder endlich auch auf Befehl des Fürsten von Metternich gethan hat, damit dieser davon einen seinen Zwecken dienlichen Gebrauch machen könne, was nicht das erste Beispiel dieser von ihm geforderten falschen Berichte sein würde."

Bericht Küsters an den König: Nr. 21. Odessa, 2. September (20. August) 1828.

— — „Die Aeußerungen, welche Se. Majestät der Kaiser gegen den General Grafen von Nostitz, bei Gelegenheit des von letzteren an den Freiherrn von Kanitz gerichteten Briefes gemacht hat, waren mir von dem genannten General kurz vor dem Abgang des Majors von Dieskau mitgeteilt worden, und ich habe sie daher ohne eine weitere Bemerkung oder nähere Beleuchtung in meinen Bericht Nr. 17 aufgenommen. Dieselben schienen mir indessen zu wichtig, als daß ich es mir nicht zur Pflicht hätte machen müssen, mit dem kaiserlichen Vize-Kanzler Grafen von Nesselrode darüber Rücksprache zu nehmen und ihn zu fragen, inwieweit und in welcher Art der kaiserliche Hof wünschen könne, daß Preußen in Konstantinopel auf Herstellung des Friedens hinwirke und namentlich, ob er glaube, daß in dieser Beziehung in dem jetzigen Augenblicke etwas zu thun sei. Bei den mir bekannten Allerhöchsten Intentionen Ew. Königl. Majestät habe ich keinen Anstand genommen, den Grafen von Nesselrode zu versichern, daß der kaiserliche Hof jetzt und zu jeder Zeit, zur Erreichung jenes Zieles auf die aufrichtigsten Bemühungen Preußens zählen könne.

Der kaiserliche Vize-Kanzler dankte mir für die ihm gemachte Anfrage und sagte mir in Bezug auf die Sache selbst: Für den Augenblick sei es dem kaiserlichen Hofe nur wünschenswert, die falschen Meinungen zu zerstören, zu welchen die Abreise des Kaisers von der Armee und die Art von Stillstand, welche dermalen in den Operationen eingetreten sei, in Konstantinopel habe geben können, und in dieser Beziehung erfülle der Brief des Grafen von Nostitz an den Herrn von Kanitz alles, was auf eine unverfängliche Weise geschehen könne. Unter den Mächten, welche jetzt diplomatische Agenten in Konstantinopel haben, sei Preußen die einzige, welche Rußlands Vertrauen, aber auch dessen ganzes Vertrauen habe, und während man sich die guten Dienste des Herrn von Ottenfels nur verbitten könne, werde man hier alles mit Dank erkennen, was Preußen zur Wiederherstellung des Friedens in Konstantinopel thun wolle. Er glaube indessen, daß im jetzigen Augenblick in dieser Beziehung mit Erfolg nicht wohl etwas geschehen könne, und daß gegenwärtig zu unternehmende Schritte vielmehr die Pforte zu irrigen Vermutungen verleiten und daher eher schaden als nutzen könnten, daß mit einem Worte der Moment, wo solche Bemühungen ein erwünschtes Ziel erreichen dürften, noch nicht gekommen sei. Er hoffe aber, daß derselbe nicht lange mehr ausbleiben werde, und nun bezeichnete Graf Nesselrode die hierzu zu benutzende Epoche ungefähr so wie ich sie schon in dem Berichte Nr. 15 angedeutet habe, nämlich als den Zeitpunkt, wo ein am Balkan entweder durch die Einnahme von Varna oder von Schumla ausgeführter Schlag gleichzeitig mit dem Fortgang der französischen Expedition in Morea und der Blokade der Dardanellen durch die russische Eskadre dem Sultan die ganze Nähe der Gefahr gezeigt und ihn notwendigerweise zum Nachgeben geneigter gemacht haben werde. Alsdann, meinte der kaiserliche Vize-Kanzler, könne vielleicht von einem wahren Freunde auf die Pforte eingewirkt werden, und wenn Preußen alsdann in solcher Art in Konstantinopel thätig sein wolle, werde Rußland es gewiß mit lebhaftem Danke erkennen." —

Bernstorff an Küster. Berlin, 5. September 1828.

— — „Es hat uns nur sehr angenehm sein können, daß des Kaisers Majestät für gut befunden haben, sich der Vermittlung des Grafen von Nostitz zu bedienen, um der ottomanischen Regierung durch den Freiherrn von Canitz diejenigen Aufschlüsse und Belehrungen zugehen zu lassen, deren es bedürfen möchte, um bei dieser Regierung falschen Deutungen und Voraussetzungen entgegenzutreten. — — Ich darf es verbürgen, daß der Freiherr von Canitz dieser Aufforderung mit der lebhaftesten Beeiferung entsprechen wird, und es würde mir zu großer Genugthuung gereichen, der Wirksamkeit desselben, behufs einer glücklichen und schleunigen Entwickelung der gegenwärtigen Krisis, eine größere Ausdehnung geben zu dürfen. Allein diese Aufgabe ist eben so zarter als schwieriger Natur, und nur das innigste Einverständnis mit dem kaiserlich russischen Kabinet würde mich ermächtigen können, den königlichen Bevollmächtigten zu Konstantinopel zu Schritten aufzufordern, welche unter jeder anderen Voraussetzung leicht ihrem Zwecke geradezu zuwiderlaufende Wirkungen hervorbringen würden. Gewiß würde es der Pforte gegenüber, welche bisher allen drohenden Gefahren gegenüber halsstarrig geblieben, sehr wichtig sein, ihr die Augen zu öffnen und ihr den Rat zu einem Anbahnen des Friedens zu erteilen.

Ein Rat dieser Art würde der türkischen Regierung allerdings nur durch eine dritte in den Augen derselben für unparteiisch geltende Macht erteilt werden können. Aber diese raterteilende Macht würde, um in den Stand gesetzt zu werden, die Angemessenheit und Wirksamkeit einer solchen Einmischung mit einiger Zuversicht zu berechnen, zuvor Gewißheit darüber erlangen müssen, daß sie dadurch wirklich in dem Sinne und nach dem Wunsche der jeweiligen Regierung handle und nicht Gefahr laufe, von dieser gemißbilligt oder unbefugter Thätigkeit beschuldigt zu werden. Soweit uns bekannt ist, sieht Rußland, und gewiß mit vollem Rechte, die Erlangung einer hinlänglichen Sicherheit für die Freiheit seiner Schifffahrt durch den Bosporus und die Dardanellen als einen der Hauptzwecke seines gegenwärtigen Krieges an.

Worin aber diese Sicherheit bestehen soll, ob dieselbe in der unbedingten Wiederherstellung der früheren Traktate und namentlich des Vertrages von Ackermann zu suchen sei, oder welcher neuen Garantien Rußland in Bezug auf diesen wichtigen Gegenstand zu bedürfen glaubt, darüber sind wir noch zu keiner klaren Einsicht gelangt, und darauf möchte es doch vorzüglich ankommen, wenn die Rede davon wäre, der Pforte einen auch nur allgemeinen Begriff von den Bedingungen zu geben, unter welchen den Frieden zu erhalten sie hoffen dürfe oder vielmehr, unter welchen die Erhaltung desselben gewissermaßen von ihr selbst abhängen würde.

Ew. Excellenz werden leicht ermessen, daß wir nicht die Anmaßung haben, dem kaiserlich russischen Hofe eine Vermittlung anzubieten, deren Zulässigkeit und Zweckmäßigkeit ganz außer unserer Beurteilung liegt. Nur so viel habe ich Ihnen zu erkennen geben wollen, daß, wenn das kaiserliche Kabinet selbst von unserer Seite irgend eine Einwirkung zur Beförderung der Absichten Sr. Majestät des Kaisers und mithin zu gunsten der Wiederherstellung des für ganz Europa so wünschenswerten Friedens in Anspruch zu nehmen geneigt sein sollte, wir uns dazu jederzeit würden unbedingt bereitwillig finden lassen, und nur in diesem Sinne ersuche ich Ew. Excellenz, sich gelegentlich gegen den Herrn Vize-Kanzler Grafen von Nesselrode äußern zu wollen." — —

Bernstorff an Bülow. Berlin, 7. September 1828. (chiffrirt.)

— — „Es ist allerdings nicht zu verkennen, daß in den russisch-türkischen Angelegenheiten ein kritischer Wendepunkt eingetreten ist. Der Kaiser Nikolaus hat seine ersten Berechnungen in mehr als einer Hinsicht getäuscht gesehen. Er hatte den Feldzug in der zuversichtlichen Erwartung eröffnet, daß die Pforte durch die Entwickelung seiner Streitkräfte erschreckt, nicht säumen werde, ihm mit Friedens-Anträgen entgegenzukommen. Einerseits ist diese Erwartung unerfüllt geblieben, andererseits ist der Kaiser in der Ausführung seines Unternehmens auf Schwierigkeiten gestoßen, welche einen raschen und lebhaften Angriff gehemmt und in einen bloßen, nur ungewisse und entfernte Resultate darbietenden Positionskrieg verwandelt haben. Daß der Kaiser sich durch diese Lage der Dinge in einer fühlbaren Verlegenheit befinde, darf nicht geleugnet werden. Wenn man aber voraussetzt, daß er bereits entmutigt und seine Zwecke aufzugeben geneigt sei, so findet diese Meinung in den uns darüberzugehenden Nachrichten durchaus keine Bestätigung. Diese stellen uns den jungen Monarchen vielmehr als unerschüttert und fest entschlossen dar, alle ihm zu Gebote stehenden Kräfte aufzubieten, um das Ziel seiner Bestrebungen zu erzwingen. Die nachrückenden bedeutenden Verstärkungstruppen müssen jetzt vor Schumla und Varna angelangt sein. Ob der Balkan aber noch in dem gegenwärtigen Feldzuge wird überschritten werden können, dürfte vorzüglich von dem Zeitpunkte des Falles des letztgenannten Platzes abhängen. Es mag wohl mehr Wahrscheinlichkeit dagegen als dafür sein. Ich will es nicht in Abrede stellen, daß die bisherigen Resultate des diesjährigen Feldzuges in Wien nicht ungern gesehen worden seien. Allein die Freude darüber kann doch jedenfalls nur eine bedingte sein. Denn das österreichische Kabinet würde mit der Aussicht eines zweiten Feldzuges mannigfaltige und nur zu wohl begründete Besorgnisse verbinden. Als gerechtfertigt würde diese Freude erscheinen können, wenn man hoffen dürfte, daß die Schwierigkeiten des Augenblicks den Kaiser Nikolaus geneigt zu machen geeignet wären, die Bedingungen zu ermäßigen, welche er an einen Frieden mit der Pforte knüpfen zu müssen glaubt. Denn dann würde es vielleicht nur darauf ankommen, diese letzte Macht zu bewegen, ihm, zur Rettung seiner verpfändeten Ehre, mit annehmlichen Friedens-Anträgen entgegenzugehen. Daß man sich in Wien in der That mit Gedanken dieser Art beschäftige und darauf die Hoffnung baue, im Laufe des bevorstehenden Winters eine Ausgleichung bewirkt zu sehen, kommt mir nicht unwahrscheinlich vor. Ich würde diese Hoffnung jedoch lebhafter teilen können, wenn ich wahres Vertrauen in die angebliche Neigung der Pforte zu fassen vermöchte, sich in Bezug auf Griechenland den Forderungen der drei Mächte zu fügen. Allein so wie die ottomanische Regierung einerseits einen nur sehr bedingten Wert auf die Ausgleichung der griechischen Angelegenheit legen kann, so lange ihr dadurch nicht zu gleich auch ein Mittel der Aussöhnung mit Rußland dargeboten wird, so würde ihr andererseits auch, wenn sie ihren Frieden mit Rußland zu machen wüßte, der Hauptgrund genommen sein, um sich dem ihr durch den Trilateral-Vertrag angedrohten Zwange zu unterwerfen. Denn wäre die Gefahr des russischen Krieges beseitigt und fände, wie es verabredet ist, der Rückzug der französischen Truppen nach der Vertreibung der Egypter statt, wo sollten dann noch die Mittel herkommen, der Pforte die Gewalt anzuthun, gegen welche sie sich mit so gutem Fuge sträubt? Die Unbestimmtheit und Oberflächlichkeit der den Bevollmächtigten der drei Höfe erteilten Instruktion beweist am besten, wie wenig diese Höfe ihrem Ziele noch näher gerückt sind, und wie vielmehr alle Hauptfragen noch zu lösen übrig bleiben. Die darin ausgesprochenen großen Rücksichten für die Griechen mögen in dem Traktate selbst ihren Grund haben, allein wenn diese, auch was die bloße Form betrifft, so weit getrieben werden, daß der Pforte zugemutet wird, ihre Bevollmächtigten denen der Griechen gegenüber treten zu lassen, so kann wenigstens nicht geleugnet werden, daß die drei Mächte ihre Aufgabe sich selbst auf eine unberechenbare Weise erschweren."

Bernstorff an Küster. Berlin, 26. September 1828.

„Ew. Hochwohlgeboren Berichte vom 2.—5. September sind hierselbst mit dem höchsten Interesse empfangen worden. Unsere besten Wünsche begleiten Se. Majestät den Kaiser in das Feld zurück, und wir sehen den nächsten Berichten über die Kriegsoperationen, welche nach dem Eintreffen der herangerückten Verstärkungen eine neue Thätigkeit begonnen haben müssen, mit der gespanntesten Erwartung entgegen.

Ich habe eine große Befriedigung darin gefunden, aus Ew. Excellenz unter Nr. 21 an des Königs Majestät erstatteten Berichte zu ersehen, daß die Meinungen des kaiserlich. russischen Kabinets über die gegenwärtige Lage und die Verhältnisse der ottomanischen Pforte und über die Möglichkeit oder Angemessenheit einer Einwirkung Preußens auf die Stimmung und Beschlüsse derselben in keinem wesentlichen Punkte von den Ansichten abweicht, welche ich Ew. Excellenz darüber in meinem letzten Schreiben mitgeteilt habe, und ich werde nunmehr die Erwiderungen des kaiserlichen Hofes auf die Eröffnungen, welche Sie demselben infolge jener Schreiben werden gemacht haben, erwarten, um den Freiherrn von Kanitz oder den an die Stelle des abberufenen Herrn von Miltitz zum königlichen Gesandten in Konstantinopel ernannten Herrn Royer ganz so zu instruiren, wie es in den Wünschen Sr. Majestät des Kaisers liegen möchte." — —

Bernstorff an Werther und (in simili) an Bülow. Berlin, 29. September 1828. (chiffrirt).

Das österreichische Kabinet halte allerdings die Kampagne des Zaren für beendigt, befürchte aber, daß Kaiser Nikolaus dadurch, daß er die größten Anstrengungen machen müsse, um aus der Verlegenheit herauszukommen, neue Komplikationen hervorrufen könne. Dagegen gehe wohl die Befürchtung Metternichs zu weit, wenn er meine, Frankreich würde von der Sucht eine Rolle im Orient zu spielen, sich so weit fortreißen lassen, daß es schließlich die fest gezogene Linie des Londoner Traktats gänzlich verlassen und dann außer stande sein würde, mit England in gemeinschaftliche Aktion zu treten. In dieser Sachlage erhoffe das Wiener Kabinet eine klare und feste Aussprache der englischen Regierung über diese Angelegenheit.

„Elle (l'Autriche) voudrait surtout que la Grande Bretagne se prononçât clairement et fortement sur ses propres vues, indiquât d'une manière précise à ses alliés le point au de là duquel elle ne pourrait plus marcher avec eux, et fondât sur cette déclaration la proposition d'une nouvelle entente, qui aurait pour objet de prévenir de déplorables scissions et à laquelle, d'après l'idée du P^{ce} de Metternich, il importerait d'associer l'Autriche et la Prusse. En vous faisant cette communication, Monsieur, je ne prétends pas apprécier une ouverture, dont le but ne m'est pas entièrement clair, mais dont il m'importerait de connaître le résultat. Sans doute qu'il est éminemment désirable, que l'on puisse mettre à profit la saison, où les armes reposeront, pour acheminer une pacification, qui présente d'immenses difficultés. Mais peut-il être utile et serait-ce le moyen d'avancer ce but que de mettre le Gouvernement anglais de plus en plus en défiance contre la Russie et la France et de provoquer de sa part des déclarations, dont, s'il s'agissait d'y faire entrer la plus légère nuance de menace, l'effet serait impossible à calculer? Pouvons-nous d'ailleurs supposer, que le Gouvernement anglais se laissera trouver disposé à se mettre à la tête d'une nouvelle combinaison, qui, pour sortir son effet, devrait être conçue et mise en oeuvre avec la même vigueur, et qui, par là même, lui ferait abandonner la voie de prudence et de réserve qu'il s'est prescrite jusqu'ici? Quant à l'accord, que l'Autriche souhaite amener entre les cinq Puissances, vous savez, Mr., que, depuis longtemps et sous les circonstances les plus différentes, cette unanimité a fait le premier objet de nos voeux; mais vous sentirez aussi, avant que je vous le dise, que pour qu'un concours de notre part pût avoir lieu, il faudrait qu'il fût réclamé par les Puissances intéressées spontanément et d'un accord commun, et non par l'une de ces Puissances dans la vue et à l'effet d'y trouver le moyen d'imposer à un allié commun et de renfermer son action dans des bornes plus étroites. Est-il d'autre moyen de conjurer des dangers, dont nous ne nous dissimulons ni l'étendue ni l'imminence? C'est là une question que nous proposons tous les jours sans en trouver la solution. Plus j'y réfléchis cependant, plus je me persuade, que s'il est encore une voie de salut, elle ne se trouve que dans l'accord constant des trois Puissances coalisées et dans la combinaison franche de leurs mesures." —

Bernstorff an Werther und (in simili) an Bülow. Berlin, 11. Ott. 1828.

(Ueber den Vorschlag, die Unabhängigkeit Griechenlands zu erklären).

„Cette mesure trancherait, sans doute, un noeud devenu à peu près indissoluble, mais il me parait, que d'un autre côté, elle présente des difficultés et des inconvénients aussi graves que nombreux. D'abord, pour proclamer une Grèce libre et indépendante, il faudrait être bien d'accord sur l'étendue, que l'on entend donner à cette création. Veut-on la limiter à la Morée seule? Il ne regarde pas, à la vérité, comme impossible, que la Porte se résigne a renoncer à la possession de cette presqu'île après qu'elle sera conquise par la force des armes. Mais les espérances données aux Grecs, les engagements pris en leur faveur, peuvent-ils encore permettre de renfermer la nouvelle république dans des bornes si étroites? Et quels seraient les moyens d'un Etat aussi faible au physique qu'au moral de défendre contre ses anciens maîtres l'indépendance, que lui auraient octroyée les Puissances de l'Europe? Ce que je ne conçois pas, c'est comment, en aucun état de cause, l'on croirait pouvoir se passer, pour la Grèce indépendante, de la reconnaissance explicite de la Porte. Car il me semble qu'au défaut de cette reconnaissance l'état de guerre et toutes les causes de troubles et de discorde, qui en sont résultées pour l'Europe, continueraient à subsister, et que, vû la disproportion des forces respectives, la Grèce serait constamment menacée d'être victime de cette lutte inégale. Vouloir la placer, tant que dure cette lutte, sous la protection et la garantie des Puissances alliées, ce serait, ce me semble, déclarer la guerre à la Porte." — —

Poſtſkriptum zum Bericht Müſters an den König: Nr. 33. Odeſſa,
29. Oktober (10. November) 1828. (chiffrirt).
(Die Depeſche des königl. Miniſteriums vom 5. September ſei eingetroffen).

„Ce fut avant la prise de la forteresse (Varna). Le moment
ne m'a point paru favorable à une communication détaillée de cette
dépêche et, en me conformant aux ordres qu'elle contient vers sa fin,
je me suis borné à dire au Cte de Nesselrode: que rien ne causerait
à ma Cour une plus grande satisfaction que si, mettant à
profit sa position politique vis à vis de la Turquie, elle
pouvait contribuer au rétablissement de la paix, et que, si
le Cabinet de St. Pétersbourg croyait que des démarches de
la part de la Prusse auprès de la Porte pussent à cet égard
avoir un effet salutaire, ma Cour se prêterait avec le plus
vif plaisir aux démarches nécessaires à Constantinople. Le
Vice-Chancelier en me remerciant de ma communication me protesta
de l'entière confiance avec laquelle la Russie s'adresserait toujours à
la Prusse et il me donna la meilleure preuve de cette confiance par
la franchise avec laquelle il me parla de l'affaire orientale et des
vues de la Russie. Ayant de mon côté touché le point des garanties,
que la cour Impériale exigerait concernant la liberté du passage du
Bosphore, le Cte de Nesselrode m'a déclaré que la Russie n'avait jamais
en parlant de ces garanties entendu autre chose, sinon une stipulation
plus ou moins forte insérée dans le traité de la paix future, qu'elle
n'avait jamais pu songer à une garantie matérielle, parce qu'elle conce-
vait parfaitement l'impossibilité d'en acquérir, qu'outre ces stipulations
concernant le passage du Bosphore, elle tâcherait d'obtenir
de la Porte ottomane, s'il se pouvait, quelque peu d'argent
et une ou deux forteresses en Asie, qui lui étaient nécessaires
pour la tranquillité de ses possessions dans le Caucase et
dont l'acquisition, à ce qu'elle pensait, ne dérangerait par
l'équilibre de l'Europe. Le Cte de Nesselrode ajouta que le moment,
où les opérations militaires auraient de leur côté contribué à rendre
le Sultan plus traitable, n'étant pas encore venu, il se réservait de
revenir envers moi lorsque le cas paraîtrait arrivé sur le sujet de notre
conversation. — —

Galen an Bernſtorff. Petersburg, 10. (22.) November 1828.

— — „Der Krieg iſt weder beim Volke noch bei der Armee populär;
nur ungern zieht der Ruſſe einem Lande entgegen, wo außer den gewöhn=
lichen Kriegsgefahren nur Krankheiten und Entbehrungen ſeiner warten.
Die neue Aushebung von vier= auf fünfhundert hat daher keinen günſtigen
Eindruck auf die öffentliche Stimmung hervorgebracht; man hat ſchonend bei
derſelben zu Werke gehen müſſen und von verſchiedenen Seiten habe ich
gehört, daß von den 160000 Rekruten, welche auf dem Papiere als Reſultat
der Aushebung angegeben waren, im künftigen Frühjahr höchſtens 100=

bis 120 000, und selbst diese erst spät, bei der Armee eintreffen könnten, da die ungeheuere Ausdehnung des Reiches eine rasche Konzentrirung der Massen nicht gestattet.

Großer, alle Sehnen des Reiches stark anspannender Anstrengungen wird es daher bedürfen, um im nächsten Feldzuge den stolzen Starrsinn der Muselmänner ganz zu beugen und und ihre von der Natur begünstigten und mit fanatischem Mut verteidigten Schutzwehren niederzureißen. Und selbst im glücklichsten Falle, selbst jenseits der Trümmer von Konstantinopel, zeigt sich dem Kaiser eine Zukunft, die Ihn vielleicht zwingen wird, weiter auf dem Felde des Ruhmes und des Ehrgeizes fortzuschreiten, als es jetzt Sein Wille ist, die aber auch seitens der anderen Hauptmächte gewaltige und für Rußland gefährliche Reaktionen nach sich ziehen könnte. Diese Betrachtungen, scheint mir, können ihre Wirkung auf das Gemüt eines edeldenkenden, menschenfreundlich gesinnten Monarchen nicht verfehlen, und ich wage daher ehrerbietigst die Meinung auszusprechen, daß man einesteils Vermittelungsversuche einer befreundeten Macht hier gern sehen würde, und anderenteils kräftige und freimütige Vorstellungen eine bedeutende Einwirkung auf den Gang der Angelegenheiten ausüben könnten. Jedoch, wenn auch der Gang der Ereignisse und die Betrachtung der jetzigen Lage der Dinge dem russischen Kabinet eine friedliche Stimmung eingeflößt hat, wenn selbst hierdurch eine größere Annäherung an das sonst hier so wenig beliebte Oesterreich hervorgebracht sein sollte, so wird und kann Rußland doch erst dann seinen aufrichtigen Wunsch der Wiederherstellung des Friedens offenbaren, wenn die Pforte die ersten Zeichen der Nachgiebigkeit an den Tag legt, die man wohl schwerlich mit gegründeter Hoffnung von ihr wird erwarten dürfen, wenn nicht Varna, die Festungen Moreas und hoffentlich bald auch Silistria ihr die Ueberzeugung einflößen, daß ganz Europa von ihr einstimmig und als notwendige Bedingung seiner Ruhe, Nachgiebigkeit verlangt, und daß, verweigert sie dieselbe, erst auf den Trümmern ihrer Herrschaft der langverborgene Keim der Zwietracht zum Baume emporschießen und seine weiten, giftigen Aeste über unsern Weltteil verbreiten wird." — —

Copie d'une dépêche du Vice-Chancelier au Comte d'Alopeus, en date d'Odessa du 14. Octobre 1828.*)

Nesselrode schreibt: er wünsche Alopeus eine Darstellung der gegenwärtigen politischen Lage Rußlands zu übermitteln, die er dem Kaiser, bevor dieser die Rede von Varna verlassen, unterbreitet habe:

— — „Cette notice retrace, sans dissimuler nos mécomptes non plus que nos échecs, les résultats de notre campagne. Si nous les comparons aux justes espérances qui environnaient le début de nos opérations militaires, nous les trouverons nous mêmes fort au dessous de notre attente. Si d'un autre côté, nous choisissons notre terme de comparaison

---

*) Des Zusammenhangs wegen an diese Stelle gesetzt.

dans l'histoire de nos anciennes guerres avec la Turquie, nous reconnaîtrons que les résultats de nos campagnes précédentes n'ont jamais approché de ceux qui viennent enfin de couronner nos efforts. Il nous semble que la ligne sur laquelle nous établissons nos quartiers d'hiver nous offre incontestablement un point de départ si avancé pour le printemps prochain, que d'après les calculs de probabilité les plus admissibles et avec un déploiement de forces convenable nous devrions espérer des succès décisifs. Les représentants de L'Empereur à l'Etranger pourront donc, d'après le tableau que nous leur communiquons aujourd'hui, présenter sous son vrai jour la position où demeurent nos armées, faire apprécier les motifs de nos espérances pour la campagne de 1829 et réduire à leur juste valeur les pronostées de désastre qu'on se plait à répandre, en haine de la puissance à laquelle les événements avaient élevé la Russie.

Après avoir discuté les questions militaires que nous étions forcés d'examiner, puisque de leur solution dépend celle de toutes les autres, nous avons cru remplir une obligation rigoureuse en portant un coup d'oeil impartial sur notre situation politique et en établissant comme autant de vérités fondamentales que cette situation, sans présenter encore de danger imminent, est déjà loin de nous offrir la sécurité complette dont nous jouissions il y a six mois; que des opérations heureuses et rapides en 1829 sur le théatre de la guerre ne doivent plus seulement former le juste objet de nos voeux, mais qu'elles sont pour nous d'une visible nécessité; que notre position s'affaiblira toujours davantage en raison directe de la prolongation ou du succès des résistances, et que si au mois de février dernier le Ministère des affaires Etrangères n'a point hésité de garantir à l'Empereur que pendant la durée de la campagne de 1828 la Russie aurait l'Empire ottoman seul à combattre, il ne peut maintenant exprimer sous ce rapport que de simples espérances pour la campagne de 1829, et cela dans la supposition que cette campagne commence de bonne heure, s'ouvre avec éclat et conduise dès son début à des résultats marquants.

De ces prémisses, malheureusement trop fondées, déroulent par une suite de conclusions incontestables: l'obligation absolue de pousser la guerre l'année prochaine avec une grande supériorité de forces en Asie et en Europe; l'obligation non moins positive d'employer ces forces avec une énergique habileté; le devoir de montrer la persévérance qui convient à un Etat tel que la Russie et de ne conclure la paix avec les Turcs que d'après le mode et aux conditions indiquées dans notre déclaration de guerre; la nécessité enfin de prouver par l'étendue de nos préparatifs que nous sommes prêts à soutenir et la lutte, où les événements nous ont engagé, et celle que viendrait nous susciter encore la malveillance de nos ennemis.

Notre notice a été rédigée avant que nous eûssions connaissance de la grande irritation qu'avait produite à Londres l'établissement du blocus de Dardanelles. Aussi était ce particulièrement sur l'attitude de l'Autriche et sur ses armements que s'était portée notre attention. Aujourd'hui elle se partage entre deux faits qui pourraient un jour se lier l'un à l'autre, entre les armements dont il s'agit et cette explosion de haine nationale qui a lieu contre nous en Angleterre à l'occasion du blocus. Sans doute une guerre isolée avec la Russie offrirait peu d'avantages à la Grande Bretagne et lui causerait des frais immenses. Sans doute le Cabinet de St. James se trouverait encore gêné par ses engagements relatifs à la Grèce et par la difficulté même de nous porter des coups sensibles, car une flotte anglaise qui apparaîtrait dans la mer noire y rencontrerait plus de résistance, d'obstacles et de périls qu'on ne l'imagine généralement. Elle serait éloignée de ses ressources, sur une mer orageuse, dont elle ne connaîtrait pas la navigation, en présence d'une marine agguerrie qui parcourt ces eaux depuis 12 ans, qui posséderait tous les moyens d'éviter les dangers, de réparer ses pertes et de ne combattre l'ennemi que là, où elle pourrait l'attaquer ou l'attendre avec avantage. Mais l'opinion ne calcule plus, quand elle est passionnée et c'est avec toutes ses forces, tous les leviers dont elle dispose, qu'elle travaille aujourd'hui à entraîner le Ministère anglais. Cependant les règles de prudence qu'il ne saurait perdre de vue, la considération des biens qui résultent de la paix, la prise de Varna, la position actuelle de nos armées en Turquie, le refus obstiné de la Porte d'adhérer au traité de Londres et d'en négocier l'exécution, nous semblent rejeter une rupture entre la Russie et l'Angleterre dans le domaine des événements encore invraisemblables, quoiqu'elle le soit moins qu'elle ne l'était, il y a peu de temps.

Nous avons au reste essayé de calmer le Cabinet de Londres à l'aide d'une concession sans inconvénient pour nous et qui est juste dans son principe. Lord Heytesbury nous ayant demandé pour le cas où l'Empereur ne révoquerait point le blocus des Dardanelles, et nous avons été loin d'en donner l'espérance, que les vaisseaux anglais expédiés pour Constantinople sur la foi de la neutralité russe et qui seraient sortis des ports de la Méditerrannée avant le 30, et des ports d'Angleterre le 1. Octobre n. st., eussent la liberté d'arriver à leur destination quelle que fût la nature de leur chargement, nous n'avons pas hésité à lui faire espérer l'assentiment de l'Empereur à sa proposition, laquelle contrarie d'autant moins nos intérêts que le comte de Heyden avait reçu ordre d'attendre la division navale du contre-admiral Ricord, pour former le blocus de Dardanelles et que par conséquent il n'aura pu l'établir avant la fin de ce mois.

Lord Heytesbury se promet un bon résultat de l'accueil fait à ses désirs et vient de renoncer à son voyage en Angleterre, pour ne pas donner une apparence de fondement aux fâcheux pronostics que l'opinion vivement agitée tirerait de son départ. La réponse négative de la Porte sera survenu presqu'en même temps. Il est donc à présumer que nos relations avec l'Angleterre vont s'améliorer encore une fois.

Quant à l'Autriche, elle a tout mis en oeuvre pour envenimer la discussion. Sa conduite dans cette occasion importante, jointe à ses préparatifs achève de nous révéler sa pensée. Ce serait l'aider à atteindre son but que de manifester des alarmes; mais nous ne croyons pas inutile de faire savoir au Cabinet de Vienne que nous sommes informés de ses mesures, de lui faire savoir que si elles prennent un caractère hostile, elles pourront nous forcer à les prévenir. Notre notice autorise les représentants de l'Empereur à parler ce langage, en leur réservant de choisir les moments favorables.

Nous le répétons toutefois, la vraie garantie de notre sécurité future au dehors est dans l'emploi que nous ferons des moyens en notre pouvoir pour préparer la campagne de 1829 contre les Turcs, pour la rendre prompte, glorieuse, décisive. Il ne nous en a pas été moins agréable de recevoir, par des rapports du général Pozzo di Borgo, la nouvelle assurance des dispositions amicales de la Cour des Tuileries à notre égard et de trouver dans notre dépêche du —. Octobre. Nr. — des informations également satisfaisantes sur la politique de la Prusse.

Cette intime union des Cours de Pétersbourg, de Berlin et de Paris offre la combinaison la plus salutaire qui puisse exister dans les conjonctures actuelles et il nous importe infiniment de la conserver et de l'affermir. C'est à vous, Mr. le Comte, que spécialement dévolu ce soin si utile et si délicat.

Il devient plus essentiel que jamais pour V. E. de travailler: à obtenir que la Prusse renouvelle les déclarations qu'Elle a faites au printemps touchant notre guerre avec la Turquie et qui ont produit une si forte impression sur les Cabinets de Londres et de Vienne; à consolider notre alliance avec la Cour de Berlin, à la confirmer dans la juste persuasion que cette alliance est une des bases du repos de l'Europe; à lui faire adopter la résolution de convaincre de plus en plus les autres Cours, que des projets hostiles contre la Russie, motivés sur la prolongation de notre lutte avec l'Empire ottoman ne seraient pas soutenus par le Roi; à la convaincre Elle-même que nos désirs sous ce rapport concernent des intérêts universels, autant que nos propres intérêts, et le bien de tous les Etats qui apprécient la paix dont ils jouissent, autant que le bien des peuples confiés par la Providence au Gouvernement et à la sollicitude de notre auguste Monarque."

Immediatbericht Bernstorffs an den König. Berlin, 24. Nov. 1828 (vollständig).

An Se. Majestät den König.

Nachdem Ew. Königl. Majestät von dem Inhalte der mir von dem Grafen von Alopeus mitgeteilten Depeschen-Abschrift*) Kenntnis zu nehmen

*) Gemeint ist die Depesche Nesselrodes an Alopeus v. 14. Okt. 1828 (Odessa).

geruht haben, glaube ich mir erlauben zu dürfen, Allerhöchstdemselben, in Bezug auf dieses merkwürdige Aktenstück, einige Bemerkungen in tiefster Unterthänigkeit vorzulegen.

Diese Mitteilung ist mir nur im engsten Vertrauen gemacht worden. Der Graf von Alopeus war dazu weder angewiesen noch ermächtigt worden. Auch beschränkte er sich darauf, mir die erhaltene Depesche vorzulesen und nur auf meine Bitte entschloß er sich, mich durch die abschriftliche Mitteilung derselben in den Stand zu setzen, solche Ew. Königl. Majestät vorzulegen. Einen besonderen Antrag hat er mit dieser Eröffnung nicht verbunden, wohl aber mich sogleich aufgefordert, ihm meine Ansicht über den Gegenstand und die Richtung derselben mitzuteilen. Nachdem ich ihm darauf ausführlich auseinandergesetzt, was, so weit ich die gegenwärtigen Verhältnisse zu beurteilen mich imstande befinde, in den in Bezug auf Oesterreich und England geäußerten Besorgnissen gegründetes oder übertriebenes sei, und wie es gleich gefährlich sein würde, sich über die zu besorgenden Anfeindungen zu täuschen oder sich solche geflissentlich zu vergrößern, glaubte ich ihn, was Preußen betrifft, darauf aufmerksam machen zu müssen, wie nicht nur in allem, was Ew. Königl. Majestät bisher gethan und ausgesprochen, sondern insbesondere auch in den ihm zur Genüge bekannten Resultaten der in der letzteren Zeit zwischen den verschiedenen Kabineten eingetretenen Erörterungen schon die von Rußland gewünschte Bürgschaft liege, daß Preußen an keiner gegen diese Macht zu bildenden Verbindung teilnehmen werde, wie aber zu einer neuen und förmlichen Erklärung darüber an die dabei beteiligten Kabinete meines Bedünkens keine natürliche oder hinreichende Veranlassung vorhanden sei. Gegen diese noch blos persönlichen Aeußerungen hatte der Gesandte nichts zu erinnern, und wenn Ew. Königl. Majestät geruhen wollen, mich allergnädigst zu ermächtigen, ihm solche unter Ihrer allerhöchsten Bestimmung zu wiederholen, so wird er völlig zufrieden gestellt sein.

Ew. Königl. Majestät wollen mir huldreichst erlauben, hier noch einige übersichtliche Bemerkungen über die allgemeine Lage der politischen Verhältnisse des gegenwärtigen Augenblickes hinzuzufügen. Ich sage des Augenblickes, denn bei der Verworrenheit der mannigfaltigsten, sich in allen Richtungen kreuzenden Ansichten und Interessen muß sich die Beurteilung dieser Lage von Tag zu Tag, und ich möchte sagen durch jeden neueingehenden Bericht anders modifiziren.

Für die Politik Rußlands ist mit der Beendigung des diesjährigen Feldzuges ein Hauptwendepunkt eingetreten. Dieser Feldzug hat, wenn dadurch auch nicht unbedeutende Resultate erzielt worden sind, doch, wie der russische Hof selbst eingesteht, den Erwartungen desselben nicht entsprochen. Diese Erwartungen sind besonders auch in politischer Hinsicht getäuscht worden. Denn Rußland hatte bei Eröffnung des Feldzuges darauf gerechnet, daß die ottomanische Pforte, durch nahe Gefahr geschreckt, nicht säumen werde, ihm mit Friedens-Vorschlägen entgegenzukommen. Gegenwärtig befindet sich diese Macht in unverkennbarer und um so größerer Verlegenheit, als sie es sich nicht verhehlt, daß die Verlängerung des Krieges sie schwer zu vermeidenden Reibungen und Mißhelligkeiten mit den anderen europäischen Mächten aussetzen wird. Um aber diesen Mächten die Neigung zu benehmen, diese Verlegenheit zu benutzen, um dem Kaiser Nikolaus mit seinen Zwecken und seiner Würde unverträgliche Bedingungen aufzudringen, glaubt dieser Monarch ihnen seinerseits zuerst mit der unumwundenen Erklärung entgegentreten zu müssen, daß er in der beharrlichen Verfolgung seiner unwiderruflich ausgesprochenen Zwecke, zu den größten Anstrengungen entschlossen und auf jeden Widerstand ge= faßt sei. Ich glaube mich nicht zu irren, wenn ich voraussetze, daß er auf diesem Wege nicht nur lästige und kränkende Zumutungen abzuwenden, sondern auch bei den obgedachten Mächten einen verstärkten Antrieb zu erzeugen hofft, ihrerseits nach Möglichkeit auf Friedens=Einleitungen hin= zuwirken, in Bezug auf welche, so lebhaft er solche auch wünscht, er doch, um nicht inkonsequent zu erscheinen und um seine Verlegenheit zu ver= raten, seinerseits keine Anträge machen zu dürfen glaubt. So wenigstens glaube ich die Veranlassung und den Zweck der Depesche des Grafen Nesselrode beurteilen zu müssen, und was mich noch mehr in dieser An= sicht bestärkt, ist, daß, wie daraus klar hervorgeht, die darin enthaltenen Erklärungen ursprünglich vorzugsweise nur auf den österreichischen Hof berechnet waren. Wenn in diesen Erklärungen, in Bezug auf Oesterreich, auch eine rücksichtslos ausgesprochene Drohung enthalten ist, so muß dieses Mittel gewiß als gleich gefährlich und unangemessen erscheinen. Man darf indessen wohl mit Zuversicht annehmen, daß, wie es auch der Graf von Alopeus unbedenklich einräumt, diese Drohung so schroff und strenge, wie sie in der gedachten Depesche angedeutet ist, nicht leicht wird gegen den Wiener Hof selbst ausgesprochen werden, und daß es sehr gewaltsamer Antriebe bedürfen würde, um den Kaiser von Rußland zu bewegen, solche wirklich in Erfüllung zu bringen. Von der anderen Seite getraue ich mir jedoch nicht zu behaupten, daß eine Erklärung dieser Art ihren Zweck bei dem Wiener Kabinet verfehlen würde. Denn einen offenen Bruch mit Rußland hat der österreichische Hof bei seinen politischen Berechnungen sicher noch unter keiner Voraussetzung in die Zahl seiner freiwilligen Beschlüsse aufgenommen, und es muß vielmehr, auch nach der bekannten persönlichen Gesinnung des Kaisers Franz angenommen werden, daß diesem Monarchen kaum ein Opfer zu groß dünken würde, um die Notwendigkeit eines solchen Beschlusses abzukaufen. Es kann nicht gelengnet werden, daß der österreichische Hof durch ein schwankendes und zweideutiges Be= nehmen und durch versteckte und indirekte Einwirkungen den Zwecken Ruß= lands entgegengearbeitet, und dieser Macht vielfachen Anlaß zur Klage und zum Verdachte gegeben hat. Allein wenn ihm auch mit Recht der Vorwurf gemacht werden kann, seine Bestrebungen dahin gerichtet zu haben, England gegen Rußland aufzureizen und dadurch die Auflösung des für Oesterreich allerdings zu einer Quelle der größten Verlegenheit und Gefahren gewordenen Trilateral=Vertrages herbeizuführen, so kann ihm dabei

billigerweise doch keine andere Absicht zugetraut werden, als
die, einer neuen politischen Kombination den Weg zu bahnen,
durch welche, seiner Ansicht nach, Rußland in gewisse Schranken
der Mäßigung zurückzuführen und dadurch die Erhaltung des
Friedens und des politischen Gleichgewichtes in Europa zu
sichern sei. Es ist Ew. Königl. Majestät hinreichend bekannt, daß die
angeblichen Rüstungen Oesterreichs sich auf Vorkehrungen und Truppen=
Ergänzungen beschränken, denen offenbar nur der Zweck der Regierung zu
Grunde liegt, dem bisherigen Verfalle der Armee Einhalt zu thun, und
sich auf Notfälle dürftig vorzubereiten.

Von weit entscheidender Wichtigkeit für die endliche Entwickelung der
in einer schweren Krisis befangenen Verhältnisse des Orients sind die
Absichten und Beschlüsse der englischen Regierung. Diese sind aber um
so schwerer zu ergründen und zu berechnen, als das jetzige englische
Ministerium offenbar zwischen Rücksichten, Bedenklichkeiten und Zweifeln
der entgegengesetztesten Art schwankt, und die Beschlüsse desselben in Bezug
auf äußere Politik größtenteils durch die Gestaltung innerer Landes=
verhältnisse und daraus erwachsender Notwendigkeiten bedingt werden.
Dieses Ministerium hat den Vertrag des 6. Juli v. J. unverkennbar als
eine Last übernommen, sich mit sichtbarem Widerwillen für die Ausführung
desselben ausgesprochen und diese Ausführung auf Mittel beschränkt, welche
augenscheinlich hinter dem Zwecke des Vertrages zurückbleiben. Die aus
diesem Mißverhältnisse erwachsenen Verlegenheiten erreichten eine gefähr=
liche Höhe, als Rußland sich zu einem offenen Bruche mit der Pforte
entschloß, und Ew. Königl. Majestät wissen, welche Mühe es
schon damals kostete, einer Auflösung des Trilateral=Vertrages
und dadurch einer den Frieden Europas nahe bedrohenden
Spaltung bis dahin verbundener Interessen vorzubeugen.
Das seitdem eingetretene Verhältnis zwischen den durch jenen Vertrag
verbundenen Mächten ist noch gegenwärtig so unnatürlich, so unklar und
so gespannt, daß sich daraus immer neue Mißverständnisse erzeugen
müssen, und daß Ereignisse und Zufälle aller Art darauf von einem
Tage zum andern störend oder vernichtend einwirken können. Da Eng=
land zugleich den Vertrag von London in Ausführung bringen, sein
friedliches Verhältnis zur Pforte ungestört aufrecht erhalten, die Selbst=
ständigkeit und Integrität des türkischen Reiches gerettet wissen und sich doch
auch wieder einem Bruche mit Rußland nicht aussetzen will, so verfolgt es
offenbar Zwecke, welche größtenteils unter sich im Widerspruch stehen und
sich daher nicht lange vereinigen lassen dürften. In dieser Schwierig=
keit liegt die Hauptgefahr für die Ruhe und den Frieden Europas,
und diese Gefahr ist um so größer, als, eben weil der englischen Regierung
kein festes und einfaches Ziel vor den Augen steht, zufällige und nicht
vorherzusehende Ereignisse leicht der einen oder der anderen Rücksicht bei
derselben das Uebergewicht geben und sie plötzlich zu Entschlüssen verleiten
können, welche dann in ihren Folgen so entscheidend als unberechenbar
sein würden. Die Gesinnung des englischen Ministeriums spricht sich zwar

bisher als eine durchaus friedliche und gemäßigte aus, allein dasselbe verbirgt gleichwohl seine Ueberzeugung nicht, daß der bisherigen, Unheil drohenden Verwickelung im Oriente durchaus ein Ziel gesetzt werden müsse, und schon ist aus dieser Ueberzeugung der an Frankreich gerichtete Vorschlag hervorgegangen, die Botschafter der beiden Mächte nach Konstantinopel zurückkehren zu lassen, um dort womöglich eine Vereinbarung über die Angelegenheiten Griechenlands zum Abschluß zu bringen. Die Annahme und Ausführung dieses glücklicherweise von der französischen Regierung zurückgewiesenen Vorschlages würde aber von Rußland schon als ein Vertragsbruch angesehen worden sein, und daher Beschwerden und Erörterungen veranlaßt haben, in welchen die jetzt noch schwach und locker bestehende Einigkeit der drei Mächte leicht hätte ihr Grab finden können. Die Gefahr ist diesmal noch vorübergegangen, aber man darf sich nicht verhehlen, daß jeder neue Anlaß sie wieder hervorbringen kann, und es dürfte daher dem russischen Hofe nicht zu lebhaft zu empfehlen sein, in seinem Verhältnisse zu England die größte Behutsamkeit und Schonung zu beobachten und nach Möglichkeit jeden Anlaß zu vermeiden, aus welchem die britische Regierung würde einen Vorwand zu einseitigem oder vertragswidrigen Beschlüssen ableiten können.

Von einem ganz anderen, der Ruhe und dem Frieden in Europa ungleich günstigerem Gesichtspunkte aus hat sich die französische Regierung ihre Stellung in Bezug auf den Orient und ihr Verhältnis zu Rußland gebildet. Dieselbe sieht mit Recht in dem festen Zusammenhalten der drei in der griechischen Angelegenheit beteiligten Mächte, in der innigen Verbindung ihrer Zwecke und Maßregeln und in der gleichzeitigen Lösung der griechischen und rein russischen Frage, die einzige Bedingung der glücklichen Entwickelung der gegenwärtigen Krisis. Sie ist daher auch des Dafürhaltens, daß nur eine sehr feste und strenge Sprache gegen die Pforte und eine zur Unterstützung derselben eingenommene furchtgebietende Stellung die drei Mächte zu ihrem Ziele führen können, und in diesem Sinne ist sie unabläßig auf die Beschlüsse der englischen Regierung einzuwirken bemüht gewesen.*) Dem russischen Hofe ist daher von seiten

---

*) Die Anstrengungen La Ferronnays' in dieser Richtung entsprangen der Besorgnis, daß Rußland im nächsten Frühjahr mit überlegenen Kräften auf dem Kriegsschauplatze erscheinen und dann das türkische Reich zusammenstürzen möchte. So hatte Werther in seinem Bericht Nr. 60 an den König vom 17. Nov. 1828 (chiffrirt) gemeldet. La Ferronnays war in dieser Meinung durch die Berichte Mortemarts bestärkt worden. Er ließ deshalb schon damals in der Umgebung des Zaren Nachforschungen darüber vornehmen, welche Bedingungen wohl Rußland bei einem Friedensschlusse stellen würde und zeigte sich bereit, falls diese Bedingungen nur einigermaßen annehmbar sein sollten, dieselben in Konstantinopel zu unterstützen. Auch die Nachrichten über geheime Rüstungen Oesterreichs hatten das französische Kabinet sehr beunruhigt. La Ferronnays wandte sich sogar an Preußen, um über die Mittel zu beraten, mit denen man Oesterreich zu einer offenen Teilnahme an dem geplanten Friedenswerke bewegen könne. Bernstorff konnte für den Moment Frankreich keinen anderen Rat geben, als ihm das strikteste Festhalten am Londoner Traktat zu empfehlen und vor einem allzuschnellen Zurückziehen der

Frankreichs eine so aufrichtige als kräftige Unterstützung zu teil geworden, und es hat sich zwischen den beiden Mächten ein ebenso vertrauliches als freundschaftliches Verhältnis gebildet. Gleichwohl dürfte es Rußland nicht zu raten sein, sich unbedingt auf diese Stütze zu verlassen. Denn es liegt in der Natur der Verhältnisse, daß die Politik Frankreichs immer mehr oder weniger von der des englischen Hofes abhängig bleibt, und die Gefahren eines Bruches zwischen den beiden Reichen, durch welche die Kolonien und die Schiffahrt Frankreichs unfehlbar Opfer der englischen Uebermacht werden würden, sind der Art, daß die französische Regierung sie nie aus den Augen verlieren darf, und wo sie diese zu fürchten haben würde, da möchten die daran geknüpften Rücksichten in ihren Augen schwerlich durch die Wichtigkeit ihrer jetzt in Verbindung mit Rußland verfolgten Zwecke aufgewogen werden. Bernstorff.

Aus dem Bericht Küsters an den König Nr. 35. Petersburg, 30. (18.) Nov. 1828.

Rußland halte an den Bedingungen fest, die es zu Anfang des Feldzuges gestellt. Freilich ergebe sich als Schwierigkeit dabei, daß es auch nicht von dem Verlangen abgehen wolle, es möge die Pforte zuerst Friedensvorschläge machen — und zwar bestehe Kaiser Nikolaus um so fester auf dieser Klausel, als der letzte Feldzug einen ungünstigen Verlauf genommen. Nesselrode hätte in einer Unterredung mit ihm (Küster) ausdrücklich betont, wie bis jetzt jedes Entgegenkommen Rußlands gemäß vielen Erfahrungen der russischen Geschichte als Schwäche von der Pforte angesehen worden sei.

— — „Vorstehende Aeußerungen des Grafen Nesselrode ließen mich schon beurteilen, inwieweit die Dazwischenkunft einer dritten Macht zur Wiederherstellung des Friedens dem kaiserlichen Hofe in dem jetzigen Augenblicke genehm wäre. Ich glaubte indessen, um mir darüber eine noch mehrere Gewißheit zu verschaffen, die mir unterm 5. September erteilten Aufträge von neuem und vollständiger als das erste mal vorbringen zu müssen. Der kaiserliche Vizekanzler antwortete mir nicht geradezu, sondern sagte, daß er noch nicht wisse, welchen Eindruck die Einnahme von Varna und die späteren kriegerischen Ereignisse in Konstantinopel gemacht haben, und es ihm — zur Sicherung des Erfolges freundschaftlicher Einwirkungen — unumgänglich scheine, daß die Stimmung der Pforte schon etwas mehr als seither zu friedlichen Maßregeln sich hinneige. Um nun gleich die ganze Ansicht des kaiserlichen Kabinets über die in dem Erlasse vom 5. September enthaltenen Ideen zu erfahren, teilte ich dem Grafen von Nesselrode die Meinung Ew. Königl. Majestät Kabinets mit, daß es, wenn die Pforte zu friedlichen Schritten durch eine dritte Macht bewogen werden sollte, nötig sein werde, ihr einen, wenn auch nur ganz allgemeinen Begriff von den Bedingungen

---

französischen Truppen aus Morea zu warnen. (Bernstorff an Werther. Berlin, 23. Nov. 1828).

zu geben, unter welchen sie den Frieden erlangen könne und fragte ihn, ob, falls nun einmal ein günstiges Moment zu einer freundschaftlichen Einwirkung einträte, es ihm angemessen scheine, daß man der Pforte etwas von den näheren Erläuterungen, die er nur hinsichtlich der Friedensbedingungen bei Varna gegeben und die ich seitdem nach Berlin einberichtet, ahnen lasse. Der kaiserliche Vize Kanzler aber schien fast vor dem Gedanken zu erschrecken und sagte mir bestimmt, daß der kaiserliche Hof eine solche Mitteilung berühre sie jene Bedingungen auch noch so entfernt — keineswegs wünschen würde.

Es scheint mir aus der ganzen Art, wie der kaiserliche Vize-Kanzler sich gegen mich äußerte, ziemlich klar hervorzugehen, daß man jetzt hier zwar die Einwirkung einer dritten Macht auf die Pforte gern sehen wird, sobald sich ein wirklicher Erfolg davon versprechen läßt, daß man dagegen alles sehr zu vermeiden wünscht, was der Pforte bei solchen Schritten einen Gedanken beibringen könne, daß dieselben mit Zuthuung oder gar auf Veranlassung Rußlands geschehen.

Graf von Nesselrode nahm aus der Unterhaltung über diesen Gegenstand Veranlassung, mich zu fragen, ob Ew. Königl. Majestät Kabinet mir nicht von einem Vermittelungsprojekt Kenntnis gegeben habe, welches der österreichische Hof jetzt vorbringe. Er setzte hinzu, daß er nur eine sehr unvollständige und dunkle Vorstellung von demselben habe, indessen glaube, daß es auf den Gedanken basirt sei, den Krieg durch eine Vermittelung von Preußen, Oesterreich, England und Frankreich zu beendigen. Er vermute, daß es die Absicht des Wiener Kabinets sei, erst zwischen diesen vier Höfen eine Vereinigung darüber zu vermitteln, ehe das Projekt dem hiesigen vorgelegt werde, und daß dann wohl Graf Fiquelmont der Ueberbringer desselben sein werde; er vernehme, daß es in Berlin nicht völligen Beifall gefunden und hoffe daher, daß es etwas geläutert hierher kommen werde. Ich fragte den Herrn Vize Kanzler, ob er sich nicht vielleicht von einer solchen gemeinschaftlichen Vermittelung der genannten vier Mächte einen erwünschten Erfolg verspräche. Graf Nesselrode aber verneinte meine Frage, wenigstens in Bezug auf das jetzige österreichische Projekt, und schien dieses letztere überhaupt mehr wie einen Versuch des Wiener Kabinets, wieder eine etwas thätigere Rolle in der orientalischen Angelegenheit zu erlangen, als aus dem ernstlichen Wunsch: den Kampf im Orient bald zu beendigen, hervorgegangen anzusehen. Ich wage es nicht, zu entscheiden, ob es das noch immer ungeschwächt hier vorherrschende Mißtrauen gegen Oesterreich ist, welches dieses Urteil des kaiserlichen Kabinets motivirt hat, oder ob Graf Nesselrode schon eine mehrere Kenntnis, als er gegen mich eingestanden, von jenem Projekt hat, und sein Urteil also auf Sachkenntnis begründet ist." —

Immediatbericht Bernstorffs an den König. Berlin, 10. Dez. 1828 (vollständig).

An Se. Majestät den König.

Ew. Königl. Majestät haben von mir einen Bericht über den Inhalt der letzten aus Paris eingegangenen Depesche zu fordern geruht.*)

Da die in dieser wichtigen Depesche enthaltenen Anträge der französischen Regierung eine bestimmte Beantwortung erheischen, so würde ich mir sogleich zur Pflicht gemacht haben, mir Ew. Königl. Majestät Befehle darüber ehrfurchtsvoll zu erbitten, wenn ich nicht, infolge der Aeußerungen des Grafen von La Ferronnays, geglaubt hätte, einer förmlicheren Eröffnung von seiten des hier anwesenden französischen Gesandten entgegen sehen zu müssen. Diese Eröffnung ist jedoch bis jetzt nicht erfolgt, und es wird mir daher wahrscheinlich, daß das französische Ministerium sich auf diesem Wege hat auf eine ganz allgemeine und blos historische Mitteilung beschränken wollen, welche mir der gedachte Gesandte vor Kurzem von den Resultaten der jüngsten zu London gepflogenen Beratungen und den darauf gegründeten, von England und Frankreich an Rußland gerichteten Anträgen gemacht hat.

Durch die Ew. Königl. Majestät bereits bekannte Protokoll Vereinbarung vom 16. v. M. ist in der orientalischen Angelegenheit ein neuer und wichtiger Wendepunkt eingetreten. Indem die englische Regierung vermöge dieser Vereinbarung den Militär-Operationen Frankreichs in Griechenland ein Ziel gesetzt und die Zurückberufung der französischen Armee bewirkt, dagegen aber darin eingewilligt hat, daß der befreite Teil Griechenlands unter die Garantie der drei verbündeten Mächte gestellt und jede Verletzung des solchergestalt gesicherten Gebietes als ein Angriff gegen diese Mächte selbst erklärt werde, hat sie von der einen Seite mehr eingeräumt, als von der anderen verweigert. Denn sie hat sich dadurch aufs neue und fester als je für die Ausführung des Vertrages von London gebunden und ihr bisher so ängstlich geschontes und verwahrtes Verhältnis zur Pforte auf eine ebenso scharfe als gefährliche Spitze gestellt. In dieser Beziehung hat sich Frankreich unstreitig, und hat sich besonders auch Rußland des zu London genommenen Resultates zu erfreuen. Allein es knüpfen sich an dieses Resultat manche Ansichten und Berechnungen, welche die Folgen des von den drei Mächten gemeinschaftlich gefaßten Beschlusses in einem ganz anderen und gewissermaßen in dem entgegengesetzten Lichte erscheinen lassen. Es hat sich immer klarer hervorgethan, daß die englische Regierung in ihrer Ungeduld sich aus der orientalischen Verwickelung und den daraus für sie erwachsenen vielfältigen Verlegenheiten herauszuziehen und sich der ihr in Bezug darauf vertragsmäßig obliegenden Verbindlichkeiten zu entledigen in der faktisch bewirkten Befreiung Moreas einen Grund zu finden hofft, um die Ausführung des Trilateral-Vertrages

---

*) Bezieht sich auf das „Protocole de la conférence tenue au foreign office, le 16. Nov. 1828", dem Berliner Kabinet übermittelt samt dem „Annexe A au Protocole du 16. Nov. 1828: Memorandum du Plénipotentiaire de France", welches die in dem Immediatbericht charakterisirten Anträge enthielt. —

als der Hauptsache nach erreicht darzustellen und um demzufolge behufs einer schließlichen Ausgleichung der griechischen Angelegenheit ohne weiteren Verzug in direkte Verhandlung mit der ottomanischen Pforte zu treten. Schon lag es in der Absicht des Herzogs von Wellington, daß die Botschafter von England und Frankreich zu diesem Ende sofort nach Konstantinopel zurückkehren sollten, und nur die Gegenvorstellungen Frankreichs haben die Ausführung dieses Planes bisher noch verhindert. Dagegen scheint es keinem Zweifel unterworfen zu sein, daß das englische Ministerium seine Zustimmung zu den in London protokollarisch festgestellten Beschlüssen nur unter der Frankreich gemachten Bedingung gegeben hat, daß diese Macht sich mit ihm zu Anträgen bei dem russischen Hofe verbinde, welche dazu geeignet seien, die griechischen Angelegenheiten möglichst schnell und zwar, nach dem englischen Sinne, mit oder ohne Rußland, einer entscheidenden Entwickelung entgegenzuführen. Frankreich scheint sich dieser Absicht, wenn auch nicht unbedingt, doch weit genug gefügt zu haben, um sich mit dem russischen Hofe in — sein bisheriges Verhältnis zu demselben gefährdende oder doch tief störende — Erörterungen einzulassen, und hat dadurch bereits einen neuen und bündigen Beleg für die in meinem alleruntertänigsten Berichte ausgesprochene Meinung geliefert, daß es dieser Macht, vermöge ihrer ganzen Lage, nie gelingen könne, sich von dem Einflusse der englischen Politik ganz unabhängig zu machen. Denn jene Anträge treten den Wünschen, Interessen und Bestrebungen Rußlands entgegen. Diese Macht wird aufgefordert, entweder in Gemeinschaft mit ihren beiden Bundesgenossen sofort mit der ottomanischen Regierung über die Angelegenheiten Griechenlands in direkte Verbindung zu treten, oder falls die Pforte einen russischen Bevollmächtigten nicht sollte zulassen wollen, die von England und Frankreich zu bestellenden Unterhändler zugleich auch mit ihrer Vollmacht zu versehen. Dieser letzte Antrag wird zwar dadurch gemildert, daß der Vorschlag damit verbunden wird, die Bevollmächtigten der beiden Höfe unter die Leitung der Ministerial-Konferenz zu London zu stellen, und dem russischen Hofe dadurch das Mittel einer bestimmten und selbstthätigen Einwirkung auf den Gang und die Resultate der Unterhandlung zu gewähren. Aber auch in diesem Vorschlage wird Rußland keine wahre Beruhigung finden zu können glauben. Denn offenbar liegt der ganzen Eröffnung die Absicht zu Grunde, die griechische Sache von der rein russischen scharf zu trennen und die Erledigung derselben von der Fortsetzung, den Ereignissen und dem Ausgange des russisch-türkischen Krieges ganz unabhängig zu machen. Dadurch aber wird dem ersten und bei jeder Veranlassung an den Tag gelegten Zwecke Rußlands geradezu entgegengestrebt, und das Interesse, welches diese Macht hat, die beiden Fragen in ungetrennter Verbindung zu erhalten, und so weit möglich, einer gleichzeitigen Lösung entgegenzuführen, ist in der That so erheblich als unverkennbar. Denn gerade in dem Zustande der Gebundenheit, in welchem der Trilateral Vertrag, so lange er unausgeführt bleibt, England und Frankreich erhält, findet der Kaiser von Rußland die einzige wahre Sicherheit, um den Zweck seines Krieges mit der Pforte ungestört und gegen fremde Anfechtung frei verfolgen zu können.

Wenn Frankreich daher gegenwärtig ganz in dem Sinne und nach der Absicht der englischen Regierung den Wunsch ausspricht, des ihm durch jenen Vertrag aufliegenden Zwanges entledigt zu werden, um seine Bestrebungen desto freier und wirksamer auf eine Ausgleichung zwischen Rußland und der Pforte und auf die Erhaltung des allgemeinen Friedens richten zu können, so offenbart sich gerade darin eine Tendenz, welche die russische Regierung unfehlbar wird als mit ihrem Interesse und ihren Zwecken streitend erkennen müssen.

Eine ganz andere Frage ist, ob sie diese Ansicht und ihre durch die Anträge ihrer beiden Bundesgenossen gereizte Empfindlichkeit wird aussprechen, oder ob sie infolge ihrer gegenwärtigen, gewiß sehr großen und schwer zu verbergenden Verlegenheit und der gewiß nicht grundlosen Besorgnis, daß eine zu bestimmte und unbedingte Zurückweisung der hier in Rede stehenden Anträge von seiten Englands noch ungünstigere und entscheidendere Beschlüsse hervorrufen, Frankreich aber in eine Verlegenheit setzen würde, deren Folgen ebenfalls nicht zu berechnen sein möchten, oder ob sie, sage ich, unter diesen Umständen wird ihren Unmut unterdrücken und ihren Alliirten soweit entgegenkommen wollen, als die Erhaltung eines freundlichen Verhältnisses mit denselben es erheischen oder anraten möchten.

Infolge vorstehender Betrachtungen glaube ich nicht, daß Ew. Königl. Majestät den englisch-französischen Anträgen würden, wie es begehrt wird, zu Petersburg das Wort reden können, ohne dadurch wohlbegründete und schwer zu verkennende Interessen des Kaisers von Rußland zu verletzen und auch Allerhöchstderoseits Ansichten und Zwecken entgegenzuwirken, für welche Allerhöchstdieselben sich bei früheren Gelegenheiten ausgesprochen haben. Da es überdem bei der vorliegenden Frage auf die inneren Beziehungen einer vertragsmäßigen Verbindung ankommt, an welcher Ew. Königl. Majestät keinen Teil haben, und Allerhöchstdieselben diese Beziehungen daher in ihrem vollständigen Zusammenhange zu beurteilen weder berufen noch hinreichend imstande sind, so würde die von ihnen begehrte Unterstützung jener Anträge wohl jedenfalls eine blos mittelbare bleiben und sich auf diejenige allgemeine Empfehlung der Mäßigung, Umsicht und schonenden Berücksichtigung zarter Verhältnisse beschränken müssen, zu welcher Ew. Königl. Majestät sich allerdings so berechtigt als veranlaßt halten dürfen.

Sollten Allerhöchstdieselben diese Ansicht zu genehmigen geruhen, so würde ich mir die ehrfurchtsvolle Bitte erlauben dürfen, mich huldreichst ermächtigen zu wollen, Allerhöchstdero Gesandten zu Paris anzuweisen, sich in Gemäßheit derselben gegen das französische Ministerium auszusprechen

Bernstorff.*)

---

*) Durch Kabinetsordre vom 13. Dez. 1828 erfolgte die Zustimmung des Königs zu den in vorliegendem Bericht ausgesprochenen Ansichten.

Bernstorff an Werther. Berlin, 17. Dezember 1828.*)

Ich habe geglaubt, meine mit dem gegenwärtigen Kurier abgehende Hauptdepesche so einrichten zu müssen, daß sie allenfalls aufzeigbar sein, oder doch dem Herrn Graf Laferonnays von Ew. Excellenz vertraulich vorgelesen werden könne.

Damit dieselben aber eine noch vollständigere Kenntnis von den diesseitigen Ansichten gewinnen mögen, beehre ich mich Ihnen im Anschlusse die Abschrift eines von mir an des Königs Majestät erstatteten und von Allerhöchstdenselben genehmigten Vortrages ergebenst mitzuteilen.

Ich hatte meine gestrige Depesche bereits geschrieben, als Ew. Excellenz gehaltreicher Bericht vom 6. und 10. d. M. einging.

Ich glaube infolge desselben allerdings annehmen zu müssen, daß die englische Regierung in der Ablehnung ihrer Anträge von seiten des russischen Hofes eine Berechtigung oder einen Vorwand zur Zurücksendung ihres Botschafters nach Konstantinopel zu finden hofft, und kann kaum mehr bezweifeln, daß Frankreich eventualiter für dieselbe Maßregel gewonnen ist.

Diese Zustimmung der französischen Regierung aber würde für den russischen Hof um so empfindlicher sein, als man sich bisher zu Petersburg die Unabhängigkeit derselben von dem Einflusse der englischen Politik weit größer gedacht hat, als sie es der Natur der Verhältnisse nach sein kann.

Soll übrigens die Wirkung berechnet werden, welche die Rückkehr der beiden Botschafter nach Konstantinopel haben würde, so kommt es vorzüglich darauf an, in welcher Art sie dort auftreten und auf welches Ziel ihre Bestrebungen werden gerichtet werden. Sollen sie dort, auch ohne Mitwirkung Rußlands, mit der Pforte in Unterhandlung treten, so wird der Kaiser Nikolaus sich ohne Zweifel für berechtigt halten, über Verletzung des bestehenden Vertrages und über den Bruch eines ihm vor kurzem wiederholt gegebenen Wortes zu klagen. Welche Stellung ihnen aber zu geben sein sollte, falls man eine solche Unterhandlung noch vermeiden oder aussetzen wollte, kann ich mir um so weniger denken, als es mir noch keineswegs wahrscheinlich vorkommt, daß die Pforte sich wird auf die Anerkennung der ihr angekündigten Garantie und auf ein Versprechen, solche einstweilig zu respektiren, einlassen wollen. Daß der zu spät gefühlte Mangel einer billigen und unerläßlich scheinenden Gegenseitigkeit der Wirkungen dieser Garantie die Anerkennung derselben von seiten der ottomanischen Regierung noch wesentlich erschweren müsse, ist unverkennbar.

Unter diesen Umständen können wir nur lebhaft wünschen, und wir suchen nach Möglichkeit dahin zu wirken, daß Rußland sich den Anträgen seiner Bundesgenossen wenigstens teilweise füge und dadurch einer Spaltung vorbeuge, deren Folgen leicht so unberechenbar als unaufhaltsam werden könnten.

Wenn das französische Ministerium glaubt, in dem sich für Rußland

---

*) Vertraulich.

immer ungünstiger darstellenden Ausgange des diesjährigen Feldzuges ein neues und wesentliches Hindernis gegen die Erzielung eines Friedens, und daher als ein Mißgeschick für ganz Europa ansehen zu müssen, so bin ich mit dieser Ansicht völlig einverstanden. Denn ein unter solchen Umständen abgeschlossener nachteiliger Friede würde für den russischen Kaiser als eine Demütigung erscheinen, der sich zu unterwerfen man ihm nicht zumuten kann. Einen günstigen Frieden aber kann er von der Pforte in einem Augenblicke nicht erwarten, wo diese durch eine Kraftanstrengung, deren moralischen Wert sie sich in ihrem Stolze wahrscheinlich ins Unendliche übertreibt, einen Angriff zurückgewiesen hat, bei dem es, ihrer eigenen Meinung nach, auf ihren Untergang abgesehen war.

Was die von Wien ausgehenden Nachrichten über den Zustand von Entblößung, Ermüdung und Auflösung sagen, in welchem sich die russische Armee am Schlusse des Feldzuges befunden, müssen wir, wie verdächtig diese Quelle auch in mancher Beziehung scheinen möchte, doch größtenteils für nur zu wohl gegründet halten. Unsere Berichte aus London kommen immer wieder auf die Voraussetzung vertraulicher Verabredungen oder geheimer Verbindungen zwischen England und Oesterreich für feststehende oder eventuelle Zwecke zurück. Man knüpft daran auch jetzt wieder die Mutmaßung, daß lebhaft daran gearbeitet werde, den Beitritt Frankreichs zu erlangen, und daß dabei nichts Geringeres beabsichtigt werde, als durch die Kraft dieser neuen Tripel-Allianz die Verhältnisse des ganzen Europas gebieterisch zu ordnen. Ja, man geht so weit, es glaubhaft machen zu wollen, daß mit diesen Plänen, unter gewissen Voraussetzungen, auch die Absicht einer zu bewirkenden Veränderung des französischen Ministeriums verbunden wird, und daß in dieser letzten Beziehung wirklich schon eine vertrauliche und ganz persönliche Korrespondenz zwischen dem Herzoge von Wellington, dem Fürsten Metternich und dem Herrn von Villèle stattfinde. Wie wenig ich auch geneigt bin oder bis jetzt Grund habe, auch nur dem geringsten Teile solcher Angaben Glauben zu schenken, so liegt es doch allerdings außer aller Berechnung, welche Vereinigungspunkte die Entwickelung der gegenwärtigen verworrenen Verhältnisse, bei übereinstimmenden Ansichten und Wünschen, zwischen den beiden Höfen von London und Wien hervorzubringen und zu welchen Resultaten sie zu führen vermag, und nur in dieser Beziehung glaube ich diesen Gegenstand der Aufmerksamkeit Ew. Excellenz empfehlen zu dürfen.

Daß das französische Ministerium sollte von außen her mit großen Gefahren bedroht sein, kommt mir nicht sehr glaublich vor. Dagegen stehen ihm im Innern der Monarchie allerdings schwere Kämpfe bevor, und wir wünschen so aufrichtig als lebhaft, daß es siegreich und mit erhöhter Kraft daraus hervorgehen möge. Denn wir lassen den Absichten und der Richtung desselben volle Gerechtigkeit widerfahren, und wie wir den größten Wert auf jeden Beweis seines Vertrauens legen, so benutzen wir auch gerne jede Veranlassung, um ihm die Ueberzeugung des unsrigen zu gewähren.

Vielleicht ist das oft erneuerte Gerücht eines in Bezug auf die gegenwärtigen kritischen Verhältnisse zwischen Preußen und Rußland heimlich abgeschlossenen Vertrages auch bis zu Ercellenz gedrungen. Sie werden Sich dadurch nicht haben täuschen lassen. Doch glaube ich Ihnen zum Ueberflusse sagen zu müssen, daß wir heute noch eben so selbständig und frei von Verbindlichkeiten und Anfechtungen irgend einer Art dastehen, als wir von Anbeginn der jetzigen Verwickelung angethan haben. — —

Aus dem Bericht Küsters an den König: Nr. 40. Petersburg, 17. (5.) Dezember 1828.

— — „Muß denn aber noch einmal im nächsten Jahre das Glück der Waffen versucht werden, dann werden wieder, ebenso wie im vergangenen Frühjahr, die Blicke aller Mächte auf Preußen und dessen Entschließungen gerichtet sein. Hier wenden sie sich schon jetzt dahin und der kaiserliche Hof erkennt, seinem vollen Gewichte nach, den Wert, den die Freundschaft Preußens für Rußland in den jetzigen Verwickelungen haben muß. Graf Nesselrode, der mir schon seit Monaten — in der großen Offenheit und dem Vertrauen, welches er mir in jeder Hinsicht bewiesen und womit er sich stets gegen mich über die politische Lage der Dinge und Rußlands Absichten geäußert — den sichersten Beweis seines Wunsches, die Verhältnisse zu Preußen so nahe und freundschaftlich wie möglich zu erhalten gegeben hat, hat ausdrücklich wiederholt, einen wie großen Wert Rußland auf die Freundschaft Preußens lege und wie dankbar sein Hof für den Gang sei, den Ew. Königl. Majestät Kabinet in der orientalischen Angelegenheit befolgt habe. Er setzte hinzu, daß Se. Majestät der Kaiser nie die wahren und großen Dienste vergessen werde, welche Ew. Königl. Majestät demselben in dieser Angelegenheit geleistet haben, indem die kräftige und energische Sprache, welche Preußen zur rechten Zeit geführt, die Ausführung der Pläne von Mächten hintertrieben habe, deren Absichten in der orientalischen Verwickelung mehr als zweifelhaft seien." — —

Aus einem eigenhändigen Bericht Küsters an den König. Petersburg, 18. (6.) Dezember 1828.

Ueber eine Audienz bei Kaiser Nikolaus:

— — „Se. Majestät fingen mit der Bemerkung an, daß den letzten Nachrichten von Konstantinopel zufolge, die Aussichten zu einer friedlicheren Stimmung von seiten der Pforte immer mehr schwänden, und der Sultan immer entschlossener zu werden scheine, es von neuem auf die Entscheidung des Krieges ankommen zu lassen. „Sagen Sie Se. Majestät dem Könige", fuhr der Kaiser fort, „daß ich unwandelbar auf dem Wege weiter gehen werde, den ich eingeschlagen habe, und daß ich das Ziel, welches ich mir von Anfang an vorgesetzt, noch jetzt unverrückt vor Augen habe, und es erreichen will und auch zu erreichen hoffe. Ich habe alles gethan, was ich konnte, um der Pforte zu zeigen, daß ich ihr Verderben nicht will und den Frieden wünsche. Sie wissen selbst, daß ich während des letzten Feldzuges keine Gelegenheit habe vorübergehen lassen, den Sultan davon zu überzeugen. Etwas mehreres kann ich nicht thun, und ändert die Pforte ihre Ansichten nicht, so muß ich im nächsten Jahre von neuem die Kriegsbahn betreten und werde es, sagen Sie dies Sr. Majestät, mit Nachdruck thun. Ich gehe mit Ruhe der Zukunft entgegen, denn ich hoffe, daß wenn ich ungerecht angegriffen werde, ich auf den Beistand des Königs zählen kann,*) in dieser Ueberzeugung fürchte ich nichts, was mir auch die Ereignisse bringen mögen. Sie können Sr. Majestät nicht lebhaft genug den Dank ausdrücken, zu dem mich der Gang, den der König in der jetzigen Verwickelung befolgt, verpflichtet, sowie für die freundschaftlichen und großen Dienste, welche Se. Majestät mir darin geleistet haben. Ich werde sie nie vergessen. Uebrigens stehe ich auch mit Frankreich gut und glaube, darauf rechnen zu dürfen, dasselbe bei seinen jetzigen System verharren zu sehen. Mit Oesterreich bin ich auf einem Fuße, daß ich eigentlich keine bestimmten Besorgnisse habe, wenngleich ich in ihm immer den versteckten Feind fürchten muß. Ich weiß, daß man mir in Wien fast unausgesetzt insgeheim entgegenarbeitet, und ich habe einen abermaligen Beweis der Freundschaft des Königs für mich in der Art erkannt, wie Ihr Hof gewisse neue Projekte des Fürsten Metternich hintertrieben hat, auch in Paris, wo dieselben Projekte nicht von Oesterreich, aber von England vorgebracht werden, hat man sie, wie mir gemeldet wird, zurückgewiesen. Ich sage mir wohl, daß der Kaiser und Fürst Metternich es zum eigentlichen Bruche mit mir nicht können bringen wollen, daß die Finanzen, der Zustand des Landes, die inneren, wie die äußeren Verhältnisse Oesterreich davon zurückhalten sollten, aber wozu die Rüstungen, wozu die Herstellung eines Teiles der Armee auf den Kriegsfuß, wenn man in Wien die Erhaltung des Friedens ernstlich will. Jedenfalls fürchte ich Oesterreich nicht; denn Sie wissen wohl, daß ich auch auf der Seite gerüstet bin und, ungeachtet des Türkenkrieges ihm noch Truppen genug entgegenzustellen habe. Gegen England kann ich für den Augenblick keine Klage erheben; aber es ist zu wenig Verlaß auf den Herzog von Wellington, um mit Sicherheit Englands zukünftiges Benehmen vorherzusagen."

Se. Majestät geruhten hier, den ganzen Verlauf der Unterhandlung über die griechische Angelegenheit, wie sie zwischen Höchstdenselben und

---

*) Eine Vergleichung dieser Worte mit dem Schluß der Depesche Bernstorffs an Werther vom 17. Dezember 1828 läßt ziemlich deutlich erkennen, daß der Zar sich noch immer über den Wesensinhalt der preußischen Freundschaftsversicherungen täuschte und eine militärische Deckung Rußlands durch Preußen als selbstverständlich annahm. In Wirklichkeit hatte sich Preußen durchaus nicht gebunden und sich vorbehalten seine Entschlüsse für den äußersten Fall ganz selbständig zu fassen. —

dem Herzog von Wellington stattgehabt, zu rekapituliren. „Ich habe anfangs," äußerte der Kaiser, „nur mein eigenes Verhältnis zur Türkei im Auge gehabt. Als nun der Herzog von Wellington nach Petersburg kam und mir anbot, gemeinschaftlich mit seinem Hofe die Verhältnisse Griechenlands zu reguliren, habe ich ihn gefragt, ob denn auch England bereit sei, die vorgeschlagene Einschreitung bis zum Ziele durchzuführen; ich wenigstens könne, wenn ich einmal in die Sache eingegangen, nicht zurücktreten. Ich habe dem Herzoge schon damals gesagt, daß meiner Ueberzeugung nach, die Vermittlung zu gunsten der Griechen zum Kriege führen werde; er hat es mir aber nicht glauben wollen und gemeint, daß die Absendung von einem paar Schiffen genügen werde, die Pforte zu dem zu bewegen, was man von ihr verlangt. Daher ist denn das unnatürliche und gezwungene Verhältnis gekommen, welches zwischen der Pforte und den beiden Mächten, teilweise auch mir besteht, ein Verhältnis, wie es die Geschichte wohl nicht aufzuweisen hat. Mitten im Frieden haben wir die türkische Flotte verbrannt, und — immer ganz freundschaftlich — haben die Franzosen die Truppen des Sultans aus einer seiner Provinzen verjagt und diese besetzt. Wie kann ein so verkehrtes Verhältnis dauern; es muß am Ende zu einer Krisis, zum Kriege führen. Wenn es auch England und Frankreich nicht thun, so wird die Pforte diesen beiden Mächten den Krieg erklären — und gewiß ist es der einfachste, vielleicht der einzige Weg, die jetzige Verwirklichung schnell und glücklich zu lösen, wenn England und Frankreich der Türkei gegenüber sich mit mir ganz auf eine Linie stellen oder gezwungenerweise gestellt werden.

In England will man dies noch jetzt nicht einsehen. Man ist dort das ganze Vermittlungsgeschäft völlig überdrüssig und sehnt sich, auf jede Weise dasselbe zu Ende zu bringen, aber ich glaube nicht, daß solches auf dem eingeschlagenen Wege gelingen wird.

Sie wissen, daß mir von Frankreich der auch von dem englischen Kabinet genehmigte Vorschlag gemacht worden ist, mit diesen beiden Mächten gemeinschaftlich Repräsentanten auf eine für neutral erklärte Insel des Archipelagus abzuschicken und die Pforte einzuladen, gleichfalls einen Abgeordneten dorthin zu senden. Man schlägt mir weiter vor, — für den fast mit Gewißheit vorauszusehenden Fall, daß die Pforte sich weigern werde, mit dem Abgeordneten einer Macht, mit der sie sich im Kriege befindet, während der Dauer desselben friedliche Unterhandlungen zu pflegen, — zuzugeben, daß Abgeordnete von England und Frankreich nach Konstantinopel geschickt würden, um dort im Namen der drei Mächte aufzutreten und mit der Pforte über die Verhältnisse Griechenlands zu unterhandeln. Ich habe diese Anträge noch nicht beantwortet. Sagen Sie aber Sr. Majestät dem Könige, daß ich in zweierlei Hinsicht einiges Bedenken trage, in dieselben einzugehen. Einmal ist die Regulirung der Angelegenheiten Griechenlands zu wichtig für mein eigenes Verhältnis zur Türkei, und ist zu lange von Rußland vorzugsweise betrieben worden, als daß ich bei dem Schlußakt ganz in den Hintergrund treten und mein Interesse den Händen anderer Mächte anvertrauen könnte; zweitens ist zu besorgen, daß jener Antrag

von seiten der Türken, die sich wohl selten in eine verwickelte politische
Lage ganz klar hineindenken, zu Mißverständnissen Veranlassung geben
dürfte, die auf meinen besonderen Streit mit der Pforte eine üble Einwirkung haben könnten. Und diesen muß ich zunächst und stets rein
abgesondert von der griechischen Sache fortführen und zu Ende bringen."

Ich unterstand mich hier Sr. Majestät die Frage vorzulegen, ob
Höchstdieselben demnach auch beabsichtigten, mit der Pforte Frieden zu
schließen, wenn dieselbe sich bereit erkläre, Rußlands Forderungen zu genügen, aber die Wünsche der drei Mächte hinsichtlich Griechenlands nicht
erfüllen wolle. Der Kaiser antwortete mir mit einem bestimmten Ja
und sagte hinzu: „Sobald die Pforte die Bedingungen, die Sie kennen und
die ich im Interesse Rußlands fordern muß, eingeht — und ich werde
ihr das gewiß möglichst erleichtern — so werde ich gern den Frieden
schließen und kein Bedenken tragen, mich hinsichtlich der griechischen Sache
auf dieselbe Linie mit den beiden anderen Mächten zu stellen.

Nach den letzten Nachrichten aus Konstantinopel, die bis Mitte
November gehen, und die ich den Mitteilungen, welche Baron Maltzahn
dem Herrn von Tatitscheff gemacht hat, verdanke, ist jetzt weniger wie
je Aussicht vorhanden, daß die Pforte den Zustand Griechenlands anerkenne,
ja nicht einmal jene Anträge wegen Absendung von Abgeordneten annehmen werde. Sie wissen ohne Zweifel schon, daß der Reis Effendi
dem preußischen und holländischen Tragoman erklärt hat, die Pforte werde
nie in die Anerkennung Griechenlands willigen, und wie übel die französische
Expedition nach Morea von dem Sultan aufgenommen worden ist. Damals kannte man in Konstantinopel den Vorfall bei dem Schloß Morea
noch nicht, aber man kann schon hieraus abnehmen, wie tief derselbe von
der Pforte empfunden werden wird. Uebrigens leistet man mir in Konstantinopel schlechte Dienste und es ist zuweilen beinahe so, als wenn man
der Herstellung des Friedens geradezu entgegenarbeitet. Ich will mich
über Niemand persönlich beschweren, aber die Art, wie der holländische
Botschafter, Baron Zuylen, dem Reis Effendi die französische Erklärung
hinsichtlich der Besetzung Moreas mitgeteilt und die Fragen, die letzterer
ihm bei dieser Gelegenheit gethan, beantwortet hat, war ganz so, als
wenn er den türkischen Minister absichtlich reizen und von allen friedlichen
Gesinnungen abbringen wollte."

Der Kaiser ging nunmehr auf den Zustand Griechenlands über.
Se. Majestät bedauerte, daß man in London darauf bestanden habe,
Griechenland auf Morea und die Inseln zu beschränken und daß ihm
auf diese Weise keine rechte äußere Festigkeit gegeben werde. „Das was man
sonach jetzt Griechenland nennen darf", fuhr der Kaiser fort, „ist in dem
kläglichsten Zustande und ich darf wohl sagen, daß es nur durch den
Grafen Kapodistrias zusammengehalten wird. Er allein stellt Griechenland vor, und tritt er ab, so ist nichts als die grenzenloseste Verwirrung
vorherzusehen. Ich schätze und achte den Grafen Kapodistrias und habe
ihn gern nach Morea gehen sehen, weil ich mir von seinem dortigen
Wirken Gutes versprach, aber im übrigen ist er mir völlig fremd; er steht

in keiner Verbindung mit mir und in keinem Verhältnis mehr zu Rußland. Aber England und Frankreich scheinen dies nicht zu glauben, und beide intrigiren in Morea gegen den Grafen, eine jede dieser Mächte in einem verschiedenen Sinne. Ich habe schon neulich Lord Heytesbury darauf aufmerksam gemacht, wohin das führen müsse. Die schwache Gesundheit des Grafen Kapodistrias wird durch diese Intrigen und den Gram, den sie ihm verursachen, völlig zerrüttet, und wie mir gemeldet wird, verspricht man ihm höchstens noch ein Jahr Leben. Was soll dann aus Griechenland werden?

Sagen Sie Sr. Majestät dem Könige, daß es mir unter diesen Umständen dringend nötig scheint, daß man sich bald über das künftige Schicksal Griechenlands verständige und über das vereinbare, was man aus diesem Lande zu machen gedenkt. Eine Republik entstehen zu sehen, wünsche ich nicht, und glaube in diesem Wunsche mit Sr. Majestät dem Könige zu begegnen. Die Erfahrung der letzten Zeiten hat uns gelehrt, wohin die auf solchem Wege entstandenen Republiken führen. Also eine Monarchie: aber dann wirft sich die Frage auf, wen an die Spitze stellen? Mir ist es völlig gleich, wen man dazu erwählen wird. Man hat bisher vier Kandidaten dazu genannt, den Herzog Leopold von Sachsen-Koburg — von diesem ist aber neuerlich nicht mehr die Rede gewesen, was mir auch ganz lieb ist, — den Prinzen Gustav von Schweden, den man aber allgemein für zu sehr null und unfähig dazu hält, — den Prinzen Friedrich der Niederlande und den Prinzen Philipp von Hessen-Homburg, von denen aber ersterer wahrscheinlich einen solchen Antrag nicht annehmen würde. Sagen Sie Sr. Majestät dem Könige, daß ein jeder von diesen Kandidaten, über den sich die Mächte vereinigen werden, meine Zustimmung erhalten wird." Ich erdreistete mich hier, Sr. Majestät dem Kaiser zu bemerken, daß ich voraussetzte, Ew. Königl. Majestät würden in dieser Beziehung ebenfalls kein besonderes Interesse haben und es dürfte Allerhöchstdenselben daher vielleicht um so angenehmer sein, die Ansichten des Kaisers darüber zu kennen, welchen von jenen Kandidaten Er am meisten für die in Rede stehende Bestimmung geeignet halte. Se. Majestät nehmen keinen Anstand, mir darauf unter Wiederholung Ihrer Aeußerung, daß ein jeder von jenen Kandidaten, der dazu erwählt werden würde, auf seine Zustimmung rechnen könne — zu erwidern, daß Ihrer inneren Ueberzeugung nach der Prinz Philipp von Hessen die meisten Eigenschaften vereinige, um eine so schwierige Stellung zu behaupten. "Er ist ein braver, versuchter Militär", sagte der Kaiser, "ein redlicher und rechtlicher, dabei energischer Mann, und er hat ein sehr einnehmendes Wesen: überdies ist vorauszusehen, daß seine Wahl dem österreichischen Hofe angenehm sein werde. Uebrigens weiß ich nicht entfernt, ob der Prinz ein solches Anerbieten annehmen wird. Ich habe mich", fügten Se. Majestät hinzu, "über die ganze Frage wegen des künftigen Schicksals Griechenlands noch gegen Niemand geäußert: aber ich werde, sobald sich mir dazu die Gelegenheit darbietet, mich mit derselben Offenheit wie gegen den König auch gegen Frankreich darüber aussprechen."

Der Kaiser ging zuletzt noch auf die neuesten Ereignisse des Krieges
über und teilte mir die Nachricht von dem glücklichen Gefechte mit, in
welchem die russischen Truppen die Türken bei Prawadi zurückgetrieben.
Se. Majestät fügten hinzu, daß ein äußerst heftiges Schneegestöber die
Türken auf dem Rückzuge von dort befallen habe, und diese infolge=
dessen mit einer solchen Schnelligkeit geflohen seien, daß sie ihre Bagage
im Stiche gelassen. Se. Majestät meinten, daß solche Erfahrungen die
Türken wohl auch von der Idee eines Winterfeldzuges zurückbringen würden.
Der Kaiser geruhte alsdann noch mehrere Details von den Drangsalen
anzuführen, welche die jetzt in den Gegenden von der Donau zum Balkan
herrschende Witterung Seine Truppen erleiden lasse, und sprach mit sicht=
barer Rührung von den vielen Opfern, die dieser schreckliche Krieg schon
gekostet und von dem Mut und der Standhaftigkeit, womit Seine Truppen
alles Ungemach ertragen haben.*) Der Kaiser schloß mit dem Auftrage,
Ew. Königl. Majestät die Versicherungen Seiner treuesten Verehrung und
wärmsten Anhänglichkeit zu überbringen."

Bernstorff an Bülow. Berlin, 20. Dezember 1828. (chiffrirt.)

— — „Der Fürst Lieven hat gewiß seinem Hofe keinen besseren
Rat geben können, als den, den Anträgen seiner beiden Bundesgenossen
so weit entgegenzukommen, daß er ihnen keinen Vorwand für Beschlüsse
lasse, welche, wo nicht den Trilateral=Vertrag schon in seinem innersten
Wesen aufheben, doch die Auflösung desselben schnell herbeiführen und
mithin Rußland völlig isoliren würden.

Dahin darf diese Macht es nicht kommen lassen. Um ihre Alliirten
so lange als möglich bei ihren Verbindlichkeiten festzuhalten, muß sie
sorgfältig vermeiden, sich von Maßregeln auszuschließen, welche Bezug auf
gemeinschaftliche Zwecke und gegenseitig eingegangene Verpflichtungen haben.
In diesem Sinne sprechen auch wir uns in Petersburg aus,
allein ich fürchte, daß, je klarer das Interesse Rußlands in dieser Be=
ziehung vorliegt, die Wünsche der englischen Regierung desto bestimmter
eine entgegengesetzte Richtung nehmen. Ew. — werden es am besten
beurteilen können, ob ich dieser Regierung Unrecht thue, wenn ich vor=
aussetze, daß sie schon hofft, in einer ablehnenden Antwort von seiten
Rußlands eine Berechtigung oder einen Vorwand zu finden, sich von dem
Zwange drückender Verbindlichkeiten und einengender Rücksichten loszusagen.
Dem Parlamente bei seiner Eröffnung die Wiederherstellung directer Ver=
bindungen ankündigen zu können, möchte das britische Ministerium wohl
als eine wesentliche Erleichterung seiner Stellung ansehen wollen. Aber
die Wiederbegründung eines befriedigenden und einigermaßen gesicherten
Verhältnisses dürfte leicht mehr Schwierigkeiten finden, als man es in
London und Paris vorauszusetzen scheint, und in diesen Schwierigkeiten

---

*) 103 000 Mann habe er, sagte der Kaiser in der Türkei und davon 49 000
im Lazareth.

selbst wird Rußland vielleicht eine letzte Stütze für seinen ebenso natürlichen als wichtigen Zweck zu suchen haben, die Lösung der griechischen Frage in steter Verbindung mit der Entscheidung seines direkten Verhältnisses zur Pforte zu erhalten."

Bernstorff an Maltzahn. Berlin, 22. Dezember 1828.

Wenn auch die gegenwärtige Kuriersendung keinen anderen Zweck habe, als die Uebermittelung der Geschenke für die Mitglieder der schiedsrichterlichen Kommission, so freue er sich doch, ein unverfängliches Mittel zu haben, um an Maltzahn eine vertrauliche Mitteilung gelangen zu lassen. Damit die Sendung weniger Mißtrauen errege, lasse er ihm zugleich eine anzeigbare Depesche zugehen.

— „Gern hätte ich diese bequeme Gelegenheit auch zu vertraulichen Mitteilungen benutzt. Allein wir haben uns fortwährend gegen Oesterreich so rückhaltlos ausgesprochen, daß ich dem, was Ew. — aus meiner offenen Korrespondenz geschöpft haben, wenig hinzuzufügen wüßte. Bis zu welchem Grade das Mißtrauen und die Erbitterung des russischen Hofes gegen das österreichische Kabinet sich gesteigert haben, ist Ihnen durch die vertraulichen Aeußerungen des Herrn von Tatitscheff zur Genüge bekannt. Ob die in Oesterreich getroffenen, so vielfach übertriebenen Militär-Vorkehrungen in Rußland wirklich lebhafte Besorgnisse erweckt, oder ob sie nur einen Vorwand geliefert haben, um beruhigende oder doch möglichst bindende Erklärungen hervorzurufen, getraue ich mich nicht zu beurteilen. So viel aber glaube ich zu wissen, daß dem Herrn von Tatitscheff die, wenn auch vielleicht nur eventuelle, Ermächtigung erteilt worden ist, dem Fürsten Metternich gelegentlich zu erkennen zu geben, daß, wenn Oesterreich in seiner feindseligen Stimmung und in seiner drohenden Stellung beharre, der Kaiser von Rußland sich leicht würde genötigt glauben können, seinerseits zuerst das bisherige friedliche Verhältnis aufzugeben. Da eine Sprache dieser Art übrigens wenig mit der gegenwärtigen Lage Rußlands übereinstimmt, so frägt es sich freilich, ob man dadurch hat den friedliebenden Kaiser von Oesterreich einschüchtern oder eigene Verlegenheit hat verbergen wollen. Der Hauptverdacht des russischen Hofes in Beziehung auf Oesterreich richtet sich jedoch immer auf dessen Verhältnis zu England. Man hält sich zu Petersburg überzeugt, daß das Wiener Kabinet unablässig bemüht ist, die englische Regierung gegen Rußland aufzureizen, den Trilateral-Vertrag zu sprengen, der englischen Politik auch in Frankreich ein entscheidendes Uebergewicht zu verschaffen und auf diesem Wege eine neue und große Kombination herbeizuführen, durch welche Rußland isolirt und zu einem Frieden mit der Pforte, wenn auch nicht eben unter den befriedigendsten Bedingungen gezwungen werden müsse. Was an dieser Ansicht gegründetes, falsches, oder übertriebenes sein mag, dürfte nicht leicht zu ermitteln sein — gewiß aber scheint zu sein, daß man solche bisher zu Paris geteilt hat. Die Wirkung derselben hat indessen dort weit weniger fühlbar werden können, indem das französische Ministerium selbst seine immer schwankende Richtung von den verschiedenartigsten, oft seinen Neigungen entgegenstrebenden Antrieben bekommt. So hat es sich offenbar zu den gemeinschaftlich mit England an den russischen Hof zu richtenden Anträgen nur darum verstanden, weil die englische Regierung ihm ihre Zustimmung zu der bekannten Garantie=Erklärung nur unter dieser Bedingung gewährt hat, und ich glaube mich nicht zu irren, wenn ich voraussetze, daß diese Anträge den russischen Hof vorzüglich dadurch verletzen werden, daß er daran erkennen wird, wie die Politik Frankreichs weit abhängiger von dem Einfluß Englands ist, als er es sich bisher gedacht und in Bezug auf seinen eigenen Gang berechnet hatte. Durch die von diesem Monarchen den Höfen von London und Paris zu erteilende Antwort wird ein Hauptwendepunkt in der ganzen Angelegenheit eintreten. Ist derselbe wohl beraten, so wird er, um seine Alliirten bei ihren Verbindlichkeiten festzuhalten und sie zu verhindern, sich von ihm und seiner Sache zu trennen, ihren Wünschen und Anträgen so weit entgegenkommen, als die Natur seiner eigenen Lage es nur immer gestatten kann. Läßt er sich aber in seiner Empfindlichkeit gehen, und besteht er streng und peremptorisch auf behauptete vertragsmäßige Rechte, welche England und Frankreich nicht mehr in der Ausdehnung anerkennen zu müssen glauben, daß sie die Erledigung der griechischen Angelegenheit sollten von der Dauer und dem Ausgange des russisch=türkischen Krieges abhängig machen wollen, so dürfte die letzte Stunde der Tripel Allianz bald schlagen. Und dieser erbärmliche Ausgang einer von Anfang an auf Täuschung und Widersprüchen gegründeten Verbindung würde dann einen um so größeren Riß veranlassen, als es offenbar illusorisch ist, wenn die Höfe von London und Paris gegenwärtig behaupten, eine schließliche Vereinbarung mit der Pforte vorzüglich darum beschleunigen zu müssen, damit sie infolge derselben um so kräftiger und wirksamer eine Aussöhnung zwischen den beiden kriegführenden Mächten zu vermitteln imstande seien. Daß dieselben, nach Erreichung ihres Hauptzweckes, auch dahin zu wirken geneigt sein würden, bezweifle ich zwar keineswegs, allein es ist leicht zu erkennen, daß dieses Interesse ihnen schon jetzt als ein ganz untergeordnetes erscheint. Sie wollen sich vielmehr, nach der darüber von England ausgehenden Ansicht, für jeden Preis des Zwanges immer lästiger gewordener Verbindlichkeiten entledigen und demnächst, nach zurückgewonnener Freiheit, das übrige nach Maßgabe der Umstände beraten und beschließen. Es frägt sich überdies, welche Mittel diesen beiden Höfen, nachdem zwischen ihnen und der Pforte alles ausgeglichen sein und diese Macht mithin von ihnen nichts mehr zu fürchten haben wird, noch zu Gebote stehen werden, um einen wesentlichen und heilsamen Einfluß auf die Beschlüsse des Diwans auszuüben. Daß eine Vermittlung dieser Art größere Schwierigkeiten von seiten der Pforte als von seiten Rußlands finden wird, bleibt meine feste Ueberzeugung. Auch glaube ich schon Spuren davon zu entdecken, daß die englische Regierung auf gutem Wege ist, sich mit der russischen über die Bedingungen zu verstehen, unter welchen der Kaiser Nikolaus einen Frieden mit der Pforte abzuschließen sich würde geneigt finden laſſen. Dieſe Bedingungen ſcheinen ſich auf die Erwerbung von Anapa und Poti, auf mäßige, äußerſten Falles auf ein ſehr Geringes herabzuſetzende Geld-Entſchädigung und auf die in dem Friedensvertrage neu und bündig auszuſprechende Zuſicherung der Freiheit der Schifffahrt durch den Bosporus und die Dardanellen beſchränken zu ſollen." — —

Bernſtorff an Werther. Berlin, 24. Dezember 1828.
Bernſtorff kritiſirt die jüngſten Beſtrebungen Oeſterreichs und bemerkt hierzu:

„Rompre la triple-Alliance et réunir ensuite les quatres Puissances neutres pour faire la loi et à la Russie et à la Porte, c'est évidemment le but de cette démarche. Le Roi, notre Maître, ne voudra jamais entrer dans une combinaison de cette nature. Sa Majesté ne s'est liée par aucun engagement en faveur de l'Empereur son beau-fils; Elle appuyera toujours auprès de ce souverain tout ce qui lui paraîtra juste et raisonnable, mais Elle est bien loin de vouloir s'associer, en aucun état de cause, à ce qui aurait pour but de le blesser ou de l'humilier. L'idée d'un congrès dont la Russie resterait exclue nous paraîtrait être une conception des plus malencontreuses." — —

Bernſtorff an Bülow. Berlin, 25. Dezember 1828. (chiffrirt.)

— „Ew. — werden wahrſcheinlich ſchon davon unter richtet ſein, daß der öſterreichiſche Hof einen neuen Schritt gemacht hat, um England und Frankreich zu bewegen, ſich der Verbindlichkeiten, ſo ihnen der Vertrag von London auferlegt, baldmöglichſt zu entledigen und ſodann in Gemeinſchaft mit Oeſterreich und Preußen den Frieden zwiſchen Rußland und der Pforte zu vermitteln. Der Fürſt Metternich hat ſich auch bei dieſer Gelegenheit wieder eines völligen Einverſtändniſſes mit Preußen gerühmt und für die Zuſtimmung deſſelben einſtehen zu können behauptet. Sie werden aus nachſtehender Abſchrift (Depeſche an Werther vom 24. Dezember) erſehen, was ich darüber an den königlichen Geſandten in Paris geſchrieben. Sie haben jedoch nur im Falle, daß man ſich gegen Sie äußern oder Ihnen Erklärungen abfordern ſollte, Gebrauch von dem Inhalte dieſer Depeſche zu machen."

Aus dem Kabinetſchreiben (Albrecht) an Bernſtorff. Berlin, 28. Dez. 1828.

— „In Beziehung auf die letzten Pariſer Depeſchen und da von allen Seiten ſeit längerer Zeit ſchon gemeldet iſt, daß der Herr Fürſt von Metternich und alle kaiſerlich öſterreichiſchen Diplomaten und Agenten im Auslande ſich leidenſchaftliche Aeußerungen über Rußland und den Kaiſer Nikolaus erlauben, wünſchen Se. Majeſtät, daß dem Herrn Fürſten von Metternich freimütig bemerkbar gemacht werde, daß ſolche Aeußerungen, die dem ruſſiſchen Hofe gewiß nicht verſchwiegen bleiben, nur ſchaden,

niemals nützen könnten, und stellen Ew. — anheim, sich dieserhalb mit
Sr. Durchlaucht vertraulich zu benehmen.

Se. Majestät glauben zu dieser Bemerkung um so mehr veranlaßt
zu sein, als mehrere Höfe Preußen als vermittelnde Macht in der jetzigen
Verwickelung der politischen Angelegenheiten von Europa ansehen" — -.

1829.

Bernstorff an Schöler. Berlin, 7. Januar 1829.

— — „Seit Ihrer Abreise ist in der Lage der zwischen Ihnen
und mir so viel besprochenen Angelegenheit noch keine wesentliche Aenderung
eingetreten. Ich habe indeß mit wahrer Befriedigung aus den letzten
uns aus Paris zugegangenen Berichten ersehen, daß der französische Hof
fortwährend auf Mittel bedacht ist, das klar erkannte Interesse und die
wohlbegründeten Ansprüche Rußlands mit den Rücksichten zu verbinden,
welche die Stellung der englischen Regierung und ihre Ungeduld das
Ziel der ihr obliegenden Verbindlichkeiten zu erreichen, gebieterisch erheischen. Ein Auskunftsmittel dieser Art würde derselbe, wenn wir seine
Absicht recht verstehen, in dem Falle, daß eine direkte Teilnahme Rußlands
an einer mit der Pforte zu eröffnenden Unterhandlung nicht zu vermitteln
sein sollte, darin zu finden glauben, daß, nach türkischerseits erfolgter Anerkennung der projektirten Garantie und eines darauf zu gründenden
Waffenstillstandes, zwar die Rückkehr der beiden Botschafter nach Konstantinopel statt hätte, die Unterhandlung über die definitive Begrenzung
und Gestaltung Griechenlands aber bis zu dem Zeitpunkte ausgesetzt bliebe,
wo die Verhältnisse Rußlands demselben gestatten würden, daran unmittelbar teilzunehmen.

Ew. — ist es genugsam bekannt, welche Eröffnungen im verwichenen
Herbste vom Wiener Kabinet ausgingen, wie wir uns darüber erklärten
und welche Deutung der österreichische Hof dem Teile seiner Anträge gab,
der bei uns Bedenken erregt hatte. Nicht ohne Befremden würden Sie
vernehmen, daß auch jetzt wieder von derselben Seite her Eröffnungen
ähnlicher Art stattgefunden haben. Da solche jedoch dieses mal aus
leicht zu erklärenden Ursachen, nicht an uns gelangt sind, so
dürfen wir voraussetzen, daß das kaiserlich russische Kabinet, bereits von
Paris und London her von der Natur und der Richtung dieser erneuerten
Anträge unterrichtet ist. Es ist uns kein Zweifel darüber gelassen worden,
daß die französische Regierung sich darüber auf eine mit unsern Ansichten
übereinstimmende Weise aussprechen werde. Es will mir übrigens scheinen,
als habe das österreichische Kabinet seinen gegenwärtigen Antrag vorzüglich an die in neuerer Zeit von dem Reïs Effendi gethane oder demselben in den Mund gelegte Aeußerung knüpfen wollen, daß die Pforte
ihren künftigen Frieden mit Rußland, wie annehmlich die Bedingungen
desselben auch übrigens sein möchten, nur unter der Vermittelung und
Gewährleistung der größeren europäischen Mächte zu schließen wünsche." — -

Immediatbericht Bernstorffs an den König. Berlin, 17. Jan. 1829 (vollständig.)*)

An des Königs Majestät.

„Ew. Königl. Majestät haben durch die jüngsten, Allerhöchstdenselben von mir ehrfurchtsvoll vorgelegten Mitteilungen des russischen Gesandten bereits Kenntnis von dem Inhalte der von seiten Rußlands auf die letzten ihm von England und Frankreich gemachten Eröffnungen und Anträge erteilten Antwort erhalten. Da der russische Hof in Bezug auf die in dieser Antwort enthaltenen Erklärungen die Zustimmung und Unterstützung Ew. Königl. Majestät zu erlangen wünscht, so habe ich mir Allerhöchstdero Befehle darüber in tiefster Unterthänigkeit zu erbitten.

Der russische Hof hatte bei einer Beschlußnahme über die Anträge seiner beiden Bundesgenossen eine so schwierige als zarte Aufgabe zu lösen. Denn diese Anträge waren wesentlich auf die Herstellung eines Verhältnisses zu der ottomanischen Pforte gerichtet, wie solche mit der besonderen Stellung Rußlands unverträglich und mit seinem unzweideutigsten Interesse streitend erscheinen mußte. Durch eine unbedingte Zurückweisung derselben aber würde die schon so lockere Verbindung zwischen den drei Mächten auf das Spiel gesetzt und namentlich England in die dringende Versuchung geführt worden sein, ohne weiteren Verzug zu einseitigen, den Trilateral-Vertrag in seiner ersten Grundlage untergrabenden Maßregeln zu schreiten. Der russische Hof hat sich, meines unterthänigsten Dafürhaltens, aus dieser Verlegenheit mit Umsicht und Geschicklichkeit herausgezogen, und er scheint dabei die Ansichten und Warnungen ins Auge gefaßt zu haben, welche Ew. Königl. Majestät gegen den Kaiser Nikolaus haben aussprechen wollen. In der anhero mitgeteilten Instruktion an den Fürsten Lieven zu London werden zwar zunächst die Gründe entwickelt und geltend gemacht, welche den Kaiser hätten berechtigen können, Vorschläge abzulehnen, deren Abweichung von dem zwischen den drei Höfen früher verabredeten und von ihnen bisher gemeinschaftlich befolgten Gange durch die in den Umständen eingetretene Veränderung nicht hinreichend gerechtfertigt wird, sodann aber wird erklärt, daß nichtsdestoweniger der Kaiser, in Rücksicht der Wünsche seiner Alliirten und der für dieselben angeführten, aus der besonderen Stellung der beiden Regierungen abgeleiteten Beweggründe, auf ihre Anträge einzugehen bereit sei und nur die einzige, durch die Natur der Sache unerläßlich gebotene Bedingung

---

*) Bezieht sich auf die mit einer Begleitungsnote des Grafen Alopens vom 13. Januar 1829 dem Berliner Kabinet übermittelten Depeschen, welche die russischen Anträge enthielten. Der Inhalt der letzteren wird in vorstehendem Immediatbericht Bernstorffs eingehend dargelegt. Die Depeschen waren folgende: 1) Copie d'une dépêche de Mr. le Vice-chancelier de Russie comte de Nesseroode à Mr. l'Envoyé comte d'Alopens. Pétersbourg le 22. Décember 1828. 2) Copie d'une dépêche de S. E. Mr. le Vice-chancelier de Russie à M. l'Envoyé Comte d'Alopeus. St. Pétersbourg le 27. Décembre 1828. (Siehe S. 153 bis 154).

daran knüpfen wolle, daß einer mit der Pforte auch ohne die
direkte Teilnahme Rußlands einzuleitenden Unterhandlung
eine reine und erschöpfende Verständigung unter den drei
beteiligten Mächten über die Hauptpunkte der in Bezug auf
Griechenland festzustellenden Verhältnisse vorangehe. Durch
diese Erklärung hat Rußland in der That hoffen dürfen, den drei=
fachen Zweck zu erreichen, seine behaupteten Rechte zu verwahren, seinen
Alliirten den Vorwand zu benehmen, sich von den ihnen obliegenden
Verbindlichkeiten loszusagen, und endlich in der ihnen gemachten schwer
zurückzuweisenden Bedingung ein Mittel zu fernerem Zeitgewinn zu
finden. Wie diese Erklärung aber zu London aufgenommen werden
wird, dürfte schwer zu berechnen sein. Denn kann darin einerseits eine
große Mäßigung und ein nachgiebiges Entgegenkommen nicht verkannt
werden, so wird sich die englische Regierung doch andererseits nicht zu
verhehlen vermögen, daß eine neue und vom ersten Grunde ab auf=
zunehmende Erörterung der in Bezug auf die künftige Gestaltung Griechenlands in Frage stehenden Hauptpunkte noch einen unberechenbaren und
mit ihrer Ungeduld zum Ziele zu gelangen schwer zu vereinigenden Zeit=
aufwand erheischen wird. Gleichwohl sind die Gründe, welche Rußland
für die Notwendigkeit einer vorläufigen Verständigung anführt, der Art,
daß es nicht leicht gelingen möchte, solche zu widerlegen oder zu entkräften.
In der aus diesen Betrachtungen erwachsenden Verlegenheit möchte sich
die englische Regierung vielleicht um so geneigter fühlen, sich für ein in
dem französischen Kabinet ersonnenes Auskunftsmittel zu erklären, zufolge
dessen die Botschafter der beiden Mächte zwar nach Konstantinopel zurück
kehren würden, sobald die Pforte die zu gunsten der faktisch befreiten
Provinzen Griechenlands ausgesprochene provisorische Garantie anerkannt
und sich zu einem Waffenstillstande verstanden hätte, eine schließliche Unter=
handlung in Bezug auf Griechenland aber bis zu dem Zeitpunkte aus=
gesetzt bleiben würde, wo die besonderen Verhältnisse des russischen Hofes
demselben eine unmittelbare Teilnahme daran gestatten dürften.

Ich gehe nun zu den Wünschen und Anträgen über, welche das
russische Ministerium an Ew. Königl. Majestät Kabinet zu richten sich
veranlaßt gefunden hat.

Es wird zunächst der Wunsch ausgesprochen, daß Preußen die Billig-
keit der von Rußland gestellten Bedingung anerkennen und sich in diesem
Sinne insbesondere gegen Frankreich erklären wolle. Die Erfüllung dieses
Wunsches scheint mir um so weniger bedenklich zu sein, als mit großer
Wahrscheinlichkeit vorausgesetzt werden darf, daß auch die französische
Regierung diese Ansicht teilen und die Notwendigkeit einer vorgängigen
bestimmten Verständigung über die der Pforte auch in Rußlands Namen
hinsichtlich einer definitiven Festsetzung der geographischen und politischen
Verhältnisse Griechenlands zu machenden Vorschläge nicht in Abrede
stellen wird.

Wenn Rußland aber ferner begehrt, daß Preußen auch die Ansicht
ausdrücklich unterstütze, welche in der Instruktion an den Fürsten Lieven

ziemlich einseitig und gewissermaßen nur beiläufig über die Griechenland zu gebende Verfassung und namentlich über die Notwendigkeit, diesem Lande eine starke Regierung zu geben, ausgesprochen wird, so dürfte zu einer solchen Erklärung für Preußen um so weniger Veranlassung vorhanden sein, als dieser Punkt mit Fragen und Beziehungen zusammenhängt, welche alle der Ausführung des Vertrages von London angehören, außer diesem Zusammenhange aber keiner reinen und sichern Beurteilung fähig sind. Dazu gehören insbesondere auch die von Rußland hier offenbar in Bezug genommenen Fragen: ob Griechenland eine mehr monarchische oder mehr republikanische Regierungsform bekommen, und ob dasselbe gegen die Pforte in ein ganz unabhängiges oder, in Gemäßheit der früheren Abrede, in ein tributäres Verhältnis zu stellen sei? Dagegen scheint es mir nicht nur keinem Bedenken unterworfen, sondern auch der Stellung Ew. Königl. Majestät völlig angemessen und mit Allerhöchstdero früheren Erklärungen ganz übereinstimmend zu sein, daß Sie Ihre Bereitwilligkeit aussprechen lassen, der Ausführung der Verabredungen und Beschlüsse, welche aus der bevorstehenden neuen Beratung der drei Mächte hervorgehen sollten, jede in Ihrer Macht stehende oder von den Umständen zu gestattende Unterstützung zu gewähren.

Rußland äußert endlich noch den dritten Wunsch, daß Preußen sich gegen jede Idee einer unberufenen Dazwischenkunft anderer Mächte in seinen Krieg mit der ottomanischen Pforte erklären möge. Daß Ew. Königl. Majestät an einer solchen Dazwischenkunft nicht würden teilnehmen wollen und, vermöge der von Allerhöchstdenselben angenommenen Stellung, alle darauf gerichteten Anträge abweisen zu müssen glauben würden, darüber ist dem russischen Hofe schon längst kein Zweifel gelassen worden. Zu einer ausdrücklichen Erklärung darüber zeigt sich aber um so weniger Grund, und würde der gegenwärtige Augenblick um so weniger geeignet sein, als die angeblich von seiten Oesterreichs erneuerten Anträge, wenn auch nicht auf eine Dazwischenkunft, wie Rußland sie besorgt, doch, wie es allerdings scheint, auf eine den kriegführenden Mächten aufzudringende Vermittlung, nicht an Ew. Königl. Majestät Kabinet gelangt, von der französischen, ja auch von der englischen Regierung mit Mißbilligung zurückgewiesen worden sind und von dem österreichischen Kabinet selbst, wie aus dem von dem Fürsten Metternich an mich erlassenen Antwortschreiben erhellt, entweder abgeleugnet oder doch in einem jede für Rußland verletzende Absicht ausschließendem Sinne gedeutet werden.

Sollten Ew. Königl. Majestät zu genehmigen geruhen, so würden Allerhöchstdieselben mich vielleicht huldreichst ermächtigen wollen, mich in Gemäßheit derselben gegen den Grafen von Alopeus zu äußern und, nach Maßgabe dieser nämlichen Ansichten auch Ew. Königl. Majestät Gesandten zu Paris und London mit Anweisung zu versehen."*) Bernstorff.

---

*) Die Vorschläge Bernstorffs fanden die rückhaltlose Billigung des Königs.

Aus Schölers Bericht an den König: Nr. 1. Petersburg, 28. (16.) Januar 1829.

— „Den Herrn Vize-Kanzler habe ich gleich am Tage meiner Ankunft, als derselbe noch keine Kentnis von dem Schreiben Ew. Königl. Majestät haben konnte, zum ersten male gesprochen.

Er begann damit: Rußlands Dankverpflichtung für Preußens ganzes Benehmen bei der gegenwärtigen Verwickelung aufrichtig anzuerkennen und seine Hoffnung auf die Fortdauer desselben auszusprechen. Er gestand gern zu, daß in der ersten Kampagne weniger geschehen sei, als allgemein erwartet, glaubte indeß versichern zu können, daß, im Falle eine zweite Kampagne nötig werden sollte, Rußlands Streitkräfte, die begangenen Fehler vermeidend, in angemessener Stärke und mit allem wohlversehen auf dem Kampfplatze erscheinen würden.

Ich erwiderte im ganzen hierauf, nach Anleitung des Schreibens Ew. Königl. Majestät,*) von dessen Inhalt mir die erforderliche Kenntniß gegeben worden, hielt es aber dabei für angemessen, auf vertrauliche Weise, wie unsere vieljährige Bekanntschaft es gestattet, dem Grafen Nesselrode die ganze Reihe von Rücksichten vor Augen zu legen, die für Preußen es höchst wünschenswert machen, die friedlichen Verhältnisse von Europa völlig hergestellt und dennoch sich einer mehr als demonstrativen Teilnahme dabei überhoben zu sehen.

Der Herr Vize-Kanzler äußerste hierauf, daß wenn er, meiner Vorstellung nach, die Ansicht des Kabinets Ew. Königl. Majestät richtig

---

*) Bei seiner Rückreise von Berlin hatte Schöler ein vom 15. Dezember datirtes Schreiben des Königs an den Zaren mit erhalten, welches in freimütiger Weise den Zaren ermahnte, die Politik der weisen Mäßigung einzuhalten. In dem Schreiben, welches, infolge der Verzögerung der Reise Schölers, erst spät nach Petersburg gelangte, hieß es: „Je ne découvre nulle part des intentions hostiles contre vous — sans en excepter l'Autriche — mais je vois partout des embarras, des inquiétudes et des hésitations, qui, lorsque les choses sont trop brusquées, peuvent souvent, dans leur effets, équivaloir à des inimitiés réelles. Vous devez, sans doute, désirer conduire de front vers une solution simultanée les deux questions relativement à la Grèce et aux rapports directs entre Votre Empire et la Turquie. Mais plus Votre intérêt à cet égard est évident, plus il vous importe, je crois, de ménager dans vos Alliés une disposition, qui tend ouvertement à un résultat opposé, et qui, si on lui laisse le moyen de se développer, ne pourrait que trop facilement donner naissance à un mal, qui serait sans remède. Vous avez le droit d'insister, auprès de Vos Alliés, qu'ils ne fassent rien sans Votre concours, mais, si je ne m'abuse pas, le meilleur moyen, peut-être le seul, de leur en ôter l'envie, la faculté et le prétexte, serait de faire avec eux tout ce qui serait pas de nature à compromettre les premiers intérêts de Votre politique. Je ne Vous demande pas pardon de la franchise avec laquelle je vous parle, car elle m'est commandée par celle dont vous avez usé envers moi. Je n'ai pas la prétention de Vous offrir des conseils, mais je vous doit la rélévation entière des pensées, que m'inspire ma tendre sollicitude pour Vous et pour Vos véritables intérêts, et qui se rattache intimement aux sentiments de l'amitié inviolable et de la haute considération, avec lesquelles je suis etc." — .

aufgefaßt habe — er hoffen dürfe, daß die Entscheidung, welche der Kaiser auf die Anträge Seiner Verbündeten zu geben im Begriffe stehe, dieser Ansicht entsprechend befunden werden würde. Was übrigens Preußens Verhältnisse anlange, so würdige Rußland dieselben gewiß nach jeder Rücksicht und werde sich völlig befriedigt halten, wenn Preußen seine bisherige Unterstützung, deren wohlthätige Wirkung sich bereits so sehr bewährt habe, ihm fortan zu gute kommen lassen wolle. Graf Nesselrode sprach hierbei seine persönliche vollständige Ueberzeugung aus, daß weder Oesterreich noch England je den Gedanken fassen könnten, bei des Kaisers entschieden uneigennützigen Absichten, Rußland zu einem unrühmlichen Frieden wirklich zwingen zu wollen, erklärte sich von dem ganzen Benehmen des Lords Heytesbury in jeder Hinsicht auf das höchste befriedigt, und beklagte aufrichtig, daß das Verfahren des Wiener Kabinets leider von der Art sei, dem Mißtrauen des Kaisers stets neue Nahrung zu geben. Indem Graf Nesselrode keinen Anstand nahm, hieran den Wunsch zu knüpfen, daß ich in meiner Audienz bei dem Kaiser keine Aeußerungen machen möchte, die dieses Gefühl des Monarchen zu schärfen imstande wären, legte er, gewiß unabsichtlich, einen merkwürdigen Beweis dafür ab, daß die Beschwerde über eine Partei, welche darauf ausgehen soll, den Kaiser Nikolaus gegen Oesterreich zu erbittern, doch wenig gegründet sein müsse." — —

Se. Majestät der Kaiser führte — wie ich es bereits alleruntertänigst gemeldet habe — absichtlich schon am andern Tage die Gelegenheit herbei, mich ohne Verzug zu sehen.

Mit wahrer Herzlichkeit und Rührung drückte er die Gefühle der Erkenntlichkeit aus, welche das Schreiben Ew. Königl. Majestät bei ihm veranlaßt habe, und gab ohne Rückhalt den Wunsch zu erkennen, den Krieg, selbst unter möglichst billigen Bedingungen für die Pforte, aber auch nur auf eine Seiner Ehre entsprechende Weise beendigt zu sehen.

Er beteuerte darauf, diese Hoffnung noch keineswegs aufgegeben zu haben, versicherte aber zugleich, wenn er sich dazu genötigt sehe, vollkommen imstande zu sein, eine zweite Kampagne mit ungleich stärkeren Mitteln als die erste führen zu können, und dabei noch Streitkräfte genug übrig zu behalten, um jede Einmischung eines Dritten zurückzuweisen!

Das Benehmen Seiner beiden Verbündeten beurteilte der Kaiser, wenn ich so sagen darf, ebenso unbefangen als treffend, indeß schien es mir, als ob Er, in Hinsicht des ihm gemachten Antrages, den Schwierigkeiten, die der Ausführung desselben entgegenstehen, eine zu große Ausdehnung gäbe, um Ihn zum Eingehen in diesen Antrag so geneigt zu halten, als des Grafen Nesselrode Aeußerungen mich es hatten erwarten lassen. Er sprach ausführlich über die vier noch eine vorläufige Verständigung unter den Alliirten erfordernden Punkte, welche in der dem Kabinet Ew. Königl. Majestät mitgeteilten Depesche an den Fürsten Lieven, wovon ich zur etwaigen Einsicht allerunterthänigst eine Abschrift hier beifüge, aufgeführt sind. Besonders verweilte der Monarch bei dem letzten Punkte, hob die Schwierigkeiten heraus, die ein Abtreten des Grafen Kapodistrias vom Schauplatze für die Verbündeten veranlassen müsse und leitete auch davon die Nothwendigkeit ab, dem neuen Griechenland eine Art monarchischer Verfassung zu geben. Er nannte hierbei die vier Prinzen, Friedrich der Niederlande, Leopold von Koburg, Philipp von Hessen-Homburg und Gustav, Sohn des vormaligen Königs von Schweden, welche von verschiedenen Seiten geeignet befunden würden, an die Spitze des neuen Staates gestellt zu werden, und erklärte Sich bereit, einem jeden derselben, den die Mächte wählen würden, Seine Stimme zu geben, äußerte aber dabei, daß Er Seinerseits diese Kandidaten teils für eine solche Bestimmung nicht geeignet, teils zur Annahme derselben nicht geneigt halte.

Ueber den Zustand der Armee und über ihre Sicherstellung an der Donau gab mir der Kaiser nun die beruhigendsten Versicherungen und versprach mir die Dislokation derselben, die aber General Diebitsch beauftragt ist, direkt an General von Witzleben zu übersenden.

Im Laufe der Unterredung machte der Kaiser auch, wie Er zu sagen geruhte, nicht dem preußischen Gesandten, sondern dem alten Bekannten die Frage: ob Er Ew. Königl. Majestät für überzeugt halten könne, daß Oesterreich wirklich nichts feindseliges gegen ihn im Schilde führe? Diese Frage hielt ich mich berechtigt, ganz einfach und bestimmt zu bejahen. Hierauf aber fragte der Kaiser, was ich für meine Person von des Fürsten Metternich Gesinnung halte.

Daß die Beantwortung dieser Frage mich wohl in etwas Verlegenheit gesetzt habe, will ich nicht in Abrede stellen. Ich erinnerte mich indeß einer Antwort, die Lord Heytesbury auf eine ähnliche Frage, als er über Wien im Hauptquartier des Kaisers anlangte, gegeben haben soll, und erwiderte mit dessen Worten: daß ich für gedachten Fürsten nicht gut sagen möchte, fügte jedoch — des Wunsches des Grafen Nesselrode eingedenk — hinzu: daß die persönliche Gesinnung des österreichischen Ministers auf die Beschlüsse des Wiener Kabinets wohl nicht einen so ernstliche Besorgnisse verdienenden Einfluß haben könne, die Neigung dieses Kabinets, an der Entscheidung der griechischen Frage teil zu nehmen, aber sehr begreiflich und auch verzeihlich wäre, da Oesterreich, als Nachbarstaat der Pforte — und gegenwärtig wirklich ungleich mehr als selbst England und Frankreich im Besitz des Handels in der Levante — bei dieser Entscheidung in der That von allen Mächten am meisten und reellsten interessirt sei.

Diese Fragen und dann die mehrmals wiederholte Aeußerung des Kaisers, daß der König von Frankreich einen ganz besonderen Wert darauf lege, zu wissen, ob Rußland fortwährend auf Preußens Zustimmung und Unterstützung rechnen könne, endlich auch noch die ausdrückliche Frage, ob ich Ihm nicht sonst etwas zu sagen habe, mit welcher er mich entließ, leiteten mich auf die Vermutung, daß Er vielleicht doch wohl die bestimmte Erklärung von Preußen: daß Rußland unter allen Umständen und bis zum äußersten Fall auf dessen Unterstützung zählen

könne, zu erhalten gewünscht und erwartet und von meinen
Aeußerungen gegen Graf Nesselrode in dieser Beziehung unterrichtet —
über die Unbedingtheit oder Beschränktheit des von Preußen zu ge=
wärtigenden Beistandes, Sich selbst zu vergewissern gesucht habe.*) — —

Immediatbericht Bernstorffs an den König. Berlin, 29. Jan.
1829 (vollständig).

Au des Königs Majestät.

„Ew. Königl. Majestät überreiche ich beikommend in tiefster Unter=
thänigkeit neben den neuesten Depeschen auch ein mir von seiten des
Fürsten Metternich zugegangenes Schreiben.**) Von dem russischen Hofe
beschuldigt, seine Bestrebungen auf eine gegen das Interesse Rußlands
gerichtete Verbindung zwischen England, Frankreich, Oesterreich und Preußen
zu richten, fordert der Fürst Metternich mich auf, mich gegen ihn bestimmt
darüber zu erklären: ob Anträge dieser Art an das preußische Kabinet
gelangt sind und wie dasselbe solche beantwortet hat. Diese Erklärung
ist an und für sich für Preußen mit keiner Verlegenheit verbunden.
Denn es sind wirklich von seiten des österreichischen Hofes keine Vor=
schläge der angeblichen Art an das Kabinet Ew. Königl. Majestät gelangt.
Gleichwohl aber erfordert die dem Fürsten Metternich zu erteilende Ant=
wort insofern einige Behutsamkeit, als ihm zwar allerdings die volle
Wahrheit zu sagen, zugleich aber auch darauf Bedacht zu nehmen sein
wird, daß die diesseitige Erklärung, wenn er, wie ihm das Recht dazu
nicht streitig gemacht werden dürfte, davon sollte gegen Rußland Gebrauch
machen wollen, dort keinen Anstoß geben könne. Ich glaube daher, daß
dem österreichischen Kabinete zwar der Wahrheit gemäß bestimmt erklärt
werden müsse, daß Preußen Anträge, wie solche gemacht zu haben jenes
Kabinet beschuldigt wird, von seiten desselben nicht erhalten habe, daß
ihm dabei aber nicht zu verhehlen, sondern vielmehr ganz offen zu be=
kennen sei, wie die darüber zu Paris und London mit Grund
oder Ungrund verbreiteten Nachrichten auch hierselbst nicht
unbekannt geblieben seien. Von dieser Ansicht aus habe ich den Ent=
wurf einer Antwort an den Fürsten Metternich aufgesetzt, welchen ich Ew.

---

*) In den dieser Unterredung folgenden nächsten Tagen erhielt Schöler von
Nesselrode allerdings beruhigende Erklärungen darüber, daß Rußland durch Preußens
Haltung vollständig zufrieden gestellt sei und, daß es auf keine materielle Unter=
stützung rechne. Es scheint jedoch auch hier, um in der Wendung einer bekannten
Fabel zu reden, als ob die Trauben zu sauer gewesen seien. In jedem Falle
hatten die leitenden russischen Kreise auf den Strauch schlagen und sich, um mit
Schöler zu reden, „über die Unbedingtheit oder Beschränkung des von Preußen zu
gewärtigenden Beistandes" vergewissern wollten. Daß sie sich angesichts der
Reserve des Berliner Kabinets dann mit der Haltung des letzteren so gut als
möglich abzufinden suchten, war nur natürlich.

**) Schreiben Metternichs an Bernstorff. Wien, 10. Januar 1829. (Siehe
S. 141—143.

Königl. Majestät im Anschlusse mit dem alleruntertänigsten Anheimstellen vorzulegen mir erlaube, mich, falls Allerhöchstdieselben solchen zu genehmigen geruhen sollten, huldreichst ermächtigen zu wollen, diese Antwort nach Wien abgehen zu lassen.*) Bernstorff."

Bernstorff an Schöler. Berlin, 2. März 1829.

— — „Ich glaube Ihnen in aller Eile die Abschrift eines mir von seiten des Herrn Geh. Kabinetsrathes Albrecht**) zugegangenen Schreibens mitteilen zu müssen, aus welchem Sie ersehen werden, wie die zwischen den beiden Kaiserhöfen eingetretene, in der letzten Zeit zu so großer Bitterkeit gesteigerte Spannung für des Königs Majestät ein Gegenstand fortwährender und lebhafter Sorge ist, und wie nahe Allerhöchstdenselben der Wunsch am Herzen liegt, daß unsererseits Alles geschehe, was, wo nicht den Riß heilen, doch größerer Aufregung vorbeugen könne. Meine Antwort darauf hat nicht schwer fallen können. Denn wie unbedingt ich es auch von der einen Seite verbürgen kann, daß Ew. — die Ihnen darüber völlig bekannte Ansicht Sr. Majestät stets im Auge behalten werden, so ist es doch andererseits nicht minder wahr, daß wir uns auch wieder davor zu hüten haben, ein fremdes Unrecht bis über den Punkt hinaus entschuldigen zu wollen, worin solcher Rechtfertigungsversuch uns selbst dem Verdachte aussetzen würde, das gerügte Unrecht in Meinung, Gesinnung und Absicht gewissermaßen zu teilen. Von diesem Gesichtspunkte scheinen mir Ew. — bisher ausgegangen zu sein, und darüber sind wir stets völlig einverstanden gewesen. Die Einlage wird es übrigens klarer als je machen, wessen es zur Beruhigung Sr. Majestät bedarf."***)

---

*) Siehe S. 142.
**) Kabinetschreiben (Albrecht) an Bernstorff vom 28. Februar 1829. (Siehe S. 171).
***) Auf diesen Vorwurf suchte sich Schöler in seinem vertraulichen Bericht an den König vom 20. (8.) März 1829 eingehend zu rechtfertigen. Er that es unter heftigen Ausfällen gegen Metternich, den er als die Quelle aller Verstimmungen zwischen Rußland und Oesterreich bezeichnete. Lebe er doch, schrieb er, der „Ueberzeugung, daß, wenn die orientalische Angelegenheit am Ende noch zu einem für ganz Europa verhängnisvollen Resultate führen sollte, die Schuld größtenteils dem Fürsten Metternich beizumessen sein würde". Er glaube, „daß wenn noch von irgend einer Seite auf diesen talentvollen aber ehrgeizigen und leichtsinnigen Minister einzuwirken sei, es von seiten des Kabinets Ew. Majestät geschehen möchte". — — Einen Haß gegen Oesterreich habe er (Schöler) in keiner Weise. Ebenso sprach sich Schöler in einem vertraulichen eigenhändigen Schreiben an Bernstorff. Petersburg, 26. (14.) März 1829 aus.

Bernstorff an Kanitz in Konstantinopel. Berlin, 18. April 1829. (nicht eigenhändig.)

Herr v. Royer habe am letzten Sonnabend seine Reise nach Konstantinopel angetreten und müsse bereits in Wien sein. — Bernstorff teilt Kanitz nun streng vertraulich die Beschlüsse des Märzprotokolls mit. Allerdings würde der Türkei der Wunsch erfüllt die beiden Botschafter zurückkehren zu lassen, aber mit welchem Gefühle müsse sie dieselben aufnehmen, wenn sie erfahre, welche Anträge dieselben überbrächten und wie sie, nicht anders als zugleich auch mit in Rußlands Namen zu unterhandeln, angewiesen seien.

— — „Daß jene Anträge nicht werden unter einer peremptorischen Aufforderung, nicht unter der Form eines Ultimatums vorgebracht werden, läßt der Pforte allerdings noch die Fähigkeit, durch eine auf Zeitgewinn berechnete Unterhandlung die Notwendigkeit zu umgehen, die Sachen auf die letzte Spitze zu stellen; aber sollte sie auch dazu die erforderliche Geduld und Gewandtheit haben, so wird sie sich doch nicht verhehlen können, daß Rußland unterdessen freien Spielraum für die ungestörte Fortsetzung seiner Kriegs-Operationen behält, und daß, so lange der Traktat von London unausgeführt bleibt, das bisher noch dem Namen nach friedliche Verhältnis zwischen der Türkei einerseits und England und Frankreich andererseits, von einem Tage zum andern, auch gegen den Wunsch und die Neigung dieser beiden letzten Mächte, durch die Gewalt der Umstände allein in ein feindliches verwandelt werden kann.

Wir fühlen uns nicht berufen und sind auch nicht aufgefordert, die Anträge der drei verbündeten Mächte bei der Pforte zu unterstützen; sollte dieser aber auf den Rat einer befreundeten Macht hören wollen, so würden wir einen solchen, in Gemäßheit der oben entwickelten Ansicht, nur dahin erteilen können, daß sie der immer näher andringenden Gefahr nicht unthätig, nicht in dumpfer Ergebung entgegengehe, sondern sich mit Entäußerung aller Selbsttäuschung die wahre Natur der Verhältnisse klar zu machen und dadurch den Standpunkt zu gewinnen suche, von welchem aus allein sie die Grenzen einer unabwendbaren Notwendigkeit und das Maß der Opfer, welche diese erheischt, wird mit Sicherheit zu erkennen vermögen".*) — —

Aus einem Bericht Schölers an den König. Petersburg, 28. (16.) April 1829.

(Ueber die Reise des Zaren zum Besuche des Königs von Preußen).

— — „Am gestrigen Osterfeiertage hatte das diplomatische Korps die Ehre, beiden kaiserlichen Majestäten im Winterpalais seine Glückwünsche darbringen zu können.

Beide Majestäten sprachen fast mit allen Gesandten über die bevorstehende Reise nach Warschau, die nun bestimmt auf den 7. Mai

---

*) In einer Nachschrift an Malzahn vom 18. April 1829 wird dieser aufgefordert obiges Schreiben an Kanitz vertraulicher Weise dem Fürsten Metternich zur Kenntnis zu bringen und es dann durch Royer nach Konstantinopel befördern zu lassen.

(25. April) anberaumt zu sein scheint. — Se. Majestät fragten mich dann, ob ich wisse, welchen Ort Ew. Königl. Majestät zu der Zusammenkunft mit ihm gewählt hätten und erwiderte auf meine Verneinung, daß nach den letzten Nachrichten, welche Seine Gemahlin erhalten habe, es scheine, daß man vorzüglich an Posen denke, — ohne Seine Ansicht darüber in irgend einer Art bemerklich werden zu lassen." —

Aus einem Schreiben Nesselrodes an Bernstorff. Warschau, 19. (7.) Juni 1829.

Nesselrode bedauert der ergreifenden Begegnung der beiden Monarchen nicht haben beiwohnen zu können:

„Il serait en effet impossible d'écouter sans émotion le récit de tant de scènes touchantes, où les deux Monarques se sont donné des preuves de leur tendre amitié et où les sentiments de la nation entière se confondaient avec les affections de la famille Royale.

L'Empereur a daigné m'informer aussi de la démarche que Sa Majesté le Roi s'est décidé à faire à Constantinople, afin de constater une fois de plus aux yeux de l'Europe, combien sont généreuses et conciliantes les vues qui animent la Russie dans les affaires de l'Orient. Vous avez jugé avec raison qu'il est indispensable de faire connaître en son temps aux Cours alliées la nature et le but de cette démarche. Nous aurons de notre côté le même devoir à remplir. Mais pour que nos communications ne donnent lieu à aucune fausse interprétation, si essentielle à éviter dans une affaire aussi délicate que compliquée, Vous partagerez sans doute mon opinion qu'elles doivent être presqu'identiques. C'est ce qui m'engage, mon cher Comte, à Vous exprimer le voeu que vous veuillez bien me donner connaissance du projet de dépêche que Vous ferez rédiger à cet effet, avant de l'expédier à Vos Ministres à Londres, Vienne et Paris. S'il Vous était possible de me l'envoyer immédiatement par courier, elle me trouverait encore à Varsovie, où je resterai jusqu'au 26. (14.) juin, et il ne résulterait de cette entente préalable aucun retard préjudiciable au succès de l'affaire importante à laquelle Votre Cour veut bien vouer une si amicale sollicitude. Je me livre donc à l'espoir qu'appréciant les considérations sur lesquelles se fonde ma demande, Vous voudrez bien l'accueillir, et c'est dans cette conviction que je vous réitère, mon cher Comte, les assurances de mon sincère attachement.

Varsovie, le 19. (7.) Juin 1829.   Nesselrode.*)

---

*) Auf dieses Schreiben antwortete Bernstorff vom 22. Juni 1829 (Berlin), er sei ganz der Meinung Nesselrodes, daß sowohl die den einzelnen Kabinetten zu machende preußische als die russische Mitteilung der Sendung Müfflings annähernd identisch sein müßten, aber er meine, und das sei wohl auch die Idee des Zaren, daß diese Mitteilung den drei Höfen erst gemacht werden müsse, wenn General Müffling einen genügenden Vorsprung habe.

Aus der preußischen Zirkulardepesche vom 5. Juli 1829.
(Ancillon an die preußischen Gesandten in London, Paris und Wien.)

— — „Vous savez, Mr., que rien ne domine la pensée du Roi, notre auguste Maître, autant que le désir de voir la paix dans l'Orient rétablie et que Sa Majesté voue l'attention la plus sérieuse et la plus soutenue à concourir à ce but important par tous les moyens qui peuvent être à la portée d'une Puissance qui ne se trouve pas directement engagée dans cette grave question. L'espoir qu'aime à nourrir le Roi que les difficultés qui se sont jusqu'ici opposées à l'accomplissement de ce but ne doivent pas être envisagées comme insurmontables, s'est animé encore avantage depuis que Sa Majesté a recueilli de ses entretiens avec Sa Majesté l'Empereur de Russie les témoignages les moins équivoques et les plus satisfaisants des dispositions éminemment pacifiques et modérées de ce souverain. Elle y a puisé la conviction que l'Empereur, également accessible aux considérations d'humanité et de justice et à celles qui se rattachent à l'honneur de sa Couronne, n'écoutera que la voix de sa conscience seule et que si, d'une côté, aucun évènement ni aucune contrariété ne pourront jamais porter Sa Majesté Imperiale à accepter des conditions de paix dérogatoires à la dignité, de l'autre les succès les plus brillants et les avantages les plus réels qu'obtiendraient ses armées, ne l'entraîneront pas à s'écarter en rien des intentions généreuses et désintéressées qu'Elle a hautement énoncées au moment ou Elle s'est vue obligée de prendre les armes. Le Roi croit avoir de plus obtenu la certitude que si dans la manifestation de ces intentions de son auguste Allié il est resté des points qui ont pu paraitre vagues ou susceptibles d'être interprétés différemment, cette interprétation ne se fera que dans un esprit de justice et de modération et dans le sens le plus conciliatoire. Sa Majesté a jugé que pour faire recueillir à l'Europe le fruit qu'Elle peut se promettre de ces dispositions de l'Empereur Nicolas, il importait avant tout d'engager le Gouvernement ottoman à y croire et à y prendre confiance et de dissiper à cet effet les préventions opposées qui paraissent avoir poussé de profondes racines dans l'esprit de ce Gouvernement. C'est là l'objet et tout l'objet d'une mission extraordinaire dont le Roi vient de charger le Lieutenant-Général de Muffling pour Constantinople. Il ne s'agit pas dans cette mission d'aucune ouverture de paix; le Roi n'a pas été appelé ou invité à en transmettre, et quelque disposé que les sentiments signalés plus haut rendraient l'Empereur à aller au devant de toute proposition de conciliation, l'on ne conçoit que trop les scrupules qui doivent arrêter Sa Majesté Imperiale lorsqu'il s'agit de parler à la Porte qui, tour à tour altière ou ombrageuse, ne sait que rarement s'empêcher d'interpréter faussement les ouvertures qu'on lui fait dans les meilleures intentions. Mais c'est dans l'intérêt de la paix, intérêt qui, aux yeux du Roi, est celui de l'Europe entière, que se fera une démarche qui a ce seul objet et à laquelle tout autre motif reste étranger. Le Roi, en communiquant à la Porte les impressions qui lui sont restées de ses entretiens avec l'Empereur de Russie et en lui offrant à cet égard le témoignage le plus authentique le plus direct et le plus impartial qui puisse lui être fourni, se flatte de concourir à l'éclairer sur sa véritable position, à dissiper chez elle des erreurs qui faussent son jugement et qui l'entretiennent dans de funestes animosités et à écarter par là les obstacles qui l'ont jusqu'ici empêchés de faire aucune démarche ou même d'écouter aucun conseil en faveur d'une réconciliation que, vu les maux dont elle s'affranche par là, elle pourrait obtenir à des conditions comparativement peu onereuses, tandis qu'il est dans la nature des choses qu'elle devra la payer plus c. er à mesure que par un fatal entêtement ou par une aveugle insouciance, elle en reculera davantage l'époque. Sa Majesté ne se promettrait cependant guères aucun eff t de la démarche à laquelle Elle vient de se porter, si Elle ne croyait pas pouvoir supposer que les autres Puissances de l'Europe partagent, sans réserve, les sentiments et les voeux qui l'y ont déterminés, et si Elle n'osait compter que les soustraits et les soins de ces Puissances tendent tous à ce même but, Sa Majesté ne connait en effet ni ne saurait deviner aucun intérêt qui fût contraire à celui d'une pacification, que l'Europe entière réclame comme le prémier besoin du présent et la garantie la plus indispensable de l'avenir. C'est d'après ces considérations que le Roi se flatte que le Lieutenant Général de Muffling, loin de donner aucun ombrage aux représentants des Souverains, les augustes Alliés de Sa Majesté ou de rencontrer aucune opposition de leur part, aura bien plutôt à se louer de leur appui et à se féliciter du concours de leurs efforts pour le même but." — —

Aus dem Bericht Bülows an den König: Nr. 56. London, 17. Juli 1829.*) (chiffrirt).

Nachdem Bülow in einem Gespräch mit Aberdeen die Ansicht bekämpft, daß eine Anweisung an Royer leicht die ganze Mission Müfflings hätte ersetzen können, setzte er die Verteidigung dieser Sendung in einer Unterhaltung mit Wellington fort. Der letztere erklärte, daß er keine offizielle positive Antwort geben könne, aber vertraulich reden wolle:

— — „Il m'avoua que déjà informé du voyage et de la destination du Général de Muffling, il se tient convaincu que cette démarche a été proposée ou conseillée par l'Empereur de Russie, afin d'engager le Grand Seigneur à prendre confiance dans les intentions pacifiques et modérées de Sa Majesté Impériale. Il pense que telle sera aussi l'opinion du Sultan et que par cette raison ce Souverain attachera une très grande importance au message du Général de Muffling qui ne saurait être que le bienvenu à l'Ambassadeur brittani-

*) Inzwischen war die preußische Zirkulardepesche vom 5. Juli 1829 an die Gesandten in London, Paris und Wien abgegangen.

que, dont toutes les instructions sont dictées par le désir le plus sincère de la paix, mais que malgré ce désir on ne saurait enjoindre à cet Ambassadeur de se mêler d'une affaire dont l'Angleterre n'avait cessé de déplorer la provocation et l'existence, et dans laquelle on ne lui avait pas encore montré la moindre disposition de la faire intervenir.

Je fis sentir au Duc que ce que je venais de lui lire ne l'autorisait nullement à conserver une opinion qui pourrait détruire le bon effet de la mission du Général de Muffling, car en persistant à croire, qu'elle était plutôt russe que prussienne, il ferait naître à Constantinople des doutes sur l'impartialité et la sincérité des intentions de Votre Majesté! Il reconnut la justesse de cette remarque et jugea nécessaire d'envoyer au Chevalier Gordon une copie de la dépêche du Comte de Bernstorff; ayant appris de moi que le Comte Aberdeen ne m'avait pas demandé de copie, le Duc m'invita d'en transmettre une sans perte de temps au Secrétaire d'Etat, ce que j'ai cru devoir faire dans le courant de la journée.

Ces deux entretiens m'ont confirmé dans l'opinion que le Duc de Wellington et le Comte Aberdeen désirent également le rétablissement de la paix, mais que celui-ci n'est point arrêté par ces considérations qui tour à tour s'emparent de l'esprit du Duc, le bercent d'un vain espoir et prolongent son indécision. Le Duc voudrait la paix à sa manière. Il aimerait la dicter à la Russie et s'inquiéterait très peu de ce que deviendrait la Grèce. Pour lui le traité de Londres n'est qu'une obligation aussi désagréable qu'incommode dont il aurait été bien aise de se défaire entièrement, si l'occasion s'en fût présentée. Sous ce point de vue et parcequ'il sent que sa prophétie se trouvera en défaut lorsque l'Empereur de Russie sortira glorieusement de cette lutte, il a vivement désiré arriver à la paix par une autre voie que celle qui se présente aujourd'hui. Quelques mots, qui lui échappèrent sur le Cabinet des Tuileries, me prouvent clairement combien il a compté sur celui-ci et quels sont ses regrets de voir durer une incertitude qui tient en suspens et peut-être déjouera tous ses calculs. Cette position explique pourquoi le Cabinet de St. James n'applaudit pas franchement à une démarche qui tend à la paix à un but qu'il appellait de ses voeux. Mais peu importe que sa reconnaissance soit tardive. Il vaut mieux la servir malgré elle que faire durer un état d'incertitude et d'allarme lorsque l'occasion se présente à l'abréger. Il est réellement des soupçons que ce Cabinet se plait à nourrir au sujet des rapports entre les Cours de Berlin et de St. Pétersbourg, soupçons qui tant qu'ils ne sont pas fondés, méritent peu d'attention." — —

Aus dem Bericht Bülows an den König. London, 21. Juli 1828.
(chiffrirt).

Unterredung Bülows mit Aberdeen nach der Nachricht von der Einnahme Silistrias.

— — „Tout en avouant au Secrétaire d'Etat que je ne doute nullement de la sincérité des vœux par lesquels le Cabinet de St. James appelle le rétablissement de la paix, je ne lui ai pas caché que je soupçonne le Cabinet de subordonner ce désir à la réalisation de certaines espérances. Je lui ai fait sentir que, quelque fondées qu'elles puissent être, elles ne sauraient cependant justifier une réserve prolongée dont les conséquences pourraient compromettre l'objet principal en vue; car si, de crainte d'intervenir en faveur de la Russie, le Cabinet anglais tardait à désabuser le Grand-Seigneur sur l'attitude et les projets de l'Angleterre, on le sommerait probablement en vain d'écouter de propositions de paix et de profiter des dispositions pacifiques et modérées de l'Empereur de Russie. Si au contraire on allait tenir un autre langage, tout changerait bientôt de face. Il faudrait déclarer franchement au Sultan que l'Angleterre veut la paix, qu'elle croit la continuation de la guerre désastreuse aux intérêts de la Porte, et que même ses amis les plus prononcés et les plus sincères ne sauraient vouloir prendre les armes en sa faveur tandis que l'Empereur de Russie rejette toute idée de conquête. J'ai mandé au Secrétaire d'Etat si le Ministère anglais pouvait se flatter d'être appuyé par le Parlement en prenant sous de telles circonstances fait et cause pour la Porte, ou s'il ne prévoyait pas qu'on blâmerait les Ministres d'avoir entamé légèrement une lutte dangéreuse et dispendieuse et d'avoir voulu obtenir par la voie incertaine des armes des résultats que la voie de la négociation leur assurait déjà. Plus j'ai touché cette corde, plus je me suis aperçu des embarras du Ministre. Il avait l'air de vouloir convenir de la justesse de mes observations et ne fut, si je ne me trompe, retenu d'une telle confession que par l'empire qu'exerce sur lui le Duc de Wellington dont la mauvaise humeur est un mauvais conseiller. Si l'opinion de Mr Aberdeen gagne sur celui-ci, j'ose me flatter que notre entretien confidentiel produira quelque bien et que le Chevalier Gordon exécutera religieusement ce qui lui sera enjoint. Il se pourrait qu'on lui eût déjà recommandé d'user de toute son influence auprès de la Porte en faveur d'une négociation à entamer s'il peut par là arrêter la marche du Général Diebitsch. Je ne sais toutefois si une telle démarche serait dictée par le désir sincère de la paix ou par celui de gêner les opérations russes et de mettre les dispositions conciliantes de l'Empereur à une forte épreuve. Le Duc de Wellington ne peut pas encore se décider à prendre un parti et paraît vouloir attendre les évènements ultérieurs. Il compte encore sur son ami Polignac qui vient de partir pour Paris." — —

Aus dem Bericht Bülows an den König: Nr. 58. London, 25. Juli 1829.

Ueber die unsichere Haltung Aberdeens:

— — „Ce qu'on gagne sur lui aujourd'hui est perdu le lendemain lorsqu'il a parlé au Duc de Wellington. De cette manière j'ai cherché hier en vain de tirer parti de ce qu'il m'avait dit tout récemment du peu de chances qu'offre la négociation séparée pour la pacification de la Grèce. Comme il commença par m'informer que le Général de Muffling était arrivé à Naples en ajoutant qu'il espérait bien plus de sa mission que des propositions du Général Diebitsch qui au fond n'étaient que la répétition du manifeste russe, j'ai cru devoir ne pas lui laisser ignorer mon opinion particulière. Je lui dis, qu'on ne saurait attendre un bon effet des démarches du Général de Muffling, tant que Mr. Gordon continuerait à presser la pacification de la Grèce par des arguments propres à fortifier le Sultan dans l'espoir d'être soutenu par l'Angleterre, mais que certainement le langage que tiendrait Mr. de Muffling serait couronné de succès, si le Cabinet anglais voulait le faire appuyer franchement par une déclaration énergique qui désabusât le Grand Seigneur.

Les réponses du Secrétaire d'Etat furent tantôt rassurantes, concédantes et promettantes, tantôt encore attaquantes. C'est ainsi qu'il me dit: „comme Vous me parlez avec confiance, j'en ferai autant; je désire savoir Votre opinion sur une chose très sérieuse. On me demande que l'envoi de Mr. de Muffling n'a été arrêté chez Vous qu' après avoir demandé et obtenu l'agrément de la France; que le Ministre de cette Puissance à Berlin a été chargé de cette commission et qu'il l'a fait passer à sa Cour par son Secrétaire de Légation expédié en courier Vous devez sentir tout ce que cette nouvelle me donne à penser". Je n'ai pas hésité à offrir au Secrétaire d'Etat nombre d'arguments pour le convaincre du peu de foi que mérite cette nouvelle et j'espère avoir réussi. Nous nous sommes séparées en nous donnant réciproquement des assurances de confiance". — —

Ancillon an Brockhausen. Berlin, 24. Juli 1829.

Der König hoffe, daß Oesterreich, wie auch England und Frankreich gemeinsam die Worte des Friedens unterstützen und verstärken würden, welche Preußen in Konstantinopel ausspricht. Preußen und Oesterreich wollten das gut und begegneten sich stets auf dieser gemeinsamen Linie.

— — „Le moment est le plus opportun possible pour enfanter une paix qui serait honorable pour la Russie, sans être déshonorant pour la Porte. Les considérations que Sa Altesse, le Prince de Metternich, Vous a communiquées sur les mesures provisoires que Sa Majesté l'Empereur de Russie vient de prendre dans les Principautés méritent surement la plus grande attention. Il sera sans doute facile de les interpréter mal, et les Turcs abandonnés à eux mêmes pourraient sans contredit en concevoir des soupçons et en tirer des conséquences, qui pour être fausses et mal fondées n'en seraient pas moins funestes. Mais heureusement les Ministres des Puissances sont là pour prévenir les inconvénients et pour dissiper à leur naissance les nouveaux nuages qui pourroient se former à Constantinople. Cette organisation provisoire des Principautés n'existe encore que sur le papier, et si on a donné à ce projet une sorte de publicité, c'est une raison de plus de supposer et d'espérer que dans les vues de l'Empereur il ne doit être qu'une démarche comminatoire tendant à faire sentir à la Porte à quoi elle pourrait être exposé, si persévérant dans leur rénitence elle se refusait à toute conussion raisonnable."*) — —

Aus dem Bericht Bülows an den König: Nr. 59. London, 31. Juli 1829. (chiffrirt).
Unterredung mit Herrn von Neumann von der österreichischen Gesandschaft in London.

— — „Il (Mr de Neumann) est venu me voir et a sur le champ entamé la question orientale, en me disant qu'il avait cru par le rapport que venait d'adresser le P^{ce} Esterhazy à sa Cour, qu'il m'avait communiqué les dépêches de l'Internonce et qu'elles étaient les observations auxquelles celles-ci avaient donné lieu. Il ajoute, que lui, Neumann, avait été tellement frappé de la justesse de ces observations et de toutes les vérités que j'avais dites au Prince, qu'il n'hésiterait pas un instant, s'il se trouvait à la place de cet Ambassadeur, d'agir en conséquence, mais que malheureusement il ne lui était permis que d'écrire et répéter au Prince de Metternich, ce qu'il lui avait déjà dit tout de fois savoir, que l'Ambassadeur ne jouissait ici d'aucune considération personnelle, que par là son influence devenait nulle. Il en a appelé à mon propre jugement pour la confirmation de la vérité évidente que l'Ambassadeur de Russie, étant à couteau tiré avec le Duc de Wellington, parvint à en obtenir tout ce qu'il désire, tandis que l'Ambassadeur d'Autriche qui est l'enfant chéri du Duc, n'en tire que de belles paroles. Ce premier Ministre devait être éclairé et poussé, mais il ne saurait l'être par le P^{ce} Esterházy qui, à ses yeux, n'est qu'un excellent enfant et auquel il en sait imposer. De cette manière le Prince ne cherche qu'à se rendre agréable, et a soin que les ordres de sa Cour ne gênent pas le Cabinet anglais. L'Ambassadeur ne manque certainement pas d'esprit et de calculs, mais la faiblesse de son caractère est telle qu'il ne saurait garder en vue une affaire pendant huit jours et qu'il se relâche

---

*) Unter diesen Gesichtspunkten von den Gesandten der Mächte aufgefaßt und der Pforte vorgestellt — schließt Ancillon seine Depesche — vermöchte diese Maßregel des Zaren zur schnelleren Herstellung des Friedens. Einen Grund zur Beunruhigung Oesterreichs könne sie nicht abgeben.

sur le champ. S'il savait faire son métier, il devrait représenter au Duc qu'il ne faut plus presser isolément la paix de la Grèce, mais que bien au contraire il faut tâcher de lier à la négociation pour la paix entre la Russie et la Porte ottomane, en donnant à celle ci le conseil de regarder et de faire valoir comme indemnité réclamée par la Russie tout village qu'on lui demanderait pour la Grèce, hormis la Morée. L'adoption de ce conseil rendrait la Russie plus modérée dans ses sollicitations en faveur de la Grèce et dans tous les cas garantirait le port contre le danger de faire à pure perte des sacrifices pour la pacification de la Grèce. Mr. de Neumann croit que le P^{ce} Esterházy aura profité de son séjour à Wales pour entretenir le Duc de Wellington des affaires de l'Orient, mais il n'en attend aucun résultat satisfaisant."*) — —

Bülow an den König. London, 4. August 1829. (chiffrirt).

„Avant-hier dimanche tous les Ministres sont rentrés en ville pour assister à un conseil de Cabinet qui, d'après ce que le Cte Aberdeen a dit, aurait été convoqué par le Sr Peel. — Ayant en lieu de croire qu'on s'occuperait dans ce conseil des affaires de l'Orient, j'ai engagé le Chargé d'affaires de France d'aller à la reconnaissance auprès de Mr. Aberdeen.

Le Sr. Roth a parfaitement réussi dans cette tentative et vient de me communiquer le résultat suivant. Le Cabinet de St. James vient de recevoir des communications de Vienne, portant que l'armée russe a déjà passé le Balcan; on pourra le passer sans difficulté et qu'il n'y a pas de forces ottomanes pour lui disputer le chemin de Constantinople. Le Cabinet de Vienne accuse l'inaction de celui de Londres et le prévient que n'ayant pas réussi à le faire sortir de sa passivité, il se croira libre d'agir d'après les circonstances.

D'un autre côté les rapports de Lord Heytesbury n'ont pas moins alarmé. Ils ont été écrits à la suite d'un entretien qu'a eu ce diplomate avec le Comte de Nesselrode et où celui-ci a annoncé que l'armée russe passerait le Balcan pour forcer enfin le Sultan d'accepter la paix.

Les Ministres très embarrassés de ces nouvelles n'ont su quel parti prendre. Ils se sont enfin arrêtés à la résolution d'expédier sur le champ un courier à Lord Stuart de Rothsay. On le charge d'exposer au Cabinet des Tuileries l'immense danger dont la Porte ottomane est

---

*) Der ganze Plan, nach dem Bülow in London operirte, wurde von Ancillon, der damals Bernstorff vertrat, ausdrücklich gebilligt. Bereits am 31. Juli 1829 schrieb er an Bülow, es müsse ihm zum Verdienst angerechnet werden, daß er die Besorgnisse des englischen Ministeriums zerstreut habe. Zugleich forderte er ihn ausdrücklich auf, England zu einer kräftigen Unterstützung der Friedensarbeit Preußens zu veranlassen. Englands Weltmachtstellung, sein Kredit bei der Pforte, seine Fähigkeit Rußland im schlimmsten Falle großen Schaden zuzufügen, mache es zu einem solchen Amte besonders geeignet.

menacée, et il doit importer aux deux Cabinets d'adopter sur le champ des mesures capables d'assurer l'existence politique de l'Empire ottoman. L'Ambassadeur est sommé de presser le plus que possible la nomination du Prince de Polignac au Ministère des affaires étrangères. Ce dernier ordre a paru d'autant plus nécessaire qu'il venait d'entrer la nouvelle que Sa Majesté très-Chrétienne aurait dit qu'elle pourrait bien encore ajourner le changement ministériel nécessaire pour faire marcher les chambres.

D'après ces informations intéressantes les résolutions ultérieures de l'Angleterre dépendront de la réponse du Cabinet des Tuileries et il faut espérer qu'elle sera de nature à faire perdre au Duc de Wellington tout espoir de faire la loi à la Russie.

Le Chargé d'affaires de France partage cette opinion quoiqu'il incline à croire qu'on pourrait peut-être par des sollicitations pressantes réussir à engager la France de réunir les deux escadres et de les placer à l'entrée des Dardanelles afin de se rapprocher du théâtre de la guerre." — —

Bericht Bülows an den König: Nr. 61. London, 7. Aug. 1829.

— — „Mon rapport No 60 du 1, du courant fut à peine écrit, que je reçus une longue visite du Prince Esterházy. Ce qu'il m'a dit cadre assez bien avec tout ce que j'ai eu l'honneur de mander, à cela près, que le Cabinet de Vienne, quoique à la vérité très-sérieusement alarmé, ne parait avoir en vue, à l'heure qu'il est, que de gagner plus d'influence sur les résolutions du Cabinet de St. James et à le faire agir. Je pense de même que, si la réponse attendue de la France et les nouvelles, que transmettra Lord Stuart de Rothsay ne permettent pas de compter sur cette Cour, on ne tardera plus ici à se rapprocher de la Russie et à coopérer franchement au rétablissement de la paix. Le Prince Esterházy m'a assuré qu'il a parlé au Duc de Wellington dans le sens de mes observations et que celui-ci en a reconnu la justesse, quoique, à ce qu'il parait, avec de vifs regrets. Le Duc ne cesse de reculer encore devant l'idée qu'il faudra aller au devant de la Russie et s'attendre à les voir faire des demandes auxquelles surtout l'Angleterre n'aimerait souscrire, savoir à de nouvelles acquisitions en Asie. Il n'y a que la plus dûre nécessité qui fera renoncer ce Ministre à l'espoir de pouvoir former une combinaison favorable à ses voeux, et il pourrait bien arriver que le Cabinet de Vienne jugeât nécessaire de représenter au Duc qu'il est temps de finir.

A moi le Cte Aberdeen n'a pas parlé de ses alarmes ainsi qu'il l'avait fait au Chargé d'affaires de France; au contraire, il m'a entretenu du grand espoir qu'il a de voir arriver le Général de Muffling à temps à Constantinople, pour faire réussir la négociation du premier Dragoman ottoman envoyé au camp du Général Diebitsch. Cependant à travers cet espoir, j'ai vu paraitre tout d'inquiétude, que je n'ai pu m'empêcher de douter de sa sincérité. Le Secrétaire d'Etat se trouvait évidemment dans un grand embarras à cet égard. Comme il sentait la vérité de ce que je lui avais dit antérieurement et ce dont nous avons encore parlé, il crut mettre la responsabilité du Cabinet anglais à couvert, en soutenant qu'on ne saurait en attendre plus de confiance qu'on ne lui en montrait. Il me dit que, sans vouloir s'en plaindre, il devait cependant m'apprendre qu'il venait de recevoir la confirmation de ce dont il se fût toujours douté. Lord Heytesbury avait appris de la bouche même du Comte de Nesselrode que le Général de Muffling avait été expédié à Constantinople d'après le désir de l'Empereur de Russie et qu'il était porteur d'ouvertures très-intéressantes, sur lesquelles lui, Comte de Nesselrode, aurait bientôt à faire une communication à l'ambassadeur. Le Cte Aberdeen parut l'attendre avec impatience et sera bien aise, si je ne me trompe, de voir enfin la glace rompue. Il alla même jusqu'à m'avouer que, si la Russie voulait montrer un peu de confiance au Cabinet anglais, elle en serait probablement contente. Il s'agirait plutôt de la forme que du fond de la question. La Russie avait par exemple fait parler à toutes les Cours de son désir de garder les forteresses turques en Asie. Il n'y avait à la vérité que l'Angleterre qui pouvait bien juger de l'importance de cette acquisition, mais malgré cela on était bien loin ici de la croire réelle aux intérêts de la compagnie des Indes." — —

Aus dem Bericht Arnims an den König: Nr. 45. Paris, 8. Aug. 1829.

(Ueber die Gefahren der Berufung Polignacs).

— — „La question orientale changerait de face et le Gouvernement français suivait une marche toute différente de celle qu'il a tenue jusqu'ici. Il se rangerait sur la même ligne avec l'Angleterre et suivrait toutes les impulsions que celle-ci lui donnerait, quelque contraire qu'une telle marche fût nécessairement à l'opinion publique en France." — —

Aus dem Bericht Bülows an den König: Nr. 62. London, 11. August 1829.

Auf Wunsch Wellingtons habe Aberdeen eine Annäherung an Rußland versucht, indem er Lieven in einem Gespräche sein Bedauern ausgedrückt, daß Rußland zu England so wenig Vertrauen habe, während es doch den Kabineten von Berlin, Paris und selbst Wien mehr davon gezeigt. Er habe dabei die Hoffnung ausgedrückt, Rußland werde es von nun an an Entgegenkommen gegen England nicht fehlen lassen:

— — „Je me croirais autorisé de bien augurer de cette démarche de Lord Aberdeen, d'autant plus que je la regarde en quelque sorte comme la suite d'un conseil que j'avais donné à l'Ambassadeur d'Autriche, si la nouvelle de la nomination de Mr. de Polignac n'était intervenue. Elle nous plonge dans des doutes et des incertitudes. Il est impossible de prévoir déjà l'effet que pourrait avoir sur les résolutions du Duc de Wellington cet événement si longtemps appelé et provoqué par ses voeux et ses démarches. Il est enchanté de la perspective que lui offre la réalisation de son espoir dans ce moment de crise et où il commençait à désespérer. Le degré du mal que causera cet incident n'est pas encore à mesurer, mais il paraît certain que le Duc ajourne pour le moment toute idée de se rapprocher de la Russie. Il attende d'abord le développement des opinions et de l'influence du Prince de Polignac." — —

Bülow an Ancillon. London, 14. August 1829. (chiffrirt).

Die Dep'sche Ancillons vom 31. v. M. über die Sendung des Generals Müffling sei wahrscheinlich von Aberdeen geöffnet worden. Aberdeen habe sich beleidigt über die angebliche Behauptung geäußert, daß man es seitens Englands an Anstrengungen für den Frieden fehlen lasse. Er Bülow habe darauf, um jeden Verdacht weit abzuweisen, als ob über die Sendung des Generals Müffling irgend ein Geheimnis herrsche, zu Aberdeen folgendes gesagt:

— — „Vous rejetez comme une inculpation injuste l'idée que l'Angleterre ne seconde que faiblement l'oeuvre de la pacification et pour prouver la fausseté de cette inculpation, Vous m'assurez avoir donné à Mr. Gordon l'ordre de soutenir le Général de Muffling en conseillant à la Porte de croire à ce que celui-ci lui représentera. Eh bien! je le dirai avec franchise, cette preuve n'a aucune valeur à mes yeux. Vous allez aider de votre conseil après avoir fait une démarche antérieure qui évidemment paralyse l'effet de la seconde; ainsi Votre appui est à zéro. Dites moi que je me trompe, et je serai charmé de pouvoir reconnaître mon erreur. Mais je crains bien que nous devons nous préparer à subir les conséquences de nouvelles et très dangereuses illusions amenées par la nomination du Prince du Polignac. Ce que le Sultan espérait jusqu'ici de l'appui de l'Angleterre seule, il l'espère à-présent également de la France. Il saura que penser d'un premier ministre qui après avoir signé le traité du 6. juillet et le protocole du 22 mars dernier a dit à qui voulait l'entendre qu'il condamne l'un et l'autre. Au lieu d'avancer sur la voie de la pacification, nous reculons. Vous m'assurez, Mylord, que le Cabinet anglais n'est pour rien dans la nomination de Mr. de Polignac et qu'on a grand tort d'en être alarmé. Soit, mais il n'est pas moins vrai qu'il existe tant de motifs d'inquiétude à ce sujet qu'on ne saurait être surpris de les rencontrer." — —

Aus dem Bericht Bülows an den König. London, 18. August 1829.

Man beginne in London Polignac mit andern Augen zu betrachten, und man weiche aus diesem Grunde und aus andern Ursachen, unter denen die Haltung Preußens eine wichtige Rolle spiele, vor der Gefahr zurück. Aus welcher Richtung der neue Wind wehte, erfuhr Bülow zuerst von dem französischen Geschäftsträger:

— — „Il (le Chargé d'affaires de France) a trouvé Lord Aberdeen tout disposé à adopter l'opinion dernièrement émise par le Chevalier Gordon et le Sieur Guilleminot au sujet de la pacification de la Grèce, opinion d'après laquelle on réconnaitrait l'état de fait et se passerait de la réconnaissance du Sultan. Le Secrétaire d'Etat a recommandé au Sieur Roth de demander sans perte de temps au Prince de Polignac des instructions positives, de lui représenter la nécessité de faire vite la pacification de la Grèce dans le sens indiqué. Lord Aberdeen a en l'esprit tellement frappé des conséquences fâcheuses qui pourraient naître des alarmes causées par la nomination du Prince de Polignac, qu'il a calculé plus d'une fois, quand il pourrait connaître la réponse de ce Ministre et il a sur le champ donné rendez-vous au Sr. Roth pour aujourd'hui, quoique l'arrivée du courier porteur des instructions soit encore problématique. Le Chargé d'affaires de France pense que le langage que j'ai tenu a Lord Aberdeen n'a pas manqué son effet. Il en a gagné la conviction par les observations que lui a faites ce Ministre." — —

Aus dem Bericht Bülows an Ancillon. London, 18. August 1829. (chiffrirt).

Aberdeen äußerte zu Bülow etwas gereizt, er könne Beschuldigungen, wie sie in dieser Zirkulardepesche vorkämen, nicht ganz unerwidert lassen, auch wenn sie noch so milde in der Form seien. Bülow schlug die Bitte Aberdeens nach einer Kopie dieses Aktenstückes ab und spielte den Gekränkten, indem er jenen in vorwurfsvollem Tone entgegnete, daß England einst noch die Unparteilichkeit Preußens werde schätzen lernen. Hierauf verfiel Aberdeen plötzlich in einen andern Ton und erklärte, Bülow würde ihm einst noch Gerechtigkeit wiederfahren lassen; er wolle ihm aber jetzt nur sagen, welche Genugthuung er selbst über das Verhalten Preußens empfinde:

— „Il venait d'apprendre que le Cabinet de Berlin avait fait des représentations à St. Pétersbourg contre une nouvelle organisation des deux Principautés, en faisant sentir que de pareils changements pourraient faire douter de la sincérité des paroles de paix et de modération que l'Empereur de Russie avait déjà prononcés et dont le Général de Muffling est le porteur pour le Sultan. Lord Aberdeen ajouta que le Cabinet anglais, loin d'être inquiet et jaloux de cette mission, ne demanderait pas mieux que de voir le R i de Prusse se charger du rôle de médiateur, attendu que Sa Majesté jouissait exclusivement de la confiance la plus parfaite de toutes les Cours particulièrement intéressés à la solution de la question orientale. Avec la meilleure volonté du monde le Cabinet ne pouvait pas finir cette affaire aussi vite qu'il le désirerait. La France et l'Angleterre se trouvaient déjà d'accord sur la nécessité de reconnaitre l'état de fait en Grèce et de se dispenser de la reconnaissance ottomane, mais que toutefois il fallait encore apporter quelques modifications au protocole du 22. Mars dernier. Comme le Prince de Liewen venait déjà de déclarer qu'il ne pouvait que prendre ad referendum la nouvelle résolution de la conférence de Londres on allait perdre évidemment encore un temps précieux."*) — —

Aus dem Bericht Schölers an den König. Nr. XV. Petersburg, 25. (13.) August 1829.

Nachdem Nesselrode längere Zeit einer Unterredung ausgewichen, gelang es Schöler endlich, gleich nach der Ankunft des Kapitän Einbeck, eine solche zu erlangen am 19. (7.) August. Auch diese war nur sehr kurz, da Nesselrode dringende Geschäfte vorschützte.

„So sehr nun die Entschuldigung des Grafen, daß Türken, Griechen und Perser ihm keinen Augenblick Ruhe ließen, wirklich gegründet zu sein scheint, so kann man sich, Alles zusammengenommen, doch nicht verhehlen, daß es dem diesseitigen Kabinet gegenwärtig nicht besonders darum zu thun sein müsse, mit den Gesandten Ew. Königl. Majestät in ausführliche Explikationen einzugehen.

Die bündigsten und bindendsten Erklärungen, die denkbar sind, haben stattgefunden, die Sendung des Generals Müffling gewährt der russischen Politik Alles, was Preußen dermalen in diplomatischer Hinsicht ihr zu gunsten bewirken konnte, und die kriegerischen Erfolge in den beiden letztverflossenen Monaten versetzen das kaiserliche Kabinet in eine so sehr veränderte Lage, daß es schwerlich selbst zur Zeit noch sein eigenes Urteil über dieselbe festgestellt haben kann. Ich war demnach auch im Voraus darauf gefaßt, daß ich dieses mal allein durch des Grafen Nesselrode Mitteilungen zu keinen genügenden Aufschlüssen gelangen würde, und habe aus diesem Grunde die Zeit meines Hierseins dazu anzuwenden gesucht, die verschiedenen Barometer für die Politik des hiesigen Kabinets, die zu befragen sind, mit einander zu vergleichen, um solchergestalt im voraus zu einem Urteil zu gelangen, für dessen Gültigkeit mir dann die Aeußerungen aus dem Munde des Herrn Vize-Kanzlers trotz aller Zurückhaltung zu einer hinreichenden Prüfung und Bestätigung dienen könnten. Um aber keine Besorgnisse zu erregen, die nicht begründet gefunden werden würden, erlaube ich mir zuvörderst das Resultat meiner Erforschung mit wenig Worten ehrfurchtsvoll anzudeuten und die nähere Angabe der letzteren darauf folgen zu lassen. Der Wunsch, den Frieden recht bald zu erhalten, besteht noch eben so allgemein und in derselben Stärke als vorher, auch ist die Meinung, ihn auf billige Bedingungen abzuschließen, an und für sich noch immer unverändert, allein, wenn die

---

*) In seiner Depesche an Bülow vom 20. August 1829 (Berlin) billigte Ancillon ausdrücklich die freie Sprache Bülows.

Lage beider russischer Armeen so günstig bleibt, als man sich schmeichelt, daß sie wirklich sei, wenn keine für Rußland nachteilige Wendung eintritt, was man geneigt ist für unmöglich zu halten, und wenn die Pforte sich wirklich zur Eröffnung der Friedensunterhandlungen bequemt, wie man voll Zuversicht erwartet, so dürften dann Rußlands Forderungen am Ende doch nicht so vollendet großmütig sich darstellen, als die Erwartung erregt worden ist und als sie leicht möglich auch dann noch von russischer Seite allen Ernstes dafür gehalten und gepriesen werden möchten. Das vielen Personen sich aufdringende Bedürfnis, den Krieg und die Opfer, die er gekostet, vor der Nation möglichst zu rechtfertigen, wird Ansichten erzeugen und behaupten lassen, welche die Regierung mehr oder weniger über das früher selbst angedeutete Ziel hinauszugehen nötigen werden.

Hinsichts der Truppenerrichtungen in den beiden Fürstentümern wiederholte mir Graf Nesselrode die dem englischen Botschafter bereits früher gegebene Versicherung: „daß er durchaus keine Kenntnis davon habe!" Dies wäre aber unmöglich, sobald diese Errichtungen irgend etwas anderes sein würden, als eine Maßregel der in der Wallachei kommandirenden Generale, die allerdings keinen besseren Ausweg haben, des in ihren Rücken plündernden und marodirenden Gesindels loszuwerden.

Die Einsetzung eines Komitees zur Wahl eines neuen Hospodars dagegen erklärt Graf Nesselrode den Stipulationen des Ackermanner Traktates völlig angemessen und versichert auch — auf die Nachricht von der unrichtigen Deutung, welche der Sache in Wien gegeben worden — das wahre Verhältnis in derselben überall, namentlich auch in Berlin mitgeteilt zu haben.

Die Sendung des Generals von Müffling soll — nach den hier (in Petersburg) eingegangenen Nachrichten — in London nicht eben wohlgefällig oder auch nur gleichgültig aufgenommen werden, weil man sie dort als einen öffentlich gegebenen Beweis von Mißtrauen gegen England ansehe. „Diese Sendung" — fügte Graf Nesselrode hinzu — „gewährt aber den großen Vorteil, daß die Friedfertigkeit des Kaisers Nikolaus bei allen Mächten in das hellste Licht gestellt, und General Müffling imstande sein wird, die vorgeschützte Besorgnis des Diwans, daß Rußland den Umsturz der Pforte beabsichtige, zu widerlegen und unwirksam zu machen.

Die Türken wirklich zu einer erfolgreichen Friedens-Unterhandlung zu bewegen", äußerte der Graf, „gäbe es nur das eine Mittel, sie zu schlagen, und bloße Vorstellungen und Versicherungen würden ebensowenig von seiten Englands als von jeder anderen Macht zum Ziele führen. Aus diesem Grunde achte Rußland es für ganz überflüssig, die Bedingungen, unter welchen die Pforte den Frieden sich verschaffen könne, genauer gegen England anzugeben und auszusprechen, als dieses vor ganz Europa bereits längst geschehen sei. Auf meine Andeutungen der Aeußerungen des Herrn Gordon gegen den Herrn von Royer, die hierauf Bezug haben, erwiderte der Graf sehr lebhaft: daß letzterer denn doch nicht besonders genau Rußlands Friedensbedingungen angegeben habe, indem bei denselben be=

ständig die Rede von einem Ersatz für die Kriegskosten gewesen sei, sowie von der anderen Seite zu befürchten wäre, daß England eben dadurch eifersüchtig werden und glauben könne, daß Rußland über die Friedensbedingungen, die es stellen wolle, sich bestimmter und näher gegen Preußen als gegen seine Bundesgenossen ausgesprochen habe. Glücklicherweise wäre General Müffling im stande, dieser unvollständigen Angabe und Voraussetzung entgegenzutreten, sowie auch dann zu hoffen stehe, daß derselbe indem er auf der einen Seite der Pforte alle ungegründeten Besorgnisse benehmen, auf der anderen Seite eine kräftigere Sprache gegen sie führen werde, als die beiden Botschafter, die für ihre in Honig getunkenen Anträge eine völlig zurückweisende und selbst divisorische Antwort erhalten hätten."

Ich suchte hierauf dem Grafen darzuthun, daß aus des Herrn von Royer Aeußerungen so wenig als aus des Herrn Gordon Antwort die Folgerung zu ziehen sei: daß von gar keinem Ersatz der Kriegskosten die Rede sein sollte, daß aber, so viel mir bekannt wäre, auch General Müffling nicht berechtigt sei, die Pforte über die Forderungen Rußlands näher zu unterrichten, und namentlich nicht, sie davon zu belehren, daß sie auf Abtretungen und Ersatz der Kriegskosten sich gefaßt halten müsse. Auf diese Einwürfe ging aber Nesselrode jedoch nicht weiter ein, sondern meinte, daß man — Dank sei dem Himmel und dem Grafen Diebisch) — über den er seit vorjähriger Kampagne zum ersten male wieder ein sehr belobendes Urteil fällte — nachgerade der Hoffnung sich hingeben dürfe, den Frieden in einigen Monaten mit Sicherheit erwarten zu können. — —

Aus dem Bericht Bülows an den König: Nr. 66. London, 26. August 1829. (chiffrirt).
(Berichtet über die Resultate einer Unterhaltung mit dem Fürsten Liewen).

— — „Le Chargé d'affaires de France lui a lu une lettre du Prince de Polignac renfermant l'assurance, que la politique de la France en général et particulièrement vis-à-vis de la Russie ne serait nullement changée, ainsi que l'autorisation pour le Sieur Roth de cultiver comme par le passé les rapports de confiance avec le Prince de Liewen et de porter cette lettre à sa connaissance, en le priant d'avoir aussi dans le Prince de Polignac la même confiance qu'il avait accordée au dernier ministre des affaires étrangères.

A côté de cette communication le Prince de Liewen vient d'être informé par son collègue à Paris, que celui-ci a non seulement obtenu de pareilles assurances de la part du Prince de Polignac, mais qu'il a aussi recueilli de la bouche même du Roi la promesse positive que Sa Majesté ne souffrirait pas que l'Autriche allât attaquer la Russie, que dans ce cas-là elle ferait marcher contre la première Puissance." — —*)

---

*) In seinem Bericht an den König: Nr 67. (London vom 27. August

Aus dem Bericht Bülows an den König: Nr. 70. London,
4. September 1829. (chiffrirt).

Bülows Unterredung mit Aberdeen. Letzterer verteidigt sich dagegen, zu
wenig die Ereignisse vorausgesehen zu haben. Er sagte zu Bülow:

— — „Je vais plus loin encore que Vous, en pensant que la
prise de Constantinople n'est pas nécessaire pour rompre le charme
aujourd'hui. C'en est fait déjà, il n'importe. La dissolution de l'Empire ottoman en Europe est à prévoir, il ne s'agit encore que
de quelques années de plus de moins. L'empire des événements
triomphera de ce côté, tout comme il a déjà triomphé visiblement en
faveur de la Russie et de la Prusse, qui pendant un siècle,
sont parvenues à un degré de puissance et d'influence que
l'Europe fut bien loin de prévoir alors. Conjurer la crise et
l'ajourner à des temps moins dangereux, c'est la tâche qu'il faut nous
imposer aujourd'hui; j'y travaille de coeur et d'âme et je compte
essentiellement sur la modération et l'impartialité de la Prusse." — —

Postskriptum zum Bericht Schölers an den König: Nr. 65. Petersburg, 23. (11.) September 1829.

Indem ich meinen Bericht, der gleiche Nummer mit diesem Postskripte
trägt, durch einen heute Abend nach Berlin abgehenden Kurier befördere,
kann ich nicht umhin, die Gelegenheit des Dampfschiffes, das morgen früh
von Kronstadt abgeht, zu benutzen, um diesem allerunterthänigsten Berichte
noch einiges hinzuzufügen, was ihm selbst einzuschalten nicht passend
gewesen wäre.

Ich bin keineswegs überzeugt, daß dem hiesigen Kabinet die Gewißheit beiwohne, die nächste Meldung des Grafen Diebitsch werde die Unterzeichnung des Friedens enthalten, und ebensowenig, daß man die Gefahr
des Wagestückes, welches dieser General unternommen hat,
verkenne und für den Augenblick wirklich damit zufrieden sei.

Daß man über die Kriegskosten=Entschädigung nicht hinweggehen
werde und der Nationalansichten wegen fast nicht könne, habe ich bereits
in meinen früheren Berichten dargelegt. Allerdings gehört zu dieser
Nationalansicht auch der lebhafte Wunsch, daß die russischen Truppen —

1829) berichtet Bülow über ein Gespräch mit Aberdeen: Letzterer habe folgendes
gesagt: „Le Cabinet de St. James resterait spectateur aussi longtemps que
possible, c'est à dire jusqu'au moment, où il croirait son honneur et les
intérêts de l'Angleterre essentiellement compromis. Alors tout changerait
de face ici, et le désir de la paix, aujourd'hui encore généralement
partagé, ferait place au cris de guerre. Pour les provoquer il ne faudrait
que d'annoncer de la part du Ministère, qu'il a été trompé par les
promesses de la Russie qui seules ont pu l'engager à rester neutre". Bülow
erwiederte darauf, das englische Kabinet würde sich dann dem Vorwurf aussetzen,
die Chancen des Krieges nicht früher berechnet und die Gelegenheit versäumt zu
haben, die Pforte zum Frieden zu nötigen.

nach einem solchen Kriege Konstantinopel wenigstens berührt haben möchten. Die damit verbundenen Gefahren liegen der großen Masse zu fern, sie hat für das Edle einer Verzichtleistung auf eine bloße Gloriole für höhere Zwecke zu wenig Sinn, als daß sie dadurch eine vernünftigere Ansicht zu fassen vermöchte, und ich bin überzeugt, daß ein wahrhaft uneigennütziger Frieden, der ohne Widerrede den Kaiser Nikolaus in Europas Achtung ungleich höher stellen und dem Interesse Rußlands selbst angemessener wäre — in diesem Bunde allein gemißbilligt werden und Veranlassung zu allgemeinem Tadel und Unwillen sein würde.

Nichtsdestoweniger glaube ich, daß nach dem ganzen Verlauf der diesjährigen Kampagne, nach den neuesten Verhältnissen Rußlands zu seinen Alliirten, wie eben dieser Verlauf sie entwickelt hat, und nach einer gereisteren Würdigung der Vorteile, welche die größere Ausdehnung von Griechenland für Rußland selbst haben kann, nachdem ein vor den Thoren von Konstantinopel eine auch moralisch begründete Präponderanz gesichert haben würde, nach allem diesen glaube ich, daß — wäre des Kaisers Nikolaus Entscheidung so schnell als die des Großherrn nach Adrianopel hinzubringen — der Friede ohne Entschädigungen bereits geschlossen und Europas Ruhe gesichert sein würde.

Ohne Zweifel bekannt mit dem, was Rußland — ich meine die Nation — allein für einen ehrenvollen Frieden anerkennt, vielleicht auch wohl etwas vom eigenen Ehrgeiz verleitet und durch den günstigen Zustand der Armee sicher gemacht — ist es allein dem General Diebitsch — wenn ich nicht irre persönlich zuzuschreiben, daß das Interesse von ganz Europa wenigstens auf eine gefährliche Probe gestellt ist. Er befindet sich dafür genau in der Lage des Grafen Paskewitsch vor dem Abschluß des Friedens mit Persien. Gelingt ihm das Wagestück, so wird er hier in den Himmel erhoben werden, schlägt es ihm fehl, dann wird er für alle nachteiligen Folgen von seiner eigenen Nation nicht weniger als von ganz Europa in Anspruch genommen und verantwortlich gemacht werden." — —

Aus dem Bericht Bülows an den König: Nr. 82. London, 6. Oktober 1829. (chiffrirt).

Die so lange von allen Mächten herbeigesehnte Nachricht vom Abschlusse des Friedens habe seltsamer Weise noch Unzufriedenheit erregt.

— — „Au moins le Comte Aberdeen ne m'a-t-il pas caché, quoique sous le sceau du plus grand secret, qu'il aurait préféré recevoir la nouvelle de la prise de Constantinople. Les conditions de la paix lui paraissent très dûres, toutes de nature à saper les dernières fondements de l'Empire ottoman et à le livrer à l'influence exclusive de la Russie. Comme il saute aux yeux qu'un pareil état des choses ne saurait durer, qu'il fera naître des complications d'autant plus dangereuses qu'elles ne paraîtront pas sur le champ ou n'autoriseront peut-être pas à s'en occuper, le Comte Aberdeen pense qu'il aurait mieux valu pour le repos de l'Europe de se trouver placé à la fois en face d'une catastrophe dont l'union et le désir de la paix des grandes Puissances les auraient probablement fait sortir satisfaites. Son observation qu'une paix pareille serait des plus gênantes et inquiétantes pour l'Autriche, m'a fait penser que le Comte de Nugent pourrait bien se trouver chargé d'une commission y relative. Il a été des conférences très fréquentes avec le Prince Esterházy qui de son côté recherche les sociétés et les conseils du Lord Strangford." — —

Aus dem vertraulichen Bericht Schölers an den König. Petersburg, 8. Oktober (26. September) 1829.

(Ueber die politische Situation nach dem Abschlusse des Friedens von Adrianopel).

— — „Die Gelegenheit zu einer völlig sicheren Berichterstattung, welche sich in der Rückkehr des Kapitäns Einbeck darbietet, erlaubt mir, hinsichts der wichtigen Angelegenheit des Augenblicks über manches freier mich auszusprechen, als es in meinen bisherigen Berichten geschehen konnte, und ich gebe dem gegenwärtigen keine Nummer, damit er, wenn Ew. Königl. Majestät es nötig erachten, dem Archive ohne weiteres vorenthalten werden kann.

Für einen mit dem Schwerte vorgeschriebenen Frieden dürfte hinsichts der Abfassung es schwer sein sich einer glimpflicheren zu bedienen, und auch die Bedingungen selbst können mit den Anstrengungen und den Erfolgen verglichen, die der Krieg gekostet und gehabt hat, nicht übertrieben gefunden werden.

Nach der vorgefaßten Meinung von dem geringen Umfange der Opfer, welche der Pforte beim endlichen Friedensschlusse auferlegt werden würden, möchte dagegen dem wirklich erfolgten Frieden wohl nicht allgemein der Anspruch auf Großmut und Mäßigung, hier und da sogar nicht auf Billigkeit zugestanden werden.

Daß man dieses sich sage, ohne näher darauf eingehen zu wollen, ergiebt sich aus der Bemühung, Gründe für die Artikel anzugeben, welche gegen jene Meinung am meisten verstoßen müssen.

Die unleugbare Territorial-Vergrößerung in Asien wird als Bedingnis der Menschlichkeit und der Notwehr gegen räuberische Halb-Unterthanen und gesetzlose Nachbarn dargestellt. Die Vereinigung der Rayons von Brailow und Giurgewo mit der Moldau und Wallachei soll in früheren Traktaten schon zugestanden und die Schleifung aller festen Plätze auf dem linken Donauufer eine nötige Maßregel sein, um künftigen Beschwerden vorzubeugen, da eben die türkischen Besatzungen dieser Plätze es waren, welche durch ihre Bedrückungen und Räubereien in den Fürstentümern stäte Veranlassung zu Klagen gaben.

Der Schadenersatz für die handeltreibenden russischen Unterthanen, ebenfalls schon in den früheren Traktaten stipulirt, konnte als das Recht eines Dritten im Frieden nicht vergeben werden, in Ansehung der russischen Kriegs-Entschädigung aber und der verzögerten Räumung von einigen an die Pforte zurückfallenden Landstrichen giebt man jetzt zu verstehen, daß der Kaiser gewiß noch alle mögliche Erleichterung eintreten lassen werde.

Im Allgemeinen steht hier alles in dem ersten der beiden vorhin angedeuteten Gesichtspunkte, aus welchem die Bedingungen des Friedens sich betrachten lassen und die Ausnahmen und Abweichungen, von der sie billigenden Beurteilung modifiziren sich nach den persönlichen Verhältnissen und Ansichten. Der Kaiser selbst hätte, wie ich glauben muß, nachdem endlich der Großherr dahin gebracht worden, um den Frieden sogar bitten zu müssen, für den unverzögerten Eingang der sehnlichst erwarteten Nachricht von dessen wirklichen Abschlusse es Seinem General allenfalls wohl zu gutgehalten, wenn derselbe zur Beschleunigung des Friedens an den Friedensbedingungen selbst nicht unbedeutend nachgelassen hätte. Das Mißbehagen und die Unruhe, welche der Monarch beim Eingang der Nachricht von dem Abbruch der Unterhandlungen sichtbar werden ließ, berechtigen zu dieser Meinung. Mit der Nation, oder richtiger gesagt mit den Bewohnern der Hauptstädte, verhält sich dies freilich ganz anders.

Dieselben Schreier, die vor wenigen Wochen noch den Grafen Diebitsch laut des Frevels anklagten, die Armee ebenso verwegen als unnötig den größten Gefahren auszusetzen, fangen schon an ihm vorzuwerfen, daß er den russischen Waffen die Ehre, Konstantinopel eingenommen zu haben, nicht zugewendet, und außer der Erstattung der Kriegskosten nicht auch noch Kontribution gefordert, wohl aber die Eroberungen, für die soviel Blut vergossen worden, bis auf einige miserable Festungen herausgegeben habe.

Das Urteil, welches die Botschafter von England und Frankreich öffentlich fällen, ist beipflichtend und anerkennend; im vertraulicheren Gespräch hat es ebenfalls die respektiv persönliche und nationale Beimischung dieser beiden Herrn.

Lord Heytesbury hat seit einem Jahre schon bei jeder Gelegenheit sein Bedauern ausgesprochen, daß man nicht von allen Seiten sich habe angelegen sein lassen, die Pforte nach dem Schlusse der ersten Kampagne zu Friedens-Unterhandlungen zu bewegen. Dabei hat er als guter Diplomat möglichst oft wiederholt, daß bei dem bestimmten und bei jeder Veranlassung erneuerten Versprechen des Kaisers Nikolaus, der Pforte einen billigen Frieden zu gestatten, es gewissermaßen eine Ehrensache geworden sei, dies Versprechen zu halten. In der letzten Zeit ließ er sich sogar angelegen sein, die Forderung der Kriegskosten als eine böse Erfindung neuester Zeit darzustellen, wodurch die größeren Mächte es in ihrer Gewalt haben würden, die kleineren ab und zu einmal in Kontribution zu setzen.

In Paris sei das freilich 1815 auch geschehen, aber recht eigentlich ausnahmsweise, nämlich um Frankreich für den begangenen Treubruch zu strafen. Bonaparte sei ein Eroberer gewesen und auch als solcher zu

Werke gegangen; in Ostindien aber wäre es eine Gesellschaft Kaufleute und nicht die englische Regierung, welche diese Maxime verfolge, die demnach als von einem wirklichen und legitimen Gouvernement eigentlich zuerst von Rußland im persischen Kriege angewendet sei.

In Ansehung der griechischen Frage stellte er den Satz auf, daß künftighin Rußlands Einfluß in Konstantinopel überwiegend sein würde, folglich dieser Macht an der Erhaltung der Pforte und an der Schwächung Griechenlands alles liegen müsse, weil ein mächtiges Griechenland bald auch zu dem Besitz von Konstantinopel und der ganzen europäischen Türkei gelangen, dann aber den Hellespont besser als die Pforte zu verteidigen wissen würde. England hingegen würde natürlich aus demselben Grunde nun Griechenlands Vergrößerung wünschen müssen. Es scheint, daß der Botschafter hierbei nicht an die Tendenz der jonischen Inseln gedacht, nunmehr aber des Rechtes, etwas gegen die Erweiterung der Grenze von Griechenland einzuwenden, sich begeben habe, und das russische Kabinet dagegen ganz im Geiste der politischen Lehre des edlen Lords verfahren sei, indem es Griechenland lieber etwas größer und von der unter Rußlands Einfluß geratenden Pforte abhängig, als selbständig und klein — mithin genötigt sich an Frankreich oder England zu halten — habe konstituiren wollen.

Wie übrigens die Stipulation über die griechische Frage in London werde angesehen werden, darüber will Lord Heytesbury nicht im voraus urteilen. Er räumt ein, daß nach dem Trattat vom 6. Juli und nach dem Londoner Protokoll vom 22. März d. J., eigentlich kein Grund der Beschwerde für England vorhanden sei, und hält es wohl für möglich, daß man froh sein werde, die Frage so weit gelöst zu sehen. Indeß, meint er, könnte die Sache dort auch anders betrachtet werden.

Der Herzog von Mortemart hat es ebenfalls fortwährend — weniger bedauert, als es im Interesse von England, namentlich aber von Oesterreich unpolitisch gefunden, daß man die Pforte nicht gezwungen habe, gleich nach der ersten Kampagne Frieden zu machen. Als Militär hat er dabei, nach erfolgtem Uebergang über den Balkan, und nachdem über den Zustand des türkischen Reiches und über die Eigenschaften des Großherrn alle Täuschung verschwunden war, stets die Ueberzeugung ausgesprochen, daß die Mäßigung des Kaisers die einzige Garantie für die Erhaltung der Pforte sei.

Unter diesen Umständen würde der Herzog wohl als ein sehr eifriger Verteidiger des Friedens — wie er wirklich abgeschlossen ist — auftreten, wäre er nicht durch den Wechsel im französischen Ministerio, ungeachtet er behauptet, deshalb keinen Umschwung in Frankreichs Politik befürchten zu dürfen, doch etwas ungewisser in seiner Stellung und in seinem Benehmen geworden. So aber legt er gegenwärtig mehr Zurückhaltung in seine Aeußerungen, als man sonst über Rußlands Verhältnis in der türkisch-griechischen Angelegenheit an ihm gewohnt war. Jedenfalls glaube ich aber, daß die hiesigen Botschafter von England und Frankreich durch den Friedensschluß, wie er ist, beide nicht zu Berichterstattungen werden veranlaßt werden, die zu einer Verstimmung unter den drei verbündeten Mächten führen könnten.

Dagegen dürfte vielleicht die Frage entstehen: ob nicht über das Verhältnis zwischen Rußland und Preußen nach Wien und London Berichterstattungen veranlaßt werden möchten, deren Gegenstand — so durchaus grundlos er sein würde — doch wohl bei den Absendern einigen Anschein für sich haben, mehr aber noch bei den Empfängern für sich gewinnen könnte.

Es will mich nämlich bedünken, als ob die Werthaltung der moralischen Unterstützung, welche Rußland allerdings Preußen zu verdanken hat, und die wohlbegreifliche Freude über die dem letzteren zugefallene ausschließliche Teilnahme am Friedensgeschäfte, doch mit so viel Lebhaftigkeit geäußert, auch die Leistungen, zu welchen in dieser Hinsicht einige Diener Ew. Königl. Majestät berufen sind, auf so ungewöhnliche Weise belohnt würden, daß dadurch wohl etwas Argwohn und Mißgunst entstehen, und demnach diese Ergebnisse als Beweise hingestellt und dafür angenommen werden könnten, daß Rußland die Unterstützung von Preußen noch ferner zu bedürfen sich bewußt sei und darnach streben, sich derselben zu versichern.

Der abgeschlossene Friede scheint zwar eine solche Besorgnis zu entfernen und zu heben. Irre ich aber nicht, so liegt in diesem Friedensschlusse, auch wenn ihn des Kaisers Großmut und Weisheit noch wesentlich mäßigen sollte, doch mancher Keim zu neuen Verhältnissen, die bei ihrer Entwickelung sich nicht geeignet zeigen möchten, die schon lockeren Bande unter den großen Mächten wieder befestigen zu helfen.

Ist aber dieses so, dann scheint es auch fernerhin nötig zu sein, in ganz Europa die Ueberzeugung von der Freiheit und Unabhängigkeit, die Ew. Königl. Majestät als Grundsatz der Politik von Preußen hinzustellen geruhten, aufrecht zu halten und demjenigen eine entgegenwirkende Beachtung zu widmen, was diese Ueberzeugung schwächen könnte." — —

Aus dem Postskriptum zu dem Berichte Schölers. Peterburg, 8. Oktober (26. September) 1829.

Ueber die Aufrechterhaltung der unabhängigen und freien Politik Preußens auch nach dem Friedensschlusse:

— — „Von der moralischen Unterstützung, für welche Rußland sich an Preußen verpflichtet halten müsse, wird gegen andere vielleicht weniger Aufhebens gemacht, als gegen uns selbst. Allein die Freude über die ausschließlich Preußen anheimgefallene Teilnahme am Friedensgeschäfte, wird ohne Rücksicht und wohl mit etwas Ostentation geäußert. Die Erteilung des Wladimir=Ordens erster Klasse an einen fremden Staatsdiener (G.=L. v. Müffling), ist — glaube ich — ohne Beispiel, und General von Roeder wird mit einer Auszeichnung behandelt, derer sich bisher noch niemand von seiner Kategorie, selbst kein anderer von Ew. Königl. Majestät bei besonderen Veranlassungen hierher gesandter General zu erfreuen gehabt hat.

Daß dieses hier bemerkt und beurteilt werde, kann ich mit Gewißheit behaupten, da man keinen Anstand nimmt, es gegen mich selbst zu thun. Sicher geschieht dieses also auch in den Berichten, die abgestattet werden, und wenn man sich begnügt, gegen mich höchstens im Tone der Befremdung sich auszudrücken, so wird unfehlbar in den Berichten den gemachten Bemerkungen eine weit größere Wichtigkeit beigelegt werden. Die Erfahrung, daß Kabinete von solchen Berichten und persönlichen Rücksichten in Bewegung gesetzt und irre geleitet werden könnten, hat sich aber in der neuesten Zeit nur zu oft bestätigt und solches nach Kräften zu verhüten, scheint mir wesentlich zur Aufrechthaltung der unabhängigen und freien Politik von Preußen zu gehören.*) — —

Rußlands Politik ist eingeengt zwischen früheren Versprechungen, dem großen Erfolg des Krieges und den Ansichten der Nation. Sie kann — hinter den erregten Erwartungen zurückbleibend — vor der Hand auf kein wahrhaftes Vertrauen der Mächte zählen, deren Eigenliebe verletzt ist und die ihr Interesse — wenn auch nur indirekt — beeinträchtigt halten. Rußland muß also wünschen, auch fernerhin auf Preußen zählen und Europa überzeugen zu können, daß dieser Wunsch vollständig erfüllt sei.

Der Kaiser verfährt hierbei, Seinem Charakter und Seinen Gefühlen entsprechend, offen und redlich, aber nicht frei von dem Einfluß Seines Mißtrauens gegen Oesterreich und der ihm eigenen Tendenz: in den Beweisen seiner Gnade das rechte Maß zu überschreiten. Dem Kabinet dagegen wird es nicht immer möglich, bei der Durchführung seiner schwierigen Aufgabe sich von jedem zweideutigen Schein fern zu halten.

Preußens parteilose, unabhängige Lage giebt ihm die Möglichkeit, vermittelnd aufzutreten: es muß die Fortdauer dieser Lage in den Augen von Europa keinem Zweifel unterwerfen lassen." —

Bernstorff an Schöler. Berlin, 21. Oktober 1829.

(Bernstorffs Meinung über die Friedensbedingungen und Preußens Aufgabe bei der Vermittlung.

— — „Da des Königs Majestät Sich veranlaßt gefunden haben, die Abfertigung des Oberstlieutenants von Thun bisher noch auszusetzen, so wird mir dadurch ein Mittel gewährt, dem bereits in dessen Händen befindlichen Schreiben noch einige Zeilen hinzuzufügen. Ich benutze solches um so lieber, als ich Ew. — den Eingang Ihrer dem Hauptmann Ein-

---

*) Ausgelassen ist hier eine Stelle, in der ähnlich wie in dem vorhergehenden Berichte ausgeführt wird, daß der Ausführung des Friedens noch mancherlei Hindernisse entgegenständen. Auch wird hier nochmals betont, daß das Uebergewicht Rußlands in Konstantinopel ein großes für die kommenden Jahre sein werde.

beck anvertrauten Berichte anzuzeigen habe. Ich bin, was den Hauptgegenstand derselben betrifft, mit Ihnen darüber einverstanden, daß, wenn die der ottomanischen Pforte auferlegten Friedensbedingungen, nach Maßgabe der Umstände, unter welchen dieser Friede erzwungen worden ist, unstreitig als gemäßigt, ja selbst als großmütig erscheinen und dafür anerkannt werden müssen, die Wirkungen dieses mit dem Schwerte des Siegers vorgezeichneten Vertrages doch allerdings als für den Ueberwundenen äußerst hart und in einem gewissen Sinne tötlich angesehen und dargestellt werden können. Daß und wo diese Ansicht und diese Darstellung sich schon laut und bitter vernehmen lassen, brauche ich Ew. — nicht erst zu sagen. Wir dürfen nicht zweifeln, daß sich Unmut, Eifersucht und Mißtrauen auch anderswo in mancherlei Formen und Beziehung aussprechen werden, es ist mir darüber jedoch aus Paris und London noch nichts neueres zugegangen, als ich Ew. — darüber bereits mitgeteilt habe, und ich darf mich mithin noch der Hoffnung überlassen, daß das für Rußland so glücklich zu stande gebrachte Friedenswerk keine offene und unmittelbare Anfechtung erfahren werde. Was uns betrifft, so war unser nächster Wunsch und unser nächster Zweck nur der, den Ausbruch des Gewitters, welches uns so schwer und drohend über den Häuptern hing, beschworen zu sehen und wir wünschen uns so aufrichtig als lebhaft Glück, daß dieser Zweck erfüllt worden ist und daß wir dazu mitzuwirken berufen gewesen sind. Wenn die russischerseits laut und lebhaft an den Tag gelegte Anerkennung dieser Mitwirkung auch gewiß unseres Dankes wert ist, so will ich doch keineswegs in Abrede stellen, daß dabei zum Teil auch eine gewisse Berechnung der Wirkung nach außen zu grunde liegen könne. Es fehlen inzwischen, hinsichtlich dessen, was darin etwa zu viel geschehen möchte, auch die Mittel der Gegenwirkung nicht, und Ew. Excellenz können sich jedenfalls überzeugt halten, daß wir uns nicht werden von dem (bisherigen) Standpunkt abziehen lassen." — —

Aus dem Bericht Bülows an den König. London, 24. November 1829.

Aberdeen wünsche, daß Oesterreich und Preußen nicht erst den Abmachungen über Griechenland nachträglich beitreten möchten, sondern sich schon an der Beratung und Beschlußfassung beteiligen möchten. Dies verwirft Bülow:

— — „Il (le Cabinet anglais) croira avoir tout fait pour le repos de l'Europe en demandant et recevant de ses coalisés l'assurance qu'on soumettra le nouveau traité à l'accession des Cours de Berlin et de Vienne.

Mais cette accession serait-elle d'un grand avantage? pourrait-elle prévenir les conséquences visibles d'une nouvelle alliance trilatérale?" —

Bernstorff an Bülow. Berlin, 5. Dezember 1829.*)

Bernstorff über die Wiederaufrichtung der großen Allianz:

— — „Ew. — haben nicht mit Unrecht vorausgesetzt, daß eine vertragsmäßige Verbindung unter den europäischen Hauptmächten, welche die frühere wunderthätige Allianz derselben, ihrem Wesen oder auch nur der Form nach herzustellen und die Tripel-Allianz zu verschlingen geeignet wäre, uns auch jetzt noch eine wahre Genugthuung gewähren würde. Denn wir würden darin, wie wir es zu allen Zeiten gethan haben, eine Hauptgewähr für die Ruhe und den Frieden Europas sehen. Allein einer Kombination dieser Art stehen gegenwärtig noch Hindernisse oder Vorurteile entgegen, welche man wohl als unbesiegbar zu betrachten sich für berechtigt halten darf. Die Hauptschwierigkeit liegt in dem ungeschwächten Gefühl des Mißtrauens und der Bitterkeit, welches sich an dem russischen Hofe bei jeder Veranlassung gegen Oesterreich ausspricht. Genug, daß ein Antrag von dem Wiener Kabinet ausgehe, und daß er mit dem entschiedensten Widerwillen aufgenommen werde. Und durch ein Anschließen an einen solchen Antrag würden wir unfehlbar einen Teil dieser Ungunst auf uns selbst herüberziehen. Der Kaiser von Rußland hat zwar mehr als einmal unverhohlen erklärt, daß er unbedenklich vortreten werde, wo er die Ruhe Europas durch ein demagogisches Getriebe gefährdet oder die aus der Epoche der Wiedergeburt hervorgegangenen Grundlagen des heutigen allgemeinen Staatsrechts verletzt sehe. Allein er ist gegen Rücksichten dieser Art, wenn solche von Wien her gegen ihn geltend zu machen versucht werden, doch umsomehr auf seiner Hut, als er die Erfahrung gemacht zu haben glaubt, daß der österreichische Hof dieselben gern voranzuschieben pflegt, wenn er es darauf anlegt, dadurch andere besondere Zwecke zu verbergen. Nicht minder als Rußland selbst scheint die französische Regierung entschieden zu sein, dem österreichischen Hofe eine unmittelbare Teilnahme an den Verhandlungen in Bezug auf den Orient unter keiner Bedingung zu gestatten. Diese Vorurteile Frankreichs gegen Oesterreich, welchen zu begegnen man unter dem Ministerio des Fürsten Polignac nicht mehr erwartet hatte, haben sich in der letzteren Zeit, namentlich auch in Bezug auf den Prinzen Philipp von Hessen-Homburg, auf das unzweideutigste ausgesprochen. Sie scheinen sich weniger auf die allgemeine Meinung der Unzuverlässigkeit desselben als auf die vielleicht etwas rücksichtslosen Aeußerungen des Fürsten Metternich über den inneren Zustand Frankreichs, über die Europa von dorther drohenden Gefahren und über die eventualiter dagegen zu verabredenden Maßregeln zu gründen. Auch meint das französische Kabinet, ich möchte glauben ohne Grund, das Wiener Kabinet der Absicht und der Versuche versteckter Einwirkungen auf die inneren Angelegenheiten Frankreichs zeihen zu können. Daß weder Ruß-

---

*) Anläßlich eines denkschriftartigen Berichtes, indem dieser die Wiederaufrichtung der großen Allianz befürwortete. (Graf Matuschewicz hatte sich im Auftrage der russischen Regierung damals nach Berlin begeben.)

land noch Frankreich dem österreichischen Hofe eine Teilnahme an den Verhandlungen zu London einräumen werden, zu welcher sie nicht sofort auch Preußen einladen würden, darauf dürfen wir rechnen. Keineswegs aber ist uns die Voraussetzung erlaubt, daß jene beiden Mächte diese Teilnahme unsererseits würden durch die Zulassung Oesterreichs erkaufen wollen. Hätte darüber noch irgend ein Zweifel bei mir obwalten können, so hätte solcher bei den Aeußerungen des Grafen Matuschewicz, wie befriedigend diese übrigens in Bezug auf uns waren, doch völlig schwinden müssen.

Fragt es sich demnächst, welche Gründe für und wieder einen unsererseits zu nehmenden Anteil an einer schließlichen Vereinbarung inbetreff Griechenlands aus der Natur unserer eigenen Stellung herzunehmen sind, so muß die Lösung dieser Frage wenigstens als sehr zweifelhaft erscheinen. Unsere Stellung und unsere Verhältnisse lassen uns in dem gegenwärtigen Augenblicke nichts zu wünschen übrig und wir haben es, seitdem Preußens guter Stern, oder ich möchte sagen ein glücklicher Instinkt uns aus einem Vertrage herausgeholfen hat, welcher eine unerschöpfliche Quelle von Mißverständnissen, Verlegenheiten und Verwicklungen der schlimmsten Art geworden ist, auf die befriedigendste Weise erfahren, daß die wahre Kraft nur in der Freiheit, die höhere Wirksamkeit nur in der unbedingten Selbständigkeit liegt. Auch würde es uns umsoweniger anstehen, uns gegenwärtig um eine Zuziehung zu der schließlichen Ordnung einer Angelegenheit zu bewerben, in Bezug auf welche wir früher jede unmittelbare Mitwirkung verweigert haben, als wir, so weit wie die Verhandlungen bereits vorgeschritten sind, dadurch doch nur dem würden beitreten und zur Ausführung beitragen müssen, was ohne uns beraten und beschlossen worden ist. Endlich haben wir noch zu erwägen, daß der beabsichtigte definitive Vertrag leicht wird den kontrahirenden Mächten selbst Verbindlichkeiten auflegen können, welche uns bedenklich oder kompromittirend scheinen möchten und deren Umfang und Last sich im voraus nicht berechnen lassen. Dagegen werden wir, gleichwie wir uns von Anfang an haben angelegen sein lassen, zu der Erfüllung des Zweckes der Tripel-Allianz mitzuwirken, so weit unsere Stellung uns die Mittel dazu darbot, auch gar kein Bedenken tragen, die definitiven Beschlüsse der zur Erledigung einer Angelegenheit zunächst berufenen Mächte, bei welcher wir nicht unmittelbar beteiligt sind, anzuerkennen und, so weit von uns begehrt werden möchte, dazu beizutragen, die Ausführung derselben zu erleichtern. Eine ähnliche Absicht legt auch der österreichische Hof an den Tag, und sollten die drei Mächte auch, in gewohntem Mißtrauen, ein heimliches Widerstreben desselben besorgen zu müssen glauben, einem offenen Widerspruche werden sie gewiß in keiner Beziehung zu begegnen haben."*) — —

---

*) In seinem Immediatbericht an den König vom 9. Dezember 1829 sprach sich Bernstorff dem Könige gegenüber über die geplante Wiederaufrichtung der

Bernstorff an Schöler. Berlin, 31. Dezember 1829.*)
(Anläßlich des vom Zaren Nikolaus angeregten Ländertausches).

— „Ew. — haben es sehr richtig erkannt, daß die Frage, ob Se. Majestät unter irgend einer Bedingung geneigt sein möchten, in einen neuen Ländertausch oder irgend eine Verrückung der gegenwärtigen Grenzen Ihres Reiches zu willigen, den eigentlichen Brennpunkt der preußischen Politik berührt. Ew. — setzen sich der Gefahr eines Irrtums nicht aus, als Sie die Entscheidung dieser Frage mit völliger Bestimmtheit voraussahen. Se. Majestät haben Sich auch über diesen Punkt mit der größten Entschiedenheit gegen den Herrn General-Lieutenant von Müffling ausgesprochen. Hegten Allerhöchstdieselben auch nicht die feste Ueberzeugung, daß nur in der unbedingten Aufrechterhaltung des Besitzstandes, wie solcher aus der Epoche der Wiedergeburt Europas hervorgegangen ist, eine Gewähr für die Ruhe und den Frieden dieses Weltteils liegt, so würden sich bei Sr. Majestät doch immer Pflicht und Neigung in dem unerschütterlichen Entschlusse vereinigen, Sich nimmermehr von Landesteilen zu trennen, für deren Heil und Wohlfahrt Sie Opfer gebracht haben, deren Wirkungen bereits in reichlichem Maße hervorgetreten sind, und mit welchen Sie sich, fester als durch alle Verträge, durch ein Band der Liebe und des Vertrauens verbunden fühlen, welches jedes Jahr enger knüpft und für dessen Zerreißung Allerhöchstdieselben auch in den wesentlichsten materiellen Vorteilen keinen Ersatz zu finden glauben würden. In diesem Sinne habe ich mich bereits in meiner letzten Unterredung mit dem Grafen Matuschewicz sehr bestimmt ausgesprochen, und es wird unsererseits jede nicht gesuchte aber gegebene Veranlassung benutzt werden müssen, um dem russischen Hofe die Ueberzeugung zu gewähren, daß über

Allianz in demselben Sinne wie gegen Bülow aus (unter wörtlicher Wiederholung ganzer Stellen). Ueber die ihm seitens des Grafen Matuschewicz gemachten vertraulichen Mitteilungen schreibt Bernstorff): Diese Mitteilungen, wie Bülow berichtet, hätten gezeigt, wie von den drei Mächten in Bezug auf Griechenland noch kein festes Abkommen beschlossen worden sei, indem der Kurier, welcher das Ergebnis der unter Matuschewicz Teilnahme stattgefundenen Besprechungen habe nach London bringen sollen, Paris erst ungefähr gleichzeitig mit letzterem oder eben vorher verlassen habe. Einer neuen Protokoll-Vereinbarung könne mit Zuversicht entgegengesehen werden. Der Pforte werde ohne Verzug ein alternativer Vorschlag zugehen, Griechenland als unabhängiger Staat anerkannt, aber enger begrenzt werden. Von den Bewerbern um diese neue Krone habe der Prinz Leopold von Koburg am meisten Aussicht, welcher auch von den Griechen selbst schon entgegenkommende Anträge erhalten habe. Derselbe sei bereit, falls der Beschluß der Mächte ihn erwähle, den Grafen Kapodistrias an seiner Seite zu behalten. „Es sei die Absicht der drei Mächte", habe Matuschewicz hinzugefügt, „sobald ihre Anträge würden von beiden Parteien angenommen sein, sämtliche Bestimmungen in Bezug auf Griechenland in einen neuen förmlichen Vertrag zusammenzufassen und für diesen Vertrag demnächst den Beitritt oder die Anerkennung der übrigen europäischen Mächte nachzusuchen, um auf diesem Wege die neue, sowohl innere als äußere Gestaltung Griechenlands unter die allgemeine Garantie des Staatsrechtes treten zu lassen, wie sich solches aus den durch die europäischen Befreiungskriege unmittelbar herbeigeführten Verträge gebildet habe."

*) Siehe S. 250.

diesen Punkt der Entschluß des Königs unerschütterlich feststeht. Daß ein Streben der Franzosen aller Parteien nach Zurückgewinnung der Rheingrenze wirklich obwaltet, würde nicht mehr bezweifelt werden dürfen, auch wenn die Bestürzung derselben sich weniger unverhohlen ausgesprochen hätte, als ihnen überraschend schnell die Hoffnung schwand, aus den Verwicklungen im Orient ein Mittel zur Verwirklichung ihres Lieblingswunsches hervorgehen zu sehen. Wenn dagegen eine Ew. — sicher nicht unbekannt gebliebene Aeußerung des Kaisers Nikolaus hat die Besorgnis wecken können, daß dieser Monarch sich in einem Augenblicke, wo er das erste Bedürfnis seiner Politik darin sah, Frankreich auf einer dem russischen Interesse günstigen Bahn festzuhalten, für einen Plan dieser Art schon habe halb gewinnen lassen, so glaube ich noch hoffen zu dürfen, daß man Sr. kaiserlichen Majestät durch diese Voraussetzung Unrecht thun würde, und daß es mit jenem wohl nicht tief überlegten Worte nicht so ernsthaft gemeint gewesen sei. Ich wage es nicht, hier eine Meinung über die Fragen auszusprechen: ob das türkische Reich noch die Elemente eines selbständigen politischen Lebens in sich faßt, ob die Gefahr der Auflösung desselben als nahe drohend anzusehen ist, und welche Maßregeln für diesen Fall zu verabreden oder als wünschenswert anzusehen sein möchten? Denn die Lösung dieser Fragen liegt in dunkeln und verworrenen Verhältnissen, in welche die vielleicht nahe Zukunft allein Licht zu bringen vermag. Dürfte ich jedoch noch voraussetzen, wie ich es bisher gethan, daß es des russischen Hofes voller Ernst sei, seine kräftigten Bestrebungen auf den Fortbestand und die Erhaltung des ottomanischen Kaiserstaates richten, darin sich die Früchte seines kaum errungenen Friedens und Europa seine Ruhe erhalten und zu diesem Zwecke in Uebereinstimmung mit den Wünschen und Interessen der übrigen europäischen Mächte handeln zu wollen, so würde ich des Dafürhaltens sein, daß Europa noch eben keinen Grund habe, sich mit einer neuen und nahen Krisis bedroht zu glauben, und dann der hier von dem Grafen Matuschewicz geäußerten Meinung beizutreten geneigt sein, daß es weniger bedenklich sei, dem was eine unberechenbare Zukunft entwickeln wird, mit ruhiger Fassung entgegenzugehen, als gegenwärtig schon Fragen anzuregen und Erörterungen hervorzurufen, welche die gefürchtete Gefahr eher zu vermehren als abzuwenden geeignet sein möchten.

Nun hat mir zwar der vor einigen Tagen aus Rußland zurückgekehrte Freiherr von Humboldt manche Aeußerungen des Grafen von Nesselrode mitgeteilt, infolge deren es scheinen möchte, als ob der Herr Vize-Kanzler selbst über die Zukunft des türkischen Reiches eine sehr schwarze Ansicht hege oder, was ungleich schlimmer wäre, zu verbreiten wünsche. Ich glaube mir aber um so mehr noch die Hoffnung erlauben zu dürfen, daß jene Aeußerungen nur aus einem augenblicklichen Eindrucke hervorgegangen waren, als die Abreise des Herrn v. Humboldt von Petersburg gerade in einem Zeitpunkte stattgefunden hat, wo, wenn mich meine Berechnung nicht täuscht, höchst unbefriedigende Berichte aus Adrianopel ein gelaufen sein müssen, dieser Eindruck wird aber, so erlaube ich mir zu meiner Beruhigung weiter zu schließen, durch neuere Berichte bald und wesentlich gemildert worden sein.

Ew. — wird es nicht unbekannt geblieben sein, daß auch der Name des Herzogs Karl von Mecklenburg-Strelitz einen Platz auf der Liste der Kandidaten zur Krone des neuen griechischen Staats gefunden hat. Mir ist nicht recht klar geworden, von wo die erste Anregung dazu ausgegangen ist. Nur so viel kann ich Ew. — mit völliger Bestimmtheit sagen, daß des Königs Majestät jede förmliche oder offizielle Einwirkung zu gunsten Ihres Herrn Schwagers verweigert haben. Denn Allerhöchstdieselben sehen diese Angelegenheit als eine Ihrer Politik durchaus fremde an. Se. Majestät haben es zwar zugegeben, daß der Großherzog von Mecklenburg-Strelitz den Ausdruck seiner für seinen Bruder gehegten Wünsche hat durch den Herzog von Cumberland an den König von England gelangen lassen, allein Sie haben sich darin nur durch Ihr Wohlwollen für den Herzog Karl und durch die Ueberzeugung bestimmen lassen, daß derselbe die erforderlichen Eigenschaften wirklich besitze, und Sie haben überhaupt dieser Sache Ihre Teilnahme nur insofern gewidmet, als es sich dabei um ein bloßes Familieninteresse handelte. Die Idee, die Wahl der drei beratenden Mächte auf den Herzog Karl zu lenken, scheint bei dem russischen Hofe eher Unterstützung als Widerspruch gefunden zu haben. Doch liegt mir darüber nichts Bestimmtes oder ganz Zuverlässiges vor. Jedenfalls scheint für die Verwirklichung dieser Idee wenig Aussicht vorhanden zu sein."*) — —

1830.

Bernstorff an Schöler. Berlin, 13. Januar 1830.

Bernstorff über die von der englischen Regierung vorgeschlagene Garantie des Länderbesitzstandes der Pforte:

— — „Die englische Regierung hatte uns unlängst in ganz allgemeinen Ausdrücken, den Wunsch zu erkennen gegeben, daß die größeren europäischen Mächte Beratungen einleiten und Verabredungen treffen möchten, um in Bezug auf den Orient, neuen Krisen wie diejenige vorzubeugen, welche in dem Frieden von Adrianopel ihr Ziel gefunden hat. Aufgefordert, sich darüber näher zu erklären, hat diese Regierung sich uns gegenwärtig nachstehendermaßen eröffnet:

---

*) Bezüglich des Schicksals Griechenlands hatte sich Bernstorff schon in seiner Depesche an Maltzahn vom 17. Dezember geäußert: er erkenne die Gründe, die Metternich in seiner Depesche an Maltzahn zu gunsten eines unabhängigen Griechenlands entwickelt, an. Dies sei besser als dies Land unter der Suzeränetät der Pforte zu lassen, also in einem Zustand, der stets neue Keime der Zwietracht erzeugen müsse. Die Frage, ob ein freies Griechenland auch die Elemente zu seiner Weiterexistenz besitze, sei eine sekundäre. Jedenfalls müsse man die Interessen der Pforte von denen Griechenlands vollständig loslösen.

Der zwischen Rußland und der ottomanischen Pforte abgeschlossene Vertrag habe den Frieden im Oriente hergestellt und die nahe bedrohte Ruhe des übrigen Europas für den Augenblick gesichert. Auf die Erhaltung dieses Friedens und dieser Ruhe würden fortan die ersten Bestrebungen aller europäischen Höfe gerichtet sein müssen. Das türkische Reich sei so geschwächt in seinen Kräften und so zerrüttet in seinen innern Verhältnissen aus dem kaum beendigten Kampfe hervorgegangen, daß die Gefahr der gänzlichen Auflösung desselben schon jetzt als wirklich vorhanden und vielleicht nicht weit entfernt erkannt werden müsse. Dieser Gefahr auf eine wirksame Weise zu begegnen gebe es, ihres Erachtens, nur das einzige Mittel einer Garantie, durch welche der ottomanischen Regierung die ungestörte Erhaltung ihres Besitzstandes nach dessen gegenwärtiger Begrenzung gesichert werde, sei es, daß diese Garantie, nach dem Grundsatze einer billigen Gegenseitigkeit, von denselben Mächten übernommen werde, welche das befreite Griechenland unter ihren Schutz gestellt hätten, sei es, daß auch die andern größeren Mächte Europas sich möchten geneigt finden lassen, sich dieser Garantie mit zu unterziehen und dadurch eine Lücke in den Bestimmungen der Wiener Kongreßakte zu füllen. Sie, die englische Regierung, trage jedoch Bedenken, mit dem Vorschlage einer solchen Garantie hervorzutreten, weil sie besorge, daß ein solcher dem russischen Hofe vielleicht insofern anstößig sein möchte, als derselbe dadurch zu der Voraussetzung verleitet werden könnte, daß man das ottomanische Reich gegen künftige, demselben von Rußland her drohende Gefahren sichern wolle. Dahin gehe jedoch ihre Absicht keineswegs und um so weniger als man Rußland gegenwärtig in seinem Verhältnisse zu der Türkei als zufriedengestellt ansehen dürfe, und als die oft wiederholte Versicherung des russischen Hofes, daß auch er die fernere Erhaltung dieses Reiches lebhaft und entschieden wünsche und dazu kräftigst beizutragen sich zur Pflicht machen werde, gewiß vollen und unbedingten Glauben verdiene. Doch sei bei einem so ungemein zarten Gegenstande, die bloße Möglichkeit einer Mißdeutung schon hinreichend dafür, daß sie glaube, sich jeder Initiative darüber enthalten zu müssen. Sie wolle sich daher auf die Hoffnung beschränken, daß diese werde von einer andern Seite her ergriffen werden. Und sollte der russische Hof, wie sie sich dessen schmeicheln zu dürfen glaube, ihre Ansichten und ihre Besorgnisse teilen, so würde ihr als bei weitem das erwünschteste und genugthuendste vor allem erscheinen, daß der Vorschlag einer solchen Garantie von diesem Hofe selbst ausgehe.

So weit die englische Regierung. Ob dieselbe durch diese Eröffnung hat eine unsererseits einzuleitende Vermittlung zu Erfüllung ihrer Wünsche hervorrufen, oder uns veranlassen wollen, uns, in Bezug auf diesen Gegenstand wie aus eigenem Antriebe, gegen den kaiserlich russischen Hof auszusprechen, ist mir nicht klar geworden. Zu der Erfüllung des letzten Ansinnens würden wir uns unter keiner Bedingung verstanden haben. Denn wir würden dadurch einerseits das Ansehen eines Eindrängens in Verhältnisse gewinnen, bei welchen wir nur sehr mittelbar beteiligt sind und welche uns noch als viel zu problematisch erscheinen, als daß wir darüber schon irgend ein Urteil wagen möchten, andererseits aber auch von der unbedingten Offenheit abweichen, welche wir in unser Verhältnis zu einem innig befreundeten Hofe und in unseren Mitteilungen an denselben zu bringen gewohnt sind. Wir glauben uns daher darauf beschränken zu müssen, den kaiserlich russischen Hof, im engsten Vertrauen, von dem Gegenstande und dem Inhalte der an uns gelangten Eröffnung in vollständige Kenntnis zu setzen und denselben zu bitten, uns, auf dieselbe vertrauliche Weise, zu erkennen geben zu wollen, ob und in wie weit es in seinen Wünschen liege, daß wir über den in Rede stehenden Gegenstand irgend eine Rückäußerung an die englische Regierung gelangen lassen.

Ew. — ersuche ich, sich in diesem Sinne, jedoch nur in mündlicher und ganz vertraulicher Form gegen den Herrn Vize-Kanzler Grafen von Nesselrode äußern und demnächst über das Ergebnis Ihrer Unterredungen mit demselben, inbetreff dieses Gegenstandes Bericht erstatten zu wollen." — —

Bernstorff an Bülow. Berlin, 7. Februar 1830.

Es habe sich für Schöler bereits eine Gelegenheit dargeboten, sich gegen das russische Ministerium in dem Sinne des ihm erteilten Auftrages (inbetreff der von England gewünschten Garantie) zu äußern. Diese Idee hat aber bei dem russischen Vize-Kanzler keinen sonderlichen Eingang gefunden.

— — „Derselbe (Nesselrode) hat auf die Bemerkungen des Königl. Gesandten erwidert, daß die neuesten Berichte aus Konstantinopel weit mehr Beruhigung über den innern Zustand des türkischen Reichs gewährten, daß auch das Benehmen der türkischen Regierung angefangen habe weit vernünftiger und den Umständen angemessener zu sein, daß nur auf diesem Wege Sicherheit und eine Gewähr für die Erhaltung der Ruhe und des Friedens zu erlangen seien, daß die übrigen Mächte Europas die Auflösung des ottomanischen Reiches, insofern solche aus innerer Schwäche und Unhaltbarkeit hervorgehen sollte, zu verhindern nicht vermögen würden, daß daher ihre Garantie von der einen Seite unfruchtbar bleiben, von der andern aber vielleicht das Uebel, dem man vorbeugen wolle, nur beschleunigen möchte, und daß jedenfalls von einer auf eine solche Garantie gerichteten Vereinbarung füglich nicht die Rede sein könne, so lange noch eine so wesentliche Frage, als die einer gänzlichen Losreißung Griechenlands von der Pforte nicht definitiv gelöst worden sei. Aus dieser Antwort, welche Ew. — auf ganz vertraulichem Wege zur Kenntnis des Lords Aberdeen zu bringen haben werden, scheint entnommen werden zu können, daß die russische Regierung zwar wirklich die Gefahr neuer von Osten her einbrechender Stürme als wesentlich vermindert ansieht, daß sie aber auch nicht nur überhaupt ihr Verhältnis zur ottomanischen Pforte von jedem fremden Einflusse nach Möglichkeit frei zu halten trachtet, sondern auch vorzugsweise darauf Bedacht nehmen zu müssen glaubt, sich in keiner Beziehung die Hände zu binden, so lange dieses Verhältnis nicht durch die bevorstehende Unterhandlung über die Ausführung oder die Modifikation des Vertrages von Adrianopel definitiv festgestellt sein wird. Ich muß übrigens bemerken, daß die obstehende Antwort des Herrn Grafen von Nesselrode eine blos vorläufige ist, indem dieser Minister sich eine nähere Erklärung vorbehalten hat, nachdem er dem Kaiser werde über diesen Gegenstand Bericht erstattet und die Befehle seiner Majestät eingeholt haben." — —

Personenregister.

(Die Zahlen bedeuten die Seitenzahlen. — Von S. 239 an beginnen die Urkunden).

A.

Aberdeen. 106, 157, 184, 185, 186, 187, 195, 197, 202, 203, 204, 220, 227, 403—405, 408, 409, 410, 411, 412, 416, 417, 418, 423, 430.

Albrecht, Geh. Kabinetsrath. 69, 98, 99, 171, 258, 278—279, 301, 312, 319, 320, 390, 399.

Alexander I., Kaiser von Rußland. 2, 3, 11, 12—14, 17, 19—22, 25, 26 —28, 31, 33, 35, 37, 38, 43, 44, 48, 151, 239, 240—242, 244, 245, 252 —254, 256—259, 260, 261, 331, 339.

Ancillon. 6, 8, 9, 45, 55, 80, 177, 178, 189, 195, 196, 200, 201, 203, 205, 206, 224, 226, 402, 406, 407, 408, 411.

Alopeus. 3, 7, 12, 13, 27, 65, 77, 94, 111, 115, 131, 163, 228, 242, 244, 268, 273, 277, 299, 305, 308, 310, 325, 329, 330, 345, 346, 354, 367, 372, 392, 394.

Arnim, v. 183, 184, 199, 200, 201, 209, 410.

Apponnyi. 142. 283. 410.

B.

Bernstorff, Christian, Günther, Graf v. 4—9, 11—18, 20—21, 23—26, 34 —35, 36—37, 39, 44, 49—58, 60—65, 67—71, 74—76, 78, 80, 82, 86—90, 92, 96—100, 101—105, 107—115, 118—120, 122—125, 127—130, 137 —142, 144—145, 148—153, 154 —158, 160—163, 172, 175—176, 178—179, 183, 185, 187, 189, 195, 198, 215, 218, 220, 221—236, 242 —247, 252—260, 266, 270—288, 291—301, 303, 305, 306, 308, 309 —312, 316—317, 319—329, 330 —336, 338, 340—342, 346—347, 350, 354—366, 370—375, 377—382, 387—394, 398—400, 401, 404, 423 —431.

Bernstorff, Elise, Gräfin v. 4, 8, 235.

Benckendorff, General v. 177, 178.

Blacas, Herzog v. 198.

Blome, Graf. 306.

Blücher. 4.

Bombelles, Graf. 43.

Brockhausen, v. 188, 195, 406.

Bülow, v. 67, 73, 74, 80, 101, 103, 105—109, 124—129, 136, 152, 156, 157, 184—187, 191, 192, 194—196, 197, 202—204, 220, 225, 226—229, 231—277, 279, 283, 284, 291—293, 305, 326, 327, 328, 329, 335, 348, 353, 355, 356—360, 362, 364, 365, 387—388, 390, 403—404, 405—410, 411, 412, 413, 415, 424, 425, 430.

Puturlin, General v. 181.

Byron, Lord. 38.

C.

Canning. 21, 25, 29, 37, 45, 48, 51 —56, 59—68, 74, 79, 80, 81—83, 251, 265, 266, 268, 283, 284, 290, 291, 296, 298, 305, 309.

Codrington. 130.

Cumberland, Herzog v. 231.

Chosrew Pascha. 124.

D.

Damas. 26, 51, 52, 54, 55, 56, 59, 60, 61, 64, 65, 100, 272, 278, 283.
Diebitsch. 121, 168, 178, 180, 181 —184, 187, 190, 191, 195, 205, 207, 208, 210, 211, 212—216, 217, 226, 227, 397, 406, 409, 415—417, 419.
Dieskau, Major v. 360.
Dudley. 84, 106—108, 125, 126, 157, 325, 340—342, 348, 350, 353, 416.

E.

Eichhorn. 90.
Einbeck, Rittmeister v. 205, 206, 418, 422.
Esterházy. 84, 85, 105—109, 138, 142, 143, 157, 158, 184, 196, 283, 353, 355—358, 359, 407, 408, 409.

F.

Franz I., Kaiser von Oesterreich. 173, 22, 83, 136, 165, 174, 223, 339, 372.
Ferdinand, König v. Spanien. 20.
Ficquelmont, Graf. 143, 144, 207.
Friedrich Wilhelm III., König von Preußen. 4, 6—9, 12, 20, 34, 35, 43, 45, 58, 63, 67—69, 70, 71, 73, 77, 83, 84, 87, 91, 93, 97, 98, 107, 111, 114, 119, 141, 142, 144, 150, 160, 171, 173, 174, 176, 179, 186, 226, 233, 235, 242, 244, 247, 250, 251, 252, 258, 260, 261, 263, 270, 271—273, 276, 277, 279, 280, 285, 286, 287, 288, 291, 292—294, 295 —298, 299—303, 305—311, 312, 314, 316, 317, 320—322, 326, 329—335, 340, 344, 346, 348, 350, 353, 370 —373, 377, 382, 383, 384, 390, 392, 393, 394, 395—399, 401—403, 412, 415—418, 421, 428.
Friedrich, Prinz der Niederlande. 155, 231, 386, 397.

G.

Galen, Graf. 191, 194, 366, 367.
Georg IV., König von England. 231.
Gentz, Friedrich v. 2.
Gordon. 186, 194, 195, 198, 202, 208, 211, 404, 405, 415.
Goderich, Lord. 80, 84.
Granville. 54, 128.
Guilleminot, General v. 32, 100, 202, 211, 213, 216, 248, 249, 412.
Gustav, Prinz v. Schweden. 155, 386, 397.

H.

Hardenberg. 1, 6.
Hatzfeld, Fürst. 53, 76, 90, 104, 105, 138, 140, 245, 265.
Heil, Feldjäger. 306.
Heyden, Graf. 148.
Heytesbury, Lord. 134, 148, 158, 164, 193, 194, 197, 207, 220, 221, 369, 386, 396, 397, 408, 410, 419, 420.
Humboldt, Wilhelm. v. 427.
Hussein Pascha. 124.
Hussisson. 106.

J.

Ibrahim Pascha. 78, 125, 130.

K.

Kaiserfeld, v. 143.
Kanitz, v. 89, 118, 122, 123, 137, 162, 327, 355, 356, 360, 361, 364, 400.
Kapodistrias. 3, 8, 10, 18, 231, 239, 385, 386, 426.
Karl, Prinz von Bayern. 231.
Karl v. Mecklenburg-Strelitz. 231, 428.
Karl, Prinz von Preußen. 351.
Karl X., König von Frankreich. 25, 197—199, 397, 409.
Kisselef, General Graf. 133.
Kolowrat, Graf. 136.
Konstantin, Großfürst. 17, 40, 43.
Kornilowitsch, Kapitän. 13.
Kotschubey. 122, 209.
Krusemark, Graf. 16.
Küster, v. 25, 26, 28, 30, 31, 33, 34, 36, 37, 75—77, 79—81, 119, 120, 122, 128, 131—133, 148, 160, 161, 165—169, 181, 214, 246—255, 257 —258, 301—309, 360, 361, 363, 366, 375, 376, 382—387.

L.

La Ferronays. 28, 30, 31, 32, 45, 50, 76, 101, 105, 124—130, 147, 149, 151, 152, 183, 249, 250—252, 260 —261, 303, 306, 371, 380.
Lebzeltern, v. 29, 31, 33, 43, 46.
Leopold von Koburg. 155, 231, 386, 397, 425.
Liewen, Fürst. 30, 115, 153, 157, 197, 268, 271, 276, 305, 324, 355, 356, 358, 392, 393, 410, 421.
Londonderry. 21.
Lottum, Graf. 52, 84, 85, 101, 102, 255, 258.
Ludwig XVIII. 199.

M.

Mahmud, Sultan. 57, 78, 79, 100, 146, 180, 194, 213, 214, 216, 217, 405, 412.
Maltzahn, v. 45, 82, 86—90, 96, 102, 136, 139, 140, 142, 165, 163, 189, 223, 224, 226, 227, 229, 279, 311, 312, 388—390, 324, 325, 327, 385, 428.
Martignac. 104, 130, 156, 197, 200.
Matuschewicz, Graf. 158, 159, 247, 424, 426, 427.
Mehemet Ali. 78.
Metternich. 2, 5, 8, 9, 16, 19, 22, 24, 27, 29, 35, 43, 44, 46, 47, 53, 54, 58, 62, 64, 65, 67, 71, 76, 79, 80, 82—89, 96, 135—145, 156, 165, 170, 176, 188—190, 196, 223, 224, 225, 227, 229, 231, 232, 242, 249, 253, 254, 260, 266, 280, 285, 313, 314, 315, 353, 359, 360, 364, 381, 383, 388, 390, 397—399, 406, 407.
Miltitz, v. 71, 72, 74, 77, 78, 84, 98, 99, 118, 162, 282, 287, 295, 312, 317—320, 327, 355, 364.
Molière, Rittmeister v. 120.
Mortemart, Herzog v. 147, 148, 163, 207, 420.
Motz. 90.
Müffling. 119, 177, 178, 179, 180, 183, 184, 186, 188, 190, 195, 197, 201, 202, 206, 208, 209, 223, 402, 403, 406, 409, 410, 413—415, 426.
Münster, Graf. 353.

N.

Naval, Graf. 43.
Neumann, v. 109, 196, 407, 408.
Nesselrode. 3, 8, 10—12, 18, 24, 27, 28—36, 43, 46, 50, 56, 61, 65, 77, 79, 80, 92, 93, 111, 115, 131, 143, 148, 153, 154, 161—163, 170, 178, 179, 206, 207—209, 228, 229, 249, 251, 252, 260, 262, 264, 282, 286, 289, 290, 301, 302, 306, 307, 308—310, 315, 320, 330, 337, 345, 347, 354, 360—362, 366—370, 372, 375, 376, 382, 392, 395—398, 401, 410, 413, 424, 427, 431.
Nikolaus I., Kaiser von Rußland. 40, 42—44, 46—50, 52—54, 56, 57, 66, 68—70, 77, 78, 80, 87, 93, 102, 104, 107, 108, 111, 113, 117, 118, 119, 121, 123, 125—128, 133, 143, 149,

151, 154, 159—161, 164—167, 169 —171, 173, 174, 176, 177, 179, 186, 187, 192, 209, 210, 212, 213, 221, 225, 229, 233, 259—265, 268, 274 —276, 286, 288—291, 297—302, 313—315, 327, 328, 330, 331, 336 —339, 343—347, 351—354, 357 —360, 362, 363, 364, 367, 372, 381 —387, 389, 392, 395—397, 401—403, 406, 407, 412, 417, 419, 421, 422, 424.
Nostitz, Graf. 120, 160, 161, 171, 360, 361.

O.

Ottenfels, v. 71, 99, 212, 224, 246, 248, 261, 312, 360, 407.

P.

Palmerston. 106.
Pascha von Scodra. 213, 214.
Paskewitsch. 116, 169, 205, 210.
Peel. 80, 90, 106, 408.
Philipp von Hessen-Homburg. 155, 231, 386, 397, 425.
Polignac. 103, 126, 128, 129, 130, 151, 156, 157, 183, 184, 187, 193, 197, 198—207, 225, 231, 283, 405, 409—412, 415, 424.
Portalis. 183.
Pozzo di Borgo. 127, 283, 370.
Priest, St. Graf. 63, 272, 273.

R.

Raynal. 130.
Reichstadt, Herzog v. 136.
Reïs Effendi. 211, 213, 217, 319, 391.
Ribeaupierre. 65, 71, 72, 282.
Roth, Sir. 192, 408, 412.
Roth, General v. 190.
Roeder, General v. 421.
Royer, v. 162, 171, 177, 178, 195, 208, 215, 230, 361, 415.

S.

Sacken, Graf von der Osten. 169.
Schladen, Graf. 245, 246.
Schöler, v. 9, 11—16, 18, 20, 23, 24, 38, 41, 44, 46, 47—48, 49, 50, 54, 56, 57, 61, 62, 66, 67, 69, 92, 93, 94—97, 109, 111, 112, 115—119, 123, 143—145, 155, 158, 159, 169, 170—173, 180—182, 205—210, 220 —222, 228, 233, 234, 239—242, 260

—265, 266—268, 277, 278, 281, 282, 285, 286, 288, 291, 313—315, 322, 325, 326, 329—330, 336—340, 344—346, 350—353, 391, 395—401, 413—423, 426—428, 430.
Seymour. 186.
Speransky. 122.
Strangford. 74, 259.
Stratford Canning. 194, 250—251, 282.
Stroganoff. 11, 122, 337.
Stuart de Rothsay, Lord. 184, 197, 408, 409.

T.

Tatitscheff. 18, 19, 140—141, 273, 337, 385, 388.
Temple, William. 51, 265.
Thun, Major v. 226, 314, 315.
Toll, General. 181.
Trauttmannsdorff, Graf. 88, 188, 224, 313.
Trubetzkoy. 43.
Tschernitscheff. 122.

V.

Villèle. 20, 60, 103, 381.

W.

Wellington. 45—49, 103, 105—108, 124—129, 139—140, 143, 147, 148, 151, 156—159, 164—166, 176, 184—187, 192, 193, 195—197, 202, 203, 226, 231, 232, 260—262, 325, 326, 353, 355—359, 378, 381, 384, 404—411.
Werner, v. 85, 86, 88.
Werther, v. 51, 53, 55, 59, 60, 63, 64, 100, 125, 127—129, 138, 147, 149, 150, 152, 198, 277, 278, 283, 284, 354, 365, 374, 383, 390.
Wilhelm, Prinz v. Preußen. 50, 92, 93, 94, 95, 96, 101, 314, 326, 330, 336, 337.
Wilhelm von Baden, Markgraf. 231.
Wittgenstein, Feldmarschall Graf. 133, 168, 169.
Witzleben, General v. 112, 171, 341, 397.

Y.

Ypsilanti, Alexander. 1, 3.

Z.

Zichy, Graf. 258, 279, 351.
Ziethen, General Graf. 314.

Inhaltsübersicht.

Erstes Kapitel. Der Laibacher Kongreß und die griechische Erhebung von 1821. — Einigkeit Rußlands, Oesterreichs und Preußens. — Rußlands wachsende Sympathien für die Griechen. — Bernstorff und sein System der auswärtigen Politik. — Bernstorffs Verhältnis zur griechischen Frage. — Kapodistrias steigender Einfluß am russischen Hofe. — Der Zar. — Kriegsstimmung in Rußland. — Das russische Ultimatum. — Rußlands Bewerbungen um Preußen. — Antwort des Berliner Kabinets. — Das preußisch russische Protokoll. — . . 1—16

Zweites Kapitel. Die Ursachen der plötzlichen friedlichen Stimmung Rußlands. — England und Oesterreich. — Tatitscheffs Sendung nach Wien. — Kaiser Alexanders Nachgiebigkeit und der Triumph der russischen Friedenspartei. — Der Kongreß von Verona. — Londonderrys Tod. — Cannings Orientpolitik. — Kaiser Alexanders Vorschlag an Preußen zur Teilnahme an den Beratungen der Großmächte. — Die Petersburger Konferenzen und ihre Folgen. — Kaiser Alexanders Tod. — . . . . 17—39

Drittes Kapitel. Wirren in Rußland. — Der Aufstand der Detabristen und die russische Bevölkerung, Oesterreich und die Thronfolge in Rußland. — Kaiser Nikolaus. — Preußen und die große Allianz. — Annäherung Rußlands und Englands. — Wellington in Berlin. — Der Zar und die griechischen Revolutionäre. — Das erste russische Ultimatum. — Bernstorff und Canning. — Umstimmung Frankreichs, Englands und Oesterreichs durch Preußen. — Die Unterhandlungen von Ackermann. — Metternichs Intrigen. — Der Fall Miffolunghis. — Das zweite russische Ultimatum. — . . . . 40—58

Viertes Kapitel. Cannings Reise nach Paris. Erste Schritte zur Annäherung Englands, Frankreichs und Rußlands. — Bernstorff und seine Auffassung der Allianz. — Frankreichs und Rußlands Anträge und das preußische Kabinet. — Englands Abneigung gegen die Teilnahme der beiden Großmächte am Traktate. — Die preußische Erklärung und Rußland. — Kundgebungen in der Presse auf Wunsch des Königs. — Preußen nimmt an der diplomatischen Aktion in Konstantinopel teil. — . . . . 59—72

Fünftes Kapitel. Verstimmungen in Paris, Petersburg und London über die Ablehnung der französisch-russischen Vorschläge. — Küster. — Der Traktat der drei Mächte. — Cannings Tod und das Berliner Kabinet. — Metternichs Hoffnungen auf Preußen. — Navarino. — Bernstorff und die Anträge Metternichs. — Oesterreichische Zustände. — Russische und österreichische Partei in Berlin. — Ausgleichende Politik des Königs. — Haß des russischen Chauvinismus gegen Preußen. — Sendung des Prinzen Wilhelm nach Petersburg. — Ein österreichisch-russisches Bündnis? — Kundgebungen des Berliner Hofes über die preußische Orientpolitik. — . . . . 72—99

— 437 —

Seite

Sechstes Kapitel. Preußen im Prinzip für das Recht Rußlands auf Selbsthilfe. — Wellington und Bülow. — Englische Bündnisphantasien. — Bernstorff und die Idee einer völlig neuen Vereinbarung der fünf Mächte. — Scheitern des Planes in Petersburg. — Neue Werbungen Rußlands um Preußen. — Bernstorffs Ablehnung der russischen Vorschläge. — Die preußische Zirkulardepesche vom 10. April 1828 und ihre Aufnahme in Rußland. — Schöler sucht über die Tragweite der russischen Pläne zu beruhigen. — Sein Bericht über die russische Armee. — Die russische Kriegserklärung. — Miltitz und Kanitz. — Preußische Vertreter im Feldlager. — . . . . 100—120

Siebentes Kapitel. Geringe Fortschritte der Russen im Felde. — Differenzen zwischen den Traktatmächten über die Besetzung der Moldau und Wallachei. — Bernstorff unterstützt Frankreichs Vorschläge in London. — Wirkung der preußischen Zirkulardepesche auf das englische Kabinet. — Bülow dringt auf die Wiederaufnahme der Londoner Konferenzen. — Entgegenkommen des Zaren gegen England. — Nachgiebigkeit Wellingtons aus Furcht vor einer französisch-russischen Verständigung. — Eintracht des französischen und des preußischen Kabinets. — Die Franzosen in Morea. — Neue Anstrengungen der Russen. — Kriegstüchtigkeit der Türken. — Elend im russischen Heere. — . . . . 121—134

Achtes Kapitel. Verschlechterung der österreichisch-russischen Beziehungen. — Oesterreichische Kriegsrüstungen. — Die österreichische Kriegspartei. — Metternichs Friedensliebe. — Das Wiener Kabinet und die preußische Zirkulardepesche. — Metternichs Projekt der „Intervention der vier Staaten". — Bernstorffs Verwahrung gegen den angeblichen Beitritt Preußens zu diesem Bunde. — Rußland fordert von Oesterreich Aufklärungen. — Metternichs Abläugnung und das preußische Kabinet. — Bernstorffs Wunsch, Oesterreich und Rußland zur Versöhnung zu mahnen, und Schölers Widerspruch. — . . . . 135—145

Neuntes Kapitel. Trotz des Sultans — Plan der Besetzung Attikas durch die Franzosen. — England und die Vorschläge von La Ferronnays. — Die Dardanellenblokade. — Rußlands Nachgiebigkeit. — Neue Annäherungsversuche Frankreichs an Preußen. — Das Novemberprotokoll. — Ersuchen Rußlands um eine Kundgebung Preußens gegen jede Dazwischenkunft anderer Mächte. — Das Märzprotokoll. — Kriegerische Stimmung in England. — Metternichs Plan einer Trias (England, Frankreich, Oesterreich). — Zunehmende Verstimmung zwischen Rußland und England. — . 146—159

Zehntes Kapitel. Vorgeschichte der preußischen Intervention. — Die Zustände in der russischen Armee. — Letzter Appell des Zaren an Preußen. — Russisches Mißtrauen. — Schwierige Stellung Schölers. — . . . . 160—172

Elftes Kapitel. Andeutungen über die Reise des Zaren. — Russische Friedensbedingungen. — Bernstorffs Denkschrift über die Lage. — Die Zusammenkunft der Fürsten. — Die Verhandlungen über Müfflings Sendung und die preußische Zirkular-Depesche. — Diebitsch und die russische Armee. — Die Schlacht von Kulewtscha. — Bülows Ermahnungen an die englische Regierung. — Der Eindruck der Schlacht und der Sendung Müfflings auf die Kabinete. — Metternich und die Maßregeln Rußlands in der Moldau und Wallachei. — Russische Chauvinisten. — Krankheiten im russischen Heere . . . . 173—192

Zwölftes Kapitel. Wellingtons Pläne. — Britische Eifersucht auf Rußland. — Bülows Versuche, die englische Regierung zum Ein-

treten für Müffling zu bewegen. — Oesterreich, England und das
Kabinet Polignac. — Erfolge Bülows in London. — . . . . 192—204
Dreizehntes Kapitel. Neue Intrigen der russischen Chauvinisten. —
Mahnung Preußens an Rußland, es möge England beschwichtigen.
— Rußland behandelt die Vertreter der Mächte „dilatorisch".
— Weitere Nachrichten über die Pest im russischen Heere. —
Müfflings und Royers Eingreifen. — Der Frieden von Adrianopel.
— Bernstorff und Müffling . . . . 205—218
Vierzehntes Kapitel. Die russischen Friedensbedingungen und die
englische und österreichische Diplomatie. — Bernstorff über die
Wiederherstellung der großen Allianz. — Das preußische Kabinet
und die Lügen über Müfflings Sendung. — Bernstorff und der
geplante Garantietraktat zu gunsten des neuen griechischen Staates.
— Die griechische Unabhängigkeitserklärung und die einzelnen
Mächte. — Griechische Thronkandidaten. — Rückblick auf die
preußische Orientpolitik. — Bernstorffs deutsche Gesinnung. —
Schluß. — . . . . 219—236

Uebersicht über die Urkunden-Beilagen.

(Akten des Königl. Geheimen Staats-Archives zu Berlin):*)

1821.

Aus dem politischen Teil der Unterredung zwischen Kaiser Alexander
und Schöler vom 30. (12.) November 1821 . . . . 239—242

1822.

Immediatbericht Bernstorffs an den König vom 10. März 1822 . . 242—244
Aus dem Immediatbericht Bernstorffs an den König. Berlin, 6. Juni
1822 . . . . 244—246

1825.

Aus einem eigenhändigen Schreiben Küsters an Bernstorff. Peters-
burg, 18. (6.) März 1825 (vertraulich) . . . . 246—247
Aus dem Bericht Küsters an den König: No. 30. Petersburg,
15. (3.) April 1825 . . . . 247—250
Aus dem Bericht Küsters an den König. Petersburg, 18. (6.) April 1825 250—251
Postskriptum zu Bericht Küsters an den König: Nr. 34. Petersburg,
29. (17.) April 1825 . . . . 251—252
Immediatbericht Bernstorffs an den König. Berlin, 15. Juni 1825 252—254
Lottum an Bernstorff (Denkschrift). Berlin, 24. Juni 1825 . . . 255
Antwort Bernstorffs an Lottum. Berlin, 26. Juni 1825 . . . . 255—257
Aus der „Geheimen Instruktion" für Küster vom 27. Juni 1825 . 257—258
Aus dem Kabinetschreiben (Albrecht) an Bernstorff. Potsdam, 28. Juni
1825 258

1826.

Immediatbericht Bernstorffs an den König. Berlin, 13. Januar 1826 258—260
Aus dem Bericht Schölers an den König. Petersburg, 20. (8.) März
1826 . . . . 260—261

*) Nur die meisten Immediatberichte Bernstorffs an den König sind voll-
ständig abgedruckt, die übrigen Aktenstücke sämtlich auszugsweise.

	Seite
Aus dem Bericht Schölers an den König: Nr. 28. Petersburg, 26. (14.) März 1826	261—262
Aus dem Bericht Schölers an den König: Nr. 32. Petersburg, 6. April (25. März) 1826	263—265
Immediatbericht Bernstorffs an den König. Berlin, 20. Nov. 1826	265—268
Immediatbericht Bernstorffs an den König. Berlin, 21. Dez. 1826	268—271

1827.

Immediatbericht Bernstorffs an den König. Berlin, 11. Januar 1827	271—273
Immediatbericht Bernstorffs an den König. Berlin, 14. Februar 1827	273—277
Bernstorff an Schöler. Berlin, 23. Februar 1827	277—278
Aus einem eigenhändigen Schreiben Schölers an Bernstorff. Petersburg, 5. März 1827	278
Aus dem Kabinetschreiben (Albrecht) an Bernstorff. Berlin, 13. März 1827	278—279
Aus der Antwort Bernstorffs (an Albrecht) auf das Kabinetsschreiben vom 13. März. Berlin, 13. März 1827	279
Immediatbericht Bernstorffs an den König. Berlin, 29. März 1827	279—281
Bernstorff an Schöler. Berlin, 11. April 1827	281—282
Aus dem eigenhändigen Schreiben Bülows an Bernstorff. Paris, 13. April 1827	283—284
Bernstorff an Schöler. Berlin, 28. April 1827	284—285
Immediatbericht Bernstorffs an den König. Berlin, 12. Mai 1827	285—288
Aus dem Bericht Schölers an den König: Nr. 32. Petersburg, 15. (3.) Mai 1827	288—291
Aus einem eigenhändigen Schreiben Bülows an Bernstorff. London, 8. Juni 1827	291—292
Immediatbericht Bernstorffs an den König. Berlin, 10. Juni 1827	292—301
Aus dem Kabinetschreiben (Albrecht) an Bernstorff. Potsdam, 14. Juni 1827	301
Aus dem Bericht Küsters an den König: Nr. 35. Petersburg, 20. (8.) Juni 1827	301—302
Aus dem Bericht Küsters an den König: Nr. 36. Petersburg, 20. (8.) Juni 1827	303
Bernstorff an Küster. Berlin, 20. Juni 1827	303—304
Aus einem eigenhändigen Schreiben Bülows an Bernstorff. London, 28. Juni 1827	305
Aus dem Bericht Küsters an den König: Nr. 39. Petersburg, 15. (3.) Juli 1827	305—309
Immediatbericht Bernstorffs an den König. Berlin, 24. Juli 1827	309—310
Immediatbericht Bernstorffs an den König. Berlin, 1. Dezember 1827	310—311
Bernstorff an Maltzahn. Berlin, 9. Dezember 1827	311—312
Aus dem Kabinetschreiben (Albrecht) an Bernstorff. Berlin, 26. Dez. 1827	312
Bernstorff an Albrecht (Antwort auf das Kabinetschreiben). Berlin, 26. Dezember 1827	312—313
Schölers Denkschrift (Belag Nr. 1 zu Nr. 1). Petersburg, 28. (13.) Dez. 1827	313—315

1828.

Aus der Kabinetsordre (an Bernstorff) vom 3. Januar 1828	316
Aus der Kabinetsordre (an Bernstorff) vom 7. Januar 1828	316
Aus dem Immediatbericht Bernstorffs. Berlin, 8. Januar 1828	316—317
Entwurf zu einem Zeitungsartikel (Einleitung zur Publikation der dem preußischen Gesandten erteilten Instruktion vom 17. August 1827)	317

	Seite
Uebersetzung einer dem Dollmetscher der königl. preußischen Gesandtschaft unter dem 17. August 1827 erteilten Instruktion	317—319
Aus dem Kabinetschreiben (Albrecht) an Bernstorff. Berlin, 19. Jan. 1828	322
	319—320
Bernstorff an Albrecht (Antwort auf das Kabinetschreiben vom 19. Jan.). Berlin, 20. Januar 1828	320
Immediatbericht Bernstorffs an den König. Berlin, 20. Januar 1828	320—322
Aus der Kabinetsordre (an Bernstorff) vom 25. Januar 1828	
Bernstorff an Schöler (Instruktion). Berlin, 31. Januar 1828	322—324
Bernstorff an Maltzahn. Berlin, 28. Januar 1828	324—325
Bernstorff an Schöler. Berlin, 3. Februar 1828	325—326
Bernstorff an Bülow. Berlin, 9. Februar 1828	326—327
Bernstorff an Maltzahn. Berlin, 13. Februar 1828	327—328
Bernstorff an Bülow. Berlin, 21. Februar 1828	328—329
Aus dem Bericht Schölers an den König: Nr. III. Petersburg, 21. (9.) Februar 1828	329—330
Denkschrift Bernstorffs dem Könige eingereicht. Berlin, 4. März 1828	330—335
Bernstorff an Bülow. Berlin, 23. März 1828	335—336
Schöler an Bernstorff. Petersburg, 3. April (22. März) 1828	336—338
Schöler an Bernstorff. Petersburg, 13. (1.) April 1828	338—340
Verhandlungen über die preußische Zirkulardepesche vom 10. April 1828	340—344
Immediatbericht Bernstorffs an den König. Berlin, 8. April 1828	340—341
Aus dem Kabinetschreiben (Witzleben) an Bernstorff. Potsdam, 8. April 1828	341
Aus dem Kabinetschreiben (Witzleben) an Bernstorff. Potsdam, 9. April 1828	341—342
Immediatbericht Bernstorffs an den König. Berlin, 10. April 1828	342
Aus der preußischen Zirkulardepesche vom 10. April 1828	342—343
Brief des Königs an den Zaren. Berlin, 12. April 1828	343—344
Aus dem Bericht Schölers an den König: Nr. VII. Petersburg, 18. (6.) April 1828	344—346
Immediatbericht Bernstorffs an den König. Berlin, 19. April 1828	346—347
Bülow an den König. London, 25. April 1828	
Aus einer Denkschrift (in den Akten des Königl. Geh. Staatsarchivs)	348—350
Bernstorff an Schöler. Berlin, 2. Mai 1828	350
„Kurzer Inhalt der Audienz, welche Se. Majestät der Kaiser die Gnade hatten, mir am 28. (16.) d. M. (April) zur Ueberreichung des Gevatterschreibens Sr. Königl. Hoheit des Prinzen Karl zu bewilligen". (Beilage zu Bericht Schölers an den König: Nr. VIII. Petersburg, 6. Mai (24. April) 1828	351—353
Aus dem Postskriptum zu Bülows Bericht an den König: Nr. 59. London, 2. Mai 1828	353
Alopeus an Bernstorff. (Begleitungsnote zu fünf Annexen). Berlin, 8. Mai 1828	354—355
Aus dem eigenhändigen Schreiben Bülows an Bernstorff. London, 9. Mai 1828	355
Bernstorff an Kanitz. Berlin, 13. Mai 1828	355
Bernstorff an Kanitz. Berlin, 21. Mai 1828	356
Aus dem Postskriptum zu Bülows Bericht an den König: Nr. 67. London, 30. Mai 1828	357
Bülow an Bernstorff. London, 26. Juni 1828	357—360
Aus dem Bericht Küsters an den König: Nr. 21. Odessa, 2. Sept. (2. August) 1828	360
Bernstorff an Küster. Berlin, 5. September 1828	361—362
Bernstorff an Bülow. Berlin, 7. September 1828	362
Bernstorff an Küster. Berlin, 26. September 1828	363—364
Bernstorff an Werther und (in simili) an Bülow. Berlin, 29. Sept. 1828	364—365

	Seite
Bernstorff an Werther und (in simili) an Bülow. Berlin, 14. Okt. 1828	365
Postskriptum zum Bericht Küsters an den König: Nr. 33. Odessa, 29. Oktober (10. November) 1828 (chiffrirt)	366—367
Copie d'une dépêche du Vice-Chancelier Nesselrode au Comte d'Alopeus, en date d'Odessa, du 14. Octobre 1828	367—370
Immediatbericht Bernstorffs an den König. Berlin, 24. Nov. 1828	371—375
Aus dem Bericht Küsters an den König: Nr. 35. Petersburg, 30. (18.) November 1828	375—376
Immediatbericht Bernstorffs an den König. Berlin, 10. Dez. 1828	377—379
Bernstorff an Werther. Berlin, 17. Dezember 1828	380—382
Aus dem Bericht Küsters an den König: Nr. 40. Petersburg, 17. (5.) Dezember 1828	382
Aus einem eigenhändigen Bericht Küsters an den König. Petersburg, 18. (6.) Dezember 1828	383—387
Bernstorff an Bülow. Berlin, 20. Dezember 1828	387—388
Bernstorff an Maltzahn. Berlin, 22. Dezember 1828	388—390
Bernstorff an Werther. Berlin, 24. Dezember 1828	390
Bernstorff an Bülow. Berlin, 25. Dezember 1828	390
Aus dem Kabinetschreiben (Albrecht) an Bernstorff. Berlin, 28. Dez. 1828	390—391

1829.

Bernstorff an Schöler. Berlin, 7. Januar 1829	391
Immediatbericht Bernstorffs an den König. Berlin, 17. Januar 1829	392—394
Aus Schölers Bericht an den König: Nr. I. Petersburg, 28. (16.) Jan. 1829	395—398
Immediatbericht Bernstorffs an den König. Berlin, 29. Januar 1829	398—399
Bernstorff an Schöler. Berlin, 2. März 1829	399
Bernstorff an Kanitz. Berlin, 18. April 1829	400
Aus einem Bericht Schölers an den König. Petersburg, 28. (16.) April 1829	400—401
Schreiben Nesselrodes an Bernstorff. Warschau, 19. (7.) Juni 1829	401
Aus der preußischen Zirkulardepesche vom 5. Juli 1829	402—403
Aus dem Bericht Bülows an den König: Nr. 56. London, 17. Juli 1829	403—404
Aus dem Bericht Bülows an den König. London, 21. Juli 1829	405
Aus dem Bericht Bülows an den König: Nr. 58. London, 25. Juli 1829	406
Ancillon an Brockhausen. Berlin, 24. Juli 1829	406—407
Aus dem Bericht Bülows an den König: Nr. 59. London, 31. Juli 1829	407—408
Bülow an den König. London, 4. August 1829	408—409
Bericht Bülows an den König: Nr. 61. London, 7. August 1829	409—410
Aus dem Bericht Arnims an den König: Nr. 45. Paris, 8. Aug. 1829	410
Aus dem Bericht Bülows an den König: Nr. 62. London, 11. Aug. 1829	410—411
Bülow an Ancillon. London, 11. August 1829	411
Aus dem Bericht Bülows an den König. London, 18. August 1829	412
Aus der Depesche Bülows an Ancillon. London, 18. August 1829	412—413
Aus dem Bericht Schölers an den König: Nr. XV. Petersburg, 25. (13.) August 1829	413—415
Aus dem Bericht Bülows an den König: Nr. 66. London, 26. Aug. 1829	415
Aus dem Bericht Bülows an den König: Nr. 70. London, 1. Sept. 1829	416

	Seite
Postskriptum zum Bericht Schölers an den König: Nr. 65. Petersburg, 23. (11.) September 1829	416—417
Aus dem Bericht Bülows an den König: Nr. 82. London, 5. Okt. 1829	417—418
Aus dem vertraulichen Bericht Schölers an den König. Petersburg, 8. Oktober 1829	418—421
Aus dem Postskriptum zu dem Berichte Schölers. Petersburg, 8. Okt. (26. September) 1829	421—422
Bernstorff an Schöler. Berlin, 21. Oktober 1829	422—423
Aus dem Bericht Bülows an den König. London, 24. Nov. 1829	422
Bernstorff an Bülow. Berlin, 5. Dezember 1829	424—426
Bernstorff an Schöler. Berlin, 31. Dezember 1829	426—428

1830.

Bernstorff an Schöler. Berlin, 13. Januar 1830	429—430
Bernstorff an Bülow. Berlin, 7. Februar 1830	430—431

Personenregister	432—435

Druckfehler und Entstellungen.

- S. 6, Z. 1 muß es an der Stelle „Bernstorff schon am 16. April 1810" heißen „1820".
- „ 15, Z. 27 statt „abschließen", „abschlagen".
- „ 28, Z. 24: S. 30, Z. 37 statt „Aperçu" „Apperçu".
- „ 31, Z. 36 statt „3. (15.) April 1828", „6. (18.) April".
- „ 34, ist die zweite Anmerkung an die Stelle der ersten und die erste an die der zweiten zu setzen.
- „ 51, Z. 35 muß es heißen statt „Lord Clainwilliam", „William Temple".
- „ 68, Z. 7 sind folgende (gesperrt gedruckte) Worte einzuschalten: „Die Folgen", schrieb er einige Wochen später in dieser Stimmung in seinem Immediatbericht an den König.
- „ 82, Z. 7 muß es in der Stelle „Bernstorffs Immediatbericht an den König vom 29. März 1829" heißen: „1827".
- „ 85, Z. 8 muß es heißen statt „in einer umfangreichen Denkschrift", „in einer umfangreichen Depesche an Werner".
- „ 103, Z. 15 statt „Auflösig", „Auflösung".
- „ 111, Z. 36 statt „alls", „falls".
- „ 131, Z. 8 statt „fortdauern", „fortdaure".
- „ 134, Z. 15 zu lesen statt „Strafford Canning", „Stratford Canning".
- „ 135, Z. 7 statt „Metternichs-Abläugnung", „Metternichs Abläugnung".
- „ 139, Z. 29 statt „preußißische", „preußische".
- „ 142, Z. 23 ist statt „Apponnyi" zu lesen „Apponnyi".
- „ 143, Z. 2 ist zu setzen statt „Kabinetschef", „Kabinetchef".
- „ 146, Z. 2 statt „Besetzung Attikas", „Plan der Besetzung Attikas".
- „ 161, Z. 3 statt „letzter Apell", „letzter Appell".
- „ 163, Z. 35 statt „französ.", „vertraulich".
- „ 207, Z. 26 und 27 zu lesen statt „Mortemart war durch die Ministerialveränderungen ꝛc.", „in Folge der M."
- „ 268, ist in dem Immediatbericht das Anmerkungszeichen von Z. 18 nach Z. 21 zu dem Wort „Antwort" zu versetzen.
- „ 269, Z. 44 ist unter das in der Anmerkung abgedruckte Aktenstück der Name „Alopeus" zu setzen.

S. 279, Z. 8 ist bei den Worten „Kabinetschreiben vom 13. März 1827" zu setzen „Berlin 13. März 1827".
„ 282, Z. 21 muß das Komma zwischen „Stratford, Canning" wegfallen.
„ 303, Z. 42—43; S. 311, Z. 17 u. Z. 36; S. 327, Z. 26; S. 355, Z. 32; S. 356, Z. 4—5, 11 u. 33; S. 364, Z. 1; S. 380, Z. 3 u. 8 ist statt „Ew. Excellenz", „Ew. Hochwohlgeboren" zu lesen.
„ 322, Z. 11 ist der gleichmäßigen Anwendung halber statt „Kabinetsbefehl" „Kabinetsordre" zu setzen.
„ 322, Z. 11 zu ergänzen „an Bernstorff" u. „Berlin" bei dem Datum einzufügen.
„ 335, Z. 26 zu lesen statt „crûton", „crût-on".
„ 412, Z. 24 zu lesen, statt „aus dem Bericht" Bülows an den König, „aus der Depesche".

Das Wort „Matuschewicz" ist an zahlreichen Stellen in „Matuschewiz" entstellt.

Hinsichtlich des Französischen ist durchgängig die zu Beginn des Jahrhunderts übliche Schreibart beibehalten worden. — Die in der preußischen Zirkular depesche vom 10. April 1828 und dem Briefe des Königs an den Zaren vom 12. April mit kleinen Anfangsbuchstaben demgemäß irrtümlich gedruckten Worte: „ministère", „gouvernement", „ambassadeur" u. s. w. sind auch dort durchgängig mit großem Anfangsbuchstaben zu lesen. Auch dort, wo heute auf dem Gebiete der französischen Konjugation „oi" durch das weichere „ai" verdrängt worden ist, sollte die ältere Form durchgängig beibehalten werden. Bei dem Abdruck der französischen Depeschen überzeugte sich jedoch Verfasser, anläßlich der nachträglichen Aufnahme weiterer Dokumente, daß durch die verschiedene Anwendung dieser Formen in zahlreichen Aktenstücken ein Wirrwarr für den Leser entstehen würde. So ist wenigstens im Urkundenteile die neuere Form der Einheitlichkeit wegen angewendet worden. Bei vorgeschrittenem Druck war eine einheitliche Abfassung für das ganze Buch in dieser Hinsicht leider nicht mehr durchführbar.

Verlag von Friedrich Luckhardt, Berlin und Leipzig.

Bulgarien
und der
Bulgarische Fürstenhof.
Politisch-feuilletonistische Aufzeichnungen 1879–95.
Von einem Diplomaten.
Zweite Auflage.
Preis M. 2.—.

Fünf Jahre
am
Hofe des Königs von Serbien.
**Politisch-feuilletonistische Aufzeichnungen
1889—1894.**
Von einem Diplomaten.
Preis M. 2.—.

Die
Korruption in Serbien.
Aufklärungen über die Vorgänge
am serbischen Königshofe, in der Gesellschaft und im Lande
von
Bresnitz von Sydačoff.
Preis M. 1.—.

Abdul Hamid
und die
Christenverfolgungen in der Türkei.
Aufzeichnungen nach amtlichen Quellen
von
Bresnitz von Sydačoff.
Preis M. 1.—.

www.ingramcontent.com/pod-product-compliance
Lightning Source LLC
Chambersburg PA
CBHW021232300426
44111CB00007B/519